MÉMOIRES
DE
LA SOCIÉTÉ D'ÉTUDES
DE LA
PROVINCE DE CAMBRAI

Tome XIII

RECUEIL
DE
GÉNÉALOGIES LILLOISES

Tome II

SOCIÉTÉ D'ÉTUDES
DE LA
PROVINCE DE CAMBRAI

MÉMOIRES

Tome XIII

LILLE
IMPRIMERIE LEFEBVRE-DUCROCQ
88, rue de Tournai, 88

1907

RECUEIL

DE

GÉNÉALOGIES

LILLOISES

PAR

Paul DENIS DU PÉAGE

ARCHIVISTE PALÉOGRAPHE,
MEMBRE TITULAIRE DE LA SOCIÉTÉ D'ÉTUDES
ET DE PLUSIEURS AUTRES SOCIÉTÉS SAVANTES.

Tome II

LILLE
IMPRIMERIE LEFEBVRE-DUCROCQ
88, rue de Tournai, 88

1907

GÉNÉALOGIES LILLOISES

TROISIÈME PARTIE

AULENT

Armes : *d'or à trois feuilles de plantain mouvantes d'un même endroit de sinople.*

I. — Jean Aulent, marchand à Ath, eut d'Antoinette *de le Cambre* :

1. — *Pierre*, qui suit, II.
2. — *Jean*, né à Boussu, teinturier, bourgeois de Lille par achat du 2 mars 1612, allié à Saint-Maurice, le 25 juin 1614, à Marie *Le Febvre*, fille de Jean et de Marie *Vieman*, baptisée à Sainte-Catherine le 1ᵉʳ février 1584 ; dont :

    a. — *Jean*, baptisé à Saint-Étienne le 7 mai 1615.
    b. — *Pierre*, baptisé à Saint-Étienne le 28 juin 1616.
    c. — *Wallerand*, baptisé à Saint-Maurice le 12 octobre 1618, bourgeois de Lille par relief du 28 septembre 1640, marié à Saint-Étienne, le 30 avril 1640, avec Florence *Looize*, fille de Florent et de Jeanne *Van Stienne*, baptisée à Saint-Étienne le 19 juin 1620 ; d'où :

        aa. — *Pierre-Ignace*, baptisé à Saint-Étienne le 15 avril 1641.
        bb. — *Wallerand*, baptisé à Saint-Étienne le 28 juin 1643.
        cc. — *Jean*, baptisé à Saint-Maurice le 23 décembre 1645.
        dd. — *Marie-Catherine*, baptisée à Saint-Maurice le 27 mars 1649, décédée paroisse Sainte-Catherine le 21 janvier 1719.

II. — *Pierre* Aulent, né à Ath, marchand teinturier, bourgeois de Lille par achat du 5 décembre 1603, allié après cette date à Anne *Pollet*, fille de Jean, baptisée à Saint-Étienne le 7 janvier 1571 ; d'où :

1. — *Wallerand*, qui suit, III.
2. — *Marguerite*, baptisée à Saint-Maurice le 10 février 1608.
3. — *Anne*, baptisée à Saint-Maurice le 6 mai 1609.

III. — *Wallerand* Aulent, baptisé à Saint-Maurice le 12 avril 1606, marchand, bourgeois de Lille par relief du 4 juin 1638, épousa avant cette date Brigitte *Cambier*, fille de Jean et d'Antoinette *Marthe* ; d'où :

1. — *Jean-François*, qui suit, IV.
2. — Peut-être *Marie*, épouse de Maximilien *Turpin* vers 1681, dont postérité.

IV. — *Jean-François* Aulent, licencié ès droit, juge ordinaire en la gouvernance de Lille, bourgeois de cette ville par relief du 14 mai 1685, décédé paroisse de La Madeleine le 8 novembre 1727 ; épousa dans cette église, le 14 janvier 1685, Catherine-Thérèse *Tesson*, fille de Gilles et de Catherine *Moreau*, baptisée à La Madeleine le 15 mai 1652, y décédée le 21 juillet 1711 ; dont :

1. — *Gilles-François*, baptisé à Saint-Étienne le 11 novembre 1685.
2. — *Pierre-Alexandre*, qui suit, V.
3. — *Wallerand*, baptisé à Saint-Étienne le 3 octobre 1688.
4. — *Jean-Antoine*, baptisé à Saint-Étienne le 8 octobre 1689.
5. — *Marie-Anne-Florence*, née au port de Sainte-Marie (Espagne) en 1690 (?), pensionnaire aux Pères du Saint-Esprit à Lille, décédée paroisse de La Madeleine le 30 juillet 1749.
6. — *Marie-Thérèse-Joseph*, baptisée à Saint-Maurice le 8 juillet 1791, professe urbaniste à Lille le 29 juillet 1721, morte le 13 mars 1650.
7. — *Jacques-Philippe*, baptisé à Saint-Maurice le 23 février 1693, receveur général d'Ath, anobli par l'empereur Charles VI le 9 octobre 1719.
8. — *Anne*, décédée paroisse Sainte-Catherine le 24 novembre 1707.
9. — *Antoine-Joseph*, décédé paroisse Saint-Pierre le 9 août 1731.

V. — *Pierre-Alexandre* AULENT, s^r de la Longuerie, baptisé à Saint-Étienne le 15 novembre 1686, avocat au bailliage de Lille, nommé juge ordinaire en la gouvernance de Lille par lettres datées de Paris 29 novembre 1725, bourgeois de Lille par relief du 14 octobre 1716, membre du magistrat de cette ville, décédé paroisse Saint-Étienne le 21 janvier 1738 ; épousa dans cette église, le 23 août 1716, Marie-Marguerite *Chauwin*, fille de Jean-Jacques et de Marie-Marguerite *Castelain*, baptisée à Saint-Pierre le 9 mai 1689, décédée paroisse Saint-Étienne le 13 septembre 1734 ; dont :

1. — *Marie-Joseph-Françoise*, baptisée à Saint-Étienne le 12 février 1718, y décédée le 2 septembre 1747, mariée dans cette église, le 5 juillet 1739, avec Édouard-Paul *Ingiliard*, chevalier, s^r de Fromelles, Maisnil, La Mairie, fils d'Édouard, chevalier, s^r de la Mairie, du Plouich, et de Marie-Catherine *de Fourmestraux*, baptisé à Saint-Étienne le 31 juillet 1698, bourgeois de Lille par relief du 20 octobre 1741, bailli des États de Lille, Douai et Orchies, décédé le 1er octobre 1751 ; dont postérité.

2. — *Antoinette-Thérèse-Joseph*, dame du Fresnoy, du Petit Ribautecœuil, baptisée à Saint-Étienne le 3 mars 1722, mariée dans cette église, le 2 août 1744, avec Jean-Jérôme-Joseph *Grenet*, écuyer, s^r de Marquette, Blérancourt, Wasnes, Onaing, Beaufait, Maugré, fils de Jérôme-Joseph et de Marie-Joseph *du Bois de Hoves*, baptisé à Saint-Étienne le 20 juillet 1715, bourgeois de Lille par relief du 26 avril 1745, conseiller pensionnaire de cette ville, décédé le 25 février 1787 ; dont postérité.

3. — Un fils non nommé, décédé en bas âge paroisse Saint-Étienne le 24 juillet 1723.

NON RATTACHÉE.

Ursule AULENT qui épousa, vers 1740, Louis-François *Rolin de la Motte*, écuyer, s^r de Quiéry ; dont postérité.

DU BÉRON

Armes : *d'azur à trois étoiles d'or.*

I. — *Laurent* du Béron, fils de Piat, marchand, naquit à Seclin, acheta la bourgeoisie de Lille le 7 mai 1556, fut échevin de cette ville de 1583 à 1594, enfin acquit en octobre 1585 le fief du Bois à Seclin ; il eut un fils :

II. — *Jean* du Béron, sr du Bois, né à Lille, bourgeois de cette ville par relief du 19 juin 1581, capitaine d'une compagnie bourgeoise, mort en 1631, marié avec Antoinette *Bertault*, dite *de Hollande*, fille d'Antoine et de Péronne *de la Porte* ; dont :

1. — *Laurent*, baptisé à Saint-Maurice le 9 décembre 1581.

2. — *Jean*, baptisé à Saint-Étienne le 28 mars 1584, marchand, bourgeois de Lille par relief du 10 décembre 1609 ; épousa : 1º à Saint-Étienne, le 24 août 1609, Françoise *Cardon*, fille de Michel et de Jeanne *de Lezennes*, baptisée à Saint-Étienne le 24 mars 1590 ; 2º Jeanne *Gilleman*, fille de Maximilien, écuyer, et d'Isabeau *Marissal*, née le 9 janvier 1595. Il eut du second lit :

    a. — *Antoinette*, baptisée à Sainte-Catherine le 18 juillet 1616.

    b. — *Antoinette*, baptisée à Sainte-Catherine le 24 avril 1618, décédée le 27 mai 1637, alliée à Jean *Locart*, fils de Théodore et d'Adrienne *Le Candele*, bourgeois de Lille par relief du 30 novembre 1636 ; d'où un fils.

    c. — *Laurent*, baptisé à Sainte-Catherine le 2 août 1619.

    d. — *Marie*, baptisée à Sainte-Catherine le 15 février 1621.

    e. — *Catherine*, baptisée à Sainte-Catherine le 10 juin 1623, alliée, par contrat passé à Lille devant Me Parmentier le 25 juin 1644, à Nicolas Gaultier, fils de François et de Hélène Colissart, né à Mons le 26 mai 1613, bourgeois de Lille par achat du 3 février 1645 ; dont postérité.

    f. — *Philippe*, baptisé à Sainte-Catherine le 23 mars 1624, receveur des Bleuets en 1646 et 1647.

3. — *Marie*, baptisée à Saint-Étienne le 11 juillet 1587, alliée dans cette église, le 23 septembre 1607, à François *Verdière*, fils de Charles et de Chrétienne *Muette*, né à Lille, bourgeois de cette ville par relief du 21 février 1608.

4. — *Philippe*.

5. — *Louis*, qui suit, III.

III. — *Louis* du Béron, baptisé à Saint-Étienne le 26 juillet 1597, marchand, bourgeois de Lille par relief du 22 janvier 1624, mort le 26 octobre 1639 et inhumé dans la chapelle Saint-Jacques à Saint-Étienne, épousa, par contrat passé à Lille le 4 octobre 1623, Claire *de Coninck*, fille de Jean et de Marie *Bave*, décédée paroisse de La Madeleine le 16 octobre 1678 et enterrée à côté de son mari ; dont :

1. — *Antoinette*, baptisée à Saint-Étienne le 21 août 1624.
2. — *Catherine*, baptisée à Saint-Étienne le 30 octobre 1625, religieuse aux Filles de Saint-Thomas à Mons.
3. — *Antoinette*, baptisée à Saint-Étienne le 31 octobre 1627, morte le 7 avril 1695, mariée à La Madeleine, le 11 décembre 1646, avec Nicolas *du Sart*, fils de Nicolas et de Jeanne *Gaultier*, né à Mons le 6 janvier 1620, licencié en droit, bourgeois de Lille par achat du 1er décembre 1645, anobli cette même année par l'empereur Léopold Ier, lieutenant de la prévôté de Mons, conseiller au conseil ordinaire de Mons le 6 juin 1658, enfin juge au grand bailliage du Hainaut, mort le 3 novembre 1676 et inhumé à Sainte-Waudru ; dont postérité.
4. — *Jeanne*, baptisée à Saint-Étienne le 28 août 1629, morte paroisse de La Madeleine le 11 novembre 1680, épouse de Jean-Jacques *Vanlaer*, sr de Berghendal, fils de Jacques et de Catherine *Fasse*, bourgeois de Lille par relief du 28 juillet 1654, mort paroisse Saint-André le 24 juillet 1707.
5. — *Jean*, qui suit, IV.
6. — *Marie-Claire*, baptisée à Saint-Étienne le 26 décembre 1633, religieuse à l'abbaye de Marquette.
7. — *Laurent*, baptisé à Saint-Étienne le 23 juillet 1635.
8. — *Louis*, baptisé à Saint-Étienne le 18 juillet 1636.
9. — *Philippe*, qui suivra, IV bis.

IV. — *Jean* du Béron, sr de Boularietz, baptisé à Saint-Étienne le 16 avril 1632, marchand, bourgeois de Lille par relief du 18 janvier 1658, échevin de cette ville, grand connétable de la confrérie Sainte-Barbe de 1659 à 1703, mort à Cappelle, épousa à Saint-Étienne, le 2 novembre 1657, Françoise *de Warenghien* [1], fille de Pierre et de Marguerite *de Fourmestraux*, baptisée à Saint-Étienne le 1er juin 1641 ; d'où :

---

[1]. Le contrat fut passé à Lille devant Me Nicolas du Bruisse le 31 octobre 1657.

1. — *Jean*, baptisé à La Madeleine le 4 septembre 1658.

2. — *Marie-Marguerite*, baptisée à La Madeleine le 5 juillet 1660, morte jeune.

3. — *Jean-Albert*, baptisé à La Madeleine le 25 mai 1662.

4. — *Marie-Françoise*, baptisée à La Madeleine le 19 août 1665, décédée le 29 mars 1727, mariée dans cette église, le 31 janvier 1693, avec Antoine *Costa*, chevalier, s^r d'Assibour, fils d'Antoine et de Marie *Gillès*, nommé conseiller secrétaire du Roi le 18 décembre 1692, puis premier président du bureau des finances de la généralité de Lille le 30 janvier 1693, bourgeois de cette ville par relief du 21 janvier 1694, décédé le 1er novembre 1698; dont postérité. Elle se remaria avec Jean *de Carrion*, écuyer, s^r de Nisas.

5. — *Ferdinand*, baptisé à Sainte-Catherine le 9 avril 1668, célibataire.

6. — *Pélagie*, née en 1669, entrée à l'abbaye de Marquette le 5 mars 1690, professe le 11 mars 1691.

7. — *Jean-François*, baptisé à La Madeleine le 11 juillet 1670.

8. — *Catherine-Thérèse*, baptisée à La Madeleine le 16 avril 1672.

9. — *Henri-François*, baptisé à La Madeleine le 19 février 1674, tonsuré à Tournai le 17 avril 1689.

10. — *Marie-Claire*, baptisée à La Madeleine le 3 mai 1675.

11. — *Marie-Ernestine*, baptisée à La Madeleine le 4 juin 1677, professe à l'abbaye de Marquette le 1er mars 1693, installée abbesse d'Annay le 23 avril 1735 par dom Nicolas du Béron, y décédée le 23 mai 1764.

12. — *Marie-Marguerite*, baptisée à La Madeleine le 19 août 1678, y décédée le 11 décembre 1759, mariée à Saint-Sauveur, le 8 mars 1715, avec son cousin Joseph-Marie *du Sart*, chevalier, s^r de Bouland, d'Escarne, fils de Nicolas, s^r de la Court en joie, et d'Antoinette *du Béron*, né le 3 août 1667, second président au bureau des finances de Lille par provision du 28 décembre 1692, bourgeois de Lille par relief du 8 juillet 1715, mort le 25 mars 1743, enterré à Merville, ainsi que son épouse ; dont postérité.

13. — *Jean-Philippe*, qui suit, V.

14. — *Louis-Joseph*, baptisé à La Madeleine le 25 juillet 1681.

15. — *Ernesté*, décédée paroisse de La Madeleine le 17 mars 1691.

16. — Et peut-être *Jean-Joseph*, allié à Saint-Maurice, le 8 janvier 1726, à Jeanne-Françoise *de Layens*.

V. — *Jean-Philippe* DU BÉRON, s^r de Cappelle (terre qu'il acheta du prince de Robecq le 12 août 1699), baptisé à La Madeleine le 16 juillet 1680, bourgeois de Lille par relief du 6 novembre 1722, anobli par l'achat d'une charge de conseiller secrétaire du Roi, membre du magistrat de Lille, bailli des États de Lille, Douai et Orchies, sénéchal de Saint-Pol, trésorier provincial de l'extraordinaire des guerres au département de Flandre, mort le 1er septembre 1734. Il eut, de Marie-Barbe *Liebar*, une fille illégitime : *Marie-Barbe*, baptisée à Saint-Jacques de Douai le 15 février 1701 [1]. Il se maria très tard et épousa : 1° à Saint-Étienne, le 8 février 1722, Marie-Madeleine *de Surmont*, fille de François, écuyer, conseiller secrétaire du Roi, et de Marie-Madeleine *Van Thiennen*, baptisée à Sainte-Catherine le 3 décembre 1703, décédée paroisse de la Madeleine le 2 mai 1724 ; 2° Bonne-Aldegonde-Joseph *de Haynin*, fille de Joseph et de Marie-Rose *de la Porte*, née en 1704, décédée paroisse de La Madeleine le 8 mars 1737, après s'être remariée, le 15 mars 1736, avec Nicolas-Joseph-Arnould *Rasoir*, sr de Croix. Il eut :

1. — Du premier lit : *Marie-Madeleine*, née le 3 novembre 1722 et morte le lendemain paroisse de La Madeleine.

2. — *Jean-François-Joseph*, baptisé à La Madeleine le 23 septembre 1723, mort jeune.

3. — Du second lit : *Marie-Louise-Bonne-Joseph*, baptisée à La Madeleine le 10 mars 1729, alliée à Saint-André, le 16 septembre 1748, à Louis *Robert*, marquis *de Crény*, fils de Louis, sr de Mouchy, Breton, Bailleul au Cornail, Holoy, lieutenant pour le Roi au gouvernement de Lille, et d'Albertine-Angélique *Huslin*, né à Douai le 24 mai 1720, mousquetaire de la garde, chevalier de Saint-Louis, capitaine de dragons. Le marquis de Crény fit plusieurs campagnes en Italie et en Bohême, mais il fut si gravement blessé au siège de Montalban qu'il dut renoncer à la vie militaire ; il releva la bourgeoisie de Lille le 15 avril 1740, devint député ordinaire des États d'Artois, fut reçu chevalier d'honneur au Parlement de Flandre le 4 août 1777, et mourut après 1789 laissant plusieurs enfants.

IV bis. — *Philippe* du Béron, sr du Bois, du Rasseau, baptisé à Saint-Étienne le 5 avril 1638, bourgeois de Lille par relief du 14 octobre 1661, anobli par lettres données à Saint-Germain-en-Laye en septembre 1670, épousa à Saint-Étienne, le 24 juillet 1661, Marie-Françoise *Grenu*, fille de Bernard et d'Anne *Bevier* ; d'où :

---

[1]. D'une autre concubine, Marie-Thérèse *Lefebvre*, il eut : *Jean-Philippe*, baptisé à La Madeleine le 17 février 1715.

1. — *Philippe-Bonaventure*, baptisé à Saint-Étienne le 14 juillet 1662.

2. — *Antoine-Joseph-Ignace*, baptisé à Saint-Étienne le 7 janvier 1664.

3. — *Marie-Françoise*, baptisée à Saint-Maurice le 11 septembre 1665.

4. — *Louis*, baptisé à Saint-Maurice le 13 février 1667.

5. — *Marie-Catherine*, baptisée à Saint-Maurice le 24 mai 1668.

6. — *Bernard-François*, baptisé à Saint-Maurice le 25 décembre 1669.

7. — *Marie-Anne*, baptisée à Saint-Maurice le 4 janvier 1671.

8. — *Nicolas-François*, baptisé à Saint-Maurice le 1er mai 1672, reçu religieux à Loos par l'abbé Albéric Boulit, chapelain au Saulchoir, maître des bois à Loos, élu canoniquement abbé de ce monastère le 29 mai 1727 et par le Roi le 23 août suivant, confirmé le 10 octobre par Dom Gossot, abbé de Cîteaux; installé le 23 suivant, béni le 11 janvier 1728 par Dom de Brianville, abbé de Clairmarais, nommé vicaire général de l'ordre de Cîteaux dans les Pays-Bas français le 20 avril 1729, et décédé à Lille au refuge de l'abbaye de Loos le 17 février 1746. Le Glay a donné son épitaphe dans le *Cameracum*, page 316.

9. — *Jean-Baptiste*, baptisé à Saint-Maurice le 13 septembre 1673.

10. — *Jacques-Albert*, baptisé à Saint-Maurice le 30 décembre 1674, entra chez les Jésuites en 1691, étudia la philosophie à Douai, puis y enseigna les classes de grammaire et d'humanités; en 1707, il partit, avec le Père Joseph Cortyl, de Bailleul, évangéliser les Philippines. Tous deux traversèrent à pied la France et l'Espagne, s'embarquèrent à Cadix pour le Mexique et de là pour l'île de Luçon; ils demeurèrent aux Philippines jusqu'en 1710, puis se réembarquèrent le 15 novembre 1710 pour l'archipel de Pelew. En route ils voulurent aborder dans une île pour y planter une croix, mais ils furent assommés à coups de bâtons par les indigènes.

11. — *Charles-François*, baptisé à Saint-Maurice le 12 mai 1676.

12. — *Marie-Antoinette-Claire*, baptisée à Saint-Maurice le 25 octobre 1677.

13. — *Marie-Joseph-Philippine*, baptisée à Saint-Maurice le 31 octobre 1678.

14. — *Henri-Ignace*, qui suit, V.

V. — *Henri-Ignace* du Béron, écuyer, sr du Rassau, baptisé à Saint-Maurice le 15 avril 1680, bourgeois de Lille par relief du 20 janvier 1721, capitaine au régiment de Solre par brevet du

24 septembre 1712, puis à celui de Boufflers, nommé major de Douai le 29 novembre 1728, décédé paroisse Saint-Pierre à Douai le 15 décembre 1733 ; épousa à Paris, le 15 mai 1720, Marie-Jeanne *Charpentier*, fille de Michel, conseiller du Roi, et de Jeanne *Le Pelletier* ; d'où :

1. — *Marie-Philippine-Joseph*, baptisée à Saint-André le 15 septembre 1722, morte le 21 mai 1725.
2. — *Henri-François*, baptisé à Saint-André le 29 juillet 1723.
3. — *Roland-Ernest-Joseph*, écuyer, s^r du Rassau, baptisé à Saint-André le 7 août 1724, destiné d'abord à l'état ecclésiastique et tonsuré le 16 avril 1736, puis entré au service militaire, capitaine au régiment des Gardes lorraines à Nancy, par brevet du 2 mars 1748.
4. — *Nicolas-François*, baptisé à Saint-André le 10 septembre 1725, mort le 6 octobre 1727.
5. — *Louis*, baptisé à Saint-André le 21 février 1727.
6. — *Marie-Madeleine-Françoise-Joseph*, baptisée à Saint-Pierre de Douai le 4 novembre 1730, mariée à Nancy, le 20 octobre 1750, avec Léopold-Nicolas, vicomte *de Crèvecœur* ; dont postérité.

NON RATTACHÉS.

Marie-Joseph du Béron, religieuse à l'hospice Comtesse, morte le 30 mars 1781, à 63 ans, après 44 ans de profession et enterrée au réfectoire.

Isbergue-Philippine-Joseph du Béron, fille de Charles-André et de Anne-Isbergue *Derveaux*, née en 1747 et décédée paroisse Sainte-Catherine le 24 septembre 1789.

Al[phonse] du Béron, jésuite, mort en 1667 et inhumé dans la chapelle des jésuites à Lille.

Thomas du Béron, marié à Saint-Maurice, le 25 septembre 1681, avec Marie-Jeanne *Butril*, d'où : *Jean-Baptiste* et *Thomas*, baptisés à Saint-Maurice les 5 août 1689 et 30 décembre 1692.

Pierre-Joseph du Berron, âgé de 70 ans, détenu comme prêtre à la maison des Écossais à Lille le 15 brumaire an VI.

Jennin du Bron, fils de Jacquemars, né à Houpplin, bourgeois de Lille par achat en 1480, dont deux fils : *Allard* et *Jean*, qui relevèrent leur bourgeoisie le 6 novembre 1512.

On trouve à la Bibliothèque nationale (nouveau d'Hozier, 39) un arrêt du Conseil d'État du 15 septembre 1755 qui cherche à prouver l'ancienneté de la famille du Béron, et la rattache à une ancienne famille espagnole de ce nom ; rien n'est plus fantaisiste. Voici un résumé de cette pièce :

Alphonse du Béron, s^r de Nantizza et Vardonne, ric-homme de Castille, mort à Cordoue le 6 décembre 1386 ; d'où :

Sanche, époux de Marie *de Zuniga*, décédé à Cordoue en 1430 ; d'où :

Diègue, s^r de Messia, allié, le 2 novembre 1428, à Elvire *de Pacheco* ; d'où :

Emmanuel, marié à Tolède, le 6 janvier 1457, avec Urraque *de Requescens*, tué à la bataille de Grenade en 1501 ; d'où :

Jean, s^r de Messia, alcade d'Alcaba, allié, le 4 septembre 1488, à Béatrix *de Herreca*, tué à Pavie en 1525 ; d'où :

Emmanuel, né en 1492, époux de Elvire *de Lozada* le 6 novembre 1518 ; d'où :

Philippe, né à Madrid en 1526, chevalier de l'ordre de Calatrava, mort en 1587, allié, le 5 février 1555, à Marie *de Alvarez* ; d'où :

Emmanuel, né à Madrid le 8 décembre 1557, capitaine d'une compagnie de chevaux carabins, marié à Gand, le 6 janvier 1583, avec Marie *de Coudenhove* ; d'où :

Jérôme, né à Gand le 16 septembre 1585, capitaine de cuirassiers, époux de Madeleine *Durassau*, fille de Jacques, s^r d'Avilly et de Jeanne *de Pamelle*, qu'il épousa à Lille le 4 novembre 1620 (faux) ; d'où :

Philippe, né à Lille le 23 juin 1624 (faux) marié à Mons, le 26 septembre 1653 (faux), avec Marie-Françoise *Grenu*, fille de Joseph et de Jeanne *de Coudenhove* (faux) ; d'où :

Henri-Ignace, père de *Roland-Ernest-Joseph* capitaine aux gardes lorraines.

Enfin, le nouveau d'Hozier n° 39 contient encore :

1° *Lettre de Stanislas Leczinski* (28 octobre 1755) par laquelle, (vu les titres authentiques, constatant qu'il est issu en ligne directe d'*Alphonse* du Béron, Ric-homme de Castille, chevalier, mort à Cordoue le 6 décembre 1386), il déclare le sieur *Roland-Ernest-Joseph Duberon*, capitaine au Régiment des gardes Lorraines, gentilhomme d'ancienne race et extraction, et ordonne que comme tel, il jouisse dans le duché de Lorraine de tous les privilèges, dont lui et ses ancêtres ont pu et dû jouir dans les royaumes de France, d'Espagne et ailleurs, l'autorise à continuer de porter les armoiries et le blazon porté par ses prédécesseurs, savoir « *d'azur à trois molettes d'éperon d'or, deux en chef et l'autre en pointe, l'écu surmonté d'un casque en fasce, la visière levée, fermée de neuf grilles, le casque chargé d'une couronne d'or, surmontée de neuf perles, pour cimier une molette de même qu'en l'écu posée entre deux ailes parties chacune en fasce d'or et d'azur, pour tenans deux Maures* » — Par la même lettre Stanislas Leczinski ordonne l'enregistrement de l'arrêt du conseil d'État (15 sept. 1755) et des lettres patentes du 22 sept. de la même année relatives à la même affaire. Nancy, le 28 oct. 1755. — Par la cour : P. Lacroix.

2º Autre lettre de Stanislas Leczinski du 22 septembre 1755 relative au même objet.

3º Autre lettre du même du 24 septembre 1755 relative au même objet et confirmative de la première.

1670, septembre. — *Lettres d'anoblissement de Philippe du Béron, seigneur du Bois.*

Sur la réquisition faicte par le procureur général du Roy que les lettres patentes de Sa Majesté en datte du mois de septembre dernier addressantes au Conseil contenantes annoblissement pour *Philippe du Béron*, sʳ du Bois, ancien eschevin et conseiller de la ville de Lille, fussent enregistrées : Veues lesdittes lettres, la Cour faisant droit sur les conclusions du procureur général du Roy at ordonné et ordonne qu'icelles seront enregistrées au greffe du Conseil et partout aillieurs qu'il appartiendra pour estre exécutées selon leur forme et teneur.

Faict au Conseil souverain de Tournay, le 4 de novembre 1670.

Louis, par la grâce de Dieu, Roy de France et de Navarre, à tous présens et à venir, salut. Ayant esté bien informé que nostre cher et bien amé *Philippe du Béron*, sʳ du Bois, du Razzau et aultres lieuz, ancien eschevin et du conseil de nostre ville de Lille en Flandres, est provenu d'ancestres qui depuis plusieurs années tant du costé paternel que maternel ont possédé sans interruption des premières charges, soit de la Chambre des Comptes, soit de la magistrature, capitaines, connestables de l'artillerye et aultres employs des plus honnorables et des plus importans de nostre ditte ville, ainsy qu'il nous est apparu par les certificats authenticques tirez des registres des créations et des nouvellemens de la loy d'icelle nostre ville ; mettans en oultre en considération la fidélité que lédit *Philippe du Béron* continue de tesmoigner à rendre en touttes occasions pour nostre service depuis que laditte ville de Lille nous a esté cédée par le dernier traitté de paix fait entre cette couronne et celle d'Espagne à Aix-la-Chapelle, en l'année 1668, et voulans luy monstrer la satisfaction que nous avons de sa conduitte et l'en recognoistre par une marcque d'honneur qui passe à sa postérité et luy soit un effect de nostre bienveillance qui l'oblige de plus en plus à nous continuer ses services, et les siens à les imiter et suivre : Sçavoir faisons, que pour ces causes et aultres à ce nous mouvantes et de nostre grâce spécialle, pleine puissance et aucthorité royalle, nous avons ledit *Philippe du Béron*, sieur du Bois, du Razzau et aultres lieux, par ces présentes signées de nostre main, annobly et ennoblissons, ensemble ses enffans et postérité naiz et à naistre en loyal mariage : Voulons et nous plaist que tant ledit *Philippe du Béron*, que sesdits enffans et descendans jouissent et usent de tous et tels honneurs, prérogatives, prééminences, franchises, libertez, privilèges et exemptions dont les aultres nobles de nostre Royaume et ceux des terres et seigneuries qui nous appartiennent dans les Pays Bas ont accoustumé de jouyr et user et qu'ils puissent se qualifier escuyer, et soient en tous lieux et actes, tant en jugement que dehors tenuz et réputez pour nobles comme nous les déclarons et créons par cesdittes présentes, et qu'ils puissent en tout et partout acquérir et posséder places, terres et seigneuries, rentes, revenus et aultres choses mouvantes de nos fiefs et arrière-fiefs et tous aultres bien-nobles, et iceux prendre et tenir de nous ou d'aultres seigneurs féodaux de qui ils seront dépendans, en faisant envers nous et nos successeurs Roys les debvoirs y appartenans selon la nature et la condition d'iceux et suivant la coustume du pays où ils se trouveront scituez. Et affin que l'estat et noblesse dudit *Philippe du Béron* soit tant plus cognu et aucthorisé, nous luy avons aussi accordé et permis, accordons et permettons par cesdittes présentes que luy, sesdits enffans et postérité nez et à naistre en loyal mariage comme dit est, puissent et pourront doresnavant et perpétuellement, en tous actes licites et honnestes, avoir et porter leurs anciennes armoiries et le blason d'icelles qu'ont de tous temps porté leurs prédécesseurs, tout ainsy qu'elles sont peintes et désignées au milieu de ces présentes, sçavoir : *d'azur à trois estoilles d'or, deux en chef et l'aultre en pointe*, le heaume ouvert et treillé, les hachemens et bourrelet d'or et d'azur et pour cimier deux aisles parties chacunne en face aussy d'or et d'azur avecq une estoille entre deux de mesme qu'en l'escu. Si donnons en mandement à nos amez et féaulx les gens tenans nostre Conseil souverain de Tournay, Chambre des Comptes à Lille et à tous aultres nos justiciers et officiers qu'il appartiendra que ces présentes ils ayent à faire enregistrer et du contenu en icelles jouïr et user plainement, paisiblement et perpétuellement ledit *Philippe de Beron*, ensemble sesdits enffans et descendans nez et à naistre en loyal mariage; cessans et faisans cesser tous troubles et empeschemens quelconques non obstant touttes déclarations, édicts et arrests à ce contraires, ausquels avons dérogé et dérogeons pour ce regard par cesdittes présentes. Car tel est nostre plaisir. Et affin que ce soit chose ferme et stable à tousjours, nous avons faict mettre notre séel à cesdittes présentes, saulf en aultres choses nostre droict et l'aultruy en touttes. Donné à Saint-Germain-en-Laye, au mois de septembre 1670, et de nostre règne le 28e. Signé : Louis ; et sur le reply : Par le Roy, Le Tellier, et à costé : visa, Séguier ; et y appendoit ung séel en lacq de soye rouge et verde.

Tiré des registres du greffe du Conseil souverain de Tournay, (signé) : Bervoet.

Archives du Nord. Série C. Bureau des Finances de Lille. — Registre aux mandements, anoblissements, etc, coté W. fos 85 et 86.

BIDÉ

Armes : *d'argent au lion de sable armé et lampassé de gueules, accompagné à dextre d'un croissant d'azur, à senestre et en pointe d'une étoile de cinq rais de gueules.*

Cette famille, originaire de Nantes, se divisa en plusieurs branches : Ranzay, La Bidière, Maurville et la Grandville qui ont été maintenues dans leur noblesse par arrêts des 13 et 16 août 1669. La branche de la Grandville et de Lauwe se fixa à Lille au commencement du XVIIIe siècle ; elle avait pour origine :

I. — *Julien* Bidé, vivant à Nantes en 1515 ; père de :

II. — *Pierre* Bidé, marié avec Michelle *du Bot*, fille d'Anfrai et de Fiacrete *de la Bouexière* ; d'où :

1. — *Guillaume*, qui suit, III.
2. — *Étienne*, s^r de la Provôté.
3. — *Rolland*, s^r des Mortiers.

III. — *Guillaume* Bidé, écuyer, s^r de la Bidière, sénéchal de Vannes, conseiller au Parlement de Paris, nommé maître des requêtes à ce parlement le 5 juillet 1638, nommé conseiller d'État privé par la Reine régente le 31 octobre 1645 ; épousa : 1° à Paris, le 19 septembre 1636, Catherine *Laurence*, fille d'Ollivier et de Béatrix *de Kinoisan* ; 2° le 3 juillet 1639, Françoise *Chenu* ; dont :

1. — Du premier lit : *Joseph*, qui suit, IV.
2. — Du second lit : *Éléonore*, alliée à Jacques *Barrin*, écuyer, s^r de Galissonnière, maître des requêtes au Parlement de Bretagne.

IV. — *Joseph* Bidé, écuyer, s^r de la Grandville, nommé conseiller au grand conseil le 13 février 1660, confirmé dans sa noblesse par ordonnance du 13 août 1669, maître des requêtes au parlement de Paris le 15 février 1671, nommé intendant de Limoges le 20 juillet 1672, président à mortier au parlement de Bretagne le 18 juin 1679, épousa Jeanne *Levy*, dame de Coatdelez, fille de Prigent, s^r d'Azon, et de Péronnelle *de Rosmadec* ; d'où :

1. — Une fille, alliée à Paul, vicomte *de Trécesson*.
2. — *Charles-Pierre*, qui suit, V.

V. — *Charles-Pierre* Bidé, écuyer, sʳ de Trépicurt, de la Grandville, inscrit au rôle des nobles de la province de Bretagne par ordonnance du 13 août 1669, nommé conseiller non originaire au parlement de Bretagne le 13 septembre 1683, se maria, par contrat du 26 juillet 1684, avec Marie *Descartes*, fille de Joachim, chevalier, sʳ de Gleau, et de Marie *Porcé du Parcq* ; dont :

VI. — *Julien-Louis* Bidé, écuyer, sʳ de la Grandville, baptisé à Saint-Pierre de Vannes le 4 mai 1688, chancelier de la maison du duc d'Orléans, nommé conseiller au grand conseil le 14 juin 1711, conseiller du Roi et maître des requêtes de son hôtel le 3 avril 1715, intendant d'Auvergne en 1723, intendant de Flandre du 21 mars 1730 à 1743, intendant d'Alsace en 1743, conseiller d'État en 1740 à la place de Jean-Baptiste Desmaretz ; épousa, le 12 août 1714, Pétronille-Françoise *Pinsonneau*, fille de Mathieu, marquis du Blanc, baron de Cors, et de Pétronille *de Triboulleau* ; d'où :

1. — *Charles-Julien*, qui suit, VII.
2. — *Marie-Louise*, mariée le 24 janvier 1740, avec François-Armand *d'Usson*, marquis de Bonac, fils de Jean-Louis et de Madeleine-Françoise *de Gontaut*, né à Constantinople le 7 décembre 1716. Le marquis de Bonac devint successivement capitaine au régiment de Touraine infanterie, lieutenant du Roi au gouvernement de Foix le 23 juin 1738, après la démission de son père, gouverneur des châteaux d'Usson, de Querigut et autres le 1ᵉʳ octobre 1738, chevalier de l'ordre de Saint-André de Russie en 1739, mestre de camp d'un régiment de son nom en 1741, brigadier le 27 juillet 1747, maréchal de camp le 25 août 1749, lieutenant-général au gouvernement de Foix en 1750, ambassadeur de France près les États généraux des Provinces-Unies le 11 novembre 1751, lieutenant-général des armées du Roi en 1768. Il obtint les grandes entrées de la chambre du Roi le 21 juillet 1762 [1]. Sa femme fut nommée dame pour accompagner Madame et présentée au Roi le 15 avril 1770 ; dont postérité.

---

1. Le portrait du marquis de Bonac par Carmontelle est actuellement au château de Chantilly ; on en trouvera la description dans l'ouvrage de M. F.-A. Gruyer : *Les Portraits de Carmontelle*, pages 77 et 78. (Paris, Plon, in-4°, 1902.) — Sur ce personnage, voir aussi La Chesnaye-Desbois, tome II, page 491 ; et le *Mercure de France*, année 1750, page 207.

3. — *Louis-Joseph*, écuyer, brigadier des armées du Roi, colonel d'un régiment d'infanterie, allié à Saint-Roch à Paris, le 7 janvier 1750, à Françoise-Thérèse *de Clusel*, fille de Léonard, s' de la Chabrerie, et de Thérèse *de Tourard*, d'où plusieurs enfants, parmi lesquels :

    a. — *Pétronille-Françoise-Louise*, baptisée à Saint-Roch de Paris le 1ᵉʳ décembre 1767.

VII. — *Charles-Julien* Bidé, écuyer, sr de la Grandville, né à Paris le 21 mars 1717, bourgeois de Lille par achat du 3 octobre 1738, inscrit au rôle des nobles de la province de Flandre par ordonnance du 16 janvier 1740, mort à Lille le 25 janvier 1747 ; épousa à Saint-Maurice, le 15 novembre 1738, Marie-Françoise *Libert*, dame de Quartes, fille de Chrétien-François, écuyer, et d'Isabelle-Christine *Taviel*, née le 29 septembre 1717, morte à Paris le 21 novembre 1758, après s'être remariée en 1750, avec Balthazar-Alexandre *de Sainte-Aldegonde*, comte de Genech ; dont :

    1. — *Julien-Louis-François*, qui suit, VIII.

    2. — *Mathieu-Joseph*, chevalier, sr de Willems, ondoyé le 18 juin 1741, baptisé à Saint-Maurice le 17 juillet suivant, cornette de la deuxième compagnie des mousquetaires, devenu colonel du régiment de Boulonnais infanterie le 11 novembre 1782, brigadier le 1ᵉʳ janvier 1784, maréchal de camp le 9 mars 1788, créé baron de la Grandville en juin 1782 [1], décédé célibataire à Lille le 15 juillet 1827.

    3. — *Charles-Albert*, baptisé à Saint-Maurice le 4 septembre 1744, enterré le 3 février 1748 dans la chapelle des Religieuses Annonciades de Lille.

    4. — *Marie-Louise-Mélanie*, baptisée à Saint-Maurice le 2 avril 1747, morte le 24 mars 1750 et inhumée le lendemain dans la chapelle Saint-Jean à Saint-Maurice.

VIII. — *Julien-Louis-François* Bidé, écuyer, sr de la Grandville, de Rogy [2], ondoyé le 2 avril 1740 et baptisé à Saint-Maurice le 17 mai suivant, créé comte de Lauwe, par l'empereur Joseph II, le 30 avril 1772, inscrit au rôle des nobles de la province de Flandre par ordonnance du 11 août 1774, bourgeois de Lille par relief du 9 janvier 1761, créé marquis en 1776, mort le

---

1. Cet acte fut enregistré le 4 août 1784 dans les registres mémoriaux de la Chambre des comptes de Paris pour l'année 1784, mais ce registre manque.

2. Les titres de la seigneurie de Rogy reposent aux archives départementales de la Somme, série E, cartons 103 à 109.

11 septembre 1802. Il avait été nommé, en 1776, conseiller secrétaire du Roi en sa chancellerie près le conseil supérieur à Douai ; il céda cet office, le 30 novembre 1779, à Jacques-Joseph de Brigode, sʳ de Kemlandt, pour la vie de ce dernier ; à la mort dudit Brigode, il le revendit le 4 avril 1783 à Pierre-François-Joseph du Toict, sʳ de Sauwins. Il épousa à Sainte-Catherine, le 30 août 1760, Marie-Thérèse-Joseph *Ingiliard*, fille d'Édouard-Paul, écuyer, sʳ de Fromelles, et de Marie-Françoise-Joseph *Aulent*, baptisée à Saint-Étienne le 25 mai 1740 et morte le 11 avril 1818 ; d'où :

1. — *Marie-Pétronille-Thérèse*, ondoyée le 3 juillet 1762 et baptisée à Saint-Maurice le 22 octobre suivant, morte à Lille le 8 juin 1830, alliée à Saint-Catherine, le 16 avril 1792, à Auguste-François-Joseph-Marie *du Sart*, chevalier, sʳ d'Escarne, fils de François-Joseph-Marie, chevalier, sʳ de Bouland, second président du bureau des finances de la généralité de Lille, et de Marie-Clémentine-Henriette-Joseph *Hespel*, baptisé à La Madeleine le 3 novembre 1761, veuf de Madeleine-Ghislaine-Joseph *du Sart de Molembaix*, créé second président du même bureau des finances le 31 décembre 1779, fonction qu'il exerça jusqu'en 1790, chevalier de la Légion d'honneur le 8 octobre 1821, administrateur des hospices civils de Lille, puis conseiller municipal de cette ville, mort à Moustier le 13 juillet 1842 et enterré à Guermanez. Madame d'Escarne avait obtenu le divorce le 26 germinal an III pour cause de l'émigration de son mari et se remaria légalement avec lui le 1ᵉʳ germinal an X ; sans postérité.

2. — *Josèphe-Fortunée-Louise*, ondoyée le 30 août 1763, baptisée à Saint-Maurice le 3 septembre suivant, morte le 16 mai 1801, alliée à Saint-Maurice, le 14 mai 1788, à Eugène-Alexandre-Nicolas *de Forest*, chevalier, sʳ de Quartdeville, fils de Jean-Baptiste-François-Nicolas, écuyer, et de Marie-Anne-Françoise *Ingiliard*, né à Douai le 22 juin 1762, nommé avocat général au Parlement de Flandre le 4 juillet 1785, puis premier président de la Cour royale de Douai, pair de France, commandeur de la Légion d'honneur, mort le 16 août 1839. Sous la Révolution, M. et Mᵐᵉ de Forest furent arrêtés à Douai, enfermés à Compiègne, et mis en liberté le 20 thermidor an II ; d'où quatre filles.

3. — *Marie-Catherine-Joseph*, baptisée à Saint-Maurice le 30 novembre 1764, morte célibataire à Lille le 15 septembre 1842.

4. — *Julien-Louis-François*, qui suit, IX.

5. — *Marie-Eugénie-Pauline*, baptisée à Saint-Maurice le 1ᵉʳ février 1769.

6. — *Charles-Julien-Ferdinand*, ondoyé le 5 mai 1771, baptisé à Saint-Maurice le 4 juillet suivant, mort jeune.

7. — *Charles-Julien-Ferdinand*, baptisé à Saint-Maurice le 13 août 1772.

8. — *Jean-Joseph-Julien*, baptisé à Saint-Maurice le 16 février 1775.

9. — *Charles-Julien*, baptisé à Saint-Maurice le 31 mars 1776, mort célibataire à Lille le 24 fructidor an IX.

IX. — *Julien-Louis-François* Bidé, comte de Lauwe, sr de la Grandville, baptisé à Saint-Maurice le 1er décembre 1767, bourgeois de Lille par relief du 10 janvier 1789, mort le 19 novembre 1839 et enterré à Beaucamp ; épousa à Saint-Pierre, le 11 novembre 1788, Françoise-Joseph-Sophie *de Flandres*, fille d'Alexis-Joseph, écuyer, sr de Radinghem, et de Christine-Thérèse *Rouvroy*, baptisée à Saint-Pierre le 10 décembre 1771, dont un fils unique :

X. — *Henri-Julien-Léon* Bidé, comte de Lauwe et de la Grandville, né en 1792, mort à Beaucamp le 1er juin 1870, épousa, le 5 août 1818, Marie-Caroline *de Beauffort*, fille de Charles-Louis, marquis de Beauffort, et d'Honorine-Léopoldine-Ghislaine *de Mérode*, née à Anvers le 3 janvier 1793, morte le 6 septembre 1865 ; sans postérité [1].

1638, 5 juillet. — *Nomination de Guillaume Bidé, sr de la Bidière, à l'office de maître des requêtes au Parlement de Paris.*

Louis, par la grâce de Dieu, roy de France et de Navarre à tous ceux qui ces présentes verront. Salut. Sçavoir faisons que nous à plain confians de la personne de notre amé et féal Maître *Guillaume Bidé*, sr de La Bidière, cy-devant conseiller en notre Cour de parlement de Paris, et de ses sens, suffisance, loyauté, prudhomie, expérience et bonne deligence au fait de judicature et affection à notre service, à icelui pour ces causes et autres grandes considérations à ce nous mouvans, avons donné et octroié, donnons et octroions par ces présentes l'état et office de notre conseiller et Me des Requestes

---

[1]. Pour la branche *Bidé de Maurville*, consulter vicomte Révérend, *Titres et anoblissements de la Restauration*, tome I, au mot Bidé. — Voir aussi : Mazas, *Histoire de l'ordre de Saint-Louis*, tome II, pages 141, 144, 189 et 405.

ordinaire de nostre hotel, que tenoit et exerçoit notre amé et féal conseiller en notre conseil d'Etat, Me René de Voyer, sr d'Argenson, dernier paisible possesseur d'iceluy, vaccant à présent par la pure et simple résignation qu'il en a faite au proffit dudit Bidé par sa procuration cy attaché sous le contre scel de notre chancellerie, pour dudit état et office jouir par ledit Bidé et iceluy posséder aux honneurs, autorités, prérogatives, prééminences, privilèges, séances, franchises, exemptions, gages, droits de manteau, des bourses, hotellages et autres droits y appartenans, tels et semblables et dont jouissoit ledit De Voyer, tant qu'il nous plaira, encore qu'il ne vive les quarante jours portés par nos réglemens, dont nous l'avons dispensé et dispensons, attendu l'annuel par luy payé ; si donnons en mandement à nos très cher et féal chevalier le Sieur Seguier, chancellier de France et à nos amez et féaux conseillers les gens tenans notre cour de parlement à Paris, qu'après leur estre apparu des bonnes vie, mœurs, conversation et religion catholique, appostolique et romaine dudit *Guillaume Bidé* et de luy pris et receu le serment en tel cas requis et accoustumé, ils le mettent et instituent, ou fassent mettre et instituer de par nous en possession et jouissance dudit état et office, et d'iceluy, ensemble desdits honneurs, autorités, prérogatives, prééminences, privilèges, franchises, exemptions, séances, gages, droits de manteau, de bourses, hotellages et autres droits dessusdits, le fassent, souffrent et laissent jouir et user plainement et paisiblement, et à luy obéir et entendre de tous ceux et ainsy qu'il appartiendra, ès choses touchant et concernant ledit état et office, mandons en outre à nos amés et féaux conseillers les présidens et trésoriers généraux de France à Paris, que par le receveur et payeur des gages des officiers de notre dite Cour de parlement ou autres qu'il appartiendra ils aient doresnavant par chacun an, aux termes et en la manière accoutumée, à payer et délivrer comptant audit *Bidé*, lesdits gages et droits audit état et office appartenans à commencer du jour et datte au controlle de la quitance de finance payée pour la résignation dudit état et office, rapportant ces présentes ou copie d'icelles deument collationné pour une fois seulement avecq quitance dudit *Bidé* sur ce suffissante, nous voulons lesdits gages et droits et tout ce que payé et baillé aura esté à l'occasion susdicte estre passées et allouées en la dépense des comptes dudit receveur; desduits et rabatus de sa recepte par nos amés et féaux les gens de nos comptes à Paris, ausquels mandons ainsy le faire sans difficulté. Car tel est notre plaisir. En témoin de quoy, nous avons fait mettre notre scel à ces dittes présentes. Donné à Challut, le cinquième jour de juillet l'an de grace mil six cens trente-huit, et de notre règne le vingt neufviesme; signé sur le reply par le Roy, SAULGER, avec griffe et paraphe et scellé du grand sceau de cire jaune.

<small>Archives communales de Lille. Registres aux amendements et ordonnances enregistrés à la gouvernance de Lille. Registre Verd, f° 154 et suivants.</small>

1645, 31 octobre. — *Guillaume Bidé, chevalier, sr de la Bidière, est nommé membre du conseil d'État privé par la Reine Régente.*

Louis, par la grâce de Dieu, Roy de France et de Navarre, à notre amé et féal conseiller, Maitre des requestes ordinaire de notre hotel, Mr *Guillaume Bidé*, chevalier, seigneur de la Bidière, salut. Mettant en considération les bons et agréables services que vous nous avez rendus tant en la fonction ordinaire de votre dit office, et auparavant en celuy de notre conseiller en notre parlement de Paris, et de sénéchal au présidial de Vannes, qu'en plusieurs députations esquels vous avés estés extraordinairement employé et notamment en la conservation de notre citadelle et fort du port Louis, lors de l'entreprise du sieur de Soubise, par le secours d'hommes, vivres et munitions qui auriez fait rendre dans son extrême besoin : ensemble les recommandables qualitéz qui sont en votre personne avecq la capacité et expérience que vous avés acquise en la conduite de plusieurs affaires importantes, dont nous avons tout sujet de satisfaction, joint l'affection et fidélité que vous avez toujours eu pour le bien de notre État, à ces causes de l'avis de la reine régente notre très honnorée dame et mère, Nous vous avons constitué, ordonné et estably, constituons, ordonnons et establissons par ces présentes signées de notre main, conseiller en nos conseils d'État et privé et de nos finances, pour nous y servir doresnavant suivant ledit réglement, y avoir séance et voix délibérative, tout ainsy que les autres qui y sont admis aux honneurs, autoritez, prérogatives et prééminences dont ils jouissent, et aux gages qui seront employéz dans nos États. Voulons que pour cet effect vous ayez à faire le serment en tel cas requis et accoutumé entre les mains de notre très cher et féal le sieur Séguier, chevalier, chancellier de France et que tous nos justiciers, officiers et sujets vous reconnoissent et obéissent comme il est deu à un de nos conseillers en nos dits conseils. Car tel est notre plaisir. Donné à Paris, le trente uniesme jour d'octobre l'an de grâce mil six cens quarante cinq, et de notre règne le troisième, signé Louis; et plus bas est escrit Par le roy, la reine régente, sa mère présente, signé DE GUÉNEGAUD avec griffe et paraphe, et scellé du grand seau de cire jaune.

<small>Archives communales de Lille. Registres aux mandements et ordonnances enregistrés à la gouvernance de Lille. — Registre Verd, f° 156 r° et v°.</small>

1660, 13 février. — *Nomination de Joseph Bidé, s^r de la Grandville, comme conseiller au grand conseil.*

Louis, par la grâce de Dieu, roy de France et de Navarre, à tous ceux qui ces présentes lettres verront, salut. Sçavoir faisons que pour l'entière confiance que nous avons en la personne de notre cher et bien amé Mr *Joseph Bidé*, sieur de la Grandville, avocat en notre parlement de Rennes, et de ses sens, suffissance, loyauté, prudhommie, capacité, expérience au fait de judicature, fidélité et affection à notre services, pour ces causes nous luy donnons et octroions par ces présentes, l'office de notre conseiller en notre grand conseil, que tenoit et exerçoit Mr Antoine Lavocat, dernier paisible possesseur d'iceluy, vaccant par la résignation qu'il en a faite en nos mains en faveur dudit *Bidé*, par sa procuration cy attachée sous le contre scel de notre chancellerie, pour ledit office posséder et exercer par ledit *Bidé* aux honneurs, autoritez, prérogatives, prééminences, privilèges, franchises, libertez, exemptions, immunitez, gages, droits, proffits, revenus et émolumens y appartenans, tels et semblables qu'en jouissoit ledit Lavocat, tant qu'il nous plaira, encore qu'iceluy Lavocat ne vive les quarante jours porté par nos ordonnances, de la règle desquelles attendu le droit annuel par luy payé, nous avons dispensé et dispensons ledit *Bidé* par ces présentes, pourveu qu'il n'ait en notre dit grand conseil aucuns parens ny alliés au degré prohibé par nos dites ordonnances, comme il nous est apparu par le certificat de notre procureur général en iceluy aussy attaché sous notre dit contrescel et qu'il ait atteint l'age de vingt cinq ans accomplis, ainsy qu'il nous l'a certifié par la sumission qu'il en a faite ès mains de notre très cher et féal le sieur Séguier, chevalier, chancellier de France, et en cas qu'il n'ait atteint ledit age, nous avons déclaré dès à présent ledit office vaccant et impétrable à notre proffit, suivant la déclaration du dix sept décembre mil six cens trente huit, si donnons en mandement à nos amez et féaux conseillers les gens tenans notre dit grand conseil, qu'après leur estre apparu des bonnes vie, mœurs, conversation et religion catholique, appostolique et romaine dudit *Bidé* et de luy pris le serment accoutumé, ils le reçoivent, mettent et instituent de par nous en possession dudit office, et l'en fasse jouir plainement et paisiblement aux honneurs, autoritez, prérogatives, prééminences, privilèges, franchises, libertez, exemptions, immunitez, gages, droits, proffits, revenus et émolumens susdits, comme aussy luy fassent payer comptant par les receveurs et payeurs des gages, droits des officiers de notre dit grand conseil, doresnavant par chacun an, aux termes et en la manière accoutumé lesdits gages et droits à commencer du jour et datte des présentes desquelles rapportant copie deuement collationnée pour une fois seullement avecq quitance dudit *Bidé* sur ce suffissante, nous voulons lesdits gages et droits estre passez et allouez dans la dépense des comptes de ceux qui en auront fait le payement, par nos amez et féaux conseillers les gens de nos comptes à Paris ausquels mandons ainsy le faire sans difficulté. Car tel est notre plaisir. En témoin de quoy nous avons fait mettre notre scel à ces présentes. Donné à Paris le treizième jour de février l'an de grâce mil six cens soixante et de notre règne le dix septième et sur le reply est écrit par le Roy, signé LOUVET, avecq griffe et paraphe, et scellé du grand sceau de cire jaune.

Archives communales de Lille. Registres aux mandements et ordonnances enregistrés à la gouvernance de Lille. — Registre Verd, f° 157 r° et v°.

1671, 15 février. — *Joseph Bidé est nommé maître des requêtes au Parlement de Paris.*

Louis, par la grâce de Dieu, roy de France et de Navarre, à tous ceux qui ces présentes lettres verront, salut. Sçavoir faisons que mettant en considération les services que le feu sieur *Bidé* nous a rendus et au public dans l'administration de la justice en la fonction des charges de conseiller en nostre cour de parlement de Paris, en celle de maître des requestes ordinaire de notre hotel, et en celle de conseiller en notre conseil d'État, qu'il a exercées pendant longues années avec honneur et intégrité, et ceux que continue de nous rendre le sieur *Joseph Bidé*, son fils, en la charge de conseiller en notre grand conseil qu'il exerce depuis onze années, de sorte que suivant de si bons exemples domestiques, il s'est acquis toute l'estime et l'approbation à laquelle un bon magistrat doit prétendre, dont il nous reste une entière satisfaction de laquelle voulant luy donner des marques certaines et considérables, Nous, pour ces causes et autres grandes considérations à ce nous mouvans, avons audit sieur Bidé donné et octroyé, donnons et octroyons par ces présentes l'état et office de notre conseiller maitre des requestes ordinaire de notre hotel que cy devant tenoit et exerçoit Mr Claude Moulnorry, dernier paisible possesseur d'iceluy, duquel Mr Louis Marie Moulnorry, son légataire universel, auroit en conséquence du droit annuel payé par ledit défunt, disposé en faveur dudit sieur *Bidé* par sa procuration cy attachée sous le contre scel de notre chancellerie, pour iceluy office avoir, tenir et doresnavant exercer par ledit sieur *Bidé*, et en jouir et user, aux honneurs, autoritéz, prérogatives, prééminences, pouvoir, facultéz, privilèges, gages, chevauchées, livraisons, hotellages, droits de bourse, et autres proffits, exemptions et émolumens accoutuméz, et tout ainsy qu'en a jouy ou deu jouir ledit sieur de Moulnorry tant qu'il nous plaira, encore qu'il n'ait vécu les quarante jours portez par nos ordonnances, de la rigueur desquelles nous l'avons relevé et dispensé, relevons et dispensons par ces dittes présentes, attendu le droit annuel par luy payé pour ledit office, si donnons en mandement à notre très cher et féal chevalier, le sieur Séguier, chancelier de France, et à nos améz et féaux conseillers les gens tenans notre cour de parlement à Paris, qu'après qu'il leur sera apparu des bonnes vie, mœurs, conversation et religion catholique, appostolique et romaine dudit sieur Bidé et de luy pris et receu le serment en tel cas requis et accoutumée, iceluy reçoivent, mettent et instituent de par nous en possession et jouissance dudit estat et office, et d'iceluy ensemble des honneurs, autoritéz, prérogatives, prééminences, facultéz, pouvoirs, privilèges, gages, chevauchées, livraisons, hotellages, droits de bourse et autres droits et exemptions, proffits, revenus et émolumens, susdits, le fassent, souffrent et laissent jouir et user pleinement, et paisiblement, et à luy obéir et entendre et de tous ceux et ainsy qu'il appartiendra és choses touchant et concernant ledit état et office, pourveu que ledit sieur *Bidé* ait atteint l'age de trente sept ans, et qu'il n'ait aucuns parens ny alliéz au degré de nos ordonnances, à peine de nullitéz des présentes. Mandons en outre à nos améz et féaux conseillers les trésoriers de France et généraux de nos finances à Paris, nos receveurs, payeurs et autres comptables qu'il appartiendra, ils fassent iceux gages et droits payer, bailler et délivrer comptant audit sieur *Bidé* doresnavant par chacun an, aux termes et en la manière accoutumée, à commencer du jour et datté des présentes, rapportant lesquelles ou copie d'icelles deuement collationnés pour une fois seullement, et quitance dudit sieur *Bidé* sur ce suffisante, nous voulons lesdits gages et droits et tout ce que payé luy aura esté pour l'effect que dessus, estre passé et alloué en la dépense de leurs comptes, déduit et rabattu de leur recette par les gens de nos comptes à Paris, ausquels mandons ainsy le faire sans difficulté. Car tel est notre plaisir. Donné à Paris le quinzième jour de février l'an de grace mil six cens soixante onze, et de notre règne le vingt huitième. Signé sur le reply, par le Roy, LE MENESTREL, avec griffe et paraphe et scellé du grand sceau de cire jaune.

Archives communales de Lille. Registre aux mandements et ordonnances enregistrés à la gouvernance de Lille. — Registre Verd, f° 160 r° et v° et 161 r°.

1672, 20 juillet. — *Nomination de Joseph Bidé, sr de la Grandville, comme intendant de Limoges.*

Louis, par la grâce de Dieu, roy de France et de Navarre, à notre amé et féal conseiller en notre Conseil d'Etat, Maitre des requestes ordinaire de notre hotel, le sieur *Bidé de la Grandville*, salut. Désirant à l'occasion du décès du feu sieur de Nesmond qui avoit l'intendance de la justice, police et finances en la généralité de Limoges, donner cet employe à une personne capable de l'exercer dignement, Nous avons estimé ne pouvoir faire pour cette fin un meilleur choix que de vous, pour l'entière connoissance que nous avons de votre capacité, expérience dans toutes les affaires de judicature et de finances, vigilance et sage conduite, fidélité et affection singulière à notre service, dont vous avés donné des preuves en plusieurs occasions, même dans l'exercice et fonctions de votre ditte charge de Maitre des requestes, dont il nous reste une entière satisfaction. A ces causes et autres bonnes considérations à ce nous mouvans, nous vous avons commis, ordonné et établis, commettons, ordonnons et établissons par ces présentes, intendant de la justice, police et finances en la généralité de Limoges, et à cet effect, vous donnons pouvoir de vous trouver et assister aux conseils qui seront tenus par les gouverneur et notre lieutenant général en notre dite province de Limosin pour nos affaires et services, y donner vos bons avis, entrer seoir et présider ès sièges presidiaux baillages, sénéchaussées et jurisdictions dudit pays toutes fois et quantes que bon vous semblera et que vous le jugerez nécessaire, procéder si besoin est, au réglement et à la réformation de la justice selon les formes prescrites par nos édits et déclarations, ainsy que vous verrez estre requis pour la dignité d'icelle, le repos et soulagement de nos sujets, et l'observations de nos ordonnances, les faire garder entièrement et inviolablement, reconnoitre le devoir que nos officiers de judicature et autres auront rendu en leurs charges, procéder allencontre de ceux qui ne s'en sont pas bien et fidellement acquitez par suspension selon la rigueur de nos ordonnances, pacifier les débats et différens qui pourront estre à présent ou survenir cy après entr'eux, pour raison de la fonction, autoritéz, droits, prérogatives, prééminences, et émolumens de leurs charges, et ce par manière de provision, et jusqu'à ce qu'autrement en ait esté par nous ordonné, ouir et entendre les plaintes et doléances de nos sujets, pourvoir ou faire pourvoir par les juges des lieux ou autres que vous aviserez sur icelles, ainsi que vous verrez estre à faire, en sorte que la justice et police leur soient rendues et gardées avec l'équité, diligence et égalité requises, entrer et présider aux assemblées des villes lors que besoin sera et que l'occasion le requérera, même lors des élections des conseils ou eschevins et autres charges municipalles, y faisant observer l'ordre requis pour le maintien de notre autorité et le bien commun de nos sujets, procéder à la vérification des dettes des communautéz de ladite province, vous informer de ce qui concerne le bien de nos affaires et service, et spécialement de ce qui regarde l'observation de nos ordonnances et réglements, repos et soulagemens de nos sujets, tenir la main à ce qu'il ne se fasse aucunes assemblées illicites, pratiques, monopoles, sédition ou émotion, ny entreprises contre notre service, ny aucunes levées de gens de guerre sans nos commissions, et s'il s'en faisoit, en informer diligemment ainsy que de tous autres crimes préjudiciables à nostre service, procéder contre les coupables de quelques qualité et condition qu'ils soient, leur faire et parfaire le procès jusqu'à jugement définitif et exécution d'iceluy souverainement et en dernier ressort selon la rigueur de nos ordonnances, appellé avec vous le nombre de juges ou graduéz portéz par icelles, voulons que vos jugemens ainsy donnéz soient de mesme force et vertus que s'ils estoient émanéz de nos cours supérieurs et soient exécutéz nonobstant oppositions ou appellations quelconques, récusations, prises à partie, édits, ordonnances et autres choses à ce contraires ordonner et enjoindre aux prévost des maréchaux, leurs lieutenans, greffiers, archers et autres nos officiers et justiciers que besoin sera, ce que vous verrez estre requis pour le fait de la bonne administration de la justice et police, ausquels et à chacun d'eux, nous enjoignons très expressement d'obéir et entendre à tout ce qui leur sera par vous ordonné, prendre aussy soin et connoissance de la levée et administration de nos deniers en laditte généralité, tant des tailles, taillon, subsistance, qu'étappes, et de tout ce qui concerne nos finances, entrer à cette fin, seoir et présider au bureau de nos finances establi en laditte province, vous faire représenter les états de la recette et dépense de nos deniers ; observer et faire observer exactement les ordonnances et réglemens sur le fait des finances et mesme ceux concernans la levée des tailles et autres nos deniers en laditte province, tenir la main à ce qu'il ne s'y commette aucune contravention, et ne si fasse aucunes levées qu'en vertu de nos lettres patentes scellées de notre grand sceau, informer soigneusement des exactions, concussions, violences et malversations qui pourroient estre faites en nos finances en laditte généralité, procéder par jugement souverain et en dernier ressort selon la rigueur de nos ordonnances comme dit est, contre ceux qui s'en trouveront coupables, empescher toutes foules oppressions et désordres de la part de nos gens de guerre passans et séjournans en laditte généralité ; procéder contr'eux avecq le mesme pouvoir que dessus, en cas de contravention à nos réglemens et ordonnances et selon la rigueur d'icelles, voulons et entendons que vous ayez aussy l'intendance et direction des payemens des deniers qui seront destinéz pour la solde, entretenement et subsistance de la gendarmerie, chevaux légers et gens de pied de nos troupes tant françoises qu'estrangères, estant et qui seront en laditte généralité de Limoges, suivant nos états, réglemens et ordonnances, que vous fassiez fournir le pain de munition aux sergens et soldats de l'infanterie présens et effectifs et les fourages à la cavallerie lors et ainsy qu'il leur sera par nous ordonné, voir vérifier et arrester les états servans à la décharge des trésoriers de l'ordinaire et extraordinaire de nos guerres et cavallerie légère, ou autres comptables munitionnaires et gardes magasins pour les dépenses et fournitures qu'ils auront faites des deniers, pain et fourages ; vous faire représenter ceux que nous leur avons fait et ferons expédier comme aussy par les commissaires et controlleurs de nos guerres les extraits des montres et reveues qui seront par eux faites, leurs controlles et registres, et en tout ce que dessus circonstances et deppendances faire et ordonner ce que vous verrez estre nécessaire et à propos pour notre service, et qui dépendra des fonctions de laditte charge d'intendant de la justice, police et finances, voulant que vous en jouissiez aux honneurs, autoritéz, prérogatives et prééminences qui y appartiennent, et aux appointemens qui vous seront par nous ordonné de ce faire, vous avons donné et donnons pouvoir, commission, autorité et mandement spécial. Mandons à notre très cher et bien amé cousin, le viscomte de Turenne, maréchal général de nos camps et armées, gouverneur et notre lieutenant général en notre ditte province de Limosin, et en son absence à notre lieutenant général en icelle, qu'en tout ce qui sera du fait de la présente commission, il vous donne toute aide et assistance si besoin est, et requis en est, et à tous nos officiers et sujets qu'ils vous rendent et fassent rendre toute obéissance ès choses concernant l'exécution de ces dittes présentes. Car tel est notre plaisir. Donné à Saint-Germain-en-Laye, le vingtième jour de juillet, l'an de grâce mil six cens soixante douze, et de notre règne le trentième, signé Marie Théresse, et plus bas est escrit, par le Roy, signé Letellier, avecq griffe et paraphe, et scellé du grand sceau de cire jaune.

Archives communales de Lille. Registres aux mandements et ordonnances enregistrés à la gouvernance de Lille.— Registre Verd, f° 162 r° et suiv.

1679, 18 juin. — *Joseph Bidé de la Grandville est créé président à mortier au Parlement de Bretagne.*

Louis, par la grâce de Dieu, roy de France et de Navarre, à tous ceux qui ces présentes verront, salut. Mettant en considération les bons et agréables services qui nous ont esté rendus et au public par notre amé et féal conseiller en nos conseils, Maître des requestes ordinaire de notre hôtel, M. *Joseph Bidé de la Grandville*, tant dans l'exercice et fonction de la charge de conseiller en nostre grand conseil, durant le temps et espace de dix années consécutives, et soigneusement employées dans ledit exercice, où il s'est acquis une parfaite connoissance de l'administration de la justice, en considération de quoy nous l'avons cy devant pourveu de laditte charge de Maître des requestes ordinaire de notre hôtel, dans l'exercice de laquelle nous aurions connu par nous mesme son mérite et capacité, et ensuitte nous l'aurions nommé intendant et commissaire departy pour l'exécution de nos ordres dans la généralité de Limoges ; dans lesquels employs il nous a donné des preuves de sa capacité, fidélité et affection pour notre service ; et désirans luy donner des marques de la satisfaction qui nous en reste, sçavoir faisons que pour ces causes et autres bonnes et justes considérations à ce nous mouvans, nous avons, audit sieur *Bidé de la Grandville*, donné et octroyé, donnons et octroyons par ces présentes, l'office de notre conseiller, président à mortier en nostre cour de parlement de Bretagne, que tenoit et exerçoit M. Claude de Marbeuf, dernier paisible possesseur dudit office, lequel s'en est volontairement démis au proffit dudit sieur *de la Grandville*, par son procureur suffisamment fondé de procuration spéciale quant à ce cy attachée sous le contrescel de notre chancellerie, pour ledit office avoir, tenir et doresnavant exercer, en jouir et user par ledit sieur *Bidé de la Grandville*, aux honneurs, autoritéz, prérogatives, prééminences, franchises, libertéz, rang, séance, pouvoir et jurisdiction, gages, droits, pension et autres droits, fruits, proffits, revenus et émolumens accoutuméz et audit office appartenans, tels et semblables qu'en a jouy ou pu jouir ledit de Marbeuf, et tout ainsy qu'en jouissent et ont accoutumé de jouir les autres présidens à mortier dudit parlement de Bretagne, tant qu'il nous plaira, pourveu toutes fois que ledit *Bidé de la Grandville* n'ait dans le nombre des officiers de notre dite cour de parlement de Bretagne, aucuns parens ny alliëz au degré prohibé par nos ordonnances, et qu'il ait l'age et services requis et portéz par icelles, à peine de nullité des présentes et de sa réception, et autres peines portées par les édits et réglemens sur ce intervenus, si donnons en mandement à nos améz et féaux conseillers les gens tenans notre ditte cour de parlement de Bretagne, qu'après leur estre apparu des bonnes vie et mœurs, age de quarante années accomplies portées par nos dites ordonnances, conversation, religion catholique, appostolique et romaine dudit *Bidé de la Grandville*, et de luy pris et receu le serment en tel cas requis et accoutumé, ils le reçoivent, mettent et instituent ou fassent mettre et instituer de par nous en possession et jouissance dudit office, et d'iceluy ensemble des honneurs, fonctions, privilèges, exemptions, gages et droits dessusdits et accoutuméz le fassent, souffrent et laissent jouir et user pleinement et paisiblement, et le fassent obéir et entendre de tous ceux et ainsy qu'il appartiendra ès choses touchant et concernant ledit office. Mandons en outre à nos améz et féaux conseillers les présidents et trésoriers généraux de nos finances en Bretagne, que par les receveurs et payeurs des gages des officiers de notre dite cour de parlement de Bretagne, ils fassent payer, bailler et délivrer comptant par chacun an, aux termes, et en la manière accoutumée, audit sieur *de la Grandville*, les gages, droits, et pension audit office appartenans, à commencer du jour et datte des présentes, rapportant copie desquelles deuement collationnées pour une fois seullement avec quitance dudit sieur *de la Grandville*, sur ce suffissante. Nous voulons lesdits gages et droits et tout ce qui luy aura esté payé à l'occasion susdite estre passéz et allouéz en la dépense des comptes de ceux qui en auront fait le payement déduit et rabattu de leur recette par nos améz et féaux conseillers les gens de nos comptes à Nantes ausquels mandons ainsy le faire sans difficulté. Car tel est notre plaisir. En témoin de quoy nous avons fait mettre nostre scel à cesdites présentes. Donné à Saint-Germain en Laye, le dix huitiesme jour de juin l'an de grace mil six cens soixante dix neuf et de notre règne le trente septième, et sur le reply est écrit par le Roy, signé DESBARRES, avec griffe et paraphe et scellé du grand sceau de cire jaune.

<small>Archives communales de Lille. Registres aux mandements et ordonnances de la gouvernance de Lille. — Registre Verd, f° 164 et suiv.</small>

1715, 3 avril. — *Nomination de Julien-Louis Bidé de la Grand-ville à l'office de conseiller maître des requêtes ordinaire de l'hôtel.*

Louis, par la grâce de Dieu, roy de France et de Navarre, à tous ceux qui ces présentes verront, salut. Sçavoir faisons que pour la pleine et entière confiance que nous avons en la personne de notre amé et féal conseiller en notre grand conseil, *Julien-Louis Bidé de la Grandville* et en ses sens, suffissance, loyauté, prudhommie, capacité et expérience au fait de judicature, fidélité et affection à notre service, pour ces causes et autres considérations, à ce nous mouvans, et voulant reconnaître les services qu'il nous a rendus en l'exercice dudit office, depuis le trois juillet mil sept cens onze, qu'il y auroit esté receu en conséquence de nos lettres de provision du quatorze juin audit an, et l'obliger de nous les continuer avec le même zèle, fidélité et affection, nous luy avons donné et octroyé, donnons et octroyons par ces présentes l'état et office de notre conseiller maître des requestes ordinaire de notre hotel que tenoit et exerçoit notre aussy amé et féal Guillaume François Dugué de Bagnols, dernier possesseur, qui a fait le rachat du droit annuel de son dit office, ordonné par notre édit du mois décembre mil sept cens neuf, et qui s'en est ensuitte démis en nos mains en faveur dudit sieur *Bidé de la Grandville*, lequel nous a payé en nos revenus casuels, la finance ordonné par notre dit édit, et déclarations données en conséquence, pour en jouir à titre de survivance, ainsy qu'il appert de la quitance du sieur Bertin, trésorier de nos dits revenus, dont copie collationnée est cy avec l'original de celle dudit rachat et autres pièces concernant ledit office, attachées sous le contre-scel de notre chancellerie, pour ledit office avoir tenir et doresnavant exercer, en jouir et user par ledit sieur *Bidé de la Grandville* audit tittre de survivance et aux honneurs, autorités, prérogatives, prééminences, franchises, libertés, privilèges, exemptions, gages, droits, fruits, proffits, revenus et émolumens, audit office appartenans, tels et semblables qu'en a jouy ou deu jouir ledit sieur Dugué de Bagnols, et qu'en jouissent les autres pourveus de pareils offices, encore que ledit sieur *Bidé de la Grandville* n'ait pas l'age et le service requis par nos édits, déclarations et ordonnances, suivant qu'il appert de ses provisions de l'office de notre conseiller au grand conseil du quatorze de juin mil sept cens onze, dont copie collationnée est cy attachée sous notre contre-scel, où il paroist qu'il est né le quatre de may mil six cens quatre vingt huit, et receu audit office le trois de juillet ensuivant, et quant au défaut d'age et de service qui luy manquent pour avoir celuy requis par nos ordonnances, nous l'en avons relevé et dispensé, par nos lettres de cejourd'hui, si donnons en mandement à notre très cher et féal le sieur Voysin, chevalier chancelier de France, commandeur de nos ordres que pris et receu dudit sieur *Bidé de la Grandville*, le serment accoutumé, et à nos amez et féaux conseillers les gens tenans notre cour de parlement à Paris, qu'après leur estre apparu des bonnes vie, mœurs, conversation et religion catholique, appostolique et romaine dudit sieur *Bidé de la Grandville* et de luy pris et receus le serment en tel cas requis et accoutumé, ils le reçoivent, mettent et instituent en possession et jouissance dudit office, et d'iceluy ensemble des honneurs, autorités, prérogatives, prééminences, franchises, libertés, privilèges, exemptions, gages, droits, fruits, proffits, revenus, et émolumens susdits, pleinement, paisiblement et audit titre de survivance, et à luy obéir et entendre de tous ceux et ainsy qu'il appartiendra es choses touchant et concernant ledit office, mandons en outre à nos amez et féaux conseillers les présidens trésoriers de France et généraux de nos finances à Paris, que par les receveurs et payeurs des gages et droits des officiers de notre dite cour de parlement, il fassent payer et délivrer comptant audit sieur *Bidé de la Grandville* lesdits gages et droits doresnavant par chacun an, aux termes et en la manière accoutumé et à commencer du jour de sa réception audit office, rapportant copie de laquelle et des présentes deument collationnée pour une fois seullement, avec quitance dudit sieur *Bidé de la Grandville*, sur ce suffisante, nous voulons lesdits gages et droits estres passés et alloués en la dépense des comptes de ceux qui en auront fait le payement pour nos amés et féaux conseillers les gens de nos comptes à Paris, sans difficulté. Car tel est notre plaisir. En témoin de ce nous avons fait mettre notre scel à ces dites présentes. Donné à Versailles, le troisième jour d'avril l'an de grace mil sept cens quinze, et de notre règne le soixante douzième, signé sur le reply, par le roy Delans et avec griffe et paraphe, et scellé en queue de cire jaune.

Archives communales de Lille. — Registres aux mandements et ordonnances enregistrés à la gouvernauce de Lille. — Registre Verd, f° 173 r° et suivant.

1735, 22 avril. — *Lettres d'honneur accordées par Louis XV à Julien-Louis Bidé de la Grandville, ancien maître des requêtes.*

Louis, par la grâce de Dieu, roy de France et de Navarre, à notre très cher et féal le sieur Daguesseau, chevalier, chancelier de France et à nos amés et féaux conseillers les gens tenans notre grand conseil et autres nos officiers et justiciers qu'il appartiendra salut. Après les services qu'avoit rendu notre amé et féal le sieur *Julien-Louis Bidé de la Grandville*, dans l'exercice d'une charge de conseiller en notre dit grand conseil, le feu Roy de glorieuse mémoire notre très honnoré seigneur et bisayeul, pour donner audit sieur *Bidé de la Grandville* de première marque de son estime l'appellera (sic) dans ses conseils et le pourveut au mois d'avril mil sept cens quinze, d'une charge de Maître des requestes dans laquelle ledit sieur *Bidé de la Grandville* ayant donné des marques de sa capacité et de son attachement au service de notre état, il fut nommé à l'intendance de la province d'Auvergne et depuis à celle de Lille, qu'il remplit encore aujourd'hui avec tant d'honneur et de distinction que nous nous sommes déterminez à agréer la résignation qu'il a faite de laditte charge de maitre des requestes en faveur du sieur Nicolas-Charles de Malou de Conflans qui y a esté receu sur les lettres de provisions que nous avons accordées le dix de février dernier; cependant pour conserver audit sieur *Bidé de la Grandville* les avantages et les droits dont il a jouy pendant qu'il estoit revêtu de laditte charge, nous avons résolu de luy en accorder des lettres d'honnoraire. A ces causes et pour autres considérations, nous avons audit sieur *Bidé de la Grandville* permis et accordé et de notre grace spécialle, pleine puissance et autorité royalle, permettons et accordons par ces présentes signées de notre main, voulons et nous plait que nonobstant la résignation qu'il a faite de laditte charge il puisse se dire et qualifier en tous actes et en toutes occasions notre conseiller en nos conseils, maitre des requestes ordinaire de notre hotel, qu'il ayt en cette qualité rang, séance, voix et opinion délibératives en nos conseils, grand conseil et partout ailleurs où les maitres des requestes ont droit de l'avoir, du jour et datte de sa réception audit office, et qu'il jouisse au surplus et sa veuve pendant sa viduité de tous les honneurs, privilèges, fonctions, droits, avantages, immunitéz, et prérogatives appartenans audit office, tels et tout ainsi qu'il en a jouy ou deu jouir avant sa ditte résignation, et qu'en jouissent ou doivent jouir les autres maitres des requestes honnoraires nonobstant ce qui peut manquer audit sieur *Bidé de la Grandville* du service des vingt années requis par nos édits et déclarations dont nous l'avons de nos mêmes grâce, pouvoir et autorité et pour les causes, motifs et considérations que dessus relevé et dispensé comme nous le relevons et dispensons par ces dites présentes, dérogeant pour ce regard et sans tirer à conséquence ausdits édits et déclarations et à tous arrests et réglemens à ce contraires sans toutes fois que ledit sieur *Bidé de la Grandville* puisse prétendre aucuns gages, droits et autres émolumens attribuez audit office. Sy vous mandons que ces dittes présentes vous ayez à faire registrer et de leur contenu jouir et user ledit sieur *Bidé de la Grandville* pleinement et paisiblement, cessant et faisant cesser tous troubles et empeschement, et nonobstant toutes choses contraires. Car tel est notre plaisir. Donné à Versailles le vingt deuxième jour du mois d'avril l'an de grace mil sept cens trente cinq et de notre règne le vingtième, signé Louis, et plus bas par le Roy, signé PHELYPPEAUX.

Archives communales de Lille. Registres aux mandements et ordonnances enregistrés à la gouvernance de Lille. — Registre Vert, f° 175 r° et suiv.

1793, 1ᵉʳ septembre. — *Certificat de résidence de Julien-Louis [François] Bidé.*

Nous officiers municipaux et membres du Conseil de la commune de la ville de Doullens, chef-lieu de district, département de la Somme, certifions et attestons à tous qu'il appartiendra, que le citoyen *Julien-Louis Bidé*, français, rentier, cy-devant demeurant à Lille, a résidé à Doullens depuis le huit août dernier sans interruption jusqu'à ce jour. En foy de quoi, nous lui avons délivré le présent certificat, dont la demande a été affichée pendant trois jours à la porte de la maison commune.

Fait audit Doullens, en la Chambre commune, le premier septembre mil sept cent quatre-vingt-treize, l'an deuxième de la République, une et indivisible.

(Suivent les signatures) : BRULÉ. — DUPUIS, membre du Conseil général et de permanence et WANE, secrétaire greffier.

Archives du Nord. — Série L. — Administration du district de Lille : portefeuille n° 58 ; original en papier, portant signatures autographes.

1802, 4 avril. — *Paris, le 14 germinal, an 10 de la République une et indivisible.*

Le Ministre de la Police générale de la République, au Préfet du Nord,

D'après, citoyen Préfet, de nouveaux renseignements qui me sont parvenus, sur le nommé *Louis-Joseph* [1] *Bidé Lagranville*, prévenu

---

1. C'est Julien-Louis-François qu'il devrait y avoir, comme le portent plusieurs certificats de résidence.

d'émigration, actuellement détenu à Lille, et, vu le grand âge et les infirmités de cet individu, je révoque l'ordre que je vous ai précédemment transmis de le faire conduire hors le territoire de la République et je vous autorise à le placer sous la surveillance de l'autorité locale de telle commune du département du Nord qu'il désignera, jusqu'à la décision ultérieure de ma part.

Le Ministre de la Police générale,
(Signé) : Fouché.

Archives du Nord. — Série M, section IV, a² : portefeuille n° 15 ; original portant signature autographe sur papier.

BRECKVELT

Armes : *de sable à un lévrier rampant d'argent, colleté d'or.*

I. — *Ingle* Breckvelt, habitant Gercom, en Hollande, épousa Marguerite *Debosse*, dont il eut :

II. — *Gabriel* Breckvelt, né à Gercom, « couturieur », bourgeois de Lille par achat du 6 novembre 1615, enterré à Sainte-Catherine le 1er août 1667, épousa, à la fin de 1613, Marie *Desbonnet*, fille de Jean, morte paroisse Sainte-Catherine le 25 mars 1615 ; 2º à Sainte-Catherine, le 22 octobre 1615, Marie *Le Mesre*, fille de Thomas, décédée sur cette paroisse le 30 août 1631 ; d'où :

  1. — Du premier lit : *Jean*, baptisé à Saint-Étienne le 2 mai 1614.

  2. — Du second lit : *Marie-Madeleine*, baptisée à Sainte-Catherine le 18 mars 1618.

  3. — *Josse*, baptisé à Sainte-Catherine le 16 décembre 1619.

  4. — *Henri*, baptisé à Sainte-Catherine le 21 mars 1621, apothicaire, bourgeois de Lille par relief du 28 janvier 1649, échevin de cette ville, décédé paroisse Saint-Pierre le 17 janvier 1689, marié à Saint-Étienne, le 23 mai 1648, avec Marie-Claire *Herreng*, fille de Pierre et d'Anna *Descour*, baptisée à Saint-Étienne le 25 décembre 1625 ; d'où :

    a. — *Jacqueline*, baptisée à Sainte-Catherine le 6 septembre 1623.

    b. — *Engelbert-François*, baptisé à Sainte-Catherine le 17 novembre 1628, mort paroisse Saint-Pierre le 11 septembre 1649.

    c. — *René*, baptisé à Sainte-Catherine le 7 février 1630.

  5. — *Ignace*, qui suit, III.

III. — *Ignace* Breckvelt, sr de la Haye, bourgeois de Lille par relief du 13 octobre 1649, intendant du Mont-de-Piété, décédé paroisse de La Madeleine le 15 janvier 1697 et enterré au chœur ; épousa Barbe *de le Beulque*, fille de Gilles et de Péronne *Birlouet*, d'une famille de riches marchands lillois ; d'où :

1. — *Gilles*, baptisé à Sainte-Catherine le 12 avril 1654, diacre, mort paroisse de La Madeleine le 15 avril 1732.

2. — *Henri*, baptisé à Saint-Étienne le 18 février 1656.

3. — *Marie-Claire*, baptisée à Saint-Étienne le 15 août 1658.

4. — *Jean-François*, baptisé à Saint-Étienne le 16 juillet 1659, mort paroisse Saint-Maurice le 16 septembre 1679, marié dans cette église, le 27 août 1676, avec Jeanne-Brigitte *Leroux*, fille de Pierre et de Jacqueline *Lemesre*, baptisée à Saint-Maurice le 19 mars 1656 ; d'où :

    a. — *Marie-Brigitte*, baptisée à Saint-Maurice le 27 novembre 1678, décédée célibataire paroisse Saint-Sauveur le 3 novembre 1740 et enterrée dans cette église.

5. — *Jacques*, qui suit, IV.

6. — *Jean*, baptisé à Saint-Étienne le 11 février 1663, nommé écolâtre de Saint-Pierre le 13 octobre 1698, démissionnaire de cette fonction le 9 mars 1733, mort en 1759.

7. — *Marie-Françoise*, baptisée à Saint-Étienne le 10 juillet 1664, décédée paroisse Saint-Amé à Douai le 1er août 1741, mariée à Saint-Pierre de Lille, le 30 septembre 1682, avec Pierre-Bauduin *Prietz-Cardon*, écuyer, sr de Rollancourt, Blocus, Rongy à Flers, Douvrin, fils de Pierre *Prietz*, écuyer, et de Marie-Joseph *Cardon*, né à Douai en 1657, licencié en droit à l'université de Douai le 29 mars 1681, conseiller secrétaire du Roi, mort le 13 juin 1746. Il releva les noms et armes des Cardon, en vertu du testament de son grand oncle Maurand *Cardon*, qui l'avait institué son héritier universel à cette condition [1] ; dont postérité.

8. — *Antoine-Ghislain*, baptisé à Saint-Étienne le 26 janvier 1666, bourgeois de Lille par relief du 16 mai 1692, allié : 1º à Saint-Étienne, le 3 septembre 1691, à Marie-Joseph *Le Camps*, fille de Jacques et de Jeanne *Caplier*, baptisée à La Madeleine le 21 décembre 1670, y décédée le 12 septembre 1693 ; 2º à La Madeleine, le 18 février 1697, à Barbe-Michelle *du Hamel*, fille de Jacques et de Marie *Leuridan*, baptisée à Sainte-Catherine le 7 juillet 1675, remariée, avant 1730, à Laurent-François *Delaplace* ; dont :

    a. — Du second lit : *Barbe-Thérèse*, née en 1701, décédée paroisse Saint-Pierre le 27 septembre 1783, mariée à la Madeleine, le 18 septembre 1730, avec Jean-Chrysostome-Joseph *Lesaffre*, fils de Jean et de Marie-Angélique *Descourouez*, baptisé à Saint-Etienne le 12 novembre 1706, bourgeois de Lille par relief du 7 septembre 1731, avocat au Parlement de Flandre et grand bailli du chapitre de Saint-Pierre ; dont postérité.

---

1. Il portait : *d'argent au chardon de sinople fleuri de pourpre*.

b. — *Pierre-Guillaume*, vivant en 1730.

c. — *Jacques-Ignace*, prêtre et chapelain de Saint-Maurice, mort le 12 février 1733.

d. — *Marie-Anne-Joseph*, épouse de N...... *Lebrun*.

9. — *Marguerite*, baptisée à Saint-Étienne le 21 juillet 1667.

10. — *Louis-François*, baptisé à Saint-Étienne le 9 juin 1669.

11. — *Jean-Baptiste*, baptisé à Saint-Étienne le 24 juillet 1670, directeur du Mont-de-Piété, bourgeois de Lille par relief du 26 octobre 1699, mort paroisse Saint-Pierre le 12 juillet 1749, allié à Sainte-Catherine, le 22 septembre 1699, à Marie-Isabelle-Bernard *Bridoul*, fille de Guillaume et de Marie-Anne *Le Cerf*, baptisée à Saint-Pierre le 29 janvier 1680 ; sans postérité.

IV. — *Jacques* BRECKVELT, sʳ de la Haye, du Bois, de la Houtte, baptisé à Saint-Étienne le 23 septembre 1661, bourgeois de Lille par relief du 15 décembre 1694, créé trésorier de France au bureau des finances de la généralité de Lille le 17 janvier 1693, fonction dont il se démit le 20 juillet 1736, convoqué aux assemblées des nobles par ordonnance du 10 octobre 1718, décédé le 11 septembre 1743 ; épousa à Saint-Maurice, le 24 mai 1694, Marie *de Lespaul*, fille d'Augustin et de Jeanne *de Lannoy*, née vers 1669, décédée paroisse Saint-Pierre le 3 juillet 1752 ; dont :

1. — *Marie-Barbe*, baptisée à La Madeleine le 27 août 1692.

2. — *Jacques-Ignace*, baptisé à Saint-Maurice le 9 février 1695.

3. — *Augustin*, baptisé à La Madeleine le 2 octobre 1696, mort paroisse Saint-Pierre le 22 septembre 1724.

4. — *Louis-Joseph*, baptisé à La Madeleine le 9 janvier 1698, mort le 27 février suivant.

5. — *Philippe-Joseph*, baptisé à La Madeleine le 26 juin 1699, mort paroisse Saint-Pierre le 23 novembre 1712.

6. — *Marie-Thérèse-Lucie*, baptisée le 1ᵉʳ octobre 1700, mariée à Saint-Pierre, le 14 novembre 1723, avec Paulin *Chappuzeau de Beaugé*, receveur des fermes à Dijon ; dont postérité.

7. — *Marie-Françoise*, baptisée à Saint-Pierre le 3 février 1702, y décédée le 14 mai 1732, alliée à son cousin Jean-Louis *Prietz-Cardon*, chevalier, sʳ de Rollancourt, fils de Pierre-Bauduin, écuyer, et de Marie-Françoise *Breckvelt*, licencié en droit de l'Université de Douai le 2 août 1706, chef du magistrat de cette ville, nommé trésorier de France au bureau des finances de la généralité de Lille le 3 novembre 1709, fonction qu'il exerça jusqu'au 27 janvier 1723, veuf de Marie-Anne-Antoinette *de la Bauwette*, mort en 1762 ; sans postérité.

8. — *Isabelle-Julie,* dame du Bois, baptisée à Saint-Pierre le 27 août 1703, y décédée le 1er décembre 1752, mariée dans cette église, le 21 juillet 1726, avec Adrien-Louis-Antoine *de Guenet,* écuyer, sr de Long, fils d'Alexandre, écuyer, et de Françoise *des Moulins,* né à Rouen, bourgeois de Lille par achat du 5 mars 1734, lieutenant-colonel du régiment de la Fère infanterie, chevalier de Saint-Louis ; dont postérité.

9. — *Pierre,* né en 1704, prêtre, bachelier en théologie, décédé paroisse Saint-Pierre le 28 mai 1744.

10. — *Marie-Anne,* baptisée à Saint-Pierre le 14 février 1705.

11. — *Pierre-Guillaume,* qui suit, V.

12. — *Jean,* jumeau du précédent.

13. — *Marie-Anne-Thérèse,* baptisée à Saint-Pierre le 10 octobre 1707.

14. — *Louis-Joseph,* baptisé à Saint-Pierre le 13 mars 1709.

15. — *François-Gabriel,* écuyer, sr de la Haye, baptisé à Saint-Pierre le 5 juin 1710, commandant le second bataillon de grenadiers du régiment de la Fère, chevalier de Saint-Louis, convoqué aux assemblées des nobles par ordonnance du 23 avril 1763, décédé célibataire paroisse Sainte-Catherine le 11 novembre 1763.

16. — *Venceslas-Remi,* baptisé à Saint-Pierre le 2 octobre 1711.

17. — *Achille-Joseph,* qui suivra, V bis.

18. — *Charles-Joseph,* baptisé à Saint-Pierre le 28 août 1714.

V. — *Pierre-Guillaume* BRECKVELT, écuyer, sr de la Haye, baptisé à Saint-Pierre le 19 mai 1706, greffier des eaux et forêts à Lille, bourgeois de cette ville par relief du 21 janvier 1736, mort avant 1774 ; épousa Anne-Michelle *Vienne,* fille de Pierre-Joseph ; d'où :

1. — *Pierre-Joseph,* baptisé à La Madeleine le 21 août 1736, prêtre, mort à Lomme le 1er octobre 1774.

2. — *Barbe-Thérèse-Joseph,* baptisée à Saint-Maurice le 26 mars 1738, morte à Lomme le 20 août 1777, mariée audit lieu, le 29 mai 1772, avec Pierre-Placide-Joseph *de Gosson,* écuyer, sr de Rionval, fils de Jean-Emmanuel-François, écuyer, sr de la Ruelle, et de Marie-Thérèse *de Cheyeron,* baptisé à Saint-Géry d'Arras le 20 octobre 1745, capitaine au régiment de la marine, chevalier de Saint-Louis, puis lieutenant des maréchaux de France ; dont postérité.

3. — *Ignace-Joseph,* baptisé à Saint-Maurice le 5 janvier 1740, curé de Beaucamp ; poursuivi par les révolutionnaires le 2 mai 1792, il alla se réfugier à la municipalité de Lille qui lui donna un passeport de vingt-quatre heures pour aller à Menin, afin d'échapper à la fureur populaire. N'étant pas rentré, il fut porté sur la liste des

émigrés le 20 août 1793 et ses biens furent confisqués. Le 20 floréal an X, il prêta serment de fidélité à la Constitution devant le maire de Beaucamp et fut rayé le 6 brumaire an X ; il mourut curé de Loos le 2 février 1813.

4. — *Isabelle-Victoire-Joseph*, baptisée à Saint-Maurice le 20 décembre 1741, décédée paroisse Sainte-Catherine le 7 novembre 1747.

V bis. — *Achille-Joseph* BRECKVELT, écuyer, sr de la Rive, né en 1712 ou 1713, bourgeois de Lille par relief du 3 juin 1756, conseiller du Roi, trésorier de France au bureau des finances de Lille depuis le 6 septembre 1736 jusqu'à 1757, inscrit au rôle des nobles après sa requête du 19 novembre 1743, échevin de Lille de 1768 à 1781, mort le 24 avril 1785 ; épousa à Saint-Pierre, le 10 juillet 1752, Marie-Rose-Joseph *Fenaux*, fille de Jacques et de Marie-Joseph *Deroubaix*, née à Tournai en 1722, morte le 11 septembre 1777 ; d'où :

1. — *Éléonore-Joseph*, né à Tournai en 1746, légitimé par le mariage de ses parents, diacre, chanoine de Saint-Pierre de Lille, un des rares ecclésiastiques qui acceptèrent de prêter le serment de haine à la royauté, mort à Lille le 26 septembre 1816.

2. — *Jean-Achille-Joseph*, écuyer, baptisé à Saint-Pierre le 26 octobre 1753, réclama son inscription au rôle des nobles par requête du 15 octobre 1778, devint trésorier de la Basse-Terre de la Guadeloupe et mourut à Boston en mars 1791. Mr du Chambge de Liessart, dans sa *Notice sur les officiers du bureau des finances*, dit qu'il se maria à Amiens, mais les recherches faites dans l'état civil de cette ville ne nous ont donné aucun résultat.

3. — *François-Marie*, baptisé à Saint-Pierre le 11 janvier 1755.

4. — *Sophie-Rose*, baptisée à Saint-Pierre le 11 septembre 1757, morte à Lille le 17 juillet 1836.

5. — *Amélie-Édouardine*, baptisée à Saint-Pierre le 27 mai 1759, morte à Lille le 1er mars 1817.

6. — *Marie-Thérèse*, baptisée à Saint-Pierre le 6 novembre 1760, décédée le 23 janvier 1768.

7. — *Amélie-Sophie*, née à Tournai, paroisse Saint-Quentin, en 1761, morte à Lille le 27 mai 1831, épousa, le 18 novembre 1788, Édouard-Henri *Van Hoenacker*, fils de Gilles-François, négociant, et de Marie-Monique *de Ronquier*, baptisé à Saint-Maurice le 22 mars 1731, bourgeois de Lille par relief du 23 juillet 1771, veuf d'Isabelle-Rose-Joseph *Badart*, mort à Lille le 5 juillet 1807.

8. — *Joseph-Marie*, écuyer, sr de la Haye, baptisé à Saint-Pierre le 11 juillet 1762, vivait encore en 1788, car il est témoin au mariage de sa sœur Amélie-Sophie.

NON RATTACHÉE.

Marie BRECKVELT, veuve de Robert *Navez*, décédée paroisse Saint-Maurice le 27 mai 1725.

DE BRIGODE

Armes : *coupé* : au *1*, de gueules à trois *quintefeuilles* d'argent ; au *2*, d'argent à un cygne de sinople.

I. — *Jacques* Brigod ou Brigot, mort avant 1600, eut pour fils :

II. — *Bastien* Brigod, né à Marchenelles, marchand, bourgeois de Lille par achat du 7 janvier 1600, épousa Catherine *Pinte* ; d'où :

1. — *Vincent*, qui suit, III.

2. — *Françoise*, morte veuve après 1655, alliée à Jacques *Huberlant*, fils de François et d'Antoinette *du Triez*, né à Marchenelles, marchand de fer, bourgeois de Lille par achat du 8 octobre 1622, dont postérité.

3. — *Marie*, alliée à Saint-Étienne, le 19 avril 1627, à Jean *Clicquet*, fils de Jaspart et de Marie *Bacquart*, baptisé à Saint-Maurice le 27 septembre 1593, bourgeois de Lille par relief du 14 janvier 1628.

4. — *Jacques*, baptisé à Saint-Étienne le 27 septembre 1612, bourgeois de Lille par relief du 31 juillet 1635, mort avant 1676, allié à Saint-Étienne, le 20 mai 1635, à Jeanne *Dubois* ou *Dubosquiel*, fille de Jean ; dont :

    a. — *Jacques*, baptisé à Saint-Étienne le 20 mars 1636.

    b. — *Vincent*, baptisé à Saint-Étienne le 18 octobre 1638.

    c. — *Françoise*, baptisée à Saint-Étienne le 30 juin 1640, mariée dans cette église, le 17 avril 1662, avec Jean *Martin*, fils de Jean et d'Isabeau *Ferren*, baptisé à Saint-Maurice le 26 septembre 1636, bourgeois de Lille par relief du 14 août 1662.

    d. — *Jean*, baptisé à Saint-Étienne le 19 septembre 1642.

    e. — *Jeanne*, baptisée à Saint-Étienne le 22 octobre 1643, décédée paroisse Saint-Maurice le 17 novembre 1688, alliée : 1° à Jacques *Lagace*, fils de Nicolas et de Barbe *Le Roy*, bourgeois de Lille par relief du 9 juin 1665 ; dont postérité ; 2° à Saint-Maurice, le 10 novembre 1675, avec Jean-Lambert *Delobel*, fils de Jean et de Françoise *Barbieux*, baptisé à Saint-Maurice le 8 avril 1652, bourgeois de Lille par relief du 4 janvier 1676.

f. — *Catherine*, baptisée à Saint-Étienne le 8 octobre 1645, alliée dans cette église, le 19 juillet 1694, à François-Charles *Courtoy*, fils de Charles et de Radegonde *de Boulleret*, né à Paris, marchand, veuf de Françoise *Garengrau*, bourgeois de Lille par achat du 7 décembre 1696 ; dont postérité.

g. — *Robert*, baptisé à Saint-Étienne le 8 septembre 1646.

h. — *Jacques*, baptisé à Saint-Étienne le 11 juillet 1649.

i. — *Adrien*, baptisé à Saint-Étienne le 27 février 1651, marguillier de Saint-Maurice, eut un fils :

aa. — *Adrien*, mort paroisse Saint-Maurice le 4 septembre 1700.

5. — *Sébastien*, baptisé à Saint-Étienne le 1er janvier 1615 (le registre aux bourgeois le dit né à Dixmude), bourgeois de Lille par achat du 7 décembre 1635, marchand, épousa à Saint-Étienne, le 7 janvier 1636, Marie *Levesque*, fille de Jacques et de Marguerite *Delecourt*, baptisée dans cette église le 6 mars 1615, morte ainsi que son mari avant le 3 décembre 1648 ; dont :

a. — *Marguerite*, baptisée à Saint-Étienne le 27 mars 1637, morte avant 1648.

b. — *Adrienne*, baptisée à Saint-Étienne le 3 octobre 1647.

6. — *Barthélémi*, baptisé à Saint-Étienne le 24 août 1616.

7. — *Catherine*, baptisée à Saint-Étienne le 17 janvier 1621.

8. — *Barbe*, baptisée à Saint-Étienne le 13 mars 1623.

III. — *Vincent* Brigot, quincaillier, bourgeois de Lille, par relief du 23 février 1623, épousa Catherine *Guidoff*, fille de Jean ; dont :

1. — *Louis*, qui suit, IV.

2. — *Vincent*, baptisé à Saint-Étienne le 26 octobre 1625, marchand de fer, bourgeois de Lille par relief du 26 novembre 1649, allié à Saint-Étienne, le 31 août 1649, à Jeanne *Desruyelles*, fille de Jean et de Françoise *Carpentier*, baptisée dans cette église le 4 octobre 1627, décédée paroisse Saint-André le 27 mai 1669 ; sans postérité.

3. — *Sébastien*, baptisé à Saint-Étienne le 1er janvier 1630, eut pour marraine Françoise *Brigot* dont la parenté n'est pas indiquée.

4. — *Nicolas*, qui suivra, IV bis.

IV. — *Louis* de Brigode, marchand, bourgeois de Lille par relief du 4 avril 1652, épousa : 1° à Saint-Étienne, le 3 janvier 1652, Marie-Élisabeth *Lebon*, fille de Martin et de Catherine *Deppe* ; 2° à Saint-Étienne, le 19 octobre 1665, Marie-Jeanne

Carré, fille d'Antoine et de Marie *Gruart*, baptisée à Saint-Étienne, le 8 février 1637 ; dont :

1. — Du premier lit : *Catherine*, baptisée à Saint-Étienne le 8 octobre 1652.
2. — *Yolente*, baptisée à Saint-Étienne le 5 avril 1654.
3. — *Catherine*, baptisée à Saint-Étienne le 22 septembre 1655, épousa : 1º dans cette église, le 16 mai 1676, Martin *Lefebvre*, fils de Martin et d'Élisabeth *du Gardin*, baptisé à Saint-Étienne le 24 octobre 1651, bourgeois de Lille par relief du 4 février 1677 ; 2º à Saint-Étienne, le 7 janvier 1704, Pierre *de Poids*, fils de Floury et d'Antoinette *Gérard*, « né à la ville de Chambon, province de Forest en France », marchand, bourgeois de Lille par achat du 9 juillet 1694.
4. — *Marie-Jeanne*, baptisée à Saint-Étienne le 6 juillet 1657.
5. — *Marie-Jeanne*, baptisée à Saint-Étienne le 24 janvier 1659.
6. — *Antoinette*, baptisée à Saint-Étienne le 10 mars 1661.
7. — Du second lit : *Antoine-Ignace*, baptisé à Saint-Étienne le 3 mai 1667.
8. — *Marie-Angélique*, baptisée à Saint-Étienne le 28 novembre 1668, morte paroisse Saint-Pierre le 11 décembre 1739, alliée à Jean Gérard *Praesten*, fils de Noël et de Marie-Jeanne *de Bressy*, né à Mons, marchand, bourgeois de Lille par achat du 5 octobre 1703, décédé avant sa femme.
9. — *Mathias*, qui suit, V.
10. — *Noël*, baptisé à Saint-Étienne le 4 avril 1671.
11. — *Pierre-Louis*, baptisé à Saint-Étienne le 22 juillet 1673, décédé célibataire paroisse Saint-Pierre le 28 mai 1757.
12. — *Noel-Joseph*, baptisé à Saint-Étienne le 13 avril 1678.
13. — *Sébastien-Vincent*, baptisé à Saint-Étienne le 2 juin 1679.
14. — *Marie-Marguerite-Thérèse*, baptisée à Saint-Étienne le 6 août 1680, alliée dans cette église, le 25 novembre 1720, à Balthazar-François *Godin*, fils de Jean-Baptiste et de Jeanne-Brigitte *Caron*, négociant, baptisé à Saint-Étienne le 22 janvier 1683, bourgeois de Lille par relief du 5 janvier 1714, veuf de Marie-Marguerite *de la Barge*.

V. — *Mathias* DE BRIGODE, marchand, bourgeois de Lille par relief du 27 juin 1697, décédé paroisse Saint-Étienne le 24 août 1722, épousa dans cette église, le 16 avril 1697, Marie-Madeleine *Cordier*, fille de Pierre et de Marie-Madeleine *Faille*, baptisée à Saint-Étienne le 15 février 1674, y décédée le 4 novembre 1730 ; dont :

1. — *Guillaume-François*, baptisé à Saint-Étienne le 20 juillet 1698, y décédé le 21 mai 1699.

2. — *Pierre-François*, qui suit, VI.

3. — *Mathieu-Joseph*, baptisé à Saint-Étienne le 22 mars 1702, prêtre, chapelain d'Ennevelin, puis curé de Gruson pendant huit ans, enfin curé de Sequedin où il mourut le 30 novembre 1754. Il fut enterré dans l'église paroissiale dudit lieu.

4. — *Nicolas*, qui suivra, VI bis.

5. — *Pierre-Louis*, baptisé à Saint-Étienne le 15 août 1705, y décédé le 18 avril 1706 et inhumé dans la chapelle Saint-Jacques.

6. — *Marie-Catherine*, baptisée à Saint-Étienne le 20 juin 1707, décédée paroisse Saint-Maurice le 10 avril 1756, mariée à Saint-Étienne, le 13 février 1735, avec Jean *de la Haye,* fils de Jean et de Marie-Marguerite *du Buisson*, né à Reims, receveur particulier des bois du Roi en sa maîtrise des eaux et forêts de Lille, bourgeois de cette ville par achat du 4 février 1735, mort paroisse Saint-Étienne le 6 juin 1777 à 76 ans ; dont postérité.

VI. — *Pierre-François* DE BRIGODE, baptisé à Saint-Étienne le 30 juin 1700, apothicaire, marguillier de Saint-Étienne, bourgeois de Lille par relief du 28 novembre 1735 ; épousa à Saint-Maurice, le 16 janvier 1735, Marie-Antoinette-Angélique *Hennion*, fille de Jean-Baptiste et de Marie-Angélique *Lhermine*, baptisée à Saint-Maurice le 24 février 1710 ; dont :

1. — *Catherine-Louise-Joseph*, baptisée à Saint-Étienne le 18 février 1736.

2. — *Mathias-Joseph*, baptisé à Saint-Étienne le 21 mars 1737.

3. — *Marie-Anne-Angélique-Joseph*, baptisée à Saint-Étienne le 20 février 1739, y décédée le 19 janvier 1741.

4. — *Jean-François*, baptisé à Saint-Étienne le 23 juillet 1740, y décédé le 21 janvier 1741.

5. — *Marie-Joseph-Julie*, baptisée à Saint-Étienne le 31 mai 1743, alliée à Saint-Sauveur, le 6 juillet 1772, à Robert-Séraphin-Joseph *Delepierre*, fils de Michel et de Catherine-Jeanne *Brismal*, né à La Bassée en 1743, bourgeois de Lille par achat du 7 décembre 1787 ; sans postérité.

6. — *Pierre-Joseph*, baptisé à Saint-Étienne le 2 octobre 1748.

VI bis. — *Nicolas* DE BRIGODE, baptisé à Saint-Étienne le 23 décembre 1703, apothicaire, bourgeois de Lille par relief du 15 février 1732, décédé paroisse Saint-Étienne le 27 octobre 1766 ; épousa : 1º à Saint-Maurice, le 8 juillet 1731, Marie-Anne-Joseph

Hennion, sœur de Marie-Antoinette-Angélique, baptisée à Saint-Maurice le 17 mai 1706, décédée paroisse Saint-Étienne, le 4 avril 1733 ; 2° à Saint-Maurice, le 16 janvier 1735, Marie-Élisabeth-Joseph *Petit*, fille de Martin et de Marie-Marguerite *Leleu*, baptisée à Saint-Maurice le 13 décembre 1712, morte paroisse Saint-Étienne le 25 octobre 1792; dont :

1. — Du premier lit : *Marie-Angélique-Louise-Joseph*, baptisée à Saint-Étienne le 23 avril 1732.
2. — *Anne-Joseph*, baptisée à Saint-Étienne le 3 avril 1733.
3. — Du second lit : *Marie-Élisabeth-Joseph*, baptisée à Saint-Étienne le 6 novembre 1735, entrée à l'Abbiette de Lille le 6 septembre 1755, professe le 11 septembre 1756, sous-prieure en 1787.
4. — *Marie-Joseph*, baptisée à Saint-Étienne le 9 octobre 1736, morte paroisse Saint-Maurice le 18 février 1769, mariée à Saint-Étienne, le 22 janvier 1765, avec Albéric-Joseph *Mahieu*, fils d'Allard et d'Angélique *Dubus*, baptisé à Saint-Maurice le 25 novembre 1733, négociant, bourgeois de Lille par relief du 23 septembre 1765.
5. — *Marie-Marguerite-Joseph*, baptisée à Saint-Étienne le 30 juin 1738, y décédée le 1er septembre 1741.
6. — *Marie-Thérèse-Joseph*, baptisée à Saint-Étienne le 11 juillet 1741, entrée à l'Abbiette de Lille le 27 juin 1761, professe le 3 juillet 1762, y décédée le 22 avril 1776.
7. — *Marie-Madeleine-Joseph*, baptisée à Saint-Étienne le 9 juin 1743, morte à Lille le 28 novembre 1830, alliée à Saint-Étienne, le 14 octobre 1771, à Jean-Baptiste-Marie *Flamen*, fils de Pierre et de Anne-Catherine-Thérèse *Delobel*, baptisé à Saint-Maurice le 7 avril 1729, négociant, bourgeois de Lille par relief sur requête du 13 mars 1752, veuf de Louise *Collet* et d'Angélique *Vanlerberghe*, mort à Lille le 24 brumaire an VI ; dont postérité.

IV bis. — *Nicolas* de Brigode, baptisé à Saint-Étienne le 12 février 1632, marchand de cuivre, bourgeois de Lille par relief du 6 septembre 1658, décédé paroisse Saint-Maurice le 6 juin 1672 ; épousa à Sainte-Catherine, le 29 mars 1658, Jeanne *de le Forterie*, fille d'Arnould et de Michelle *Lheuridan* ; d'où :

1. — *Anselme*, baptisé à Saint-Maurice le 6 avril 1659.
2. — *Michelle*, baptisée à Saint-Maurice le 18 juin 1660.
3. — *Marguerite*, baptisée à Saint-Maurice le 4 juin 1662, y décédée le 13 décembre 1709.
4. — *Catherine-Jeanne*, baptisée à Saint-Maurice le 14 avril 1664.

5. — *Pierre*, qui suit, V.

6. — *Adrien*, baptisé à Saint-Maurice le 28 février 1668, y décédé le 20 décembre 1674.

7. — *Albert-Philippe*, baptisé à Saint-Maurice le 19 novembre 1669.

8. — *Arnould-Joseph*, baptisé à Saint-Maurice le 5 décembre 1671.

V. — *Pierre* DE BRIGODE, s^r de Canteleu, baptisé à Saint-Maurice le 31 octobre 1665, marchand, juge en la Chambre consulaire, puis directeur de la Chambre de commerce de Lille, bourgeois de cette ville par relief du 22 avril 1707, décédé paroisse Saint-Étienne le 9 mai 1751 ; épousa à Saint-Maurice, le 21 février 1707, Anne-Thérèse *Wielems*, fille de Pierre et de Marie-Anne *Huglo*, décédée paroisse Saint-Étienne le 19 novembre 1758 ; d'où :

1. — *Jeanne-Thérèse-Joseph*, baptisée à Saint-Étienne le 10 décembre 1707, morte paroisse Sainte-Catherine le 4 novembre 1757, mariée à Saint-Étienne, le 26 septembre 1746, avec Jean-Baptiste-Joseph-Bertin *Petitpas*, écuyer, s^r de Gohelle, fils de Jean-Antoine, écuyer, s^r de Walle, et d'Isabelle *Stappart*, baptisé à Sainte-Catherine le 25 août 1707, bourgeois de Lille par relief du 24 octobre 1746, marguillier de Saint-Étienne, décédé sans postérité le 21 janvier 1755.

2. — *Pierre-François-Jérôme*, baptisé à Saint-Étienne le 1er octobre 1709, y décédé le 8 octobre 1719.

3. — *Marie-Anne-Joseph*, dame de Parmentier, baptisée à Saint-Étienne le 13 octobre 1710, y décédée célibataire le 22 septembre 1780.

4. — *Jean-Chrysostome-Joseph*, s^r de Canteleu, baptisé à Saint-Étienne le 4 janvier 1712, bourgeois de Lille par relief du 16 août 1765, échevin de cette ville, membre de la Chambre de commerce de 1743 à 1748, décédé paroisse Saint-Maurice le 21 juillet 1768 ; il épousa à Saint-Étienne, le 11 février 1765, Marie-Reine-Blanche-Joseph *Lenglart*, fille de Nicolas-Hubert-Joseph et d'Alexandrine-Gabrielle-Albéricque *Carpentier*, baptisée à Saint-Étienne le 4 avril 1744, morte à Lille le 21 avril 1817 ; sans postérité.

5. — *Marie-Marguerite-Élisabeth*, baptisée à Saint-Étienne le 2 septembre 1713.

6. — *Marie-Robertine-Thérèse*, baptisée à Saint-Étienne le 16 janvier 1715, décédée paroisse Saint-Maurice le 11 juillet 1776, alliée à Saint-Étienne, le 1er février 1739, à Louis-Ernest *de Surmont*, chevalier, s^r de Favreul, fils de Philippe, chevalier, s^r de Warwanne, et de Marie-Michelle *de Surmont*, baptisé à Saint-Sau-

veur, bourgeois de Lille par relief du 2 novembre 1739, décédé paroisse Sainte-Catherine le 30 juin 1753

7. — *Arnould-Joseph*, sr du Quesnoy, baptisé à Saint-Étienne le 23 juin 1716, administrateur de la Charité générale de Lille, décédé célibataire le 18 novembre 1775. Son portrait est conservé à l'Administration des hospices.

8. — *Romain*, sr de le Becq, baptisé à Saint-Étienne le 6 août 1719, y décédé, célibataire, le 6 juillet 1783 et enterré à Annappes.

9. — *Marie-Louise-Adrienne*, baptisée à Saint-Étienne le 17 mai 1721, morte célibataire à Lille le 27 brumaire an III.

10. — *Pierre-Jacques-Joseph*, qui suit, VI.

VI — *Pierre-Jacques-Joseph* DE BRIGODE, sr de Kemlandt, baptisé à Saint-Étienne le 7 février 1724, nommé conseiller secrétaire du Roi en la chancellerie près le Parlement de Flandre le 31 décembre 1780, échevin de Lille, bourgeois de cette ville par relief du 2 novembre 1772, décédé paroisse Saint-Maurice le 9 novembre 1781 ; épousa dans cette église, le 6 août 1771, Marie-Catherine *Recq*, fille de Pierre-Dominique-Joseph et de Marie-Joseph *Chenu*, baptisée à Saint-Maurice le 11 juillet 1744, décédée le 20 novembre 1813, et enterrée à Annappes à côté de son mari ; d'où :

1. — *Pierre-François-Robert-Désiré*, qui suit, VII.
2. — *Romain-Joseph*, qui suivra, VII bis.
3. — *Louis-Marie-Joseph*, qui suivra, VII ter.

VII. — *Pierre-François-Robert-Désiré* DE BRIGODE, baptisé à Saint-Maurice le 22 janvier 1773, engagé dans les dragons en 1793, attaché à l'état-major de Macdonald, adjoint au corps du génie pendant la campagne de Hollande, devenu colonel de la garde nationale de Saint-Omer, maire de Camphin-en-Pèvele de 1813 à 1843, conseiller général du Nord de 1829 à 1848, créé comte héréditaire sur majorat (terres des cantons de Cysoing et Lannoy) par lettres du 15 novembre 1828, décédé le 9 janvier 1848 et enterré à Annappes. Il épousa, le 31 mai 1813, Marie-Antoinette-Ghislaine-Sylvie *de Luytens de Bossuyt*, fille de Maximilien-François-Joseph, vicomte de Luytens, et de Françoise-Ghislaine-Josèphe *Bady*, baptisée à Sainte-Catherine le 24 avril 1779, morte le 18 novembre 1843 ; dont :

1. — *Pierre-Oscar-Maximilien-Frédéric-Louis*, qui suit, VIII.
2. — *Pierre-Raymond-Victor-Ghislain*, né à Lille le 24 octobre

1819, décédé à Brocourt (Somme) le 9 juillet 1884, marié, le 27 avril 1847, avec Eugénie-Alphonsine-Marie-Augustine *Lecomte de la Viefville*, fille d'Eugène-Philippe-Louis-Joseph et d'Alphonsine *Bernard de Cizancourt*, morte à Brocourt le 29 mai 1899 à 73 ans; dont :

    a. — *Marie-Antoinette-Ghislaine-Eugénie*, née en 1848, mariée, le 28 novembre 1873, avec Charles-Marie-Édouard *des Courtils*, fils de René-Louis-Léon et de Gabrielle-Thérèse *de Ganay*, né le 5 septembre 1846, mort à Paris le 25 mai 1900 et enterré à Louaise (Oise) ; dont postérité.

    b. — *Jeanne-Marie-Alix-Ghislaine*, née en 1850, morte à Brocourt le 4 mars 1899, alliée, le 9 février 1881, à Robert *Le Roy*, comte *de Valenglart*, fils d'Anatole-Marie-Jean-Baptiste et de Marie-Aurélie-Camille *de Banastre*, né en 1844 ; dont postérité.

3. — *Marie-Eusébie-Henriette-Ferdinande*, née le 19 janvier 1818, morte à Luchin le 23 septembre 1822.

VIII. — *Pierre-Oscar-Maximilien-Frédéric-Louis* comte DE BRIGODE, né à Lille le 14 avril 1814, maire de Camphin-en-Pèvele, député du Nord, chevalier de la Légion d'honneur, chevalier de Malte, mort à Paris le 17 mai 1874 ; épousa à Liège, le 10 octobre 1840, Marie-Albertine-Léonie, baronne *de Rosen*, fille de Charles-Hyacinthe et d'Albertine-Hélène *de Grady de Bellaire*, née à Liège, le 1er août 1820, décédée le 14 décembre 1885 ; ils furent enterrés tous deux à Annappes et eurent :

1. — *Pierre-Paul-Marie-Albert*, qui suit, IX.

2. — *Pierre-Marie-Ghislain-Hyacinthe-Maximilien*, né en 1845, tué au combat de Villers-Bretonneux le 27 novembre 1870.

3. — *Eusébie-Marie-Ghislaine-Sylvie*, née à Liège le 10 juin 1850, mariée dans cette ville, le 19 juin 1872, avec Michel-Ferdinand-Raphaël, baron *de Sélys Longchamps*, fils de Michel-Edmond, sénateur, et de Sophie-Caroline *d'Omalius d'Halloy*, né à Liège le 30 novembre 1841, lieutenant aux guides, chevalier des Saints Maurice et Lazare ; dont postérité.

IX. — *Pierre-Paul-Marie-Albert* comte DE BRIGODE, né à Liège le 26 juin 1841, épousa, le 26 juin 1867, Marie-Joseph-Stéphanie-Hubertine *de Stembier de Wideux*, fille d'Eugène et de Claire-Henriette-Hubertine-Stéphanie *van Willigen*, née à Bruxelles le 24 juin 1846, morte sans enfants à Liège le 8 janvier 1898.

VII bis. — *Romain-Joseph* DE BRIGODE KEMLANDT, baptisé à Saint-Maurice le 28 février 1775, auditeur au Conseil d'État, député du Nord de 1805 à 1810, de 1815 à 1820 et de 1828 à 1837 ; créé baron d'empire le 2 janvier 1814, puis baron héréditaire par lettres du 4 juin 1830, pair de France le 3 octobre 1837, officier de la Légion d'honneur, décédé à Enghien-les-Bains le 5 août 1854 ; épousa, le 13 juin 1820, Célestine-Louise-Henriette *de Fay de Latour-Maubourg*, fille de Jules-Charles-César, comte de Latour-Maubourg, et d'Anastasie-Louise-Pauline *Mottier de la Fayette*, née le 10 février 1799, décédée à Annappes le 16 juillet 1893 ; d'où :

1. — *Marie-Désirée-Louise-Georgine*, née à Annappes le 25 août 1821, décédée à Paris le 7 février 1839.
2. — *Marie-Gabrielle-Charlotte-Louise*, née à Annappes le 29 juin 1823, morte à Rome le 12 février 1856.
3. — *Noémi-Louise-Émilie-Catherine*, née à Annappes le 7 février 1827, y décédée le 26 août 1906, alliée dans la chapelle du Luxembourg à Paris, le 27 juin 1847, à Humbert, vicomte *de Clercy*, né en 1820, décédé sans postérité à Paris le 2 mai 1870, enterré à Annappes.
4. — *François-Adrien-Maurice-Louis-Romain*, qui suit, VIII.

VIII. — *François-Adrien-Maurice-Louis-Romain*, baron DE BRIGODE KEMLANDT, né à Annappes le 9 mai 1829, mort à Bruxelles le 16 février 1860 ; épousa dans cette ville, le 5 décembre 1853, Ghislaine-Georgine *Vilain XIV*, fille de Charles-Guislain-Guillaume et de Pauline, baronne *de Billehé*, née à Naples le 2 juin 1833. Sans enfants.

VII ter. — *Louis-Marie-Joseph* DE BRIGODE, baptisé à Saint-Étienne le 22 octobre 1776, nommé maire de Lille, par arrêté du premier Consul, le 13 vendémiaire an XII, chevalier d'empire le 28 janvier 1809, créé comte sur majorat par lettres du 28 août 1809, chevalier de la Légion d'honneur, conseiller général du Nord, chambellan de Napoléon I[er][1], pair de France le 17 août 1815, confirmé dans le titre de comte par lettres du 18 février 1818, décédé à Bourbonne-les-Bains le 22 septembre 1827 ; épousa : 1º à Lille, le 1er février 1801, Marie-Bonne-Romaine *Potteau*, fille de Bon-Louis-Joseph, écuyer, sr de la Rue, et de Françoise-Joseph

---

1. Il fit partie de la mission chargée d'aller chercher le pape à l'occasion du couronnement de l'empereur.

Le Mesre, baptisée à Sainte-Catherine, le 17 janvier 1780, morte à Lille le 26 juillet 1802 ; 2° les 9-11 avril 1825, Amélie-Louise-Marie-Françoise-Joséphine *Pellapra*, fille de Leu-Henri-Alain et de Françoise-Marie *Leroy*, née le 11 novembre 1808, remariée le 30 août 1830 avec Joseph de *Riquet de Caraman*, prince de Chimay, morte à Menars (Loir-et-Cher), le 22 mai 1871 ; d'où :

1. — Du premier lit : *Louis-Arthur*, né à Lille le 28 décembre 1801, mort à Florence le 20 novembre 1822.
2. — Du second lit : *Marie-Ferdinand-Louis*, né le 1er août 1827, décédé le... janvier 1830.
3. — *Louis-Marie-Henri-Pierre-Désiré*, jumeau du précédent, dont l'article suit, VIII.

VIII. — *Louis-Marie-Henri-Pierre-Désiré* comte DE BRIGODE, né à Paris, le 1er août 1827, pair de France héréditaire, maire de Romilly (Eure), décédé à Paris le 4 août 1859 ; épousa à Bruxelles, le 16 mai 1849, Agathe-Éléonore-Anne-Élisabeth *du Hallay Coetquen*, fille de Jean-Georges-Charles-Frédéric-Emmanuel marquis du Hallay, et d'Anne-Éléonore-Antoinette *Tamelier*, sa première femme, née le....., remariée le 10 novembre 1860 à Henri-Charles-Georges baron *de Poilly*, morte à Follembray le 7 octobre 1905 ; d'où :

1. — *Gaston-Georges-Marie-Emmanuel*, qui suit, IX.
2. — *Marie-Henri-Charles-Antoine* DE BRIGODE DU HALLAY COETQUEN, né à Bruxelles le 1er mars 1852, autorisé par décret du 15 mai 1872 à ajouter à son nom celui de sa mère ; célibataire.
3. — *Émilie*, née en 1856, morte à Paris le 29 juin 1876.

IX. — *Gaston-Georges-Marie-Emmanuel* comte DE BRIGODE, né le 1er juin 1850, marié, le 1er janvier 1871, à Londres, avec Antonia-Corisande-Ida-Marie *de Gramont*, fille d'Antoine-Alfred-Agénor, duc de Gramont, et d'Emma-Mary *Makinnon*, née à Paris le 27 avril 1850. Sans postérité [1].

NON RATTACHÉE.

Françoise BRIGOTTE, mariée à Saint-Étienne, le 27 mai 1627, avec Jacques *Huberlant*, fils de François.

---

[1]. Nous avons emprunté une grande partie de ces dates modernes à l'ouvrage de M. RÉVÉREND : *Titres et anoblissements de la Restauration*, article *Brigode*.

DE FONTAINE

Armes : *parti : au 1 de gueules au lion d'argent, au 2 d'azur à une fontaine d'or.*

Cette famille est originaire de Cambrai.

I. — *Andrieu* de Fontaine, fils de Jean et d'Anne *Hoosmans*, mourut paroisse Saint-Martin de Cambrai le 6 août 1598. D'après les dires de ses descendants, il aurait déjà été qualifié d'écuyer ; cela est d'autant moins certain que jamais au XVIIe siècle ce titre n'est mentionné ni dans l'état civil ni dans les divers actes que nous avons trouvés.

Andrieu de Fontaine épousa N. *Lemaire*, décédée avant lui ; il en eut :

1. — *Jérôme*, qui suit, II.

2. — *André*, mort le 25 mai 1592 et inhumé dans la cathédrale d'Anvers.

II. — *Jérôme* de Fontaine, né à Anvers, bourgeois de Lille par achat du 24 janvier 1599, échevin de cette ville, mort avant 1633 ; épousa : 1° après janvier 1599, Claire *Pesin* [1] ; 2° à Saint-Maurice, le 14 mai 1618, Marie *Muette*, fille de François et de Barbe *Lefebvre*, veuve de Jean *Vanackre* ; d'où :

1. — Du premier lit : *Martin*, qui suit, III.

2. — *Jérôme*, marchand, bourgeois de Lille par relief du 7 mai 1624, mort en 1647, allié : 1° à Saint-Maurice, le 14 août 1623, à Michelle *Le Ghiez*, fille de Robert ; 2° à Saint-Maurice, le 17 novembre 1642, à Marie *du Hot*, fille de Jean, s^r de Bertelins, et d'Antoinette *Aupatin*, baptisée à Saint-Maurice le 22 novembre 1621, morte le 11 septembre 1687 ; dont :

    a. — Du second lit : *Jérôme*, baptisé à Saint-Étienne le 3 novembre 1643, créé trésorier de France au bureau des finances

---

1. Pesin : *d'or à trois chevrons de gueules.*

de la généralité de Lille le 6 février 1693, mort en exercice, paroisse Saint-Maurice, le 19 avril 1729, célibataire.

 b. — *Jean*, baptisé à Saint-Étienne le 19 février 1645.

 c. — *Marie-Claire*, fille posthume, baptisée à Saint-Étienne le 27 juillet 1647, morte veuve paroisse Saint-Jacques à Tournai le 21 janvier 1733, alliée à Saint-Étienne, le 5 février 1665, à Allard *de Roubaix*, sr de Portingal, fils de Balthazar, médecin, et de Marie *Bave*, baptisé à Saint-Étienne le 30 avril 1639, avocat postulant, bourgeois de Lille par relief du 27 avril 1665, conseiller au Parlement de Flandre, mort le 4 avril 1721 et enterré à Saint-Jacques de Tournai.

 3. — *Hubert*, qui suivra, III bis.

 4. — *Augustine*, baptisée à Saint-Maurice le 11 juillet 1608, épouse de Jean *Bodart*.

 5. — *François*, baptisé à Saint-Maurice le 18 février 1610.

 6. — Du second lit : *Jean*, baptisé à Saint-Maurice le 31 mars 1621.

III. — *Martin* DE FONTAINE, marchand, bourgeois de Lille par relief du 17 octobre 1623, mort en 1641 ; épousa : 1º à Saint-Étienne, le 16 janvier 1623, Catherine *Le Pippre*, fille de Philippe, morte avant 1638 ; 2º dans la chapelle des PP. Capucins, le 6 juillet 1639, Martine *Vanthor*, fille de Charles ; d'où :

 1. — *Philippe*, baptisé à Saint-Étienne le 6 mai 1624, bourgeois de Lille par relief du 7 mai 1649, décédé paroisse Sainte-Catherine le 18 novembre 1676, allié à Catherine *Alleame*, fille de Michel et de Catherine *Delattre* ; d'où :

  a. — *Hubert*, baptisé à Saint-Étienne le 18 juin 1650.

 2. — *Martin*, baptisé à Saint-Étienne le 6 novembre 1625.

 3. — *Gilles*, baptisé à Saint-Étienne le 7 juin 1628.

 4. — *Jean*, baptisé à Saint-Étienne le 16 juin 1630, vivant en 1640.

 5. — *François*, qui suit, IV.

 6. — *Antoinette*, baptisée à Saint-Étienne le 13 février 1636.

 7. - Du second lit : *Jean-Baptiste*, baptisé à Saint-Étienne le 1er mai 1640.

 8. — *Élisabeth*, fille posthume, baptisée à Saint-Étienne le 19 janvier 1642, morte après 1665.

IV. — *François* DE FONTAINE, baptisé à Saint-Étienne le 16 juin 1632, bourgeois de Lille par relief du 13 novembre 1656, chirurgien, mort avant 1718, épousa à Saint-Étienne, le 30 mai 1656,

Jeanne *Moutier*, fille de François et de Marguerite *Covoute*, baptisée à Saint-Étienne le 17 janvier 1637 ; d'où :

1. — *Jeanne*, baptisée à Saint-Maurice le 20 mars 1657.
2. — *Hubert-François*, baptisé à Saint-Maurice le 17 mars 1658.
3. — *Marie-Claire*, baptisée à Saint-Maurice le 26 septembre 1659, décédée paroisse de La Madeleine le 25 novembre 1681 (?).
4. — *Charles*, baptisé à Saint-Maurice le 3 avril 1662.
5. — *Louise*, baptisée à Saint-Maurice le 18 décembre 1663.
6. — *Nicolas-François*, baptisé à Saint-Maurice le 10 septembre 1665.
7. — *Antoine-Philippe*, qui suit, V.
8. — *Albert*, baptisé à Saint-Maurice le 12 janvier 1672, chirurgien, bourgeois de Lille par relief du 2 juin 1718, allié à Anne-Jacqueline *Simon*, fille d'Augustin et d'Anne *Dupont*, baptisée à Saint-Étienne le 9 janvier 1676 ; sans postérité.
9. — *Antoine-François*, baptisé à Saint-Maurice le 1er novembre 1673 [1].
10. — *Catherine-Joseph*, baptisée à Saint-Maurice le 21 février 1676, y décédée célibataire le 10 janvier 1741.
11. — *Constant*, baptisé à Saint-Maurice le 12 décembre 1677, y décédé célibataire le 31 décembre 1745.
12. — *Marie-Aldegonde*, baptisée à Saint-Maurice le 9 août 1679, y décédée le 3 octobre 1750, célibataire.
13. — *Jeanne-Claire*, baptisée à Saint-Maurice le 23 mars 1681, y décédée célibataire le 7 juillet 1747.
14. — *Jeanne-Marguerite*, née le 6 décembre 1684.

V. — *Antoine-Philippe* DE FONTAINE, baptisé à Saint-Maurice le 11 décembre 1669, bourgeois de Lille par relief du 4 septembre 1698, décédé paroisse Saint-Étienne le 26 février 1733 (?), épousa à Saint-Maurice, le 5 août 1698, Michelle *Plancque*, fille de Vast et de Marie *Viar*, baptisée à Saint-Maurice le 1er septembre 1667 ; dont :

1. — *Philippe-François*, baptisé à Saint-Maurice le 11 mai 1699, décédé paroisse Saint-Étienne le 2 décembre 1749.
2. — *Martin-Joseph*, baptisé à Saint-Maurice le 20 novembre 1700, bourgeois de Lille par relief du 10 octobre 1737, décédé paroisse Saint-Étienne le 13 mai 1755, marié à Saint-Étienne, le

---

[1] Un *François de Fontaine*, fils dudit François, mourut paroisse Saint-Maurice le 18 janvier 1695.

26 novembre 1736, à Marie-Marguerite-Thérèse *Fleur*, fille d'Étienne et de Marie-Anne-Louise *Caron*, baptisée à Saint-Étienne le 15 octobre 1713, y décédée le 22 mai 1783 ; d'où :

   a. — *Marie-Marguerite-Joseph*, baptisée à Saint-Étienne le 6 juillet 1738, décédée paroisse Saint-Maurice le 5 mai 1767, alliée à Saint-Étienne, le 29 septembre 1761, à Jean-François-Joseph *Lescailliez*, fils de Charles-François et de Marie-Jeanne *Destombes*, né vers 1740, marchand filtier, bourgeois de Lille par relief du 11 décembre 1761 ; dont postérité.

   b. — *Martial-Joseph*, baptisé à Saint-Étienne le 3 octobre 1741, y décédé le 23 décembre suivant.

   c. — *Marie-Françoise-Joseph*, baptisée à Saint-Étienne le 16 juillet 1743, y décédée le 10 janvier 1747.

   d. — *Marie-Joseph*, baptisée à Saint-Étienne le 22 mai 1747, mariée dans cette église, le 10 juillet 1770, avec Louis-François-Joseph *Laplace*, fils de Jean-Paul et de Marie-Catherine *Hemie*, baptisé à La Madeleine le 9 juin 1745, employé des vivres, mort avant 1793.

   e. — *Marie-Françoise-Joseph*, née en 1749, décédée paroisse Saint-Étienne le 9 novembre 1752.

   f. — *Julie-Joseph*, baptisée à Saint-Étienne le 27 juillet 1750.

3. — *Philippe-François*, qui suit, VI.

4. — *Antoine-Louis*, baptisé à Saint-Maurice le 22 août 1704, maître fondeur, bourgeois de Lille par relief du 13 octobre 1740, décédé paroisse Sainte-Catherine le 7 avril 1745, marié dans cette église, le 15 février 1740, avec Marie-Madeleine *Bauduin*, fille d'Alexandre et d'Alexandrine-Thérèse *Dammaert*, baptisée à Saint-Maurice le 7 mars 1702, morte paroisse Sainte-Catherine le 7 novembre 1772 ; sans postérité.

5. — *Catherine*, baptisée à Saint-Maurice le 14 mars 1707, décédée paroisse Saint-Étienne le 7 janvier 1768, alliée à Saint-Maurice, le 5 novembre 1736, à Ambroise-Joseph *de Beaumont*, fils d'Engrand-François et d'Antoinette *Pennequin*, baptisé à Saint-Maurice le 23 mars 1705, bourgeois de Lille par relief du 21 février 1737, presseur et calandreur, décédé paroisse Saint-Maurice le 22 janvier 1754 ; dont postérité.

VI. — *Philippe-François* DE FONTAINE, baptisé à Saint-Maurice le 14 janvier 1703, juré serrurier, bourgeois de Lille par relief du 1er mars 1736, décédé paroisse Saint-Étienne le 21 juillet 1751 et inhumé vis-à-vis la chapelle de l'Ange gardien, épousa à Saint-Maurice, le 6 juin 1735, Marie-Joseph *Deledicque*, fille de Jean-

François et de Marie-Jacqueline *Carrez*, baptisée à Saint-Maurice le 9 novembre 1713, morte après 1769 ; d'où :

1. — *Philippe-Louis*, qui suit, VII.
2. — *Alexandre-François-Joseph*, baptisé à Saint-Étienne le 4 avril 1741.
3. — *Charles-François-Joseph*, baptisé à Saint-Étienne le 22 juillet 1743, y décédé le 4 février 1754.
4. — *Marie-Catherine-Joseph*, baptisée à Saint-Étienne le 21 juin 1746, morte à Lille le 9 juillet 1793, alliée dans cette église, le 2 juin 1774, à Jean-Baptiste-Joseph *Delannoy*, fils de Jean-Baptiste et de Marie-Joseph *Fayen*, baptisé à La Madeleine le 5 mars 1748, mort en l'an III.

VII. — *Philippe-Louis* DE FONTAINE, baptisé à Saint-Maurice le 15 juin 1738, marchand de fer, mort à Valenciennes, paroisse de La Chaussée, le 3 juillet 1776, épousa à Saint-Étienne, le 31 janvier 1769, Constance-Françoise *Duriez*, fille d'Alexandre-François et d'Anne-Joseph *Isembart*, baptisée à Saint-Pierre de Douai en 1740 ; d'où :

1. — *Caroline-Constance-Joseph*, baptisée à Saint-Étienne le 26 janvier 1770, morte à Lille le 1er jour complétaire an XII, mariée dans cette ville, le 19 fructidor an X, avec Jean-Baptiste-Léonard-Joseph *Boudville*, fils de Jean-Baptiste-Joseph, officier de santé, et de Marie-Victoire *Oger*, né à Lille le 30 décembre 1779, y décédé sans postérité le 7 juin 1818.
2. — *Louis-François-Joseph*, baptisé à Saint-Étienne le 10 juillet 1771.
3. — *Rose-Constance*, baptisée à Saint-Étienne le 13 juin 1772, alliée à Lille, le 9 ventôse an X, à Louis-Egmond *Marissal*, fils de Louis-Eubert-Joseph et de Marie-Claire-Joseph *Damain*, né à Lille le 7 juin 1780, écrivain.
4. — *Adélaïde-Sophie-Joseph*, baptisée à Saint-Étienne le 3 décembre 1773, morte à Lille le 16 novembre 1825, mariée dans cette ville, le 18 vendémiaire an VI, avec Pierre-Emmanuel *Le Cesne*, fils de Gaspard-Siméon, rentier, et de Marie-Antoinette-Joseph *Elan*, baptisé à Saint-Sépulcre de Saint-Omer le 30 septembre 1771, employé à l'atelier d'armes de Lille, puis marchand de cierges, décédé à Vieux-Berquin le 21 septembre 1832 ; dont postérité.
5. — *Gaspard-Louis-Joseph*, baptisé à Saint-Étienne le 24 décembre 1775.

III bis. — *Hubert* DE FONTAINE, baptisé à Saint-Étienne le 17 août 1603, bourgeois de Lille par relief du 14 février 1633, décédé paroisse de La Madeleine le 2 mars 1679 ; épousa : 1° à Saint-Étienne, le 3 octobre 1632, Marguerite *Robert*, fille de Jacques, baptisée à Saint-Étienne le 7 février 1590 ; 2° à Saint-Étienne, le 15 mai 1638, Jacqueline *Wacrenier*, fille de Noël, chausseteur, et de Catherine *de Lannoy*, baptisée à Saint-Étienne le 24 septembre 1616 ; d'où :

1. — Du premier lit : *Jacques*, qui suit, IV.
2. — *Marie*, baptisée à Saint-Étienne le 27 avril 1635, vivant en 1688 ; mariée à Saint-Étienne, le 22 mai 1655, avec Nicolas *Guidin*, fils d'André et de Jeanne *Carlier*, baptisé à Saint-Étienne le 7 août 1629, bourgeois de Lille par relief du 5 mai 1656, avocat.
3. — *Marguerite*, baptisée à Saint-Étienne le 16 octobre 1636.
4. — Du second lit : *Catherine*, baptisée à Saint-Étienne le 28 mars 1639, morte paroisse Saint-Maurice le 29 juin 1672, alliée à Saint-Étienne, le 22 juin 1666, à Guillaume *Lenglart*, fils de Pierre et d'Anne *Delespierre*, bourgeois de Lille par relief du 8 octobre 1666, décédé après sa femme ; dont postérité.
5. — *Marie-Antoinette*, baptisée à Saint-Étienne le 14 juin 1641, morte après 1669, alliée à Jean-Antoine *Leroux*, fils d'Antoine et de Jeanne *Stochart*, baptisé à Saint-Étienne, le 22 octobre 1637, bourgeois de Lille par achat du 4 mai 1663.
6. — *Jacqueline*, baptisée à Saint-Étienne le 20 mai 1643.
7. — *Hubert*, baptisée à Saint-Étienne le 18 janvier 1645.

IV. — *Jacques* DE FONTAINE, sr de Manduez, baptisé à Saint-Étienne le 18 novembre 1633, bourgeois de Lille par relief du 17 mai 1686, mort le 30 juin 1704 ; qualifié d'écuyer parce que ses ancêtres auraient jadis porté ce titre ; épousa à La Madeleine, le 26 février 1686, Marie-Anne *Fasse*, fille d'Allard et de Marguerite *Fruict*, baptisée à Saint-Maurice le 13 juillet 1653, morte le 9 février 1727 ; dont :

1. — *Jacques-Nicolas-Joseph*, écuyer, sr de Manduez, baptisé à La Madeleine le 20 mars 1687, mort le 20 mars 1725.
2. — *Ignace*, écuyer, sr de Thieffries, baptisé à Saint-Maurice le 28 mai 1688, mort le 12 janvier 1749 ; il épousa Marie-Joseph *Ghys*, dont il eut :

   a. — *Jacques-Joseph*, mort célibataire à Lille le 16 février 1807, à l'âge de quatre-vingt-cinq ans.

3. — *Robert-François*, écuyer, sʳ de Manduez, baptisé à Saint-Maurice le 18 octobre 1690, y décédé le 20 août 1771.
4. — *Gilles*, qui suit, V.
5. — *Charles-Joseph*, baptisé à Saint-Maurice le 16 mars 1695.
6. — *Michel*, décédé paroisse Saint-Maurice le 12 mai 1701.
7. — *Jacques-François-Joseph*, décédé paroisse Saint-Maurice le 21 mars 1725.

V. — *Gilles* DE FONTAINE, écuyer, sʳ des Sarteaux, Liévin, Santes, baptisé à Saint-Maurice le 11 août 1692, bourgeois de Lille par relief du 29 novembre 1724, licencié en droit, échevin de cette ville, conseiller procureur du Roi, syndic de cette ville, mort le 14 janvier 1751 et inhumé dans l'église Saint-Maurice ; épousa à Saint-Étienne, le 20 août 1724, Marie-Barbe-Joseph *Marissal* [1], fille de Thomas et de Marie-Barbe *Marquant*, baptisée à Saint-Étienne le 4 avril 1695, décédée paroisse Saint-Maurice le 19 janvier 1773; d'où :

1. — *Marie-Anne-Joseph*, baptisée à Sainte-Catherine le 5 mai 1725, mariée à Saint-Maurice, le 6 décembre 1751, avec Pierre *Mengin*, chevalier, sʳ de Fondragon, fils d'Isaac, chevalier, et de Marie-Anne d'*Avach de Thèse*, né à Fondragon, le 12 mai 1716, capitaine au régiment de Picardie en 1743, chevalier de Saint-Louis en 1749, major du fort Saint-Sauveur à Lille en 1754. Pierre Mengin fit les campagnes de Bohême, Allemagne et Flandre, eut la jambe traversée d'un coup de feu le 17 mai 1743 au combat d'Inguelfin, fut confirmé dans le titre de baron par lettres enregistrées à la gouvernance de Lille le 26 mai 1780; dont postérité.
2. — *Marie-Barbe-Catherine*, baptisée à Sainte-Catherine le 28 mars 1728, vivant en 1768.
3. — *Claire-Monique-Augustine*, baptisée à Saint-Maurice le 4 avril 1729, y décédée le 19 octobre suivant.
4. — *Marie-Louise-Joseph*, baptisée à Saint-Maurice le 2 juin 1730, morte en 1792, mariée dans cette église, le 24 août 1761, avec Louis-Joseph *Castellain*, sʳ du Petit Vendeville, fils de Pierre, conseiller procureur du Roi à la maîtrise des eaux et forêts, et de Marie-Jacqueline-Madeleine *Vanutberghe*, baptisé à La Madeleine le 24 septembre 1738, bourgeois de Lille par relief du 1ᵉʳ juin 1764, créé trésorier de France au bureau des finances le 28 juillet 1761, puis créé greffier à ce siège le 31 décembre 1766, nommé conseiller

---

1. MARISSAL : *d'azur à l'ancre d'or accompagnée de trois étoiles du même.*

secrétaire du Roi par lettres du 26 juillet 1786, mort en 1827 ; dont postérité.

5. — *Marie-Claire-Robertine*, baptisée à Saint-Maurice le 5 avril 1732, morte après 1772.

6. — *Gilles-Xavier-Casimir*, écuyer, s^r de la Montagne, Oriaumont, Maubuisson, baptisé à Saint-Maurice le 22 mars 1733, bourgeois de Lille par relief du 23 août 1765, créé trésorier de France le 24 mars 1756, fonction qu'il exerça jusqu'au 28 janvier 1784, convoqué aux assemblées des nobles de Flandre par ordonnance du 16 mars 1769, mort à Lille le 22 août 1806. Il épousa à Sainte-Catherine, le 11 février 1765, Marie-Anne-Joseph *Moucque*, fille de Charles-Joseph, chevalier, s^r des Mazures, et d'Euphroisine-Ernestine-Joseph *Ricourt*, baptisée à La Madeleine le 22 février 1746, morte à Lille le 24 juillet 1835 ; dont :

    a. — *Catherine-Thérèse-Joseph*, baptisée à Sainte-Catherine le 14 janvier 1766, alliée à son cousin germain Théodore-Augustin-Joseph *de Fontaine de Resbecq* (cf. *infra*).

    b. — *Sophie-Joseph*, baptisée à Sainte-Catherine le 9 janvier 1767, morte à Douai le 22 mars 1847, mariée à Sainte-Catherine, le 21 décembre 1790, avec Alexandre-Louis *de Clermont-Tonnerre*, vicomte de Thoury, fils de Charles-Louis-Joseph, marquis de Clermont-Tonnerre, et de Marie-Angélique-Thérèse *de Lameth de Hennencourt*, baptisé à Bertangles (Picardie) le 19 décembre 1763, créé baron d'empire sur institution de majorat par lettres patentes du 2 avril 1812 ; dont postérité.

    c. — *Gilles-Joseph-Marie*, baptisé à Sainte-Catherine le 5 mars 1769, y décédé le 20 mars suivant.

    d. — *Gilles-Gaspard-Joseph*, baptisé à Sainte-Catherine le 5 mai 1770, mort célibataire à Lille le 29 mars 1810.

    e. — *Louis-Alexandre-Joseph*, écuyer, baptisé à Sainte-Catherine le 7 mars 1772, officier à l'armée de Condé, puis passé au service de l'Angleterre, marié à Welore (Indes orientales), le 8 octobre 1799, avec Anne *Poole* [1], née à Schresbury le 22 septembre 1773 ; d'où :

        aa. — *Louis-Joseph-Henri*, né à Chettledroog (Mysore) le 4 octobre 1800, mort à Arras le 24 septembre 1832, célibataire.

        bb. — *James-Alexandre-Gilles*, né à Londres le 31 janvier 1805, mort après 1872, allié en décembre 1828, à Valentia *Stormont Spreckley* [2] ; dont :

---

1. POOLE : *d'azur semé de fleurs de lis d'argent, au léopard du même brochant sur le tout.*

2. STORMONT : *de sable au sautoir d'hermine cantonné de quatre têtes de léopard d'or.*

aaa. — Plusieurs enfants morts en bas âge.

bbb. — *Mélanie*, religieuse bernardine à Cambrai où elle vivait encore en 1882.

f. — *Mélanie-Claire-Joseph*, née le 15 décembre 1773, baptisée à Sainte-Catherine le 14 janvier suivant, morte à Amiens le 17 octobre 1793.

g. — *Félicité-Françoise de Chantal Romaine-Joseph*, baptisée à Sainte-Catherine le 15 novembre 1775, morte à Liévin le 9 octobre 1781.

h. — *Marie-Albertine-Joseph*, née le 11 août 1777, baptisée à Sainte-Catherine le 22 août suivant, morte célibataire à Lille le 19 juin 1841.

i. — *Marie-Pauline-Joseph*, baptisée à Sainte-Catherine le 2 juillet 1779, morte à Lille le 12 janvier 1844, mariée dans cette ville, le 4 mai 1808, avec Benoît-Joseph *Lallart de le Bucquière*, fils de Ghislain, écuyer, et de Charlotte-Joseph *de Briois*, baptisé paroisse Saint-Jean-en-Ronville à Arras le 18 mars 1757, mort à Arras le 9 juillet 1829 ; sans postérité.

j. — *Amélie-Henriette-Joseph*, baptisée à Sainte-Catherine le 23 janvier 1782, morte le 25 juillet 1819, alliée à Lille, le 20 avril 1818, à Auguste-Joseph *de La Fonteyne*, écuyer, fils de Séraphin-Joseph, écuyer, sr de Villers, et de Marie-Alexandrine *de Fourmestraux*, baptisé à Saint-Maurice le 24 avril 1773, officier de cavalerie, remarié à sa belle-sœur, qui suit, et décédé à Lille le 5 décembre 1855 ; dont une fille.

k. — *Marie-Virginie-Joseph*, baptisée à Sainte-Catherine le 10 mai 1784, morte à Lille le 5 février 1868, mariée dans cette ville, le 15 octobre 1835, avec son beau-frère, Auguste-Joseph *de Lafonteyne* ; sans enfants.

l. — *Benjamin-Joseph-Eugène*, écuyer, baptisé à Sainte-Catherine le 25 novembre 1785, mort célibataire à Paris, le 7 mars 1872.

7. — *Augustin-Jérôme-Joseph*, qui suit, VI.

8. — *Thérèse-Nicole*, baptisée à Saint-Maurice le 6 mars 1736, entrée à l'Abbiette de Lille le 10 novembre 1754, professe le 16 novembre 1755.

9. — *Ignace-Thomas-Joseph*, écuyer, baptisé à Saint-Maurice le 23 février 1737, lieutenant au régiment de Quercy, mort à Saint-Domingue le 8 août 1762.

1. — *Philippe-Alexandrine*, dame de la Loigne, baptisée à Saint-Maurice le 10 novembre 1738, morte après 1774.

VI. — *Augustin-Jérôme-Joseph* DE FONTAINE, écuyer, sr de Resbecq, Thieffries, baptisé à Saint-Maurice le 21 décembre 1734, bourgeois de Lille par relief du 5 octobre 1762, créé trésorier de France en 1766, mort à Houplin le 3e jour complémentaire an IV; épousa à Saint-Pierre, le 12 septembre 1762, Marie-Amélie-Joseph *Vanhove*, fille de Bauduin-Dominique et de Marie-Antoinette-Joseph *Prevost*, baptisée à La Madeleine le 22 juin 1745, morte à Lille le 11 septembre 1815 ; d'où :

1. — *Barbe-Amélie-Joseph*, baptisée à Saint-Pierre le 20 juin 1763, morte à Valenciennes le 14 décembre 1837, alliée à Lille, le 20 nivôse an XII, à Pierre-Dominique-Joseph *Crendal*, fils d'Antoine-François-Joseph, sr de la Tour, et de Marie-Catherine-Thérèse-Joseph *Campion*, né à Valenciennes le 11 septembre 1751, juge au tribunal de première instance, mort dans cette ville le 21 mars 1827; sans postérité.

2. — *Jérôme-Robert*, écuyer, baptisé à Saint-Pierre le 27 septembre 1764, mort le 1839.

3. — *Louis-Dominique*, écuyer, baptisé à Saint-Pierre le 12 avril 1768, mort célibataire le 1842.

4. — *Théodore-Augustin-Joseph*, qui suit, VII.

5. — *Marie-Eugénie-Joseph*, baptisée à Saint-Pierre le 24 novembre 1772, morte célibataire à Lille le 1er mars 1841.

6. — *Alexandrine-Joseph*, baptisée à Saint-Pierre le 9 février 1774, morte célibataire à Lille le 12 octobre 1837.

7. — *Marie-Caroline*, baptisée à Saint-Pierre le 7 mai 1777, décédée à Haubourdin le 10 juillet 1862, alliée à Lille, le 1er février 1815, à Gaspard-Alexandre-Joseph *de Sars de Braisme*, fils d'Alexandre-Raymond, écuyer, et de Marguerite-Rosalie *Mathieu*, né à Valenciennes le 6 avril 1765, capitaine au régiment de Chartres infanterie, décédé sans postérité avant sa femme.

8. — *Henri-Joseph*, baptisé à Saint-Pierre le 11 février 1779, y décédé le 2 août suivant.

9. — *Joseph-Angèle-Louise*, baptisée à Saint-Pierre le 12 novembre 1780, morte célibataire à Lille le 22 janvier 1832.

10. — *Éléonore-Albertine-Joseph*, baptisée à Saint-Pierre le 8 avril 1783, morte à Lille le 4 février 1854, mariée dans cette ville, le 31 décembre 1834, avec Jean-Hubert *Julliot de la Rouvrelle*, fils de François, écuyer, et de Jeanne *Duhoux*, né à Neufour (Meuse) le 3 octobre 1776, capitaine d'état-major, chevalier de la Légion d'honneur, mort à Haubourdin le 18 mai 1852 ; sans enfants.

VII. — *Théodore-Augustin-Joseph* DE FONTAINE, écuyer, sr de Resbecq, baptisé à Saint-Pierre le 2 août 1770, épousa : 1° à Santes, le 24 septembre 1798, Catherine-Thérèse-Joseph *de Fontaine*, sa cousine germaine, baptisée à Sainte-Catherine le 14 janvier 1766, morte le 26 messidor an VIII ; 2º Marie-Louise-Charlotte *Deléglise*, née à Guines en 1788 ; d'où :

1. — Du premier lit : *Charles-Gabriel-Théodore*, né à Lille le 19 thermidor an VII, mort à Houplin le 2 vendémiaire an IX.

2. — Du second lit : *Adolphe-Charles-Théodore*, qui suit, VIII.

VIII. — *Adolphe-Charles-Théodore* DE FONTAINE DE RESBECQ [1], né à Fives le 3 avril 1813, mort à Paris le 7 janvier 1865, sous-chef du personnel de l'enseignement supérieur, chef de bureau au ministère de l'instruction publique, chevalier de la Légion d'honneur le 14 août 1863. M. de Resbecq a écrit beaucoup d'ouvrages d'éducation ainsi que plusieurs livres d'histoire locale, dont l'énumération se trouve dans VERLY : *Essai de biographie lilloise*, page 92. Il épousa à Paris, le 28 janvier 1837, Angéline-Victoire *Lebas de Sainte-Croix*, fille de l'amiral, et de Françoise-Julie *Cotilon de Torcy de la Chabeaussière*, née en 1809, morte à Beuzeval (Calvados) le 28 août 1882 ; d'où :

1. — *Eugène-Hippolyte-Marie-Théodore*, comte de Fontaine de Resbecq, né à Paris le 22 novembre 1837, sous-chef de cabinet du ministre de l'instruction publique, chevalier des ordres de Saint-Sépulcre et de Saint-Grégoire-le-Grand, mort à Paris le 21 janvier 1902, épousa à Tours, le 15 octobre 1864, Marie-Renée-Alexandrine *du Breuil Hélion de la Guéronnière*, fille de Charles-Henri-Aimé, inspecteur des contributions directes, et de Marie-Eugénie *Le François des Courtis*, née à Saint-Maurice (Vienne) le 7 juin 1841 ; d'où :

    a. — *Marie-Adolphe-Pierre-Théodore*, né à Paris le 3 novembre 1866, lieutenant de cavalerie, allié au château du Puy (Cissac, Haute-Vienne), le 22 janvier 1895, à Louise-Marie-Isabelle *Oudot de Dainville*, fille de Louis-Henri-Félix et de Catherine-Marie-Pauline *d'Hugonneau de Boyat*, née audit lieu le 23 août 1873 ; sans enfants.

    b. — *Gilles-Arthur-Hilaire-Marie*, né à Poitiers le 14 avril 1870, lieutenant d'artillerie, marié à Orléans, le 20 février 1901, avec Lucie-Marie-Louise-Madeleine *Renard*, fille de Jean-Marie-Paul, propriétaire, et de Louise-Marie *Dujoncquoy*, née à Orléans le 9 octobre 1879 ; d'où :

        aa. — *Anne*.

---

[1]. Il fut déclaré sous le nom de sa mère et reconnu le 26 décembre 1813.

c. — *Agathe-Julie-Marie-Josèphe*, née au château de la Guéronnière (Tisson, Vienne), le 17 octobre 1865, mariée à Paris, le 13 mai 1893, avec André-Joseph-Marie-César *Potiron de Boisfleury*, fils de Louis-Marie-César et de Marie-Anna-Joséphine *Ollière*, né à Segré (Maine-et-Loire), le 26 septembre 1864 ; dont postérité.

d. — *Angéline-Charlotte-Marie-Thérèse*, née à Paris le 20 octobre 1872, alliée dans cette ville le 3 février 1897 à Paul-Marie *Chabaille d'Auvigny*, fils de Casimir-Alfred et de Marie-Félicie-Philippe *de Moucheton de Gerbois*, né à Soissons le 17 décembre 1871 ; dont postérité.

2. — *Ange-Léonce*, vicomte de Fontaine de Resbecq, né en 1840, substitut du procureur général à la cour d'appel de Limoges, puis procureur de la République à Poitiers, épousa à Paris, le 14 juillet 1874, Marie-Thérèse-Louise *d'Espinose*, fille de Louis-Edmond-Victor baron d'Espinose, et de Maximilienne-Marie-Thérèse *Blocquel de Wismes* ; dont :

a. — *Christian*, né le 10 mai 1875, célibataire.

b. — *Robert*, né en décembre 1876, avocat à Lisieux, marié avec mademoiselle *Pierron*, dont un fils : *Frédéric*.

c. — *Yvonne-Marie-Marguerite-Frédéricque*, née à Valognes le 6 août 1878.

d. — *Éric-Marie-Ferdinand-Louis*, jumeau de la précédente, mort à Valognes le 18 août suivant.

e. — *Marguerite-Marie-Fernande-Angéline*, née à Paris le 20 février 1881, morte à Valognes le 8 janvier 1899.

f. — *Yvan-Marie-Léon-Arnould-Edmond*, né à Valognes le 26 janvier 1883, décédé.

g. — *Frédéric-Marie-Ange-Joseph*, né à Valognes le 30 janvier 1885.

h. — *Xavier-Marie-Joseph-Gaston*, né à Valognes le 27 juin 1889.

i. — *René-Noël-Marie-Joseph-Robert-François*, né à Valognes le 25 décembre 1891.

j. — *Marie*.

3. — *Hubert-Charles*, baron de Fontaine de Resbecq, né à Paris en 1841, attaché au ministère de la marine, célibataire.

4. — *Geneviève-Gabrielle-Marie-Augustine*, née à Paris le 19 février 1846, mariée dans cette ville, le 11 décembre 1871, avec Auguste-Gustave-Joseph, vicomte *de Burgues de Missiessy*, fils d'Émilien-Jules, capitaine de frégate en retraite, officier de la Légion d'honneur, grand d'Espagne de première classe, et de Marie *de Méry*

de la Canorgue, né à Toulon le 16 juin 1844, y décédé le 6 mai 1905 ; dont postérité.

1769, 16 mars. — *Admission de Gilles-Xavier-Casimir de Fontaine, et d'Augustin-Jérôme-Joseph, son frère, aux assemblées de la noblesse.*

« A Monsieur,
Monsieur le lieutenant-général de la Gouvernance du souverain bailliage de Lille.

Suplient très humblement *Gilles-Xavier-Casimir de Fontaine*, écuier, seigneur d'Oreaulmont et de Maubuisson, et *Augustin-Jérôme-Joseph de Fontaine*, écuier, seigneur de Resbecq et de Thieffries, frères, demeurant en cette ville, disant qu'étant nobles, issus de noble génération et vivant noblement, ils désireroient jouir des privilèges et prérogatives de la noblesse que leur prédécesseur ont transmise ; qu'il est prouvé par leur contract de mariage qu'ils sont fils de feu *Gilles de Fontaine*, écuier, seigneur des Sarteaux et de Thieffries, et de Marie-Barbe-Joseph *Marisal*, son épouse, et par les registres de l'hôtel de ville et extraits baptistaires que ledit *Gilles* est fils de Monsieur *Jacques* et de demoiselle Marie-Anne *Fasse*, fils de *Hubert* et de demoiselle Margueritte *Robert*, fils de *Jérôme* et de demoiselle Claire *Pezin*, iceluy natif de Cambray, le premier de sa famille venu résider en cette ville l'an 1599, étoit fils d'*Andrieu de Fontaine*, écuyer, à son décès arrivé le seize aoust de l'année précédente, veuf de mademoiselle *Lemaire*, et fils de *Jean de Fontaine*, aussi écuier, et de demoiselle Anne *Hoofsmans*, aussi prouvé par extrait autentique du registre de la paroisse de Saint-Martin à Cambray ; l'on n'a pu recouvrir le contract de mariage dudit *Jérôme* avec demoiselle Claire *Pezin*, sa première femme, mais à celui de sondit second mariage avec demoiselle Marie *Muette*, passé l'an 1618, ont assistés comme témoin, Jean et Robert *Pezin*, ses beaux frères, et Jean *Lemaire*, son oncle, ce qui identifie aussi ledit *Jérôme*, fils d'*Andrieu*, écuier, et de mademoiselle *Lemaire* ; si quelques uns des prédécesseurs du supliant ont négligés de se qualifier écuier, cette omission ne peut prejudicier à la noblesse de sang qui leur etoit héréditaire ni avoir empêché qu'elle ne soit transmise à leurs descendans d'autant plus que leurs femmes étoient qualifiées demoiselles, qualités qui ne s'attribuoit qu'aux femmes de gentilshommes, les suplians auroient fait une preuve plus ancienne de leur noblesse si les registres des paroisses et de la maison eschevinale de Cambray et les titres qui reposoient aux archives des abbaies de ladite ville et du Cambresis antérieurs à l'année 1595 tems de la réduction de ladite ville sous la domination du Roy d'Espagne, n'avoient été égarés et perdus par les différents transports occasionnés par les anciennes guerres et les troubles à cause de la religion, comme il est attesté par le grand bailly de Cambrésis qui en a fait la recherche ; si l'on consulte l'histoire de ce pays l'on trouvera que le vilage de Fontaine lez Gobert fut un appanage des puinés de la maison de Wallincourt dont étoit seigneur l'an 1229 un nommé Pierre qui laissa trois fils, Guy, Anselme, et Gilles, que celui cy eut un fils nommé Gilles qui changeant les armes de sa famille qui étoient *de gueules au lion d'argent à la bordure d'or*, prit une fontaine pour ses armes ; que de *Jean* dit le flamen *de Fontaine*, chevalier, fils de *Gilles* et de Marie sa femme, sont sortis ceux de ce nom qui portent une fontaine pour leurs armes, que dans la suite Thomas *de Fontaine* qui portoit *d'azur à une fontaine d'or* comme sorti de la maison de Fontaine lez Gobert épousa *Catherine de la Fontaine Wicart* et fut père de Jean qui prit alliance avec Catherine *Dablainge* de laquelle il eut Jean de Fontaine qui prit pour compagne Anne *Hoofsmans* ; cette histoire dans la circonstance où l'on ne peut recouvrer de titres antérieurs à l'an 1595 sert à confirmer l'ancienneté de la noblesse des supliants, y étant fait mention de *Jean de Fontaine*, écuier, et de demoiselle Anne *Hoofssmans*, son épouse, prouvés par titres cydessus, avoir été père et mère d'*Andrieu de Fontaine*, écuier, père de *Jérome*, leur trisayeul, ils ont encore cet avantage qu'ils continuent de porter les armes *d'azur à la fontaine d'or* comme il est prouvé par attestation et actes autentiques que lesdits *Andrieu*, *Jérome* et leurs descendans ont toujours porté, si l'on ajoute la notoriété publique comme ils sont réputés être issus de noble génération du Cambrésis d'où ils tirent leur origine, et d'avoir leurs prédécesseurs vécu noblement depuis l'année 1599, tems auquel leur trisayeul est venu résider en cette ville suivant l'attestation de plusieurs gentilshommes de cette province, ils croient pouvoir se flatter d'avoir fait une preuve complette de leur noblesse, les supliants désirans conserver à leurs descendans la mémoire de la noblesse de leurs ancêtres ont très humblement recours à Votre autorité,

Monsieur,

à ce qu'il vous plaise ordonner que la présente requête et pièces jointes soient enregistrées au greffe de cette Cour et les supliants inscrits dans la liste des nobles y reposant pour être convoqués à toutes leurs assemblées. Ce faisant, etc., étoient signés : DE FONTAINE, DE FONTAINE DE RESBECQ et DEFFRENNES.

Apostille :
Soit communiqué au procureur du Roy. Fait ce neuf mars mil sept cent soixante neuf. Signé par ordonnance : GOURMEZ.

Ordonnance :
Vu la présente requête, pièces jointes, conclusion du procureur du Roy, tout considéré

Nous ordonnons que les suplians seront convocqués aux assemblées de la noblesse de cette province et jouiront des privilèges y attachés, à charge de faire enregistrer la présente requête et pièces jointes au greffe de ce siège en la manière accoutumée.

Fait en Conseil le seize mars mil sept cent soixante neuf. Signé : D. J. M. POTTEAU.

A la suite on trouve les copies des pièces justificatives mentionnées dans la requête.

Archives communales de Lille. — Registres aux mandements et ordonnances de la gouvernance. Registre coté Prince, de 1763 à 1771, pièces numérotées 98, pages 626 à 630 et 630 à 648.

DU FOREST

Armes : *d'argent à la bande de gueules accompagnée de six roses du même posées en orle.*

Cette famille est originaire de Roncq.

I. — *Pierre* du Forest, fils de Jean et d'Antoinette *Waignon*, né à Roncq, bourgeois de Lille par achat du 7 mai 1557, receveur de l'hôpital Saint-Jacques de 1568 à 1615, mort en 1615 ; épousa Marguerite *Castellain* ; d'où :

  1. — *Pierre*, procureur, s^r du Châtel, bourgeois de Lille par relief du 20 octobre 1588, allié à Anne *Froidure* ; dont il eut :

    a. — *Marguerite*, baptisée à Saint-Maurice le 11 mars 1589.

    b. — *Catherine*, baptisée à Saint-Étienne le 18 novembre 1592, épouse de François *du Barre*, s^r du Bois.

    c. — *Charles*, baptisé à Saint-Étienne le 8 avril 1596.

    d. — *Marguerite*, baptisée à Saint-Étienne le 20 octobre 1598, décédée le 20 octobre 1649, alliée à Saint-Étienne, le 5 août 1618, à Paul *de Lannoy*, fils de Jacques et de Marguerite *le Vasseur*, bourgeois de Lille par relief du 8 novembre 1618, capitaine d'une compagnie bourgeoise, membre du magistrat, dépositaire de cette ville le 23 juin 1633, anobli par Philippe IV le 20 mars 1642 ; dont postérité.

  2. — *Denis*, baptisé à Saint-Maurice le 22 octobre 1570 [et non 1540].

  3. — *Jean*, qui suit, II.

  4. — *Adrien*, marchand de draps, bourgeois de Lille par relief du 24 avril 1597.

  5. — *Claude*, qui suivra (deuxième branche).

  6. — *Nicolas*, baptisé à Saint-Maurice le 18 janvier 1576 (n. st.).

  7. — *Barbe*, baptisée à Saint-Maurice le 2 mai 1579.

  8. — *Françoise*, baptisée à Saint-Maurice le 12 janvier 1580 (n. st.).

  9. — *Mathieu*, baptisé à Saint-Maurice le 8 août 1581.

II. — *Jean* du Forest, s^r de la Fenerie, baptisé à Saint-Maurice le 28 avril 1573, bourgeois de Lille par relief du 13 mars 1589, épousa Madeleine *Le Maire*, fille de Gilles et de Françoise *Le Mieuvre*, baptisée à Saint-Maurice le 5 juillet 1574; dont:

1. — *Pierre*, baptisé à Saint-Étienne le 19 janvier 1590.
2. — *Simon*, baptisé à Saint-Étienne le 13 mars 1592, célibataire.
3. — *Pierre*, qui suit, III.
4. — *Daniel*, sr d'Orifontaine, baptisé à Saint-Étienne le 24 octobre 1595, marchand, bourgeois de Lille par relief du 10 février 1623, échevin de cette ville, décédé le 9 mars 1652, marié à Saint-Étienne, le 2 juillet 1622, avec Marguerite (*alias* Catherine) *de Haynin*, fille de Robert; dont:

    a. — *Madeleine*, baptisée à Saint-Étienne le 17 octobre 1623, morte avant 1663, alliée dans cette église, le 29 novembre 1643, à Gilles *Willemin*, fils de Gilles et de Catherine *de Beaumont*, baptisé à Saint-Étienne le 2 novembre 1621, bourgeois de Lille par relief du 21 mai 1644; dont postérité.

    b. — *Marguerite*, baptisée à Saint-Étienne le 6 novembre 1624, décédée le 7 avril 1680, mariée dans cette église, le 24 février 1647, avec Nicolas *Van Thiennen*, sr de Dourles, Hongrie, fils de Nicolas et de Jossine *de la Barghe*, né en 1627, bourgeois de Lille par relief du 18 octobre 1647, anobli par l'achat d'une charge de conseiller secrétaire du Roi, décédé le 9 juillet 1710 et enterré à côté de sa femme dans la chapelle Sainte-Barbe à Saint-Étienne; dont postérité.

    c. — *Catherine*, baptisée à Saint-Étienne le 5 mai 1626.

    d. — *Pierre*, baptisé à Saint-Étienne le 19 juillet 1627.

    e. — *Marie*, baptisée à Saint-Étienne le 13 mai 1629.

    f. — *Pierre*, baptisé à Saint-Étienne le 25 janvier 1631.

    g. — *Antoinette*, baptisée à Saint-Étienne le 28 novembre 1632.

    h. — *Jean*, sr de Dicques, baptisé à Saint-Étienne le 22 décembre 1634, mort célibataire en 1674.

    i. — *Antoine*, baptisé à Saint-Étienne le 7 août 1636.

    j. — *Françoise*, baptisée à Saint-Étienne le 11 septembre 1638.

    k. — *Antoinette*, baptisée à Saint-Étienne le 14 mai 1640.

    l. — *François*, baptisé à Saint-Étienne le 5 mars 1642.

5. — *Léon*, baptisé à Saint-Étienne le 9 mai 1598.
6. — *Antoinette*, née vers 1601, alliée à Saint-Étienne, le 16 septembre 1619, à Pierre *Mes*, fils de Jean et de Françoise *Le Niez*, bourgeois de Lille par relief du 3 décembre 1619; dont postérité.
7. — *Jean*, baptisé à Saint-Étienne le 22 mai 1609, bourgeois de Lille par relief du 30 mai 1636, bailli de Menin, capitaine d'une

compagnie libre de la châtellenie de Courtrai, confirmé dans sa noblesse, puis créé chevalier par lettres données à Madrid le 13 mars 1650, marié à Saint-Étienne, le 25 mars 1636, avec Florence *Van Dame*, fille de Philippe et de Jeanne *Burette*, dont il n'eut pas d'enfants.

8. — *Marie*, baptisée à Saint-Étienne le 5 janvier 1611 (épousa Maurice *Fremault*, fils de Bauduin et de Sainte *Trezel*, veuf de Françoise *Romichelle*, bourgeois de Lille par relief du 5 août 1613)?

9. — *Simon*, baptisé à Saint-Étienne le 31 octobre 1614.

III. — *Pierre* DU FOREST, s^r des Passez, baptisé à Saint-Étienne le 19 juin 1594, marchand de soie, bourgeois de Lille par relief du 2 juin 1617, receveur de l'hôpital Saint-Nicolas, décédé paroisse Saint-Maurice le 4 janvier 1676, épousa à Saint-Étienne, le 26 juillet 1616, Marie *Pennequin*, fille de François, baptisée dans cette église le 10 août 1595 ; d'où :

1. — *Françoise*, baptisée à Saint-Étienne le 12 juin 1617, alliée dans cette église, le 4 avril 1636, à François *Cardon*, fils de Jean et de Françoise *Castel*, bourgeois de Lille par relief du 11 octobre 1636 ; dont postérité.

2. — *Antoine*, qui suit, IV.

3. — *Pierre*, baptisé à Saint-Étienne le 17 juin 1620.

IV. — *Antoine* DU FOREST, s^r des Passez, baptisé à Saint-Étienne le 8 décembre 1618, bourgeois de Lille par relief du 18 mars 1643, capitaine d'infanterie wallonne, prévôt de Lannoy, lieutenant de la gouvernance de Lille, échevin et rewart de cette ville, décédé le 29 avril 1669 et inhumé dans l'église Saint Maurice ; obtint le 25 janvier 1668 du mayeur et des échevins de Lille un certificat constatant sa noblesse. Il épousa : 1° à Saint-Pierre, le 21 juillet 1642, Marguerite *de Douay*, fille de Robert et de Michelle *Cardon*, baptisée à Saint-Pierre le 30 juillet 1622 ; 2° Françoise *Imbert*, fille de Jacques et de Catherine *Dominique*, baptisée à Saint-Étienne le 16 février 1625; d'où :

1. — Du premier lit : *Marguerite-Françoise*, née en 1644, morte paroisse Sainte-Catherine le 4 juillet 1669, mariée à Saint-Pierre, le 23 septembre 1664, avec Jean-Baptiste *Cardon*, s^r du Fermont, fils de Gilles et de Françoise *Fruict*, baptisé à Saint-Maurice le 20 avril 1637, bourgeois de Lille par relief du 25 octobre 1665, remarié à Marie-Brigitte *Scherer*, mort le 2 avril 1701 ; dont postérité.

2. — Du second lit : *Marie-Antoine*, baptisé à Saint-Pierre le 11 mars 1647, mort le 15 août suivant.

3. — *Pierre*, baptisé à La Madeleine le 22 juillet 1648.

4. — *Marie-Joseph*, baptisée à La Madeleine le 23 décembre 1649, décédée paroisse Saint-Maurice le 20 avril 1669.

5. — *Jean-Baptiste*, écuyer, sr des Passez, baptisé à Saint-Pierre le 20 septembre 1651, mort célibataire paroisse Saint-Maurice le 13 avril 1675 et inhumé dans cette église.

6. — *Marie-Ursule*, baptisée à Saint-Pierre le 22 octobre 1658.

DEUXIÈME BRANCHE

II bis. — *Claude* du Forest, baptisé à Saint-Maurice le 21 février 1575 (n. st.), marchand joaillier, bourgeois de Lille par relief du 11 décembre 1601, décédé avant 1629, épousa Marie *Pottier* ou *Potteau* ; d'où :

1. — *Jean*, bourgeois de Lille par relief du 22 janvier 1629, allié à Saint-Pierre, le 29 mai 1628, à Jeanne *Poissonnier*, fille de Jean ; dont :

    a. — *Marie-Madeleine*, baptisée à Saint-Pierre le 3 juillet 1629.
    b. — *Catherine*, baptisée à Saint-Pierre le 20 décembre 1630.
    c. — *Claire*, baptisée à Saint-Pierre le 24 mai 1633.
    d. — *Marie*, baptisée à Saint-Pierre le 27 octobre 1635.
    e. — *Marie-Anne*, baptisée à Saint-Pierre le 11 février 1637.
    f. — *Antoine*, baptisé à Saint-Pierre le 2 décembre 1639.
    g. — *Michelle*, baptisée à Saint-Pierre le 18 janvier 1643.

2. — *Philippe*, baptisé à Saint-Maurice le 12 août 1607

3. — *Barbe*, baptisée à Saint-Maurice le 12 juillet 1609

4. — *Ignace*, baptisé à Saint-Maurice le 28 février 1615, bourgeois de Lille par relief du 6 mai 1641, marié à Saint-Étienne, le 7 mai 1640, avec Hélène *Hespel*, fille d'Éloy et de Jacqueline *Willan*, baptisée à Sainte-Catherine le 11 août 1617, dont :

    a. — *Marie-Claire*, baptisée à Saint-Maurice le 21 décembre 1640.
    b. — *Jean*, baptisé à Saint-Maurice le 11 janvier 1642.
    c. — *Marie*, baptisée à Saint-Maurice le 8 septembre 1643.
    d. — *Catherine-Hélène*, baptisée à Saint-Maurice le 11 janvier 1645.
    e. — *Antoine*, baptisé à Saint-Maurice le 19 août 1646.
    f. — *Jean*, baptisé à Saint-Maurice le 18 février 1647.

5. — *Pierre*, qui suit, III.

6. — *Guillaume*, baptisé à Saint-Maurice le 9 juillet 1619, marchand passementier, bourgeois de Lille par relief du 13 janvier 1642, marié à Saint-Maurice, le 7 janvier 1641, avec Catherine *Waresquel*, fille de Jean et de Françoise *Flouren*, baptisée à Saint-Maurice le 23 février 1614 ; dont :

 a. — *Jacques*, baptisé à Saint-Maurice le 1er mai 1642, chantre de Saint-Pierre, connu pour son jansénisme convaincu.

 b. — *Pierre*, baptisé à Saint-Maurice le 28 juillet 1644.

7. — *Claire*, baptisé à Saint-Maurice le 4 juillet 1621.

III. — *Pierre* DU FOREST, baptisé à Saint-Maurice le 4 décembre 1616, marchand, bourgeois de Lille par relief du 6 août 1641, décédé avant 1667, épousa Michelle *Allau*, fille de Jacques, d'où :

1. — *Marie-Jeanne*, baptisée à Saint-Maurice le 5 juillet 1643 [1].

2. — *Athanase*, baptisé à Saint-Maurice le 17 décembre 1645, bourgeois de Lille par relief du 26 novembre 1667, marié à Saint-Maurice, le 28 novembre 1666, avec Catherine *Fichau*, fille de Jean et d'Anne *Castellain*, baptisée à Saint-Maurice le 31 octobre 1643 ; dont :

 a. — *Jean-Baptiste*, baptisé à Saint-Maurice le 11 septembre 1668.

 b. — *Marie-Joseph*, baptisée à Saint-Maurice le 22 novembre 1669, épousa à Saint-Étienne, le 24 janvier 1689, Pierre-Jacques-Charles *du Moutié*.

 c. — *Marie-Catherine*, baptisée à Saint-Maurice le 17 janvier 1672.

3. — *Jean-Baptiste*, baptisé à Saint-Maurice le 23 février 1648, bourgeois de Lille par relief du 15 février 1669, allié à Françoise *du Pont*, fille de Pierre et de Claire *Robillart*, baptisée à Saint-Étienne le 24 juillet 1638 ; d'où :

 a. — *Joseph*, baptisé à Sainte-Catherine le 26 juin 1670.

 b. — *Jean-Baptiste*, baptisé à Sainte-Catherine le 18 juin 1671.

 c. — *Jean-Baptiste*, baptisé à Sainte-Catherine le 4 juillet 1672.

4. — *Pierre*, baptisé à Saint-Maurice le 12 février 1651, bourgeois de Lille par relief du 6 octobre 1674, marié dans cette église, le 2 juillet 1674, avec Marie-Jeanne *Morel*, fille de Paul et de Simone *Ghuemart*, baptisée à Saint-Étienne le 22 août 1653 ; dont :

 a. — *Paul-Joseph*, baptisé à Saint-Maurice le 26 avril 1675.

---

[1]. C'est peut-être elle qui épousa à Saint-Maurice, le 23 novembre 1662, Jean *Le Cocq*, fils de Jean et d'Anne *Crespeur*, bourgeois de Lille par achat du 13 janvier 1673 et qui décéda paroisse Saint-Maurice le 23 septembre 1709.

BRANCHE DE VALENCIENNES.

Il nous a été impossible de la rattacher aux *du Forest* lillois ; cependant il est certain qu'il s'agit de la même famille et cette branche porte aussi les mêmes armoiries. Voici ce que nous en connaissons :

I. — *Michel* du Forest, s^r de Maigret, Hautmont, Montilleul, Hésecque, testa à Valenciennes, le 6 avril 1703, et mourut en cette ville, paroisse de la Chaussée, le 26 janvier 1707, à 86 ans ; il épousa Jeanne *Plumiera*, morte à Valenciennes le 2 novembre 1677 ; dont il eut :

1. — *Gisbert* ou *Gilbert*, mort avant 1694, allié à Saint-Jacques, le 24 juin 1673, à Marie-Éléonore *Boisleux*, fille de Jean-Baptiste, s^r de Lonsart, échevin de Valenciennes, et d'Éléonore *Sourdéau*, baptisée à Saint-Jacques le 26 décembre 1652 ; d'où :

    a. — *Marie-Éléonore-Joseph*, dame de Lonsart, baptisée à Saint-Jacques le 30 mars 1674, décédée paroisse de La Chaussée le 6 octobre 1761, mariée à Saint-Jacques, le 18 juillet 1697, avec Pierre *Daguin*, s^r de Poiteux, échevin de Valenciennes, procureur du Roi en la maîtrise des eaux et forêts, puis lieutenant prévôt de cette ville ; dont postérité.

    b. — *Marie-Éléonore-Gabrielle*, décédée paroisse Saint-Jacques le 25 novembre 1692.

2. — *Jean-Baptiste*, qui suit, II.

3. — *Pierre*, s^r d'Hésecque, échevin de Valenciennes, mort paroisse de La Chaussée le 10 mars 1711.

4. — *Françoise*, morte paroisse Saint-Géry le 3 septembre 1713, alliée à Michel *Desfontaines*, s^r de Frasnoy, fils d'Adrien et de Marie-Joseph *Fasse*, échevin de Valenciennes, maître des eaux et forêts du Quesnoy, greffier des Werpes, président du conseil provincial de Valenciennes et conseiller aux honneurs du Parlement de Flandre, décédé paroisse Saint-Géry le 13 mars 1724, à 62 ans ; d'où postérité.

5. — *Jeanne-Thérèse*, mariée : 1° avec Charles *Baillicque* ; 2° à Saint-Georges de Cambrai, le 24 septembre 1701, avec Pierre-Alexandre *Canone*, conseiller du Roi, trésorier des fortifications de Cambrai ; dont postérité des deux lits.

6. — *Michel*, débile d'esprit, qui avait pour curateur, en 1712, Michel *Desfontaines*, son beau-frère.

II. — *Jean-Baptiste* du Forest, échevin de Valenciennes, épousa D^{elle} *Recqbois*, dont il eut :

1. — *Jean*, qui suit, III.

2. — *Jacques-Michel*, curé du Béguinage à Valenciennes, mort dans cette ville le 26 février 1719 à l'âge de 44 ans. On a de lui une *Histoire de la chapelle et confrérie de Notre-Dame du Puy à l'église paroissiale de Notre-Dame de la Chaussée*. (Bibliothèque de Valenciennes, man. n° 492).

3. — *Marie*, décédée paroisse Saint-Géry le 11 juin 1710, à 32 ans, épouse de Jean-Ignace *Villain*, fils de Pierre et de Marie-Antoinette *Pédecœur*, remarié avec Marie-Joseph *Danneau*; dont postérité.

4. — *Christophe*, religieuse à l'abbaye de Saint-Jean, y décédée le 2 avril 1747, à 65 ans.

5. — *Pierre-Joseph* « étant écolier se noya en allant sur la glace. »

6. — *Jeanne-Thérèse*, novice ursuline, en religion sœur Françoise-Thérèse de Saint-Joseph; elle testa à Valenciennes le 4 octobre 1704 (Archives de Valenciennes, n° 3771).

III. — Jean DU FOREST, écuyer, conseiller au conseil provincial de Hainaut, décédé paroisse Saint-Géry le 4 février 1709, épousa Pétronille *Waymel*, d'une famille douaisienne; il en eut:

1. — *Pierre-Joseph*, receveur à Malplaquet, mort le 9 avril 1769 à 79 ans, enterré dans l'église de Taisnières-sur-Hon près Bavai.

2. — *Marie-Françoise-Joseph*, mariée à La Chaussée, le 15 novembre 1714, avec Georges-Dieudonné *de Mérica*, écuyer, lieutenant au régiment de la Marcq; dont postérité.

3. — *Marie-Antoinette-Joseph*, baptisée à La Chaussée le 27 mars 1706.

4. — *Jean-Frédéric-Joseph*, baptisé à Saint-Géry le 31 janvier 1708, demeurant à Rouen, où il épousa D[elle] *Bourdeau*.

NON RATTACHÉS.

Clément-Joseph, fils de *Jean-Baptiste*, mort paroisse Saint-Maurice le 23 octobre 1700, enfant.

Marie-Angélique, fille de Jean et d'Angélique *Morelle*, baptisée à Saint-Sauveur le 13 décembre 1694.

D[elle]...., fille de *Pierre*, baptisée à Saint-Étienne le 3 novembre 1576.

Pierre, décédé paroisse Saint-Maurice le 13 novembre 1658.

André-Joseph, fils de *Pierre*, mort enfant paroisse Saint-Maurice le 8 décembre 1707.

Ang..., fille de *Jean-Baptiste*, y décédée le 24 décembre 1709.

Catherine, fille de *Jacques*, y décédée le 30 juillet 1719.

1651, 13 mars. — *Lettres de chevalerie accordées par Philippe IV, Roi d'Espagne, à Jean du Forest, escuyer, sieur de la Feumerie.*

Philippes, par la grâce de Dieu, Roy de Castille, de Léon, d'Arragon etc. A tous ceux qui ces présentes verront, salut. Savoir faisons que pour le bon rapport que fait nous a esté de nostre cher et féal *Jean du Forest*, escuyer, sieur de la Feunerie, grand bailly de nostre ville de Menin et cappitaine d'une compagnie libre d'infanterie pour nostre service et que durant la campagne de l'an 1645 contre les Français il auroit rendu toutes sortes de services et assistance pour la subsistance de nostre armée et conservation de la dite ville de Menin et places circonvoisines et qu'après la rendition d'icelle il en seroit sorty abandonnant son domicile, biens et offices, non obstant que les ennemis luy auroyent fait de grandes offres pour l'y retenir, et s'étant retiré à Courtray avec sa famille et icelle ville ayant aussy esté siégée et prise par l'ennemy il en seroit pareillement sorty avec la garnison abandonnant le reste de ses biens et l'office de haut pointre de la chastellenie de Courtray et se retirer dans la ville de Gand pour n'adhérer jamais au party de nos ennemis, et qu'à la reprinse de ladicte ville de Menin estant rentré en son office, il nous auroit avancé un prest de deux mil florins de secours pour la levée d'une compagnie d'infanterie wallonne, laquelle seroit encore à présent en actuel service, par dessus un autre prest par luy fait en l'an 1645. Pour ces causes, et ce que dessus considéré, mesme afin de le stimuler d'avantage et luy donner occasion au moyen de quelque marque d'honneur de s'évertuer de plus en plus en nostre service, nous, désirans favorablement le traiter, décorer et élever, avons iceluy *Jean du Forest* fait et créé, faisons et créons chevalier par ces présentes, voulans et entendans que doresenavant il soit tenu et réputé pour tel en tous ses actes et besongnes et jouisse des droitz, libertez et franchises dont jouissent et ont accoustumé de jouïr tous autres chevaliers par toutes nos terres et seigneuries, signaument en nosdits Pays-Bas, tout ainsy et en la mesme forme et manière comme s'il eust été fait et créé chevalier de nostre main propre. Mandons et commandons à tous nos lieutenans, gouverneurs, mareschaux et autres nos justiciers, officiers et sujets ausquels ce peut toucher en quelque manière que ce soit, que ledit *Jean du Forest* ils laissent, permettent et souffrent dudit tiltre de chevalier et du contenu en ces dites présentes pleinement et paisiblement jouïr et user, sans en ce luy faire, mectre ou donner, ny souffrir estre fait mis ou donné aucun trouble, destourbier ou empeschement au contraire. Car ainsy nous plaist-il, pourveu que dans l'an après la datte de cestes, icelles soyent présentées à nostre premier roy d'Armes ou autre qu'il appartiendra en nosdits Pays-Bas, en conformité et aux fins portés par le 15e article de l'ordonnance décrétée par feu nostre bon oncle l'Archiduc Albert le quatorsiesme de décembre 1616 touchant le port des armoiries, timbres, titres et autres marques d'honneur et de noblesse à peine de nullité de cette présente grâce. Ordonnant à nostre dit premier roy d'Armes ou à celuy qui exercera son état en nosdits Pays-Bas, ensemble au roy ou héraut d'armes de la province qu'il appartiendra, de suivre en ce regard ce que contient le règlement fait par ceux de nostre Conseil privé le 2e octobre 1637 au sujet de l'enregistrature de nos lettres patentes touchant les dites marques d'honneur, en tenant par nosdits officiers d'armes respectivement notice au dos de cestes. En tesmoin de ce nous avons signé ces présentes de nostre main et à icelles fait mettre notre grand scel. Donné en nostre ville de Madrid, royaume de Castille, le 13e jour du mois de mars l'an de grâce 1651 et de nos règnes le 29e. Paraphé M. L. Vs, signé: PHILIPPES. Sur le ply est escrit: Par le Roy: Signé: BRECHT.

Si est encore escrit: Ces lettres sont enregistrées en la Chambre des Comptes du Roy à Lille, du consentement de Messeigneurs d'icelle au registre des Chartres y tenu commençant au mois de Juillet 1651, folio 1, le 22e d'aoust dudit an par moy, signé: R. SIMON.

Collationné sur le registre original estant en la Tour des Chartes de la Chambre des Comptes de Lille en Flandres, par moy soussigné, conseiller et historiographe ordinaire du Roy, commis par Sa Majesté à la garde et direction des titres et registres d'icelle Chambre, le 4 febvrier 1670.

(signé): Denys GODEFROY.

Archives du Nord. — Chambre des Comptes de Lille. — Art. B. 1675 : Supplément aux Titres nobiliaires, tome I, f° 105 et suivants.

1668, 25 janvier. — *Certificat de Messieurs du Magistrat de la Ville de Lille concernant la noble descente des du Forest.*

Nous Mayeur et Eschevins de la ville de Lille en Flandres, salut. Sçavoir faisons et certifions à tous qu'il appertiendra d'avoir bonne et parfaicte cognoissance du sieur *Anthoine du Forest*, escuier, seigneur des Passez, lequel at par plusieurs et différentes fois esté Reuwart et mayeur de ceste dicte ville, esquelles quallitées il at rendu plusieurs bons et signalez services et auparavant estoit lieutenant second de la Gouvernance et Prévost de la ville de Lannoy, ayant aussy esté capitaine d'une compagnie d'infanterie wallonne pour le service de Sa Majesté. Lequel sieur *des Passez* sçavons estre gentilhomme descendu d'ancienne noblesse de ceste province, vivant noblement et jouyssant sans contredict de tous droictz, previlèges et prérogatives tels que à gentilhomme appertiennent. De quoy nous ayant requis avoir tesmoignaige, luy en avons despêché le présent et faict séeller de nostre seel aux causes. Sy certifions de plus n'y avoir quand à présent aucuns Roy d'armes résident en ceste ville et province qui pouroit tesmoigner de la noblesse des habitans en icelle, du moins qu'il soit venu à nostre cognoissance. En tesmoing de ce, nous avons à ces présentes lettres faict mettre le séel aux causes de la ditte ville, le vingt-cincquiesme de Janvier seize cens soixante-huict :

(plus bas signé) : BAYART.

Archives du Nord. — Série E ; carton n° 97, intitulé : Noblesse de Flandre ; original en parchemin dont le sceau qui pendait autrefois à une double queue de parchemin, a disparu.

GILLEMAN

ARMES : *d'azur à la fasce ondée d'argent, accompagnée de trois croissants d'or.*

I. — Jean GILLEMAN, décédé avant 1496, épousa Gertrude *du Thil*, dont il eut :

1. — *Gordien*, qui suit, II.
2. — *Jacques*, qui suivra, II bis.

II. — *Gordien* GILLEMAN, bourgeois de Lille par achat du 14 avril 1496, receveur du domaine et des assises de Lille depuis le 25 juin 1494 jusqu'au 24 juin 1505, décédé avant 1536, épousa Jacqueline *Ruffault*, fille de Jean et de Jeanne *de la Porte* dite *d'Espierres* ; dont il eut :

1. — *Gilles*, sr de Campaigne, receveur du domaine et des finances de Charles-Quint au quartier de Saint-Omer et de Tournehem, marié : 1º avec Isabelle *du Mortier*, fille de Bruno, conseiller de la gouvernance de Lille, et d'Agnès *de la Lacherie* ; 2º avec Marie *Bourguignon*. Ses enfants furent :
    a. — *François*, allié à D^{lle} *de Honvault*.
    b. — *Jacques*.
    c. — *Anne*, femme de N. *Bersacques*.
De ces deux fils sortirent les Gilleman, s^{rs} de Campaigne et de Mussen-en-Artois, qui s'éteignirent à la fin du XVIIe siècle.[1] (H. FREMAUX : *Généalogie Ruffault*, page 43).

2. — *Jacques*, licencié ès lois, avocat postulant au grand conseil de Malines, allié à Jeanne *Borluut*, dont il eut trois enfants : *Jean, François* et *Liévine*.

3. — *Claude*, époux de Lamberte *Lescuyer*, dont : *Philippe* et *Anne*, mariée avec Jacques *Lourettes*.

4. — *Maximilien*, religieux à Saint-Bertin de Saint-Omer, aumônier, puis chantre, mort le 30 mars 1562.

---

[1]. Il y a beaucoup de notes sur cette branche dans le tome VI, pages 103 et suivantes, des *Manuscrits généalogiques de de Sars*, à la bibliothèque de Valenciennes.

5. — *Charles*, marié avec Claudine *Dausque*, puis avec Marguerite *de Basseler* ; du deuxième lit il eut : *Philibert, Jean, Ghislain, Louis* et *Jeanne*.

6. — *Aldegonde*, épouse de Jean *du Tertre*.

7. — *Catherine*, mariée avec Jacques *Zannequin* ; dont postérité.

II bis. — *Jacques* GILLEMAN, épousa Marie *de Vicq*, dite *de la Chapelle*, dont il eut :

1. — *Adrien*, qui suit, III.
2. — *Marguerite*.
3. — *Philippe*, allié à Marie *Franchois*, qui le rendit père de :
   a. — *Gérard*, marié avec D^{elle} *Cambier*.
   b. — *Antoine*, époux de D^{elle} *Becquet*.
   c. — *Firmin*.
   d. — *Jeanne*.
4. — *Gilles*, mort sans postérité (*Généalogie Gilleman*, ms. 954 de la Bibliothèque de Douai).

III. — *Adrien* GILLEMAN, s^r de la Barre à Comines, clerc de la Chambre des comptes à Lille, second greffier en 1527, premier greffier en 1529, auditeur ordinaire en août 1542, ministre ordinaire en juillet 1548, président en juin 1570, décédé à Lille le 11 février 1589 Il avait été créé chevalier le 11 février 1586 (d'après Le Roux). Son épouse, Philippe *de le Fortrie*, morte le 24 mai 15..., fut enterrée à côté de lui à Sainte-Catherine ; d'où :

1. — *Nicolas*, né à Lille, bourgeois de cette ville par achat du 1er décembre 1570, mort en 1578, s'allia à Jacqueline *de Courouble*, dont il eut : *Adrien*, mort sans postérité.

2. — *Catherine*, décédée le 8 décembre 1608, mariée avec Antoine *du Bus*, mort le 12 août 1587 et enterré dans la chapelle de Saint-Jacques à Saint-Étienne ; sans enfants.

3. — *Maximilien*, qui suit, IV.

4. — *Agnès*, épouse de Jean *Le Pé*, fils de Jean, né à Lille, bourgeois de cette ville par relief du 10 mai 1591 ; dont postérité.

IV. — *Maximilien* GILLEMAN, écuyer, s^r de la Barre, maître de la Chambre des comptes à Lille, bourgeois de cette ville par achat du 4 juin 1574, mort le 13 novembre 1621, s'allia à Isabeau *Marissal* ; d'où :

1. — *Adrien*, baptisé à Sainte-Catherine le 1er octobre 1575.
2. — *Adrien*, qui suit, V.

3. — *Anne*, baptisée à Sainte-Catherine le 19 février 1582.

4. — *Alexandre*, baptisé à Sainte-Catherine le 5 mars 1583.

5. — *Jacqueline*, baptisée à Sainte-Catherine le 4 juillet 1584.

6. — *Marguerite*, baptisée à Sainte-Catherine le 13 août 1585.

7. — *Jacques*, baptisé à Sainte-Catherine le 28 octobre 1587, élève au collège de Marchiennes, religieux à Loos, secrétaire de l'abbé Vincent Longuespée, receveur, puis prieur de cette abbaye, de 1606 à 1619.

8. — *Élisabeth*, baptisée à Sainte-Catherine le 29 avril 1589.

9. — *Jean*, baptisé à Sainte-Catherine le 17 juillet 1591.

10. — *Anne*, baptisée à Sainte-Catherine le 26 octobre 1592, religieuse à l'Abbiette de Lille.

11. — *Agnès*, baptisée à Sainte-Catherine le 23 décembre 1593, mariée, le 22 avril 1619, avec Jacques *Miroul*, fils de Jean et de Philippote *du Maretz*, licencié en droit, bourgeois de Lille par relief du 5 décembre 1619 ; dont postérité.

12. — *Jeanne*, baptisée à Sainte-Catherine le 9 janvier 1595, alliée à Jean *du Béron*, fils de Jean et d'Antoinette *Berthault* dite *de Hollande*, marchand, bourgeois de Lille par relief du 10 décembre 1609, veuf de Françoise *Cardon* ; dont postérité.

13. — *Jacqueline*, baptisée à Sainte-Catherine le 16 mars 1598, morte le 31 août 1648, alliée à Robert *Warlop*, écuyer, sr de Bihamel, fils de Robert et de Catherine *de Lannoy*, licencié ès lois, conseiller du Roi et son procureur fiscal général à Lille, Douai et Orchies, bourgeois de Lille par relief du 10 septembre 1607, mort le 19 octobre 1641, et inhumé ainsi que sa femme à Saint-Pierre, dans la chapelle paroissiale ; dont postérité.

V. — *Adrien* GILLEMAN, écuyer, sr de la Barre, de Monchy, baptisé à Sainte-Catherine le 28 février 1579 (n. st.), bourgeois de Lille par relief du 11 avril 1606, nommé greffier extraordinaire à la Chambre des comptes de Lille par lettres du 12 mai 1606, auditeur ordinaire le 11 juillet 1620 à la place de son père, maître ordinaire le 8 mai 1629, mort le 21 novembre 1634 d'après de Seur et le 27 septembre 1634 d'après son épitaphe. Il épousa Catherine *de Boulongne*, fille de François et d'Isabeau *Berthault* dite *de Hollande*, née à Valenciennes vers 1582, décédée le 11 septembre 1640 et enterrée à côté de son mari dans la chapelle Sainte-Anne à Saint-Pierre ; dont :

1. — *Élisabeth*, baptisée à Sainte-Catherine le 8 septembre 1606.

2. — *Adrien*, baptisé à Sainte-Catherine le 8 décembre 1607, mort jeune.

3. — *Maximilien*, baptisé à Sainte-Catherine le 31 octobre 1608.

4. — *Maximilien*, écuyer, sr de la Barre, baptisé à Sainte-Catherine le 31 mars 1610, mort célibataire le 15 septembre 1690 et enterré à Wambrechies.

5. — *Adrien*, baptisé à Sainte-Catherine le 19 mai 1612.

6. — *Marie*, baptisée à Sainte-Catherine le 6 septembre 1614.

7. — *Jean*, écuyer, sr de Monchy, Saint-Hilaire, baptisé à Sainte-Catherine le 3 mars 1617, colonel d'un régiment d'infanterie wallonne.

8. — *Agnès*, baptisée à Saint-Pierre le 13 mars 1619.

9. — *Adrien*, qui suit, VI.

10. — *Jean-Wallerand*, baptisé à Saint-Pierre le 14 août 1623.

11. — *Marie-Pétronille*, baptisée à Saint-Pierre le 1er juin 1626, morte « à marier ».

12. — *Marie-Ignace*, baptisée à Saint-Pierre le 23 juin 1627, religieuse de Sion à Courtrai, décédée en 1692.

VI. — *Adrien* GILLEMAN, écuyer, sr de la Barre, baptisé à Saint-Pierre le 5 août 1621, bourgeois de Lille par relief du 3 février 1677, échevin de cette ville, décédé le 22 juillet 1694 et enterré dans la chapelle Sainte-Anne à Saint-Pierre, épousa, le 29 décembre 1675, Antoinette *Delobel*, fille de Nicolas et de Jeanne *de Lannoy*, baptisée à Saint-Maurice le 1er août 1646, morte à Tourcoing le 7 mars 1740 et enterrée aux Ursulines de cette ville; d'où :

1. — *Joséphine*, baptisée à Sainte-Catherine le 7 avril 1677.

2. — *Joseph-Adrien*, baptisé à Sainte-Catherine le 2 août 1679.

3. — *Marie-Ignace*, baptisée à Sainte-Catherine le 12 février 1685, testa à Hérignies le 1er février 1742 et mourut avant le 10 mars 1749; elle épousa à Sainte-Catherine, le 9 novembre 1710, Philippe-Marie *Dubois de Hoves*, écuyer, sr d'Hérignies, Drumetz, le Pret, fils de Wallerand-François-Joseph, écuyer, et d'Isabelle-Thérèse *du Grospré*, bourgeois de Lille par relief du 3 juillet 1711, décédé après 1740. Elle avait acheté la bourgeoisie de Douai le 23 août 1738, mais elle ne paraît pas s'être fixée en cette ville ; dont postérité.

4. — *Adrien-Joseph*, qui suit, VII.

VII. — *Adrien-Joseph* GILLEMAN, écuyer, sr de la Barre, baptisé à Sainte-Catherine le 2 novembre 1687, bourgeois de Lille par relief du 12 juillet 1714, échevin, puis mayeur, mort le 22 mai 1742 et enterré à Sainte-Catherine ; épousa dans cette église, le 30 novembre 1713, Bonne-Marguerite *Dubois de Hoves*, sœur de

Philippe-Marie, née en 1687, morte le 27 juillet 1758 et inhumée à côté de son mari ; d'où :

1. — *Philippe-Charles-Joseph*, écuyer, s^r de la Barre, né le 11 septembre 1714 et baptisé le 18 à Sainte-Catherine, bourgeois de Lille par relief du 9 septembre 1739, receveur des Bonnes-Filles en 1741 et 1742, administrateur de la Noble-Famille en 1772, 1774, 1780, 1785 et 1786, mort à Lille le 29 décembre 1810 ; marié à Sainte-Catherine, le 28 avril 1739, avec Marie-Élisabeth-Thérèse *Libert*, fille de François, écuyer, et d'Élisabeth-Thérèse *Farvacques*, baptisée à La Madeleine le 11 octobre 1699, veuve de Nicolas-Romain *Noiret*, décédée le 9 juin 1773 ; sans postérité.

2. — *Antoine-Adrien*, qui suit, VIII.

3. — *Aimée-Marie-Marguerite*, baptisée à Sainte-Catherine le 10 novembre 1716.

4. — *Ferdinand-Alexandre*, écuyer, s^r de Saint-Hilaire, baptisé à Sainte-Catherine le 28 mars 1721, enterré dans cette église le 11 septembre 1762.

VIII. — *Antoine-Adrien* GILLEMAN, écuyer, s^r de la Barre, baptisé à Sainte-Catherine le 26 octobre 1715, fixé en Espagne où il se maria, décédé à Madrid le 11 juin 1796 ; il eut :

1. — *Nicolas*, qui fut père de : *Emmanuel*, né à Calatayud le 14 octobre 1786, capitaine en retraite en 1818.

2. — *Ferdinand-Juste-Antoine*, qui suit [1], IX.

IX. — *Ferdinand-Juste-Antoine* GILLEMAN, écuyer, s^r de la Barre, né à Pampelune le 28 mai 1745, décédé à Cadix le 6 avril 1810, fut père de :

1. — *Antoine-Philippe-Adrien-Bernard*, né à Madrid le 14 janvier 1789, secrétaire du roi d'Espagne.

2. — *Manuela-Léocadie-Marguerite*, née à Madrid le 2 janvier 1791, épouse de François *Saliedo*, capitaine d'infanterie.

3. — *Félix-Philippe-Ferdinand*, né à Madrid le 13 octobre 1792, premier lieutenant de la garde du roi d'Espagne.

---

[1]. Dans l'*Histoire des gardes wallonnes*, par Guillaume, nous trouvons, page 336, les mentions suivantes : DE GILMAN, *Clément*, nommé sous-lieutenant aux gardes wallonnes le 1er septembre 1775, sous-lieutenant de grenadiers le 9 août suivant, lieutenant le 1er janvier 1783, retraité à Barcelone en cette année ; — DE GILMAN, *Nicolas*, enseigne au même corps le 26 juillet 1776, enseigne de grenadiers le 18 juin 1778, sous-lieutenant le 23 novembre 1780 et retraité à Barcelone le 11 janvier 1784. Il existe encore en Belgique une famille *de Gilman*, mais dans les différentes généalogies que nous en connaissons, il n'est pas question des deux personnages précédents. Nous n'avons pas pu savoir davantage s'ils se rattachent aux *Gilleman* lillois.

4. — *Marie-Mercédès-Anne-Rose*, alliée à Samoens *Manzanarès*, capitaine du génie royal, puis lieutenant-colonel d'infanterie.

NON RATTACHÉS

Honoré-Alexandre-Bonaventure Gilleman, sr du Sart, avocat, marié à Sainte-Catherine, le 5 juillet 1702, avec Marie-Marguerite *de Fourmestraux*, et décédé sans enfants paroisse Saint-Maurice le 31 mars 1737.

Étienne Gilleman, allié à Agnès *Le Monnier*; d'où : *Jean-François*, baptisé à Saint-Étienne le 20 mars 1683 et *Isabelle-Marie*, baptisée à la même église le 15 mai 1684.

Antoine Gilleman, bourgeois de Lille par achat du 9 novembre 1584, avait deux sœurs : *Anne* et *Marie*, baptisée à Saint-Maurice le 17 août 1582 ; il épousa Colette *Joly*, dont il eut :

Guy Gilleman, bourgeois de Lille par achat du 3 avril 1598 ; eut de Michelle *Braem* :

1. — *Françoise*, baptisée à Saint-Maurice le 29 octobre 1600.
2. — *Marie*, baptisée à Saint-Maurice le 18 novembre 1601.
3. — *Antoine*, baptisé à Saint-Maurice le 21 juin 1604.
4. — *Claire*, baptisée à Saint-Maurice le 12 janvier 1607.
5. — *Philippine*, baptisée à Saint-Maurice le 26 octobre 1613.
6. — *Géri*, baptisé à Saint-Maurice le 11 août 1616.
7. — *Claude*, jumeau du précédent, bourgeois de Lille par relief du 19 décembre 1649, mort paroisse Saint-Maurice le 26 janvier 1689; allié à Saint-Étienne, le 6 décembre 1649, à Catherine *Binart*, fille de Josse et de Marguerite *Deswez*.

Madeleine Gilleman, morte paroisse de La Madeleine le 21 mars 1676.

Pétronille Gilleman, décédée même paroisse le 18 octobre 1677.

Jeanne Gilleman, décédée même paroisse le 16 septembre 1686.

Marie-Pétronille-Joseph Gilleman, fille d'*Antoine* et de Marie *Adrienne*, mourut paroisse Saint-Étienne le 20 septembre 1719.

Antoinette Gilleman, fille de *Jacques*, baptisée à Saint-Maurice le 11 juillet 1583.

Claudine Gilleman, épouse de Dominique *Cochy*, morte paroisse Saint-Étienne le 5 novembre 1719.

DU HOT

—

ARMES : *d'azur à un entrelacs d'or.*

I. — *Jean* DU HOT, fils de *Gilles* (décédé avant 1432) [1], acheta la bourgeoisie de Lille en 1432 et mourut avant 1483 ; il eut :

1. — *Antoine*, qui suit, II.
2. — *Collart*, boulanger, né à Lorgies (Pas-de-Calais), bourgeois de Lille par achat en 1482 ; d'où :
    a. — *Catherine*, née avant 1482.
    b. — *Jean*, né à Lille, bourgeois de cette ville par relief du 20 juillet 1510.
3. — *Pierre*, né à Lorgies, bourgeois de Lille par achat en 1490.

II. — *Antoine* DU HOT, boulanger à Lorgies, eut pour fils :

III. — *Antoine* DU HOT, né à Lorgies, bourgeois de Lille par achat le 4 mai 1509, mort vers 1571, épousa en 1509 Marie *Lefebvre-Delattre*, fille de Pierre et de Catherine *Joire* ; d'où :

1. — *Antoine*, qui suit, IV.
2. — *Jean*, qui suivra, IV bis.
3. — *Thomas*, bourgeois de Lille par relief du 5 août 1551.
4. — *Antoinette*, épouse de Guillaume *Deliot*, fils d'Hubert, négociant, bourgeois de Lille par relief du 16 novembre 1555, échevin de cette ville, mort le 25 juillet 1587 ; dont postérité.

IV. — *Antoine* DU HOT, bourgeois de Lille par relief du 12 février 1539 (n. st.), époux de Marie *le Bus*, père de :

---

1. Antérieurement à cette date, nous trouvons dans le manuscrit 601 de la Bibliothèque municipale de Lille :

    Extrait des registres aux cognoissances :

Gilles et *Nicolas* DU HOT, frères, de Beaucamp, 1294 (page 55).

Jean DU HOT père de *Pierre*, de Lorgies ; *Pierre*, frère de *Jean*, et *Pierre*, fils de *Colart* — 1312 (page 53).

Pierre DU HOT « garde des prisons de la prevosté de Lille, détenu prisonnier au chastel a Lille pour ce que on lui imposoit avoir violee de fait ou de force Maignon Nicolaié qui estoit prisonniere es prisons de la prevosté. » 1407. (2e partie - page 12.)

Jacquemars DU HOT, maçon, allié à Marguerite *Despiere*, puis à Thomasse *de Lannoit* ; dont du second lit une fille : *Lieurenchon* — 1442.

1. — *Jean*, bourgeois de Lille par relief du 15 octobre 1577, époux de Marguerite *Rameri*, dont il eut :

    a. — *Jean*, baptisé à Sainte-Catherine le 14 mars 1583.
    b. — *Allard*, baptisé à Sainte-Catherine le 12 septembre 1585.
    c. — *Agnès*, baptisée à Sainte-Catherine le 17 octobre 1586.
    d. — *Jean*, baptisé à Sainte-Catherine le 4 février 1588.
    e. — *Thomas*, baptisé à Sainte-Catherine le 10 juillet 1589.
    f. — *Françoise*, baptisée à Sainte-Catherine le 10 août 1598.
    g. — *Louis*, baptisé à Sainte-Catherine le 15 octobre 1599.
    h. — *Cornil*, baptisé à Sainte-Catherine le 2 janvier 1601.
    i. — *André*, baptisé à Sainte-Catherine le 11 mars 1603.

2. — *Venant*, qui suit, V.

3. — *Isabeau*, baptisée à Sainte-Catherine le 22 mai 1570, épouse d'Olivier *Alatruye* dit *de le Vigne*, fils de Bauduin, bourgeois de Lille par relief du 8 novembre 1591 ; dont postérité.

V. — *Venant* du Hot, bourgeois de Lille par relief du 6 octobre 1570, épousa Catherine *Grealme* ; d'où :

1. — *Antoine*, baptisé à Sainte-Catherine le 29 juillet 1571, marchand, bourgeois de Lille par relief du 5 mars 1602, mort avant 1627, allié à Marie *Maupetit*, fille de Claude, baptisée à Saint-Étienne le 11 décembre 1571 ; d'où :

    a. — *Catherine*, baptisée à Sainte-Catherine le 8 octobre 1602, mariée dans cette église, le 23 avril 1626, avec Denis *Vanayckre*, fils d'Antoine et de Catherine *Houbelon*, bourgeois de Lille par relief du 2 janvier 1627 ; dont postérité.
    b. — *Anne*, baptisée à Sainte-Catherine le 24 septembre 1604.
    c. — *Jean*, baptisé à Sainte-Catherine le 25 avril 1607.
    d. — *Marie*, baptisée à Sainte-Catherine le 12 février 1611, épouse de Robert *Le Roy*, fils de Robert, bourgeois de Lille par relief du 3 février 1625, veuf de Françoise *de Heulst* ; dont postérité.
    e. — *Guillaume*, baptisé à Sainte-Catherine le 15 août 1613.

2. — *Marie*, baptisée à Sainte-Catherine le 17 novembre 1572, épouse de Louis *Lefebvre* ; dont postérité.

3. — *Hubert*, qui suit, VI.

4. — *Jean*, baptisé à Sainte-Catherine le 14 février 1587.

5. — *Venant*, religieux à Saint-Vaast d'Arras, y décédé le 10 juin 1634 (Voir *Obituaire de Saint-Vaast*, par Van Drival, pages 202-203).

VI. — *Hubert* du Hot, baptisé à Sainte-Catherine le 13 décembre 1573, bourgeois de Lille par relief du 8 avril 1600, connétable souverain de la confrérie Sainte-Barbe, épousa Marie *Baillet*, fille de Robert et de Marie *Vendeville*; d'où :

1. — *Marie-Madeleine*, religieuse à Anvers.
2. — *Hubert*, qui suit, VII.

VII. — *Hubert* du Hot, s^r du Faux, bourgeois de Lille par relief du 3 mai 1631, receveur des États, mort avant 1672, épousa Marie *Delaporte*, fille de Gilles et de Marguerite *de Lannoy*, baptisée à Saint-Maurice le 28 août 1606; d'où :

1. — *Hubert-François*, qui suit, VIII.
2. — *Pierre*, baptisé à Saint-Maurice le 30 janvier 1635, y décédé le 4 janvier 1672.
3. — *Gilles*, s^r du Faux, baptisé à Saint-Maurice le 6 février 1637, décédé paroisse Saint-Pierre le 8 décembre 1714.
4. — *Nicaise*, baptisé à Saint-Maurice le 19 février 1640.
5. — *Marie-Anne*, baptisée à Saint-Maurice le 13 septembre 1642.
6. — *Marie-Angélique*, baptisée à Saint-Maurice le 2 août 1644, décédée paroisse Saint-Pierre le 15 août 1719, alliée, par contrat du 23 février 1666, à Josse *de Flandres*, écuyer, s^r du Coustre et de Beauvois, fils de Josse, écuyer, s^r desdits lieux, et d'Anne *Lefebvre*, baptisé à Saint-Étienne le 30 août 1633, bourgeois de Lille par relief du 6 août 1666, confirmé dans sa noblesse par lettres données à Versailles en février 1697, décédé paroisse Saint-Pierre le 17 mai 1702 ; dont postérité.
7. — *Paul*, baptisé à Saint-Maurice le 23 janvier 1647, eut, de Jeanne *Loyseau*, une fille : *Marie-Jeanne*, baptisée à Saint-Maurice le 14 octobre 1671.
8. — *Marie-Marguerite*, baptisée à Saint-Maurice le 3 décembre 1648.

VIII. — *Hubert-François* du Hot, s^r du Faux, bourgeois de Lille par relief du 21 octobre 1662, décédé paroisse Saint-Pierre le 2 novembre 1699, épousa dans cette église, le 5 juillet 1662, Marguerite *Gillès* [1], fille de Maximilien et de Catherine *du Bus*; d'où :

1. — *Marie-Joseph*, baptisée à Saint-Pierre le 3 janvier 1665, mariée dans cette église, le 26 septembre 1690, avec Louis-Philippe *Malbaux de Buissy* [2], chevalier, fils d'Albert-Maximilien et de Catherine-Françoise *Cuvelier*, baptisé à Saint-Étienne le 11 octobre

---

1. Gillès : *D'azur, au chevron d'or, accompagné de trois étoiles du même.*
2. De Buissy : *Gironné de sinople et d'hermines de huit pièces, chargé en abîme d'un écusson d'or, à une fasce ondée de gueules, accompagnée de trois molettes de sable.*

1654, conseiller pensionnaire des États de la Flandre wallonne, puis conseiller au parlement de Flandre le 31 octobre 1689, enfin président à mortier au même parlement le 19 mars 1705, mort à Douai, paroisse Saint-Jacques, le 17 septembre 1721 ; dont postérité.

2. — *Charles*, sr de Molinghien, baptisé à Saint-Pierre le 25 janvier 1670, créé trésorier de France au bureau des finances de Lille le 6 février 1693, décédé célibataire paroisse Saint-Pierre le 9 juin 1699.

DEUXIÈME BRANCHE

IV bis. — *Jean* du Hot, maître tanneur, bourgeois de Lille par relief du 1er décembre 1542, mort avant 1580, eut :

1. — *Marguerite*, morte après 1622, épouse de Jean *Mahieu*, fils de Toussaint, né à Lille, bourgeois de cette ville par relief du 28 avril 1572, mort avant 1618. Elle fonda à Lille, en 1622, avec Jean Lesquin et François Van Hoyqueslot, l'hospice des Vieux-Hommes.

2. — *Jeanne*, alliée à Michel *Le Ghiez*, fils de Robert, né à Lille, bourgeois de cette ville par relief du 5 janvier 1581, mort avant 1616 ; dont postérité.

3. — *Antoine*, qui suit, V.

V. — *Antoine* du Hot, né à Lille, bourgeois de cette ville par relief du 7 mai 1579, capitaine d'une compagnie bourgeoise, pourvu d'une curatelle le 16 mai 1616, épousa Agnès *Bernard*, dont il eut :

1. — *Antoine*, qui suit, VI.

2. — *Jean*, sr de Bertelins, baptisé à Saint-Étienne le 3 juin 1592, bourgeois de Lille par relief du 26 avril 1619, argentier de cette ville, capitaine d'une compagnie bourgeoise, mort paroisse Saint-Maurice le 10 novembre 1677, allié à Saint-Étienne, le 8 juillet 1618, à Antoinette *Aupatin*, fille de Philippe et d'Isabeau *Delepoulle*; dont :

 a. — *Jean*, baptisé à Saint-Maurice le 16 octobre 1620, bourgeois de Lille par relief du 23 décembre 1681, mort le 12 octobre 1689, marié à Saint-Étienne, le 20 juillet 1681, avec Anne-Claire *Baillet*, fille de Charles et de Claire *Waresquiel*, dont il n'eut pas d'enfants.

 b. — *Marie*, baptisée à Saint-Maurice le 22 novembre 1621, morte le 11 septembre 1687, épousa à Saint-Maurice, le 17 novembre 1642, Jérôme *de Fontaine*, fils de Jérôme et de Claire *Pesin*, marchand, bourgeois de Lille par relief du 7 mai 1624, veuf de Michelle *Le Ghiez* ; dont postérité.

c. — *Claire*, baptisée à Saint-Maurice le 26 juin 1623, morte le 4 mars 1696 [1], alliée : 1° à Allard *Braem*, s' de Villers, fils de Michel et de Françoise *du Pont*, bourgeois de Lille par relief du 5 mai 1647, mort le 10 octobre 1676 ; 2° à Saint-Pierre, le 22 avril 1681, à Jean-Jacques *Vanlaer* ; sans enfants :

    d. — *Agnès*, baptisée à Saint-Étienne le 6 septembre 1625.

    e. — *Jeanne*, baptisée à Saint-Étienne le 21 septembre 1626, décédée le 26 janvier 1716, mariée à Saint-Maurice, le 12 septembre 1651, avec Pierre *de Fourmestraux*, fils de François et de Jacqueline *de Rocques*, baptisé à Saint-Maurice le 2 septembre 1626, bourgeois de Lille par relief du 16 avril 1652, mort le 21 octobre 1680 ; dont postérité.

    f. — *François*, s' de Bauwe, baptisé à Saint-Étienne le 14 mai 1628, mort paroisse Saint-Maurice le 19 août 1690, eut, d'Adrienne *Decroix*, une fille illégitime : *Marie-Catherine*, baptisée à Sainte-Catherine le 6 mars 1679.

    g. — *Antoinette*, baptisée à Saint-Maurice le 28 janvier 1631.

    h. — *Marguerite*, baptisée à Saint-Maurice le 16 octobre 1632.

    i. — *Pierre-Albert*, baptisé à Saint-Maurice le 9 mars 1634, prêtre, religieux à l'abbaye de Marchiennes, où il mourut le 1er juillet 1681.

3. — *Agnès*, baptisée à Saint-Étienne le 26 juin 1595, vivant encore en 1641, mariée avec N....

VI. — *Antoine* du Hot, s' de Flequières, marchand, bourgeois de Lille par relief du 28 juillet 1615, anobli par lettres données à Madrid le 28 mai 1641, rewart de Lille, ministre général des pauvres, décédé paroisse Saint-Maurice le 11 mai 1658, épousa Marguerite *Vanderbecken*, fille de Josse et d'Anne *de Hénin*, décédée paroisse Saint-Maurice le 26 février 1657 et inhumée dans la chapelle Saint-Sébastien ; d'où :

    1. — *Anne*, baptisée à Saint-Maurice le 23 octobre 1616.

    2. — *Jacques*, baptisé à Saint-Maurice le 24 juillet 1618.

    3. — *Pierre-Antoine*, écuyer, s' de Flequières, baptisé à Saint-Maurice le 9 mars 1625, avocat au grand conseil de Malines, conseiller et maître ordinaire des requêtes à ce siège en décembre 1663, mort paroisse Saint-Pierre, à Malines, le 7 juin 1685, et inhumé au chœur de cette église, allié : 1° à Malines, le 22 juin 1666, à Catherine-

---

1. Cette date est tirée de l'*Épigraphie* ; d'autre part nous trouvons aux décès de Saint-Maurice, le 4 février 1695, Claire du Hot, épouse de Vallare Bergendalle, maître des eaux et forêts. Il faut lire ainsi ce dernier nom : Vanlaer, s' de Bergendal.

Françoise *Bauwens van der Boyen*, fille d'Albert-Joseph, écuyer, sr de Neeryssche, et d'Anne *de Bocholtz*, morte le 6 juin 1667 ; 2º à Malines, à Marie-Anne *Snoukart*, fille de Martin, chevalier, sr de Schaubrouck, Somergem, et de Marie *L'Hermite*, née vers 1651, morte à Malines le 22 octobre 1733 ; d'où :

    a. — Du second lit : *Jacques-Antoine*, né à Malines le 21 avril 1669.

    b. — *Anne-Faynelywe*, morte à Malines le 16 août 1672.

    c. — *Marie-Jacqueline*, née à Malines le 7 janvier 1675.

    d. — *Antoine-François*, écuyer, né à Malines le 30 mars 1678, maître des requêtes au grand Conseil, époux de Geneviève-Marie (*alias* Henriette-Marie) *de la Vergne de Rodet*, fille de Ferdinand, marquis de la Vergne ; d'où :

        aa. — *Joseph-Ferdinand-Antoine*, né à Malines le 30 mars 1699, mort le 1er juin suivant.

        bb. — Un enfant né à Malines le 19 novembre 1703, mort aussitôt.

    e. — *Marie-Anne*, née à Malines le 21 septembre 1679.

    f. — *Marie-Françoise*, née à Malines le 20 janvier 1683, morte le 24 juillet 1684.

    g. — *Joseph-Ignace*, né à Malines le 28 juillet 1684, écuyer, sr de Flequières, mort en 1719, allié à Adolphine-Thérèse-Pauline *d'Ittres de Caestre*, fille de Georges-Joseph, baron d'Ittres, et de Jeanne-Angéline *de Halame*, morte à Malines le 29 mars 1737 et inhumée dans la cathédrale ; d'où :

        aa. — *Marie-Anne*, alliée à Philippe-Ignace-François *de Gottignies*, écuyer, sr de Vandenbroeck, fils de Jean-Baptiste, écuyer, et de Marguerite-Agathe *Snoy*, veuf de Barbe-Marie-Brigitte *de Hovine*, mort le 29 octobre 1716 ; sans postérité.

    h. — *Marie-Marguerite*, née à Malines le 7 juin 1688.

4. — *Norbert*, qui suit, VII.

5. — *Antoinette*, morte le 9 février 1711, mariée, le 17 septembre 1649, avec Charles *Piers*, écuyer, sr de Nieuwenhuyse, fils de Charles et d'Antoinette *de Lattre*, né à Courtrai le 8 janvier 1620, licencié ès lois, bourgmestre de Courtrai, haut-pointre de la châtellenie, mort le 13 octobre 1688, enterré, ainsi que sa femme, dans l'église de Cuerne ; dont postérité.

6. — *Anne*, baptisée à Saint-Maurice le 23 novembre 1632.

7. — *Marguerite*, baptisée à Saint-Maurice le 28 novembre 1634.

VII. — *Norbert* du Hot, écuyer, sr de la Caullerie à Prémesques, et de Flequières, bourgeois de Lille par relief du 16 avril 1652 sur requête, mort avant 1677, épousa Hélène *de Belvalet*, fille de Jacques, s‍ʳ d'Humerœuille, et d'Anne *Bayart*, morte le 23 janvier 1705 et enterrée dans l'église de Pérenchies ; dont :

1. — *Antoine-François*, qui suit, VIII.
2. — *Anne-Marie*, morte le 27 juin 1702, inhumée à Pérenchies.
3. — *Marie-Marguerite-Paule*, décédée le 2 mai 1687, enterrée à Pérenchies.
4. — *Charles-Henri-Norbert*, profès récollet en 1677.

VIII. — *Antoine-François* du Hot, écuyer, s‍ʳ de la Caullerie, du Hamel, de Saint-Fleury, né à Saint-Pol vers 1655, bourgeois de Lille par relief du 1‍ᵉʳ février 1678 [1], bourgeois d'Arras par achat du 27 février 1677, échevin d'Arras, décédé dans cette ville paroisse Saint-Aubert, le 27 mai 1699, et inhumé à la Caullerie ; épousa à Arras, paroisse Saint-Jean-en-Ronville, le 2 mars 1677, Brigitte *Descouleurs*, fille d'Ogier, écuyer, s‍ʳ du Bouleau, et de Marie-Marguerite *Crignon* ; d'où :

1. — *Guillaume-François*, écuyer, mort avant 1735.
2. — *Pierre-François*, écuyer, s‍ʳ de Steenove, lieutenant au régiment de Bresse, mort avant 1727.
3. — *Louis-Cyrille-Ogier*, écuyer, s‍ʳ du Hamel, bourgeois d'Arras par relief du 15 septembre 1710, domicilié à Armentières en 1727, mort avant 1735.
4. — *Marie-Norbertine*, née en 1682, morte paroisse Saint-Aubert, à Arras, le 3 juillet 1693.
5. — *Jacques-Onuphre-Éloi*, qui suit, IX.
6. — *Marie-Brigitte*, baptisée à Saint-Aubert d'Arras le 24 avril 1692, décédée paroisse de La Madeleine à Lille le 29 mars 1753, célibataire.

IX. — *Jacques-Onuphre-Éloi* du Hot, écuyer, s‍ʳ de la Caullerie, bourgeois d'Arras le 11 juin 1714, mort avant 1747, épousa Marie-Élisabeth *Auvray*, d'une famille d'Arras. Il habitait Prémesques en 1727, et eut :

1. — *Pierre-Onuphre*, écuyer, commandant le second bataillon d'infanterie wallonne au service d'Espagne, marié, en 1749, avec Catherine-Françoise *de la Porte*, fille de Louis, s‍ʳ de Vaulx, et de Catherine *de Belvalet*.

---

1. Depuis cette époque la famille du Hot quitta Lille ; les recherches à Arras ne nous ont presque rien fourni.

2. — *Jacques-François*, écuyer, né vers 1723, capitaine au régiment de Montmorin, décédé paroisse de La Madeleine à Lille le 8 décembre 1747.

3. — *Louis-Norbert-Éloi*, écuyer, sr de Sainte-Fleury, enseigne aux gardes wallonnes le 18 avril 1743, enseigne de grenadiers le 11 août 1745, sous-lieutenant le 7 avril 1746, sous-lieutenant de grenadiers le 4 décembre 1751, lieutenant le 7 septembre 1754, sous-aide-major le 16 août 1755, aide-major le 28 décembre 1761, capitaine le 8 septembre 1767, retraité comme brigadier le 1er juillet 1782 ; il prit part avec ce corps aux batailles de Plaisance, de Tidone, ainsi qu'aux expéditions de Portugal et d'Alger et mourut avant 1786. Il épousa Marie-Françoise-Cécile Agnès *des Maizières*, veuve de Joseph-Albert *des Maizières*, morte à Barcelone le 19 février 1801, sans enfants.

NON RATTACHÉS.

Paul du Hot, fils de *Jean*, baptisé à St-Étienne le 23 octobre 1598.

Marie du Hot, alliée à Sainte-Catherine, le 1er août 1627, à Henri *du Foret*.

Pierre du Hot, baptisé à Saint-Étienne le 12 janvier 1584.

Pierre-Onuphre du Haut, fils d'*Hugues*, marié à Arras, Sainte-Madeleine, le 17 février 1711, avec Marie-Marguerite *Touliure*, puis à la même église, le 21 février 1719, avec Marie-Anne *Dinoir*.

Guillaume du Hot, baptisé à Saint-Étienne le 26 juin 1580.

Épitaphe de *Charles* du Hot à la cathédrale de Tournai :

Dominus *Carolus* du Hot, hujus ecclesiæ canonicus, constructo ornato et fundato ad B. M. Virginis honorem sacello in oppido Landrecensi, natali solo, obiit anno 66 ætatis suæ, ipsis Kalendis januarij 1618. Orate pro eo.

Albert du Hot, prêtre, religieux de Marchiennes, mort le 1er juillet 1681, à quarante-huit ans.

1641, 28 mai. — *Lettres d'anoblissement par Philippe VI, roi d'Espagne, en faveur d'Antoine du Hot, seigneur de Flesquières.*

Philippe etca... A tous présens et avenir qui ces présentes verront ou lire oyront, salut. De la part de nostre cher et bien amé *Antoine du Hot*, seigneur de Flesquière, nous a esté très-humblement représenté qu'il seroit issu d'ancienne bourgoisie de nostre ville de Lille où ses ancestres auroyent exercé estats honnorables, mesmes feu son père ceux de cappitaine, eschevin et autres, et s'y comporté en toute fidélité et diligence en la conservation de ladite ville en la deue obéissance, outre qu'il auroit vescu toutte sa vie de ses revenus et sans avoir fait aucun exercice mécanique, qu'iceluy son père n'ayant eu qu'une seur, les descendans d'icelle seroyent tous honnourés du tiltre de noblesse, que le frère unique du remonstrant seroit à présent trésorier de la dite ville pour la sixième fois et serviroit, passées longues années, de cappitaine en icelle, que sa sœur unique se seroit alliée à noble homme et luy remonstrant à la fille de Demoiselle Anne *de Hennin*, issue comme il a allégué de noble extraction et sœur de feu le très-révérend père en Dieu Antoine *de Hennin*, évesque d'Ipres, fondateur d'un grand séminaire pour y nourrir trente ou quarante estudiants en théologie afin de servir de pasteurs ès provinces de nostre obéissance où la misère des guerres en auroit causé le deffault ; que la sœur unique de sa femme qui n'auroit aucun frère, se seroit pareillement alliée à homme noble honoré du tiltre de chevalier et qui auroit servy l'estat de bourgmaistre de nostre ville de Bruxelles, à l'exemple desquels le remonstrant auroit aussy desservy divers estats honnorables en ladite ville de Lille, si comme de cappitaine, de ministre général des pauvres, de superintendant des notables et autres au magistrat d'icelle en laquelle il seroit présentement rewart pour la deuxiesme fois et en cette qualité auroit eu l'honneur de présenter à nostre très-cher et très-amé bon frère le cardinal-infant Dom Ferdinand, lieutenant-gouverneur et cappitaine général de nos Pays-Bas et de Bourgongne, les clefs de la dite ville à son entrée en icelle et en outre auroit esté employé par feu le comte de Coupigny, en son vivant de nostre Conseil d'Estat et chef de nos finances, en plusieurs occasions de nostre service qu'il auroit tousjours procuré d'avancer avec particulier zèle, et comme il désire d'y continuer et employer ce qu'il a plû à Dieu de luy prester avec plus de lustre pour luy et sa postérité, il nous a très humblement supplié qu'il nous plust de luy accorder, ensemble à ses enfans et postérité, le tiltre et degré de noblesse avec permission de porter les armoiries que ses ancestres ont portées, luy faisant sur ce despêcher noz lettres patentes sur ce pertinentes. Sçavoir faisons, que Nous, les choses (susdites) considérées, avons de nostre certaine science, autorité souveraine, et grâce spéciale, pour nous, nos hoirs et successeurs, audit *Antoine du Hot*, ensemble à ses enfans et postérité masles et femelles nais et à naistre en loyal mariage, accordé et octroyé, accordons et octroyons par ces présentes le tiltre et degré de noblesse, voulans et entendans qu'il, ses enfans et postérité et chascun d'eux procréé en loyal mariage comme dit est, ayent à jouyr et user, jouissent et usent d'icy en avant et à tousjours comme gens nobles en tous lieux, actes et besongnes, de tous et quelsconques honneurs, prérogatives, prééminences, franchises, privilèges et exemptions de noblesse dont les autres nobles ont accoustume de jouir, jouissent et jouiront et qu'ils soient en tous leurs faits et actes tenus et réputez pour nobles en toutes places en jugement et hors d'icelluy, comme les déclarons et créons tels par ces mesmes présentes, et que semblablement ils soyent et seront capables et qualifiez pour estre eslevez à estats et dignitez, soit de chevalerie ou autres, et puissent et pourront en tout temps acquérir, avoir, posséder et tenir en tous nos pays, signamment en nosdits Pays-Bas, places, terres, seigneuries, rentes, revenues, possessions et autres choses mouvantes de nos fiefs et arrière-fiefs et tous autres nobles tenemens et iceux prendre et tenir de nous ou d'autres seigneurs féodaux de qui ils seront dépendans ; et si aucunes des choses susdites ils ont jà acquises, les tenir et posséder sans estre constraints de par nous ou d'autres les mettre hors de leurs mains : à quoy nous les habilitons et rendons suffisans et idoines par ces dites présentes, faisans vers nous et nosdits hoirs et successeurs les devoirs y appartenans selon la nature et condition d'iceux fiefs et biens acquis ou à acquérir et la coustume du pays où ils sont situéz, et ce, parmy certaine finance modérée que ledit *Antoine du Hot*, à cause de cette présente grâce, sera tenu de payer à nostre profit sur la tauxation qui en sera faite par ceux de notre Conseil d'Estat aux affaires de nos Pays-Bas et de Bourgongne près nostre personne, à ce commis. Et affin que l'estat de noblesse dudit suppliant soit tant plus notoire, connu et autorisé, luy avons aussy accordé et permis, accordons et permettons par ces dites présentes qu'il et sa postérité de loyal mariage, comme dit est, pourront perpétuellement et à tousjours en tous et quelsconques leurs faits, gestes et autres actes licites et honnestes, continuer à avoir et porter les armoiries dont ses ancestres et luy ont usé jusqu'à maintenant qui sont celles qui s'enssuivent : sçavoir est : *un escu d'azur à double las d'amour d'or*, au timbre de cinq grilles ou ouvertures en porfil d'argent, au bourrelet et feuillages des émaux de l'escu, cimier une teste de chèvre d'argent entre deux vols des esmaux de l'escu, comme lesdites armoiries sont peintes et figurées au milieu de cestes. Si requérons nostre très-cher et très-amé bon frère le cardinal Infant dom Ferdinand, pour nous lieutenant-gouverneur et cappitaine général de nosdits Pays-Bas et de Bourgongne, et donnons en mandement à nos trèschers et féaulx les gens de nostre Conseil d'Estat, chefs, présidens et gens de nos privé et grand conseils, chefs, trésorier général et commis de nos domaines et finances, président et gens de nostre Chambre des Comptes à Lille, et à tous autres nos justiciers et officiers présens et à venir, leurs lieutenans et chascun d'eux en droit soy et si comme à luy appartiendra, et tous autres nos sujets, qu'estant par les dits de nos Comptes deuement procédé, comme leur mandons de faire, à la vérification et intérinement de ces dites présentes selon leur forme et teneur, ils fassent, souffrent et laissent ledit *Antoine du Hot* et sa postérité de loyal mariage de nostre présente grâce, octroy et annoblissement et de tout le contenu en ces dites présentes plainement, paisiblement et perpétuellement jouyr et user sans leur faire, mettre ou donner, ny souffrir estre fait, mis ou donné à aucun d'eux contredit, destourbier ou empeschement quelconque. Car ainsi nous plaist-il et voulons estre fait, non obstant quelsconques ordonnances, coustumes, usages et autres choses au contraire desquelles nous avons relevé et dispensé, relevons et dispensons lesdits de nos finances et de nos Comptes et tous autres ausquels se peut toucher et regarder, pourveu qu'au préalable cesdites présentes soyent présentées en nostre secrétairie du Registre des mercèdes afin d'en estre tenu notte et mémoire ès livres d'icelle. Et afin que ce soit chose ferme et stable à tousjours, nous avons signé ces présentes de nostre main et à icelles fait mettre nostre grand scel, sauf en autres choses nostre droit et l'autruy en toutes. Donné en nostre ville de Madrid, royaume de Castille, le 28e jour de may l'an de grâce 1641 et de nos règnes le 20e. Paraphé M. L. Vt signé : Philippes.

Sur le ply estoit escript : Par le Roy et signé : Brecht.

Si estoit encore escrit : Tome la racon en la seg(retaria) del Rey de Med. a 19 d'8bre 1641. Signé : Pedro Lopez de Calo.

Sur le dos estoit escrit : Ayant la finance dont est faite mention au blanc de ses présentes esté taxée en suite du contenu en icelles, le payement en a esté fait de la part du suppliant au profit de Sa Majesté et ce ès mains de Jacques Lhermite, escuyer, receveur du Conseil d'Estat de Sa Majesté aux affaires des Pays-Bas et de Bourgongne près sa royale personne suivant sa lettre de recepte délivrée par ordre d'icelluy conseil ès mains de moy le secrétaire d'Estat soubsigné pour la servir sur ses comptes.

Fait à Madrid, le 19e octobre 1641. Signé : Brecht.

Sur l'avant-dit ply est encore escrit :

Ces lettres sont intérinées selon leur forme et teneur par les président et gens des Comptes du Roy à Lille et de leur consentement enregistrées au Registre des Chartes y tenu commençant en avril

1642, folio 6, le 23 may dudit an, nous présens et signez : d'Ennetières, de Vos de Steenwich et Petitpas.

Collationné sur le registre original par moy soubsigné,

A Lille, le 16 décembre 1669.

Signé : Denys Godefroy.

Archives du Nord. — Chambre des Comptes de Lille. — Art. B.
1677. Supplément aux Registres des Chartes. Titres nobiliaires,
tome III, fos 421-425.

N. B. — Il ne faut pas confondre cette famille avec une autre du même nom du : Hault, qui a formé les branches de la Caullerie près Douai et de Pressensé.

JACOPS

Armes : *d'or au chevron d'azur.*

Cette famille est originaire d'Anvers.

I. — *Martin* Jacops, mort à Anvers le 27 décembre 1579, épousa Marie *de Lengaigne*, morte le 22 août 1552 ; ils furent inhumés dans la cathédrale d'Anvers, et laissèrent :

1. — *Jacques*, qui suit, II.
2. — *Simon*, allié à Madeleine *Vandenbroucq*, d'où :
    a. — *Nicolas*, né à Anvers, marchand, bourgeois de Lille par achat du 5 mars 1627.

II. — *Jacques* Jacops, banquier à Anvers, mort le 21 juin 1611, marié avec Catherine *Vandenbroucq*, sœur de Madeleine, décédée le 15 septembre 1610 ; dont :

1. — *Jacques*, qui suit, III.
2. — *Nicolas*, qui suivra, III bis.

III. — *Jacques* Jacops, né à Anvers, marchand, bourgeois de Lille par achat du 5 août 1616, épousa à Saint-Étienne, le 8 juillet 1617, Claudine *Robert*, fille de Jacques, banquier à Lille, et de Marguerite *Haroult*, baptisée à Saint-Maurice le 3 décembre 1596; d'où :

1. — *François*, baptisé à Saint-Étienne le 4 octobre 1619.
2. — *Martine*, baptisée à Saint-Maurice le 15 janvier 1622.
3. — *Marie*, baptisée à Saint-Étienne le 12 septembre 1623, épouse de Charles *Mertens*, dont postérité.
4. — *François*, baptisé à Saint-Étienne le 1er juillet 1625, mort jeune.
5. — *Marguerite-Thérèse*, baptisée à Saint-Étienne le 7 mars 1627.
6. — *Henri*, baptisé à Saint-Étienne le 31 juillet 1629.
7. — *François*, baptisé à Saint-Étienne le 14 août 1631, jésuite, professeur de philosophie et de théologie à Douai en 1676, mort à Saint-Omer le 24 mai 1679. On a de lui : *Quæstio theologica an et quando neganda sit aut differenda absolutio pœnitenti*....

Cologne, W. Friessen, 1676, in-12. Ce livre abordait un des points les plus controversés de la doctrine janséniste ; il fut attaqué par une lettre pastorale de l'évêque d'Arras, Guy de Sève de Rochechouart. Le P. Jacops répondit par l'opuscule suivant : *Differentia inter propositiones publice dictatas a Francisco Jacobs, e Societate Jesu et sacræ theologiæ professore in universitate Duacena, et inter alias censura confixas ab I. et R. episcopo Atrebatensi...* Ypres, de Backer, 1677, in-12. Il publia aussi : *Lettres du R. Père J. J., professeur de théologie à Douai, touchant la censure de Mgr l'évêque d'Arras*, in-12 (Voir les *Souvenirs religieux*, 1889, page 97).

8. — *Anne*, baptisée à Saint-Étienne le 24 mars 1633, mariée à Sainte-Catherine, le 2 septembre 1655, avec Étienne *Vanlaer*, fils de Jean, marchand, et de Catherine *Fasse*, baptisé à Saint-Étienne le 8 mars 1619 ; dont postérité.

9. — *Catherine-Louise*, baptisée à Saint-Étienne le 1er juillet 1635, alliée à son cousin Martin *Jacops* (Cf. *infra*).

10. — *Angeline*, baptisée à Saint-Étienne le 5 novembre 1638.

11. — *Henri-Ignace*, qui suit, IV.

IV. — *Henri-Ignace* Jacops, marchand, bourgeois de Lille par relief du 23 octobre 1662, épousa à Saint-Étienne, le 8 octobre 1662, Aldegonde *Waresquiel*, fille de François, licencié ès lois et greffier de la gouvernance de Lille, et de Jacqueline *Cardon*, baptisée à Saint-Étienne le 14 juillet 1644 ; d'où :

1. — *François*, baptisé à Saint-Étienne le 12 mai 1664.

2. — *Henri* [1], sr de la Cessoye, baptisé à Saint-Étienne le 1er décembre 1666, anobli par l'achat d'une charge de conseiller secrétaire du Roi, obtint des lettres de vétérance comme conseiller, données à Versailles le 30 décembre 1713, et mourut paroisse Sainte-Catherine le 30 octobre 1737. Il avait acheté le 11 septembre 1683, d'Albert Alatruye, une partie du fief de l'Anglée à Esquermes [2]. Il épousa, par contrat du 8 décembre 1726, Marie-Thérèse *Renault*, fille de Jean-Nicolas, capitaine au régiment de Navarre, et d'Isabelle-Anne *Verbiest*, née vers 1677, remariée avec Jean-Louis *de Biotière*, chevalier, sr de Chassincourt, morte paroisse Sainte-Catherine le 17 mai 1755, et enterrée au chœur de cette église; sans postérité.

---

[1]. Il fit enregistrer ses armes : *d'or au chevron d'azur, chargé sur sa pointe d'une étoile du champ.*

[2]. Th. Leuridan, *Statistique féodale de la châtellenie de Lille*, Mélantois, p. 54.

3. — *Jean*, sr de Miromont, baptisé à Saint-Étienne le 16 janvier 1669, décédé après 1700.

III bis. — *Nicolas* JACOPS, né à Anvers, marchand, bourgeois de Lille par achat du 8 janvier 1621, anobli par lettres données à Madrid le 29 mai 1652. Ces lettres mentionnent que Nicolas Jacops était « issu de parents fort honorables et catholiques qui n'avoient jamais adhéré aux factieux et rebelles durant les troubles des Pays-Bas et avoient toujours témoigné un grand zèle pour notre service royal, à l'imitation desquels ledit Nicolas Jacobs nous auroit aussi rendu plusieurs bons et agréables services pendant son séjour en nostre cour, particulièrement durant les troubles de France et guerre de Catalongne, tant par prest d'argent qu'autrement ». Il se maria, après le 8 janvier 1621, avec Marie *Robert*, sœur de Claudine ; d'où :

1. — *Henri*, qui suit, IV.
2. — *Nicolas*, écuyer, sr de Lanon, baptisé à Saint-Maurice le 29 septembre 1625, décédé célibataire le 10 novembre 1701.
3. — *Marie*, baptisée à Saint-Maurice le 31 octobre 1627, mariée à Saint-Étienne, le 16 septembre 1654, avec Jean-Guillaume *Castellain*, fils de Guillaume et de Marie *Bave*, baptisé à Sainte-Catherine le 10 mars 1626, bourgeois de Lille par relief du 24 avril 1655, décédé le 10 juin 1677; dont postérité.
4. — *Catherine*, baptisée à Saint-Maurice le 26 août 1629, décédée paroisse de La Madeleine le 20 avril 1708, alliée à Gilles *Fruict*, sr de Frémicourt, fils de Romain et de Marguerite *Bave*, baptisé à Saint-Maurice le 23 février 1629, bourgeois de Lille par relief du 16 mai 1659; dont postérité.
5. — *Jean-Louis*, baptisé à Saint-Maurice le 9 novembre 1631, jésuite.
6. — *Martin*, qui suivra, IV bis.
7. — *Hubert*, baptisé à Saint-Maurice le 28 novembre 1635.
8. — *Barbe*, baptisée à Saint-Étienne le 21 septembre 1637.
9. — *Madeleine*, baptisée à Saint-Étienne le 4 novembre 1640, alliée à Pierre-François *du Chambge*, fils de Nicolas, avocat, et de Marie *Miroul*, baptisé à Saint-Étienne le 27 avril 1638, bourgeois de Lille par relief du 4 février 1665, maître de la Chambre des comptes de Lille; dont postérité.

IV. — *Henri* JACOPS, écuyer, sr d'Hailly, Allennes, baptisé à Saint-Maurice le 29 novembre 1623, bourgeois de Lille par relief du 29 janvier 1669, épousa à Saint-Maurice, le 6 novembre 1668,

Marie-Catherine *Janssens*, fille de Pierre, sr de Martinsart, et de Catherine *Robert*, née vers 1627, décédée paroisse Saint-Maurice le 21 septembre 1669 ; d'où :

V. — *Pierre-Louis-Joseph* Jacops, écuyer, sr d'Hailly, Aigremont, Lompret, baptisé à Saint-Maurice le 20 août 1669, bourgeois de Lille par relief du 21 février 1695, bourgeois d'Arras le 21 avril 1708 moyennant finances de 400 livres, conseiller secrétaire du Roi, fonction qu'il exerça 26 ans et pour laquelle il reçut des lettres de vétérance datées de Versailles le 9 janvier 1714, décédé à Lille le 19 mars 1738, épousa : 1º à Sainte-Catherine, le 3 février 1694, Julie-Thérèse *Diedeman*, fille de Jacques et d'Anne *de Blondel*, baptisée à Saint-Maurice le 21 octobre 1669, y décédée le 9 janvier 1695 ; 2º à Saint-Jean-en-Ronville d'Arras, le 24 avril 1708, Marie-Madeleine *Quarré*, dame de Kaverlies, fille de Philippe-Albert, écuyer, sr de Boiry, et d'Anne-Madeleine *Payen*.

Pierre-Louis Jacops voyagea beaucoup ; de 1690 à 1697, il fit le tour de France et raconta son voyage dans deux volumes qui forment les manuscrits 525 et 526 de la bibliothèque de Lille ; en 1699 et 1700, il parcourut l'Italie ; la relation de ses impressions forme le manuscrit 527. Enfin, on a encore de lui des « Notes sur es villages de la châtellenie de Lille » (manuscrits 609 et 258). Il ne laissa qu'un fils du second lit.

VI. — *Henri-Ambroise-Ernest* Jacops, écuyer, sr d'Aigremont, Hailly, Lompret, baptisé à Saint-Maurice le 14 mars 1709, bourgeois de Lille par relief du 11 décembre 1738, inscrit au rôle des nobles de Flandre par ordonnance du 24 octobre 1738, nommé lieutenant-général du bailliage de Lille le 16 mars 1761, décédé le 26 août 1766. Il épousa à Sainte-Catherine, le 18 octobre 1738, Madeleine-Charlotte *Jacops*, fille de Jean-Baptiste, écuyer, sr de Vertin, et de Marie-Jeanne *Cardon* (Cf. *infra*) ; dont :

1. — *Albertine-Henriette-Charlotte*, baptisée à Sainte-Catherine le 19 avril 1740, décédée paroisse Saint-Maurice le 4 mai 1757.
2. — *Henri-Louis-Marie*, qui suit, VII.

VII. — *Henri-Louis-Marie* Jacops, écuyer, sr d'Aigremont, Hailly, Lompret, Etombe, La Trammerie, Lannon, Petit Lambersart, Martinsart, Collinet, Lescangrie, Zuingelbans, Doyenbourg, Lattre et Lespesse, Lauriès, Boisaubers, Molières, Jobecq, Lacroix, Stock, Mainil-en-Barœul, Escobecque, La Bosche, Metzféry,

Haïlin, Fauquepelle, La Carnoy, Quinquibus, etc., baptisé à Saint-Maurice le 14 septembre 1741, chevau-léger de la garde ordinaire du Roi par certificat du 16 avril 1761, bourgeois de Lille par relief du 12 mars 1765, créé marquis d'Aigremont par lettres données à Versailles en février 1773 [1], décédé à Hambourg le 8 juillet 1795 ; épousa par contrat passé à Hem, le 4 août 1764, Marie-Louise-Angélique, comtesse *de Gand*, fille de Jean-Guillaume-François-Marie, marquis d'Hem, et de Louise-Angélique *Desfossés* ; dont :

1. — *Marie-Louise-Catherine*, baptisée à Saint-Maurice le 25 novembre 1765, morte à Lille le 2 floréal an VI, mariée à Saint-Pierre, le 13 avril 1790, avec Charles-Bernard *de Brossard*, comte de Saint-Léger, sr de l'Épinoy, Harraucourt, Rouvroy, fils d'Antoine-Joseph, écuyer, sr de Desvilles et Bardemont, et d'Angélique-Françoise *Le Vaillant*, né à Desvilles (diocèse de Rouen), le 20 août 1734, entré au service en 1755, nommé en 1761 capitaine commandant des chasseurs du régiment de Condé infanterie, fait chevalier de Saint-Louis le 14 mai 1780, veuf de Marguerite *de Vaudricourt*, mort à Amiens le 11 décembre 1810 ; dont postérité.

Leur existence pendant la Révolution fut des plus mouvementées ; quoiqu'ils n'aient pas émigré, une partie de leurs biens fut vendue ; eux-mêmes furent arrêtés à Amiens le 28 pluviôse an II, et emprisonnés à la maison du dépôt de mendicité du département de la Somme ; le 9 thermidor vint leur rendre la liberté [2].

2. — *Henri-Louis*, baptisé à Saint-Maurice le 23 octobre 1766, fit ses preuves de noblesse pour entrer au service militaire le 21 novembre 1783 ; nous ignorons la date de sa mort.

3. — *Louis-Narcisse*, marquis d'Aigremont, baptisé à Saint-Maurice le 18 juillet 1768, fit ses preuves de noblesse en même temps que son frère, Henri-Louis ; il émigra en 1791 et vécut à Brunswick du produit de son travail de peintre miniaturiste ; il rentra en France, fut placé en surveillance à Lille, par arrêté du ministre de la police générale, le 14 nivôse an X, devint en 1824 conservateur du musée de cette ville, où il mourut célibataire le 29 juin 1829.

4. — *Louis-Paulin*, qui suit, VIII.

5. — *Marie-Henriette-Sophie*, baptisée à Saint-Maurice le 27 novembre 1770.

---

1. Ces lettres ont été publiées presque en entier par M. de Ternas dans le *Recueil de la noblesse de Flandre et des Pays-Bas*, p. 422.

2. Consulter à ce sujet l'article de M. le comte de Saint-Pol, dans le *Bulletin de la Société d'Histoire du Vimeu*, 1905, n° 3, pages 37 et suivantes.

6. — *Louise-Antoinette*, ondoyée le 28 février 1772 et baptisée à Saint-Maurice le 17 juillet suivant, morte à Lille le 19 janvier 1858; sortie de cette ville le 5 juillet 1791, elle séjourna successivement à Ennevelin, à Amiens, à Saint-Léger chez son beau-frère, puis à Amiens où elle fut arrêtée et écrouée à la prison de la Providence le 29 pluviôse an II; elle en sortit le 14 thermidor suivant pour être envoyée en surveillance à Saint-Quentin, fut rayée de la liste des émigrés le 12 messidor an IX, et obtint de revenir à Lille par arrêté du 1er floréal an XII [1]. Elle épousa dans cette ville, le 5 novembre 1804, Éléonore-Séraphin-Joseph *Déliot*, comte de la Croix, fils de Désiré et de Marie *du Chambge de Liessart*, baptisé à La Madeleine le 16 mars 1778, chevalier de Saint-Jean de Jérusalem, mort à Lille le 14 mars 1835; dont postérité.

VIII. — *Louis-Paulin* Jacops, marquis d'Aigremont, ondoyé le 11 septembre 1769 et baptisé le 15 à Saint-Maurice, entra aux gardes wallonnes le 16 décembre 1787, fut nommé enseigne le 30 septembre 1793, sous-lieutenant le 5 février 1795, sous-aide-major le 5 avril 1799, lieutenant le 20 décembre 1802, devint lieutenant-colonel après avoir fait avec ce corps toutes les campagnes contre la Révolution; il fut fait chevalier de Saint-Louis en 1815 et passa comme colonel au service de France; il mourut le 18 novembre 1846 au château de Beaulieu (Vaucluse) [2]. Il épousa à Madrid, en 1804, Anne-Françoise-Caroline-Geneviève *de Chaussaude*, fille d'Antoine-François-de-Paul-Hyacinthe, baron de Saint-Romans, et de Marie-Anne-Thérèse-Césarine *de Proyet*; d'où:

1. — *Manuella*, née à Madrid en août 1805, morte enfant.
2. — *Marie-Anne-Thérèse-Remy*, née à Almeria (Espagne) le 1er octobre 1806, morte à Auteuil le 24 mars 1865, alliée, vers 1827, à Jules, comte *de Bonadona*, fils du comte et de la comtesse née *Lecomte*, décédé au château de Bagnol, près Avignon, en juillet 1883, à l'âge de 82 ans; sans postérité.
3. — *Louis-Paulin-Jacques-Gonzalès*, né à Séville le 23 avril 1810.
4. — *Louise*, née à Carpentras le 14 juillet 1812, mariée, le 16 juillet 1834, avec François-Marie-Théophile *Brassier*, marquis de Jocas, fils du marquis et d'Ursule *de Conseil*, né le 6 mars 1805, membre du Conseil général de Vaucluse de 1843 à 1861, maire de

---

1. Archives départ. du Nord, série E, liasse de Gand d'Aigremont.
2. Les détails qui suivent nous ont été presque tous fournis par le marquis d'Aigremont à qui nous adressons ici nos plus vifs remerciements.

Carpentras, chevalier de la Légion d'honneur, mort dans cette ville le 23 septembre 1863; dont postérité [1].

5. — *Julie*, née à Villes (Vaucluse) le 15 juin 1815, mariée, le 13 septembre 1838, avec N..., baron *de Vachon*, fils de Pierre-François-Charles et de Madeleine-Jeanne *Lancelin de Lavolière*, né le 12 avril 1809; sans postérité.

6. — *Mathilde*, née à Carpentras le 29 août 1818, morte en 1832.

7. — *Charlotte-Pauline*, née à Carpentras le 25 décembre 1819, morte le 7 novembre 1900, alliée, le 15 juin 1842, à Alexandre, comte *de Soye*, fils du comte et de la comtesse née *de Saultie*, né à Anvers en 1806, intendant militaire, commandeur de la Légion d'Honneur et de Saint-Grégoire-le-Grand, créé comte papal par bref du 7 juillet 1882, décédé à Carpentras le 27 décembre 1882 ; dont postérité.

8. — *Louis-Eugène-Richard*, qui suit, IX.

IX. — *Louis-Eugène-Richard* Jacops, marquis d'Aigremont, né à Carpentras le 3 avril 1822, décédé le 20 novembre 1893, épousa, le 15 avril 1846, Amicie *de Séguins Vassieux*, fille d'Alexandre-Joseph-François, comte de Séguins, marquis de Vassieux, et de Félicité-Flavie *de Cohorn*, née le 24 juillet 1826 ; d'où :

1. — *Octavie*, née le 29 juillet 1847, alliée à Saint-Félicien (Ardèche), le 23 février 1881, à François-Marie-Joseph-Augustin *Sigaud de Lestang*, fils de Pierre-Auguste et de Marie-Julie-Joséphine *Charre de Lavalette*, né le 13 novembre 1841 ; dont une fille.

2. — *Marie-Julie-Caroline*, née le 16 janvier 1849, morte à Carpentras le 6 avril 1868.

3. — *Ludovic*, qui suit, X.

4. — *Alexandrine-Marie-Pauline*, née à Carpentras le 26 avril 1858, mariée, le 15 octobre 1881, avec Henry *Vidal*, comte *de Lirac*, fils de Camille et de Mézelie *Beaudet*, né le 15 février 1857 ; dont un fils.

X. — *Ludovic* Jacops, marquis d'Aigremont, né le 19 octobre 1853, épousa à Aix, le 3 juin 1884, Louise-Marie-Marguerite-Noélie *Dufaur*, fille de Charles-Louis et de Léocadie *Le Blanc de Castillon*, née le 25 décembre 1857 ; dont :

1. — *Louis-Marie-Joseph*, né le 14 avril 1885.

---

[1] Un article biographique lui est consacré dans la *Revue nobiliaire* de M. Bonneserre de Saint-Denis, tome II, année 1863-1864, pages 227 et 228.

2. — *Robert-Marie-Charles*, né le 16 avril 1886.
3. — *Madeleine-Marie-Renée*, née le 26 février 1889.

IV bis. — **Martin** Jacops [1], écuyer, sr de Vertin, baptisé à Saint-Maurice le 30 octobre 1633, bourgeois de Lille par relief du 30 juin 1665, échevin de cette ville, conseiller secrétaire du Roi en la chancellerie près le Parlement de Tournai, épousa à Saint-Étienne, le 22 mars 1665, Catherine-Louise *Jacops*, fille de Jacques et de Claudine *Robert*, baptisée à Saint-Étienne le 1er juillet 1635, décédée paroisse de La Madeleine le 13 juillet 1705 ; d'où :

1. — *Martin*, qui suit, V.
2. — *Jean-Baptiste*, écuyer, sr de Vertin, baptisé à Saint-Maurice le 26 septembre 1667, bourgeois de Lille par relief du 19 novembre 1711, décédé paroisse Sainte-Catherine le 2 mai 1747, allié à Saint-Maurice, le 12 octobre 1711, à Marie-Jeanne *Cardon*, dame de la Masure, fille d'Ignace, sr dudit lieu, et de Jeanne-Catherine *Mertens*, baptisée à Saint-Étienne le 15 novembre 1683, décédée le 9 novembre 1772, et enterrée à côté de son mari dans l'église des religieuses capucines ; dont :

    a. — *Jean-Baptiste-Joseph*, écuyer, sr de Boisleville, baptisé à Sainte-Catherine le 19 novembre 1712, décédé paroisse Saint-Pierre, à Douai, le 29 juin 1731.
    b. — *Albert-François*, baptisé à Sainte-Catherine le 1er mars 1714.
    c. — *Madeleine-Charlotte*, baptisée à Sainte-Catherine le 28 juillet 1717, décédée paroisse Saint-Maurice le 7 décembre 1743, mariée à Sainte-Catherine, le 18 octobre 1738, avec son cousin Henri-Ambroise-Ernest *Jacops*.

3. — *François-Henri*, baptisé à Saint-Maurice le 2 décembre 1668.
4. — *Marie-Catherine*, baptisée à Saint-Étienne le 8 juillet 1670.
5. — *Jeanne-Françoise-Victoire*, novice aux Capucines de Lille en 1701.
6. — *Erneste*, décédée célibataire, paroisse de La Madeleine, le 12 mai 1710.

V. — **Martin** Jacops, écuyer, sr d'Ascq, Rocques, Tereumbecque, baptisé à Saint-Maurice le 31 décembre 1665, bourgeois de Lille par relief du 16 septembre 1695, épousa à Sainte-Catherine, le

---

1. Il fit enregistrer ses armes : *d'or, au chevron d'azur, chargé sur sa pointe d'une coquille du champ.*

14 février 1695, Marie-Albertine *Diedeman* [1], fille de Jacques, chevalier, s^r de la Riandrie, et d'Anne-Marie *de Blondel*, baptisée à Saint-Maurice le 17 août 1672, y décédée le 25 décembre 1745 ; dont :

1. — *Martin-Albert*, baptisé à Saint-Maurice le 4 décembre 1695, y décédé le 15 juillet 1705 (?)

2. — *Martin-Marie*, baptisé à Saint-Maurice le 11 septembre 1697.

3. — *Marie-Albertine-Amélie*, baptisée à Saint-Maurice le 14 août 1699, décédée le 13 juin 1785, et enterrée au chœur de l'église d'Ascq, alliée à Saint-Maurice, le 18 mai 1738, à Pierre-Joseph *Bady*, écuyer, s^r d'Aymeries, de Pont, d'Hargnies, fils de Charles-Joseph, grand bailli des États de Lille, et de Marie-Claire *Locart*, baptisé à Saint-Étienne le 19 mars 1702, bourgeois de Lille par relief du 12 décembre 1731, veuf de Catherine-Françoise *Bady*, décédé le 30 octobre 1761 ; dont postérité.

4. — *Catherine-Louise*, baptisée à Saint-Maurice le 21 juillet 1701, dame de Beauvoir, décédée célibataire le 16 avril 1769.

5. — *Julie-Henriette*, baptisée à Saint-Maurice le 10 août 1703, décédée paroisse Sainte-Catherine le 11 février 1754, mariée à Saint-Maurice, le 16 novembre 1738, avec Gilles *Beuvet*, écuyer, s^r de la Vichte, Neuve-Église, fils de Jacques-Philippe et de Barbe-Ernestine *Castellain*, baptisé à Saint-Maurice le 9 avril 1700, décédé le 22 mars 1757 ; sans enfants.

6. — *Marie-Claire-Joseph-Bonne*, baptisée à Saint-Maurice le 8 mars 1706, morte le 28 octobre 1787, alliée, le 22 janvier 1731, à Jacques-François-Alexandre *Rouvroy*, chevalier, s^r de Fournes, Capinghem, Trépignies, fils de Jacques et de Marie-Madeleine *Aronio*, baptisé à Saint-Maurice le 5 mai 1697, créé trésorier de France au bureau des finances de Lille le 3 juillet 1721, bourgeois de Lille par relief du 21 mars 1731, mort le 13 février 1776 et inhumé dans l'église Saint-Maurice ; dont postérité.

7. — *Angélique-Ernestine*, baptisée à Saint-Maurice le 26 juin 1708.

8. — *Isabelle-Caroline*, baptisée à Saint-Maurice le 29 septembre 1710, dame de Willem, Fresnoy, Robigeux, La Haute Anglée, décédée paroisse Saint-André le 15 avril 1785, mariée, le 27 janvier 1738, avec Joseph-Chrétien-Michel-Anaclet *Le Maistre*, écuyer, s^r d'Anstaing, Gruson, La Hamayde, Esplechin, Le Brefay, Le Colombier, fils de Michel, écuyer, et de Marie-Joseph *Redincq*

---

1. DIEDEMAN : *Écartelé : aux 1 et 4, d'azur à trois éperons d'or ; aux 2 et 3, de sable à la bande d'or.*

y Barba, né à Séville le 13 juillet 1711, bourgeois de Lille par relief du 19 janvier 1739, décédé à Lille le 22 novembre 1748 et enterré à Anstaing; d'où postérité.

9. — *Henri*, baptisé à Saint-Maurice le 28 octobre 1713.

10. — *Barbe-Ernestine-Adélaïde*, baptisée à Saint-Maurice le 25 juin 1717, décédée le 1ᵉʳ juillet suivant.

NON RATTACHÉS.

ean JACOBS, marchand à Anvers, épousa Marie *Boellart*, fille de Gilles et de Catherine *de Fourmestraux*, dont il eut quatre enfants, *Martin*, allié à Jeanne *de Bruisse*, *Suzanne-Marie*, *Marie-Claude* et *Marie*.

Pétronille JACOPS, morte paroisse Saint-André le 18 août 1693.

Ignace JACOPS, sous-lieutenant aux gardes wallonnes avec lesquelles il prit part aux campagnes d'Italie, tué à l'attaque de Velletri le 11 août 1744 (Note de M. Fremaux dans les *Souvenirs religieux*, année 1899, page 98).

Jean-Baptiste JACOBS, marié à Saint-Maurice, le 22 mai 1710, avec Marie-Claire *du Vivier*, d'où : *Marie-Anne-Françoise*, baptisée à Sainte-Catherine le 19 juin 1712.

Hubert JACOBS, époux d'Antoinette *Garin*, et père de *Pierre*, baptisé à Saint-Étienne le 6 février 1649.

Remi JACOBS, allié à Saint-Maurice, le 12 janvier 1709, à Anne *Josse*, veuve de Guillaume *Ghelu* et de Gaspar *Lainé*.

1652, 29 mai. — *Anoblissement de Nicolas Jacops, et de sa postérité.*

Philippe, par la grâce de Dieu, Roy de Castille, &ᵃ... A tous présens et avenir quy ces présentes lettres verront ou lire oiront, salut. De la part de nostre cher et bien amé *Nicolas Jacops* nous at esté très humblement remonstré qu'il seroit issu de parens fort honnorables et catholicques en nostre ville de Lille, lesquels de tout temps auroient esté très fidels et très obéissans subjects de noz prédécesseurs sans avoir oncques adhéré aux factieux et rebelles durant les troubles de noz Païs-Bas, au contraire se seroient tousjours portez d'ung grand zèle à nostre service ès occasions quy s'en seroient présentées, à l'imitation desquels le remonstrant nous auroit aussy rendu plusieurs bons et agréables services pendant son séjour en nostre Court, particulièrement durant les troubles de France et guerres de Cataloigne, tant par prests de grosses sommes d'argent qu'aultrement, nous suppliant qu'en considération de ce il nous pleust de l'annoblir et sa postérité et luy accorder pour armoiries ung escu *d'or à un chevron d'azur*, l'eaume ouvert et treillé, pour cimier une fleur de lis d'or, bourelet et hachemens d'or et d'azur, et sur ce luy faire despescher nos lettres patentes en tel cas pertinentes : Sçavoir faisons que Nous, ce que dessus considéré, inclinans favorablement à sa supplication et requeste, avons de nostre certaine science, aucthorité souveraine et plaine puissance, pour nous, noz hoirs et successeurs, audict *Nicolas Jacops*, ses enffans et postérité masles et femelles naiz et à naistre en léal mariage, accordé et octroyé, accordons et octroyons à tousjours par ces présentes le tiltre et degré de noblesse, voulans et entendans qu'il, ses enffans et postérité et chascun d'eux procréés en léal mariaige comme dict est, ayent à joyr et user, joysent et usent d'icy en avant et à toujours comme gens nobles en tous lieux, actes et besoignes de tous et quelzconcques honneurs, prérogatives, prééminences, libertez, franchises, privilèges et exemptions de noblesse, dont les aultres nobles ont accoustumez de joyr, joyssent et joyront, et qu'ils soient en tous leurs faicts et actes tenuz et réputez pour nobles en toutes places, en jugement et hors d'icelluy, comme les déclarons et créons telz par ces mesmes présentes, et que semblablement ils soient et seront capables et qualifiez pour estre esleuz à estatz et dignitez, soit de chevallerie ou aultres et puissent et pourront en tous temps acquérir, avoir, posséder et tenir en tous nos païs, signament en nosdits Pays-Bas, places, terres, seigneuries, rentes et revenues, possessions et aultres choses mouvantes de nos fiefz et arrière-fiefz et tous aultres nobles tenemens et iceux prendre et tenir de nous ou d'aultres seigneurs féodaulx de quy ils seront dépendans, et si aulcunes des choses susdictes ils ont jà acquises, les tenir et posséder sans estre constrainctz de par nous ou d'aultres les mectre hors de leurs mains : à quoy nous les habilitons et rendons suffisans et idoines par cesdictes présentes, faisans vers nous et nosdits hoirs et successeurs les debvoirs y appartenans, selon la nature et condicion d'iceux fiefz et bien acquiz ou à acquérir et la coustume du pays où ilz sont scituez. Et pour démonstrer d'avantage la favorable considération qu'avons à sesdits services, avons, de nostre plus ample grâce, faict et faisons par cesdites présentes audict suppliant et à sesdictz enffans et postérité quictance, don et permission de la finance et somme de deniers quy pourroit estre deue à cause de ce présent annoblissement. Et afin que l'estat de noblesse dudict suppliant soit tant plus notoire, cognu et aucthorisé, luy avons aussy accordé et permis, accordons et permectons par cesdictes présentes que luy et sa postérité de léal mariaige et comme dict est, pourront doresenavant et perpétuellement en tous leurs faicts, gestes et aultres actes licites et honnestes, avoir et porter les armoiries cy-dessus spécifiées et comme elles sont peintes au milieu de cesdictes présentes. Si ordonnons à nostre lieutenant, gouverneur et capitaine général de nosdits Pays-Bas et de Bourgongne, et donnons en mandement à noz très-chers et féaulx les gens de nostre Conseil d'Estat, chef, présidens et gens de noz privé et grand Conseilz, chefz, trésorier général et commis de noz domaines et finances, président et gens de nostre Conseil provincial de Flandres, président et gens de nostre Chambre des Comptes à Lille et à tous aultres noz justiciers et officiers présens et avenir, leurs lieutenans et chascun d'eux endroict soy et si comme à luy appertiendra, et à tous aultres noz subjectz qu'estant par lesdits de noz Comptes bien et deuement procédé, comme leur mandons de faire, à l'inthérinement et vérification de cesdictes présentes, selon leur forme et teneur, ils fascent, souffrent et laissent ledict *Nicolas Jacops* et sa postérité de léal mariaige, de nostre présente grâce, octroy et annoblissement et de tout le contenu en cesdictes présentes plainement, paisiblement et perpétuellement joyr et user, sans leur faire, mectre ou donner, ny souffrir estre faict, mis ou donné à aucun d'eux contredict, destourbier ou empeschement quelconcque. Bien entendu que ledict *Nicolas Jacops* sera tenu de les présenter en nostre dicte Chambre des Comptes à l'effect de ladicte vériffication et inthérinement en déans l'an après la datte d'icelles, comme aussy endéans le mesme terme à nostre premier Roy d'armes ou aultre qu'il appartiendra en nosdits Pays-Bas, en conformité et aux fins portez par le quinziesme article de l'ordonnance décrétée par feu nostre bon oncle l'Archiducq Albert, le quatorziesme du mois de décembre seize cens seize touchant le port des armoiries, timbres, tiltres et aultres marcques d'honneur et de noblesse, l'ung et l'aultre à paine de nullité de ceste dicte nostre présente grâce, ordonnant à nostre dict premier Roy d'armes ou à celluy quy exercera son estat en nosdicts Pays-Bas, ensemble au Roy ou hérault d'armes de la province qu'il appartiendra, de suivre en ce regard ce que contient le règlement faict par ceux de nostre Conseil privé le deuxiesme d'octobre XVIe trente sept au sujet de l'enregistrature de noz lettres patentes touchant lesdictes marcques d'honneur, en tenant par nosdits officiers d'armes respectivement nottice au dos de cesdictes présentes. Car ainsy nous plaist-il et voulons estre faict, nonobstant quelzconcques ordonnances, statutz, coustumes, usaiges et aultres choses au contraire desquelles nous avons relevé et dispensé, relevons et dispensons lesdicts de nos finances et de nos Comptes et tous aultres à quy ce peult toucher et regarder. Et afin que ce soit chose ferme et stable à toujours, nous avons signé ces présentes de nostre main et à icelles faict mectre nostre grand séel, saulf en aultres choses nostre droict et l'aultruy en touttes. Donné en nostre ville de Madrid, royaulme de Castille, le vingt-nœufiesme jour du mois de may l'an de grâce mil six cens cincquante deux et de nos règnes le trente-deuxiesme. Paraphé : M. L. G^{vt}. soubsigné : Philippe. Sur le ply est escript : Par le Roy, soubsigné : Brecht, y appendant le grand séel de Sa Majesté, en chire vermeille à double queuwe de soye... &^{a}.

Archives du Nord. — Chambre des Comptes de Lille. — Art. B. 1668 : 73e Registre des Chartes, f°s 42 et 43.

PETITPAS[1]

Armes : *de sable à trois fasces d'argent.*

Les lettres d'anoblissement accordées à Charles *Petitpas* en 1600 mentionnent un de ses ancêtres qui aurait été en 1171 vicomte et officier de la cour de Philippe d'Alsace ; quoi qu'il en soit, ce n'est pas avant la fin du XIVe siècle que nous rencontrons le nom de cette famille dans notre région[2].

Gilles Petitpas est le premier connu ; il vivait à Lomme et vint acheter la bourgeoisie de Lille en 1377 ; il laissa pour fils : **Pierre**, né à Lomme, bourgeois de Lille par relief du 15 novembre 1407.

Ce Pierre Petitpas eut deux enfants : *Jeanne*, épouse de Germain *Picavet*, dit *Cuvelier*, greffier de la gouvernance de Lille, né à Wasquehal, et *Jean* Celui-ci, bourgeois de Lille par relief du 7 août 1450, conseiller et maître des requêtes de l'hôtel du duc de Bourgogne dès 1462, mort avant 1474, ne laissa pas de postérité légitime, mais il eut d'une concubine, Alix *Vanderlinde*, dite *Desmet*, deux enfants : *Colin* ou *Nicolas*, et *Colette* (alias *Catherine*). *Nicolas* Petitpas, reconnu fils de bourgeois en pleine halle le 19 décembre 1458, nommé clerc et solliciteur des ouvraiges de la ville de Lille le 21 janvier 1491, fonction qu'il exerça jusqu'au 8 mai 1506, mourut le 25 juin 1506. Il avait été légitimé, ainsi que sa sœur, par le duc de Bourgogne en vertu de lettres datées de Bruxelles, août 1462, moyennant finances taxées par la Chambre des comptes de Lille à 16 livres de 40 gros. Sa femme, Isabeau *Ruffault*, fille

---

1. Le nom s'écrit aussi *Petipas*, *Petypas*. Nous avons adopté *Petitpas*, parce que c'est l'orthographe ancienne la plus employée.
2. Cependant on trouve cités dans le manuscrit 601 de la Bibliothèque de Lille :
Jean, de Lompret, allié à N. *Brets*, 1297.
Willemes, de Quesnoy ; *Michel*, de Lomme ; *Robert*, d'Armentières, 1299.
Pierre (père de *Robin*) et *Willot*, frères, 1408.
Robert, lieutenant du bailli des doyen et chapitre de Saint-Pierre, allié à Agnès *Dumont*, 1407.
Pierre, époux de Jeanne *Carlot*, 1415.

de Jean et de Jeanne *de la Porte*, dite d'*Espierres*, qu'il avait épousée le 24 octobre 1502, était née en 1469 et mourut dans les premiers jours d'octobre 1540, sans lui donner de postérité [1].

I. — *Pierre* PETITPAS, dont nous ne connaissons pas les parents, épousa Jeanne *Godin*; il fut peut-être le père de ce *Gilles* PETITPAS [2] que nous avons vu plus haut et eut certainement pour fils *Robert*, qui suit :

II. — *Robert* PETITPAS [3], bourgeois de Lille par achat en 1377, bailli de Capinghem, juge rentier du chapitre de Lille en 1399, auditeur au souverain bailliage de cette ville en 1416, épousa Marie *d'Englos*, fille de Robert, sr de Fournes ; il eut :

III. — *Jean* PETITPAS [4], bourgeois de Lille par rachat du 13 avril 1409 (n. st.), nommé sergent de la gouvernance le 18 décembre 1423, allié à Marie *Carbon*, d'où :

1. — *Thomas*, qui suit, IV.
2. — *Jeanne*, épouse de Jean *de Bourghelles* ; dont postérité.
3. — *Grard*, qui suivra, IV bis.
4. — *Georges*, mort à Anvers sans descendance.
5. — *Marie*, alliée à Pierre *de Thouwart*, fils de Jean ; dont postérité.

IV. — *Thomas* PETITPAS, bourgeois de Lille par relief du 30 octobre 1441, épousa Catherine *du Fresne*, fille de Jacques et de Marie *Pil*, qui lui donna douze enfants parmi lesquels :

1. — *Martin*.
2. — *Jeanne*.
3. — *Henri*, qui suit, V.
4. — *Catherine*, alliée à Jean *Cuvillon*, fils de Jean et de Béatrix *Le Febvre*, bourgeois de Lille par achat en 1472 ; dont postérité.
5. — *Thomas*, bourgeois de Lille par relief du 26 août 1483, marié quatre fois ; sa troisième femme avait pour prénom : *Élisabeth*.

---

1. FREMAUX, *Généalogie Ruffault*, page 40.
2. Ce qui permet de le supposer, c'est que le fils de Pierre, Robert, acheta aussi la bourgeoisie de Lille en 1377.
3. Son sceau représente un *écu à trois fasces accompagnées d'une étoile au canton dextre*. (DEMAY, *Inventaire des sceaux de la Flandre*, n° 2999.)
4. Son sceau représente un *écu à trois fasces au lambel à trois pendants séparés chacun par une étoile*. (*Ibidem*, n° 2998.)

    a. — Du second lit il eut : *Adrienne*, alliée à Piètres de *Zwyndick* (?), puis à N. *Espagnol*; d'où postérité des deux lits.

    b. — *Marie*, épouse d'Antoine *de la Fosse*; d'où une fille.

    c. — Du troisième lit : *Catherine*, mariée à un Anglais, Cornil *Crul*; dont un fils [1].

V. — *Henri* Petitpas fut obligé de racheter sa bourgeoisie en 1483 parce qu'il n'avait pas fait le relief dans l'année de son mariage ; il épousa, dit-on [2], Marie *Clemens*, puis Marie *Castellain*, fille de Guillaume et de Jeanne *Desfontaines* ; d'où :

    1. — Du premier lit : *Saintine*, née avant 1483, épouse d'Arnould *Delattre*; dont il y eut postérité.

    2. — *Antoine*, qui suit, VI.

    3. — *Roberde*, sœur grise à Enghien, en religion sœur Jeanne-Françoise.

    4. — *Marie*, sœur grise à Enghien.

    5. — *Catherine*, mariée avec Thomas *Deffontaines*, puis avec Micquiel *le Ghiest*.

    6 à 10. — Cinq enfants morts jeunes.

    11. — Du second lit : *Jacqueline*, alliée à Jaspart *Morel* ; d'où postérité.

    12. — *Anastasie*, mariée avec Michel *Delecourt*; d'où postérité.

    13. — *Isabeau*, sœur grise à Lille.

    14. — *Jean*, religieux jacobin.

VI. — *Antoine* Petitpas, bourgeois de Lille par relief du 3 novembre 1508, épousa Marie *N*..., qui lui donna :

    1. — *Thomas*, célibataire.

    2. — *Adrienne*, épouse de Piéters *Boulle*.

    3. — *Marie*.

    4. — *Anne*, alliée à Guillaume *de le Bruyelle*.

    5. — *Marguerite*, épouse d'Arnould *Strecq*.

IV bis. — *Grard* Petitpas, s^r des Oursins à Verlinghem, bourgeois de Lille par rachat du 15 avril 1449 (n. st.), épousa : 1° Chrétienne *Marischal* ; 2° Jehanne *Domessent* ; d'où :

---

[1]. Une généalogie du XVIIe siècle reposant aux Archives départementales du Nord nous a fourni ces renseignements (Série E).

[2]. *Ibidem*.

1. — Du premier lit : *Chrétienne*, épousé de Jean *Lefebvre*, fils de Jacques ; d'où postérité.

2. — Du second lit : *Jean*, qui suit, V.

V. — Jean PETITPAS [1], sr des Oursins, de Duretête à Annappes, bourgeois de Lille par relief du 15 juillet 1496, mort avant 1538, s'allia à Marie *de Bailleul*, dame de la Gacherie et de la Moussonnerie, fille de Bauduin et de Catherine *le Sauvage* ; d'où :

1. — *Guillaume*, qui suit, VI.

2. — *Antoine*, bourgeois de Lille par relief du 7 mars 1525 (n. st.), marié successivement : 1º à N... *de Hennin* ; 2º à N... *Bourel* ; 3º à Chrétienne *Stop* [2] ; il eut :

    a. — Du premier lit : *Jacques*, né à Lille, bourgeois de cette ville par relief du 31 décembre 1552, décédé avant 1585, marié avec Françoise *Despretz*, puis avec Barbe *Dubus* ; d'où :

      aa. — Du second lit : *Guillaume*, sr des Oursins, né à Lannoy, bourgeois de Lille par relief du 1er avril 1585, receveur des confiscations pour cause de troubles religieux, allié à Sainte-Catherine, le 18 février 1585, à Madeleine *de Fourmestraux*, fille de Thierry et d'Antoinette *Muette*, et décédé en la même paroisse le 20 octobre 1627 ; d'où :

        aaa. — *Jacques*, baptisé à Saint-Étienne le 19 octobre 1586.

        bbb. — *Barbe*, baptisée à Saint-Étienne le 8 février 1588.

        ccc. — *Catherine*, jumelle de la précédente.

        ddd. — *Anne*, baptisée à Saint-Étienne le 29 avril 1589.

        eee. — *Marie*, baptisée à Saint-Étienne le 20 novembre 1591.

        fff. — *Toussaint*, baptisé à Saint-Étienne le 12 juin 1593, marchand, bourgeois de Lille par relief du 21 mars 1620, marié à Sainte-Catherine, le 15 avril 1619, à Jeanne *Willant*, fille de Jacques ; d'où :

          aaaa. — *Anne*, baptisée à Saint-Étienne le 30 janvier 1620.

          bbbb. — *Marie*, baptisée à Saint-Étienne le 23 février 1621.

---

1. Son sceau représente un *écu à trois fasces accompagnées de deux molettes en chef*. (DEMAY, *Inventaire des sceaux de la Flandre*, n° 1430.)

2. D'après la même généalogie.

cccc. — *Jean,* baptisé à Saint-Étienne le 7 avril 1624.

dddd. — *Basile,* baptisé à Sainte-Catherine le 14 juin 1627.

eeee. — *Jeanne,* baptisée à Sainte-Catherine le 11 mai 1633.

ffff. — *François,* baptisé à Sainte-Catherine le 7 novembre 1635.

bb. — *Françoise,* morte en bas-âge.

b. — *Charles,* tuteur de son neveu *Guillaume.*

c. — Du second lit : *Pierre,* bourgeois de Lille par achat du 3 juillet 1562 ; il était marié à cette date, mais n'avait pas d'enfants.

d. — Du troisième lit : *Salomon,* chanoine de Saint-Pierre de Lille.

3. — *Madeleine,* sœur grise à Lille.

4. — *Denis,* bourgeois de Lille par achat du 10 mai 1527 ; père de :

a. — *Grelet,* né avant 1527.

b. — *Denis,* né avant 1527, bourgeois de Lille par relief du 3 juillet 1556.

c. — *Gabriel,* bourgeois de cette ville par relief du 3 février 1559 (n. st.).

5. — *Jean,* religieux à l'abbaye de Loos.

VI. — *Guillaume* PETITPAS, bourgeois de Lille par relief du 12 juillet 1523, décédé le 14 septembre 1558. Il acheta le fief de Carnin à Gondecourt le 15 juin 1529, la Pontenerie à Roubaix le 4 janvier 1532, la Tannerie à Wattrelos en 1533, puis le fief de la Mousserie à Roubaix, celui de Warcoing, celui de Gamans à Lesquin le 20 mars 1539, celui du Quesnoy à Wasquehal en 1549, celui de Champagne à Deûlemont le 27 septembre 1550, celui de Petit Erin à Erquinghem-sur-la-Lys en 1551, enfin celui de la Haye en 1554. Il épousa, en 1523, Jeanne *Segon,* fille de Noël et de Louise *du Croquet,* morte le 16 mai 1584 et enterrée à côté de son mari dans la chapelle Sainte-Anne à Sainte-Catherine. Ils eurent :

1. — *Hippolyte,* sr de Gamans, né vers 1530, licencié en droit, bourgeois de Lille par relief du 27 août 1548, connu par son talent dans la poésie latine, décédé le 6 décembre 1585, allié à Françoise *Desgardin,* dame d'Orlencourt, morte le 26 décembre 1612 et inhumée à Sainte-Catherine ; sans enfants.

2. — *Charles,* qui suit, VII.

3. — *Guillaume*, licencié en droit, bourgeois de Lille par relief du 13 mai 1562, père de *Guillaume*.

4. — *Germain*, qui suivra, VII bis.

5. — *Jean*, licencié ès lois, bourgeois de Lille par relief du 25 septembre 1572.

6. — *Barbe*, dame du Quesnoi, alliée à Michel *Herlin*, fils de Michel, sr de Jenlain, gouverneur de Valenciennes. Ce Michel Herlin prit part avec son père à la révolte de cette ville contre le roi d'Espagne, et tous deux furent décapités en juin 1567; dont postérité.

7. — *Bauduin*, dont nous ne savons rien, mais dont le nom figure sur la tombe de ses parents.

VII. — *Charles* PETITPAS, né vers 1532, bourgeois de Lille par relief du 22 novembre 1559, échevin, puis mayeur de cette ville, connétable souverain des arbalétriers, anobli par lettres données à Bruxelles le 21 mars 1600, décédé paroisse Sainte-Catherine le 27 novembre 1614; épousa Barbe *Muyssart*, fille de Bauduin, sr des Maretz, et de Maxellende *Le Cocq*; dont :

1. — *Hippolyte*, qui suit, VIII.

2. — *Marguerite*, mariée à Sainte-Catherine, le 27 janvier 1587, avec Noël *Bridoul*, sr de Verderue, fils de Robert, né en 1553, bourgeois de Lille par relief du 19 septembre 1587, receveur de l'abbaye de Marquette, décédé le 21 février 1635 [1]. Elle mourut le 18 septembre 1653 et fut enterrée à côté de son mari dans la chapelle Saint-Adrien, à Saint-Pierre; dont postérité.

3. — *Françoise*, dame de la Corbellerie, alliée : 1º en 1590, à Jehan *Le Pers*, fils de Jean, né à Annappes, bourgeois de Lille par achat du 2 décembre 1583 (elle eut en dot une partie du fief des Maretz à Loos); 2º à Sainte-Catherine, le 13 avril 1598, à Gilles *Bidault*, né à Ath, maître de la Chambre des comptes à Lille, anobli le 17 avril 1598, mort le 6 mars 1621.

4. — *Barbe*, baptisée à Saint-Étienne le 22 avril 1570 (n. st.), enterrée dans la chapelle Sainte-Anne, à Sainte-Catherine, le 27 avril 1655, mariée dans cette église, le 13 mai 1590, avec Bettremieu *Miroul*, fils de Claude et d'Anne *Delemer*, né à Lille, licencié ès lois, avocat postulant, bourgeois de Lille par relief du 23 avril 1591; dont postérité.

5. — *Charles*, baptisé à Saint-Étienne le 24 septembre 1573.

---

[1]. Voir son épitaphe et la liste de ses œuvres dans LE GLAY, *Spicilège d'histoire littéraire*, 1er fascicule, page 92.

VIII. — *Hippolyte* Petitpas, écuyer, s^r de Walle, La Pontennerie, Gamans, les Oursins, etc., licencié en droit, bourgeois de Lille par relief du 11 avril 1586, conseiller du Roi, nommé avocat fiscal du Roi par lettres données à Bruges le 30 mai 1588, savant jurisconsulte, mort vers 1624. Il avait acheté de Gaspard de Harchies, le 2 septembre 1589, le fief du Parcq, et avait obtenu en 1603 et 1623, comme noble, d'être déchargé du droit de franc fief. Il épousa Marguerite *Flameng*, dame de la Boutillerie, de la Deseure à Bondues, de la Phalecque à Linselles, fille de Jacques et de Marguerite *Fremault*, morte en 1636 ; d'où :

1. — *Charles*, baptisé à Saint-Étienne le 8 avril 1588.
2. — *Jean*, qui suit, IX.
3. — *Jacques* [1], écuyer, s^r de la Pontennerie, né en 1591, licencié en droit, bourgeois de Lille par relief du 25 octobre 1613, député de la noblesse aux assemblées des États de Lille, décédé paroisse Sainte-Catherine le 7 septembre 1632 ; allié dans cette église, le 26 octobre 1613, à Jeanne *Lande*, fille d'Antoine, s^r de Saint, et de Marie *Petitpas*, décédée le 18 mars 1678 et enterrée dans la chapelle Sainte-Anne à Sainte-Catherine. Elle s'était remariée avec Jean *Watrelet*, écuyer, s^r de Caneghem, et n'eut pas d'enfants du premier lit.
4. — *Auguste*, dont nous ne connaissons que le nom.
5. — *Nicolas*, baptisé à Saint-Étienne le 11 août 1595, chanoine de Saint-Pierre de Lille.
6. — *Hippolyte*, mort vers 1641.
7. — *Marguerite*, baptisée à Saint-Étienne le 25 septembre 1606, morte en 1668, mariée avec Pierre *Déliot*, écuyer, s^r de Clairfontaine, fils d'Hubert et de Jeanne *du Bois*, bourgeois de Lille par relief du 4 juin 1624, échevin de cette ville, rewart en 1627 ; d'où postérité.
8. — *Françoise*, baptisée à Saint-Étienne le 17 juin 1611.
9. — *Jeanne*, dame de Lannoy, Rocq, Gamans, baptisée à Saint-Étienne le 22 juillet 1613, morte le 17 février 1688, alliée à Sainte-Catherine, le 15 juin 1636, à François *de Vitry*, chevalier, s^r du Breucq, La Louvière, né à Saint-Omer, mort le 20 mars 1656. Ils furent inhumés dans l'église de Lambres, près Aire ; dont postérité.
10. — *Barbe*, alliée : 1° après 1624, à Jean-Baptiste *Boote* ou *Boitte*, fils d'Adrien, licencié en droit, nommé auditeur extraordinaire en la Chambre des comptes de Lille le 26 mars 1624 ; 2° à Saint-

---

1. Son sceau représente un *écu à trois fruits*, écartelé *d'une tour*, timbré d'un *heaume cimé d'un griffon issant.* (Demay, *Inventaire des sceaux de la Flandre,* n° 1429.)

Étienne, le 2 août 1631, à Antoine *de Logenhagen*, écuyer, sr de Jugeaut, fils de François, écuyer, bourgeois de Lille par relief du 5 mars 1620, veuf de Catherine *Hangouart*, décédé avant 1658; d'où postérité.

IX. — *Jean* Petitpas, écuyer, sr de la Boutillerie, baptisé à Saint-Étienne le 7 octobre 1590, auditeur extraordinaire en la Chambre des comptes de Lille le 2 mars 1628, auditeur ordinaire le 27 janvier 1642, maître ordinaire le 5 avril suivant, bourgeois de Lille par relief du 24 octobre 1628, créé chevalier le 10 janvier 1650; épousa Catherine *Boote*, sœur de Jean-Baptiste, morte le 29 septembre 1633 ; dont :

1. — *Marie-Marguerite*, baptisée à Saint-Étienne le 14 avril 1629, morte le 12 janvier 1713, mariée à Sainte-Catherine, le 30 avril 1654, avec Jean *Morphy*, membre du Conseil de guerre de Sa Majesté, mestre de camp d'infanterie irlandaise, décédé le 12 décembre 1669 et enterré ainsi que sa femme à Sainte-Walburge de Bruges.

2. — *Jacques*, qui suit, X.

3. — *Françoise-Hippolyte*, baptisée à Saint-Étienne le 8 janvier 1632, alliée à Sainte-Catherine, le 14 mai 1654, à Jean-Louis *de Lannoy*, baron de Leeuverghem ; dont postérité.

X. — *Jacques* Petitpas, chevalier, sr de Walle, La Pontennerie, Les Plancques, baptisé à Saint-Étienne le 14 juin 1630, élevé à l'Université de Dôle, bourgeois de Lille par relief du 9 avril 1661, membre du magistrat et plusieurs fois mayeur de cette ville, député le 27 août 1667 à Sa Majesté très Chrétienne avec Séraphin du Chambge et Henri de Broide pour traiter de la reddition de Lille, mort paroisse de la Madeleine le 30 octobre 1704 ; épousa à Saint-Étienne, le 1er mars 1661, Isabelle-Thérèse *de Vos de Steenwick* [1], fille de René, chevalier, président de la Chambre des comptes de Lille, et d'Isabelle *d'Asselières*, décédée paroisse de La Madeleine le 24 mars 1702 ; d'où :

1. — *Élisabeth*, baptisée à Saint-Étienne le 23 mai 1661 (sic), décédée le 25 mars 1737, alliée à La Madeleine, le 8 novembre 1689, à Charles-François, comte *de Lannoy*, baron de Wasnes et de Pierres, sr de le Becq et de Maufait, fils de François et de Mechtilde *de Bergh de Trips*, né à Toufflers le 23 mai 1664, veuf de Marie *du Fief* et

---

1. De Vos de Steenwick : *d'argent, à cinq cotices de gueules, et une bordure de sable chargée de huit besants d'or.*

de Marie-Catherine-Alexis *du Bois de Fiennes*, bourgeois de Lille par achat du 12 avril 1697, mort le 31 juillet 1726 et enterré à Toufflers ; sans postérité.

2. — *Jean-Antoine*, qui suit, XI.

3. — *Barbe-Thérèse-Françoise*, baptisée à Sainte-Catherine le 15 mars 1666.

4. — *Henri-René*, baptisé à Sainte-Catherine le 15 juin 1667.

5. — *Jacques-Eustache*, baptisé à Sainte-Catherine le 11 septembre 1668.

6. — *Benoît*, né en 1669, moine de Saint-Bertin à Saint-Omer en 1684, élu abbé en 1723, confirmé le 8 octobre 1723, préconisé à Rome le 27 septembre 1724, deux fois nommé député du clergé à la Cour par les États d'Artois en 1724 et 1733, mort le 9 juin 1744 et inhumé dans la chapelle du couvent [1].

7. — *Simon*, baptisé à Sainte-Catherine le 9 février 1670, entré à Saint-Vaast d'Arras le 15 octobre 1687, profès le 14 septembre 1689, élu chantre en 1711, et décédé le 3 mars 1714.

8. — *Michel-Jean-Baptiste*, baptisé à Sainte-Catherine le 3 décembre 1670.

9. — *Augustin-François*, baptisé à Sainte-Catherine le 11 septembre 1672.

10. — *Augustine-Thérèse*, baptisée à La Madeleine le 15 octobre 1673, morte le 18 juillet 1675.

XI. — *Jean-Antoine* Petitpas, chevalier, s^r de Walle, Belleghem, baptisé à Sainte-Catherine le 19 juin 1662, bourgeois de Lille par relief du 1er décembre 1702, échevin, mayeur en 1719, 1726 et 1727, décédé le 22 juin 1737 ; épousa à Saint-Maurice, le 29 mai 1702, Isabelle *Stappart*, fille de Jean, trésorier de France au bureau des finances, et d'Isabelle *Ramery*, baptisée à Saint-Maurice le 24 janvier 1671, décédée paroisse Saint-Étienne le 22 décembre 1774. Ils furent inhumés dans la chapelle de Saint-Nicolas à Saint-Étienne ; dont :

1. — *Jacques-Ignace-Joseph*, chevalier, s^r de la Pontennerie, baptisé à Saint-Maurice le 31 juillet 1704, bourgeois de Lille par relief du 4 mai 1731, bailli et prévôt de Lannoy, décédé paroisse Saint-Étienne le 15 octobre 1777 ; marié à Saint-Pierre, le 28 février 1729, avec Marie-Charlotte *de Lannoy*, fille de Pierre-Allard, écuyer,

---

[1]. De Laplane, *Les abbés de Saint-Bertin*, tome II, page 419, donne son portrait et son épitaphe.

s^r de Fretin, et de Marie-Florence-Joseph *de la Haye*, baptisée à Saint-Sauveur le 24 avril 1700, décédée paroisse Saint-Étienne le 21 octobre 1759; il eut :

 a. — *Marie-Jean-Baptiste*, baptisé à Saint-Pierre le 19 octobre 1731, décédé paroisse Saint-Étienne le 3 décembre 1739.

 b. — Un enfant mort sans baptême le 9 octobre 1739.

 2. — *Charles-Hippolyte*, qui suit, XII.

 3. — *Jean-Baptiste-Joseph-Bertin*, chevalier, s^r de Gohelle, baptisé à Sainte-Catherine le 25 août 1707, bourgeois de Lille par relief du 24 octobre 1746, marguillier de Saint-Étienne, décédé le 21 janvier 1755, allié dans cette église, le 26 septembre 1746, à Jeanne-Thérèse *de Brigode*, fille de Pierre et d'Anne-Thérèse *Wielens*, baptisée à Saint-Étienne le 10 décembre 1707, décédée paroisse Sainte-Catherine le 4 novembre 1757; sans enfants.

 4. — *Pierre-Ernest*, baptisé à Saint-Maurice le 18 novembre 1708.

XII. — *Charles-Hippolyte* PETITPAS, chevalier, s^r de Walle, baptisé à Saint-Maurice le 15 janvier 1706, bourgeois de Lille par relief du 1er mars 1746, prévôt de Lannoy, décédé paroisse Saint-Maurice le 27 juillet 1769; épousa, en 1745, Jeanne Françoise *Bourdon*, fille de François, écuyer, conseiller secrétaire du Roi, et de Madeleine *Debonnaire*, née à Haucourt-en-Cambrésis en 1722, décédée paroisse Saint-Maurice le 9 janvier 1770. Avant de se marier il avait essayé la carrière des armes, il fut enseigne aux gardes wallonnes le 1er décembre 1723, assista au siège de Gibraltar, fut nommé enseigne de grenadiers le 14 février 1730 et quitta ce corps en 1731 [1]; il eut :

 1. — Un fils décédé le jour de sa naissance, le 7 mai 1746.

 2. — *Marie-Charlotte*, baptisée à Saint-Maurice le 3 janvier 1748, mariée à Cambrai, paroisse Sainte-Madeleine, le 2 janvier 1774, avec Michel-Joseph *de Villavicencio*, écuyer, s^r d'Escaudœuvres, Haucourt, Croix, fils de Michel-Joseph et de Catherine-Alexandrine-Joseph *de Lignières*, baptisé à Escaudœuvres le 17 février 1738, lieutenant au bataillon de garnison de Hainaut, puis capitaine au régiment de Poitou, chevalier de Saint-Louis en 1781, député de la noblesse aux États du Cambrésis, mort à Cambrai le 15 décembre 1819; dont postérité.

 3. — *Jean-Baptiste-Joseph*, baptisé à Saint-Maurice le 11 décembre 1748, mort le 14 octobre 1749.

---

1. GUILLAUME, *Histoire des gardes wallonnes*, page 386.

4. — *Jean-Baptiste-Joseph*, chevalier, s^r de Walle, Belleghem, La Pontennerie, baptisé à Saint-Maurice le 29 octobre 1750, décédé à Roubaix le 6 juillet 1788 et enterré à Belleghem. Il vendit cette même année à Louis-Charles-Joseph de Lespaul, écuyer, s^r de Lespierre, le fief de la Pontennerie pour 122.500 livres tournois. Il avait épousé à Saint-Maurice, le 3 mars 1777, Ferdinande-Joséphine-Léon-Colette *de Hangouart*, baronne d'Avelin, fille d'Antoine-Joseph-François, baron d'Avelin, et de Marie-Anne-Françoise *de Preudhomme d'Hailly*, née le 28 juin 1754; d'où :

    a. — *Alexandrine-Louise*, baptisée à Saint-Étienne le 16 janvier 1778.

    b. — *Josèphe*, ondoyée le 14 juin 1779.

    c. — *Marie-Charlotte-Colette*, jumelle de la précédente, baptisée le 18 juin 1779, morte à Avelin le 14 avril 1844. Elle épousa, le 22 février 1827, Charles-Valentin-Hubert *de Malet*, chevalier, puis marquis de Coupigny, fils d'Amable-François-Hubert-Marie et de Valentine-Charlotte *du Carieul*, né au château d'Hulluch le 18 juillet 1771, cadet au régiment de Chartres en 1786, sous-lieutenant le 25 avril 1788, passé au service d'Espagne, enseigne aux gardes wallonnes le 23 octobre 1788, enseigne de grenadiers le 11 septembre 1794, sous-lieutenant le 30 octobre suivant, lieutenant le 12 octobre 1801, puis capitaine. Il fit les campagnes contre la Révolution. Rentré d'émigration, il fut fait chef de bataillon de la garde nationale en 1806, puis colonel en 1815, inspecteur de la garde nationale du Pas-de-Calais, député sous la Restauration, chevalier de Saint-Louis et de la Légion d'honneur ; il mourut à Avelin le 15 avril 1844 ; sans postérité.

    d. — *Charles-Hippolyte-Louis*, chevalier, baptisé à Saint-Étienne le 5 février 1782 ; il émigra et fut rayé de la liste des émigrés en même temps que sa sœur Marie-Charlotte-Colette, dite de Séchelles, par arrêté du 9 brumaire an X [1].

5. — *Marie-Françoise-Thérèse*, baptisée à Saint-Maurice le 13 juillet 1752, mariée, le 14 octobre 1777, avec François-Ignace-Marie *de Gantès*, écuyer, s^r d'Ablainsvelle, Rebecque, Foncqvillers, Saint-Marcq, fils de François-Michel-Bernard, écuyer, et de Marguerite-Thérèse-Françoise *du Pont*, né à Ablainsvelle le 25 janvier 1750, reçu page de la chambre du Roi le 1er janvier 1763, sous-lieutenant au régiment de cavalerie Royal Pologne par brevet du 31 décembre 1766, puis capitaine au même régiment en septembre 1775, conseiller

---

[1]. Archives départementales du Nord, Q. 1051.

de préfecture du Pas-de-Calais après la Révolution, mort veuf le 3 février 1815 et inhumé à Saint-Laurent-Blangy-lez-Arras ; dont postérité.

6. — *Charles-Louis*, baptisé à Saint-Maurice le 11 juillet 1754, décédé le 27 suivant.

7. — *Albert-Joseph-Marie*, jumeau du précédent, décédé le 15 juillet 1754.

8. — *Balthazar-Louis-Marie*, chevalier, sr des Grand et Petit Longueval, baptisé à Saint-Maurice le 24 septembre 1755, capitaine des dragons de la Reine, mort en 1795, marié à Saint-Maurice, le 19 avril 1788, avec Marie-Eugénie-Henriette *de Luytens*, dame de Montauban, fille de Maximilien-François-Joseph, vicomte de Bossuyt, sr d'Esparqueaux, et de Françoise-Ghislaine-Joseph *Bady*, baptisée à Saint-Maurice le 10 août 1768, décédée à Paris le 2 octobre 1826 et inhumée à Bossuyt ; d'où une fille unique :

   a. — *Justine-Joséphine-Charlotte*, baptisée à Saint-Maurice le 28 mai 1789, décédée le 15 août 1862, mariée à Bossuyt, le 21 octobre 1811, avec Alexis-Auguste-Hippolyte *Marescaille de Courcelles* [1], fils d'Hippolyte-Adrien, chevalier, président à la Cour de Douai, et de Marie-Thérèse-Agathe *Van der Meersch*, baptisé à Saint-Albin de Douai le 26 septembre 1787, mort à Froyennes le 17 août 1860. Il s'était fixé à Lille et fut nommé conseiller municipal de cette ville par ordonnance du 23 novembre 1829, mais la révolution de 1830 le fit démissionner ; d'où trois filles.

9. — Une fille mort-née le 29 avril 1760.

Branche de WARCOING

VIbis. — *Germain* PETITPAS, sr de Warcoing, bourgeois de Lille par relief du 13 mai 1562, receveur des Bonnes Filles en 1596, mort en juin 1597, épousa Françoise *de le Cambre*, fille de François et d'Anne *de Boilleau* dite *de Bapaume*, décédée paroisse Sainte-Catherine le 14 avril 1617 ; dont :

1. — *Marie*, baptisée à Saint-Étienne le 17 août 1569, mariée avec Antoine *Lande* ou *Laude*, sr de Sains, fils de Jean-Baptiste et de Jeanne *de Haynin*, dont elle était veuve en 1615 ; d'où postérité.

---

1. MARESCAILLE DE COURCELLES : *d'or, au chevron de sable, accompagné de trois trèfles d'azur.*

2. — *Jean*, baptisé à Saint-Étienne le 27 mai 1571.

3. — *Isabeau*, jumelle du précédent, alliée à Sainte-Catherine, le 1er octobre 1604, à François *Van Hoyqueslot*, sr de la Hallerie, fils de Mahieu et de Catherine *Parent*, né vers 1559, bourgeois de Lille par relief du 14 octobre 1604, mort le 6 juin 1621 et enterré à côté de sa femme à Saint-Étienne, sous les orgues; d'où postérité.

4. — *Péronne*, mariée : 1° après 1598, avec Frédéric *Herlin*, sr de Jenlaing, fils de Michel, bourgeois de Lille par achat du 6 novembre 1598; 2° avec Robert *du Bus*, écuyer, sr du Fresnel, de Breuze, fils de Robert et de Catherine *Trezel*, né à Lille, licencié ès lois, bourgeois de cette ville par relief du 14 septembre 1604; d'où un fils du second lit.

5. — *Auguste*, qui suit, VII.

6. — *Antoinette*, baptisée à Sainte-Catherine le 19 février 1579 (n. st.).

VII. — *Auguste* Petitpas, sr de Warcoing, né avant 1578, bourgeois de Lille par relief du 7 janvier 1595, receveur des Bapaumes de 1610 à 1613, connétable de la confrérie Saint-Michel, anobli par lettres données à Bruxelles le 10 mars 1616 pour 400 florins de finances, allié à Jeanne *Cardon*, dont il eut :

1. — *Jeanne*, baptisée à Saint-Étienne le 4 janvier 1596, morte en juillet 1682, alliée à Philippe *de Sion*, fils d'Adrien, licencié ès lois, bourgeois de Lille par relief du 2 octobre 1614; décédé avant 1635; dont postérité.

2. — *François*, baptisé à Saint-Étienne le 3 août 1597.

3. — *Guillaume*, qui suit, VIII.

VIII. — *Guillaume* Petitpas, écuyer, sr de Warcoing, La Mousserie, baptisé à Saint-Étienne le 15 août 1599, bourgeois de Lille par relief du 4 mars 1619, connétable de la confrérie Saint-Michel, charge dont il se démit le 3 juin 1642 en faveur de Pierre de Ribemont, décédé le 30 mars 1668 et enterré dans la chapelle Sainte-Anne à Sainte-Catherine ; épousa à Saint Étienne, le 21 juillet 1618, Isabeau *Leuridan* [1], fille de Laurens et d'Agnès *de Penzene* [2], baptisée à Saint-Étienne le 6 janvier 1599, décédée paroisse Sainte-Catherine le 17 août 1667 ; d'où :

---

1. Leuridan : *de sable, au chevron d'or, accompagné en pointe d'une mouche à miel d'argent.*

2. D'après le registre aux bourgeois, mais il faut lire probablement *de Peulser* au lieu de *de Penzene*. — Voir : Th. Leuridan, *Épigraphie du Nord*, t. 1, p. 268. — De Peulser : *d'argent à trois pattes et serres d'aigle de sable.*

1. — *Jeanne*, baptisée à Sainte-Catherine le 22 septembre 1619.
2. — *Marie*, baptisée à Sainte-Catherine le 10 mai 1621.
3. — *Robert*, baptisé à Sainte-Catherine le 10 juin 1622, mort jeune et enterré au chœur de la chapelle des Frères Mineurs à Lille.
4. — *Jean-Jacques*, baptisé à Sainte-Catherine le 24 juillet 1623.
5. — *Claire-Thérèse*, baptisée à Sainte-Catherine le 16 septembre 1624.
6. — *Françoise*, baptisée à Saint-Étienne le 6 octobre 1625.
7. — *Élisabeth-Antoinette*, baptisée à Sainte-Catherine le 19 décembre 1626.
8. — *Catherine*, baptisée à Sainte-Catherine le 6 février 1628.
9. — *Aldegonde*, baptisée à Sainte-Catherine le 18 mai 1629.
10. — *Aldegonde*, baptisée à Sainte-Catherine le 19 janvier 1632, mariée dans cette église, le 7 avril 1657, avec Raphaël *Cuvillon*, écuyer, s^r de Roncq, fils de Pierre et de Marie *Pollet*, bourgeois de Lille par relief du 21 octobre 1658, mort le 30 août 1678 et inhumé à Roncq avec sa femme ; dont postérité.
11. — *François*, qui suit, IX.
12. — *Germain* [1], écuyer, s^r du Brusle, baptisé à Sainte-Catherine le 24 décembre 1636, créé chevalier en août 1669, mort le 23 novembre 1707, laissant de Jeanne *de Lespierre* une fille illégitime : *Marie-Françoise*, baptisée à Saint-Étienne le 29 décembre 1660.

IX. — François PETITPAS, écuyer, s^r de Warcoing, baptisé à Sainte-Catherine le 4 avril 1633, bourgeois de Lille par relief du 26 juillet 1658, mayeur de Lille, créé chevalier en août 1669, décédé le 18 octobre 1706 ; épousa : 1° à Sainte-Catherine, le 24 janvier 1658, Marie-Françoise-Aldegonde-Amelberghe *de Logenhagen*, fille d'Antoine et de Barbe *Petitpas*, baptisée à Sainte-Catherine le 11 mai 1639 ; 2° à Sainte-Catherine, le 11 avril 1666, Marie-Jeanne *de Moncheaux* [2], fille de Pierre et de Jeanne *de la Croix*, baptisée à Sainte-Catherine le 26 mars 1644 ; dont :

1. — Du premier lit : *Guillaume*, baptisé à Sainte-Catherine le 19 novembre 1658, mort aussitôt.
2. — Du second lit : *Guillaume*, baptisé à Sainte-Catherine le 2 février 1668.
3. — *Pierre-Auguste*, chevalier, s^r de la Mousserie, de Warcoing, de Broye, du Brusle, de Champagne, baptisé à Sainte-Catherine le

---

1. Il fit enregistrer ses armes : *de sable à trois fasces d'argent et un lambel à trois pendants d'or en chef*.
2. DE MONCHEAUX : *De sinople fretté d'or*.

22 décembre 1669, bourgeois de Lille par relief du 22 janvier 1695, administrateur de la Noble Famille de 1722 à 1733, décédé le 18 mars 1734 et enterré dans la chapelle Notre-Dame à La Madeleine, marié à Sainte-Catherine, le 18 février 1694, avec Marie-Anne-Françoise *de Noyelles* [1], fille de Jean-Michel, écuyer, et de Charlotte *du Bosquiel*, née vers 1664, morte le 8 décembre 1724 et inhumée dans l'église de Mérignies. Il eut d'une concubine, Marie-Agnès *Pierrak*, un fils : Jean-Pierre-Auguste, baptisé à Saint-André le 14 avril 1705. Son fils unique légitime fut :

    a. — *François-Pierre*, chevalier, sr de Broye, baptisé à Sainte-Catherine le 14 janvier 1695, décédé célibataire à Aix-la-Chapelle.

4. — *Germain-François*, qui suit, X.

X. — Germain-François Petitpas, chevalier, sr de Carnin, La Mousserie, Termèche, Tacardrie, baptisé à Sainte-Catherine le 8 mai 1674, bourgeois de Lille par relief du 20 juin 1702, pourvu d'une curatelle le 10 janvier 1718 à cause de ses dettes, mort le 14 mai 1736 et enterré à La Madeleine dans la chapelle Notre-Dame; épousa dans cette église, le 28 novembre 1701, Marie-Joseph *du Bois de Hoves*, fille de Wallerand-François-Joseph, écuyer, sr d'Hérignies, et d'Isabelle-Thérèse *du Grosprè*, née en 1675, décédée le 24 août 1733 et enterrée dans l'église de Verlinghem; il eut :

1. — *Marie-Joseph-Colette*, baptisée à Sainte-Catherine le 28 août 1702, décédée paroisse de La Madeleine le 6 mai 1745, mariée à Saint-Pierre, le 21 octobre 1736, avec Hippolyte-Joseph-Ignace *Déliot*, écuyer, sr des Roblets, fils d'Hippolyte-Joseph, écuyer, sr des Landres, et d'Albertine-Françoise *Obert*, baptisé à Loos, bourgeois de Lille par achat du 20 octobre 1736, décédé à Paris le 10 mars 1768 ; d'où postérité.

2. — *François-Marie*, chevalier, sr de Termèche, baptisé à Sainte-Catherine le 8 septembre 1703, décédé le 18 août 1726 et enterré à Saint-André.

3. — *Philippe-Alexandre*, chevalier, sr de Tacardrie, baptisé à Sainte-Catherine le 11 avril 1705, mort le 3 avril 1736 et inhumé à La Madeleine.

4. — *Marie-Thérèse-Augustine*, baptisée à Saint-Étienne le 21 avril 1712, décédée paroisse de La Madeleine le 8 décembre 1738, alliée à Philippe-François-Joseph *Liot*, écuyer, sr de Witernes, fils

---

1. De Noyelles : *d'azur à un arbre arraché d'or.*

d'Antoine, écuyer, sr de Maugrez, et d'Agnès *de Cuinghien*, né à Douai, bourgeois de Lille par achat du 29 mai 1732, mort paroisse de la Madeleine le 7 septembre 1738.

5. — *Madeleine-Françoise,* baptisée à Sainte-Catherine le 2 mai 1713.

NON RATTACHÉS

Robert, fils de feu *Guillaume,* tondeur de grant forches, bourgeois de Lille par achat en 1465.

Pierre, fils d'*Eulart,* bourgeois de Lille en 1473.

Jean, fils de *Baudon* et de Marienne *de le Walengherie,* bourgeois de Lille en 1297.

Vincent, fils de *Gilles,* bourgeois de cette ville par achat du 3 novembre 1558.

Gillain, décédé paroisse Sainte-Catherine le 31 mars 1668.

Jeanne, fille de *Nicolas,* baptisée à Saint-Étienne le 24 avril 1590.

N..., baptisé à Leers en 1700.

Jean, mort vers 1696, conseiller secrétaire du Roi, époux de Jeanne *Bastonneau,* morte à Paris le 20 janvier 1736, à l'âge de quatre-vingt-cinq ans; il en eut un fils, officier, tué au siège de Lille en 1708, étant aide de camp du maréchal de Boufflers (*Mercure de France,* 1736, pages 178-179).

Étienne, conseiller au Châtelet, allié à Jeanne *Faron,* mort vers 1704. (Bibliothèque nationale, pièces originales, n° 2252).

Barbe-Thérèse, alliée à Joseph *de Berrard,* major au régiment de Brancas ; d'où une fille.

1616, 10 mai. — *Anoblissement pour Auguste Petitpas, sieur de Warcoing.*

Albert et Isabelle-Clara-Eugenia, Infante d'Espagne, par la grâce de Dieu, archiducs d'Austrice, etc.... à tous ceux qui ces présentes lettres verront ou lire ouyront, salut. De la part d'*Auguste Petitpas,* sieur de Varcoing, de la résidence de nostre ville de Lille, nous a esté représenté que *Charles Petitpas,* sieur de Gamans, son oncle, nous auroit remonstré et renseyné par documens autentiques que ses prédécesseurs avoient, passé quatre cens ans, fait plusieurs services agréables à la suite des comtes de Flandre, ducs de Bourgogne, empereurs et rois nos prédécesseurs, leurs princes et seigneurs, tant en qualité de secrétaire et maistre des requestes de leurs hostels, commis et députez de pain, qu'autrement en divers exploits militaires, et luy particulièrement en l'estat de mayeur, eschevin, connestable, souverain des arbalestriers et capitaine de nostre ville de Lille, à la manutention d'icelle, au service de leurs princes et seigneurs naturels, et aussy fait des bonnes et honnorables alliances à familles nobles et de service aux princes, et que sur information de ce qu'il nous auroit plus l'honnorer avec sa postérité de la possession, titre et degré de noblesse par nos lettres du 21 de mars 1600, intérinées en nostre Chambre des Comptes à Lille le 10e de may ensuivant. Ce que considéré par ledit remonstrant, il auroit pris occasion de nous représenter les services faits par sesdits devanciers, sondit oncle, ceux de son père comme connestable souverain des canonniers et de l'artillerie dudit Lille, avec divers exploits faits ès lieux voisins en temps dangereux, et depuis en l'estat de connestable et maistre souverain des spadassins lors nouvellement establi audit Lille par feue Sa Majesté Catholique d'éternelle mémoire, et autres du Magistrat illec et les siens en particulier esdits offices dudit Magistrat (et) autres en dépendans et de connestables, à la satisfaction et maintenement de ladite ville. Pour ces causes ledit remonstrant nous a très humblement supplié qu'il nous plut l'annoblir et sa postérité, l'honorant des armes jusqu'ores par luy portées et luy en faire despescher nos lettres patentes au cas pertinentes. Savoir faisons que Nous, les choses avant dites considérées, avons de nostre certaine science, autorité souveraine et grâce spéciale, pour nous, nos hoirs et successeurs, audit *Auguste Petitpas*, suppliant, ensemble à ses enfants et postérité masles et femelles, nez et à naistre en loyal mariage, accordé, (et) octroyé, accordons et octroyons à tousjours par ces présentes le titre et degré de noblesse, voulons et ordonnons que les susnommez et chascun d'eulx procréez en loyal mariage comme dit est, ayent à jouïr et user, jouissent et usent, d'icy en avant et à tousjours, comme gens nobles, en tous lieux, actes et besongnes, de tous et quelconques honneurs, prérogatives, prééminences, libertez, franchises, privilèges et exemptions de noblesse, dont les autres nobles de nos pays de Pardeçà sont accoustumé jouyr, jouissent et jouiront; et qu'ils soient en tous lieux, faits et actes, tenus et réputés pour nobles en toutes places, soit en jugement ou dehors d'iceluy, comme les déclarons et créons tels par ces présentes ; et que semblablement ils soient et seront capables et qualifiez pour estre eslevez à estatz et dignitez, soit de chevalerie ou autres, et qu'ils puissent en tous temps acquérir, avoir, posséder et tenir en tous nos pays, places, terres et seigneuries, rentes, revenus, possessions et autres choses mouvantes de nos fiefs et tous autres nobles tenemens et iceux prendre et tenir de nous ou d'autres seigneurs féodaux de qui ils seront dépendans. Et si aucunes des choses susdictes ils ont jà acquis, les tenir et posséder sans estre constrains de par nous ou d'autres de les mettre hors de leurs mains : à quoy nous les habilitons et rendons suffisans et idoines ; moyennant toutes fois et à condition que pour et à cause de nostre présent octroy et annoblissement, ledit *Auguste Petitpas* sera tenu de payer une fois en mains de celuy de noz trésoriers ou receveurs qu'il appartiendra, à nostre profit, certaine finance et somme de deniers à l'arbitrage et taxation de nos très-chers et féaulx, les chef, trésorier général et commis de nos domaines et finances que commettons à ce ; faisant en outre vers nous et nosdits hoirs et successeurs les devoirs y appartenans selon la nature et condition d'iceux fiefs et biens acquis ou à acquérir et la coustume du pays où ils sont scituez. Et afin que l'estat de noblesse dudit *Auguste Petitpas* soit tant plus notoire, connu et autorisé, luy avons aussy accordé et permis, accordons et permettons par cesdites présentes qu'il, sesdits enfants et postérité de loyal mariage comme dit est, puissent et pourront d'oresenavant et perpétuellement en tous et quelconques lieux, faits et gestes et autres actes licites et honestes, avoir et porter les armes avec les blasons qui s'ensuivent, savoir est : *Un escu de sable à trois faces d'argent*, sur le heaume la tocque (sic) et hachemens d'argent et de sable et pour cimier un lion de sable passant, comme plus amplement en appert par l'inspection des armes cy peintes et portraitées. Bien entendu et à condition expresse qu'iceluy suppliant brisera lesdites armes allencontre de *Charles Petitpas* (et) ses descendans, auquel avons ci-devant octroyé les armes pleines. Sy donnons en mandement à nos très-chers et féaulx les chef, président et gens de nos privé et grand Conseils, lesdits de nos finances, président et gens de nostre conseil provincial d'Artois, président et gens de nostre Chambre des Comptes à Lille et à tous autres nos justiciers et officiers présent et avenir, leurs lieutenans et chascun d'eux en droit soy, et si comme à luy appartiendra et à tous autres nos sujets que ladite finance et somme d'argent arbitrée, taxée et payée ès mains de celuy de nos trésoriers ou receveurs qu'il appartiendra, lequel sera tenu en faire recepte à nostre proffit et rendre compte avec les autres deniers de son entremise, lesdits de nos comptes procèdent bien et duement à la vériffication et intérinement de cesdites présentes selon leur forme et teneur. Et ce fait, ils fassent, souffrent et laissent ledit *Auguste Petitpas*, sesdis enfans et postérité de loyal mariage, de nostre présente grâce, octroy et annoblissement et de tout le contenu en cesdites présentes plainement, paisiblement et perpétuellement jouïr et user, sans leur faire, mettre ou donner, ny souffrir estre fait, mis ou donné ny à aucun d'eux contre la teneur de cesdites présentes, contredit, destourbier ou empeschement quelconque au contraire ; car ainsy nous plaist-il et voulons estre fait, nonobstant quelconques ordonnances, statuts, coustumes et autres choses au contraire, desquelles nous avons relevé et dispensé, relevons et dispensons lesdits de nos finances et de nosdits Comptes à Lille et tous autres à cui ce peut toucher et regarder. Et afin que ce soit chose ferme et stable à tousjours, nous avons fait mettre nostre grand séel à ces mesmes présentes, sauf nostre droit et celuy d'autruy en toutes.

Donné en nostre ville de Bruxelles, le 10ᵉ jour du mois de Mars l'an de grâce 1616. Paraphé Ma. Vᵗ. Et sur le ply estoit : Par les Archiducs et signé : PRATZ...... &ᵃ....

Collationné.... &ᵃ, le 4ᵉ jour de septembre 1648.

Signé : Denys GODEFROY.

Archives du Nord. — Chambre des Comptes de Lille. — Art. B. 1676. Supplément aux Registres des chartes : titres nobiliaires, tome II, fᵒˢ 357 à 361.

1650, 10 janvier. — *Acte de relief de l'anoblissement accordé par Philippe IV, roi d'Espagne, à Charles Petipas, en 1600.*

Au Roy,

Sur la remonstrance faite à Sa Majesté de la part de *Jean Petipas*, escuyer, sieur de Walle et Belleghem, conseiller et maistre de la Chambre des Comptes de Sa Majesté à Lille qu'il seroit notoirement issu d'ancienne noblesse de nom, armes et maison seigneurialle au quartier et seigneurie de Lille, laquelle de toute ancienneté auroit produit des nobles et vaillans chevaliers, voire mesmes personnes illustres, si comme entr'autres *Jean Petitpas*, vicomte et justicier de la cour de Philippes d'Alsace, comte de Flandres en l'an 1174 et (11)76, lequel ès lettres patentes dudit comte desdites années y seroit nommé illustre, comme aussy *Hugue Petitpas* en autres semblables lettres de l'an 1177, ainsy qu'icelles lettres reposeroyent aux Archives de l'abbaye de Los et aux vieux comptes rendus par les baillis du comté d'Artois de l'an 1295 reposant en la Chambre des Comptes de Sa Majesté audit Lille se trouveroit messire *Jacquemon*

Petitpas, chevalier de Monsieur, savoir du comte Robert d'Artois second du nom, qui auroit esté tué en la bataille près Courtray en 1399, se trouveroit *Robert Petit Pas*, gouverneur de la ville et pays de la Gorgue et de Laloeu, selon les extraits authentiques desdits titres exhibez par le remonstrant, qu'il apparoistroit aussy par certaine sentence pareillement exhibée en copie autentique par le remonstrant rendue au siège de Sa Majesté en sa gouvernance dudit Lille, le 7 de novembre 1624, au profit d'*Hypolite Petitpas*, escuyer, seigneur de Gamans, père du remonstrant, qu'en vertu de sa descente légitime de ladite maison, la retraite de la seigneurie de Petitpas luy auroit esté adjugée à titre de proximité lignagère à cause de la vente et aliénation en faite par noble homme *Philippe Fourneau*, sieur de Basenrien et Hennin, vendant au nom d'*Henry Fourneau*, sieur dudit Petitpas, son fils, descendu en ligne directe tant masculine que féminine de *Bauduin*, sieur *de Petitpas*, et de Dame Marie *de Wallengrie*, qui vesquirent en l'an 1291, au moyen de *Robert*, leur fils, seigneur *de Petitpas*, et Demoiselle *Marie*, fille dudit *Robert*, dame dudit Petitpas, auroit onques changé de nom à titre particulier. Par laquelle sentence seroit pertinament déduicte la branche et extraction du remonstrant descendu de *Jean de Petitpas*, frère dudit *Robert*, sieur *de Petitpas*, qui auroit esté secrétaire du comte Guy de Flandres, et son fils *Aulart* auroit espousé Demoiselle Péronne *Le Neveu* et vescu en l'an 1330, et *Pierre Petitpas*, fils d'*Eulart*, espousé Demoiselle *Jeanne*, fille de Jean *Godin* et vescu en l'an 1379, *Robert Petitpas*, fils de *Pierre*, gouverneur des villes et pays de La Gorgue et de l'Aloeu espousé Damoiselle Marie *Carbon* et vescu en l'an 1406, Gérard *Petitpas*, sieur de Neuflieu, fils de Jean, espousé en premières nopces Demoiselle Chrestienne *Marissal* en l'an 1448 et en secondes Demiselle Jeanne *Domessent*, et *Jean Petitpas*, sieur de Neuflieu, fils dudit *Gérard* et de ladite Demoimoiselle *Jeanne*, espousé Demoiselle *Marie de Bailleul*, fille et héritière de Bauduin, escuyer, et de Damoiselle Catherine *Le Sauvage*, dit *de Bruges*, dame de Moussonnerie ; *Guillaume Petitpas*, fils dudit Jean et de ladite demoiselle Marie *de Bailleul*, sieur de Neuflieu, Gamans, Pontenerie, Mareville, Moussonville, de Varcoing et Quesnoy, espousé Demoiselle Jeanne *Segon*, fille de Noël et de Demoiselle Louise *du Croquet* et vescu en l'an 1544, *Charles Petitpas*, fils dudit *Guillaume* et de ladite demoiselle Jeanne *Segon*, sieur dudit Neuflieu, Gamans, Pontenerie et mayeur de la ville de Lille, espousé Demoiselle Anne *Muissart*, fille de Baude aussy mayeur dudit Lille en l'an 1599. Hippolite-Anne *Petitpas*, sieur dudit Neuflieu, Gamans et Pontenerie, conseiller fiscal de la gouvernance de Lille, espousa D^elle Marguerite Vlamincx, dame de la Boutellerie, père et mère du remonstrant, (lequel épousa) Catherine *Boote*, fille d'Adrien ; de laquelle noble et légitime extraction et descente il consteroit ponctuellement par la teneur et estendue de ladite sentence (de) retraite lignagère, et outre ce par traité de mariage, reliefs, œuvres de loy et autres titres autentiques et irréprochables en estans et conséquemment tout ce que dessus seroit très véritable et évident, et que jamais aucun des ancestres du remonstrant n'auroit dérogé en façon quelconque à sa noblesse, ains toujours maintenu par des nobles alliances et possessions de fiefs, de pairies et tenemens nobles et héritaires, avec le port des armoiries, timbres et supports de ladite maison *de Petitpas* qui seroyent *un escu de sable à trois faces d'argent* sommé d'un heaume timbré d'un lion naissant de sable, bourrelet et hachemens d'argent et de sable, support deux lions de sable, dont ils auroient usé de toute ancienneté et tant ès sépultures que sçaux publics et autrement et esté qualifiez d'escuyers et gentils-hommes par les prédécesseurs de Sa Majesté, nommément *Guillaume Petitpas*, bisayeul du remonstrant, par lettres patentes du roy Philippe du 27 août 1563, aussy extraict autentique ès mots : *Charles Petitpas*, fils et héritier de feu *Guillaume*, en son vivant sieur de Gamans ; si seroit-il néanmoins que ledit Charles, fils dudit Guillaume, son grand'père, auroit par quelque timidité ou incuriosité demandé et impétré de feu l'Archiduc Albert le 10 mai 1600 lettres patentes de confirmation de noblesse, esquelles seroit abusivement glissé la clause d'annoblissement, non sans quelque contradiction à la propre teneur des mesmes lettres, ainsy que ledit archiduc auroit déclaré, que de tout le narré de la requeste dudit Charles y insérée, luy estoit apparu, contenant en substance : toutes les dites qualités, marques et prééminences de noblesse et extraction légitime dudit *Charles Petitpas* et que les ancestres n'avoient en che mies derrogeantes à la noblesse, sans que le lustre et possession en avoient depuis lors quelques années esté obscurcies par..... dence et incuriosité d'aucuns d'iceux et qu'ainsy le suppliant doubtoit de n'en pouvoir exhiber les premiers si clairs que la rigueur du droit requéroit, comme il est porté par lesdites lettres, apparemment pour avoir perdu plusieurs titres et papiers parmy les troubles des Pays-Bas, de laquelle peine de preuve et de toute vexation il prétendoit estre relevé en vertu desdites lettres, lequel premier néanmoins il auroit eu abondamment sous luy, ainsy que de fait il en auroit fait apparoir au Conseil du dit Archiduc suivant ce que dessus, et encore que les dites lettres ne pourroyent en façon quelconque blesser ny obster à la qualité dudit feu Charles ny de ses ancestres ou descendans, mais plutôt servir à la conservation d'icelle au moyen de ladite déclaration ; néanmoins, comme le monde seroit si chatouilleux et n'y auroit rien de si cher que le sang et qualité de naissance passant tout prix et estimation, le remonstrant pour se mettre hors de tout reproche a supplié très-humblement Sa Majesté d'estre servie, en vertu desdites preuves, et pour le résultat d'icelles déclarer que ledit Charles n'a pas eu besoin des dites lettres patentes de l'an 1600 ny d'autres semblables et qu'il étoit véritablement et légitimement descendu d'ancienne noblesse et qu'en cette qualité il a deu jouir de tous honneurs, prérogatives, droits et privilèges de la vraye noblesse, comme aussy sesdits descendants et le suppliant avec sa postérité légitime et que conséquemment ledit Charles n'ayant pu estre annobly estant véritablement noble et gentilhomme, lesdites lettres, pour autant qu'elles contiennent le mot d'annoblissement seront annullées et cassées, ou du moins tant en l'original que des copies et registres en estant, sans qu'elles pourront en façon quelconque préjudicier ou obster au suppliant ny à sesdits ancestres ou descendans. Sa Majesté, ce que dessus considéré, avec les pièces exhibées par le suppliant a déclaré et déclare que lesdites lettres patentes de noblesse accordées par feu l'Archiduc Albert le 10ᵉ may 1600 à *Charles Petitpas*, grand'père du suppliant, ne doivent porter aucun préjudice au droit de sang de la noble extraction que ledit suppliant vérifie luy appartenir, le relevant Sa Majesté en tant que besoin de ce que par lesdites lettres patentes de noblesse en a esté prétendu et résolu à la requeste de son dit grand'père, ordonnant à tous ceux qu'il appartiendra de le régler selon ce. Fait à Madrid, sous le nom et cachet secret de Sa Majesté le 10ᵉ de janvier 1650, paraphé : Assel (?) V. et signé Phil.ᵉˢ. Plus bas, par ordonnance : J. Brecht.

Sur le dos estoit escrit : Je soussigné chevalier, conseiller de Sa Majesté, lieutenant de l'estat de premier roy d'Armes en ces Pays Bas et Bourgogne, certifie avoir examiné le présent acte en conformité des règlemens de Sa Majesté du 9 octobre 1637 et du 28 aoust 1640 et de les avoir fait enregistrer au registre de ma charge suivant lesdits règlemens et le 15ᵉ article du placart émané de l'an 1616 concernant le port et usages des titres et marques d'honneur et de noblesse. Fait à Bruxelles le 10 juin 1650; soussigné : A. Colbrant.

Encore plus bas estoit escrit : Ce présent acte est par moy soussigné, escuyer, héraut et roy d'armes à titre d'Artois, Lille, Douay, Orchies, enregistré au registre de mon office, en conformité du règlement sus mentionné. Fait à Bruxelles, le 14ᵉ jour de juing l'an mil six cens cinquante; signé : Prévost.

(Suivent les mentions de l'entérinement fait à la Chambre des Comptes de Lille le 30 juillet 1650 et de la collation par Denys Godefroy, le 30 janvier 1670.)

Archives du Nord. — Chambre des Comptes de Lille. — Art. B. 1676 : Supplément aux Registres des chartes : titres nobiliaires, tome II, f°s 223 à 228.

1669, août. — *Lettres de chevalerie pour les sieurs de Petipas, frères, de la ville de Lille.*

Louis, par la grâce de Dieu, Roy de France et de Navarre, à tous présens et avenir, salut. Nos chers et bien amez *François de Petipas*, escuyer, seigneur de Warcoing, Lamousserie et autres lieux, à présent mayeur de nostre ville de Lille en Flandres, et *Germain de Petipas*, aussy escuyer, seigneur de Brulle, frères, nous ont très-humblement fait représenter qu'ils sont gentilshommes de temps immémorial, estans issus de la noble et illustre famille des Petipas, et qu'eux ny leurs prédécesseurs n'ont jamais fait aucun acte dérogeant à leur ancienne noblesse, au contraire, aucuns de leurs prédécesseurs ont esté faiz chevaliers en considération de leur naissance et extraction, s'estans toujours alliez à des maisons nobles et ayans possédé les plus honorables charges de lad. ville de Lille, mesme celle de mayeur ; et mettans en considération la fidélité que lesditz exposans frères ont témoignée en toutes occasions pour nostre service depuis que ladite ville de Lille nous a esté cédée par le dernier traitté de paix fait entre cette couronne et celle d'Espagne à Aix-la-Chapelle en l'année dernière 1668, particulierement ledit *François Petipas* en ladite qualité de mayeur de nostre dite ville et de laquelle il fait présentement les fonctions à nostre entière satisfaction et à celle du public de ladite ville. Sçavoir faisons, que pour ces causes et autres à ce nous mouvans, désirans favorablement traiter lesditz exposans et leur donner des effets de nostre bienveillance par une marque d'honneur qui passe à leur postérité et qui puisse les obliger à nous continuer leurs services et les leur à les imiter, Nous, de nostre grâce spéciale, pleine puissance et autorité royale, avons lesditz *François* et *Germain Petipas*, frères, déclaré et déclarons et en tant que besoin faiz et créez, faisons et créons chevaliers par ces présentes signées de nostre main pour, dudit titre de chevaliers, ensemble des droitz, honneurs, privilèges, prérogatives, prééminences, franchises et libertez qui y appartiennent, jouir et user par eux tant en fait de guerre, armées et assemblées, qu'en jugement et dehors, et par tout ailleurs que besoin sera, tout ainsi qu'ont accoustumé de jouir les autres chevaliers qui ont esté créez de nostre main ou par les Rois nos prédécesseurs. Voulons et nous plaist qu'il soit loisible ausditz exposans et à leur postérité d'avoir et de porter en tous lieux et endroictz que bon leur semblera leurs anciennes armoiries timbrées, à la réserve qu'au lieu que les tenans et le cimier [1] en métal d'argent conforme aux faces des armes et tout ainsi qu'elles sont cy empreintes et désignées, afin de distinguer les deux branches de la mesme famille de Petipas et servir d'oresenavant pour toute rupture d'aisné desdites deux familles. Si donnons en mandement à nos amez et féaulx les gens tenans nostre Conseil souverain de Tournay et à tous autres nos justiciers et officiers qu'il appartiendra que ces présentes ils ayent à faire enregistrer et du contenu en icelles jouïr et user pleinement et paisiblement lesditz exposans, cessans et faisans cesser tous troubles et empeschemens au contraire. Car tel est nostre plaisir. Et afin que ce soit chose ferme et stable à tousjours, nous avons fait mettre nostre scel à cesdites présentes, sauf en autres choses nostre droit et l'autruy en toutes. Donné au mois d'aoust l'an de grâce 1669, et de nostre règne le vingt-septiesme : signé : Louis. Et sur le reply : Par le Roy, Le Tellier. Et encore à costé est inscrit de la main de Monseigneur le Chancelier : Visa, Seguier, pour servir aux lettres patentes par lesquelles le Roy déclare et, en tant que besoin seroit, crée *François* et *Germain Petipas*, chevaliers. Et de l'autre costé, vis à vis sur le mesme reply est aussi escrit : Ces lettres ont esté veues, examinées et trouvées conformes en leur teneur aux titres justificatifs pour ce exhibez, et ensuite ouy le Procureur général ont esté enregistrées ès registres du Conseil souverain du Roy estably à Tournay, le septiesme jour de septembre mil six cens soixante-neuf : Tesmoin N. Sourdeau. Mil six cens soixante neuf, et scellé du grant sceau de cire verte pendant à lacs de soye rouge et verte.

> (à la suite) : *Brevet du Roy en faveur des enfans et descendans de François et Germain Petitpas, frères, pour estendre sur iceux enfans le titre et la quallité de chevallerie dont leurs pères ont esté honnorez. Donné par Sa Majesté à Saint-Germain-en-laye le 17e février 1670.*

Aujourd'huy 17e du mois de février 1670, le Roy estant à Saint-Germain-en-Laye, sur ce qui luy a esté représenté par *François* et *Germain Petitpas*, frères, qu'il a plu à Sa Majesté par ses lettres

---

1. Il y a eu ici un oubli du copiste, que répare, d'ailleurs, le brevet qui suit, en ajoutant : « soient de sable, ils seront », etc.

patentes du mois d'août de l'année dernière 1669 les honorer du titre de chevalerie avec pouvoir d'avoir et de porter leurs anciennes armoyries timbrées à la réserve qu'au lieu que les tenans et le cimier d'icelle estoient de sable, ils puissent changer lesdits tenans et cimier en métal d'argent conforme aux faces des armes, afin de distinguer les deux branches de la mesme famille de Petitpas et servir d'oresen-avant pour toute rupture d'aisné desdites deux familles : Lesquelles lettres ont esté enregistrées au Conseil souverain de Tournay le septiesme septembre et en la Chambre des Comptes à Lille le 20ᵉ du mesme mois et an, mais parce que par icelles il n'est pas fait mention que les successeurs et postérité desdits Petitpas jouïront du mesme titre et honneur de chevallerie ny qu'au dessus du cimier desdictes armes il y auroit une couronne à cinq fleurons d'or à la place et au lieu d'un bourlet et que lesdits Petitpas craignans d'estre inquiétez à l'avenir, pour raison de ce, ilz ont très-humblement supplié Sa Majesté de leur vouloir sur ce pourveoir : A quoy ayant esgard et voulans pour les mesmes considérations qui l'ont meue de les honorer dudit titre et qualité de chevallerie, les traiter et gratiffier favorablement, Sa Majesté a déclaré et déclare que son intention a esté en honnorant lesdits *François* et *Germain Petitpas*, frères, de ladite qualité de chevaliers, que ledit titre passast à leur postérité : Veut et entend pour cette fin Sa Majesté que leurs enfans et descendans en loyal mariage jouissent dudit titre de chevalier et que lesdits supplians ainsi que leur dicte postérité portent au dessus du cimier de leurs armes ladite couronne de cinq fleurons d'or au lieu et à la place d'un bourlet, sans que pour raison de ce et souz prétexte qu'il n'en est fait aucune mention dans lesdictes lettres patentes, ilz y puissent estre troublez ny inquiétez en aucune manière. M'ayant Sa Majesté pour témoignage de sa volonté commandé d'en expédier auxdits *Petitpas* le présent brévet qu'Elle a signé de sa main et fait contresigner par moy son conseiller, secrétaire d'Estat et de ses commandemens et finances. signé : Louis. Et plus bas : Le Tellier.

Archives du Nord. — Chambre des Comptes de Lille. — Art. B.
1672 : 77ᵉ Registre des chartes, fᵒˢ 236-238.

QUECQ

Armes : *de sinople au canard d'argent, au chef d'or chargé de deux tourteaux de gueules posés en fasce.*

I. — *Georges* Queck, marié avec Anne *Plipe*, eut pour fils :

II. — *Mathieu* Queck, né à Saint-Omer (d'après le registre de bourgeoisie), tavernier du Pont-à-Marcq à Lille, bourgeois de cette ville par achat du 4 avril 1642, épousa Catherine *Montrepuich*, fille d'Anselme et de Simone *de Lattre*, baptisée à Saint-Étienne le 20 février 1623 ; d'où :

1. — *Jacques*, qui suit, III.
2. — *Pierre*, baptisé à Saint-Étienne le 14 septembre 1647.
3. — *Catherine*, baptisée à Saint-Étienne le 22 janvier 1650, religieuse à l'hôpital Notre-Dame à Poperinghe.
4. — *Marie-Madeleine*, décédée paroisse Saint-Étienne le 4 février 1700, alliée à Jean *Winque*, né le 18 janvier 1656.

III. — *Jacques* Quecq, baptisé à Saint-Étienne le 20 novembre 1645, bailli et receveur, premier commis au greffe des États de Lille, épousa à Saint-Maurice, le 6 mai 1672, Marie-Jeanne *Le Cocq*, fille de Toussaint et de Catherine *Le Rouge*, baptisée à Saint-Maurice le 6 octobre 1649 ; dont :

1. — *Jacques-François*, baptisé à Saint-Étienne le 13 mai 1675.
2. — *Marie-Jeanne*, baptisée à Saint-Étienne le 12 mars 1677, y décédée le 16 février 1743.
3. — *Toussaint*, baptisé à Saint-Étienne le 15 juin 1679, jésuite.
4. — *Jacques*, baptisé à Saint-Étienne le 14 mai 1681, jésuite.
5. — *Marie-Anne*, baptisée à Saint-Étienne le 17 septembre 1683.
6. — *Marie-Angélique*, baptisée à Saint-Étienne le 17 novembre 1684, morte paroisse Sainte-Catherine le 16 avril 1755.
7. — *Marie-Thérèse*, baptisée à Saint-Étienne le 16 mars 1686.
8. — *Jean-Baptiste*, qui suit, IV.
9. — *Paul-Isidore*, baptisé à Saint-Étienne le 25 janvier 1689.
10. — *Louis-Joseph*, baptisé à Saint-Étienne le 19 septembre 1691.

11. — *Marie-Joseph*, baptisée à Saint-Étienne le 2 avril 1693, y décédée le 27 décembre 1739.

12. — *Marie-Claire*, décédée paroisse Saint-Étienne le 22 juillet 1695.

IV. — *Jean-Baptiste* Quecq, baptisé à Saint-Étienne le 29 avril 1687, bourgeois de Lille par achat du 4 juillet 1727, décédé en la même paroisse le 14 juillet 1755 et inhumé à la chapelle des Jésuites ; épousa à Saint-Étienne, le 18 mai 1727, Marie-Marguerite *Masquelier*, fille de Félix, négociant, et de Marie-Agnès *Crietz*, baptisée à Saint-Étienne le 20 juillet 1693, morte le 22 décembre 1751 ; d'où :

1. — *Jacques-Emmanuel-Joseph*, qui suit, V.
2. — *Jean-Baptiste-François*, qui suivra, V bis.
3. — *Marie-Angélique-Marguerite-Félix-Julien*, baptisée à Saint-Étienne le 3 janvier 1734.

V. — *Jacques-Emmanuel-Joseph* Quecq, baptisé à Saint-Étienne le 19 avril 1728, bourgeois de Lille par relief du 7 novembre 1755, avocat au Parlement de Flandre, puis conseiller du Roi au bailliage de Lille, décédé le 4 juillet 1809 et enterré à Seclin ; épousa à Saint-Pierre, le 5 mai 1755, Agnès-Julie-Joseph *Le Clercq*, fille de Joseph et de Jeanne-Robertine *Lebarbier*, baptisée à Saint-Étienne le 3 décembre 1727, morte le 20 novembre 1794 ; d'où :

1. — *Emmanuel-Jacob*, sr de Burgault, baptisé à Saint-Étienne le 8 février 1756, bourgeois de Lille par relief du 28 janvier 1790, conseiller du Roi en la gouvernance du bailliage de Lille, puis juge de paix à Seclin, décédé à Seclin le 27 juillet 1843 ; marié à Sainte-Catherine, le 21 avril 1789, avec Désirée-Catherine-Joseph *Faucompré*, fille de Philippe-André-Joseph et de Marie-Aimée-Joseph *Spilliaert*, baptisée à Saint-Maurice le 27 octobre 1764, décédée à Lille le 25 pluviôse an VI ; dont :

    a. — *Sophie-Aimée-Marie*, baptisée à Sainte-Catherine le 28 janvier 1790, morte à Seclin le 21 septembre 1852, alliée, le 8 mai 1811, à Seclin, à Henri-Joseph *Claeys*, fils de Pierre-Winock, doyen des conseillers de la gouvernance de Lille, et de Catherine-Joseph *Bertrand*, baptisé à Saint-André le 28 janvier 1774, légitimé par le mariage de ses parents célébré à Saint-Étienne le 25 septembre 1787, maire de Seclin où il décéda le 25 octobre 1847 ; dont une fille.

2. — *Auguste-Marie-Xavier*, baptisé à Saint-Étienne le 12 mars 1757, avocat au Parlement de Flandre, mort à Lille le 24 février 1793.

3. — *Charles-Engelbert-Louis*, baptisé à Saint-Étienne le 23 mai 1759, mort à Lille le 13 mars 1822.

4. — *Julie-Joseph-Désirée*, baptisée à Saint-Étienne le 7 août 1762, morte à Lille le 12 janvier 1836, mariée à Saint-Étienne, le 17 août 1787, avec Aimable-François-Jules-César *Waymel*, fils de Pierre-François et de Catherine-Ursule-Joseph *Lemaire*, baptisé à Saint-Étienne le 27 mai 1758, bourgeois de Lille par relief du 30 mai 1788, avocat au Parlement de Flandre, mort le 24 mars 1832 ; dont postérité.

5. — *Édouard-Ernest-Joseph*, baptisé à Saint-Étienne le 27 février 1766, mort à Paris le 15 janvier 1819, allié à Cambrai, en 1795, à Marie-Anne *Pluchart*, née à Sainte-Croix (Manche), morte à Paris le 13 avril 1818; d'où :

a. — *Jacques-Édouard*, né à Cambrai le 23 juillet 1796.

b. — *Paul-Charles-Ernest*, né à Cambrai le 6 frimaire an VI.

c. — *Alexandre-Aimé-Romain*, né à Cambrai le 6 germinal an VII, mort à sept jours.

d. — *Auguste-Adolphe-Aimé*, né à Niergnies le 14 septembre 1801, percepteur des contributions directes à Onnaing, marié à Valenciennes, le 4 octobre 1836, avec Rosalie *Durieux*, fille de Stanislas et de Marie-Joseph-Constance *Demaret*, née à Avesnes le 27 mars 1816 ; d'où :

aa. — *Nelly*.

bb. — *Ernest*.

V bis. — *Jean-Baptiste-François* Quecq, sr de la Cherye, né le 17 octobre 1729, bourgeois de Lille par relief du 6 juin 1755, créé trésorier de France au bureau des finances de la généralité de Lille le 29 juillet 1754, fonction qu'il exerça jusqu'en avril 1783, décédé le 5 janvier 1794. Il acheta le 1er juillet 1755, pour le prix principal de 6.724 florins quatre patars le fief d'Henripret, sis à Seclin, à la succession de Louis-Jacques-Joseph Errembault ; ce fief était tenu de la seigneurie de Coquemplus, chargé de dix livres de relief à la mort de l'héritier et du dixième denier à la vente. Il épousa à Saint-Maurice, le 26 janvier 1755, Marie-Jeanne-Joseph *Le Thierry*, fille de Charles-Simon-Joseph et de Marie-Françoise-Gabrielle *Prévost*, née le 6 janvier 1734, morte à Lille le 17 août 1765 ; d'où :

1. — *Jean-Baptiste-Gabriel-Joseph*, qui suit, VI.

2. — *François-Emmanuel-Désiré*, qui suivra, VI bis.

3. — *Marie-Amélie-Joseph*, baptisée à La Madeleine le 24 mars 1758, morte jeune.

4. — *Marie-Thérèse-Charlotte*, baptisée à La Madeleine le 8 juillet 1759, décédée paroisse Saint-Maurice le 6 octobre 1766.

VI. — *Jean-Baptiste-Gabriel-Joseph* Quecq, chevalier, sr de Sévelingue, baptisé à La Madeleine le 9 novembre 1755, bourgeois de Lille par relief du 29 décembre 1786, créé trésorier de France au bureau des finances de la généralité de Lille le 13 mai 1783, fonction qu'il exerça jusqu'en 1790, conseiller municipal de cette ville, conseiller général du Nord, administrateur des hospices de Lille, mort dans cette ville le 31 décembre 1827. Il épousa à Saint-Étienne, le 17 octobre 1786, Marie-Thérèse-Joseph *de Savary*, fille d'Henri-Joseph, écuyer, sr du Gavre, et de Marie-Anne-Catherine-Joseph *Dehas*, baptisée à Saint-André le 19 avril 1766, morte le 4 janvier 1826 ; d'où :

1. — *Henriette-Thérèse-Gabrielle*, baptisée à Sainte-Catherine le 19 avril 1788, morte le 16 septembre 1865, mariée, le 19 mai 1829, avec Eubert-Marie-Joseph *Schérer de Scherbourg de Vendeville*, fils d'Alexandre-Joseph, chevalier, sr de Scherbourg, Ricarmez, Vendeville, et d'Élisabeth-Françoise-Pélagie *Percourt*, baptisé à Saint-Pierre le 16 janvier 1773, lieutenant-colonel au service d'Espagne, mort le 24 février 1856 ; sans enfants.

2. — *Jean-Baptiste-Marie*, baptisé à Saint-André le 25 juin 1791, mort à Lille le 24 avril 1844.

3. — Un fils né avant terme le 6 octobre 1793, mort aussitôt.

4. — Une fille née avant terme le 20 fructidor an IV, morte aussitôt.

5. — *Louis-Emmanuel*, né à Lille le 5 thermidor an IV (23 juillet 1796), mort célibataire le 19 février 1872 et enterré à Lambersart.

VI bis. — *François-Emmanuel-Désiré* Quecq, chevalier, sr d'Henripret, baptisé à La Madeleine le 7 décembre 1756, bourgeois de Lille par relief du 30 décembre 1786, créé trésorier de France général des finances et garde-scel au bureau de la généralité de Lille le 13 mai 1783, fonction qu'il exerça jusqu'en 1790, mort à Lille le 14 août 1838 ; épousa à Sainte-Catherine, le 13 juin 1786, Charlotte-Joseph *Virnot*, fille de Charles-Louis, sr de Lamissart, et de Marie-Anne-Alexandrine *Lenglart*, baptisée à Saint-Étienne le 21 septembre 1764, décédée à Lille le 10 novembre 1812 ; dont :

1. — *François-Alexandre*, qui suit, VII.

2. — *Charles-Henri*, baptisé à Saint-André le 13 novembre 1788, conseiller municipal, puis adjoint au maire de Lille de 1821 à 1827, mort célibataire le 4 avril 1827.

3. — *Gabriel-Marie*, baptisé à Saint-André le 19 juin 1790, mort le 24 novembre suivant.

4. — *Hyacinthe-Gabriel*, né à Bailleul le 28 octobre 1793, mort en juillet 1794.

5. — *Charlotte-Désirée-Joseph*, née à Bailleul le 28 février 1795, morte à Lille le 8 juin 1812.

6. — *Édouard-Emmanuel*, né à Lille le 27 juillet 1796, mort le 18 septembre suivant.

7. — *Catherine-Virginie*, née à Lille le 5 brumaire an VI, morte le 8 février 1867.

8. — *Jean-Baptiste-Lucien*, né à Lille le 17 décembre 1799, juge au tribunal de première instance à Cambrai; mort dans cette ville le 26 juillet 1887; marié à Cambrai, le 17 septembre 1827, avec Claudine-Cécile-Louise *Saint-Léger*, fille de Ferdinand-Baptiste-Alexandre, officier du génie, et d'Adélaïde-Marie-Louise-Benoît *de Neuflieu*, née à Cambrai le 5 mars 1811 ; dont :

> a. — *Laurence*, née à Cambrai le 28 mars 1840, alliée, le 8 septembre 1863, à Paul-Alexandre-Joseph, baron *d'Haubersart*, fils de Charles-Joseph et de Marie-Clémentine *Delespaul*, né à Douai le 13 juillet 1833, secrétaire d'ambassade, chevalier de la Légion d'honneur, des Ordres de Pie IX et de François Ier, commandeur de l'Ordre de Saint-Sylvestre, décédé à Paris le 20 mai 1868 ; dont postérité.

VII. — *François-Alexandre* Quecq d'Henripret, baptisé à Saint-André le 23 mai 1787, mort à Lille le 15 mars 1841, épousa, le 17 octobre 1815, Alexandrine-Henriette *de Savary du Gavre*, fille de Charles-Henri, écuyer, et d'Alexandrine-Joseph *Virnot*, née le 29 décembre 1783, morte à Lille le 6 octobre 1855; d'où :

1. — *Agathe-Alexandrine*, née à Lille le 15 juillet 1816, morte le 23 janvier 1887, alliée, le 16 juillet 1845, à Camille-Léon *de Vicq*, fils de Roland-François et de Louise-Marie-Thérèse *Van der Helle de Perdekerchof*, né à Lille le 30 mars 1815, y décédé le 16 avril 1894; dont postérité.

2. — *Charles-Arthur*, né à Lille le 28 juin 1818, mort le 25 juillet 1902 et enterré à Bondues, marié au château de Barcenalle, le 28 août 1866, avec Mathilde *Van Eyll*, fille d'Alexandre-Antoine-Joseph-

Alard et de Marie-Angélique-Joséphine, comtesse *de Gourcy-Sérainchamps*; dont :

    a. — *Marie-Antoinette-Alexandrine*, née à Lille le 9 mai 1868, mariée, le 27 mai 1891, avec Mizael-Édouard-Edmond *Le Mesre*, comte *de Pas*, fils de Charles-Joseph-Alfred, comte romain, et d'Idalie-Marie-Ghislaine *Vermeulen*, né à Gand le 21 avril 1866 ; dont postérité.

   3. — *Adeline-Amélie-Laure-Marie-Thérèse*, née à Lille le 24 juin 1822, morte le 26 octobre 1853, mariée à Lille, le 6 septembre 1853, avec Auguste-Joseph *Defrance*, fils de Paul-Charles et de Marie-Joseph-Constance-Alexandrine *Boudry*, né à Saint-Omer le 23 septembre 1822, mort le 24 septembre 1871.

   4. — *Gustave-Lucien*, qui suit, VIII.

VIII. — *Gustave-Lucien* Quecq d'Henripret, né à Lille le 14 avril 1828, mort le 20 juillet 1876, épousa dans cette ville, le 17 octobre 1865, Sarah-Louise-Marie *de Madre de Norguet*, fille de Melchior-Édouard-Joseph et d'Emma-Marie-Séraphine *de Vicq*, née à Lille le 23 mars 1843, morte à Labuissière le 2 juillet 1899 ; dont :

   1. — *Louise-Marie*, née à Lille le 11 février 1870, mariée, le 11 février 1890, avec Charles-Étienne *Girod de Resnes*, fils de Casimir-Charles et de Berthe-Alexandrine *du Fresne de Beaucourt*, né à Beaumetz-les-Loges le 10 janvier 1855, ancien officier de cavalerie ; sans enfants.

   2. — *Henri-Melchior-Joseph*, qui suit, IX.

IX. — *Henri-Melchior-Joseph* Quecq d'Henripret, né à Lille le 15 juin 1872, épousa au château de Marchin (Belgique), le 28 août 1900, Cécile-Marie-Isabelle-Ghislaine, comtesse *de Robiano*, fille d'Alphonse-Marie-Joseph-Ferdinand et de Clémentine-Pauline-Marie-Bernardine-Ghislaine *Pycke de Peteghem*, née à Bruxelles le 3 décembre 1878 ; d'où :

   1. — *Raphaël*, né à Labuissière le 12 octobre 1901.
   2. — *Odette-Cécile-Marie*, née à Lille le 30 octobre 1902.
   3. — *Lucienne-Jeanne-Clémentine*, née à Lille le 21 mars 1904.
   4. — *Henriette-Marie-Isabelle*, née à Lille le 14 février 1906.

NON RATTACHÉE.

Marie-Thérèse Quecq, fille de *Jean* et d'Antoinette *Collet*, décédée paroisse Saint-André le 1er juin 1712.

1793, 13 septembre. — *Certificat de résidence à Bailleul pour François-Emmanuel-Désiré Quecq.*

Est comparu le citoïen *François-Emmanuel-Désiré Quecq*, rentier, demeurant à Lille, trésorier de France en exercice à l'époque de la Révolution, lequel nous a représenté la délibération du Comité de surveillance de Lille, en date du huit de ce mois de septembre, couchée en marge de sa pétition par laquelle il lui est permis de rester à Bailleul, près son épouse, jusqu'après le rétablissement de la santé de cette dernière. De tout quoi nous lui avons donné acte, ainsi que de sa résidence dans notre municipalité pour lui servir et valoir ce que de raison.

Bailleul, ce treize septembre 17^c quatre-vingt-treize, 2e de la République française, une et indivisible ; étoient signés : P.-P. Desmulié et J. Billiau.

<small>Archives du Nord. — Série L. — Administration du District de Lille. — Portefeuille N° 58 ; original sur papier timbré portant signatures autographes et le cachet en cire rouge de l'administration municipale de Bailleul.</small>

TAVIEL

Armes : *d'azur à trois tables en octogone d'argent.*

I. — Jean Taviel, né à Lille, épousa N...; dont :

II. — *Gilles* Taviel, né à Lille, bourgeois de cette ville par achat du 2 avril 1530 (n. st.), eut deux fils :

1. — *Pasquier*, qui fut père d'Andrieu, bourgeois de Lille par achat du 7 août 1573, marié avec Jeanne *Patin* ; cet Andrieu figure dans les réjouissances données à Lille le 7 juin 1598 sous le nom de Forestier du Bois [1] ; il eut une fille, *Simonne*, baptisée à Sainte-Catherine le 5 avril 1578.

2. — *Andrieu*, qui suit, III.

III. — *Andrieu* Taviel, né à Lille, bourgeois de cette ville par relief du 17 février 1553 (n. st.), décédé avant 1582, eut :

1. — *Pierre*, né à Lille, bourgeois de cette ville par relief du 29 août 1582.

2. — *Jean*, qui suit, IV.

IV. — *Jean* Taviel, né à Lille, bourgeois de cette ville par relief du 3 mars 1589, marchand, épousa Jossine *Le Niez*, fille de Toussaint et de Marie *Mazurel* ; d'où :

1. — *Françoise*, baptisée à Saint-Maurice le 14 septembre 1590.

2. — *Jean*, receveur, marié à Saint-Étienne, le 9 février 1620, avec Marguerite *Cuvillon*, fille de Jean et de Catherine *Cardon*, baptisée à Saint-Étienne le 28 janvier 1596, décédée paroisse de La Madeleine le 30 janvier 1672.

3. — *Marguerite*, alliée à Alard *Lamelin*, dont postérité.

4. — *Barthélémi*, qui suit, V.

V. — *Barthélémi* Taviel, marchand, bourgeois de Lille par relief du 27 août 1622, mort avant 1658, épousa Jeanne *du Bosquiel*, fille de Jean, décédée avant 1658 ; dont :

1. — *Jeanne*, née en 1621, morte le 7 novembre 1687, mariée à Saint-Maurice, le 21 mai 1658, avec Hubert *Aerts*, fils de Dierick et de Michelle *de Beaussart*, né vers 1617, marchand, bourgeois de Lille par relief du 14 décembre 1658, mort le 27 décembre 1683,

---

1. *Bulletins de la Commission historique du Nord*, tome 26, page 265.

2. — *Jacqueline*, membre du tiers ordre de Saint-François, décédée le 6 octobre 1674 paroisse Saint-Maurice et enterrée dans la chapelle Saint-François aux Frères mineurs de Lille.

3. — *Jean*, qui suit, VI.

4. — *Marie-Pasque*, baptisée à Saint-Maurice le 2 octobre 1661, fille illégitime qu'il eut de Jacqueline *Carette*.

VI. — Jean TAVIEL, marchand, bourgeois de Lille par relief du 14 avril 1644, receveur des Bleuets en 1644 et 1645, échevin de 1667 à 1671, mort paroisse Saint-Maurice le 17 mars 1674; épousa à Saint-Maurice, le 26 janvier 1644, Marie-Anne *Van Daele*, fille de Jean et de Marie *Beuvet*, baptisée à Saint-Étienne le 7 août 1625, décédée paroisse Saint-Maurice le 31 janvier 1687; d'où :

1. — *Marie-Anne*, baptisée à Saint-Maurice le 30 novembre 1644.

2. — *Jean-Baptiste*, qui suit, VII.

3. — *Marie-Josèphe*, dame du Metz, de Hem, baptisée à Saint-Maurice le 9 décembre 1649, morte le 7 octobre 1721 et inhumée à côté de son mari dans la chapelle Saint-Sébastien à Saint-Maurice, mariée dans cette église, le 23 janvier 1675, avec Jacques *Imbert*, écuyer, fils de Jacques, sr de Melle, et de Catherine *Dominicle*, baptisé à Saint-Maurice le 24 mai 1633, bourgeois de Lille par relief du 2 avril 1675, conseiller trésorier héréditaire des États de Lille, décédé le 6 juillet 1708; dont postérité.

4. — *Gabriel*, qui suivra, VII bis.

5. — *François-Eustache*, qui suivra, VII ter.

6. — *Anne-Thérèse*, baptisée à Saint-Maurice le 1er septembre 1652.

VII. — Jean-Baptiste TAVIEL, sr de Grimaretz, baptisé à Saint-Maurice le 3 juillet 1646, bourgeois de Lille par relief du 18 février 1677, échevin de 1678 à 1685, nommé lieutenant-général de la gouvernance de Lille le 9 juillet 1694, mort le 27 avril 1723; épousa à Saint-Étienne, le 26 novembre 1676, Marie-Anne *de Lannoy*, fille de Robert et de Marie *Van den Dame*, baptisée à Saint-Étienne le 12 septembre 1650, décédée paroisse Saint-André le 14 juillet 1709; dont :

1. — *Marie-Lucie*, dame de Mastaing, baptisée à Saint-Maurice le 31 août 1678, décédée le 31 décembre 1754, alliée, après 1724, avec Ignace-Nicolas-Bernard *de Crombeen*, écuyer, sr de Terbecke, fils d'Ignace-Bernard et de Marguerite-Thérèse *d'Hons*, né à Courtrai, bourgeois de Lille par achat du 7 juillet 1724, anobli en 1720; sans enfants.

2. — *Jean*, baptisé à Saint-Maurice le 8 octobre 1679.

3. — *Marie-Anne*, baptisée à Saint-Maurice le 25 septembre 1680, morte paroisse Saint-Pierre le 21 octobre 1748 et enterrée dans cette église, mariée à Saint-André, le 30 avril 1714, avec Albert *Imbert*, écuyer, sr de Sénéchal, fils de François, sr de Warenghien, et d'Anne *Le Prévost de Basserode*, baptisé à Saint-Étienne le 3 mars 1669, bourgeois de Lille par relief du 21 août 1714, échevin en 1716, lieutenant civil et criminel de la gouvernance de Lille, mort le 31 mars 1739 et enterré à Saint-André ; dont postérité.

4. — *Catherine-Thérèse*, baptisée à Saint-Maurice le 10 novembre 1681.

5. — *Marie-Joseph*, baptisée à Saint-Maurice le 2 juillet 1684, décédée paroisse Saint-André le 5 janvier 1711.

6. — *Jean-Baptiste*, baptisé à Saint-Maurice le 5 mai 1686, y décédé célibataire le 19 juin 1731.

7. — *Jules*, baptisé à Saint-Maurice le 7 juillet 1687, décédé paroisse Saint-André le 6 février 1701.

8. — *Augustin*, qui suit, VIII.

9. — *Lucien*, sr de Melis, baptisé à Sainte-Catherine le 4 juin 1690, avocat au Parlement de Paris, fut nommé lieutenant particulier civil et criminel en la gouvernance de Lille par lettres données à Paris le 20 mars 1727 ; ayant démissionné en 1753, il obtint du Roi, par lettres datées de Marly le 28 mai 1753, le droit de conserver les privilèges de sa charge, l'entrée en séance et voix délibérative. Il releva sa bourgeoisie le 8 mai 1737 et mourut paroisse Sainte-Catherine le 30 octobre 1759. Il épousa dans cette église, le 15 août 1736, Marie-Anne-Élisabeth *Le Prévost de Basserode*, fille d'Eustache-Ignace, écuyer, sr du Haut-Lieu, et de Marie-Anne-Joseph *Wannepain*, baptisée à Sainte-Catherine le 20 février 1715, décédée le 24 juillet 1773 ; sans postérité.

10. — *Élisabeth*, baptisée à Sainte-Catherine le 13 août 1692.

11. — *François*, baptisé à Sainte-Catherine le 2 mars 1694.

12. — *Théodore-Antonin*, sr du Petit Cambrai, baptisé à Sainte-Catherine le 18 mai 1697, maître particulier des eaux et forêts à Phalempin, décédé paroisse Saint-Maurice le 5 janvier 1765 ; épousa à Saint-André, le 28 mai 1736, Marie-Thérèse *Lenglart*, fille d'Hubert et de Marie-Madeleine *Guidin*, baptisée à Saint-Maurice le 7 avril 1704, morte le 20 avril 1759 ; sans postérité [1].

---

1. Il existe aux Archives départementales du Nord (contrats sous seings privés), les dispositions testamentaires de Maximilienne-Barbe de Blondel en date du 13 avril 1733 « en faveur de Théodore-Antoine Taviel, écuyer, qui demeure avec elle et lui tient compagnie. »

VIII. — *Augustin* Taviel, sr de Mastaing, baptisé à Sainte-Catherine le 11 septembre 1688, reçu avocat à Douai le 26 mars 1711, bourgeois de Lille par relief du 14 juillet 1722, eut un fils illégitime de Marie-Louise *Vas*, baptisé à Saint-André le 17 octobre 1717 sous le nom de Jean-Baptiste. Il épousa : 1° à Saint-Étienne, le 4 août 1721, Marie-Catherine *Imbert*, dame des Mottelettes, née le 6 juin 1696, décédée paroisse Saint-André le 19 juillet 1732, 2° à Saint-André, le 8 avril 1741, Marie-Agnès *Beauchamps*, fille de Simon-Pierre, maître brodeur, et de Philippe *Lusman*, baptisée à Saint-Étienne le 3 février 1714, remariée le 18 mai 1773, avec Joseph-Léandre *de Madre*, sr de Kerkove. Il eut :

1. — Du premier lit : *Marie-Catherine-Florence*, baptisée à Saint-Étienne le 4 août 1723, morte à Lille le 18 frimaire an VII, mariée à Saint-André, le 28 juillet 1754, avec Albert-Constant-Joseph *Lambelin*, sr de Beaulieu, fils d'Archange-Joseph-Bonaventure et d'Isabelle-Philippine *d'Escosse-d'Hellin*, baptisé à Saint-Étienne le 8 juin 1727, bourgeois de Lille par relief du 15 avril 1755, lieutenant particulier civil et criminel de la gouvernance de Lille, décédé en cette ville le 26 novembre 1811 ; dont postérité.

2. — Un fils, mort à quelques heures le 11 août 1724.

3. — Du second lit : *Anne-Agnès*, née en 1743, mariée à Sainte-Catherine, le 13 janvier 1767, avec François *Pousargues de la Grave*, fils de Claude et de Jeanne-Marie *de Calbet*, né à Castelsarrasin, capitaine au régiment de Piémont, bourgeois de Lille par achat du 8 janvier 1768.

4. — *Augustin-Didier*, qui suit, IX.

5. — *Jean-Baptiste-Augustin-Didier*, baptisé à Saint-Philibert de Dijon le 13 janvier 1747, allié à Sainte-Catherine, le 18 juillet 1786, à Louise-Julie *Bayard*, fille de Jean-Philippe et de Jeanne *Guillemet-Bachelier*, née à Jérémie (île de Saint-Dominique) en 1756 ; d'où une fille : *Louise-Augustine*, baptisée à Sainte-Catherine le 7 avril 1787.

IX. — *Augustin-Didier* Taviel, sr de Mastaing, né le 2 juillet 1745, baptisé à Saint-Philibert de Dijon le 26 mai 1746, administrateur de la charité générale de Lille, nommé échevin de la prévôté d'Esquermes le 19 décembre 1786, décédé le 24 janvier 1809 ; épousa à Saint-André, le 24 octobre 1786, Sabine-Joseph *Fry*, fille de Pierre-Ignace et de Marie-Catherine *Hoel*, baptisée à Sainte-Catherine le 13 mars 1746, morte à Lille le 4 janvier 1823. Il reconnut par son mariage les deux enfants suivants :

1. — *Augustine-Joseph*, baptisée à Saint-Sauveur le 23 février 1775.

2. — *Didier-Joseph*, baptisé à Saint-Maurice le 30 mars 1779 [1].

VIIbis. — *Gabriel* TAVIEL, s[r] de Pardaval, baptisé à Saint-Maurice le 15 mars 1655, bourgeois de Lille par relief du 17 avril 1682, mort avant 1732, avait fait faillite en 1692 et s'était établi à Saint-Omer ; il épousa à Saint-Étienne, le 7 juillet 1681, Valentine *Farvacques*, fille de Jean et d'Élisabeth-Thérèse *Taverne*, baptisée à Sainte-Catherine le 25 novembre 1652, décédée à Saint-Omer le 13 février 1736 et inhumée dans l'église Saint-Denis ; d'où :

1. — *Marie-Catherine-Angélique*, baptisée à Sainte-Catherine le 3 janvier 1684, morte le 25 janvier 1732, paroisse Saint-Maurice.

2. — *Jean-Charles-Joseph*, baptisé à Sainte-Catherine le 28 février 1685.

3. — *Philippe-Gabriel*, baptisé à Sainte-Catherine le 12 juillet 1686.

4. — *Anne-Thérèse-Joseph*, baptisée à Sainte-Catherine le 28 mai 1688, décédée célibataire à Saint-Omer le 10 février 1750 et inhumée dans la chapelle de la Vierge à l'église Saint-Denis.

5. — *Julie-Valentine*, baptisée à Sainte-Catherine le 21 juillet 1689, morte célibataire à Saint-Omer le 27 octobre 1714 et enterrée dans l'église Saint-Denis.

6. — *Gabriel*, qui suit, VIII.

7. — *Jean-François*, baptisé à Sainte-Catherine le 24 juin 1692, mort à Saint-Omer le 16 juin 1709 et enterré dans l'église Sainte-Marguerite.

VIII. — *Gabriel* TAVIEL, « écuyer », s[r] d'Upen d'Aval, baptisé à Sainte-Catherine le 15 juin 1691, mort à Saint-Omer le 1er avril 1758 et enterré le 3 dans l'église Sainte-Aldegonde, dans la chapelle des Trépassés ; épousa à Saint-Denis de Saint-Omer,

---

[1]. Extrait du registre aux mariages de Saint-André, 1781-1792, année 1786, f° 26 v° : Après quoi lesdits marians ont déclaré qu'*Augustine-Joseph*, baptisée en l'église paroissiale de Saint-Sauveur en cette ville de Lille le vingt-trois de février mil sept cent soixante-quinze, sous lesdits noms d'Augustine-Joseph et sous le surnom *Beauchent*, et comme fille illégitime d'Augustin-Joseph *Beauchent*, natif de Dijon, et d'Ernestine *Holl*, et que *Didier-Joseph*, baptisé en l'église paroissiale de Saint-Maurice en cette ville de Lille le trente mars mil sept cent soixante-dix-neuf, sous lesdits noms de Didier-Joseph et sous le surnom *Beauchent* comme fils illégitime d'Augustin *Beauchent*, natif de Dijon, et d'Ernestine *Hoel*, native de Lille, demeurant rue Duprès, sont leurs enfants.

Signé : Taviel, Sabine Fry, Taviel de Mastaing, Imbert de Chéreng, Gallois de Beauprez, Jean-Baptiste Empis de Wendin.

le 7 juillet 1732, Marie-Françoise *Baert*, fille de François-Albert, écuyer, s' du Hollant, et d'Adrienne-Françoise *Schacht*, née en 1704; dont :

1. — *Albert-Gabriel-Valentin*, qui suit, IX.
2. — *Théodore-Adrien*, né à Saint-Omer le 8 janvier 1735, prêtre et chantre de Sainte-Aldegonde, décédé le 29 décembre 1762 et inhumé à côté de son père.
3. — *Marie-Thérèse-Charlotte*, née à Saint-Omer le 17 janvier 1736 et baptisée le 19 à Saint-Denis, morte célibataire au château d'Upen d'Aval le 3 juillet 1754 et enterrée au chœur de l'église de ce lieu.
4. — *Charles-Louis-Joseph*, né à Upen vers 1741, officier au régiment de Normandie infanterie, décédé célibataire à Saint-Omer le 16 mars 1770, et inhumé le 18 dans l'église Sainte-Aldegonde.
5. — *Philippe-Henri-Joseph*, baptisé à Saint-Denis de Saint-Omer le 9 juillet 1746, licencié en théologie, prêtre, chanoine gradué de la cathédrale de Saint-Omer par nomination du 4 décembre 1777, reçu bourgeois de Bourbourg en 1782, décédé à Lille le 10 octobre 1807 en revenant d'un voyage.

IX. — *Albert-Gabriel-Valentin* TAVIEL, écuyer, s' d'Upen d'Aval, baptisé à Saint-Denis de Saint-Omer le 17 décembre 1733, capitaine au corps royal d'artillerie, chevalier de Saint-Louis, décédé paroisse Saint-Denis le 9 mai 1777, et enterré le 11 à Upen ; épousa, à Strasbourg, Agnès-Charlotte *Ballard d'Invilliers*, fille de Louis-Henri, lieutenant-général des armées du Roi, inspecteur général d'artillerie, morte après 1804 ; dont :

1. — *Louise-Marie-Joseph-Augustine*, baptisée à Sainte-Aldegonde le 7 février 1765, décédée à Upen le 21 juin 1766.
2. — *Marie-Louise-Charlotte-Joseph*, baptisée à Sainte-Aldegonde le 2 avril 1766, morte à Sainte-Omer le 28 novembre 1806, alliée dans la chapelle des Ursulines de cette ville, le 22 mai 1787, à Pierre-Joseph-Constant *Gaillard*, écuyer, s' de Blairville, Estrehem, Leulinghem, fils de Pierre-Joseph-François, écuyer, et de Marie-Josèphe-Pélagie *Roels*, juge de paix de Thérouanne en 1792, mort en 1829 ; dont postérité.
3. — *Albert-Louis-Valentin*, qui suit, X.

X. — *Albert-Louis Valentin* TAVIEL, écuyer, baptisé à Sainte-Aldegonde le 18 juin 1767, élevé à l'école de Brienne, lieutenant d'artillerie en 1784, capitaine le 22 août 1791, chef de brigade le

20 octobre 1795, colonel d'artillerie en 1803, général de brigade le 24 mai 1805 et désigné le même jour pour organiser l'école d'artillerie d'Alexandrie, général de division le 21 juillet 1811, inspecteur général et membre du Comité de l'artillerie, grand-officier de la Légion d'honneur, créé baron d'empire le 13 mars 1811, mis à la retraite en 1815, replacé dans le cadre de réserve en 1830, mort à Paris le 17 novembre 1831. Ses biographes s'accordent à lui reconnaître une valeur brillante sur tous les champs de bataille où il parut, et notamment dans les campagnes de Portugal, d'Espagne et de Courlande ; c'est lui qui dirigea l'artillerie du 4e corps de la grande armée aux célèbres journées de Lutzen, Bautzen et de Leipzig [1]. Les armoiries mentionnées dans les lettres qui le créaient baron sont les suivantes : *d'azur à deux tubes de canon d'argent mis en sautoir, à l'écusson de gueules en abîme chargé de trois bombes d'or 2 et 1, au franc quartier brochant des barons militaires.* Il épousa à Sainte-Foix, le 3 février 1795, Claire-Sophie Hennet, fille de Jean-Thomas-Léonce, officier d'artillerie, chevalier de Saint-Louis, et de Marguerite-Virginie de Carrier-Montieux, née à Saint-Étienne (ville) le 29 novembre 1771, morte le 7 avril 1835 ; dont :

1. — *Marguerite-Virginie-Henriette*, née à Saint-Omer le 6 frimaire an IV, mariée, vers 1816, avec Alexandre-Marie-Odilon de Bellanger des Boullets, né à Montpellier le 3 février 1792, capitaine d'état-major, chevalier de la Légion d'honneur, mort à Paris le 30 septembre 1835 ; dont un fils.

2. — *Albert-Aimé-Léonce*, né à Saint-Omer le 3 fructidor an X (2 août 1802), y décédé le 24 germinal an XIII (14 mai 1805).

VII ter. — *François-Eustache* TAVIEL, né le 31 janvier 1651, négociant, bourgeois de Lille par relief du 16 février 1677, membre de la Chambre de commerce de cette ville en 1715-1716 ; décédé paroisse Saint-Maurice le 30 janvier 1723. Il acheta, en 1704, la seigneurie du Molinel, d'Antoine-François de la Cornhuzé, puis devint seigneur de Boisgrenier, fut nommé substitut du procureur du Roi près le bureau des finances de la généralité de Lille le 21 juin 1698, fonction qu'il exerça jusqu'en 1724, anobli par

---

[1]. Consulter sur lui l'article de M. Louis Cavrois dans la *Revue nobiliaire* de L. Sandret, nouvelle série, tome III, 1867, pages 374-375. Son buste, sculpté par Elschoelt, fut donné à la ville de Saint-Omer.

l'exercice de cette charge pendant plus de vingt années. Il épousa à Saint-Pierre, le 23 janvier 1677, Catherine *de la Haye*, fille de Pierre et de Charlotte *de Lobel* ; dont :

1. — *Marie*, baptisée à La Madeleine le 19 février 1678, décédée paroisse Saint-Maurice le 24 mars 1734, alliée dans cette église, le 13 novembre 1695, à Ferry Nicolas *d'Esclaibes*, écuyer, fils de Nicolas, chevalier, sr d'Amerval, et d'Agnès-Thérèse *de la Hamayde*, né à Thumeries, bourgeois de Lille par achat du 6 mars 1699, décédé à Thumeries le 8 septembre 1729 ; dont postérité.

2. — *Catherine-Eustache*, baptisée à La Madeleine le 13 février 1680.

3. — *Jean*, sr de Recquem, baptisé à La Madeleine le 5 septembre 1681, décédé célibataire paroisse Saint-Maurice le 22 juin 1706.

4. — *Catherine*, baptisée à Saint-Étienne le 10 avril 1684, dame de Boisgrenier, décédée paroisse Saint-Maurice le 23 février 1761 et enterrée dans la chapelle Saint-Nicolas de cette église ; mariée à Saint-Maurice, le 22 juin 1724, avec Pierre *Wielems*, sr de Neufville, fils de Pierre et de Marie-Anne *Huglo*, baptisé à Saint-Étienne le 1er novembre 1688, négociant et syndic de la Chambre de commerce, bourgeois de Lille par relief du 24 juillet 1724, mort le 5 mai 1768 et enterré à côté de sa femme ; dont postérité.

5. — *Élisabeth-Chrétienne*, dame de Lauwe, baptisée à Saint-Maurice le 15 septembre 1690, y décédée le 5 février 1751, alliée dans cette église, le 26 juillet 1712, à Chrétien-François-Hippolyte *Libert*, sr de Quartes, fils de Chrétien et de Marie *Van Thienen*, baptisé à Saint-Maurice le 22 août 1681, bourgeois de Lille par relief du 22 mars 1713, conseiller secrétaire du Roi en la chancellerie près le Parlement de Flandre, décédé paroisse Saint-Maurice le 9 janvier 1720 ; dont une fille.

NON RATTACHÉS.

Claude Taviel, prêtre, décédé paroisse Saint-Étienne le 11 octobre 1703.

Pierre Taviel, échevin en 1695, époux de Pétronille *Delerue*, d'où *Marie-Marguerite*, baptisée à Sainte-Catherine le 28 janvier 1664.

Germain Taviel, époux d'Antoinette *Castrecq*, d'où : *André*, baptisé à Saint-Pierre le 9 juin 1608, et *Marie*, baptisée à Saint-Pierre le 19 novembre 1610.

Marie-Gabrielle-Virginie-Adélaïde Taviel, mariée avec Raymond-Edmond *Doazan*, fils de Jean-Marie-Thérèse, baron Doazan, ancien préfet, et de Jeanne-Joséphine-Adélaïde *Boucheron de Vauverte*; dont une fille.

1753, 28 mai. — *Lettres d'honneur de lieutenant particulier civil et criminel de la gouvernance de Lille accordées à Lucien Taviel.*

Louis, par la grâce de Dieu, roy de France et de Navarre, à noz amés et feaux conseillers les gens tenans notre cour de parlement de Flandres à Douay, salut. Notre cher et bien amé le sieur *Lucien Taviel* nous aiant rendu ses services et au public pendant plus de vingt-six années consécutives dans l'exercice de la charge de notre conseiller lieutenant particulier civil et criminel de la gouvernance de Lille en Flandres, dont il a rempli les fonctions avec tout le zèle, l'application et l'intégrité que l'on peut désirer, depuis le deux avril mil sept cent vingt-sept qu'il a été reçu en vertu de nos provisions du vingt mars précédent jusqu'au douze may présent mois, que le sieur Albert-Constant-Joseph Lambelin de Beaulieu a été reçu en son lieu et place en vertu de nos lettres de provision du neuf avril dernier, nous avons cru devoir luy donner des marques de la satisfaction que nous avons de ses services en luy conservant non seulement les privilèges dont il jouissoit dans sa charge, mais encore l'entrée, séance et voix délibérative dans le siège de ladite gouvernance, persuadé que nous retirerons ainsy que le public beaucoup d'avantages de la capacité et de l'expérience qu'il s'est acquise pendant l'exercice de sa charge. A ces causes et pour autres considérations, de notre grâce spéciale, pleine puissance et autorité royale, nous avons audit sieur *Lucien Taviel* permis et accordé et par ces présentes signées de notre main luy permettons et accordons que nonobstant la résignation qu'il a faite de sondit office en faveur dudit sieur Lambelin il puisse se dire, nommer et qualifier en tous actes et toutes occasions notre conseiller lieutenant particulier civil et criminel honoraire de la gouvernance de Lille en Flandres, qu'il ait au siège de ladicte gouvernance entrée, séance et voix délibérative tant à l'audience qu'en la Chambre du Conseil et autres assemblées publiques et particulières, et qu'il jouisse des mêmes honneurs, prérogatives, prééminences, rang et préséance dont il jouissoit, à compter du jour qu'il a été reçu en ladite charge tout ainsi que les conseillers honoraires dudit siège et qu'en jouissent ou doivent jouir nos conseillers-lieutenants particuliers civils et criminels honoraires en nos bailliages et gouvernances sans néanmoins qu'il puisse présider et faire aucunes fonctions de ladite charge, ni prétendre aucuns gages, épices, droits ni émolumens y attribués, et qu'il n'y ait que deux conseillers honoraires audit siège luy compris. Si vous mandons que ces présentes vous aiez à faire registrer et de leur contenu faire jouir et user ledit sieur *Taviel* pleinement et paisiblement, cessant et faisant cesser tous troubles et empeschemens contraires. Car tel est notre plaisir. Donné à Marly le vingt-huitième jour de may l'an de grâce mil sept cent cinquante-trois et de notre règne le trente-huitième. Signé Louis et plus bas Par le Roy signé R. de Voyer ; et sur le reply signé Le Metayer, et scellé en cire jaune du grand sceau.

Archives communales de Lille. — Registres aux mandements et ordonnances de la gouvernance. Registre coté Violet, f°. 93 v°, pièce 46.

TESSON

Armes : *d'azur à une fasce d'or.*

I. — *Jacques* Tiechon, fils de Jean et de Catherine *de Fléchin*, naquit à Saint-Omer ; il y fut brasseur, acheta la bourgeoisie de Lille le 2 août 1538 et mourut dans cette ville le 17 juillet 1551. Il avait épousé, le 7 septembre 1515 [1], Marguerite *de la Cannoie* ; d'où :

II. — *Collin* ou *Nicolas* Tiechon, bourgeois de Lille par achat du 15 août 1537, ministre des pauvres ménages de cette ville en 1576, mort le 3 septembre 1584, épousa, le 9 avril 1555 (n. st.), Marguerite *Miroul*, fille de Pierre et de Marguerite *du Quesnoy*, décédée le 5 mars 1613 ; d'où :

1. — *Charles*, né à Lille le 13 janvier 1556 (n. st.) [2], bourgeois de cette ville par relief du 23 août 1581, nommé collecteur du droit d'afforage à Lille le 12 décembre 1596 (Arch. du Nord, B. 56, f° 269), mort le 6 juin 1608, allié, le 21 octobre 1580, à Isabeau *de le Cambre* ; dont :

    a. — *Jeanne*, baptisée à Saint-Étienne le 1er octobre 1581.

    b. — *Catherine*, baptisée à Saint-Étienne le 29 décembre 1585.

    c. — *Nicolas*, baptisé à Saint-Étienne le 16 novembre 1586, reçu profès à l'abbaye de Loos, directeur de l'abbaye de Beaupré, puis de celle d'Annay, décédé le 9 février 1650.

    d. — *Jacques*, baptisé à Sainte-Catherine le 5 mai 1588.

    e. — *Marguerite*, baptisée à Sainte-Catherine le 26 juillet 1589, mariée à Saint-Étienne, le 29 juillet 1612, avec Edmond *de Warenghien*, fils de Jean et de Marie *de le Saul*, baptisé à Sainte-Catherine le 15 février 1571 (n. st.), bourgeois de Lille par relief du 12 juillet 1601 ; dont postérité.

    f. — *Antoinette*, alliée à Gilles *Hespel*, fils d'Antoine et de Marie *Braem*, bourgeois de Lille par relief du 6 mars 1607, procureur ; dont postérité.

    g. — *Jacques*, baptisé à Saint-Étienne le 17 octobre 1594.

2. — *Wallerand*, né à Lille le 10 septembre 1557 [3].

3. — *Claude*, qui suit, III.

4. — *Pierre*, né à Lille le 5 septembre 1562 [4], licencié ès lois et

---

1 à 4. D'après une généalogie manuscrite du XVIIe siècle.

avocat postulant, bourgeois de cette ville par relief du 8 mai 1586, mort le 18 juillet 1613, marié : 1° le 18 juillet 1585, avec Émérance *Le Guillebert*, fille de Denis ; 2° avec Barbe *Froidure*, fille de Denis ; d'où :

    a. — *Denis*, baptisé à Saint-Étienne le 17 mai 1586, licencié en droit, bourgeois de Lille par relief du 28 janvier 1609, allié à Saint-Maurice, le 25 octobre 1608, à Antoinette *Berthault* dite *de Hollande*, fille de Jean et d'Antoinette *de le Becque*, dont :

        aa. — *Denis*, baptisé à Saint-Étienne le 3 septembre 1609.

        bb. — *Marie*, baptisée à Saint-Maurice le 10 août 1611.

    b. — *Marie*, baptisée à Saint-Étienne le 24 juin 1588, épouse d'Anselme *Cuvelier*, fils d'Émerend et de Marie *de Bassecourt*, bourgeois de Lille par relief du 30 juillet 1611, licencié ès lois, nommé conseiller pensionnaire de Lille le 1er août 1611, remarié avec Antoinette *Miroul*, mort le 10 mars 1654, à 76 ans.

    c. — Du second lit : *Pierre*, né à Lille le 28 juillet 1598 [1], prêtre et secrétaire de Saint-Pierre.

5. — *Marguerite*, née le 11 octobre 1564, morte le 7 avril 1590 [2].

6. — *Marie*, née le 31 juillet 1568 [3], morte le 8 avril 1638, alliée à Georges *Marissal*, fils de Gilles, bourgeois de Lille par relief du 7 avril 1593, mort le 16 avril 1614 ; dont un fils.

7. — *Jean*, baptisé à Saint-Étienne le 30 mars 1572 (n. st.), mort le 16 septembre 1599.

III. — *Claude* Tesson, né à Lille le 18 octobre 1559 [4], licencié en droit, bourgeois de cette ville par relief du 17 novembre 1587, capitaine d'une compagnie bourgeoise en 1602, décédé le 24 juin 1618 ; épousa Catherine *Cuvillon*, fille de Bauduin et de Jeanne *de Courouble* (?) d'où, entre autres :

    1. — *Wallerand*, qui suit, IV.

    2. — *Hippolyte*, baptisé à Saint-Étienne le 29 avril 1610, dominicain à Lille.

IV. — *Wallerand* Tesson, sr de la Tour, à Annappes, né à Lille le 14 juin 1591, licencié ès lois, bourgeois de cette ville par relief du 23 juin 1617, capitaine d'une compagnie de francs bourgeois, conseiller au souverain bailliage de Lille, mort le 12 mai 1659, épousa Anne *Castellain*, fille d'Antoine et d'Agnès *de Vendeville*, baptisée à Saint-Étienne le 10 juillet 1595 ; d'où :

---

1 à 4. D'après une généalogie manuscrite.

1. — *Wallerand*, baptisé à Saint-Étienne le 15 mai 1618.
2. — *Gilles*, qui suit, V.
3. — *Catherine*, baptisée à Saint-Étienne le 29 juin 1621, décédée le 21 juillet 1679.
4. — *Wallerand*, baptisé à Saint-Étienne le 21 janvier 1623.
5. — *Claude*, baptisé à Saint-Étienne le 31 mars 1624.
6. — *Marie-Madeleine*, baptisée à Saint-Étienne le 3 mai 1625, alliée dans cette église, le 25 février 1647, à Jean-Augustin *Aronio*, fils de Jean-Baptiste et de Maria-Virgina *Marissy*, né à Gênes, bourgeois de Lille par achat du 4 janvier 1636, décédé dans cette ville le 17 juin 1688 ; dont postérité.
7. — *Anne*, baptisée à Saint-Étienne le 4 avril 1627, mariée à Saint-Maurice, le 1er mai 1647, avec Guillaume *Bucquet*.
8. — *Jeanne*, baptisée à Saint-Étienne le 14 novembre 1628, décédée paroisse Saint-Maurice le 10 novembre 1694, alliée : 1º à Saint-Étienne, le 13 novembre 1659, à Jean *Signori*, fils d'André et de Léonore *Alessi*, né à Venise, marchand, bourgeois de Lille par achat du 4 avril 1659, sans postérité; 2º à Fulgence *Duponcelle*.
9. — *Jacques*, baptisé à Saint-Étienne le 3 septembre 1631, prêtre, décédé d'un coup de sang le 20 avril 1660, inhumé à Saint-André, puis transféré à la chapelle des Incurables. Il avait fondé, le 2 février 1659, une congrégation dédiée à Jésus-Marie-Joseph sous le mystère de la fuite en Égypte.
10. — *Michel*, baptisé à Saint-Étienne le 4 janvier 1634.

V. — *Gilles* TESSON, sr de la Tour, baptisé à Saint-Étienne le 20 juillet 1619, bourgeois de Lille par relief du 9 septembre 1649, licencié ès lois, greffier civil de cette ville, décédé en 1699. Il a laissé en manuscrit plusieurs volumes qui se trouvent à la bibliothèque communale de Lille ; les manuscrits 280, 282 et 283 sont des recueils de questions de droit, le manuscrit 625 a trait à l'histoire de Flandre ; c'était un jurisconsulte célèbre. Il épousa, le 22 mai 1649, Catherine *Moreau*, fille d'Antoine et de Françoise *Le Clercq*, baptisée à Saint-Étienne le 14 février 1627 ; dont :

1. — *Marie-Anne*, baptisée à La Madeleine le 25 septembre 1650, ursuline à Amiens.
2. — *Clément*, décédé paroisse Saint-Étienne le 14 août 1732, marié : 1º à Sainte-Catherine, le 1er juin 1682, avec Jacqueline *Tellier*, 2º avec Marie-Catherine *Delebecq* ; dont :

    a. — Du premier lit : *Jacques-Clément*, baptisé à Sainte-Catherine le 4 février 1683.

b. — *Ambroise*, baptisé à Sainte-Catherine le 16 mai 1685.

c. — *Vincent*, baptisé à Sainte-Catherine le 5 mars 1686.

d. — *Isaac*, baptisé à Sainte-Catherine le 27 mai 1687.

e. — Du second lit : *Gérard*, baptisé à Saint-Étienne le 1er mars 1696.

f. — *Marie-Michelle*, baptisée à Saint-Étienne le 29 septembre 1698.

g. — *Marie-Élisabeth*, baptisée à Saint-Étienne le 24 avril 1701, morte le 30 suivant.

h. — *Marie-Catherine*, baptisée à Saint-Étienne le 2 août 1702.

i. — *Joseph-Henri*, baptisé à Saint-Étienne le 19 juillet 1705.

j. — *Jean-Baptiste-Joseph*, baptisé à Saint-Étienne le 21 avril 1709.

3. — *Catherine-Thérèse*, baptisée à La Madeleine le 15 mai 1652, y décédée le 21 juillet 1711, alliée dans cette église, le 14 janvier 1685, à Jean-François *Aulent*, fils de Wallerand et de Brigitte *Cambier*, né après 1638, licencié ès lois, bourgeois de Lille par relief du 14 mai 1685, conseiller du Roi en la gouvernance de Lille, décédé paroisse de La Madeleine le 8 novembre 1727 ; dont postérité.

4. — *Élisabeth-Françoise-Jeanne*, baptisée à La Madeleine le 14 mars 1654, y décédée le 5 décembre 1678.

5. — *Alexandrine-Hippolyte*, baptisée à La Madeleine le 25 février 1656, eut pour parrain Pierre *Tesson*, prêtre, dont la parenté n'est pas indiquée, et mourut célibataire paroisse Saint-Étienne le 28 février 1705.

6. — *Antoine-François*, baptisé à La Madeleine le 16 février 1658.

7. — *Jean-Jacques*, baptisé à La Madeleine le 7 juin 1660.

8. — *Antoinette*, baptisée à La Madeleine le 26 juin 1661, décédée paroisse Saint-André le 3 juillet 1749, mariée à La Madeleine, le 4 février 1688, avec Jacques-Antoine *Poulle*, écuyer, s^r d'Haugrenier, Hollebecque, fils de Remy, écuyer, s^r des Rameaux, et d'Anne-Marie *Warlop*, baptisé à Saint-Maurice le 30 mai 1660, bourgeois de Lille par relief du 20 mai 1688, membre du magistrat, décédé le 20 septembre 1732, inhumé, ainsi que sa femme, à Saint-André ; d'où postérité.

9. — *Jean-Antoine*, baptisé à La Madeleine le 2 avril 1666, chanoine de Saint-Pierre, décédé le 11 août 1735.

10. — *Jacques-Philippe*, qui suit, VI.

VI. — *Jacques-Philippe* Tesson, s^r de la Tour, baptisé à La Madeleine le 28 octobre 1668, licencié en droit, bourgeois de Lille par relief du 29 juillet 1697, décédé le 12 mai 1713, épousa à Saint-Étienne, le 15 avril 1697, Antoinette *Cardon*, fille de Philippe, s^r du Bourg, et de Marie-Jeanne *Fruict*, baptisée à Saint-Étienne le 25 avril 1669 et enterrée à côté de son mari aux Carmes déchaussés le 6 août 1740 ou 1742 ; d'où :

1. — *Alexandrine-Hippolyte*, baptisée à Saint-Étienne le 10 février 1698, morte le 4 mars suivant.

2. — *Marie-Antoinette*, baptisée à Saint-Étienne le 9 mars 1699, enterrée dans la nef de Sainte-Catherine le 7 juillet 1751, mariée à Saint-André, le 7 février 1724, avec Philippe-Charles *Libert*, écuyer, s^r de Beaumont, fils de François et d'Élisabeth-Thérèse *Farvacques*, né en 1697, bourgeois de Lille par relief du 6 mars 1724, décédé paroisse Saint-André le 11 mai 1786 ; dont postérité.

3. — *Marie-Henriette-Françoise*, baptisée à Saint-Étienne le 10 janvier 1701, inhumée le 14 janvier 1740 aux Carmes déchaussés, alliée à Saint-André, le 30 juillet 1724, à Nicolas-François *de Douay*, écuyer, s^r de Préhédrez, fils d'Albert-François et d'Ernestine *Cardon*, baptisé à Saint-Étienne le 20 mai 1693, bourgeois de Lille par achat du 7 août 1705, décédé le 29 juillet 1749 ; sans postérité.

4. — *Philippe-Romain*, qui suit, VII.

5. — *Marie-Ernestine*, baptisée à Saint-Étienne le 26 mars 1704, morte paroisse Saint-André, le 14 mars 1708.

6 — *Élisabeth*, baptisée à Saint-André le 11 janvier 1706, décédée le 5 mars 1710.

7. — *Catherine-Thérèse-Joseph*, dame de Lomel, baptisée à Saint-André le 6 septembre 1707, enterrée le 26 février 1756 aux Carmes déchaussés, dans la chapelle du Sépulcre.

VII. — *Philippe-Romain* Tesson, s^r de la Croix, baptisé à Saint-Étienne le 16 décembre 1702, bourgeois de Lille par relief du 16 novembre 1730, nommé conseiller secrétaire du Roi en la chancellerie près le Parlement de Flandre par lettres données à Versailles le 5 juin 1733 ; démissionnaire de cet office en 1754 en faveur de François-Joseph Briam de Kervagat ; nommé conseiller d'honneur par lettres datées de Versailles le 6 septembre 1754, mort paroisse Saint-André le 26 novembre 1792. Il épousa à Saint-Étienne, le 1er juin 1730, Antoinette-Ursule *de Fourmestraux*, fille de Pierre-François, écuyer, s^r du Châtel, et d'Anne *Bave*, baptisée à Saint-Maurice le 1er juillet 1704, décédée paroisse Saint-André le 24 juillet 1775 ; d'où :

1. — *Philippe-Antoine-Joseph*, écuyer, sr de Lomel, baptisé à Saint-André le 26 juillet 1731, mort le 30 octobre 1748 et enterré à Saint-André.

2. — *Ferdinand-Joseph-Marie*, baptisé à Saint-André le 1er septembre 1732, décédé le 24 novembre suivant.

3. — *Charles-Joseph-Marie*, qui suit, VIII.

4. — *François-Joseph-Marie*, écuyer, sr de Corbinault, baptisé à Saint-André le 19 août 1735, décédé le 10 septembre 1771 et inhumé le 11 à Saint-André.

VIII. — *Charles-Joseph-Marie* Tesson, écuyer, sr de Lobeletz, baptisé à Saint-André le 31 mars 1734, nommé échevin de la prévôté d'Esquermes le 15 décembre 1771, bourgeois de Lille par relief du 6 avril 1775, convoqué aux assemblées des nobles par ordonnance du 5 décembre 1777, mort le 14 janvier 1818. Il fut receveur de la châtellenie de Lille et en 1793 on l'accusa d'accaparement de grains ; cela lui valut une perquisition faite chez lui le 26 juillet 1793 par un des administrateurs du directoire du district de Lille, mais il n'eut pas de peine à se disculper. Il avait épousé Marie-Bonne-Françoise *du Chastel de la Hovarderie*, fille d'Alexandre-Robert-Auguste-François, comte du Chastel, et d'Ernestine *de Corbie*, baptisée le 29 mai 1736, morte le 16 novembre 1809 et inhumée à la Hovarderie ; sans enfants.

NON RATTACHÉS

Nicolas-Louis, fils d'*Adrien* et de Louise *Duhem*, baptisé à Saint-Maurice le 6 juin 1686.

Catherine, fille de Me *Jean*, baptisée à Saint-Étienne le 24 décembre 1606.

Clément, fils de *Pierre* et d'Isabelle *Letocar*, baptisé à Saint-Maurice le 19 décembre 1661.

Jean-Baptiste, fils des précédents, baptisé à Saint-Étienne le 19 avril 1664.

Marie-Agnès, fille illégitime de *Jean* et d'Agnès *Romon*, baptisée à Saint-Maurice le 8 novembre 1697.

Angélique-Thérèse Thesson, fille illégitime de *Nicolas* et de Jossine *de Sequelin*, baptisée à Saint-André le 17 avril 1703.

Rose Tesson, décédée paroisse de La Madeleine le 25 juillet 1676.

François Tesson, fils de......, baptisé à Saint-Étienne le 22 novembre 1577.

La femme Tesson (Catherine *Cuvillon?*) morte paroisse de La Madeleine le 1er juillet 1631.

1793, 26 juillet. — *Perquisition opérée chez le citoyen Tesson.*

L'an mil sept cent quatre-vingt-treize, 2e de la République, le 26 juillet, quatre heures de relevée, Nous Antoine-François Delebecque-Castel, administrateur au Directoire du District de Lille, et commissaire nommé à l'effet ci-après, assisté de Constant Vennin faisant les fonctions de secrétaire, nous sommes transportés au domicile du Citoyen *Tesson*, rue des Chanoines, où étant, et parlant à lui-même, lui avons déclaré que nous étions chargés de faire la visite de sa maison : ce qu'il nous mit à portée lui-même d'exécuter, en nous conduisant partout.

Nous n'avons rien remarqué qui doive faire avoir aucun doute sur la conduite de ce citoyen, qui nous a demandé que ses observations fussent insérées au présent procès-verbal. Il nous dit alors que cette visite ne le surprenait pas. Un grand nombre de paysans viennent me payer ce qu'ils doivent à la République, et cette multitude, sans doute, a fait naître le soupçon. Dois-je, citoyens, pour l'écarter, ralentir la rentrée des fonds qui sont dûs à la Nation ? Ma qualité de ci-devant receveur de la châtellenie m'oblige à en remplir les fonctions ; dois-je les continuer ?

Nous lui avons donné acte de sa déclaration et l'avons requis d'accélérer la rentrée des fonds dus à la République. Et quant aux accaparemens dont ledit Citoyen *Tesson* était suspecté, nous n'avons trouvé chez lui, après visite faite des greniers et caves, que quatre sacs de grains pour sa consommation, suivant la déclaration qu'il en a faite à la municipalité de Lille, en exécution de la Loi du 4 mai dernier.

De tout quoi, avons dressé et signé le présent procès-verbal, à Lille, les jour, mois et an que dessus.

    Était signé : Tesson ; J. Jacquez, officier municipal ; Delebecque-Castel ; C. Vennin, par ordonnance.

Archives du Nord. — Série L. — District de Lille. — Portefeuille N° 58 ; copie du temps sur papier.

VANHOVE

Armes : *d'azur à une étoile à 5 rais d'or accompagnée de trois croissants d'argent 2 et 1, l'écu semé de douze billettes du même, une en chef, une en pointe et cinq à chaque flanc 2, 1 et 2.*

I. — *Liévin* Vanhove, mort avant 1594, eut au moins un fils :

II. — *Pasquier* Vanhove, né à Lille, dont il acheta la bourgeoisie le 1er avril 1594, mort après 1615, épousa : 1° Marguerite *François*; 2° Jeanne *Despretz* ; d'où :

1. — Du premier lit : *Loys*, né à Lille, cordewanier, bourgeois de Lille par achat du 5 juillet 1596, non encore marié à cette date et vivant encore en 1610.
2. — *Allard*, qui suit, III.
3. — *Anne*, baptisée à Saint-Étienne le 25 novembre 1581, décédée avant 1594.
4. — *Albert*, jumeau de la précédente, décédé jeune.
5. — Du second lit : *Jean*, qui suivra (deuxième branche).
6. — *Gérard*, corroyeur, marié à Saint-Maurice, le 4 mai 1610, avec Marie *Dupont*, dont il eut :
    a. — *Marie*, baptisée à Saint-Étienne le 11 mars 1611.
    b. — *Marie*, baptisée à Saint-Maurice le 14 juillet 1612.
    c. — *Marie*, baptisée à Saint-Étienne le 11 février 1616.
7. — *Pasquier*, qui suivra (troisième branche).
8. — *Barbe*, baptisée à Saint-Étienne le 23 février 1587.

III. — *Allard* Vanhove, baptisé à Saint-Étienne le 26 février 1574 (n. st.), clerc au greffe échevinal, acheta la bourgeoisie de Lille le 1er février 1602 ; il vivait encore en 1643 et épousa, en 1602, Louise *du Vivier* ; d'où :

1. — *Louis*, baptisé à Saint-Maurice le 22 août 1604.
2. — *Jean*, baptisé à Saint-Maurice le 8 août 1606.
3. — *Allard*, bourgeois de Lille par relief du 22 mars 1635, allié à Saint-Maurice, le 8 juillet 1634, à Anne *de Baillenl* ou *de Bailleux*,

fille de Gaston et d'Anne *Couppe*, baptisée à Saint-Maurice le 7 juillet 1615, qui le rendit père de :

    a. — *Ignace*, baptisé à Saint-Étienne le 29 juillet 1635.

    b. — *Anne*, baptisée à Saint-Étienne le 7 décembre 1636.

    c. — *Marie-Adrienne*, baptisée à Saint-Étienne le 9 août 1639.

4. — *Antoine*, bourgeois de Lille par relief du 31 janvier 1637, époux de Jeanne *de Lortille* ou *Lorteil*, fille de Robert et de Marie *Chocquet*, dont :

    a. — *Antoine*, baptisé à Saint-Étienne le 8 mars 1637.

5. — *Bauduin*, qui suit, IV.

6. — *Catherine*, baptisée à Saint-Étienne le 5 octobre 1617.

7. — *Vincent*, baptisé à Saint-Étienne le 16 novembre 1619.

8. — *Martin*, baptisé à Saint-Étienne le 2 décembre 1621.

9. — *Laurent*, baptisé à Saint-Étienne le 10 août 1624.

IV. — *Bauduin* VANHOVE, baptisé à Saint-Étienne le 8 novembre 1615, marchand, bourgeois de Lille par relief du 13 octobre 1642, mort le 8 novembre 1656, épousa à Saint-Étienne, le 28 juillet 1642, Marie-Madeleine *Rouzé*, fille d'Allard, pêcheur, et de Marie *Carle*, baptisée à Saint-Étienne le 8 mars 1626, décédée le 4 octobre 1682 et inhumée à côté de son mari dans la chapelle du Nom de Jésus à Saint-Étienne ; dont :

1. — *Marie-Madeleine*, baptisée à Saint-Étienne le 2 septembre 1643.

2. — *Marie-Marguerite*, baptisée à Saint-Étienne le 18 novembre 1645.

3. — *Marie-Angélique*, baptisée à Saint-Étienne le 13 novembre 1647, vivant en 1682.

4. — *Marie-Madeleine*, baptisée à Saint-Étienne le 1er février 1650.

5. — *Allard*, baptisé à Saint-Étienne le 7 mars 1651.

6. — *Dominique-Augustin*, qui suit, V.

7. — *Marie-Joseph*, baptisée à Saint-Étienne le 19 mars 1656.

V. — *Dominique-Augustin* VANHOVE, baptisé à Saint-Étienne le 4 septembre 1653, bourgeois de Lille par relief du 18 avril 1675, mort avant 1707, épousa à Saint-Étienne, le 3 février 1675, Antoinette *Sampart*, fille de Jean et de Catherine *Coolen*, baptisée à Saint-Étienne le 29 juillet 1655 ; d'où :

1. — *Rogier*, qui suit, VI.

2. — *Marie-Catherine*, baptisée à Saint-Étienne le 16 septembre 1677.

3. — *Dominique*, baptisé à Saint-Étienne le 22 mars 1680, marchand épicier, bourgeois de Lille par relief du 5 juillet 1707, marguillier de Saint-Maurice, mort vers 1723 ; marié à Saint-Maurice, le 21 février 1707, avec Martine *Mauviez*, fille de Nicolas et de Martine *Gingembre*, baptisée à Saint-Étienne le 16 août 1680, décédée paroisse Sainte-Catherine le 26 septembre 1754, enterrée le 27 dans la chapelle de Saint-Jean ; dont :

    a. — *Dominique-Joseph*, baptisé à Saint-Maurice le 8 décembre 1707.

    b. — *Jean-Baptiste*, baptisé à Saint-Maurice le 2 janvier 1709, trésorier de l'hôpital général de Lille, décédé célibataire paroisse Sainte-Catherine le 29 octobre 1768.

    c. — *Marie-Angélique*, baptisée à Saint-Maurice le 29 décembre 1709.

    d. — *Marie-Alexandrine*, baptisée à Saint-Maurice le 10 juin 1711, décédée paroisse Saint-Étienne le 20 septembre 1741.

    e. — *Nicolas-François*, baptisé à Saint-Étienne le 3 octobre 1712.

    f. — *Marie-Catherine-Martine*, baptisée à Saint-Étienne le 14 mai 1714.

    g. — *Augustin-Dominique*, baptisé à Saint-Étienne le 19 juin 1715.

    h. — *Charles-Louis*, baptisé à Saint-Étienne le 1er mai 1716 [1].

    i. — *Marie-Élisabeth-Joseph*, baptisée à Saint-Étienne le 7 mai 1717, décédée paroisse Sainte-Catherine le 21 février 1789, alliée dans cette église, le 23 janvier 1758, à Charles-Laurent-Louis *Cardon*, fils de Jacques et de Suzanne *Liénard*, baptisé à Wazemmes le 12 août 1706, bourgeois de Lille par relief du 18 décembre 1758, bourgeois de Douai par achat du 27 août 1766 ; sans postérité.

4. — *Marie-Angélique*, baptisée à Saint-Étienne le 27 mars 1682, décédée paroisse Saint-André le 15 mai 1755, alliée à Saint-Étienne, le 4 juillet 1729, à Guislain-François *Obert*, fils de François-Bonaventure, sr d'Hoostrate, et de Marie-Madeleine-Thérèse *de Landas*, baptisé à Saint-Pierre le 14 juin 1686, décédé paroisse Saint-André le 31 mars 1760 ; sans postérité.

5. — *Marie-Madeleine-Rose*, baptisée à Saint-Étienne le 30 août 1685, décédée paroisse Saint-Maurice le 4 mars 1757, alliée à Saint-

---

1. Un de ces quatre derniers enfants mourut paroisse Saint-Étienne le 13 juin 1723.

Généalogies lilloises, III.

Étienne, le 10 février 1710, à Augustin-François *Tresca*, fils de Gaspard et de Marie-Madeleine *Le Febvre*, né à Béthune, négociant, bourgeois de Lille par achat du 7 février 1710, mort paroisse Saint-Maurice le 31 janvier 1771 et enterré le 2 février dans cette église ; dont postérité.

6. — *Alard-Bauduin*, baptisé à Saint-Étienne le 26 mars 1687.

7. — *Marie-Antoinette-Louise*, baptisée à Saint-Étienne le 17 juillet 1688, décédée paroisse Saint-André le 9 février 1746, célibataire.

VI. — Roger VANHOVE, baptisé à Saint-Étienne le 23 octobre 1675, marchand, bourgeois de Lille par relief du 16 septembre 1709, épousa à Saint-Maurice, le 24 février 1709, Marie-Catherine *Cornillot*, fille de Jacques et de Marie-Antoinette *Dubus*, baptisée à Saint-Étienne le 24 décembre 1689, morte avant 1737 ; d'où :

1. — *Bauduin-Dominique*, qui suit, VII.

2. — *Louis-Joseph*, baptisé à Saint-Maurice le 17 juin 1711.

3. — *Catherine-Angélique*, baptisée à Saint-Maurice le 29 juillet 1712, décédée paroisse de La Madeleine le 28 mars 1778, mariée à Saint-Étienne, le 9 novembre 1738, avec Ghislain-Joseph-Hippolyte *Dumont*, fils de Michel et d'Anne-Catherine *Goudeman*, baptisé à La Madeleine le 7 mai 1714, bourgeois de Lille par relief du 9 mars 1739, décédé paroisse Saint-Pierre le 21 avril 1769, enterré dans cette église ; dont postérité.

4. — *Augustin-François*, qui suivra, VII bis.

VII. — *Bauduin-Dominique* VANHOVE, baptisé à Saint-Maurice le 20 février 1710, bourgeois de Lille par relief du 31 août 1736, échevin de cette ville, mort paroisse Saint-Pierre le 24 juin 1772, épousa à Saint-Étienne, le 15 janvier 1736, Marie-Antoinette-Joseph *Prevôt*, fille de Nicolas, médecin, et de Marie-Marguerite *Desmarescaux*, baptisée à Saint-Maurice le 21 mai 1710 ; d'où :

1. — Un fils mort-né paroisse Saint-Étienne le 31 janvier 1738.

2. — Une fille morte aussitôt sa naissance paroisse Saint-Étienne le 13 novembre 1738.

3. — *Marie-Amélie-Joseph*, baptisée à La Madeleine le 22 juin 1745, morte à Lille le 11 septembre 1815, mariée à Saint-Pierre, le 12 septembre 1762, avec Augustin-Jérôme-Joseph *de Fontaine*, écuyer, s[r] de Resbecq, fils de Gilles, écuyer, s[r] des Sarteaux, et de Marie-Barbe-Joseph *Marissal*, baptisé à Saint-Maurice le 21 décembre 1734, bourgeois de Lille par relief du 5 octobre 1762, créé trésorier

de France au bureau des finances en 1766, mort à Houplin le 3e jour complémentaire an IV ; dont postérité.

4. — *Henriette-Charlotte-Joseph*, baptisée à La Madeleine le 8 avril 1748, décédée paroisse Saint-Pierre le 27 décembre 1758.

VII bis. — *Augustin-François* VANHOVE, baptisé à Saint-Maurice le 21 février 1714, bourgeois de Lille par relief du 3 janvier 1738, avocat, marguillier de Saint-Étienne, mort à Bar-sur-Aube ; épousa à Sainte-Catherine, le 4 août 1737, Marie-Joseph *Delecluze*, fille de Pierre-François et de Marie-Albertine *Galliot*, baptisée à Sainte-Catherine le 22 décembre 1713, y décédée le 26 décembre 1746, et enterrée vis-à-vis la chapelle de l'Ange-Gardien ; dont :

1. — *Marie-Antoinette*, baptisée à Saint-Étienne le 6 juin 1738, y décédée le 30 décembre suivant.

2. — *Augustin-Dominique*, baptisé à Saint-Étienne le 21 août 1739.

3. — *Marie-Antoinette*, baptisée à Saint-Étienne le 17 avril 1741, morte à Lille le 21 mai 1823 ; alliée à Saint-André, le 23 novembre 1773, à Ignace-Albert *Cardon*, écuyer, sr du Broncquart, fils d'Ignace-François, sr dudit lieu, et de Marie-Florence *Waresquiel*, baptisé à Saint-Étienne le 3 septembre 1729, bourgeois de Lille par relief du 24 septembre 1774, échevin de cette ville où il décéda le 5 juin 1811 ; dont postérité.

4. — *Catherine-Joseph*, baptisée à Saint-Étienne le 17 novembre 1743, morte à Lille le 4 décembre 1815, célibataire.

5. — *François-Joseph*, baptisé à Saint-Étienne le 25 novembre 1744.

DEUXIÈME BRANCHE

III bis. — *Jean* VANHOVE, baptisé à Saint-Étienne le 31 octobre 1583, bourgeois de Lille par achat du 5 mars 1604, chirurgien, mort avant 1632, épousa Catherine *Destevele* ; dont :

1. — *François*, baptisé à Saint-Étienne le 18 juin 1606, bourgeois de Lille par relief du 14 février 1632, chirurgien, allié à Saint-Maurice, le 31 mai 1631, à Marie *Pottier*, fille de Charles, dont il eut :

a. — *Marie-Catherine*, baptisée à Saint-Étienne le 26 novembre 1638.

b. — *Marie-Catherine*, baptisée à Saint-Étienne le 31 octobre 1642.

2. — *Louis*, baptisé à Saint-Étienne le 4 mai 1608, bourgeois de Lille par relief du 17 septembre 1639, chirurgien, mort paroisse Saint-Pierre le 1ᵉʳ juillet 1686, marié dans cette dernière église, le 7 février 1639, avec Michelle *Genuart*, fille de Jacques, décédée paroisse Saint-Maurice le 2 avril 1659; d'où :

    a. — *Dominique-Crépin*, baptisé à Saint-Étienne le 11 décembre 1639.

    b. — *Michelle*, baptisée à Saint-Étienne le 12 septembre 1641.

3. — *Allard*, qui suit, IV.

4. — *Catherine*, baptisée à Saint-Étienne le 16 avril 1615.

5. — *Jean*, baptisé à Saint-Étienne le 3 septembre 1617, bourgeois de Lille par relief du 11 avril 1647, mort en 1652, allié dans la même église, le 18 octobre 1646, à Jossine *de la Barghe*, fille de Mathieu et de Marie *Billet*; d'où :

    a. — *Mathieu*, baptisé à Saint-Étienne le 4 août 1647.

    b. — *Marie-Marguerite*, baptisée à Saint-Étienne le 3 juin 1648.

    c. — *Jossine*, baptisée à Saint-Étienne le 7 octobre 1649.

    d. — *Marie-Jeanne*, baptisée à Saint-Étienne le 19 février 1651 [1].

    e. — *Marie-Angélique*, fille posthume, baptisée à Saint-Étienne le 31 juillet 1652.

6. — *Marie*, baptisée à Saint-Étienne le 8 décembre 1619.

IV. — **Allard** Vanhove, baptisé à Saint-Étienne le 6 octobre 1610, bourgeois de Lille par relief du 8 janvier 1637, chirurgien, épousa à Saint-Étienne, le 18 novembre 1636, Marie *Deligny*, fille de Michel et de Marie *Cuvelier*, baptisée à Saint-Étienne le 27 août 1615; d'où :

1. — *Michel*, baptisé à Saint-Étienne le 24 janvier 1637.

2. — *Jeanne*, baptisée à Saint-Étienne le 15 juin 1638, mariée dans cette église, le 19 octobre 1672, avec Jacques *Willems*, fils de François.

3. — *Josse*, baptisé à Saint-Étienne le 11 mars 1640.

4. — *Ambroise*, baptisé à Saint-Étienne le 5 décembre 1641, bourgeois de Lille par relief du 27 mars 1670, décédé avant 1699, allié à Saint-Étienne, le 20 juin 1669, à Marie-Brigitte *Felman*, fille de Nicolas et d'Antoinette *Delecambre*, baptisée à Saint-Pierre le 15 octobre 1645; d'où :

---

1. Elle épousa Louis *Bonte*, et décéda paroisse Saint-Maurice le 30 octobre 1709 (?).

a. — *Honoré-Allard*, baptisé à Saint-Étienne le 31 mars 1670, y décédé célibataire le 2 avril 1705.

b. — *Nicolas-François*, baptisé à Saint-Étienne le 4 septembre 1672.

c. — *Paul-François*, baptisé à Saint-Étienne le 1er octobre 1674, bourgeois de Lille par relief du 27 novembre 1699, marié à Sainte-Catherine, le 29 novembre 1698, avec Marie-Anne de *Traver* ou *Travers*, fille de Jean et de Thérèse *Morel*; d'où :

    aa. — *Patrice-Nicolas*, baptisé à Saint-Étienne le 18 juillet 1700, mort le 24 suivant.

    bb. — *Ambroise-François*, baptisé à Saint-Étienne le 21 janvier 1702.

d. — *Philippe-Charles-Léonard*, baptisé à Saint-Étienne le 22 décembre 1677.

5. — *Colette*, baptisée à Saint-Étienne le 30 décembre 1643.

6. — *Alard-François*, qui suit, V.

7. — *Marie*, baptisée à Saint-Étienne le 22 septembre 1647.

8. — *Claire*, baptisée à Saint-Étienne le 18 octobre 1649.

9. — *Marie-Jeanne*, baptisée à Saint-Étienne le 30 octobre 1651.

10. — *Marie-Catherine*, jumelle de la précédente.

11. — *Mathieu-Jourdain*, baptisé à Saint-Étienne le 20 avril 1653.

12. — *Pierre*, baptisé à Saint-Étienne le 15 février 1657, décédé paroisse Saint-Maurice, le 14 octobre 1694.

V. — *Alard-François* VANHOVE, baptisé à Saint-Étienne le 11 octobre 1645, bourgeois de Lille par relief du 15 décembre 1671, mort avant 1712, épousa : 1° à Saint-Étienne, le 9 juin 1671, Marie-Jacqueline *Petit*, fille d'Augustin et de Jacqueline *Liénart*, baptisée à Saint-Étienne le 11 octobre 1646, y décédée le 17 avril 1672 ; 2° à Saint-Étienne, le 26 novembre 1672, Marie-Marguerite *Doudelet*, fille de Charles et d'Agnès *Le Nier*, baptisée à Saint-Étienne le 10 février 1649, y décédée le 23 novembre 1723 et enterrée devant la chapelle de Saint-Clément ; d'où :

1. — Du premier lit : *Marie-Paschale*, baptisée à Saint-Étienne le 17 avril 1672.

2. — Du second lit : *Marie-Madeleine*, baptisée à Saint-Étienne le 21 août 1674.

3. — *Marie-Françoise*, baptisée à Saint-Étienne le 9 juin 1675.

4. — *Marie-Françoise*, baptisée à Saint-Étienne le 25 janvier 1677, décédée paroisse Sainte-Catherine le 12 janvier 1738, alliée à La Madeleine, le 5 juillet 1701, à Pierre-Honoré *Le Roy*, né vers 1677,

marchand de chevaux, mort paroisse Sainte-Catherine le 21 décembre 1747 ; dont postérité.

5. — *Bon-Allard*, baptisé à Sainte-Catherine le 31 mars 1680.

6. — *Jean-Baptiste*, baptisé à Sainte-Catherine le 27 octobre 1681, prêtre et horiste de Saint-Étienne, décédé paroisse Saint-Étienne le 13 février 1733.

7. — *Allard-François-Félicien*, qui suit, VI.

8. — *Mathieu-Charles*, qui suivra, VI bis.

9. — *Joseph*, baptisé à Sainte-Catherine le 16 août 1688.

10. — *Pierre-François*, baptisé à Sainte-Catherine le 22 janvier 1690.

11. — *Marie-Marguerite*, baptisée à Sainte-Catherine le 23 juin 1691.

VI. — *Allard-François-Félicien* VANHOVE, baptisé à Sainte-Catherine le 2 février 1685, bourgeois de Lille par relief du 9 juillet 1714, mort paroisse Saint-Pierre le 2 octobre 1751, épousa : 1° à Saint-Pierre, le 10 octobre 1713, Catherine-Thérèse *Arteman*, fille de Valentin et de Catherine *Desbosse*, décédée paroisse Saint-Pierre le 22 juillet 1728 ; 2° à Saint-Étienne, le 15 novembre 1728, Marie-Madeleine *Vanstivorde*, fille de Maximilien et d'Éléonore-Liévine *de Broucke* ; 3° à Saint-Pierre, le 25 août 1738, Reine-Isabelle *Derache*, fille d'Henri-Joseph et de Rose *Brepson*, baptisée à Saint-Étienne le 24 janvier 1698, cuisinière, morte paroisse Saint-Pierre le 11 mars 1757 ; d'où :

1. — Du premier lit : *François-Allard*, baptisé à Saint-Pierre le 10 juillet 1714, bourgeois de Lille par relief du 10 octobre 1741, chirurgien, décédé même paroisse le 19 décembre 1776, marié à La Madeleine, le 28 août 1741, avec Marie-Catherine-Joseph *Vossart*, fille de Jean-Baptiste et de Marie-Françoise *Lengrand*, baptisée à La Madeleine le 20 juin 1717 ; d'où :

    a. — *Jean-Baptiste-Allard*, baptisé à La Madeleine le 1er avril 1742, mort le 4 du même mois.

    b. — *Marie-Françoise-Joseph*, baptisée à La Madeleine le 18 mars 1743.

    c. — *Nicolas-Joseph*, baptisé à La Madeleine le 2 avril 1745, décédé paroisse Saint-Pierre le 16 mars 1748.

2. — *Catherine-Joseph*, baptisée à Saint-Pierre le 16 décembre 1715.

3. — *Dominique-Joseph*, baptisé à Saint-Pierre le 27 octobre 1719.

4. — *Marie-Agnès-Joseph*, baptisée à Saint-Pierre le 5 juillet 1721.

5. — *Pierre-Joseph*, qui suit, VII.

6. — *Isabelle-Thérèse-Joseph*, baptisée à Saint-Pierre le 15 novembre 1724.

7 — *Vincent-Joseph*, baptisé à Saint-Pierre le 27 janvier 1727, chirurgien, mort à l'hospice de la Charité générale le 7 germinal an II, marié à Saint-Pierre, le 20 avril 1751, avec Augustine-Joseph *Cuignet*, fille de Barthélemi-Joseph et d'Anne-Joseph *Caby*, née en 1728, dentellière; morte avant lui sans postérité.

VII. — *Pierre-Joseph* VANHOVE, baptisé à Saint-Pierre le 23 septembre 1722, marchand cabaretier, puis chirurgien au service du Roi en Amérique où il mourut avant 1776 ; épousa à Saint-Pierre, le 25 janvier 1745, Catherine-Thérèse *Pontus*, fille de Nicolas-Joseph, sergent de la prévôté, et de Marie-Adrienne *Porteman*, baptisée à Saint-Étienne le 5 février 1726, décédée paroisse Saint-Pierre le 24 juin 1758 ; dont :

1. — *Pierre-Joseph*, baptisé à Saint-Pierre le 17 septembre 1745, y décédé le 27 septembre 1746.

2. — *Catherine-Séraphine-Joseph*, baptisée à Saint-Pierre le 22 septembre 1746, y décédée le 18 juin 1748.

3. — *Angélique-Séraphine*, baptisée à Saint-Pierre le 22 septembre 1748, morte à Lille le 26 brumaire an XI, alliée à Saint-Étienne, le 23 juillet 1776, à Louis-Jacques-Joseph *Desruelles*, fils d'Ignace-Joseph et de Marie-Barbe-Joseph *Franchomme*, baptisé à Saint-Maurice le 10 juin 1751, maître sayeteur, décédé avant elle ; sans postérité.

4. — *Claire-Joseph*, baptisée à Saint-Pierre le 14 juillet 1749, y décédée le 2 août 1750.

5. — *Simon-Joseph*, baptisé à Saint-Pierre le 20 septembre 1750.

6. — *Catherine-Joseph*, baptisée à Saint-Pierre le 21 janvier 1752, y décédée le 18 mai 1753.

7. — *Antoine-Joseph*, baptisé à Saint-Pierre le 28 février 1754, y décédé le 5 mars suivant.

8. — *Pierre-Joseph*, jumeau du précédent, décédé paroisse Saint-Pierre le 4 mars 1754.

9. — Une fille mort-née, le 20 juin 1758, paroisse Saint-Pierre.

VII bis. — *Mathieu-Charles* VANHOVE, baptisé à Sainte-Catherine le 24 mars 1687, bourgeois de Lille par relief du 30 janvier 1712, perruquier, décédé paroisse Saint-Maurice le 4 avril 1755, épousa à Saint-Étienne, le 3 février 1711, Anne-Marie *Bergerards*, fille de Louis et de Geneviève *Catelain* ou *Chrestien*, baptisée à Sainte-Catherine le 18 mars 1693, y décédée le 24 avril 1734 ; d'où :

1. — *Jean-Baptiste-François*, qui suit, VII.
2. — *Charles-Michel*, baptisé à Saint-Étienne le 8 février 1713.
3. — *Henriette-Geneviève*, baptisée à Saint-Pierre le 23 décembre 1714.
4. — *Anne-Marguerite*, baptisée à Sainte-Catherine le 17 janvier 1717, décédée paroisse Saint-Maurice le 11 juin 1775 ; elle épousa :
1º à Saint-Étienne, le 3 février 1745, Alexandre-François *Thomas*, fils de Charles-Alexandre et de Marie-Joseph *Delezenne*, baptisé à Saint-André le 3 mai 1714, filtier, mort le   ;
2º à Sainte-Catherine, le 20 août 1759, Venant-Joseph *Dubois*, fils de Venant et de Catherine-Louise *Delezenne*, baptisé à Saint-Étienne le 8 juillet 1703, tourneur, veuf de Barbe-Joseph *Dupont*, mort avant sa seconde femme ; sans postérité.
5. — *Louis-Joseph*, baptisé à Sainte-Catherine le 6 juin 1719.
6. — *Louis-Aimé-Joseph*, baptisé à Sainte-Catherine le 24 juin 1723.
7. — *Geneviève-Catherine*, baptisée à Sainte-Catherine le 1er août 1725.
8. — *Jean-Baptiste-Joseph*, baptisé à Sainte-Catherine le 26 mars 1728.
9. — *Geneviève-Joseph*, baptisée à Sainte-Catherine le 26 mai 1730.
10. — *Dominique-Joseph*, baptisé à Sainte-Catherine le 27 avril 1732.

VII. — *Jean-Baptiste-François* VANHOVE, baptisé à Sainte-Catherine le 28 août 1711, maître perruquier, puis cafetier sur la Grand'Place, bourgeois de Lille par relief sur requête du 5 août 1768, décédé paroisse Saint-Étienne le 23 mars 1780, épousa dans cette église, le 7 janvier 1738, Marie-Élisabeth-Florence *Pinte*, fille d'Hippolyte et d'Élisabeth *Lacombe*, née à Bouchain (diocèse d'Arras) vers 1718, décédée paroisse Saint-Étienne le 7 juin 1772, inhumée le 9 vis-à-vis la chapelle Sainte-Barbe ; dont :

1. — *Jean-Baptiste-Joseph*, baptisé à Saint-Étienne le 20 juin 1738, y décédé le 23 octobre 1740.
2. — *Charles-Joseph*, qui suit, VIII.
3. — *Jean-Baptiste-Auguste-Joseph*, baptisé à Saint-Étienne le 8 février 1741, prêtre.
4. — *Marie-Catherine-Aimée-Joseph*, baptisée à Saint-Étienne le 10 mars 1742.

5. — *César-Charles-Joseph*, baptisé à Saint-Étienne le 13 mai 1749.

6. — *Jean-Baptiste-François-Joseph-Marie*, baptisé à Saint-Étienne le 14 juin 1755, comédien, débuta à Rouen dans « les Raisonneurs » en 1786, et fit plus tard partie de la troupe de la Montansier ; il fut fait prisonnier par les Anglais en 1795, et sa captivité dura plus de deux ans [1].

7. — *Ernest-Joseph*, baptisé à Saint-Étienne le 25 juin 1756, comédien, joua d'abord les pères nobles et les rois à Gand en 1784-1785, puis à Lille en 1789-1790 et l'année suivante à Rouen, où il reparut en 1803 et en 1807. Il débuta à la Comédie-Française, le 2 mai 1791, dans *Iphigénie en Aulide*, rôle d'Ulysse ; il y était pensionnaire lors de l'emprisonnement des comédiens en 1793 et figure encore en 1818 comme acteur aux appointements. Il retourna à Rouen, y fut correspondant dramatique, directeur du théâtre de 1820 à 1823, et mourut dans les environs de cette ville en juillet 1825 [2].

8. — *Augustine-Thérèse-Joseph*, baptisée à Saint-Étienne le 28 août 1758, morte célibataire à Lille le 20 fructidor an II.

VIII. — *Charles-Joseph* VANHOVE, baptisé à Saint-Étienne le 8 novembre 1739, mort à Brunoy le 27 juin 1803. Comédien célèbre, il fit successivement partie du Théâtre français à La Haye, puis du Théâtre de la Monnaie à Bruxelles, enfin de la Comédie-Française. On trouvera dans l'ouvrage de M. Léon Lefebvre cité plus haut quelques détails sur sa vie, et dans l'ouvrage de M. Lemazurier : *Galerie historique des acteurs du Théâtre-Français*, tome I, pages 551 et suivantes, l'éloge de son talent et la liste de ses créations [3]. Il épousa, en Hollande, Andrée *Coche*, actrice qui fit aussi partie de la Comédie-Française, et il eut deux filles :

1. — N..., connue sous le nom de *Mézières*, actrice successivement à l'Opéra, au Théâtre Montansier, à l'Odéon, enfin à la Porte-Saint-Martin.

---

1. Léon LEFEBVRE, *Histoire du Théâtre de Lille*, tome II, page 154.
2. *Ibidem*, pages 154 et 155 ; note.
3. Paris, chez Joseph Chaumerot, 1810. — Voir son portrait dans la « Galerie historique des comédiens de la troupe de Talma » par E. de Manne (Lyon, 1866), p. 27. — Mal servi par une voix monotone et une démarche vulgaire, Charles-Joseph Vanhove fut un comédien très discuté. Son manque d'instruction faisait la joie du public ; ainsi, il ne pouvait comprendre que les Romains se mouchaient avec les doigts, et ayant à jouer le rôle de Burrhus il exigea qu'on lui fît dans son costume des poches pour y mettre son mouchoir !

2. — *Charlotte*, dite *Caroline*, née à La Haye le 10 septembre 1771, actrice à la Comédie-Française [1], morte le 11 avril 1860 [2] à Paris, alliée 1° le 8 août 1786, à Louis-Sébastien-Olympe *Petit*, musicien de l'orchestre audit théâtre, divorcée en 1794; 2° le 16 juin 1802, à François-Joseph *Talma*, fils de Michel-François-Joseph, valet de chambre, et d'Anne *Mignolet*, baptisé à Saint-Nicolas-des-Champs, à Paris, le 15 janvier 1763, divorcé de Julie *Carreau*, comédien illustre, mort le 19 octobre 1826; 3° à Paris, le 31 mai 1828, à Jacques-Antoine-Auguste *Chalot*, fils d'Antoine, épicier, et de Joséphine-Louise *Malot*, né à Paris le 5 mai 1771, pensionné comme vainqueur de la Bastille, chef d'escadron de chasseurs, puis lieutenant-colonel de cavalerie, officier de la Légion d'honneur, chevalier de Saint-Louis, créé chevalier par lettres patentes du 23 décembre 1815, veuf de Françoise *Deschamps*, mort à Paris le 7 janvier 1848 [3]; sans postérité.

TROISIÈME BRANCHE

III[ter]. — *Pasquier* VANHOVE, sayeteur, épousa à Sainte-Catherine, le 11 janvier 1615, Catherine *Lebrun*, fille de Jean, baptisée dans cette église le 22 août 1592, morte après 1655; dont:

---

1. Elle fut arrêtée avec les comédiens du Théâtre-Français et enfermée à Sainte-Pélagie le 3 septembre 1793; elle n'en sortit que l'année suivante, après avoir promis d'entrer au théâtre de la République.

2. Voir son portrait dans l'ouvrage de E. de Manne, cité plus haut. Elle débuta à la Comédie-Française avant quinze ans révolus; ses débuts furent un triomphe. Grimm, Bachaumont et La Harpe s'enthousiasmèrent et, dès lors, elle jouit de la faveur publique, malgré les rivalités envieuses que ses succès ne manquèrent pas de lui susciter. Elle prit sa retraite en 1811, vexée d'un propos désobligeant tenu à son égard par Napoléon Ier. Née pour les arts et douée d'un esprit distingué, elle sut allier à l'étude de l'art dramatique la culture de divers talents; elle s'adonna au dessin, à la peinture et aux lettres, et écrivit avec une ingénieuse facilité ses souvenirs et anecdotes sur Talma, un traité de déclamation et quelques pièces de théâtre. Elle fut inhumée au cimetière Montparnasse. Son buste surmonte sa tombe, et sur le socle on lit les vers suivants du poète de Pongerville:

> Esprit ingénieux et fin
> Il brilloit dès l'aurore et n'eut point de déclin.
> Dans plus d'un art heureux modèle,
> Déployant à son gré quelque talent nouveau
> Elle tint tour à tour la lyre et le pinceau;
> Du feu des arts conservant l'étincelle,
> Son hiver ressemble au printemps,
> Son prestige enchaîne le temps;
> A ses succès lui-même ouvre la route,
> Et près d'elle attentif, il s'arrête et l'écoute.

3. Il est souvent appelé à tort le comte de Chalot. Il portait: *d'or à la croix pattée de gueules, cantonnée de quatre lions armés, lampassés et couronnés de sable.* (Voir: RÉVÉREND, *Titres et anoblissements de la Restauration*, tome II, page 77).

1. — *Thomas*, baptisé à La Madeleine le 21 décembre 1615.
2. — *Marguerite*, baptisée à Saint-André le 16 octobre 1616, vivant en 1652.
3. — *Catherine*, baptisée à Sainte-Catherine le 25 mai 1618.
4. — *Allard*, baptisé à Sainte-Catherine le 17 mars 1620, y décédé le 5 juin 1692, allié dans cette église, le 10 janvier 1645, à Marguerite *Guillebert* ; d'où :

    a. — *Marie-Madeleine*, baptisée à Sainte-Catherine le 29 octobre 1645.

    b. — *Marie-Madeleine*, baptisée à Sainte-Catherine le 13 août 1647.

    c. — *Louis*, baptisé à Sainte-Catherine le 18 mars 1649.

    d. — *Jeanne*, baptisée à Sainte-Catherine le 21 janvier 1651.

    e. — *Simon*, baptisé à Sainte-Catherine le 2 juin 1652.

    f. — *Allard*, baptisé à Sainte-Catherine le 18 février 1654, allié dans cette église, le 7 juin 1687, à Antoinette *Nerincque*.

    g. — *Antoine*, baptisé à Sainte-Catherine le 22 octobre 1655.

    h. — *Marie-Jeanne*, baptisée à Sainte-Catherine le 16 décembre 1657.

    i. — *Allard-François*, baptisé à Sainte-Catherine le 22 novembre 1659.

    j. — *Georges-François*, baptisé à Sainte-Catherine le 13 juillet 1664, marié à Sainte-Catherine, le 3 juin 1685, avec Marie-Jeanne *Decroix*, fille de François et de Jeanne *Gobert*, baptisée à Saint-Étienne le 16 juin 1665 ; d'où :

        aa. — *Georges-François*, baptisé à Sainte-Catherine le 22 décembre 1685.

        bb. — *Jean-François*, baptisé à Sainte-Catherine le 4 janvier 1688.

5. — *Louis*, qui suit, IV.
6. — *Cornil*, baptisé à Sainte-Catherine le 22 décembre 1625.
7. — *Catherine*, baptisée à Sainte-Catherine le 9 juillet 1628, vivant en 1657.
8. — *Pierre*, baptisé à Sainte-Catherine le 13 août 1631, marié dans cette église, le 3 novembre 1654, avec Marie-Madeleine *de Landas*, fille de Guillaume et de Marie *Daliche*, baptisée à Saint-Étienne le 3 juillet 1630, vivant en 1647.

IV. — *Louis* Vanhove, baptisé à Sainte-Catherine le 26 février 1623, épousa à Saint-Étienne, le 15 septembre 1650, Catherine *Potte* ou *Polle*, fille de Charles et de Catherine *Le Roy*, baptisée à Saint-Étienne le 9 décembre 1630 ; dont :

1. — *Marie-Antoinette*, baptisée à Sainte-Catherine le 5 août 1651.
2. — *Georges-François*, baptisé à Saint-Étienne le 31 janvier 1653, bourgeois de Lille par achat du 10 septembre 1683, médecin, mort paroisse Sainte-Catherine le 23 avril 1729, allié à Saint-Maurice, le 13 février 1686, à Marie-Thérèse *Petit*, fille de Laurent, dont il n'eut pas de postérité à Lille.
3. — *Agnès*, baptisée à Saint-Étienne le 23 mai 1654.
4. — *Marie-Marguerite*, baptisée à Saint-Étienne le 11 novembre 1656.
5. — *Louis-Allard*, baptisé à Saint-Étienne le 26 novembre 1658, marié dans cette église, le 6 février 1680, avec Françoise-Thérèse *Guerlette* ou *Garlette*, fille de Nicolas et de Marie *Detré*, baptisée à Saint-Étienne le 30 juin 1659 ; d'où :

    a. — *Louis*, baptisé à Sainte-Catherine le 15 décembre 1680, y décédé le 28 novembre 1725.

    b. — *Marie-Catherine*, baptisée à Sainte-Catherine le 28 novembre 1681.

    c. — *Philippe-François*, baptisé à Saint-Étienne le 11 février 1683.

    d. — *Michelle-Angélique*, baptisée à Saint-Étienne le 18 mai 1684.

    e. — *Jeanne-Thérèse*, baptisée à Saint-Étienne le 30 juin 1685, décédée veuve paroisse Sainte-Catherine le 14 mai 1743, alliée à Saint-Étienne, le 29 mai 1704, à Honoré *Dutoict*, fils de Jacques et de Louise *du Camp*, baptisé à Saint-Maurice le 11 mars 1685, sculpteur ; dont postérité.

6. — *Marie-Catherine*, baptisée à Saint-Étienne le 1er octobre 1660.
7. — *Pierre*, baptisé à Saint-Étienne le 13 février 1663, époux de Claire *Langon*, dont il eut un fils :

    a. — *Jean-François*, baptisé à La Madeleine le 30 mars 1681.

8. — *Catherine*, baptisée à Saint-Étienne le 29 août 1664.
9. — *Marie-Françoise*, baptisée à Saint-Étienne le 4 octobre 1668.

NON RATTACHÉS.

Marie-Élisabeth, épouse de Jean-François *Desprealle*, capitaine de dragons employé à la suite de la ville de Lille, morte paroisse Sainte-Catherine le 9 mai 1741, à soixante-dix-sept ans environ.

Marie-Rose-Joseph, veuve de Jean-Charles *Horion*, docteur en médecine, et d'Alexis-Michel *Horion*, chevalier de Saint-Louis, capitaine aide-major de Lille, décédée paroisse Saint-Maurice le 16 décembre 1781, à quatre-vingt-sept ans.

Dominique-Joseph *Vanhot*, allié à Saint-Maurice, le 9 août 1711, à Barbe *Deleporte*.

N.-B. — Il existe encore à Lille des *Vanhove*, originaires de La Madeleine-lez-Lille, de Cassel (France), de Cassel (Allemagne) et de Belgique; nous n'avons pas pu trouver qu'ils aient des rapports avec la famille qui précède.

DE VENDEVILLE[1]

Armes : *d'azur à une gerbe d'or.*

I. — *Gilles* de Vendeville, fils de *Thomas*, allié à Péronne *de Fourmestraux*, fille de Jean ; il eut :

1. — *Rogier*, prêtre, curé de Saint-Pierre, mort après 1575.
2. — *Nicolas*, qui suit, II.
3. — *Jacques*, qui suivra, II bis.
4. — *Guillaume*, qui suivra, II ter.
5. — *Marguerite*, mariée avec Antoine *Cliquet*, fils de Jean, bourgeois de Lille par relief du 22 juin 1538 ; sans postérité.

II. — *Nicolas* de Vendeville, mort avant 1559, fut père de :

1. — *Jennin*, né à Camphin, bourgeois de Lille par achat du 2 décembre 1547, marié après cette date avec Jeanne *Platelle*, dont il n'eut pas d'enfants.
2. — *Jacques*, qui suit, III.

III. — *Jacques* de Vendeville, né à Camphin, mort avant 1600, acheta la bourgeoisie de Lille le 13 janvier 1559 (n. st.) et épousa après cette date Jeanne *Le Mahieu*, fille de Philippe ; d'où :

1. — *Nicolas*, qui suit, IV.
2 — *Jacques*, baptisé à Saint-Maurice le 7 septembre 1565 (et non 1545).
3. — *Jossine*, alliée à N..., *Wickart* ; sans postérité.
4. — *Marie*, baptisée à Saint-Maurice le 19 mars 1575 (n. st.).

---

1. Nous trouvons dans le manuscrit 601 de la bibliothèque municipale: Jean Vendeville, allié à Phane *Bocqué*, qui était veuve en 1411 ; il eut : *Pierre*, marié avant 1414 à Marguerite *Hulot*. (f° 46, v°).
Marie *Blauwart*, veuve d'*Antoine* de Vendeville, 1419. (f° 78, v°).
Laurent de Vendeville, époux de Marie *Le Carlier*, veuve en 1443, dont : *Hennequin* et *Mahieu*.
Jean de Vendeville, allié à Jeanne *Lachier*, père de *Hacquinet*, 1452.
Thomas de Vendeville, Gillart *Courbault*, époux de *Jeanne* de Vendeville, *Hacquin* de Vendeville, tuteurs des quatre enfants de feu *Roger* de Vendeville et de Jeanne *Delevigne*, remariée à Thomas *du Bos*, 1451. (f° 116).

DE VENDEVILLE.

IV. — *Nicolas* DE VENDEVILLE, baptisé à Saint-Maurice le 7 avril 1560 ou 1561 (et non 1540), marchand de draps, bourgeois de Lille par relief du 9 octobre 1600, épousa Jeanne *Lernault* ; dont :

1. — *Jeanne*, baptisée à Saint-Étienne le 11 juillet 1607, religieuse.
2. — *Agnès*, baptisée à Saint-Étienne le 18 août 1610.
3. — *Catherine*, baptisée à Saint-Étienne le 28 décembre 1611, religieuse.
4. — *Thomas*, baptisé à Saint-Étienne le 27 août 1614, religieux minime.
5. — *Nicolas*, baptisé à Saint-Étienne le 8 août 1617.
6. — *Gilles*, baptisé à Saint-Étienne le 14 mars 1620, religieux minime.

II bis. — *Jacques* DE VENDEVILLE, né à Camphin, décédé avant 1571, acheta la bourgeoisie de Lille le 13 janvier 1520 (n. st.) ; il épousa : 1° après cette date, Jeanne *Le Roux*, morte le 13 février 1545 ; 2° par contrat passé à Ypres, le 22 décembre 1545, Jossine *de Corte*, fille de Jacques et de Marguerite *Baldes*, morte après 1571 ; d'où :

1. — Du premier lit : *Isabeau*, mariée par contrat passé à Lille, le 1er août 1549, avec Piat *Bernard*, fils de Jean, né à Lille, bourgeois de cette ville par relief du 9 décembre 1549 ; dont postérité.
2. — *Nicolas*, qui suit, III.
3. — *Jacques*, qui suivra, III bis.
4. — *Rogier*, bourgeois de Lille par relief du 18 août 1551, mort après 1574, allié à Agnès *Fasse*, fille de François ; dont :

   a. — *Jean*, bourgeois de Lille par relief du 27 janvier 1580 (n. st.), époux d'Isabeau *de Courouble*, père de :

   aa. — *Jeanne*, baptisée à Saint-Étienne le 20 mai 1580.
   bb. — *Agnès*, baptisée à Saint-Étienne le 27 juillet 1582.
   cc. — *Ghislain*, baptisé à Saint-Étienne le 26 avril 1584.
   dd. — *Louise*, jumelle du précédent.

   b. — *Catherine*, mariée avec Georges *de le Deusle*, fils de Jean, bourgeois de Lille par relief du 6 novembre 1582 ; dont postérité.

   c. — *Agnès*, épouse d'Antoine *Castellain*, fils de Gilles, bourgeois de Lille par relief du 9 août 1588 ; d'où postérité.

5. — Du second lit : *Gilles*, commis des impôts au quartier d'Ypres, mort le 20 novembre 1599, marié par contrat passé à Lille devant Me Jean Delesauch, le 2 décembre 1577, avec Marie *Fyve* ou *Defive*, fille de Jean ; sans postérité.

III. — *Nicolas* DE VENDEVILLE, bourgeois de Lille par relief du 6 mars 1559 (n. st.), mort le 19 août 1591 ; épousa : 1° Marguerite *Dragon*, fille de Jean ; 2° Françoise *Marissal*, fille de Thomas ; 3° par contrat passé à Courtrai, le 1er mars 1579, Anne *Berles*, fille de Daniel et de Péronne *Vanderhagen*, décédée le 5 septembre 1629 et inhumée à côté de son mari dans l'église Saint-Maurice ; dont :

1 - Du troisième lit : *Nicolas*, baptisé à Saint-Maurice le 14 avril 1582 (n. st.), y décédé le 11 septembre 1614 [1].

2. — *Élisabeth*, baptisée à Saint-Maurice le 13 août 1585, y décédée le 26 mai 1597.

3. — *Anne*, baptisée à Saint-Maurice le 25 août 1588, y décédée le 2 mai 1597.

4. — *Jacques*, décédé paroisse Saint-Maurice le 2 avril 1599, et enterré dans la chapelle de Sainte-Croix.

5. — *Gilles*, qui suit, IV.

6. — *Thomas*, décédé paroisse Saint-Maurice le 24 janvier 1638, célibataire.

7. — *Jeanne*, décédée paroisse Saint-Maurice le 30 octobre 1625, non mariée.

IV. — *Gilles* DE VENDEVILLE, bourgeois de Lille par relief du 6 avril 1614, décédé paroisse Saint-Maurice le 15 juin 1634 ; épousa dans cette église, le 26 janvier 1614, Agnès *Fruict*, fille de Romain et de Marie *Le Mesre* ; d'où :

1. — *Anne*, morte enfant paroisse Saint-Maurice le 9 août 1615.

2. — *Gilles*, baptisé à Saint-Maurice le 12 mars 1616, y décédé célibataire le 13 mars 1693.

3 — *Marie*, née à Flers le 14 juin 1617, décédée paroisse Saint-Maurice à Lille le 6 février 1672, alliée, le 15 novembre 1639, à Jacques *Beuvet*, fils de Jacques et d'Adrienne *de Provins*, baptisé à Saint-Étienne le 1er janvier 1607, décédé paroisse Saint-Maurice le 29 janvier 1663 ; dont postérité.

4. — *Anne*, baptisée à Saint-Maurice le 26 avril 1619, y décédée le 25 février 1697.

5. — *Catherine*, baptisée à Saint-Maurice le 14 juin 1620, y décédée célibataire le 12 juin 1658.

6. — *Pierre*, baptisé à Saint-Maurice le 6 août 1622, mort en cette paroisse le 6 juillet 1623.

---

1. Les registres de décès de Saint-Maurice ne commençant qu'en 1657, ces dates sont tirées d'une généalogie manuscrite des *Vendeville* reposant aux Archives départementales du Nord ; nous avons lieu de croire qu'elles sont justes, car celles que nous avons pu vérifier depuis 1657 sont exactes.

7. — *Marie-Madeleine*, baptisée à Saint-Maurice le 24 février 1625, y décédée le 10 mars 1700, non mariée.

8. — *Guillaume*, baptisé à Saint-Maurice le 11 juin 1629, jésuite, mort assassiné le 14 avril 1691 et inhumé le 17 dans l'église Saint-Maurice.

9. — *Jean*, baptisé à Saint-Maurice le 9 octobre 1632, y décédé le 5 septembre 1659.

10. — *Maximilien*, mort paroisse Saint-Maurice le 4 mai 1630.

11. — *Romain*, décédé en la même paroisse le 4 mai 1632.

III bis. — *Jacques* DE VENDEVILLE, bourgeois de Lille par relief du 2 mars 1555 (n. st.), décédé le 15 juillet 1608 et inhumé dans la chapelle de Sainte-Croix à Saint-Maurice; épousa Louise *Marissal*, fille d'Olivier; d'où :

1. — *Jacques*, qui suit, IV.

2. — *Antoine*, bourgeois de cette ville par relief du 8 avril 1587; père de :

    a. — *Antoine*, notaire et procureur à Lille, célibataire.

3. — *Marie*, alliée à Eustache *Herreng*, fils de Bauduin, bourgeois de Lille par relief du 24 mars 1592.

IV. — *Jacques* DE VENDEVILLE, bourgeois de Lille par relief du 3 octobre 1579, mort avant 1611; épousa Marie *de Sailly*, morte après 1623; dont :

V. — *Gilles* DE VENDEVILLE, marchand, bourgeois de Lille par relief du 5 août 1611, mort le 2 juillet 1654; épousa à Saint-Étienne, le 23 janvier 1611, Catherine *Carette*, fille de Maximilien et de Marie *Goddefroy*; d'où :

1. — *Jean*, baptisé à Saint-Étienne le 31 janvier 1612.

2. — *Jeanne*, baptisée à Saint-Étienne le 5 janvier 1615, vivant en 1636.

3. — *Gilles*, baptisé à Saint-Étienne le 26 juin 1617, vivant en 1636.

4. — *Paul*, baptisé à Saint-Étienne le 18 août 1619.

5. — *Marie*, baptisée à Saint-Étienne le 9 septembre 1621, mariée dans cette église, le 26 février 1647, avec Martin *Descamps*, fils de Jean et de Jeanne *Ghesquière*, baptisé à Saint-Étienne le 7 août 1618, bourgeois de Lille par relief du 16 avril 1647; dont postérité.

6. — *Jacques*, baptisé à Saint-Étienne le 20 août 1623.

7. — *Alexis*, baptisé à Saint-Étienne le 28 mai 1625.

8. — *Jeanne-Françoise*, baptisée à Saint-Étienne le 11 juin 1636.

II ter. — *Guillaume* de Vendeville, né à Camphin, mort vers 1573, acheta la bourgeoisie de Lille le 13 janvier 1520 (n. st.) et épousa, après cette date, Marie *Desbarbieux*; d'où :

1. — *Jacques*, chanoine de Saint-Pierre de Lille.

2. — *Jean*, né à Lille ou à Sainghin-en-Mélantois le 25 juin 1527, licencié ès lois, bourgeois de Lille par achat du 29 décembre 1562, professeur de droit civil à l'université de Louvain, l'un des fondateurs de l'université et du collège anglais à Douai, avait épousé, vers 1551, Anne ou Marie *Roelof*, d'une famille de Louvain, dont il devint veuf après plus de vingt-trois ans de mariage. Il fut ensuite nommé conseiller au Conseil privé à Bruxelles, puis il entra dans les ordres, fut ordonné prêtre en 1581, nommé à l'évêché de Tournai le 24 juillet 1587, sacré le 29 mai 1588; enfin il mourut le 15 octobre 1592, et fut inhumé au chœur de la cathédrale de cette ville. Sa biographie a été plusieurs fois écrite; la dernière en date et la plus importante est celle du Père Alexis Possoz [1]; on y trouvera les principales sources à consulter sur ce personnage, ainsi que la liste des ouvrages de droit et de théologie qu'il a écrits (page 157).

Il eut de son mariage une fille unique : *Marie*, née avant décembre 1562, mariée avec Léonard *de Bockhoren*, maître de la Chambre des Comptes; dont postérité.

3. — *Guillaume*, qui suit, III.

4. — *Antoine*, rewart de Dixmude, époux de Cornille *Moenens*, fille de Paul; d'où :

   a. — *Jeanne*, alliée à Paul *Nieulart*, greffier de Dixmude; d'où postérité.

   b. — *Guillaume*, procureur à Malines, mort paroisse Saint-Rombault le 21 septembre 1605, marié à Saint-Rombault, le 10 janvier 1595, avec Catherine *Cols*, d'une famille hollandaise, dont il n'eut pas de postérité.

   c. — *Jean*, curé de Ghistelles.

   d. — *Adrien*, doyen de Dixmude.

5. — *Catherine*, qui épousa Vincent *Delbecke*, fils de Jacques, bourgeois de Lille par relief du 10 mars 1554 (n. st.), dont postérité.

6. — *Marguerite*, alliée : 1° à Jean *Dragon*, fils de Jean, bourgeois de Lille par relief du 10 février 1559 (n. st.); 2° à Robert *Baillet*, fils de Robert, bourgeois de cette ville par relief du 9 janvier 1568 (n. st.); dont postérité des deux lits.

---

1. Lille, Lefort, 1862.

III. — *Guillaume* DE VENDEVILLE, licencié ès lois, bourgeois de Lille par relief du 30 avril 1575, conseiller ordinaire au grand conseil de Malines, nommé par le prince de Parme maître des requêtes ordinaire à ce conseil par lettres données au camp de Bevere le 31 octobre 1584, en place de feu Balthazar de Ayala, mort le 25 août 1598 et inhumé dans l'église Saint-Rombault à Malines. Il épousa Marguerite *Le Drut*, fille de Germain ; dont :

1. — *Marie*, baptisée à Saint-Maurice le 3 septembre 1579, morte paroisse Saint-Jean, à Malines, le 21 mai 1658.

2. — *Agnès*, décédée paroisse Saint-Jean de la même ville le 17 août 1654.

3. — *Jean*, né à Malines, mort à l'âge de quinze mois.

4. — *Guillaume*.

5. — *Adrien*, avocat au grand conseil de Malines.

6. — *Catherine*, décédée paroisse Saint-Rombault le 31 novembre 1667.

7. — *Marguerite*, baptisée à Saint-Rombault en février 1590, morte paroisse Saint-Jean le 31 juillet 1676.

8. — *Jean*, né à Malines, avocat au grand conseil de cette ville, conseiller et maître des requêtes ordinaire, nommé à ce siège par lettres patentes de l'infante Isabelle le 9 août 1627, mort célibataire dans la même ville le 26 juin 1655. Il fut, avec ses sœurs Marie et Marguerite, bienfaiteur insigne de la maison des prêtres de l'Oratoire à Malines. L'inscription suivante posée dans l'église Saint-Jean contient l'éloge de cette famille :

Monumentum Familie Vendevilliane, cujus prosapiam, vitam christiane actam, munia pro Deo, pro Rege, pro Patria, pro hac imprimis parochiali ecclesia preclare gesta ejusdem archiva docebunt. Nosti familiam ; multa testatur lapis celatique plura ; herentia archiva edocent gentem togatam, nobilem gentem Insulis, utrumque sexum, masculum virtutibus. Lege et apprecare, ut una pax et gloria ipsos coronet. Vive factorum emulus. Sibi et suis posuit D. Margareta de Vendeville. Anno MDCLXXVI [1].

---

1. D'après notre manuscrit de FOPPENS : *Présidents et conseillers du grand conseil de Malines.*

NON RATTACHÉS.

Anne DE VENDEVILLE, fille de feu *Jean*, rue de Five, au logis d'un chirurgien, lequel (*sic*) a esté meurtry à l'âge de treize ans, décédée paroisse Saint-Maurice le 17 janvier 1682.

Antoine, Gilles, Élisabeth DE VENDEVILLE, baptisés à Saint-Étienne les 3 août 1585, 16 août 1586 et 20 décembre 1585.

Nicolas DE VENDEVILLE, marié à Saint-Étienne le 27 avril 1610 avec Paschaise *Lesecq*.

Marie-Anne DE VENDEVILLE, alliée à Saint-Jean de Malines, le 16 janvier 1670, à Antoine *Fierlincx*, avocat près la cour de Brabant.

Jean DE VENDEVILLE, fils de *Jacques*, qui obtint des lettres de rémission données à Bruxelles en avril 1586, pour s'être rendu coupable d'un homicide.

1586, avril. — *Lettres de rémission accordées à Jehan de Vendeville.*

Philippe... etc. Scavoir faisons à tous présens et advenir, Nous, avoir receu l'humble supplication et requeste de *Jehan de Vendeville*, josne filz à marier de feu *Jacques*, demeurant paravant le cas cy après mentionné au hamel d'Ennetières, parroiche d'Avelin, en nostre chastellenye de Lille, contenant, comme par certain jour de dimenche au mois de juillet quinze cens quatre-vingtz, environ les six heures du soir, seroit esmeu noise et débat entre feu, lors vivant, Thomas Mauroit, natif dudit Avelin, en son vivant serviteur à Alexandre Heddebault, d'une part, et Jehan De Buisson, josne compaignon demourant audict Ennetières, d'aultre, garniz ambedeux de boise de facheaulx ; et que après avoir rué aulcuns coups l'ung après l'aultre et que ledict De Buisson eust receu ung coup dont il tomba par terre, ledict suppliant avecq aultres compaignons dudict Ennetières, voïans ledict débat, feurent meuz, pour la congnoissance et voisinaige qu'ilz avoient audit De Buisson, d'aller à son secours ; et de faict allant celle part courrurent après ledict Thomas jusques environ la chimetière dudict Avelin où il se saulva et se mit en l'église dudit lieu. Et sur ce que aulcuns desdicts compaignons dudit d'Ennetières crioyent après ledict Thomas qu'il sortit hors, survint illecq ung nommé Jehan Jacquart avecq aultres dudict Avelin, disans audict Thomas qu'il sortit hardiment et qu'ilz le secoureroyent : surquoy ledict Thomas sortant dudict chimentière garny d'ung groz baston en forme de levier et estant accompaigné desdits d'Avelin, se mit à courrir après ledict suppliant et aultres dudict Ennetières, lesquelz par ce moyen furent constrainctz prendre la fuyte pour se saulver ès maisons voisines. Et comme ledict suppliant s'en fuioit vers la maison de Anthoine Hennet, marissal dudict Avelin, et neantmoins se voyant suivi fort prez par ledict Thomas, lequel courroit aprez luy pour le frapper, icelluy suppliant (pour ce éviter, de tant mesmes qu'il n'avoit lors quelque baston, luy ayant peu paravant sa dague esté ostée par sa seur, aussi que sadicte dague ne luy eust peu servir de deffence suffisante contre ledict baston estant fort gros), se saisit d'ung escaignon d'achy de charriot estant [en] la maison dudict marissal, lequel il jecta après ledict Thomas, dont il en fut attainct en la teste et aulcuns jours après termina vie par mort, au grand regret dudict suppliant, lequel, pour doubte et révérence de justice, seroit absenté du lieu de sadicte résidence sans soy y oser retrouver, combien qu'il ait faict paix à partie intéressée, cause de quoy il se retire vers Nous, en suppliant très-humblement que le tout considéré, et que le suppliant est en aultre cas bien famé et renommé, vivant selon l'église catholicque et romaine, il nous pleuist, en préférant grâce à rigueur de justice, luy accorder noz lettres patentes de rémission et pardon en tels cas pertinentes. Pour ce est-il que Nous, ces choses considérées et eu sur ce l'advis de noz amez et féaulx les lieutenant et aultres officiers de nostre Gouvernance de Lille, audict *Jehan de Vendeville*, suppliant, inclinans favorablement à sadicte supplication et requeste, et luy veullans en ceste partie préférer grâce et miséricorde à rigueur de justice, avons, au cas dessus dict quicté, remis et pardonné, quictons, remectons et pardonnons de grâce espécialle par ces présentes, le cas et homicide dessus déclaré, ensemble toute paine, amende et offence corporelle et criminelle en quoy, pour raison et à l'occasion dudict cas, ses circunstances et deppendences, il a et peult avoir mesprins et offensé envers nous et justice; et l'avons quant à ce remis et restitué, remectons et restituons à ses bonne fame et renommée audict hamel d'Ennetières, parroisse d'Avelin, en nostre dicte ville et chastellenye dudict Lille, et tous aultres noz pays et seigneuries, ensemble à ses biens non confisquez si aulcuns en a, tout ainsi et par la mesme manière qu'il estoit auparavant l'advenue dudict cas, imposant sur ce silence perpétuel à nostre procureur général et tous aultres noz justiciers et officiers quelzconcques, satisfaction toutesfois faicte à partie intéressée premièrement et avant tout œuvre, si faicte n'est, et aulcune y chiet civilement tant seullement. Pourveu que ledict suppliant sera tenu amender ledict homicide envers nous, aussi civilement, selon l'exigence du cas et la faculté de ses biens, selon nostre ordonnance sur ce faicte, et aussi de reffondre les fraix, despens et missions de justiciers s'aulcunes en y a faictes à la cause dite : le tout à l'arbitraige et tauxation desdits de nostre Gouvernance de Lille que commectons à ce. Si donnons en mandement ausdits de nostre dicte Gouvernance de Lille, que appellez pardevant eulx ceulx qui pour ce seront à appeller, ilz procèdent bien et deuement à la vériffication et intérinement de ces dictes présentes selon leur forme et teneur, ensemble à la tauxation de ladicte amende civile et despens de justice susdicts ; lequel intérinement ledict suppliant sera tenu requérir et poursuyr pardevant lesdicts de nostre dicte Gouvernance de Lille en dedens six mois prochainement venant après la date de ces présentes, à paine de perdre le fruict et effect d'icelles. Et ce faict et ladicte amende civile taxée et payée ès mains de nostre receveur des exploictz ou aultre nostre officier qu'il appartiendra, lequel sera tenu en faire recepte et rendre compte et relicqua à nostre prouffict avecq les aultres deniers de son entremise, ilz et tous aultres noz justiciers, officiers et subjectz présens et advenir cui ce peult et pourra toucher et regarder, leurs lieutenans et chascun d'eulx en droict soy, et si comme à luy appertiendra facent, seuffrent et laissent ledict *Jehan de Vendeville*, suppliant, de ceste nostre présente grâce, rémission et pardon, selon et par la manière que dit est plainement, paisiblement et perpétuellement joïr et user, sans luy faire, mectre ou donner, ny souffrir estre faict, mis ou donné, oires ny au temps advenir, en corps ny en biens, aulcun destourbier ou empeschement au contraire ; mais si son corps ou aulcuns de ses biens non confisquez estoient présentement ou cy après pour la cause que dessus saisiz, arrestez ou empeschez, le mectent ou facent mectre incontinent et sans délay à plaine et entière délivrance. Car ainsi nous plaist-il. Et affin que ce soit chose ferme et estable à tousjours, nous avons faict mectre nostre séel à ces présentes. Saulf en aultre chose nostre droict et l'aultruy en toutes.

Donné en nostre ville de Bruxelles, au mois d'avril l'an de grâce mil cincq cens octante six. De noz règnes, assavoir de Naples et Hiérusalem, le XXIIIe, de Castille, Arragon, Sicille et des aultres le XXXIe, et de Portugal, le VIIe.

Sur le reply estoit escript : Par le Roy, en son conseil, et signé : A. LE COMTE.

Archives du Nord. — Chambre des Comptes de Lille. — Art. B. 1787. Registres des Chartes de l'Audience des années 1586 et 1587, fos 30 et 31.

1587, 6 octobre. — *Serment de fidélité de Messire Jehan Vendville, évesque de Tournay.*

Aujourd'huy septiesme de mars XV° quatre-vingtz et huict, révérend père en Dieu messire *Jehan de Vendville*, prebstre, docteur ès droictz, conseillier et maistre aux requestes ordinaire du Conseil privé du Roy, nostre sire, dénommé évesque de Tournay, a faict ès mains de messire Christoffle Dassonleville, chevalier, seigneur de Haulteville, conseillier des Consaulx d'Estat et privé de Sa Majesté, à ce spécialement député par Monseigneur le Duc de Parme et de Plaisance, chevalier de l'ordre, lieutenant-gouverneur et capitaine général des pays de pardeça, le sermént de fidélité vers sadicte Majesté qu'il doibt à icelle par droict de régalle à cause de l'église dudict Tournay, qu'il a promis bien et sainctement observer et entretenir comme à pareil cas s'est accoustumé de faire, à l'effect de joyr plainement et absolument de toutes les terres, seignouries, biens et revenuz appertenans audict Evesché et dont cès jours passez il a obtenu la main levée par lettres patentes de Sadicte Majesté données en la ville de Bruxelles, le sixiesme jour d'octobre XV° quatre-vingtz sept dernièrement passé. Que fut faict à Bruxelles, les jour et an que dessus. Soubzcript : moy présent et signé : Verreyken.

Archives du Nord. — Chambre des Comptes de Lille. — Art. B. 1632 ; 37e Registre des Chartes, f° 162, r° ; à la suite de cet acte se trouvent entérinées les lettres d'attache de la Chambre des Comptes de Lille.

VERGHELLE

Armes : *d'azur à une montagne au naturel* [1].

I. — *Jacques* Verghelle épousa Marie *Le Febvre* dont il eut :

II. — *Jacques* Verghelle, né à Béthune, bourgeois de Lille par achat du 4 janvier 1647, échevin de cette ville de 1653 à 1668, mort paroisse Saint-Maurice le 13 juillet 1687, épousa dans cette église, le 25 mai 1648, Antoinette *Godefroot* [2], fille de François, marchand, et de Catherine *Blavart*, baptisée à Saint-Maurice le 24 février 1625, y décédée le 28 avril 1695 ; d'où :

1. — *Marie-Catherine*, baptisée à Saint-Maurice le 13 février 1649, y décédée le 29 février 1672.

2. — *Jacques-François*, baptisé à Saint-Maurice le 15 avril 1651, mort le 6 février 1672.

3. — *Marie-Angélique*, baptisée à Saint-Étienne le 4 août 1653.

4. — *Jean-Baptiste*, baptisé à Saint-Maurice le 29 avril 1655.

5. — *Marie-Antoinette*, baptisée à Saint-Maurice le 31 août 1657.

6. — *Marie-Anne-Françoise*, née en 1663, décédée paroisse Saint-Sauveur le 22 mars 1749.

7. — *Marie-Claire*, baptisée à Saint-Maurice le 17 juillet 1664.

8. — *Charles-François*, qui suit, III.

9. — *Catherine-Béatrice*, baptisée à Saint-Maurice le 23 décembre 1668, carmélite à Lille sous le nom de Restitude de Saint-Joseph le 12 avril 1689, morte le 18 janvier 1736.

10. — *Ignace-Joseph*, qui suivra, III bis.

11. — *Marie-Madeleine*, morte paroisse Saint-Sauveur le 16 janvier 1715.

III. — *Charles-François* Verghelle, né en 1666, sr de Lambersart, bourgeois de Lille par relief du 8 mars 1704, nommé conseiller-

---

[1]. Ignace-Joseph Verghelles portait : *d'azur à trois étoiles à six rais d'argent rangées en fasce.*

[2]. Godefroot : *Écartelé d'argent et de sable, à une croix fleurdelisée de l'un en l'autre et cantonnée de quatre écrevisses de l'un en l'autre.*

secrétaire du Roi en la chancellerie près le Parlement de Tournay par lettres données à Versailles le 4 février 1714, créé trésorier de France au bureau des finances de la généralité de Lille le 27 août 1718, fonction qu'il exerça jusqu'au 16 mars 1748, anobli par l'exercice de cette charge pendant plus de vingt années, décédé paroisse Saint-André le 7 mars 1755 ; épousa à Sainte-Catherine, le 8 août 1702, Marie-Claire *de Semittre*, fille de François et de Marie-Claire *Blavart*, décédée paroisse Saint-André le 28 février 1752 ; d'où :

1. — *Marie-Aldegonde-Françoise*, baptisée à Sainte-Catherine le 21 mai 1703, décédée paroisse Saint-André le 15 avril 1753, mariée dans cette église, le 26 août 1736, avec Louis-François *du Grospré*, écuyer, s^r de Gorguehel, fils de Ghislain-Robert et de Marie-Jeanne *de Blondel*, baptisé à Sainte-Catherine le 20 novembre 1688, décédé paroisse Saint-André le 13 avril 1746 ; sans postérité.

2. — *Jacques-François*, baptisé à Sainte-Catherine le 19 décembre 1704.

3. — *Charles-Joseph*, écuyer, s^r de Lambersart, jumeau du précédent, décédé paroisse Saint-André le 28 juin 1727.

4. — *Aimé*, baptisé le même jour que les deux précédents, destiné à l'état ecclésiastique, entré à Saint-Vaast d'Arras en 1726, ordonné prêtre en septembre 1731, envoyé à Haspres en 1737.

5. — *Simon-Pierre-Éloi*, écuyer, baptisé à Sainte-Catherine le 1er décembre 1705, conseiller secrétaire du Roi, mort paroisse Saint-Pierre à Douai le 29 janvier 1776, sans postérité de son épouse : Marie-Anne-Josèphe *Josmes* [1], morte le 22 octobre 1778, à soixante-quatorze ans, et inhumée aux Brigittines de Douai.

6. — *Marie-Claire-Angélique*, baptisée à Saint-Catherine le 29 novembre 1706, dame de Grandval, Lambersart, décédée paroisse Saint-André le 7 novembre 1783, mariée : 1° à Saint-André, le 1er juillet 1736, avec André-François *Chauwin*, chevalier, fils de Jean-Michel et de Marie-Marguerite-Françoise *de Semittre*, baptisé à La Madeleine le 16 octobre 1698, bourgeois de Lille par relief sur requête du 18 juillet 1743, créé trésorier de France au bureau des finances de la généralité de Lille le 24 mai 1730, mort sans postérité le 12 février 1755 ; 2° à Saint-André, le 25 janvier 1756, avec François-Joseph *de Poucques*, écuyer, s^r du Puich, Cotereau, fils de Jean-François et de Marie-Jeanne-Thérèse *du Mortier*, né à Templemars, bourgeois de Lille par relief du 8 février 1756, admi-

---

[1]. Son épitaphe porte le nom de *James* au lieu de *Josmes*.

nistrateur de la Noble famille en 1764, 1772, 1774 et 1780, décédé paroisse Saint-André le 4 avril 1785, et inhumé à Lambersart ; sans postérité.

7. — *Jean-Baptiste-Bertin*, baptisé à Saint-Sauveur le 5 septembre 1708, décédé le 21 septembre suivant.

8. — *André-Dominique*, baptisé à Saint-André le 29 mars 1710.

9. — *Marie-Catherine-Thérèse*, baptisée à Saint-André le 27 mars 1713, décédée le 16 décembre 1760 et inhumée dans la chapelle de Notre-Dame de Consolation à Saint-André ; mariée dans cette église, le 19 mars 1736, avec Lamorald-François *de Genevières*, écuyer, s^r de Cocove, fils de Charles-Ferdinand, écuyer, et de Marie-Ghislaine *Le Ricque*, né à Béthune, bourgeois de Lille par achat du 15 mars 1736, veuf de Marie-Hélène *de Beaurin* ; dont postérité.

III bis. — *Ignace-Joseph* VERGHELLE, bourgeois de Lille par relief du 5 décembre 1689, membre du magistrat de 1694 à 1738, décédé paroisse Saint-Étienne le 10 mai 1740 ; épousa en cette église, le 29 octobre 1689, Marie-Angélique *Van Wesbus* [1], fille de Jacques, s^r de Bauwin, et d'Élisabeth *Pillot*, baptisée à Saint-Étienne le 3 septembre 1662, morte le 6 octobre 1707 ; dont :

1. — *Jacques-Ignace*, qui suit, IV.

2. — *François-Joseph*, baptisé à Saint-Maurice le 16 avril 1692.

3. — *Marie*, baptisée à Saint-Maurice le 18 décembre 1693, décédée paroisse Saint-Étienne le 1er juillet 1704.

4. — *Marie-Thérèse*, baptisée à Saint-Étienne le 20 décembre 1695, morte le lendemain.

5. — *Marie-Thérèse*, baptisée à Saint-Étienne le 23 janvier 1697, morte le 19 octobre 1733.

6. — *Charles-Joseph*, baptisé à Saint-Étienne le 14 septembre 1700.

7. — *Marie-Catherine*, dame de Surmont, de Pilsten, baptisée à Saint-Étienne le 5 janvier 1702, y décédée célibataire le 27 avril 1775.

8. — *Marie-Yolente-Angélique*, baptisée à Saint-Étienne le 28 mars 1703, professe à l'Abbiette de Lille en 1723, prieure en 1760, y décédée le 25 novembre 1766.

9. — *Marie-Yolente*, baptisée à Saint-Étienne le 18 novembre 1704, morte le lendemain.

IV. — *Jacques-Ignace* VERGHELLE, s^r de Duremont, Neufville, baptisé à Saint-Maurice le 23 avril 1691, bourgeois de Lille par relief du 4 juin 1734, nommé bailli de Tourcoing le 15 septembre

---

[1]. VAN WESBUS : *de gueules à un calice d'argent.*

1714, receveur dudit lieu le 25 août 1725, anobli par l'achat d'une charge de conseiller secrétaire du Roi, décédé à Paris le 31 juillet 1755 et inhumé à Saint-Eustache; épousa à Saint-Maurice, le 24 janvier 1734, Marie-Thérèse *Le Febvre*, dame de Watiessart, fille de Pierre et d'Élisabeth *Biscops*, baptisée à Saint-Maurice le 9 juin 1698, morte le 19 mars 1750 et inhumée dans la chapelle de la Vierge à Saint-Étienne; d'où :

1. — *Marie-Catherine*, dame de Duremont, enterrée à côté de sa mère.

2. — *Jacques-Joseph-Marie*, qui suit, V.

V. — *Jacques-Joseph-Marie* Verghelle, écuyer, sr de Neufville, baptisé à Saint-Étienne le 28 février 1739, bourgeois de Lille par relief du 8 janvier 1761, décédé même paroisse le 10 janvier 1785; épousa dans cette église, le 7 janvier 1759, Isabelle-Agathe-Bernardine *Pajot*, fille de Christophe, commissaire ordinaire des guerres et directeur des postes, et de Marie-Constance *Bevier*, baptisée à Saint-Étienne le 21 juillet 1736, morte à Lille le 6 juin 1793; d'où :

1. — *Agathe-Marie-Joseph*, baptisée à Saint-Étienne le 26 mars 1760, morte à Lille le 5 janvier 1825, alliée à Louis-Robert-Constant, comte *de Hamel*, fils d'Antoine-Constant, vicomte de Méricourt, et de Marie-Charlotte *de Dion*, né le 25 mars 1742, chef de bataillon au régiment du Roi, puis colonel d'infanterie, chevalier de Saint-Louis, mort à La Buissière le 6 septembre 1804 ; dont postérité.

2. — *Agathe-Louis-Constant*, qui suit, VI.

3. — *Henriette-Adélaïde*, baptisée à Saint-Étienne le 22 juin 1763, entrée à l'Abbiette de Lille le 25 janvier 1784, professe le 9 avril 1785, émigra en 1793, puis, rentrée en France, fut arrêtée dans le département de la Meuse en thermidor an VIII ; obtint peu après d'être placée sous la surveillance du maire de Lille et mourut dans cette ville le 4 janvier 1839.

4. — *Anne-Sophie-Angélique*, baptisée à Saint-Étienne le 17 mai 1767, morte avant sa mère, mariée en la chapelle des Dames de l'Abbiette, le 1er avril 1788, avec Joseph-Alphonse-Raymond-Arnauld *de Durfort*, fils d'Arnauld-François, comte de Boissières et de Clermont, baron de Saint-Germain et de Sabriac, et de Geneviève-Alphonsine *Barjot de Roncé*, né en 1755 au château de Septfons (paroisse de Saint-Germain, diocèse de Cahors), capitaine commandant au régiment de Chartres-dragons en garnison à Vendôme, bourgeois de Lille par achat du 5 février 1790 ; dont postérité.

5. — *Pierre-Marie-Désiré*, baptisé à Saint-Étienne le 4 mai 1769.

VI. — *Agathe-Louis-Constant* Verghelle, écuyer, s' de Neufville, né le 29 mars 1761, baptisé à Saint-Étienne le 9 juillet suivant, habita Sainghin-en-Weppes où il possédait un château et une briqueterie. La vie dissipée qu'il y mena le fit déshériter par son père [1]. A la Révolution, il se réfugia à Trith, mais fut cependant inscrit sur la liste des émigrés et déporté hors du territoire le 28 mars 1793 ; il n'obtint d'être rayé et de voir lever le séquestre de ses biens qu'après avoir prêté serment de fidélité à la Constitution le 2 frimaire an IX. Il épousa à Lille, le 25 août 1808, Sophie-Henriette-Joseph *Gosselin*, fille de Christian-Séraphin-Joseph et de Marie-Thérèse *Boulanger*, née à Valenciennes le 2 avril 1775 ; dont :

1. — *Henri-Constant-Louis*, né à Lille le 20 pluviôse an XI.
2. — *Adolphe-Ernest-Joseph*, né à Lille le 26 prairial an XIII.
3. — *Henri-Jules-Auguste*, né à Lille le 22 septembre 1807, légitimé par le mariage de ses parents ; nous ne savons ce qu'il est devenu. Quant à ses deux frères, ils moururent jeunes probablement, car il n'est pas question de leur légitimation dans l'acte de mariage de leurs parents.

1714, 4 février. — *Nomination de Charles-François Verghelle à l'office de conseiller secrétaire du Roy en la Chancellerie près le Parlement de Flandres.*

Louis, par la grâce de Dieu, roy de France et de Navarre, à tous ceux qui ces présentes verront, salut. Par notre édit du mois d'octobre 1701, nous avons créé des offices de nos conseillers secrétaires, maison et couronne de France, établis dans les chancelleries près nos cours et depuis fixé le nombre par le rolle que nous en avons fait arrêter en notre Conseil, mais d'autant que nous avons restraint à un nombre trop modique ceux que nous voulions être établis dans notre chancelerie près notre Cour de Parlement de Tournay par autre notre édit du mois de janvier 1703, vériffié où besoin a été, nous

---

[1] « Considérant d'ailleurs la mauvaise conduite de mon fils et tous les chagrins cuisants qu'il n'a cessé de me donner depuis cinq ans, je veux et ordonne que la part qui luy échera dans ma succession soit et demeure substituée pour trois générations. Dans le cas où mon fils ne changeât pas de conduite par la suite et ne put pas reparoître dans le monde, je le prive généralement de toute ma succession et le réduis à sa légitime sur laquelle sera prélevé les vingt-cinq mil francs qu'il m'a mangé. » Testament du 15 janvier 1781. (Archives départementales, testaments olographes, 5ᵉ liasse).

aurions pour les causes y contenues, créé et érigé douze offices de nos conseillers secrétaires en ladite chancelerie près notre dite Cour de Parlement de Tournay pour faire avec les quatorze fixés par l'état arrêté en notre Conseil le vingt neuf novembre 1701, le nombre de vingt six nos conseillers secrétaires en ladite chancelerie près notre dite Cour de Parlement de Tournay, ausquels étant nécessaire de pourvoir, sçavoir faisons que pour l'entière confiance que nous avons en la personne de notre cher et bien amé *Charles-François Verghelle,* et en ses sens, suffisance, loyauté, preudhomie, capacité et expérience, fidelité et affection à notre service, pour ces causes nous luy avons donné et octroyé, donnons et octroyons par ces présentes l'un des douze offices de nos conseillers secrétaires, maison couronne de France en la chancelerie près notre Cour de Parlement de Flandres créés par notre dit édit du mois de janvier 1703 pour lors étably à Tournay, pour ledit office avoir, tenir et dorénavant exercer, en jouir et user par ledit *Verghelle* à titre de survivance et aux mêmes honneurs, privilèges de noblesse, que nos conseillers secrétaires de notre grande chancelerie de France, sans aucune différence ny distinction, ensemble de l'exemption de tous droits seigneuriaux pour les biens et héritages qu'il acquérera tenus ou mouvans de nous à cause de nos domaines dans l'étendue du ressort de notre dit Parlement, aux gages de douze cens cinquante livres par an, dont sera fait fonds dans les états des finances de la province de Flandres et généralement jouir de tous autres privilèges, exemptions et droits dont jouissent les pourvûs de pareils offices, en conformité de nos édits et déclarations des mois d'avril 1672 et juillet 1673, comme il est porté par notre dit édit du mois d'octobre 1701 et par celuy du mois de janvier 1703, sans être tenu de faire sa résidence dans le lieu ou ladite chancelerie est établie, et sans incompatibilité d'autres offices, dont les fonctions ne dérogeront point à noblesse, avec dispense de toutes recherches pour avoir pris indüement la qualité de noble et d'escuyer avant l'acquisition dudit office et décharge des amendes qu'il pourroit avoir encouruës pour raison de ce, comme aussy jouir par ledit *Verghelle* du droit de Committimus dans l'étendue du Parlement où il sera domicilié et de deux minots de sel de franc salé par an conformément à notre édit du mois de février 1703, de l'exemption de tailles pour les héritages qu'il fera valoir par ses mains, conformément à nos anciens édits et déclarations rendus sur ce sujet et à cet effet pourra faire valoir par ses mains une seule ferme, dont le labour n'excédera pas la valeur de quatre charuës, encore que les héritages qui la composent soient scituéz en différentes paroisses, nonobstant les interprétations différentes et contraires que les officiers de nos cours des aydes et élections de notre Royaume ont donné à notre édit du mois de mars 1667; et en cas que ledit *Verghelle* vint cy après à acquérir une charge de notre conseiller secrétaire en notre grande chancelerie, voulons que le temps qu'il aura possédé ledit office, luy serve pour acquérir la vétérance de celuy de notre grande chancelerie, comme aussy nous l'avons dispensé pour cette fois seulement de nous payer, ny à notre très cher et féal chancelier de France, aucun droit de survivance, le tout ainsy qu'il est plus au long porté par nos dits édits. Si donnons en mandement à notre très cher et féal chevalier, chancelier de France, le sieur Phelypeaux, comte de Pontchartrain, commandeur de nos ordres, qu'après luy être apparu des bonnes vie, mœurs, âge requis par nos ordonnances, conversation et religion catholique, appostolique et romaine, et de luy pris et reçu le serment en tel cas requis et accoutumé, il le reçoive, mette et institue de par nous en possession et jouissance dudit office, l'en faisant jouir et user aux mêmes honneurs, privilèges de noblesse, que nos conseillers secrétaires de notre grande chancelerie de France, sans aucune différence ny distinction, ensemble jouir des prérogatives, prééminences, franchises, liberté, privilèges, exemptions, pouvoirs, gages, droit de Committimus, franc salé, fonctions, dispense de résidence, et autres droits cy devant exprimez conformément à nos dits édits et quittances de finance cy attachées sous le contre scel de notre chancelerie, et à luy obéir et entendre de tous ceux et ainsy qu'il appartiendra ez choses concernant ledit office. Mandons à nos amez et féaux conseillers les grands audianciers de France et controlleur généraux de l'audiance de notre grande chancelerie qu'ils souffrent et laissent immatriculer ledit *Verghelle* sur le Registre de l'audience de France ainsy qu'il est accoutumé, et à nos amez et féaux conseillers les trésoriers de France généraux de nos finances en la province de Flandres que par nos receveurs généraux de nos finances de ladite province, ou autres comptables qu'il appartiendra, ils fassent payer et délivrer comptant audit *Verghelle* dorenavant par chacun an lesdits douze cens cinquante livres de gages attribués audit office, à commencer du jour et datte de la quittance de finance en rapportant copie des présentes deüement collationnée pour une fois seulement avec sa quittance sur ce suffisante, nous voulons lesdits gages et droits être passéz et allouéz en la dépense des comptes de ceux qui en auront fait le payement par nos amez et féaux conseillers les gens de nos comptes à Paris, ausquels mandons ainsi le faire sans difficulté, car tel est notre plaisir. En tesmoin de quoy nous avons fait mettre notre scel à ces dites présentes. Donné à Versailles, le quatrième jour février l'an de grace mil sept cens quatorze et de notre règne le soixante onzième. Signé sur le reply. Par le roy, PELERIN et scellé du grand sceau en cire jaune.

Archives communales de Lille. Registre aux mandements et ordonnances enregistrés à la Gouvernance de Lille. — Registre verd, f° 10 r° et suivants.

1734, 17 mai. — *Nomination de Jacques-Ignace Verghelle, s^r de Duremont, à l'office de conseiller secrétaire du Roi en la chancellerie près le Parlement de Flandre.*

Louis, par la grâce de Dieu, roy de France et de Navare, à tous ceux qui ces présentes verront, salut. Le feu Roy de glorieuse mémoire notre très honoré Seigneur et bisayeul ayant supprimé par édit du mois de juin mil sept cent quinze, tous les offices d'audianciers, controlleurs et secrétaires des chancelleries près la cour et sièges présidiaux de notre Royaume, créa par le même édit de semblables offices au nombre seullement qu'il jugea nécessaire pour le service desdites chancelleries, avec faculté aux officiers supprimés d'acquérir lesdits nouveaux offices, en conséquence duquel édit et de celuy du mois de décembre ensuivant, le sieur Marc-Antoine Boutillier, pourvu d'un office de notre conseiller secrétaire maison couronne de France en la chancellerie près notre Cour de parlement de Flandres ayant fait sa soumission pour l'acquisition d'un pareil office créé par ledit édit du mois de juin mil sept cent quinze, en paya la finance suivant la quittance du trésorier de nos revenues casuels du premier février mil sept cent dix-sept à l'effet de jouir et de se conserver les honneurs, avantages et privilèges qu'il avoit acquis comme revêtu dudit office supprimé, sans être tenus de prendre des provisions du nouvel office, depuis lequel temps le décès dudit sieur Marc-Antoine Boutillier étant arrivé, ses enfans et héritiers nous ont nommé et présenté audit office par acte du vingt avril dernier notre cher et bien amé *Jacques-Ignace Verghelles*, s^r Dumont, lequel désirant en obtenir des provisions, sçavoir faisons que pour la pleine et entière confiance que nous avons en la personne dudit sieur *Jacques-Ignace Verghelles*, s^r Dumont, et en ses sens, suffisance, loyauté, preudhommie, capacité, expérience, fidélité et affection à notre service, nous luy avons pour ces causes et autres et en agréant et confirmant la nomination qui nous a esté faite de sa personne par notre très cher et féal le sieur Chauvelin, chevalier garde des sceaux de France, donné et octroyé, donnons et octroyons par ces présentes l'office de notre conseiller secrétaire maison couronne de France en la Chancellerie près notre Cour de Parlement de Flandres à Douay créé par édit du mois de juin mil sept cent quinze auquel n'a encore esté pourveu et dont la finance a été payé en nos revenus casuels par ledit sieur Marc-Antoine Boutillier, après le décès duquel ses enfans et héritiers nous ont nommé et présenté audit office ledit sieur *Jacques-Ignace Verghelles Dumont* par acte du vingt avril dernier cy-attaché, pour ledit office avoir, tenir et exercer, en jouir et user par ledit sieur *Verghelles Dumont* conformément à l'édit du mois de décembre mil sept cent vingt-sept, au moyen de la finance payée en exécution dudit édit pour le rétablissement des privilèges y mentionné suivant la quittance du sieur Bertin du vingt-cinq octobre mil sept cent vingt-huit dont copie est cy attachée, et aux honneurs, pouvoirs, libertés, droits de survivance, fonctions, autorités, gages de mil livres effectifs par chacun an dont le fonds sera fait dans l'estat de nos domaines de Flandres, comme aussi de sa part dans les deux cens livres attribués par chaque quartier aux audianciers, controlleurs et secrétaires qui seront de service, dont la part des absens accroistra aux présens, ensemble du privilège de la noblesse au premier degré, de l'exemption de tous droits seigneuriaux dans l'étendue de nos domaines situés dans le ressort de notre Cour de Parlement de Flandres, du droit de committimus en la chancellerie de notre dite Cour de Parlement, de l'exemption de toutes impositions, de tutelle, curatelle, logement de gens de guerre et autres charges publicques et généralement de tous les privilèges, exemptions, franchises, immunitées, prérogatives, prééminences, franchises et autres droits, attributions, fruicts, profits, revenus et émolumens attribués audit office tels et tous ainsy qu'en a jouy ou deu jouir ledit feu sieur Boutillier et qu'en jouissent ou doivent jouir les autres pourveus de pareils offices conformément aux édits des mois de juin et décembre mil sept cent quinze, décembre mil sept cent vingt-sept et autres édits, déclarations, arrets et réglemens rendus en leur faveur, sy donnons en mandement à notre très cher et féal le sieur Chauvelin, chevalier garde des sceaux de France, que luy estant apparu des bonnes vie et mœurs, âge compétent, conversation et religion catholique, apostolique et romaine dudit sieur *Verghelles Dumont* et ayant pris de luy le serment requis et accoutumé, il le reçoive, mette et institue de par nous en possession dudit office et l'en fasse jouir et user pleinement et paisiblement aux honneurs, pouvoirs, libertés, fonctions, autorités, privilèges, droits, exemptions, franchises, immunités, prérogatives, prééminences, gages, droits de committimus et de franchises et autres droits, attributions, fruits, profits, revenus et émolumens susdits et y appartenans et luy fasse obéir et entendre de tous et ainsy qu'il appartiendra ès choses concernant ledit office, mandons à nos amés et féaux conseillers les grands audianciers de

France et controlleurs généraux de l'audiance de notre grande chancellerie qu'ils fassent et laissent immatriculer ledit sieur *Verghelles Dumont* sur les registres de l'audiance de France ainsy qu'il est accoutumé et que par les trésoriers et receveurs de l'émolument du sceau de ladite chancellerie, près notre Cour de Parlement de Flandres, ils luy fassent payer et délivrer comptant les gages, droits, bourses et rétributions qui y sont assignés dorénavant par chacun an, aux termes et en la manière accoutumés. Mandons en outre à nos amés et féaux conseillers les présidents trésoriers de France et généraux de nos finances à Lille que par les trésoriers receveurs payeurs et autres comptables qu'il appartiendra et des fonds à ce destinés, ils fassent aussi payer et délivrer comptant audit sieur *Verghelles Dumont* dorénavant par chacun an aux termes et en la manière accoutumés les gages et droits appartenans audit office à commencer du jour et datte de sa réception, de laquelle rapportant copie collationnée ainsy que des présentes pour une fois seulement avec quittances de luy suffisantes, nous voulons lesdits gages, droits, bourses et rétributions être passés et alloués en la dépense des comptes desdits trésoriers receveurs payeurs et autres comptables qui les auront payés par nos amés et féaux conseillers les gens de nos comptes à Paris et partout ailleurs qu'il appartiendra sans difficulté, car tel est notre plaisir. En témoin de quoy nous avons fait mettre notre scel à ces présentes. Donné à Paris le dix-neuvième jour de may l'an de grâce mil sept cent trente-quatre et de notre règne le dix-neufième. Et sur le replis est écrit par le Roy, signé SAINSON et scellée, et se trouve encore écrit ce qui suit : Soit montré aux sieurs grands audianciers de France et controleurs généraux de l'audiance de la grande chancellerie. Fait le dix-septième de may mil sept cent trente-quatre. Signé AUBOURG.

Archives communales de Lille. Registres aux mandements et ordonnances enregistrés à la gouvernance de Lille. Registre Violet, f° 107 et suivants.

TABLE

DES

GÉNÉALOGIES

CONTENUES DANS LES TROIS PREMIÈRES PARTIES

Aronio	205
Aulent	453
Bady	7
Bave	14
de Beaumont	217
du Béron	456
Beuvet	221
Bidé	466
Bonnier	227
Breckvelt	486
de Brigode	492
de Broide	22
du Chasteau	240
Chauwin	30
de Corbie	33
Deliot	37
Desbuissons	43
Desfossez (note)	35
Fasse	51
de Fontaine	502
du Forest	517
de Fourmestraux	244
de Fourmestraux de Saint-Denis	282
de Fourmestraux de Wazières	287
Ghesquière	306
Gilleman	527
Goudeman	310
d'Haffrenghes	57
Hannecart	73
Herts	320
du Hot	533

Huvino	325
Ingiliard	83
Jacops	545
de La Chaussée	333
de La Fonteyne	335
Lagache	339
de Lannoy	88
de Lannoy	103
de Lannoy	119
Lefebvre-Delattre	347
Lespagnol	122
Le Thierry	362
Lippens	367
de Montmonier	374
Moucque	378
Noiret	127
Noiret de Saint-Antoine	130
Percourt	381
Petitpas	558
Potteau	386
Poulle	131
Quecq	583
Ricourt	395
Ricourt	406
de Rosendal	148
Rouvroy	409
de Sailly	151
de Savary	153
Stappart	158
Stappart	159
de Surmont	164
Taviel	590
Tesson	600
Vanderlinde	178
Vanhove	607
de Vendeville	622
Verghelle	632
Wacrenier	185
Walrave	196
Wattepatte	199

GÉNÉALOGIES LILLOISES

QUATRIÈME PARTIE

BERTHAULT DIT DE HOLLANDE

Armes : *d'or à trois merlettes de sable.*

I. — *Jean* Berthault dit de Hollande, fils de Jean, né à Lille, acheta la bourgeoisie de cette ville en 1484 ; il eut :

1. — *Mahieu*, qui suit, II.
2. — *Hues*, né à Lille, bourgeois de cette ville par achat du 8 novembre 1504, non marié à cette date.
3. — *Jean*, qui suivra, II bis.

II. — *Mahieu* Berthault dit de Hollande, bourgeois de Lille par relief du 2 mai 1512, mort avant 1557, fut père de :

III. — *Louis* Berthault dit de Hollande, bourgeois de Lille par relief du 4 mai 1557, père de :

1. — *Mahieu*, qui suit, IV.
2. — *Catherine*, alliée à Robert *de Fourmestraux*, fils de Mahieu et de Marie *Poulle*, bourgeois de Lille par relief du 21 mai 1588, remarié à Catherine *Deledeusle* et mort en 1595.

IV. — *Mahieu* Berthault dit de Hollande, né à Lille, bourgeois de cette ville par relief du 2 avril 1585, mort avant 1612, épousa Jacqueline *Dupret* ; dont :

1. — *Gérard*, baptisé à Saint-Catherine le 25 septembre 1587, vivant en 1621.
2. — *Jean*, qui suit, V.

V. — *Jean* BERTHAULT dit DE HOLLANDE, né à Lille, sayeteur, bourgeois de cette ville par relief du 2 juin 1612, épousa à Saint-Pierre, le 13 mai 1612, Marguerite *Prus*, fille de Pierre ; d'où :

1. — *Jean*, baptisé à Sainte-Catherine le 24 avril 1614.
2. — *Gérard*, qui suit, VI.
3. — *Guillaume*, baptisé à Sainte-Catherine le 16 septembre 1618.
4. — *Théodore*, baptisé à Sainte-Catherine le 28 juin 1620.
5. — *Charles*, baptisé à Sainte-Catherine le 1er novembre 1621.

VI. — *Gérard* BERTHAULT dit DE HOLLANDE, sayeteur, bourgeois de Lille par relief du 22 octobre 1610, s'allia à Marguerite *Poulle*, fille d'Adrien et de Marie *Fremault* ; dont :

1. — *Mathée*, baptisée à Saint-Étienne le 17 août 1612.
2. — *Antoinette*, baptisée à Saint-Étienne le 23 août 1614.
3. — *Othon*, baptisé à Saint-Étienne le 18 janvier 1616.
4. — *Marie*, baptisée à Saint-Étienne le 2 juillet 1617.
5. — *Louis*, baptisé à Saint-Étienne le 13 novembre 1621.
6. — *André*, baptisé à Saint-Étienne le 22 septembre 1622.
7. — *Bonne*, baptisée à Saint-Étienne le 7 février 1624.
8. — *Jean*, baptisé à Saint-Étienne le 12 janvier 1627.

II bis. — *Jean* BERTHAULT dit DE HOLLANDE, chirurgien, bourgeois de Lille par rachat du 8 octobre 1512, épousa : 1º Marguerite *Marlière*, fille illégitime de Hugues et de Gérardine *Leuridan*, légitimée en août 1513 ; 2º Marie *Malatiré* ; il eut :

1. — Du second lit, *Jean*, domicilié à Anvers, bourgeois de Lille par relief du 30 décembre 1539, allié à Marie *Dabosquiet*, d'où :

    a. — *Marie*, mariée : 1º avec Nicaise *de la Porte*, fils de Nicaise, sr de Robecq, et d'Antoinette *Le Clercq*, bourgeois de Lille par relief du 26 novembre 1563 ; 2º avec Martin *du Rivaige* ; dont postérité des deux lits.

    b. — *Jeanne*, alliée à Pierre *Poulle*, fils de François et de Jacqueline *Fasse*, bourgeois de Lille par relief du 14 juillet 1572 ; d'où postérité.

2. — *Antoine*, qui suit, III.

III. — *Antoine* BERTHAULT dit DE HOLLANDE, né à Lille, dont il releva la bourgeoisie le 21 mai 1546, mort le 27 octobre 1596, épousa Péronne *de la Porte*, morte le 19 janvier 1603 ; d'où :

1. — *Jean*, qui suit, IV.
2. — *Marie*, alliée à Gilles *Duthilleul*, fils de Maurice, bour-

geois de Lille par relief du 4 mai 1565 ; elle en était veuve en 1606.

3. — *Marguerite*, épouse de Jean *Baillet* ; dont postérité.

4. — *Jeanne*, alliée à Gérard *du Bosquiel*, fils de François et de Marie *de Fourmestraux*, bourgeois de Lille par relief du 17 septembre 1577 ; dont postérité.

5. — *Isabeau*, mariée avec François *de Boulogne*, trésorier de Valenciennes; dont postérité.

6. — *Antoinette*, épouse de Jean *du Béron*, sr du Bois, fils de Laurent, bourgeois de Lille par relief du 19 juin 1581, capitaine d'une compagnie bourgeoise, mort en 1631 ; dont postérité.

7. — *Péronne*, morte veuve le 15 août 1606, alliée à Louis *Desbarbieux*, fils de Toussaint, bourgeois de Lille par relief du 30 septembre 1591.

IV. — *Jean* BERTHAULT dit DE HOLLANDE, né à Lille, bourgeois de cette ville par relief du 14 août 1584, épousa Antoinette *Delebecque*; d'où :

1. — *Jean*, licencié ès lois, nommé conseiller assesseur à la gouvernance de Lille en place de Robert *du Bus* le 24 mars 1608, devenu conseiller pensionnaire de cette ville et remplacé comme assesseur par Maximilien Muissart le 6 septembre 1611 ; célibataire.

2. — *Antoine*, qui suit, V.

3. — *Antoinette*, mariée à Saint-Maurice, le 25 octobre 1608, avec Denis *Tesson*, fils de Pierre et d'Émérance *Le Guillebert*, baptisé à Saint-Étienne le 17 mai 1586, licencié en droit, bourgeois de Lille par relief du 28 janvier 1609 ; dont postérité.

4. — *Marie*, alliée à Saint-Étienne le 16 janvier 1623, à Pierre *de Warenghien*, fils de Pierre et de Catherine *Luccas*, bourgeois de Lille par relief du 21 juillet 1616, veuf de Catherine *Braem*.

V. — *Antoine* BERTHAULT dit DE HOLLANDE, bourgeois d'Anvers, épousa dans cette ville, par contrat passé devant Me Pierre Smit dit Fabri le 5 février 1608, Clémence *Frédéricq*, fille de Gherbrand et de Catherine *de Moy*, dont un fils unique :

VI. — *Gherbrand-Frédéric* BERTHAULT dit DE HOLLANDE, bourgeois d'Anvers, épousa par contrat passé à Malines devant Me Jean Placquet, le 3 février 1638, Élisabeth *Vanguiderdeuren*, fille de Pierre et de Cornille *Ostering* ; ils moururent tous deux avant le 28 mars 1682 et eurent :

1. — *Cornelia-Adriana*, née à Anvers, bourgeoise de Lille par achat du 13 août 1660.

2. — *Catherine.*
3. — *Isabelle.*
4. — *Jean.*
5. — *François.* Ces quatre derniers moururent jeunes.
6. — *Gherbrand,* décédé célibataire à Amsterdam le 6 février 1720.

NON RATTACHÉE.

Jeanne, alliée à Antoine *Cardon,* fils de Jean.

1513, août. — *Légitimation de Marguerite Marlière, femme de Me Jehan de Hollande, et fille illégitime de feu Hues Marlière.*

Maximilian etc^a et Charles, etc^a. Savoir faisons à tous présens et advenir, Nous, avoir receu l'umble supplicacion de nostre bien amée Marguerite *Marlière,* femme et espeuse de Jehan *Bertault,* dit *de Hollande,* maistre syrurgien de nostre ville de Lille, fille de feu Hues *Marlière,* en son vivant bourgeois de nostre dicte ville de Lille, par lui engendrée ou corps de feue Ghérardine *Leuridam,* lors non mariez; laquelle Marguerite est bien moriginée, de bonne vie et honneste conversacion, ayant grant désir et affection de bien faire, demourer et vivre soubz nous, s'il nous plaisoit la légitimer et sur le deffault de sa nativité luy impartir nostre grâce. Pourquoy, Nous, attendu les choses dessus dictes, avons, de nostre certaine science, de grâce espécial, par ces présentes légitimé et légitimons icelle Marguerite *Marlière* et ledict deffault de sadicte nativité abolly et effacé, abolissons et effachons par ces dictes présentes, et lui avons octroyé, consenti et accordé, octroyons, consentons et accordons de nostre dicte grâce, qu'elle puisse comme personne légitisme succéder et venir aux successions de sesdits père, mère, mari et autres qui lui compètent et appartiennent : pourveu toutesvoyes que à ce se consentent ses plus prochains parens de linaige et que aucun droit ne soit desjà acquis par auttre, et retenir pour elle, ses hoirs et successeurs à tousjours, tous les biens qui luy adviendront desdictes successions ou autrement et qu'elle a conjoinctement acquis ou acquerra, et qu'elle puisse faire et ordonner de ses biens par testament ou autrement comme bon lui semblera, et soit receué aux honneurs, estaz et autres quelzconques faiz légitismes .... et réputée doresenavant pour personne légitisme ainsi que s'elle eust esté née et procrée en

léal mariage, et après son trespas, non obstant le deffault de sadicte
nativité, ses plus prochains parens et amis de linaige succèdent à ses
héritaiges, possessions et autres biens par elle acquis et qu'elle
acquerra cy après, tout ainsi par la forme et manière qu'ilz feroient
et faire pourroient s'elle estoit née et procréé en léal mariage, sans
ce que à cause d'icellui deffault de nativité nous ou noz successeurs y
puissent queréler ne demander aucune chose ou temps advenir. Non
obstant aussi quelzconques droiz, coustumes, statuz, usaiges et
observances à ce contraires; parmy et moyennant certaine finance et
somme de deniers que ladicte suppliante sera tenue païer pour une
foiz ès mains de celluy de noz recepveurs qu'il appartiendra. Laquelle
somme, nous voulons estre tauxée et arbitrée selon la faculté de ses
biens par noz amez et féaulx les président et gens de noz Comptes à
Lille que commectons à ce. Si donnons en mandement ausdits
président et gens de noz Comptes à Lille que, à la requeste de ladicte
suppliante, ilz procèdent bien et deuement à l'intérinement de
cesdictes présentes et à l'arbitraige et tauxation de ladicte finance.
Et ce fait, et icelle finance tauxée, arbitrée et payée ès mains de celluy
de noz receveurs et officiers qu'il appartiendra, qui sera tenu en faire
recepte et rendre compte et reliqua à nostre prouffit avec les autres
deniers de sa recepte, ilz et tous noz autres justiciers et officiers
quelzconcques, présens et avenir, cui ce peut et pourra touchier et
regarder, leurs lieutenans et chascun d'eulx en droit soy et si comme
à luy appartiendra, facent, seuffrent et laissent ladicte suppliante,
ensemble sesdicts hoirs, successeurs et ayans cause, de nostre présente
grâce, légitimacion et de tout le contenu en cesdictes présentes, selon
et par la manière que dit est, plainement, paisiblement et perpétuellement joyr et user, sans leur faire, mettre ou donner, ne souffrir estre
fait, mis ou donné, ores ne ou temps advenir aucun destourbier ou
empeschement au contraire. Car ainsi nous plaist-il. Et afin que ce
soit chose ferme et estable à tousjours, nous avons fait mectre nostre
séel à ces présentes, saulf en autres choses nostre droit et l'autruy
en toutes. Donné en nostre ville de Lille, ou mois d'aoust l'an de
grâce mil V^c et treize ét de noz règnes de Germanie le XXVIIIe et de
Hongrie etc^a le XXIIIIe. Ainsi signé : soubz le ploy : Per Imperator :
MARGARETA. Encoires signé sur ledit ploy : Par l'Empereur et monseigneur l'Archiduc en leur Conseil : VERDERUE. Et encoires sur
icelluy ploy estoit escript ce qui s'ensuit : Ceste chartre est enregistrée
en la Chambre des Comptes à Lille ou registre des Chartres y tenu
commenchant en septembre XV^c six, folijs II^c XXV et II^c XXVI. Et
aprez que messeigneurs les gens des Comptes audict Lille ont esté
bien et deuement informez des faculté et puissance des biens de ceste

suppliante, la finance desdictes lettres a esté par eulx tauxée et arbitrée à la somme de trente six livres du pris de XL gros, monnoie de Flandres, la livre, ordonnée estre payée à maistre Jehan Ruffault, maistre en ladicte Chambre et commis à la recepte des deniers applicquiez à l'exécution du testament de feu le Roy de Castille, que Dieu absoille, lequel sera tenu d'en baillier sa lettre et en faire recepte au prouffit de mesdits seigneurs. Et en oultre, ladicte chartre a esté expédiée en ladicte Chambre, selon sa fourme et teneur le XIIIe jour de septembre XV^c XIII. Ainsi signé, moy présent : BOSQUIEL.

Archives départementales du Nord. — Chambre des Comptes de Lille. — Art. B. 1613, 18e Registre des Chartes, f° 225, v°.

BRIDOUL

ARMES : *d'azur à la fasce d'or accompagnée de trois molettes du même rangées en chef.*

Cette famille est originaire de Normandie ; *Raoul* BRIDOUL, secrétaire de Charles VI, fut assassiné à Paris pendant une émeute en servant le Roi, et ses descendants étaient représentés au XVIIe siècle par *Pierre* BRIDOUL, l'un des trente-six gentilshommes servant près du Roi.

I. — *Jean* BRIDOUL, fils de Jean [1] (décédé avant 1439), forcé de s'expatrier par l'invasion des Anglais, s'établit à Lille en 1438, acheta la bourgeoisie de cette ville en 1439, et mourut avant 1480 ; il eut :

1. — *Gilles*, bourgeois de Lille par relief du 4 janvier 1480 (n. st.), père de *Jean*, qui releva sa bourgeoisie le 12 janvier 1503 (n. st.).
2. — *Jean*, qui suit, II.

II. — *Jean* BRIDOUL, bourgeois de Lille par relief du 9 mai 1481 (n. st.), échevin de cette ville où il décéda avant 1531, épousa Jacquemine *de Gouy*, morte après 1554 ; dont :

1. — *Nicolas*, bourgeois de Lille par relief du 13 décembre 1513.
2. — *Gilles*, bourgeois de Lille par relief du 1er mars 1515 (n. st.).
3. — *Ollivier*, bourgeois de Lille par relief du 15 juillet 1525, mort avant 1561, eut deux fils :
   a. — *Jacques*, bourgeois de Lille par relief du 13 novembre 1561.
   b. — *Jean*, bourgeois de Lille par relief du 11 juillet 1565, (n. st.), échevin de cette ville, père de *Jean*, baptisé à Saint-Étienne le 13 mars 1572 (n. st.), marchand grossier, bourgeois par relief du 7 janvier 1594, et de *Marguerite*, baptisée à Saint-Étienne le 22 novembre 1572.
4. — *Jacques*, qui suit, III.

---

[1]. Est-ce celui-là qui est mentionné comme garde du château d'Eperlecques en 1401 ? (Archives départementales du Nord, B 1339).

5. — *Robert*, qui suivra, III bis.

6. — *Jeanne*, qui épousa Jean *Wys*, fils de Jean, né à Bruges, apothicaire, bourgeois de Lille par achat du 3 novembre 1531.

III. — *Jacques* BRIDOUL, bourgeois de Lille par relief du 16 mars 1531 (n. st.), échevin de cette ville, décédé avant 1556 ; il eut de Jeanne *Dujardin* :

  1. — *Louis*, qui suit, IV.
  2. — *Jean*, bourgeois de Lille par relief du 17 novembre 1556.

IV. — *Louis* BRIDOUL, bourgeois par relief du 25 septembre 1559 (n. st.), marchand de drap [1], échevin de Lille, épousa Françoise *de Bavière*, dont il eut :

  1. — *Nicolas*, qui suit, V.
  2. — *Pierre*, moine de Saint-Pierre de Gand.
  3. — *Catherine*, baptisée à Sainte-Catherine le 3 novembre 1565.
  4. — *Gilles*, baptisé à Sainte-Catherine le 24 juillet 1568, bourgeois de Lille par relief du 19 octobre 1595, allié à Isabeau *Mes* ; ils moururent tous deux avant 1659, et eurent :

    a. — *Jean*, baptisé à Saint-Étienne le 16 avril 1596.
    b. — *Louis*, baptisé à Saint-Étienne le 27 juillet 1597.
    c. — *Nicolas*, baptisé à Saint-Étienne le 15 août 1598.
    d. — *Antoine*, baptisé à Saint-Étienne le 3 août 1599.
    e. — *Marie*, baptisée à Saint-Étienne le 6 juillet 1607.
    f. — *Nicolas*, baptisé à Saint-Étienne le 16 décembre 1608.
    g. — *Françoise*, baptisée à Saint-Étienne le 20 novembre 1609.
    h. — *Marie*, baptisée à Saint-Étienne le 7 octobre 1610.
    i. — *Jeanne*, baptisée à Saint-Étienne le 21 août 1612.
    j. — *Antoine*, baptisé à Saint-Étienne le 6 août 1613, bourgeois de Lille par relief du 14 mai 1659, épousa à La Madeleine, le 16 février 1659, Antoinette *Bonduel*, fille de Nicolas et de Catherine *Lequin*, baptisée à Sainte-Catherine le 28 février 1603 ; sans postérité.

  5. — *Louis*, baptisé à Sainte-Catherine le 17 décembre 1570.

---

1. Le compte de 1581 de la Recette générale des finances contient la mention de « 9159 l. 2 s. à *Louis Bridou* et Baudouin *de La Vigne*, marchands de drap à Lille, à quoy revenoient les parties de diverses sortes de drapz et estamettes par eulx livrées, tant à certains prélatz, chevaliers de l'ordre du Thoison d'or, etc., pour faire accoustremens de dœuil pour les obsecques de feue de très haulte mémoire la Royne d'Espagne (cui Dieu absoille), célébrées en l'église Sainte-Walterude en la ville de Mons, les 29ᵉ et pénultiesme du mois de janvier 1581, ensemble pour l'oratoire dict de chambre, coussins, tappitz de table, chayères et aultres choses nécessaires pour les chambres de sadicte Excellence. » (Archives départementales du Nord, B 2672.)

6. — *Laurent*, baptisé à Saint-Étienne le 30 septembre 1572, tondeur de grand forches, bourgeois de Lille par relief du 19 juillet 1601, échevin en 1639, mort avant 1647, épousa : 1° à Saint-Étienne, le 8 janvier 1601, Marie *Potteau* ; 2° dans cette même église, le 20 janvier 1619, Marguerite *Behaghe* ; dont :

    a. — Du premier lit : *Gilles*, baptisé à Saint-Étienne le 9 avril 1608.

    b. — *Jeanne*, baptisée à Saint-Étienne le 1er août 1609, alliée, en 1637, à Antoine *Van Pradelles*, fils de Mahieu et d'Anne *Collart*, né à Dunkerque, marchand, bourgeois de Lille par achat du 6 mars 1637.

    c. — *Françoise*, baptisée à Saint-Étienne le 21 février 1611, morte avant 1647, mariée à Saint-Étienne, le 19 octobre 1630, avec Robert-Guillaume *Dujardin*, fils de Philippe et de Catherine *Gilles*, receveur, bourgeois de Lille par relief du 28 juillet 1631, décédé après 1647 ; dont postérité.

    d. — *Laurent*, baptisé à Saint-Étienne le 10 janvier 1620.

    e. — *Laurent*, baptisé à Saint-Étienne le 31 mai 1622.

    f. — *Marguerite*, baptisée à Saint-Étienne le 20 février 1624.

7. — *Jacques*, qui suivra, V bis.

8. — *Pétronille*, baptisée à Saint-Étienne le 8 mai 1579.

9. — *Pierre*, baptisé à Saint-Étienne le 22 février 1580 (n. st.).

10. — *Françoise*, baptisée à Saint-Étienne le 2 décembre 1581, mariée dans cette église, le 30 mai 1609, avec Jean *Tirselle*.

11. — *Marie*, baptisée à Saint-Étienne le 27 juin 1583.

V. — *Nicolas* BRIDOUL, bourgeois de Lille par relief du 10 mars 1590, licencié ès lois, conseiller, épousa Marguerite *Longuespée* ; ils moururent tous deux de la peste en 1604, et eurent :

1. — *Marie-Antoinette*, née le 29 novembre 1590, professe aux Brigittines d'Arras le 9 octobre 1611, abbesse de ce couvent le 10 avril 1623, décédée le 13 octobre 1656. Sa vie fut publiée sans nom d'auteur, à Lille, chez Nicolas de Rache, en 1667.

2. — *Pétronille*, baptisée à Saint-Étienne le 29 juin 1592.

3. — *Nicolas*, baptisé à Saint-Étienne le 17 mars 1595, bourgeois par relief du 13 octobre 1622, marié à Jeanne *du Buisson*, fille d'Adrien et de Barbe *Doresmieulx*, morte avant 1630 ; dont :

    a. — *Marguerite*, baptisée à Saint-Maurice le 12 novembre 1622, épouse, en 1643, de Gilles *Baulduin*, fils d'Antoine et de Marie *de Reptin*, baptisé à Sainte-Catherine le 28 octobre 1613, bourgeois de Lille par achat du 3 février 1645, procureur postulant au siège de la gouvernance de cette ville ; dont postérité.

 b. — *Nicolas*, baptisé à Sainte-Catherine le 13 janvier 1627.
 c. — *Philippe*, jumeau du précédent.

 4. — *Charles*, baptisé à Saint-Étienne le 7 juin 1597, bourgeois de Lille par relief du 4 mars 1622, greffier des gard'orphènes, procureur, allié à Saint-Pierre, le 22 septembre 1621, à Catherine *Van Torre*, fille de Jacques ; d'où :

  a. — *Charles*, baptisé à Sainte-Catherine le 18 juillet 1622.
  b. — *Gilles*, baptisé à Sainte-Catherine le 16 octobre 1623.
  c. — *Françoise*, baptisée à Saint-Étienne le 23 juin 1625.
  d. — *Bauduin-Jean*, baptisé à Saint-Étienne le 23 janvier 1628.
  e. — *Nicolas*, baptisé à Saint-Étienne le 5 août 1629.
  f. — *Antoinette-Brigitte*, baptisée à Saint-Étienne le 22 février 1631.

 5. — *Marie*, baptisée à Saint-Étienne le 14 février 1599.

V bis. — *Jacques* Bridoul, s^r de Burgau, de Martinsart à Seclin, baptisé à Saint-Étienne le 13 juillet 1576, bourgeois de Lille par relief du 26 janvier 1609, procureur ; épousa à Saint-Étienne, le 23 novembre 1608, Françoise *Mes*, fille de Jean et de Françoise *Le Niez* ; dont :

 1. — *Françoise*, baptisée à Saint-Étienne le 7 août 1611, morte en 1669, mariée à Saint-Étienne, le 30 décembre 1635, avec Michel *Dumortier*, fils de François et de Marie *de Callonne*, baptisé à Saint-Pierre de Tournai le 13 mars 1610, marchand, bourgeois de Lille par achat du 7 février 1631, décédé avant le 16 mai 1654 ; dont postérité.

 2. — *Barthélemi*, baptisé à Saint-Étienne le 28 novembre 1613.
 3. — *Jacques*, qui suit, VI.
 4. — *Jeanne*, baptisée à Saint-Étienne le 28 janvier 1618, mariée dans cette église, le 30 décembre 1640, avec François *Dumortier*, frère de Michel, né à Notre-Dame de Tournai le 10 décembre 1618, bourgeois de Lille par achat du 9 novembre 1640, appaiseur en 1655 et 1658, remarié avec Élisabeth *Dubois* ; dont postérité.

 5. — *Marguerite*, baptisée à Saint-Étienne le 25 juin 1620, décédée paroisse Saint-Pierre le 25 août 1671.
 6. — *Marie*, baptisée à Saint-Étienne le 5 mars 1623.
 7. — *Robert*, jumeau de la précédente.
 8. — *Pierre*, baptisé à Saint-Étienne le 15 décembre 1624.
 9. — *Louis*, baptisé à Saint-Étienne le 17 janvier 1626, décédé paroisse de La Madeleine le 27 avril 1685 et enterré dans la chapelle Saint-François aux Frères mineurs.

VI. — *Jacques* BRIDOUL, sr de Burgau, baptisé à Saint-Étienne le 17 novembre 1615, licencié en droit, bourgeois de Lille par relief du 28 septembre 1651, nommé conseiller assesseur en la gouvernance de Lille le 12 novembre 1647, confirmé dans sa noblesse par lettres données à Saint-Germain-en-Laye en mars 1676 ; épousa à Saint-Étienne, le 20 juillet 1651, Marie-Madeleine *de Lannoy*, fille de Paul, écuyer, et de Marguerite *du Forest*, baptisée à Saint-Étienne le 24 octobre 1624, y décédée le 9 mars 1700 ; dont :

1. — *Jacques*, qui suit, VII.
2. — *Marie-Françoise*, baptisée à Saint-Étienne le 3 mai 1654.
3. — *Pierre-Julien*, jumeau de la précédente.
4. — *Marie-Françoise*, baptisée le 10 juin 1656.
5. — *François-Joseph*, baptisé à Saint-Étienne le 20 mars 1658.
6. — *Jean-Albert*, baptisé à Saint-Étienne le 8 avril 1660.
7. — *Marie-Madeleine*, baptisée à Saint-Étienne le 11 septembre 1661, y décédée le 19 février 1721, mariée dans cette église, le 29 novembre 1690, avec Robert-François *Imbert* [1], sr des Mottelettes, baptisé à Saint-Étienne le 6 septembre 1665, fils d'Adrien, sr du Mouton, et de Marie-Françoise *de Fourmestraux*, bourgeois de Lille par relief du 10 janvier 1691, échevin de cette ville en 1693, décédé le 18 février 1717 ; dont postérité.
8. — *Guillaume-Eubert*, baptisé à Saint-Étienne le 8 septembre 1663, chanoine d'Ypres.
9. — *Antoinette*, baptisée à Saint-Étienne le 30 juillet 1666.

VII. — *Jacques* BRIDOUL, écuyer, sr d'Averdoing, de Burgau, baptisé à Saint-Étienne le 25 avril 1652, bourgeois de Lille par relief du 5 mai 1679, décédé paroisse Sainte-Catherine le 4 janvier 1727 ; il épousa à Sainte-Catherine, le 11 janvier 1679, Marie-Catherine *Lefebvre-Delattre*, fille de Charles et de Jossinne *Petit*, décédée paroisse Sainte-Catherine le 13 août 1712 ; dont :

1. — *Marie-Isabelle-Hyacinthe*, baptisée à Saint-Étienne le 28 février 1680, morte paroisse Saint-Pierre le 16 février 1754, mariée à Sainte-Catherine, le 8 juin 1705, avec Jean-Baptiste *Hespel*, écuyer, sr de Vendeville, fils d'Anselme, écuyer, sr de Flencques, et de Marie *Verdière*, baptisé à Saint-Étienne le 9 juillet 1678, bourgeois de Lille par relief du 7 août 1705, décédé paroisse Saint-Pierre le 5 décembre 1728 ; dont postérité.

---

1. IMBERT : *d'azur à une bande d'argent accompagnée de deux molettes du même.*

2. — *Marie-Madeleine-Joseph*, baptisée à Sainte-Catherine le 28 septembre 1681, morte dans cette paroisse le 30 mars 1744; épousa dans cette église, le 31 août 1711, Joseph *Hespel*, écuyer, sr de Loos, de Doulieu, frère du précédent, baptisé à Saint-Étienne le 15 mars 1684, bourgeois de Lille par relief du 19 janvier 1712, inhumé à Sainte-Catherine le 23 novembre 1745 ; dont postérité.

3. — *Jeanne-Cécile-Thérèse*, baptisée à Sainte-Catherine le 17 septembre 1683.

4. — *Françoise-Louise*, baptisée à Sainte-Catherine le 14 décembre 1684.

DEUXIÈME BRANCHE.

III bis. — *Robert* BRIDOUL, bourgeois de Lille par relief du 20 août 1549, docteur en médecine, décédé le 9 mai 1575, eut de Jacqueline *Morelle* :

1. — *Antoine*, bourgeois par relief du 16 septembre 1581.
2. — *Noël*, qui suit, IV.
3. — *Oste* ou *Othon*, bourgeois par relief du 13 décembre 1591, épousa Marie *Bave* ; dont :
    a. — *Jacqueline*, baptisée à Saint-Maurice le 25 mai 1592.
    b. — *Jeanne*, baptisée à Saint-Maurice le 23 septembre 1593.
    c. — *Françoise*, baptisée à Saint-Maurice le 7 mai 1603.
    d. — Et peut-être *Marguerite*, baptisée à Saint-Étienne le 11 juin 1596.
    e. — *Catherine*, baptisée à Saint-Étienne le 25 juin 1599.
4. — *Jean*, sayeteur, bourgeois de Lille par relief du 6 avril 1589, marié à Catherine *Dubosquel*, mort avant 1624 ; eut :
    a. — *Antoinette*, baptisée à Saint-Maurice le 20 mai 1591.
    b. — *Jean*, baptisé à Saint-Étienne le 9 mars 1594, marchand, bourgeois de Lille par achat du 5 février 1644, célibataire.
    c. — *Marguerite*, baptisée à Saint-Étienne le 13 septembre 1595, alliée à Jean *Cardon*, fils de Nicolas et d'Isabeau *Blancquet*, bourgeois de Lille par relief du 18 juin 1619 ; dont postérité.
    d. — *Agnès*, baptisée à Saint-Étienne le 30 janvier 1598, décédée paroisse Saint-Maurice le 5 janvier 1660 [1].
    e. — *Marie*, baptisée à Saint-Étienne le 21 février 1610.
    f. — *Pierre*, baptisé à Saint-Étienne le 6 ou le 16 octobre 1614.

---

1. Nous croyons qu'il faut ajouter *Jeanne*, née en 1602, professe à Marquette en 1619, prieure de ce couvent en 1658, décédée le 23 janvier 1681. Elle était la tante de Noël, qui suit.

5. — *Jacquemin*, baptisé à Saint-Étienne le 3 mai 1571.

IV. — *Noël* Bridoul, bourgeois de Lille par relief du 19 septembre 1587, bailli de Marquette, receveur de l'hôpital des Grimarets, mort le 21 février 1635, écrivit un certain nombre de livres de piété ; on en trouvera la liste dans Le Glay : *Spicilège*, 1er volume, 2me fascicule, p. 92, et dans les *Souvenirs religieux*, de 1896, p. 61. Il épousa à Sainte-Catherine, le 27 janvier 1587, Marguerite *Petipas*, fille de Charles, écuyer, sr de Gamans, décédée le 18 décembre 1653 et inhumée comme lui dans la chapelle Saint-Adrien à Saint-Pierre. Ils eurent :

1. — *Charles*.
2. — *Hippolyte*, qui suit, V.
3. — *Toussaint*, né en 1595, jésuite en 1617, mort à Lille le 28 juillet 1672, composa plusieurs livres de piété très connus et recherchés ; le plus célèbre : *L'école de l'Eucharistie establie sur le respect merveilleux que les bêtes, oiseaux et les insectes ont rendu en différentes occasions au Saint-Sacrement de l'autel* (Lille, N. de Rache, 1672, in-12), fut traduit en anglais par un protestant qui y joignit une préface où toute la doctrine catholique est bafouée et l'Église regardée comme une société d'imposteurs qui se jouent de la crédulité des peuples ; en réalité, l'auteur faisait preuve de plus de zèle que de discernement. Ce livre et les autres ouvrages de Toussaint Bridoul sont cités et commentés par Paquot : *Mémoires pour servir à l'histoire littéraire des Pays-Bas*, t. VI, p. 42 ; par les *Souvenirs religieux*, de 1889, p. 78, et par la *Biographie nationale belge*, t. III, p. 53 et 54.
4. — *Frédéric*.
5. — *Françoise*, épouse de N... *Delsaux*, avocat.
6. — *Barbe*, mariée à Saint-Pierre, le 22 février 1621, avec Jean *Leboucq*, fils de Jean et de Marie *Delebecque*, avocat, bourgeois de Lille par relief du 4 février 1622 ; dont postérité.
7. — *Catherine*, célibataire.

V. — *Hippolyte* Bridoul, bourgeois de Lille par relief du 12 juin 1620, bailli de Marquette, mort le 2 novembre 1656, épousa à Sainte-Catherine, le 17 janvier 1620, Jeanne *de Courouble*, fille de Maximilien, décédée avant 1661 ; dont :

1. — *Maximilien*, baptisé à Saint-Pierre le 25 août 1622.
2. — *Hippolyte*, baptisé à Saint-Pierre le 28 avril 1625.
3. — *Guillaume*, sr de la Verderue, baptisé à Saint-Pierre le 8

juin 1629, bourgeois de Lille par relief du 18 janvier 1659, bailli de Marquette, échevin de Lille, allié à La Madeleine, le 4 janvier 1659, à Marie-Anne *Le Cherf*[1], fille de Jean et de Marie *du Gardin*; d'où :

    a. — *Guillaume-François*, baptisé à Saint-Pierre le 16 juillet 1660.

    b. — *Jeanne-Hippolyte*, baptisée à Saint-Pierre le 23 octobre 1661, morte paroisse Sainte-Catherine le 19 novembre 1709, célibataire.

    c. — *Charles*, baptisé à Saint-Pierre le 9 février 1663.

    d. — *Catherine-Louise*, baptisée à Saint-Pierre le 17 octobre 1664, professe à l'abbaye de Marquette le 8 février 1682.

    e. — *Pierre-Joseph*, baptisé à Saint-Pierre le 14 novembre 1666.

    f. — *Pierre-Guillaume*, baptisé à Sainte-Catherine le 8 septembre 1669, y décédé le 17 mars 1741.

    g. — *Marie-Marguerite*, baptisée à Saint-Pierre le 29 décembre 1670.

    h. — *Jean-Baptiste-Louis-Albert*, baptisé à Saint-Pierre le 14 mai 1673, décédé paroisse Sainte-Catherine le 20 avril 1744.

    i. — *Adrienne-Anne-Rufine*, baptisée à Saint-Pierre le 11 août 1674.

    j. — *Marie-Marguerite-Rufine*, dame de Poisbrègue, baptisée à Saint-Pierre le 15 décembre 1675, décédée paroisse Sainte-Catherine le 10 octobre 1735.

    k. — *Jean-François-Albéric*, baptisé à Saint-Pierre le 1er décembre 1677, religieux dominicain.

    l. — *Marie-Élisabeth-Bernardine*, baptisée à Saint-Pierre le 29 janvier 1680, mariée à Sainte-Catherine, le 22 septembre 1699, avec Jean-Baptiste *Breckvelt*, fils d'Ignace, sr de la Haye, et de Barbe *de le Beulque*, baptisé à Saint-Étienne le 24 juillet 1670, bourgeois de Lille par relief du 26 octobre 1699, directeur du Mont-de-piété, mort paroisse Saint-Pierre le 12 juillet 1749. Sans postérité.

    m. — *Marie-Anne*, baptisée à Saint-Pierre le 16 mai 1683.

4. — *Jeanne*, baptisée à Saint-Pierre le 25 juin 1630.

5. — *Jean-François*, baptisé à Saint-Pierre le 3 décembre 1631, mort paroisse Sainte-Catherine le 4 février 1716.

6. — *Philippe-Jean*, sr d'Aulebrancq, baptisé à Saint-Pierre le 13 janvier 1633, bourgeois de Lille par relief du 9 avril 1661, mort avant 1697, marié après 1661 avec Élisabeth-Catherine *du Mer*; dont :

---

1. LE CHERF : d'or à un massacre de cerf de gueules.

a. — *Jean-François*, bourgeois de Lille par relief du 18 janvier 1697, allié à Marie-Louise *de Becq* ; comme son père, il ne résidait pas à Lille, et nous ne savons pas s'il eut postérité.

7. — *Hippolyte*, qui suit, VI.

8. — *Balthazar*, baptisé à Saint-Pierre le 2 janvier 1636.

VI. — *Hippolyte* BRIDOUL, s^r de Leperon, baptisé à Saint-Pierre le 24 décembre 1633, receveur du marquis de Risbourg, bourgeois de Lille par relief du 3 septembre 1665, épousa à La Madeleine de Cambrai, le 8 mai 1665, Catherine *Bourchault*, fille de Pierre et de Jeanne *Castellain*, baptisée en la même église le 13 juillet 1640 ; d'où :

1. — *Marie-Joseph*, décédée paroisse de La Madeleine à Cambrai le 14 octobre 1728, mariée à Sainte-Croix de cette ville, le 30 août 1704, avec François-Joseph *Protez*, fils de Gaspard et de Catherine *Vilet*, baptisé à La Madeleine de Cambrai le 15 août 1653, mort après sa femme.

2. — *Anne-Marie-Clémence*, baptisée à La Madeleine le 17 avril 1673, morte aux Dames de Prémy, dans la même ville.

3. — *Jeanne-Justine*, baptisée à La Madeleine le 8 novembre 1675, religieuse hospitalière à Menin.

4. — *Marie-Marguerite-Louise*, baptisée à La Madeleine le 23 juillet 1679, religieuse capucine à Saint-Omer.

5. — *Philippe-François*, prieur de Framecourt-en-Artois, mort à Ham (?).

6. — *Jean-Hippolyte-Géry*, qui suit, VII.

7. — *Marie-Anne*, baptisée à La Madeleine le 17 septembre 1688, morte enfant.

VII. — *Jean-Hippolyte-Géry* BRIDOUL, baptisé à La Madeleine [1] le 23 mars 1682, bourgeois de Douai le 22 juin 1703, conseiller référendaire au Parlement de Flandre, décédé paroisse Saint-Nicolas de Douai le 31 juillet 1729, épousa dans cette église, le 3 juillet 1703, Marie-Françoise *de Fontaine*, fille de Claude et d'Anne-Thérèse *Laloe* ; celle-ci testa à Douai le 20 juillet 1746, mourut le 17 juillet 1772 et eut :

1. — *Françoise-Thérèse-Ursule*, baptisée à Saint-Albin de Douai le 30 mars 1704, morte jeune.

2. — *Guillaume-Hippolyte-Joseph*, baptisé à Saint-Nicolas de

---

1. Tous ces baptêmes furent célébrés à La Madeleine de Cambrai.

Douai le 19 mars 1706, conseiller référendaire au Parlement de Flandre, nommé conseiller receveur des amendes et receveur payeur des épices et vacations en la cour près ce Parlement le 10 juillet 1747, décédé paroisse Saint-Pierre de Douai le 4 mars 1767, marié dans cette église, le 4 novembre 1736, avec Marie-Claire-Thérèse *Vanoye*, dont il n'eut pas d'enfants.

3. — *Marie-Philippine-Joseph*, baptisée à Saint-Nicolas de Douai le 16 mai 1709, décédée paroisse Saint-Albin le 28 février 1779, alliée, le 16 février 1733, à Bonaventure *Éloy*, fils de Jacques-Macaire et de Marie-Isabelle *Dutrieux*, né à Soignies en 1706, avocat au conseil souverain de Brabant, naturalisé Français par lettres données à Fontainebleau en octobre 1732, conseiller à la cour du Parlement de Flandre en 1733, chevalier, s^r de Vicq en vertu de lettres de terrier obtenues du Roi en mai 1758, conseiller au conseil supérieur de Douai le 14 octobre 1771, doyen du Parlement en 1776 et président de la noblesse du bailliage de Douai en 1789, décédé paroisse Saint-Amé en cette ville, le 4 octobre 1791 ; dont postérité :

4. — *Marie-Ursule-Joseph*, religieuse ursuline à Valenciennes.

5. — *Jean-Baptiste-François*, s^r de Lesperon, baptisé à Saint-Nicolas de Douai le 26 février 1712, avocat au Parlement de Flandre, puis échevin de Cambrai, décédé paroisse Saint-Nicolas de Cambrai le 31 mai 1741 ; marié à Saint-Aubert de cette ville, le 10 février 1739, avec Hélène-Françoise-Angélique *Le Merchier*, fille d'Arnould-Hubert, s^r de Gonnelieu, et de Marie-Angélique-Augustine *de Bourchault*, née en 1715 ; d'où :

    a. — *Jean-Arnould*, baptisé à Saint-Nicolas de Cambrai le 27 septembre 1740.

6. — *Marguerite-Catherine-Joseph*, baptisée à Saint-Nicolas de Douai le 25 juin 1714, y décédée le 10 décembre 1745 ; mariée à Saint-Pierre de cette ville, le 30 janvier 1742, avec Jacques *Hackell*, écuyer, fils de Walter et de Brigitte *Coghlan*, né à Milstoun (Irlande), en 1710, capitaine au régiment de Buckeley, décédé paroisse Saint-Nicolas de Douai le 8 juillet 1746 ; dont postérité.

NON RATTACHÉS.

Allard BRIDOUL, échevin de Lille en 1598 et 1599.

Josse BRIDOUL, échevin de cette ville en 1530 et 1532.

Jeanne BRIDOUL, fille de *Jean* l'aîné et de Marguerite *Desbarbieux*, baptisée à Saint-Maurice le 25 avril 1602.

Marie Bridoul, veuve de Valentin *Andrieu*, morte en 1578.

Marie Bridoul, épouse de Guillaume *Daudenarde*, mort la veille de Pâques 1611.

Bauduin Bridoul, sʳ de Lendelede, nommé bourgmestre de Menin le 26 octobre 1688, renommé le 13 mars 1690, le 23 octobre 1694, et jusqu'au 3 septembre 1699 où il fut remplacé par Jean Casteele. Les recherches que nous avons fait faire à Menin n'ont pas permis de rattacher ce personnage à notre famille lilloise.

1676, mars. — *Lettres d'anoblissement en faveur de Jacques Bridoul, sʳ de Burgau, d'Ennetières, etc.*

Louis par la grâce de Dieu roy de France et de Navarre, à tous ceux quy ces présentes lettres verront, salut. Nostre cher et bien amé *Jacques Bridoul*, seigneur de Burgau, d'Ennetières, etc., conseillier et premier assesseur en nostre gouvernance de Lille, nous a très humblement exposé qu'il est issu de l'ancienne et noble famille des *Bridouls*, originaire de nostre province de Normandie, que plusieurs d'icelle famille ont servy les Roys nos prédécesseurs en divers emplois et charges honorables, tant dans leurs armées que près de leurs personnes, qu'entre eux *Raoul Bridoul* l'un de ses ancestres, secrétaire du roy Charles sixiesme l'un de nos prédécesseurs, s'estant porté avecq zèle pour le service dudict Roy son maistre eut l'infortune ainsy que plusieurs autres de ses plus fidels officiers et serviteurs d'estre assassiné dans Paris par des rebelles et seditieux vers le commenchement du quatorziesme siècle pendant une émotion populaire, son corps jetté dans la rivière et ses maisons pillées et bruslées, que *Jean Bridoul*, escuyer, aussy l'un de ses ancestres, fils de *Jean Bridoul*, seigneur Dybouville, à cause de l'irruption des Anglois en ladicte province, il vint demeurer vers l'an mil quattre cens trente huict avecq trois enffans en nostre ville de Lille, où leurs descendans ont tousjours porté comme nobles les anciennes armes de leur famille, qu'ils y ont possédé et exercé dignement et avec sattiffaction du public diverses charges des plus honorables de la magistrature, qu'ils s'y sont alliés à diverses familles nobles, que *Louys* et *Jacques Bridoul*, ayeul et père du suppliant, tous deux successivement seigneurs dudit Burgau, ont vescu très honorablement sans avoir ny l'un ny l'autre plusieurs années avant leur mort fait aucune acte dérogeante à noblesse, que sondict ayeul s'est allié à la noble famille *de Bavière* originaire de Flandres, que le suppliant (qui a tousjours vescu noblement et qui possède plusieurs fiefs nobles mesmes avecq haulte justice dans nostre chastellenie de Lille) est cousin de *Pierre Bridoul*, escuyer, seigneur de Calvy et de Freville, l'un des trente six gentilhommes servans près de nostre personne, dont les ancestres, issus de la mesme branche des Bridouls susmentionnez, sont retournés en nostre royaume et se sont establis ès environs de notre ville de Paris, qu'il s'est pareillement allié à la noble famille *de Lannoy* originaire de nostre dicte chastellenie de Lille, qu'estant pourveu depuis vingt sept ans de la charge de conseillier et premier assesseur de la gouvernance de nostre dite ville de Lille et dans laquelle charge nous l'avons confirmé, il s'en est si dignement acquitté qu'il a eu l'honneur d'estre député du corps de ladicte gouvernance pour nous asseurer de sa fidélité et de son affection à nostre service au jour de la réduction de ladicte ville de Lille à nostre obéissance par la force de nos armes, et depuis encore à nostre joyeuse entrée en icelle ; mais parce qu'on pourroit luy objecter quelque dérogeances à cause que ces ancestres ont esté obligez pour restablir l'estat de leurs affaires ruinées par la susdite irruption des anglois en ladite province de Normandie leurs pays originaires, de s'appliquer au négoce, il nous a très humblement supplié de luy vouloir accorder nos lettres de réhabilitation et réintégration de son ancienne noblesse, qu'il nous a faict voir conformément à son exposé par tiltres apparans, à quoy ayans esgard et désirans traiter favorablement ledict *Bridoul*, tant en considération des services qu'il a rendu depuis la réduction de ladicte ville en nostre obéissance, et qu'il continue encore de nous rendre journellement dans l'exercice de sa charge de conseiller et premier assesseur de la gouvernance d'icelle ville, que du zèle, fidélité et affection qu'il fait paroistre en toutes occasions pour le bien de cest estat, sçavoir faisons que par ces causes et autres à ce nous mouvans et de nostre grace espécialle, pleine puissance et authorité royale, nous avons par ces présentes signées de nostre main relevé et relevons ledict suppliant de la susdicte derogeance et voulons et entendons que tant iceluy suppliant que ses enffans et descendans nais et à naistre en loyal mariage jouÿssent et usent de tous et tels honneurs, prérogatives, prééminences et franchises, privilèges et exemptions dont les autres nobles de nostre royaume et ceux des terres et seigneuries qui nous appertiennent dans les Pays Bas ont accoustume de jouir et user et qu'ils puissent continuer de prendre la qualité d'escuyer et soient en tous lieux et actes tant en jugement que dehors reputez et recognus nobles comme nous les recognoissons et déclarons par cesdites présentes, voulons en outre et nous plaist qu'ils puissent porter leurs anciennes armoiries telles que leurs prédécesseurs les ont portées de tout temps et qu'elles seront icy emprintes, sçavoir *d'azur à une face d'or et trois mollettes aussy d'or en chief*, avec une teste de griffon eslevé entre deux aisles de mesme métail pour cimier, auxquelles nous leurs avons permis d'adjouster deux griffons pareillement d'or pour supports et tenans et de faire eslever lesdictes armoiries dans leurs terres, seigneuries et maisons, sans que pour raison de nostre présente grâce ils soient tenus de nous payer ny à nos successeurs Roys aucune finance, de laquelle à quelle somme qu'elle puisse monter, nous luy avons fait et faisons don par ces mesmes présentes. Si donnons en mandement à nos amez et feaux les gens tenans nostre conseil souverain de Tournay, comme aussy au directeur de nostre chambre des comptes à Lille et à tous autres nos officiers et justiciers qu'il appertiendra, que ces présentes, ils ayent à faire enregistrer et du contenu en icelles jouyr et user pleinement, paisiblement et perpétuellement, ledict *Jacques Bridoul*, ensamble ses enffans et descendans naiz et à naistre en loïal mariage comme dit est, cessans et faisans cesser tous troubles et empeschements quelconques, nonobstant toutes déclarations et édits, arrests, réglemens et autres choses à ce contraire, nous avons dérogé et dérogeons pour ce regard par ces présentes, car tel est nostre plaisir. Et afin que se soit chose ferme et stable à tousjours nous avons fait mettre nostre seel à ces mesmes présentes, sauf en autre chose nostre droit et l'aultruy en touttes. Donné à Saint Germain en Laye au mois de mars l'an de grace mil six cens soixante seize, et de nostre règne le trente troiziesme. Plus bas estoit signé Louys ; auxquelles lettres appendoit en cordon de soye vert et rouge le grand seel de Sa Majesté en cire verd. Sur le reply estoit escrit par le Roy et plus bas Le Tellier avec paraphe. Et au costé gauche dudit reply estoit escript ce qui s'ensuit : Veues et enregistrées au conseil souverain de Tournay, ouy et ce consentant le procureur général du Roy, pour estre exécuté selon et en la forme portée par l'arrest. Donné ce jourd'huy 27 apvril 1676. Plus bas signé : Hourdeau.

<small>Archives communales de Lille. — Registres aux mandements et ordonnances de la Gouvernance. — Registre La Paix, f°s 221 v° 222 r° pièce n° 228.</small>

CARDON

Armes : *d'azur à trois chardons d'or* [1]

I. — *Jacquemars* Cardon, vivant au commencement du XVe siècle, fut père de :

II. — *Jean* Cardon, bourgeois de Lille par achat en novembre 1440, mort avant 1450 ; d'où :

1. — *Guillaume*, qui acheta la bourgeoisie en 1449.
2. — *Jean*, qui suit, III.

III. — *Jean* Cardon, bourgeois de Lille par achat en novembre 1450, eut entre autres enfants :

1. — *Adrien-Alexis*, né le 1er février 1479, dont une fille et quatre fils.
2. — *Jacquet* ou *Jacques*, né à Fives, bourgeois de Lille par achat du 4 avril 1504, père de :
    a. — *Guillaume*, bourgeois par relief du 1er février 1544 (n. st.), père lui-même de :
        aa. — *Mathis*, bourgeois par relief du 31 mai 1570.
    b. — *Philippe*, bourgeois par relief du 23 janvier 1545 (n. st.)
3. — *Antoine*, qui suit, IV.

IV. — *Antoine* Cardon, bourgeois de Lille par achat du 10 mai 1526, décédé en 1561 ; s'allia à Jeanne *Berthaud*, dite *de Hollande* ; d'où :

1. — *Jacques*, qui suit, V.
2. — Une fille, mariée avec Antoine *Hermant*, capitaine au service d'Espagne ; dont postérité.
3. — *Simon*, qui releva sa bourgeoisie le 7 août 1558.
4. — *Pierre*, bourgeois de Lille par relief du 6 mars 1562 (n. st.)
5. — *Antoine*, bourgeois de Lille par relief du 21 octobre 1562.

---

1. Parfois : *d'azur au chevron d'or accompagné de trois chardons du même*, ou encore : *d'azur au chevron d'or chargé sur sa pointe d'une étoile à huit rais de gueules et accompagné de trois chardons d'or*.

V. — *Jacques* Cardon, né avant le 10 mai 1526, bourgeois de Lille par relief du 7 janvier 1541 (n. st.), décédé avant mai 1562; épousa, le 31 mai 1540, Jacqueline *de la Dalle*, fille d'Allard et de Marguerite *Lachier*; d'où :

1. — *Philippe*, bourgeois par achat du 7 mai 1563, sayeteur, marié après cette date et père de *Jean*.
2. — *Bauduin*, bourgeois par achat du 7 mai 1563, père de *Michel* qui releva sa bourgeoisie le 30 avril 1602.
3. — *Jean*, qui suit, VI.
4. — *Michel*, qui suivra, VI bis.
5. — *Péronne*, morte le 25 mars 1629, alliée à Gilles *Potteau*, fils de Josse, marchand à Lille, bourgeois de cette ville par relief du 12 avril 1572, décédé le 16 novembre 1620 et enterré ainsi que sa femme à Saint-Maurice; dont postérité.
6. — *Catherine*, décédée le 21 janvier 1620, mariée avec Jean *Cuvillon*, fils de Simon et d'Agnès *Preudhomme*, procureur à Lille, bourgeois de cette ville par relief du 11 mars 1581 (n. st.), décédé le 16 juin 1628 et enterré à côté de sa femme dans la grande nef de Saint-Étienne; dont postérité.
7. — *Marie*, religieuse aux Sœurs grises de Lille.

VI. — *Jean* Cardon, bourgeois de cette ville par relief du 9 juin 1573, figure dans les réjouissances données à Lille le 7 juin 1598 sous le nom de Pape des Guingans [1]; il épousa, le 16 mars 1573 (n. st.), Marie *Laignel*, fille de Liévin et de N *Marissal*; d'où :

1 — *Josse*, bourgeois de Lille par relief du 13 décembre 1591, père d'*Agnès*, baptisée à Saint-Étienne le 4 avril 1599.
2. — *Barbe*, baptisée à Saint-Maurice le 28 octobre 1576.
3. — *Gilles*, qui suit, VII.
4. — *Marguerite*, baptisée à Saint-Maurice le 24 octobre 1582.
5. — *Jean-Joseph*, qui suivra, VII bis.
6. — *Élisabeth*, baptisée à Saint-Maurice le 22 septembre 1588.
7. — *Catherine*, baptisée à Saint-Maurice le 29 janvier 1591, mariée à Saint-Étienne, le 12 juin 1606, avec Robert *Muette*, fils de François et de Barbe *Le Febvre*, bourgeois de Lille par relief du 12 janvier 1607.
8. — *Jacqueline*, baptisée à Saint-Maurice le 10 octobre 1593, alliée à Robert *de Douay*, sr d'Amiette, de le Becque, fils de Nicolas et d'Agnès *d'Aix*, né à Arras, bourgeois de Lille par achat du 6 octobre 1601; dont postérité.

---

1. *Bulletin de la Commission historique du Nord*, t. XXVI, p. 265.

9. — *Marie*, baptisée à Saint-Maurice le 28 janvier 1600.

VII. — *Gilles* CARDON, né en 1577, bourgeois de Lille par relief du 24 janvier 1598, échevin de cette ville; épousa, en 1597, Péronne *de Fourmestraux*, fille d'Antoine et de Jeanne *Muette*; dont :

1. — *Antoinette*, décédée après 1634, alliée à Saint-Étienne, le 2 février 1623, à Jean *Poulle*, fils de Remi et de Marie *Delaporte*, baptisé à Saint-Étienne le 29 décembre 1596, bourgeois de Lille par relief du 17 octobre 1623, remarié avec Anne *Looze*.
2. — *Michelle*, née le 19 août 1605, morte le 4 décembre 1654, mariée à Saint-Étienne, le 10 novembre 1625, avec Pierre *Rouvroy*, fils de Jean et de Catherine *de la Barre*, né le 10 novembre 1598, marchand, bourgeois de Lille par relief du 18 janvier 1626, décédé le 15 août 1682 et inhumé à Saint-Maurice, derrière le chœur, à côté de sa femme ; dont postérité.
3. — *Gilles*, qui suit, VIII.
4. — *Catherine*, baptisée à Saint-Étienne le 28 novembre 1610.
5. — *Pétronille*, baptisée à Saint-Étienne le 10 juin 1613, enterrée le 19 septembre 1695 en cette église dans la chapelle de la Vierge ; alliée à Hippolyte *Braem*, fils d'Hippolyte, licencié en droit, bourgeois de Lille par relief du 2 mars 1635 ; sans enfants.
6. — *Marie*, baptisée à Saint-Étienne le 21 novembre 1616.
7. — *Jeanne*, baptisée à Saint-Étienne le 26 novembre 1620.
8. — *Françoise*, baptisée à Saint-Étienne le 1er août 1623.
9. — *Nicolas*, marguillier de La Madeleine, décédé sur cette paroisse le 22 décembre 1703.

VIII. — *Gilles* CARDON, baptisé à Saint-Étienne le 28 juin 1608, bourgeois de Lille par relief du 22 février 1635, enterré au chœur de Saint-Pierre le 6 septembre 1700 ; épousa à Saint-Étienne, le 22 septembre 1634, Françoise *Fruict*, fille de Jean et de Marguerite *Bacler*, baptisée à Sainte-Catherine le 11 juillet 1612 ; dont :

1. — *Gilles*, baptisé à Saint-Étienne le 13 janvier 1636.
2. — *Jean-Baptiste*, qui suit, IX.
3. — *Marie-Angélique*, baptisée à Saint-Étienne le 26 avril 1643.
4. — *François*, baptisé à Saint-Maurice le 30 octobre 1644, y décédé le 9 mai 1707.
5. — *Ignace*, qui suivra après son frère, IX bis.

IX. — *Jean-Baptiste* CARDON, sr du Fermont, baptisé à Saint-Maurice le 16 décembre 1637, bourgeois de Lille par relief du 25 octobre 1665, enterré à Saint-Pierre le 2 août 1701 ; épousa :

1° à Saint-Pierre, le 23 septembre 1664, Marguerite-Françoise *du Forest*, fille d'Antoine et de Marguerite *de Douay*, née en 1644, décédée le 4 juillet 1669 ; 2° à Saint-Maurice, le 17 novembre 1670, Marie-Brigitte *Scherer*, fille de Diéthelm et de Catherine *Le Chire*, baptisée à Saint-Maurice le 11 octobre 1648, enterrée à Saint-Pierre le 27 septembre 1690 ; d'où :

1. — Du premier lit : *Marie-Christine*, dame de Douay, des Passez, d'Amiette, du Maresquet, baptisée à Sainte-Catherine le 24 août 1667, morte le 5 juin 1728, mariée à Saint-Pierre, le 22 janvier 1692, avec Simon-Pierre *du Chambge*[1], chevalier, sr de Liessart, fils de Séraphin, sr du Fay, et de Jossinne *Vandenberghe*, né le 1er février 1669, bourgeois de Lille par relief du 23 février 1692, créé trésorier de France au bureau des finances le 6 février 1693, nommé conseiller du Roi en ses conseils et premier président de ce bureau par lettres du 30 janvier 1700, décédé le 24 juillet 1726 et inhumé, ainsi que sa femme, dans l'église de Noyelles-lez-Seclin ; dont postérité.

2. — *Antoine*, baptisé à Sainte-Catherine le 8 avril 1669, mort le 21 juin 1687.

3. — Du second lit : *Élisabeth-Françoise*, baptisée à Saint-Pierre le 30 août 1671, morte le 24 septembre suivant.

4. — *Angélique-Silvie*, baptisée à Saint-Pierre le 21 juin 1672, morte à dix-huit jours.

5. — *Jean-Baptiste*, qui suit, X.

6. — *Eubert-François*, baptisé à Saint-Pierre le 25 octobre 1674, religieux à Saint-Vaast d'Arras le 22 janvier 1694, profès le 14 septembre 1695, mort le 28 février 1739.

7. — *Isabelle-Silvie*, baptisée à Saint-Pierre le 2 septembre 1676, morte le 20 mai 1707, mariée dans cette église, le 25 novembre 1704, avec Michel-Pélagie *d'Haffrenghes*, sr de la Bricque, fils de Jacques Adrien, conseiller pensionnaire des États de Lille, et de Marie-Catherine *Cambier*, bourgeois de Lille par relief du 3 avril 1705, échevin de cette ville où il décéda le 27 mai 1723 ; dont postérité.

8. — *Marie-Josèphe*, baptisée à Saint-Pierre le 26 mars 1678, enterrée le 20 novembre 1756, à Sainte-Catherine, près le buffet de la chapelle de Saint-Nicolas.

9. — *Louis-Joseph*, qui suivra, X bis.

10. — *Jeanne-Françoise*, baptisée à Saint-Pierre le 4 mai 1683, inhumée le 9 novembre 1727 à Sainte-Catherine.

---

1. Du Chambge : *d'argent au chevron de gueules, accompagné en chef de deux merlettes de sable et en pointe d'un trèfle de sinople.*

11. — *Pierre-Lamoral*, baptisé à Saint-Pierre le 23 novembre 1687, mort enfant.

12. — Un enfant né avant terme et mort aussitôt le 20 août 1690.

X. — *Jean-Baptiste* CARDON, s^r du Fermont, baptisé à Saint-Pierre le 3 mai 1673, bourgeois de Lille par relief du 3 décembre 1698, anobli par l'achat d'une charge de conseiller secrétaire du Roi en 1719, administrateur des biens des hôpitaux Saint-Nicolas, Sainte-Trinité et Saint-Nicaise, administrateur de la Noble-Famille de 1715 à 1742, inscrit au rôle des nobles de Flandre par ordonnance du 10 novembre 1739, échevin, puis mayeur de Lille, mort dans l'exercice de cette fonction le 11 mai 1742, et enterré dans l'église-Saint-André; épousa à Sainte-Catherine, le 27 novembre 1698, Marie-Catherine-Françoise *de Sailly*, dame d'Ardompretz, fille de Jacques-Antoine, s^r dudit lieu, et de Marie-Catherine *Mouton*, baptisée à Sainte-Catherine le 10 mai 1679, inhumée le 21 décembre 1761 à côté de son mari; dont :

1. — *Philippe-Alexandre*, baptisé à Sainte-Catherine le 24 février 1699, nommé chanoine de Saint-Pierre en 1728 par le prévôt Henri Bochart de Champigny.

2. — *Christine-Françoise*, baptisée à Sainte-Catherine le 13 avril 1700, professe urbaniste à Lille le 26 septembre 1719, décédée le 12 novembre 1750.

3. — *Antoine-François*, écuyer, s^r de Bricogne, baptisé à Sainte-Catherine le 9 avril 1701, licencié en droit, nommé échevin de la prévôté d'Esquermes le 12 septembre 1727, bourgeois de Lille par relief du 29 novembre 1732, nommé trésorier des États de Lille le 23 novembre 1729 aux gages de 4.400 florins; il tomba en enfance à la suite d'attaques d'apoplexie, et ses beaux-frères lui firent donner un curateur en la personne de Philippe-Joseph de la Housse, le 6 juillet 1769; il mourut peu après, dans sa maison de campagne, à Seclin. Il épousa : 1° à Saint-Étienne, le 13 juillet 1732, Marie-Aline-Françoise-Albertine *de Beaumont*, fille de Bernard, écuyer, s^r de Portugal, et de Catherine-Thérèse *Ricourt*, baptisée à Saint-Étienne le 2 novembre 1713, et enterrée dans cette église le 22 juin 1737, chapelle Saint-Salvator; 2° à La Madeleine, le 21 décembre 1743, Marie-Josèphe-Thérèse *Ghesquière*, fille de Pierre, écuyer, s^r de Stradin, et de Marie-Josèphe *Leblan*, baptisée à La Madeleine le 7 mai 1719, décédée le 1er février 1769, et enterrée le 2 dans l'église Saint-Maurice; sans enfants.

4. — *Henri-Joseph*, baptisé à Sainte-Catherine le 25 avril 1702,

religieux à Saint-Vaast d'Arras en 1721, ordonné prêtre à Gand le 15 juin 1726, prévôt de Gorres en 17...

5. — *Louis-Eugène*, écuyer, s^r d'Ardompretz, baptisé à Sainte-Catherine le 20 novembre 1703, bourgeois de Lille par relief du 12 janvier 1762, capitaine au régiment de Rohan, puis lieutenant-colonel de cavalerie, chevalier de Saint-Louis, grand prévôt de la maréchaussée de Flandre par lettres données à Paris le 27 juillet 1746, inscrit au rôle des nobles par ordonnance du 26 octobre 1742, échevin de la prévôté d'Esquermes le 5 mars 1766, démissionnaire en 1786, enterré au cimetière d'Esquermes le 17 janvier 1787. Il épousa à Saint-Étienne, le 22 juin 1761, Marie-Françoise-Joseph *du Chambge*, fille de Pierre-François, chevalier, et de Marie-Pélagie *Fruict*, baptisée à Sainte-Catherine le 4 août 1729, morte le 4 août 1810; sans postérité.

6. — *Marie-Eubertine-Caroline*, baptisée à Sainte-Catherine le 29 juin 1705.

7. — *Marie-Eubertine-Antoinette*, baptisée à Sainte-Catherine le 2 janvier 1707, morte célibataire le 13 août 1780.

8. — *Jacques-Eubert*, baptisé à Saint-Pierre le 16 mars 1708.

9. — *Jeanne-Françoise*, baptisée à Saint-Pierre le 22 septembre 1709, morte célibataire le 15 avril 1779, et enterrée à Saint-André le 17.

10. — *Pierre-Bernard-Joseph*, écuyer, s^r de Tilliter, baptisé à Saint-Pierre le 19 novembre 1711, capitaine de grenadiers au régiment de Namur infanterie wallonne au service du roi des Deux-Siciles, mort à Messine en septembre 1782.

11. — *Henriette-Virginie*, baptisée à Saint-Pierre le 20 août 1716, alliée dans cette église, le 25 novembre 1759, à Joseph-Salomon *Fabre*, chevalier, s^r de Rocqueval, fils de Jean, écuyer, s^r de Montvaillant, et d'Anne *de la Honde*, né à Florac (Languedoc) le 29 septembre 1723, et baptisé à l'église de ce lieu le 7 octobre suivant, capitaine au régiment de Picardie, puis lieutenant-colonel d'infanterie, chevalier de Saint-Louis. Il se fixa quelque temps à Lille, sollicita, le 5 juin 1763, la charge de trésorier des États de Lille, mais sans l'obtenir, et fut convoqué aux assemblées des nobles de Flandre par ordonnance du 7 février 1760; sans postérité.

X bis. — *Louis-Joseph* CARDON, s^r de Garsignies, baptisé à Saint-Pierre le 15 juin 1680, bourgeois de Lille par relief du 4 novembre 1715, receveur de l'hôpital des Vieillettes de 1714 à 1740, conseiller secrétaire du Roi, gouverneur de La Gorgue, décédé le 2 août 1760 et enterré à Saint-Pierre; épousa dans cette église, le 30 juillet 1715, Marie-Agnès-Josèphe *de Muyssart*, dame du Cappe, fille de

François, écuyer, rewart de Lille, et de Constance-Barbe *Verdière*, baptisée à Saint-Pierre le 10 octobre 1693, décédée le 16 août 1766 et inhumée à Saint-Pierre. Ce mariage déplut à François de Muyssart qui y fit opposition ; la jeune fille fit alors ses sommations et se retira de couvent en couvent ; nous la voyons en quelques mois aux Dominicaines, aux Sœurs du Saint-Esprit, enfin aux Ursulines, jusqu'à ce qu'elle ait obtenu du magistrat la permission de faire célébrer son mariage. Ils eurent :

1. — *Christine-Charlotte-Josèphe*, baptisée à Saint-Pierre le 5 février 1717, décédée le 24 mai 1784, mariée à La Madeleine, le 7 janvier 1745, avec son cousin Ignace-Joseph *Cardon*, écuyer, s^r des Mollières et de Beauffremez (Cf. *infra*).

2. — *François-Joseph*, écuyer, s^r de Garsignies, baptisé à Saint-Pierre le 8 août 1718, bourgeois de Lille par relief du 21 janvier 1763, marguillier de La Madeleine, lieutenant au régiment de Bouzole, puis capitaine d'infanterie au régiment de Chastellux, chevalier de Saint-Louis en 1757, inscrit au rôle des nobles de Flandre par ordonnance du 10 novembre 1763, enfin directeur du vrai mont-de-piété à Lille, mort le 9 juin 1772 et inhumé le 10 à La Madeleine, dans le caveau des marguilliers. Il épousa dans cette église, le 25 novembre 1762, Philippine-Isabelle-Suzanne *d'Haffrenghes*, fille de Charles-Maximilien-Joseph, écuyer, s^r d'Allennes, et de Suzanne-Thérèse-Joseph *Bécuwe*, baptisée à La Madeleine le 21 août 1733, remariée avec Henri-Louis de Surmont, écuyer, s^r de Digne, morte le 20 février 1789 et enterrée le 22 à La Madeleine-lez-Lille ; sans postérité.

3. — *Jean-Baptiste-Bernard*, baptisé à Saint-Pierre le 5 février 1720, enterré dans cette église le 20 octobre 1730.

4. — *Élisabeth-Marie-Pélagie*, baptisée à Saint-Pierre le 31 mai 1721, décédée célibataire à Lille le 7 juin 1772.

5. — *Charles-Louis*, baptisé à Saint-Pierre le 20 juin 1723, vicaire de Saint-Sulpice à Paris, décédé le 10 septembre 1755 et inhumé à Saint-Pierre.

6. — *Gilles-François*, écuyer, baptisé à Saint-Pierre le 9 mars 1725, lieutenant au régiment de Bouzole.

7. — *François-Alexis*, baptisé à Saint-Pierre le 21 juillet 1726.

8. — *Gabriel-Marie*, baptisé à Saint-Pierre le 13 octobre 1727, prêtre, nommé chanoine de Saint-Pierre le 23 mars 1761 par le prévôt François-Marie de Valori de la Pommeraye, et écolâtre le 6 avril 1772. Il rendit dans cette dernière fonction les plus signalés services, au point que l'évêque de Tournai, prince de Salm-Salm, le

créa vicaire-général résidant à Lille, et lui confia la direction de plusieurs communautés religieuses. Il mourut à Lille le 4 juin 1786, laissant plusieurs écrits : *Le nouvel ange conducteur*, manuel de piété, et surtout un ouvrage posthume que son neveu Cardon de Montreuil publia en 1789 : *L'esprit du christianisme*, Lille, Léonard Danel, 1789, petit in-12. Mgr Hautcœur parle longuement de ce chanoine dans son *Histoire de la collégiale et du chapitre de Saint-Pierre*, et publie son épitaphe conservée aujourd'hui dans la sacristie de l'église Saint-André.

9. — *Henri-Joseph*, baptisé à Saint-Pierre le 7 décembre 1729, enterré dans cette église le 18 mai 1737.

10. — *Philippine-Louise*, baptisée à Saint-Pierre le 18 novembre 1731, mariée dans cette église, le 25 janvier 1763, avec Marie-Sébastien-Charles-François *Fontaine de Biré*, écuyer, s^r de Pescherel, fils de François-Xavier-Ignace-Guillaume, écuyer, s^r de Biré, doyen des conseillers de la sénéchaussée de La Flèche, maire de cette ville, et de Madeleine-Gabrielle-Charlotte *d'Avoust*, né en 1727, bourgeois de Lille par achat du 8 avril 1763, trésorier provincial des troupes du Roi au département de Flandre ; dont postérité :

11. — *Eugène-Albert*, baptisé à Saint-Pierre le 11 mai 1733.

IX ^{bis}. — *Ignace* CARDON, s^r de la Masure, baptisé à Saint-Étienne le 9 septembre 1647, bourgeois de Lille par relief du 30 juillet 1681, nommé greffier civil près le magistrat de Lille le 22 décembre 1693, décédé avant 1726 ; épousa à Saint-Étienne, le 29 mai 1681, Jeanne-Catherine *Mertens*, fille de Charles et de Marie *Jacops*, baptisée à Saint-Étienne le 23 février 1653, décédée paroisse Saint-Maurice le 9 septembre 1726 ; d'où :

1. — *Charles-Ignace*, s^r de la Masure, baptisé à Sainte-Catherine le 16 mars 1682, bourgeois de Lille par relief du 13 avril 1715, enterré le 14 octobre 1742 à La Madeleine, dans la chapelle de Notre-Dame de Bon-Secours, marié à Sainte-Catherine, le 10 février 1715, avec Catherine-Philippine *d'Haffrenghes*, fille de Jacques-Adrien, écuyer, s^r de Becxedon, et de Marie-Catherine *Cambier*, née en 1681, enterrée à côté de son mari le 29 septembre 1750 ; d'où un fils :

a. — *Jacques-Ignace*, baptisé à Sainte-Catherine le 18 septembre 1721, mort jeune.

2. — *Marie-Jeanne*, baptisée à Saint-Étienne le 15 novembre 1683, morte le 9 novembre 1772 et inhumée dans l'église des religieuses Capucines sur la paroisse de La Madeleine, alliée à Saint-Maurice, le 12 octobre 1711, à Jean-Baptiste *Jacobs* ou *Jacops*, écuyer, s^r de Vertain, fils de Martin, écuyer, s^r d'Ascq, et de

Catherine-Louise *Jacops*, baptisé à Saint-Maurice le 26 septembre 1667, bourgeois de Lille par relief du 19 novembre 1711, enterré le 2 mai 1747 chez les Capucines ; dont postérité.

3. — *François-Joseph*, baptisé à Saint-Étienne le 26 juillet 1685.

4. — *Pierre-Louis*, baptisé à Saint-Étienne le 21 mars 1687, mort célibataire et enterré le 5 juin 1772 à Sainte-Catherine, près la chapelle Saint-Nicolas.

5. — *Christine-Henriette*, baptisée à Saint-Étienne le 18 janvier 1689, enterrée à Saint-Maurice le 11 juin 1774.

6. — *Antoine-Eugène*, baptisé à Saint-Étienne le 23 juillet 1690, reçu licencié en droit à l'Université de Douai le 18 juillet 1712 et avocat le 22 suivant, administrateur des biens de la maison des Bonnes-Filles de 1726 à 1740, enterré à Saint-Maurice le 1er juin 1741.

7. — *Henri-Eustache*, baptisé à Saint-Étienne le 3 janvier 1692, échevin de la prévôté d'Esquermes le 17 mars 1733, nommé receveur des biens des Enfants-Assistés le 23 juillet 1736 en remplacement du sieur Turpin et aux gages de 600 florins, fonction qu'il exerça jusqu'en 1770, receveur de l'Hôpital général de 1738 à 1752, enterré à Saint-Maurice le 9 février 1774.

8. — *Jean-Baptiste-Joseph*, baptisé à Saint-Étienne le 28 décembre 1692.

VII bis. — *Jean-Joseph* Cardon, baptisé à Saint-Maurice le 2 octobre 1584, bourgeois de Lille par relief du 16 juillet 1613, épousa Françoise *Castel*, fille de Pierre et de Marguerite *Delezennes*, baptisée à Saint-Étienne le 21 août 1593 ; d'où :

1. — *François*, qui suit, VIII.
2. — *Pierre*, baptisé à Saint-Étienne le 8 juin 1615.
3. — *Marie*, baptisée à Saint-Étienne le 28 janvier 1617.
4. — *Jean-Baptiste*, baptisé à Saint-Étienne le 29 juillet 1619.
5. — *Gilles*, baptisé à Saint-Étienne le 30 juillet 1620.
6. — *Françoise*, baptisée à Saint-Étienne le 6 mai 1622.
7. — *Jean-Baptiste*, baptisé à Saint-Étienne le 27 mai 1624.
8. — *Antoine*, baptisé à Saint-Étienne le 3 mai 1626, enterré à Saint-Pierre le 23 juin 1687.
9. — *Marie*, baptisée à Saint-Étienne le 29 avril 1628, décédée célibataire le 27 décembre 1702 et inhumé à Saint-Étienne dans la chapelle Saint-Liévin.
10. — *Robert*, qui suivra, VIII bis.

VIII. — *François* Cardon, baptisé à Saint-Étienne le 24 décembre 1613, marchand, bourgeois de Lille par relief du 11 octobre 1638, échevin de cette ville, administrateur de la bourse commune des pauvres, décédé le 11 janvier 1686, épousa à Saint-Étienne, le 4 avril 1636, Françoise *du Forest*, fille de Pierre et de Marie *Pennequin*, baptisée à Saint-Étienne le 12 juin 1617, décédée le 3 octobre 1672 et inhumée dans la chapelle Sainte-Barbe en cette église ; d'où :

1. — *François*, baptisé à Saint-Étienne le 25 janvier 1637, mort enfant.

2. — *Pierre*, baptisé à Saint-Étienne le 22 mars 1638.

3. — *Ferdinand*, baptisé à Saint-Étienne le 23 octobre 1639, novice jésuite.

4. — *Marie-Françoise*, baptisée à Saint-Étienne le 5 août 1641, morte le 3 décembre 1715 et enterrée à côté de son mari dans la chapelle Saint-Liévin, à Saint-Étienne, alliée dans cette église le 11 mai 1662, à Romain *Wacrenier*, fils de Jacques et de Claire *Fruict*, baptisé à Saint-Étienne le 10 novembre 1637, négociant, bourgeois de Lille par relief du 21 juillet 1662, décédé le 19 décembre 1673 ; dont postérité.

5. — *Thérèse*, baptisée à Saint-Étienne le 11 mars 1643, religieuse à Notre-Dame de Mons.

6. — *Florence*, baptisée à Saint-Étienne le 11 août 1644, religieuse à Notre-Dame de Mons.

7. — *Marie-Élisabeth*, baptisée à Saint-Étienne le 2 juillet 1646, enterrée le 9 juin 1719 dans la chapelle Sainte-Barbe, rue Saint-Maurice.

8. — *François*, baptisé à Saint-Étienne le 22 mars 1649, jésuite, mort après 1722.

9. — *Antoinette*, baptisée à Saint-Étienne le 4 mars 1651, inhumée le 19 août 1701 dans la chapelle Sainte-Barbe.

10. — *Françoise*, baptisée à Saint-Étienne le 13 avril 1653, enseveli le 6 décembre 1697 dans la même chapelle.

VIII bis. — *Robert* CARDON, sr du Jardin, baptisé à Saint-Étienne le 11 mars 1630, bourgeois de Lille par relief du 26 octobre 1652, ministre général de la bourse commune des pauvres, décédé le 28 décembre 1680, et enterré dans la chapelle Notre-Dame à La Madeleine, épousa à Saint-Étienne, le 10 juillet 1652, Jacqueline *Fasse*, fille de Jacques et d'Antoinette *Leterbaro*, baptisée à Saint-Étienne le 30 novembre 1628, décédée le 3 septembre 1714 et enterrée le lendemain à côté de son mari ; dont :

1. — *François*, baptisé à Sainte-Catherine le 8 juillet 1656, capucin.

2. — *Marie*, baptisée à Sainte-Catherine le 27 novembre 1658, capucine.

3. — *Antoine*, qui suit, IX.

4. — *Marguerite-Jacqueline*, baptisée à La Madeleine le 6 mai 1666, religieuse carmélite à Lille sous le nom de Thérèse de Jésus le 22 mai 1685, morte le 25 avril 1711.

IX. — *Antoine* CARDON, sr du Jardin, baptisé à Sainte-Catherine le 13 janvier 1661, bourgeois de Lille par relief du 15 février 1686, ministre de la bourse commune des pauvres, échevin de Lille, marguillier de La Madeleine, décédé sur cette paroisse le 8 mars 1710 ; épousa à Saint-Étienne, le 19 janvier 1686, Isabelle *Mertens*, fille de Charles et de Marie *Jacops*, baptisée à Saint-Étienne le 2 juillet 1660, morte le 17 février 1718 et enterrée à côté de son mari dans la chapelle Notre-Dame à La Madeleine ; dont :

1. — *Charles-Joseph*, baptisé à La Madeleine le 8 janvier 1687, carme déchaussé.

2. — *Marie-Thérèse*, baptisée à La Madeleine le 9 novembre 1689, décédée célibataire le 17 février 1757 et inhumée à côté de ses parents.

3. — *Marie-Anne*, baptisée à La Madeleine le 29 février 1692, morte le 14 juin 1764 et inhumée à Saint-Pierre, vis-à-vis la chapelle de Saint-Martin ; alliée le 24 juillet 1729, à La Madeleine, à Bon-François *Fruict*, écuyer, sr du Riez, fils de François-Rémy et de Marie *Ricourt*, baptisé à Saint-Maurice le 10 janvier 1699 sous le seul prénom de Bon, bourgeois de Lille par relief du 27 octobre 1729, greffier héréditaire des États de la Flandre wallonne, inhumé à Saint-Maurice le 22 novembre 1741 ; dont postérité.

4. — *Ignace-Joseph*, qui suit, X.

5. — *Catherine-Isabelle*, baptisée à La Madeleine le 15 février 1697, morte célibataire avant 1757.

6. — *Marie-Josèphe*, baptisée à La Madeleine le 18 juillet 1700, décédée sans alliance le 30 décembre 1752 et inhumée dans la chapelle Notre-Dame à La Madeleine. Elle offrit, avec ses sœurs Catherine-Isabelle et Marie-Thérèse, une chasuble et une dalmatique de tissu en or à cette paroisse ; les marguilliers, en reconnaissance, firent célébrer un service solennel pour le repos de leurs âmes le 4 mars 1757.

X. — *Ignace-Joseph* CARDON, sr du Jardin, baptisé à La Madeleine le 30 mai 1694, bourgeois de Lille par relief du 30 juillet 1719, marguillier de La Madeleine, pourvu d'une curatelle sur la demande de sa femme en vertu de lettres patentes du 1er décembre 1728, épousa à Saint-Étienne, le 11 août 1718, Marguerite-Thérèse *Dancoisne* dite *Le Cocq*, fille de Louis et de Marie-Philippine *Crespin*, baptisée à Saint-Étienne le 16 mars 1699, et morte paroisse Saint-Pierre le 2 août 1740 ; d'où :

1. — *Ignace-Philippe-François*, baptisé à Saint-Maurice le 20 avril 1719.

2. — *Ernest-Joseph*, sr du Rotoy à Courrières, baptisé à La Madeleine le 7 janvier 1722, d'abord novice jésuite à Tournai, puis échevin de Lille, administrateur de la Charité générale, marguillier de La Madeleine, mort le 23 novembre 1772 et inhumé à Saint-Pierre, vis-à-vis la chapelle paroissiale ; il épousa, le 22 octobre 1759, Catherine-Françoise *Desruelles*, fille de Pierre-Antoine-Constantin et de Marie-Françoise *Prévost*, née en 1734, morte le 1er septembre 1791 et enterrée au cimetière de Fives ; sans postérité.

3. — *Marie-Anne-Henriette*, baptisée à La Madeleine le 3 novembre 1723, enterrée au chœur de cette église le 28 août 1743.

4. — *Charles-Joseph*, baptisé à La Madeleine le 22 juillet 1724, décédé le lendemain.

DEUXIÈME BRANCHE

VI bis. — *Michel* Cardon, bourgeois de Lille par relief du 12 avril 1582, échevin de cette ville, décédé paroisse Sainte-Catherine le 15 octobre 1631, épousa Jeanne *Delezenne*, fille de Jean et de Françoise *Muette* ; il eut :

1. — *Jacques*, qui suit, VII.

2. — *Jacqueline*, baptisée à Saint-Étienne le 29 avril 1586, mariée en cette église, le 24 octobre 1605, avec Jacques *Ghure*, écuyer, sr de la Vorde, fils de Nicolas ; dont postérité.

3. — *Réginald*, baptisé à Saint-Étienne le 9 mars 1587.

4. — *Wallerand*, jumeau du précédent.

5. — *Catherine*, baptisée à Saint-Étienne le 20 janvier 1588.

6. — *Élisabeth*, baptisée à Saint-Étienne le 27 novembre 1588, décédée paroisse Sainte-Catherine le 27 août 1617 (?).

7. — *Jean*, sr de Launoy, né ....., bourgeois de Lille par relief du 13 octobre 1614, marchand de draps de soie, marié en 1614 avec Marie *Desbuissons*, fille de Pierre et d'Antoinette *Castellain* ; d'où :

    a. — *Jacqueline*, baptisée à Saint-Étienne le 24 février 1617, mariée dans cette église, le 13 janvier 1637, avec François *Waresquiel*, sr de Mégaland, fils de Charles, bourgeois de Lille par relief du 18 février 1637, nommé greffier de la gouvernance de Lille le 28 juillet 1660, receveur des Vieillettes de 1646 à 1661, receveur des Bapaumes en 1656 et 1657; dont postérité.

 b. — *Marie*, baptisée à Saint-Étienne le 24 février 1617, décédée le 7 février 1698, mariée : 1º à Saint-Étienne, le 17 février 1639, avec Jean *Dideman*, fils de Paul et de Marguerite *Rouvroy*, auditeur de la Chambre des comptes de Lille, dont elle eut un fils, *Jean*, qui lui légua tous ses biens par testament du 4 mars 1660; 2º à Saint-Étienne, le 21 juillet 1643, avec Lamoral *du Bois*, sr de Chocques, maître de la Chambre des comptes, grand connétable de la confrérie Sainte-Barbe, mort vers 1659; dont postérité.

 c. — *Jean-Baptiste*, sr de la Vorde, baptisé à Saint-Étienne le 7 juin 1620, prêtre et chanoine de la collégiale d'Harlebeke pendant 46 ans, mort à Tournai le 4 septembre 1689. Son épitaphe, dans la cathédrale de cette ville, vis-à-vis du porche, est ainsi conçue : Hic jacet Reverendus ac vener. Dominus D. Joes Bapt. Cardon, insulensis presbiter, toparcha de la Vorde, Canfin etc., Collegiatæ Harlebecanæ per annos 46 canonicus ; In Deum ejusque Matrem pietate, ingenuitate morum et probitate, in templum et in egenos liberalitate conspicuus, vita functus Tornaci, 4 septembris Anno Dni MDC IIII^{xx} IX, ætatis LXX, Requiescat in pace [1].

 8. — *Françoise*, baptisée à Saint-Étienne le 24 mars 1590, mariée dans cette église, le 24 août 1609, avec Jean *du Béron*, fils de Jean, sr du Bois, et d'Antoinette *Berthault* dite *de Hollande*, baptisé à Saint-Étienne le 28 mars 1584, marchand, bourgeois de Lille par relief du 10 décembre 1609, remarié avec Jeanne *Gilleman*; dont postérité.

 9. — *François*, baptisé à Saint-Étienne le 25 août 1592.

 10. — *Michel*, qui suivra, VII bis.

 11. — *Catherine*, baptisée à Saint-Étienne le 21 février 1596, religieuse.

 12. — *Hélène*, baptisée à Saint-Étienne le 25 août 1598.

 VII. — *Jacques* CARDON, baptisé à Saint-Étienne le 30 juillet 1585, bourgeois de Lille par relief du 25 octobre 1611, épousa à Saint-Étienne, le 30 janvier 1611, Jeanne *Ramery*, fille de Jean et de Jeanne *Desbarbieux*, morte en novembre 1618 ; d'où :

 1. — *Jeanne*, baptisée à Saint-Étienne le 11 décembre 1611, alliée dans cette église, le 13 avril 1634, à Simon *Rosendal*, fils de Simon

---

1. *Mémoires de la Société historique et littéraire de Tournai*, t. XVI, p. 166.

et de Marie *de Moncheaux*, receveur des domaines au quartier de Lille, bourgeois de cette ville par relief du 16 janvier 1635, inhumé le 25 septembre 1696 à Sainte-Catherine, dans la chapelle Notre-Dame de Tongres ; dont postérité.

2. — *Jacqueline*, baptisée à Saint-Étienne, le 19 mars 1613, décédée le 31 octobre 1668, et enterrée dans la chapelle de Saint-François aux Frères mineurs.

3. — *Michel*, qui suit, VIII.

4. — *Catherine*, baptisée à Saint-Étienne le 19 mars 1616.

5. — *Élisabeth*, baptisée à Saint-Étienne le 20 octobre 1617.

VIII. — *Michel* CARDON, baptisé à Saint-Étienne le 27 décembre 1614, épousa à Louvain Jeanne *Doublart* ou *Dobbelaes* ; d'où :

1. — *Ignace*, qui suit, IX.

2. — *Jacqueline-Louise*, décédée célibataire et enterrée le 9 avril 1714 à Saint-André, dans la chapelle de la Vierge.

3. — *Jacques-François*.

IX. — *Ignace* CARDON, s^r de Beauffremetz, né à Louvain le 31 juillet 1640, bachelier ès lois, bourgeois de Lille par achat du 4 février 1667, marguillier de La Madeleine, anobli par l'achat d'une charge de conseiller secrétaire du Roi le 8 mai 1714, épousa, le 9 juin 1668, Catherine *Rosendal*, fille de Simon et de Jeanne *Cardon*, baptisée à Sainte-Catherine le 17 octobre 1639, enterrée à Saint-André le 23 juin 1689 ; dont :

1. — *Jeanne-Catherine*, baptisée à Sainte-Catherine le 11 mars 1669, inhumée à Saint-André le 25 février 1725, alliée à Saint-André, le 22 mars 1700, à François-Dominique *Mariaval*, fils de François, échevin d'Ypres, et de Marie-Florence *Tronzon*, bourgeois de Lille par achat du 17 août 1700. François Mariaval fut nommé conseiller secrétaire du Roi le 24 octobre 1720 à la place de son beau-père, mais cet office ayant été supprimé par arrêt du 28 août 1724, il acquit, pour 25.000 livres, celui de conseiller secrétaire du Roi, audiencier en la chancellerie du conseil d'Artois, le 12 avril 1725 ; d'où postérité.

2. — *Ignace-François*, qui suit, X.

3. — *Jacques-Nicolas-Joseph*, baptisé à Sainte-Catherine le 6 décembre 1672, marguillier de Saint-André, décédé célibataire le 27 avril 1718 et inhumé dans cette église.

4. — *Jean-Baptiste*, baptisé à Sainte-Catherine le 5 septembre 1674, mort sans alliance le 26 octobre 1705 et enterré dans l'église Saint-André.

5. — *Eugène-Marie*, baptisé à La Madeleine le 17 août 1676.

6. — *Pierre-Antoine*, baptisé à La Madeleine le 17 janvier 1678, mort le 22 juillet suivant.

7. — *François-Ernest*, baptisé à La Madeleine le 11 septembre 1679, capitaine au régiment de Courière espagnol, mort à Strasbourg le 31 mai 1703.

X. — *Ignace-François* CARDON, écuyer, s^r de Beauffremez, baptisé à Saint-Maurice le 26 juin 1671, bourgeois de Lille par relief du 30 septembre 1709, gouverneur provincial des monnaies au département de Flandre, mort le 11 août 1743 et inhumé à Saint-Pierre, s'allia dans cette église, le 27 mai 1709, à Anne-Marie-Joseph *du Mortier*, fille de Henri-Joseph, écuyer, s^r des Maretz, et de Marie-Anne-Thérèse *de Broide*, baptisée à La Madeleine le 24 juillet 1682, décédée le 11 avril 1765 et enterrée à Saint-Pierre ; d'où :

1. — *Marie-Louise-Henriette*, baptisée à Saint-Pierre le 3 décembre 1710, décédée célibataire et enterrée le 21 septembre 1743 dans l'église Saint-André.

2. — *Ignace-Joseph*, qui suit, XI.

3. — *Jacques-François-Emmanuel*, écuyer, s^r de le Becq, baptisé à Saint-Pierre le 23 janvier 1713, capitaine au régiment d'infanterie de Poitou, tué au siège de Coni le 4 octobre 1744.

4. — *Jeanne-Françoise*, baptisée à Saint-Pierre le 9 octobre 1714, décédée paroisse Sainte-Catherine le 9 novembre 1727.

5. — *Antoine-Louis-Joseph*, écuyer, s^r des Maretz, baptisé à Saint-Pierre le 26 avril 1716, inscrit au rôle des nobles de Flandre en 1743, nommé échevin de la prévôté d'Esquermes le 10 janvier 1747, arrêté avec sa fille dans sa maison de campagne de La Bassée pendant la Terreur, mort à Lille le 31 octobre 1795; marié avec Constance-Ernestine-Joseph *Tamine*, fille de François-Joseph et de Marie-Thérèse *Vanouck*, née à Armentières en février 1744, décédée à Avelin le 12 octobre 1807. Il en avait eu deux enfants qu'il légitima par son mariage :

    a. — *Antoine-Louis-Joseph* CARDON DES MARETZ, écuyer, baptisé à Saint-Étienne le 18 février 1773, officier de santé, marié à Lille le 11 prairial an VI avec Constance-Marie-Joseph *Buken*, fille de François et de Constance *Vandorp*, baptisée à Saint-André le 11 septembre 1773, légitimée par le mariage de ses parents, morte à Lille, veuve, le 29 septembre 1856 ; d'où :

        aa. — *Adèle-Eugénie-Caroline*, née à Lille le 26 floréal an VII, couturière, décédée à Lille à l'hospice Saint-Sauveur le 9 décembre 1837.

bb. — *Esthelle-Constance*, née à Lille le 21 fructidor an VIII.

cc. — *Flore-Ernestine-Constance*, née à Lille le 29 fructidor an IX.

b. — *Antoinette-Louise-Josèphe*, baptisée à La Madeleine le 21 novembre 1777, décédée à Armentières le 16 décembre 1854, mariée avec Paul-Antoine-Augustin *Guilbert*, fils d'Augustin-Joseph et de Marie-Antoinette *Parsy*, né à La Bassée en 1765, juge de paix de cette ville où il décéda le 9 mai 1822; dont postérité.

6. — *Albert-François*, écuyer, sr de Montreuil, baptisé à Saint-Pierre le 18 mai 1718, lieutenant au régiment d'infanterie de Poitou, mort à Draguignan le 22 juillet 1744.

7. — *Marie-Rose*, baptisée à Saint-Pierre, le 9 septembre 1719, mariée dans cette église, le 26 janvier 1744, avec Henri-Pierre-Jacques *Renaud*, chevalier, sr de Boisrenaud, fils de Pierre-Renaud, écuyer, sr de Venize, et de Françoise-Emmanuelle *de Broide*, né en 1701, bourgeois de Lille par relief du 17 avril 1744, capitaine au régiment de Lévis, chevalier de Saint-Louis, décédé le 25 mars 1757 et enterré dans l'église Saint-Pierre; dont postérité.

XI. — *Ignace-Joseph* CARDON, écuyer, sr des Molierres et de Beauffrémez, baptisé à Saint-Pierre le 19 décembre 1711, échevin de la prévôté d'Esquermes le 15 février 1744, démissionnaire en 1747, bourgeois de Lille par relief du 29 avril 1745, échevin, rewart, mayeur de cette ville, inscrit au rôle des nobles après sa réclamation du 31 octobre 1743, mort le 23 mars 1767 et enterré dans l'église Saint-Pierre, épousa à La Madeleine, le 7 janvier 1745, Christine-Charlotte *Cardon*, fille de Louis-Joseph, écuyer, sr de Garsignies, et de Marie-Agnès-Joseph *de Muyssart*, baptisée à Saint-Pierre le 5 février 1717, décédée le 24 mai 1784 et inhumée à Saint-Pierre; d'où :

XII. — *Louis-Ignace-Joseph* CARDON, écuyer, sr de Montreuil, baptisé à Saint-Pierre le 31 décembre 1745, bourgeois de Lille par relief du 5 avril 1769, inscrit au rôle des nobles après sa réclamation du 12 novembre 1768, décédé à Lille le 30 avril 1832, laissant un grand nombre d'ouvrages de piété et d'histoire [1]. Il épousa : 1° à Saint-André, le 21 novembre 1768, Élisabeth-

---

1. La liste se trouve dans la *Biographie lilloise* de VERLY et dans l'*Annuaire biographique* d'HENRION, 1834, tome II, p. 209 et 210.

Amélie *Aronio*, fille de Jacques-François, écuyer, sr de Romblay, et de Marie-Julie *Hespel*, née le 4 septembre 1748, morte le 9 octobre 1786; 2° à Lille le 11 messidor an III, Marie-Ernestine-Adélaïde *de Rouvroy*, fille de Jacques-François-Alexandre, chevalier, sr de Fournes, et de Marie-Claire-Joseph-Bonne *Jacops*, baptisée à Saint-Maurice le 8 décembre 1741, morte à Lille le 12 mars 1830; d'où :

1. — Du premier lit : *Marie-Charlotte-Amélie*, née le 14 mars 1770 et baptisée ce jour par le chanoine Gabriel de Garsignies, mariée, le 14 prairial an III, avec Louis-Henri *de Rouvroy de Beaurepaire*, fils de Jacques-François-Alexandre, chevalier, sr de Fournes, et de Marie-Claire-Joseph-Bonne *Jacops*, né le 4 octobre 1738, mort le 24 fructidor an XII; dont postérité.

2. — *Marie-Louis-Ignace*, qui suit, XIII.

3. — *Gabrielle-Eubertine*, baptisée à Saint-Pierre le 30 juin 1773, morte le 1er juillet suivant.

4. — *Marie-Françoise de Sales-Julie*, baptisée à Saint-Pierre le 1er avril 1774, décédée célibataire à Lille le 19 avril 1848.

XIII. — Marie-Louis-Ignace CARDON, écuyer, sr de Montreuil, baptisé à Saint-Pierre le 5 juin 1771, sous-préfet de Cambrai, chevalier de la Légion d'honneur, commandeur de Sainte-Anne de Russie, mort à Lille le 15 février 1837, épousa : 1° à Lille, le 20 juillet 1795, Marie-Josèphe-Sophie *Le Couvreur d'Orifontaine*, fille de Louis-Joseph, écuyer, sr dudit lieu, et d'Augustine-Charlotte *Aronio*, baptisée à Saint-Étienne le 3 février 1766, décédée le 26 frimaire an VII ; 2° à Lille, le 19 décembre 1799, Philippine-Joseph-Bibiane *de Rouvroy*, fille de Joseph-Louis-Anaclet, écuyer, sr de Capinghem, et de Robertine-Josèphe *Lecomte du Bus*, née le 26 avril 1781, morte le 25 mai 1868 ; dont :

1. — Du premier lit : *Marie-Charlotte-Sidonie*, née à Lille le 23 vendémiaire an V, morte le 20 brumaire suivant.

2. — *Marie-Augustine-Sidonie*, née à Lille le 9 frimaire an VII, morte à Paris le 22 novembre 1835, mariée, le 25 mai 1828, avec Bernard-Louis-Théodore *Berthier de Viviers*, fils de François-Louis et de Marie-Henriette-Félix *Mallet de Ternantes*, né à Tonnerre le 7 décembre 1783, chevalier de la Légion d'honneur, nommé secrétaire du Roi à la conduite des ambassadeurs le 25 janvier 1822, créé baron héréditaire par lettres du 22 décembre 1827, veuf d'Angélique-Désirée *de l'Espine*, décédé à Paris le 25 mars 1855 ; sans postérité de ce mariage.

3. — Du second lit : *Ignace-Joseph-Amédée*, né à Lille le 26 brumaire an IX, mort à Cambrai le 7 janvier 1824.

4. — *Paul-Ignace-Armand-Anaclet* CARDON DE GARSIGNIES, né à Lille le 24 nivôse an XI, entra d'abord dans la carrière administrative, puis dans les ordres, fit ses études théologiques à Rome, fut ordonné prêtre à Amiens, devint vicaire-général de ce diocèse, puis évêque de Soissons et Laon en 1848, chevalier de la Légion d'honneur ; il mourut à Soissons le 6 décembre 1860.

5. — *Louis-Ignace-Joseph-Anatole* CARDON DE GARSIGNIES, né à Croix le 13 fructidor an XII, maire de Ligny, chevalier de Saint-Grégoire-le-Grand, mort à Ligny le 21 septembre 1886 ; marié à Vereaux (Cher) le 18 juillet 1836, avec Marie-Mathilde *de Bosredont*, fille de Mayeul et de Sylvie *de Magnac*, née audit lieu le 17 octobre 1813, décédée à Ligny le 9 novembre 1877 : dont :

    a. — *Blanche-Marie*, née à Ligny le 30 avril 1839, en religion sœur Marie-Thérèse, carmélite.

    b. — *Marie-Bibiane-Isabelle*, née à Ligny le 5 octobre 1842, morte à Pau le 13 avril 1905, mariée à Ligny, le 10 mai 1862, avec Fernand-Hippolyte-Hermine *d'Espagne*, marquis de Venevelles, fils d'Arnould-Julien-Édouard et d'Eudoxie-Louise-Agathe *de Rouvroy*, né à la Cessoye (Lambersart) le 27 septembre 1831, y décédé le 17 décembre 1877 ; dont un fils :

6. — *Léonce-Ignace-Félicien-Camille*, qui suit, XIV.

XIV. — *Léonce-Ignace-Félicien-Camille* CARDON DE GARSIGNIES, né le 13 mai 1810, chevalier de Saint-Grégoire-le-Grand, maire de Beaufort (Somme), décédé à Beaucamps le 8 octobre 1885, épousa, en 1838, Jeanne-Marie-Honorine *de Rocquard*, fille d'Honoré-Joseph et d'Alexandrine-Charlotte-Marie *de Navier*, née en avril 1821 ; dont :

    1. — *Thérèse-Marie*, née à Amiens le 17 juin 1840, mariée : 1º à Beaufort, le 3 février 1863, avec Gaston-Marie, comte *de Saint-Gilles*, fils de Charles-Ariste et de Georgine-Marie *de la Belinaye*, né au château de Bois-le-Houx, à Lintré (Ille-et-Vilaine), le 22 août 1835, sous-officier aux zouaves pontificaux, décoré de la médaille de Castelfidardo, chevalier de l'ordre de Pie IX, décédé à Fougères le 5 avril 1865 ; dont un fils ; 2º à Beaucamps, le 14 octobre 1873, avec Christian, comte *de Vigneral*, fils de Marie-Gustave et d'Henriette-Louise *de Vauquelin*, né à Rilly (Calvados), le 25 septembre 1835, ancien zouave pontifical, décédé le ..... 1906 ; dont postérité :

    2. — *Marie-Marguerite-Bibiane*, née à Amiens le 15 décembre 1841, décédée au château de la Barillère (Mayenne) le 18 avril 1880,

mariée à Beaufort, le 19 mai 1863, avec Hervé-François-Régis, vicomte *de Couasnon*, fils de Louis-Paul et de Marie-Lucie *de la Bourdonnaye*, né au château de Terchamps à Ruillé-le-Gravelois (Mayenne) le 10 septembre 1841 ; dont postérité.

3. — *Amédée*, qui suit.

XV. — *Amédée Cardon* de Garsignies, né en juin 1846, mort à Nice le 12 mars 1889, épousa à Paris (7e arrt), le 6 juillet 1872, Anna-Louise-Marie *de Diesbach de Belleroche*, fille de Ladislas-Louis-Alexandre et de Caroline-Constance, marquise *de Maillardoz*, née le 14 septembre 1844 ; d'où :

1. — *Marie-Léonce-Ignace-Joseph*, né le 15 août 1878, décédé le 24 juin 1880.

2. — *Joseph-Noël*, né le 25 décembre 1881.

3. — *Romain-Anatole*, né le 20 septembre 1886.

VII.bis. — *Michel* Cardon, sr du Broncquart, baptisé à Saint-Étienne le 17 novembre 1594, bourgeois de Lille par relief du 9 novembre 1620, échevin de cette ville, épousa à Saint-Maurice, le 19 octobre 1620, Antoinette *Desbuissons*, fille de Pierre et d'Antoinette *Castellain*, baptisée à Saint-Étienne le 14 août 1598 ; dont :

1. — *Étienne*, baptisé à Saint-Maurice le 1er août 1621.

2. — *Jacques*, qui suit, VIII.

3. — *Ernestine*, baptisée à Sainte-Catherine le 11 octobre 1629, ursuline.

4. — *Marguerite*, baptisée à Saint-Étienne le 15 octobre 1631.

5. — *Anne*, baptisée à Saint-Étienne le 24 octobre 1633, professe à l'abbaye de Marquette le 5 janvier 1653, prieure de ce couvent en 1688, y décédée le 20 janvier 1694.

6. — *Philippe*, baptisé à Saint-Étienne le 26 mai 1636, mort en bas-âge.

7. — *Philippe*, qui suivra après la descendance de son frère (branche du Bourg.)

8. — *Michel*, baptisé à Saint-Étienne le 29 mars 1643, jésuite.

VIII. — *Jacques* Cardon, sr du Broncquart, baptisé à Sainte-Catherine le 24 septembre 1625, bourgeois de Lille par relief du 5 septembre 1654, échevin de cette ville, receveur de l'hôpital des Vieillettes de 1662 à 1699, mort en septembre 1706, épousa à

Saint-Étienne, le 24 janvier 1654, Isbergue *Vandenberghe* [1], fille d'Adrien et de Catherine *Bonte*, d'une famille de Courtrai ; d'où :

1. — *Antoinette*, baptisée à Saint-Étienne le 25 août 1655.
2. — *Marie-Dorothée*, baptisée à Saint-Étienne le 6 février 1657.
3. — *Isbergue*, baptisée à Saint-Étienne le 23 juillet 1658, professe à l'abbaye de Marquette le 15 septembre 1675, y décédée le 8 juillet 1677.
4. — *Marie-Catherine*, baptisée à Saint-Étienne le 7 mai 1660.
5. — *Philippe-François*, baptisé à Saint-Maurice le 30 mai 1662.
6. — *Jean-Simon*, sr de Varens, baptisé à Saint-Maurice le 24 juin 1665, bourgeois de Lille par relief du 6 février 1696, receveur des Vieillettes de 1699 à 1714 ; ayant fait de mauvaises affaires, une curatelle lui fut donnée le 22 novembre 1715 ; il quitta alors Lille, mais ses créanciers le poursuivirent à Tournai et le firent enfermer au beffroi le 21 août 1741. Libéré quelque temps après, Jean-Simon Cardon alla mourir à Annœullin le 27 août 1748. Il avait épousé à Saint-Étienne, le 31 janvier 1696, Marie-Thérèse *Vanderlanen*, fille d'Ambroise et de Marguerite-Françoise *du Toict* ; d'où :

    a. — *Françoise-Isbergue-Thérèse*, baptisée à Saint-Étienne le 24 novembre 1696.

    b. — *Marie-Albertine*, née en 1697, professe à l'hôpital Notre-Dame de Comines en 1720, y décédée le 19 avril 1756.

    c. — *Isbergue-Hyacinthe*, baptisée à La Madeleine le 1er mars 1699.

    d. — *Henri-Ernest*, sr de Varens, baptisé à La Madeleine le 16 octobre 1700, testa à Valenciennes le 30 mai 1759 [2], mourut dans cette ville, paroisse de La Chaussée, le 14 décembre 1760 et fut inhumé dans cette église. Il épousa Marguerite *Roolle*, d'une famille noble suisse, dont il n'eut qu'une fille :

        aa. — *Marc-Marguerite-Émilie*, alliée à N. *Dieux y Voye*, conseiller du Roi, correcteur ordinaire en sa chambre des comptes à Paris.

    e. — *Jacques-François*, baptisé à La Madeleine le 6 septembre 1702, mort paroisse Saint-Maurice le 9 janvier 1706.

    f. — *Philippe-Joseph*, baptisé à La Madeleine le 1er octobre 1704.

    g. — *Marie-Josèphe-Isidore*, baptisée à Saint-Maurice le 13 mars 1706.

---

1. VANDEN BERGHE : *d'azur au chevron d'or, accompagné de trois coquilles d'argent*.
2. Archives municipales de Valenciennes, dossier n° 1119.

h. — *Françoise-Ernestine-Josèphe*, baptisée à Saint-Étienne le 11 janvier 1709.

i. — *Marie-Séraphine-Josèphe-Agathe*, baptisée à Saint-Étienne le 10 janvier 1710.

j. — *Marie-Henriette-Josèphe*, baptisée à Saint-Étienne le 23 juillet 1711, morte célibataire à Armentières, le 7 frimaire an III.

7. — *Pierre-Martin*, baptisé à Saint-Maurice le 27 mars 1667, religieux jacobin.

8. — *Marie-Dorothée*, baptisée à Saint-Étienne, le 4 février 1669.

9. — *Jacques-François*, baptisé à Saint-Étienne le 16 septembre 1670, capitaine d'infanterie au régiment de Saint-Vallier.

10. — *Ernestine*, baptisée à Saint-Étienne le 8 janvier 1672, morte à Arras, paroisse Saint-Aubert, le 22 décembre 1714, mariée à Saint-Étienne, le 4 juin 1692, avec Albert-François *de Douay*, écuyer, s[r] de Baisne, du Préhèdre, fils de Nicolas et d'Isabelle *Le Cambier*, échevin d'Arras en 1688, 1689, 1692; député des États d'Artois à la cour, nommé avocat garde-scel en la chancellerie d'Artois le 17 octobre 1693, inhumé le 4 novembre 1699 dans l'église Saint-Nicolas-sur-les-Fossés à Arras; dont postérité.

11. — *Ignace-François*, qui suit, IX.

12. — *Marie-Agnès-Claire*, née en 1674, urbaniste à Lille le 27 avril 1692, morte le 4 juillet 1695.

13. — *Marie-Aldegonde*, baptisée à Saint-Étienne le 4 novembre 1675.

14. — *François-Jacques*, baptisé à Saint-Étienne le 10 novembre 1680.

IX. — *Ignace-François* Cardon, s[r] du Broncquart, baptisé à Saint-Étienne le 20 septembre 1673, bourgeois de Lille par relief du 20 octobre 1717, entré au service en 1692, comme cornette au régiment de dragons d'Artois, lieutenant réformé à la suite du régiment de Languedoc, lieutenant en 1700 dans le régiment de cavalerie de Horn, blessé à Alcala en Portugal à la tête d'un détachement de 150 maistres qu'il commandait en chef, major, puis capitaine au régiment de Vaudrey cavalerie, puis capitaine au régiment de Wignacourt, chevalier de Saint-Louis, anobli par lettres données à Paris et enregistrées le 27 mars 1721, décédé à Herlies. Il épousa à La Madeleine, le 8 janvier 1717, Marie-Florence *Waresquiel*, fille de Jean-Baptiste, écuyer, et de Rose *Desbuissons*, baptisée à La Madeleine le 18 septembre 1668, décédée le 17 février 1762 et inhumée le 19 dans l'église Saint-Maurice; dont:

1. — *Albertine-Josèphe*, baptisée à La Madeleine le 23 octobre 1717, morte à Valenciennes, paroisse Saint-Géry, le 20 février 1785, alliée à Saint-Maurice, le 14 février 1746, à Pierre-Albert *Mustelier*, écuyer, sʳ de Berlaimont, fils de Jean, conseiller secrétaire du Roi, ancien juge des marchands à Valenciennes, et d'Anne-Albertine *Vareiskoot*, baptisé à Saint-Jacques de Valenciennes le 12 mars 1721, officier au régiment d'Auvergne, bourgeois de Lille par achat du 14 février 1746, inscrit au rôle des nobles de France par ordonnance du 7 décembre 1747, mort aux Bons-Fils à Lille; dont postérité.

2. — *Henriette-Josèphe*, baptisée à La Madeleine le 25 janvier 1719.

3. — *Isbergue-Rose*, baptisée à Saint-Étienne le 22 janvier 1720.

4. — *Amélie-Caroline*, baptisée à Saint-Étienne le 14 juillet 1721, décédée célibataire à Lille le 23 fructidor an V.

5. — *Angélique-Isabelle*, baptisée à Saint-Étienne le 1ᵉʳ août 1722, y décédée le 19 mai 1723.

6. — *Ignace-Albert*, baptisé à Saint-Étienne le 23 janvier 1725, mort le 23 août 1727.

7. — *Julie-Henriette-Joseph*, baptisée à Saint-Étienne le 6 avril 1726.

8. — *Pierre-Joseph*, baptisé à Saint-Étienne le 29 juin 1727, décédé le lendemain et inhumé dans la chapelle Saint-Nicolas.

9. — *Ignace-Albert*, qui suit, X.

X. — *Ignace-Albert* Cardon, écuyer, sʳ du Broncquart, baptisé à Saint-Étienne le 3 septembre 1729, bourgeois de Lille par relief du 24 septembre 1774, échevin de 1774 à 1789, marguillier de La Madeleine, inscrit au rôle des nobles après sa requête du 15 octobre 1778, mort à Lille le 5 juin 1811 ; épousa à Saint-André, le 23 novembre 1773, Marie-Antoinette *Vanhove*, fille d'Augustin-François, avocat, et de Marie-Joseph *Delescluze*, baptisée à Saint-Étienne le 17 avril 1741, morte à Lille le 21 mai 1823 ; dont :

1. — *Albertine-Antoinette-Josèphe*, dame du Broncquart, née le 12 novembre 1774, baptisée le 15 à Saint-André, morte à Lille le 3 février 1858, alliée dans cette ville, le 18 frimaire an X, à Henri-Clément *du Bosquiel*, écuyer, fils d'Henri-Joseph, écuyer, sʳ d'Elfaut, et d'Anne-Félicité *Goudeman*, baptisé à Sainte-Catherine le 6 décembre 1773, chevalier de la Légion d'honneur, mort à Lille le 21 février 1832 ; dont postérité.

2. — *Henri-Joseph*, baptisé à Saint-André le 23 juillet 1780, mort le 9 mars 1781.

VIII bis. — *Philippe* Cardon, sr du Bourg, baptisé à Saint Étienne le 27 octobre 1640, bourgeois de Lille par relief du 16 novembre 1668, enterré à Saint-Catherine le 26 mars 1721, épousa à La Madeleine, le 24 juillet 1668, Marie-Jeanne *Fruict*, fille de Romain et de Catherine *Potteau*, morte le 18 mars 1721 ; dont :

1. — *Antoinette*, baptisée à Saint-Étienne le 25 avril 1669, enterrée dans l'église Saint-André le 6 août 1742, alliée à Saint-Étienne, le 15 avril 1697, à Jacques-Philippe *Tesson*, sr de la Tour et de Loblet, fils de Gilles et de Catherine *Moreau*, baptisé à La Madeleine le 28 octobre 1668, licencié en droit, bourgeois de Lille par relief du 29 juillet 1697, échevin de cette ville, mort le 12 mai 1713 et enterré à Saint-André au pied de la chaire ; dont postérité.

2. — *Marie-Jeanne*, baptisée à Saint-Étienne le 15 mai 1670, inhumée dans la chapelle Sainte-Barbe en cette église le 15 juin 1741, mariée à Sainte-Catherine, le 23 juillet 1708, avec Michel *Vandercruisse*, fils de Michel et de Marie *Delobel*, né le 13 mars 1669, licencié ès lois, bourgeois de Lille par relief du 7 décembre 1708, conseiller référendaire en la chancellerie près le Parlement de Flandre, décédé le 12 juin 1747 et inhumé à côté de sa femme ; sans postérité.

3. — *Philippe*, baptisé à Saint-Étienne le 12 février 1672 et enterré à Sainte-Catherine le 24 avril 1719.

4. — *Marie-Ernestine*, baptisée à Saint-Étienne le 14 décembre 1675, alliée à Sainte-Catherine, le 25 novembre 1704, à Jean-Baptiste *Stappart*, sr de la Haye, fils de Jean et d'Élisabeth *Ramery*, baptisé à Saint-Maurice le 21 février 1672, bourgeois de Lille par relief du 14 janvier 1705, anobli par Louis XIV en octobre 1706 eu égard aux services rendus par son père décédé trésorier de France et sur la recommandation de l'électeur de Cologne, Clément de Bavière, à qui il avait prêté sa maison de campagne dite de la Haye, sise à Esquermes ; sans postérité.

5. — *Michel-Ignace*, baptisé à Saint-Étienne le 2 avril 1679.

6. — *Marie-Angélique*, baptisée à Saint-Étienne, le 27 mai 1682.

7. — *Jean-Baptiste*, baptisé à Saint-Étienne le 7 septembre 1685, mort le 5 août 1739 et inhumé à Sainte-Catherine, bourgeois de Lille par relief du 3 février 1713, contrôleur des États de Lille, marié à Ypres avec Françoise-Claire *Wallems*, fille de Jean-Baptiste et de Catherine-Claire *Pauché*, baptisée à Saint-Jacques d'Ypres le 9 février 1686, décédée paroisse Sainte-Catherine le 8 mai 1715 ; dont une fille.

   a. — *Catherine-Françoise*, baptisée à Sainte-Catherine le 16 novembre 1713, morte le 26 février 1763 et enterrée dans cette église vis-à-vis le chœur près le pilier de l'adoration, alliée dans cette église, le 21 décembre 1741, à Romain-Albert *Ingiliard*, sʳ du Plouy, fils d'Édouard, chevalier, sʳ de la Mairie, et de Marie-Catherine-Thérèse *de Fourmestraux*, baptisé à Saint-Étienne le 30 septembre 1702, d'abord chanoine de Saint-Pierre, puis contrôleur des États de Lille, bourgeois de cette ville par relief du 4 avril 1742, décédé le 7 novembre 1762 et inhumé à Sainte-Catherine dans le chœur près le buffet des marguilliers ; sans postérité.

NON RATTACHÉS.

Michelle Cardon, décédée veuve de Pierre *Baillet* vers 1639, dont une fille.

Yolente Cardon, née vers 1638, religieuse à l'hôpital de Seclin en 1665, morte le 21 décembre 1718.

Hugues Cardon, décédé paroisse Saint-Maurice le 6 avril 1678, marié avec N. *de Riencour*, morte sur la même paroisse le 2 mars 1678.

Jean, Michel, Jacqueline, Catherine, Charles, Élisabeth, baptisés à Saint-Étienne les 6 mars 1582, 19 août 1584, 30 octobre 1576, 28 avril 1579, 25 mai 1583 et 12 novembre 1581.

Michel, Jacqueline, Jacqueline, Louise, Louis, Gilles, baptisés à Saint-Étienne les 21 septembre 1578, 30 mars 1584, 6 mai 1584, 30 mars 1581, 19 septembre 1584, et 16 décembre 1575.

Nicolas, Jeanne, Jean, Michel, Pétronille et *Catherine*, baptisés à Saint-Étienne les 6 décembre 1586, 26 avril 1586, 24 octobre 1586, 18 octobre 1585, 29 janvier 1577 (n. st.) et 13 avril 1585 ; tous ces baptêmes figurent sans renseignements dans la table de Couppé.

Guillaume, fils d'*Henri*, lequel obtint en janvier 1547 (n. st.) des lettres de rémission pour un meurtre.

Enfin, on trouvera aux registres d'état-civil beaucoup d'autres Cardon qui semblent avoir appartenu à d'autres familles du même nom ; il y eut en effet à Lille les Priez Cardon de Rollencourt, les Cardon d'Avelu, et au XIXᵉ siècle les Cardon de Vidampierre ; puis plusieurs autres familles de moindre illustration dont l'une originaire de Fives habita quelque temps Lille et existe encore à Valenciennes.

Les Cardon d'Avelu et de Flegard seront l'objet d'une courte notice que l'on trouvera ci-après.

1547, janvier. — *Lettres de rémission accordées à Guillaume Cardon.*

Charles...., etc². Savoir faisons à tous présens et avenir, Nous avoir receu l'umble supplication de *Guillaume Cardon*, fils de feu *Henry*, de son stil tanneur et coureur de cuyrs, natif de la paroische Saincte-Catherine de nostre ville de Lille, contenant comme le XXIIIIe jour de septembre XV^c XLV, que lors il résidoit et faisoit son stil soubz sa mère, vefve dudit feu Henry, son père, en ladicte paroische ès faulxbourgs de la porte de la Barre, ledit suppliant, Roger Hernam, Anthoine Cornil et feu, lors vivant, Jehan Pohier et autres tanneurs et coureurs résidens tant esdits faulxbourgs que faulxbourgs des portes de Saint-Pierre et des Reinaulx d'icelle ville, se trouvèrent au disner en la maison ou pend pour enseigne « le Quesne » situé et confrontant au marchié de nostre dicte ville, avec Jehan du Quesnoy, charton, qui avoit mené meulre les escorches dudict suppliant et consors au moulin appartenant à l'hospital Contesse d'icelle ville, pour faire compte et rassemblement entre eulx de ladicte moulture et récréer ensemble comme l'on estoit accoustumé chascun an. Et à l'après-disner, ledit feu Jehan Pohier déclaira audict suppliant qu'il luy avoit fait du gros dommaige en ayant acheté les cuyrs Colard Clais qui est bouchier, lesquelx par avant la femme dudict Pohier qui estoit vefve avoit acheté, au content de ce que ledit suppliant le avoit requis à mariage et ne y avoit peu parvenir, appellant icelluy suppliant plusieurs fois : meschant villain ; à quoy luy respondit ledit suppliant que c'estoit ung villain qui faisoit les villoines, et que le contraire de ce que ledit feu disoit estoit vérité et feroit gaigure contre luy pour une livre de groz. Nonobstant ce, icelluy feu ne se contentant déclara audit suppliant de rechief que c'estoit ung meschant et villain et que jamais il ne l'aimeroit ; et icellui suppliant dict, qui s'il le haïoit, qu'il ne en povoit més ; et oyant que ledit feu le menassoit, faindit vouloir laisser son eaue et sortit de la chambre, et tost après retourna, espérant que ledit feu fut appaisié et en mectant pied au bancq pour se rasseoir, icelluy feu qui estoit assis à son opposite, luy donna, sans mot dire, pardessus la table ung cop de poing au visaige si impétueux qu'il en eut le nez persuré, et sy se efforcha luy faire plus grief desplaisir si il ne fut retiré d'illecq scandalizié. Et environ deux heures après, estant retourné au pourpris de sadicte mère, oyant et voyant icelluy feu accompaignié de sa femme et autres passer au devant d'illec et sentant le doleur de sondit nez, saisit une demie picque et poursuyvit icelluy feu, et le aïant rataint assez près de sa maison distant de la maison de sadicte mère ung bon demy ject d'arcq, impuissant de frener sa colère, auroit frappé et actaint ledit feu ung cop vers les espaulles et ung aultre sur le chief ; duquel cop reçu sur ledict chief, comme il entendit depuis, icelluy feu auroit esté bleschié à sang coullant. Et combien que ladicte bleschure ne fut de soy mortelle, obstant le creveu (cerveau) n'estoit aucunement endommaigié, ains estoit du tout curable, si icellui feu eust voulu user de bon régime, comme les médecins et cirurgiens ont déclaré, néantmoins quinze jours ensuivant, il seroit finé ses jours par non avoir usé dudit régime, au regret et grant desplaisir d'icellui suppliant et de sadicte mère qui est éaigée de LXVIII ans ou environ, ayant autres enffans, obstant que ledit suppliant qui est éaigé de quarante ans conduisoit et gouvernoit son ouvroir et stil, et s'est pour doubte et révérence de justice absenté de noz pays et seigneuries, délaissant sadicte mère, frère, seur, parens et amis, vivant ailleurs en estranges marches et contrées en grant povreté et misère, et plus fera, si nostre grâce, rémission et pardon ne luy est sur ce impartie; pour laquelle, considéré qu'il est autrement de bonne fame et renommée, sans jamais avoir eu debat ne fait desplaisir à personne, il nous a très humblement supplié et requis. Pour ce est-il que nous, ces choses considérées, audit suppliant inclinans favorablement à sadicte supplication et requeste, et luy veullans en ceste partie préférer grâce et miséricorde à rigeur de justice, luy avons au cas dessusdit quicté, remis et pardonné, quictons, remectons et pardonnons de grâce espécial, par ces présentes, le cas et homicide dessus déclairé, ensemble toute peine et amende corporelle et criminele en quoy, pour raison dudit cas et homicide, il peult avoir mesprins, offensé et estre encourru envers nous et justice, et l'avons quant à ce remis et restitué, remectons et restituons à ses bon nom, fame et renommée en noz pays et seigneuries et à ses biens non confisquez s'aucuns en a, tout ainsi qu'il estoit avant l'advenue dudit cas et homicide, imposant sur ce silence perpétuel à nostre procureur général et à tous autres noz justiciers et officiers quelxconques, satisfaction toutesvoyes faicte premier et avant tout œuvre à partie intéressée, se faicte n'est... &ª... Pourveu aussi que ledit suppliant sera tenu de amender ledit cas envers nous civillement selon l'exigence d'icelluy, la faculté de ses biens et noz ordonnances sur ce faites ; et avec ce, de payer et reffondre les mises et despens de justice s'aucuns sont pour ce faiz et ensuiz : le tout à l'arbitraige et taxation de nostre gouverneur de Lille ou son lieutenant que commectons à ce, auquel mandons que appellé par devant luy tous ceulx qui pour ce seront à appeller, il procède bien et deuement à la vériffication et intérinement de cesdictes présentes, selon leur forme et teneur : lequel intérinement ledit suppliant sera tenu de requérir pardevant lesdits de nostre Gouvernance de Lille ou son lieutenant en dedens six mois prochains, sur paine de perdre le fruict et effect de cestes. Et ce fait et ladicte amende civille tauxée, arbitrée et payée ès mains de nostre receveur ou autre nostre officier qu'il appartiendra... &ᵃ il et tous aultres noz justiciers, et officiers présens et advenir cui ce regardera, leurs lieuxtenans et chascun d'eulx... &ᵃ facent, seuffrent et laissent plainement et paisiblement joÿr et user, sans luy faire, mectre ou donner, ny souffrir estre fait, mis ou donné ores, ne ou temps avenir, en corps ny en biens, en manière quelconque, aucun destourbier ou empeschement au contraire, ains, se son corps ou aucuns de sesdits biens... estoient pour ce prins, saisiz et arrestez... les mectent ou facent mectre incontinent et sans délay à plaine et entière délivrance. Car ainsi nous plaist-il. Et affin que ce soit chose ferme et estable à tousjours, nous avons fait mectre nostre séel à ces présentes, saulf en autres choses nostre droit et l'autruy en toutes. Donné en notre ville de Bÿns, ou mois de Janvier, l'an de grâce mil cincq cens quarante six : de nostre empire le XXVIIᵉ... etcᵃ. Ainsi escript sur le ply : Par l'Empereur en son conseil, et signé : DE SYMANDRES. Et encoires est escript : Visa.

Archives du Nord. Chambre des Comptes de Lille. — Art. B. 1758 : Registre des Chartes de l'Audience de l'année 1547, fᵒ 13, vᵒ.

1721, mars. — *Lettres de noblesse en faveur du sieur François Cardon.*

Louis par la grâce de Dieu Roy de France et de Navarre, à tous présens et avenir, salut. Comme il est important au bien d'un estat qu'il y ait des récompenses pour ceux qui contribuent le plus à sa conservation, afin d'exciter les autres à les imiter, nous avons depuis notre avènement à la Couronne, et à l'exemple des Roys nos prédécesseurs et particulièrement du feû Roy nostre très honoré seigneur et bisayeul, une attention particulière à reconnoistre les services de ceux qui aiant dès leur jeunesse embrassé la profession des armes ont générallement exposé leur vie dans toutes les occasions qui s'en sont présentées pour la desfence et la gloire de cette couronne, et nous avons en même temps crû ne pouvoir le faire et leur en marquer nostre satisfaction d'une manière qui leur fust plus sensible qu'en les distinguant par une marque d'honneur qui passast à leur postérité, ce pourquoi, estant bien informé que notre cher et bien amé *François*

Cardon, chevalier de nostre ordre militaire de St-Louis, capitaine au régiment de Cavallerie de Vaudrey, nous sert depuis plus de vingt huit années sans discontinuation, ayant commencé en 1692 en qualité de cornette au régiment de dragons d'Artois où il servit jusques à la paix de Riswick, qu'il fut fait lieutenant réformé à la suite de celuy de Languedoc, du quel aiant esté tiré en 1700 pour mettre une compagnie sur pied dans le régiment de cavallerie de Horn depuis devenu Vignaux, il seroit passé avec ledit régiment en 1703 en Espagne et s'y seroit trouvé de mesme qu'en Portugal à toutes les occasions où ledit régiment auroit esté employé et y auroit reçu plusieurs blessures, entre autres une considérable à la cuisse, près d'Alcala à quatre lieues de Madrid, à la teste d'un détachement de cens cinquante maistres qu'il commandoit en chef, ensuitte de quoi aiant esté fait major dudit régiment, il auroit continué à y servir jusques après la dernière paix, qu'ayant esté réformé à la suiste de celuy de Vaudrey nous l'avons remis depuis à la teste d'une compagnie dans ledit régiment où il continüe de nous servir actuellement, et que dans toutes les occasions qui se sont offertes il a donné des preuves de toute la valleur, l'assiduité, l'expérience, la fermeté et la conduite que l'on peut désirer dans un homme de guerre, et s'y est toujours distingué, ce qui luy a fait mériter les tesmoignages avantageux qui nous [ont] estés rendus en sa faveur par plusieurs de nos officiers généraux, sachant d'ailleurs que ledit *Cardon* est issu d'une des premières et plus anciennes familles de nostre ville de Lille, alliée à plusieurs nobles du costé d'Isbergue de Vandenbergh, sa mère, qui estoit née d^{lle}, et que feu *Jacques Cardon*, s^r Bronquart, son père, a esté pendant l'espace de plus de quarante ans du corps des magistrats de nostre ville de Lille où il a serviz avec autant de capacité et de probité que de zèle et d'affection pour le bien publicq, en sorte que nous trouvant suffisamment incité par toutes ces considérations de luy donner des marques de la satisfaction particulière qui nous demeure de ses services, nous avons résolu pour cet effet de l'eslever au degré de noblesse. Scavoir faisons que pour ces causes et autres à ce nous mouvans, nous de l'avis de nostre très cher et très amé oncle le duc d'Orléans, petit fils de France, régent de nostre royaume, de nostre très cher et très amé oncle le duc de Chartres, premier prince de nostre sang, de nostre très cher et très amé cousin le duc de Bourbon, de nostre très cher et très amé cousin le comte de Charollois, de nostre très cher et très amé cousin le prince de Conty, princes de nostre sang, de nostre très cher et très amé oncle le comte de Toulouze, prince légitimé, et autres pairs de France, grands et notables personnages de nostre royaume et de nostre grâce speciale, pleine puissance

et authorité royalle, nous avons par ces présentes, signées de nostre
main, annobli et annoblissons ledit *François Cardon* et du titre et
qualité de noble et gentilhomme décoré et decorons, voulons et nous
plaist qu'il soit tenu censé et réputé pour tel, ensemble ses enfans
et postérité tant masles que femelles nés et à naistre en légitime
mariage, de mesme que ceux qui sont issus de noble et ancienne race,
et que ledit s^r *François Cardon* et sa postérité soient en tous lieux
et en droits tant en jugement que hors de jugement, tenus, censez et
reputez nobles et gentilshommes et comme tels qu'ils puissent prendre
la qualité d'escuyers et parvenir au degré de chevalerie et à tous
autres réservez à nostre noblesse, jouïr et user de tous honneurs,
priviléges, prééminences, franchises, et exemptions dont jouissent les
autres nobles de nostre royaume, comme aussy qu'ils puissent acquérir,
tenir et posséder toutes sortes de fiefs, terres et seigneuries de quelque
nature et qualité qu'ils soient, et en outre luy avons permis et à sesdits
enfans et postérité de porter des armoiries timbrées telles qu'elles
seront réglées et blasonnées par le s^r d'Hozier, juge d'armes de France,
et qu'elles seront peintes et figurées dans ces présentes auxquelles
son acte de réglement sera attaché sous le contrescel de nostre
chancellerie, avec pouvoir et liberté de les faire peindre, graver et
insculper en tels endroits de leurs maisons que bon leur semblera sans
que pour raison du présent annoblissement led. *François Cardon*
et ses descendans soient tenus de nous payer ny à nos successeurs
Roys aucune finance ny indemnité, dont, à quelque somme qu'elle
puisse monter, nous luy avons fait et faisons don par ces présentes à
la charge toutefois de vivre noblement et sans déroger à ladite qualité;
Sy donnons en mandement à nos amez et féaux conseillers, les gens
tenant nostre Cour de parlement de Flandre séante à Douay, président
et trésoriers généraux de France au bureau de nos finances à Lille et
à tous autres officiers et justiciers qu'il appartiendra, que ces présentes
ils ayent à faire enregistrer et du contenu en icelles jouir et user ledit
s^r *François Cardon*, ensemble sesdits enfants et postérité masles et
femelles nés et à naistre en légitime mariage, pleinement, paisiblement et perpétuellement, cessant et faisant cesser tous troubles et
empeschements quelconques, nonobstant tous édits, réglements,
ordonnances, arrests, lettres et autres choses à ce contraires auxquelles
nous avons dérogé et dérogeons par ces dites présentes pour ce regard
seulement et sans tirer à conséquence, car tel est nostre plaisir. Et
affin que ce soit chose ferme et stable à tousjours nous avons fait
mettre notre scel auxdites présentes. Donné à Paris au mois de mars
l'an de grâce 1721 et de notre règne le sixième. Signé : LOUIS et sur
le reply Par le Roy: le duc d'Orléans, LEBLANC, et à costé visa

d'Aguesseau, pour annoblissement à *François Cardon* ; signé : LEBLANC et scellé du grand sceau de sa Majesté en cire verte.

Charles d'Hozier, escuyer, conseiller du Roy, généalogiste de sa maison, juge d'armes et garde de l'armorial général de France et chevalier de la rellig̃ion et des ordres nobles et militaires de St-Maurice et de St-Lazarre de Savoye, après avoir veu les lettres patentes en forme de charte données à Paris au mois de mars de la présente année 1721, ces lettres signées Louis et sur le reply par le Roy le duc d'Orléans régent présent, contresignées Leblanc, par lesquelles sa Majesté annoblit le sieur *François Cardon*, chevalier de l'ordre militaire de Saint Louis et capitaine dans le régiment de cavallerie de Vaudray, et annoblit aussy ses enfans et sa postérité masle et femelle née et à naistre en légitime mariage, nous, en exécution de la clause contenue dans lesdites lettres, et qui permet audit s^r *Cardon* de porter des armoiries timbrées telles qu'elles sont réglées et blazonnées par nous comme juge d'armes de France, et ainsy qu'elles seront peintes et figurées dans lesd. lettres, avons réglé pour ses armoiries à l'avenir un escu *d'azur à trois chardons d'or posés deux et un,* cet escu timbré d'un casque de profil orné de ses lambrequins d'or et d'azur; et affin que ce réglement que nous avons enregistré dans le registre des réglemens d'armoiries de ceux qu'il plaist au Roy d'annoblir puisse servir au Sr *Cardon,* nous luy avons donné le présent acte pour estre attaché sous le contreseau de la chancellerie, nous l'avons signé de nostre seing manuel et nous y avons fait mettre l'empreinte du sceau de nos armes, à Paris le samedi huitième jour du mois de mars de la présente année 1621. — Signé : D'HOZIER et scellé.

Lesdites lettres transcrites sur le registre à ce destiné sont précédées de la mention suivante :

Sur la requeste présentée à la Cour par *François Cardon*, chevalier de l'ordre militaire de Saint Louis et capitaine dans le régiment de cavalerie de Vaudrey, contenant qu'ayant plü à Sa Majesté de luy accorder de lettres de noblesse il supliait la Cour d'en ordonner l'enregistrement ; veu lesdites lettres données à Paris au mois de mars 1721 signées Louis et sur le reply par le Roy le duc d'Orléans régent présent, Philippeaux. Y appendant le grand seau de sa majesté en cire verte, conclusions du procureur général du Roy ; ouï le rapport de messire Turpin, conseiller, et tout considéré,

La Cour a ordonné et ordonne que lesdites lettres de noblesse seront enregistrées au greffe de la Cour pour jouïr par le supliant de l'effet et contenu en icelles selon leur forme et teneur. Fait à Douay en parlement le vingt sept mars 1721.

Archives du Parlement de Flandre, registre aux provisions, n° 7, f° 75 v°.

1746, 22 juillet. — *Provision de Prévost Général de la Mareschaussée de Flandres pour le sieur Louis-Eugène Cardon, sieur d'Ardomprez.*

Louis par la grâce de Dieu roy de France et de Navarre. A tous ceux qui ces présentes verront, salut. L'office de prevost-général d'une compagnie de mareschaussée au département de Flandres à la résidence de Lille dont étoit pourveu le sieur Anselme-François Mousson s'étant trouvé vacant par son décès, nous avons cru ne pouvoir le faire plus dignement remplir que par notre cher et bien amé *Louis-Eugène Cardon*, sieur d'Ardomprez, chevalier de l'ordre royal et militaire de Saint-Louis. Les services que nous a rendus pendant vingt-une années ledit sieur *Cardon d'Ardomprez* tant en qualité de lieutenant qu'en celle de capitaine dans le régiment de Crillon cy-devant Richelieu et Rohan, et les préuves qu'il a données en toutes occasions de sa valeur, de sa bonne conduite et de son zèle, ainsy qu'il nous l'est justifié par le certificat de notre amé et féal conseiller en nos conseils le sieur d'Argenson, ministre et secrétaire d'estat et de nos commandements et finances ayant le département de la guerre, cy attaché sous le contre scel de notre chancellerie, nous persuadent que ledit sieur *Cardon d'Ardomprez* ne laissera rien à désirer dans l'exercice de ladite charge de la vigilance et de l'exactitude et de l'honneur que demandent les devoirs et les fonctions qui en font l'objet; à ces causes et pour autres considérations, nous avons audit sieur *Louis-Eugène Cardon d'Ardomprez* donné et octroyé, donnons et octroyons par ces présentes signées de notre main ledit office de prevost général d'une compagnie de mareschaussée au département de Flandres à la résidence de Lille dont il a payé en nos revenus casuels le droit de huitième denier en conséquence de la déclaration du nœuf aoust mil sept cens vingt deux et que tenoit et exerçoit ledit sieur Anselme-François Mousson qui en avoit payé le droit annuel et après le décès duquel Dame Anne-Isabelle-Joseph Despiennes, sa veuve, nous a nommé et présenté audit office par acte du vingt-cinq avril dernier le sieur Robert-François-Estienne Huvino de Cagnicourt; mais ledit sieur Huvino de Cagnicourt n'ayant voulu se faire pourvoir dudit office il en a fait sa démission en faveur dudit sieur *Cardon d'Ardomprez* par autre acte du huit juin aussy dernier cy attaché, pour ledit office avoir, tenir et exercer, en jouir et user par ledit sieur *Cardon d'Ardomprez* aux honneurs, pouvoirs, libertez, fonctions, authoritez, privilèges, droits, exemptions, franchises, immunitez, prérogatives, prééminences, gages de neuf cens livres et de deux mille cens livres de solde par chacun an qui luy seront payez par quartier de trois en trois mois des fonds à ce destinez pour le payement des mareschaussées, avec faculté de prendre la qualité d'écuyer tant qu'il possédera ledit office seulement s'il n'a d'ailleurs droit de la prendre, exemption de collecte, de logemens de gens de guerre, de tutelle, curatelle, nomination à icelles et autres charges publiques et génèrallement des autres droits, exemptions, privilèges, prérogatives, fruits, profits, revenus et émolumens appartenans audit office tels et tout ainsy qu'en a jouy ou deu jouir ledit feu sieur Mousson et qu'en jouissent ou doivent jouir les autres pourveus de pareils offices, conformément à notre édit du mois de mars mil sept cens vingt et deux, déclarations et arrests rendus en consèquence, encore bien que ledit sieur Mousson n'ait vécu les quarante jours portez par nos règlemens de la rigueur desquels attendu l'annuel qu'il a payé, nous avons relevé et dispensé, relevons et dispensons ledit sieur *Cardon d'Ardomprez* par cesdites présentes ; si donnons en mandement à nos très chers et bien amez cousins les maréchaux de France ou leur lieutenant général en la connétablie et mareschaussée de France au siège de la table de marbre de notre palais à Paris, que leur étant apparu des bonnes vie et mœurs, âge de vingt cinq ans accomplis requis par nos ordonnances, conversation et religion catholique, apostolique et romaine dudit sieur *Cardon d'Ardomprez*, qu'il n'ait dans le nombre des officiers de la mareschaussée aucuns parens ni alliez aux degrez prohibez par nos ordonnances et qu'ayant pris de luy le serment requis et accoustumé, ils le reçoivent, mettent et instituent de par nous en possession dudit office et l'en fassent jouir et user pleinement et paisiblement aux honneurs, pouvoirs, libertez, fonctions, authoritez, privilèges, droits, exemptions, franchises, immunitez, prérogatives, prééminences, gages, solde, fruits, profits, revenus et émolumens susdits et y appartenans et lui fassent obéir et entendre de tous et ainsy qu'il appartiendra ès choses concernans ledit office. Mandons en outre aux trésoriers, receveurs et autres préposez pour le payement des gages et solde des prevosts-généraux, lieutenans et autres officiers des compagnies de mareschaussée establies en conséquence dudit édit du mois de mars mil sept cent vingt, que des fonds à ce destinez ils ayent à payer et délivrer comptant audit sieur *Cardon d'Ardomprez* lesdits neuf cens livres de gages et deux mille cens livres de solde attribuez par chacun an audit office de trois en trois mois conformément audit édit à commencer du jour et datte de sa réception de laquelle rapportant copie collationnée ainsy que des présentes pour une fois seulement avec quittances de luy suffisantes, nous voulons lesdits gages et solde être passéz et allouéz en la dépense des comptes de ceux qui en auront fait le payement partout où il appartiendra sans difficulté. Car tel est notre bon plaisir. En témoin de quoy Nous avons fait mettre notre scel à ces présentes. Donné à Versailles le vingt deuxième jour de juillet l'an de grâce mil sept cens quarante six et de notre règne le trente unième. Signé Louis, et sur le replys de par le roy M. DE VOYER D'ARGENSON.

Archives communales de Lille. Fonds de la Maréchaussée, reg. coté n° 13599; reg. aux commissions d'archers et d'officiers, 1721-1754, f° 167.

1770, 11 avril. — *Commission au sieur Louis-Eugène Cardon d'Ardomprez, pour tenir rang de lieutenant colonel de cavallerie.*

Louis, par la grâce de Dieu roy de France et de Navarre, à Notré cher et bien amé le sieur *Louis-Eugène Cardon d'Ardomprez*, prévôt-général de notre Maréchaussée de Flandres et Artois, Salut. Mettant en considération les services que vous nous avez rendus dans toutes occasions qui s'en sont présentées et voulant vous en témoigner notre satisfaction ; à ces causes et autres à ce nous mouvans nous vous avons commis, ordonné et établi, commettons, ordonnons et établissons par ces présentes signées de notre main pour prendre et tenir rang de lieutenant-colonel dans nos troupes de cavalerie du jour et datte de ces présentes et ce sous notre autorité et sous celle du sieur marquis de Béthune, colonel général de notre cavalerie légère, et du sieur marquis de Castries, maître de camp général d'icelle, là et ainsi qu'il vous sera par nous ou nos lieutenans-généraux commandé et ordonné pour notre service, de ce faire vous donnons pouvoir, commission, autorité et mandement spécial. Mandons à tous qu'il appartiendra de vous recevoir et faire reconnoître en ladite qualité et qu'à vous en ce faisant soit obéi. Car tel est notre plaisir. Donné à Versailles le unzième jour d'avril l'an de grâce mil sept cent soixante dix et de notre règne le cinquante cinquième, Signé Louis et plus bas par le Roy le duc DE CHOISEUL et scellé de cire jaune.

Archives communales de Lille. Série des Affaires générales. Carton 102, dossier 24, Maréchaussée.

1770, 13 avril. — *Lettre du duc de Choiseul à Monsieur d'Ardompret, prévôt-général à Lille.*

A Versailles, le 13 avril 1770.

J'ai rendu compte au Roy, Monsieur, de la demande que vous avez faite de votre retraite, Sa Majesté satisfaite de vos anciens et bons services tant dans les troupes que dans votre charge de prévôt-général, a bien voulu vous l'accorder avec la commission de lieutenant colonel et huit cent livres sur les fonds des maréchaussées à titre d'appointements conservés. Je vous donne avis de cette grâce avec plaisir, d'autant qu'aucun prévôt-général n'avoit encore obtenu une retraite aussi distinguée. Au reste, je préviens le sieur d'Ennevelin votre survivancier et adjoint qui va être doresnavant chargé du service de la Compagnie de maréchaussée de Flandre et Artois et des comptes à m'en rendre. Je suis, Monsieur, votre très humble et affectionné serviteur. Signé Le duc DE CHOISEUL.

Archives communales de Lille. Série des Affaires générales.
Carton 102, dossier 24. Maréchaussée.

1794, février-juin. — *Arrestation et détention d'Antoine Cardon et de sa fille, Antoinette, à La Bassée.*

Séance du 5 ventôse an II.

Séance tenante le comité a arrêté qu'en vertu d'un arrêté des représentants du peuple Saint-Just et Lebas qui ordonne que tous les cy devant nobles qui se trouvent dans les départements du Pas-de-Calais, du Nord, de la Somme et de l'Aisne, seront mis en état d'arrestation dans les vingt-quatre heures de la réception de l'arrêté et demeureront au secret, en conséquence le comité a délibéré que le citoyen *Antoine Cardon*, ex-noble, et la citoyenne *Antoinette*, sa fille, seront mis en état d'arrestation chez eux avec sauvegarde, vu la grande infirmité dudit *Cardon* et les citoyens Éloy Daleux et Gille Pollet sont nommés commissaires avec le citoyen Despierre, secrétaire dudit comité, pour apposer le scellé sur tous les effets et papiers dudit *Cardon* et de sa fille.

Les commissaires, de retour, ont rapportés audit comité qu'ils ont mis en état d'arrestation chez lui avec sauvegarde le nommé *Cardon* et sa fille *Antoinette*, etc.... (fol. 72 v° et 73).

Perquisition du 6 ventôse :

Le dit jour les commissaires de retour ont déclarés après avoir scrupuleusement examiné les papiers dudit *Cardon* et de sa fille, n'avoir rien trouvé de contraire au bien être et sûreté de la république, sinon deux titres de créance représentant la féodalité, et lesdits commissaires ont signés :

Antoine CAUDELIER et POLLET (fol. 73 v°).

Séance du 29 germinal an II.

Séance tenante, il a été délibéré que la citoyenne *Cardon* détenue au quartier de cette commune pourra sortir de ses arrets ce soir vu l'urgence de sa maladie, sur l'attestation du citoyen Leleux médecin ; elle sera cependant sous sauve garde chez elle (fol. 84 v°).

Séance du 4 floréal an II.

Séance tenante il a été donné lecture d'un arrêté du citoyen Guiot représentant du peuple qui ordonne la liberté à la citoyenne *Cardon* comme il suit :

Lille le 4 floréal 2° de la république une et indivisible — le représentant du peuple près l'armée du Nord :

Vu la pétition de la citoyenne *Toinon Cardon*, l'avis de la municipalité de La Bassée et celui du comité révolutionnaire de cette commune, arrêté que la citoyenne *Toinon Cardon* sera mise sur le champ en liberté et le concierge de la maison d'arrest où elle est détenue est autorisé à lui en ouvrir les portes à la présentation du présent arrêté.

Étoit signé : Florent GUIOT avec son cachet (fol. 85).

Séance du 6 messidor an II.

Le comité assemblé dans le lieu ordinaire de ses séances considérant que le citoyen *Cardon*, mis en état d'arrestation... est infirme et hors d'état de s'évader, il a été arrêté qu'il n'auroit plus de gardien et qu'il resteroit sans caution (fol. 98).

Sans date. — *Demande de certificat de civisme par Louis Ignace Cardon.*

Aux Citoyens Maire, officiers municipaux et notables composant le Conseil général de la Commune de Lille.

Louis-Ignace *Cardon* (ci-devant de Montreuil) rentier, domicilié habituellement rue Française, assez malheureux pour être enveloppé dans une ci-devant caste dont il n'a jamais partagé les sentimens, espère que vous ne considérerez son éloignement que comme un témoignage de sa soumission envers les autorités constituées et non comme la punition d'un crime qu'il a toujours abhorré.

Fondé sur votre justice, il espère que vous voudrez bien lui accorder un certificat de civisme. (signé) : L. CARDON.

(en marge l'apostille suivante) : Avis de l'Assemblée générale de la 5ème section.

(signé) : ROHART, secrétaire-greffier.

A refuser, attendu qu'il y a des réclamations.

Archives du Nord, série L. District de Lille, portefeuille n° 58 ; original et autographe sur papier.

CARDON D'AVELU, FLÉGARD, ETC.

Armes : *Inconnues.*

I. — *Charles* Cardon, fils de Pierre, décédé avant 1592, naquit à Halluin, acheta la bourgeoisie de Lille le 4 décembre 1592 et décéda avant 1630 ; il épousa : 1° Marie *Goddin* ; 2° Catherine *de Rocques* ; dont il eut :

1. — Du premier lit : *Marie*.
2. — *Jacqueline*.
3. — *Claire*.
4. — Du second lit : *Mathias*, bourgeois de Lille par relief du 13 septembre 1614, marié avec Antoinette *Prévost*, fille de Raphaël et de Péronne *de Menil*.
5. — *Charles*, chirurgien, bourgeois de Lille par relief du 13 janvier 1617, alliée à Isabeau *Vanderhaghe*, fille d'Étienne.
6. — *Jean*, qui suit, II.
7. — *Jacques*, baptisé à Saint-Étienne le 23 mai 1608.
8. — *Hélène*, baptisée à Saint-Étienne le 29 septembre 1612.

II. — *Jean* Cardon, bourgeois de Lille par relief du 2 mai 1630, mort avant 1661, épousa Anne *Beaussart*, fille de Jacques ; d'où :

1. — *Jean*, bourgeois de Lille par relief du 7 février 1668, allié à Jeanne-Marie-Françoise *Le Roux*, fille d'Antoine et de Jeanne *Stocart*, dont il eut :
    a. — *Jean-Nicolas*, qui releva sa bourgeoisie le 4 décembre 1698 et épousa Angélique-Catherine *de Mirabia y Basurto*, fille de Martin.
2. — *Charles*, qui suit, III.

III. — *Charles* Cardon, bourgeois de Lille par relief du 7 juillet 1661, mort vers 1709, épousa Catherine *du Hamel*, fille de Pierre et de Jeanne *Descamps* ; d'où :

1. — *Jacques*, qui suit, IV.
2. — *Eubert*, bourgeois de Lille par relief du 4 février 1717, mort avant 1753, époux de Marie-Catherine-Joseph *Angelo*, père de :

 a. — *Edme-Eubert-Anne-Joseph*, baptisé à Sainte-Catherine le 17 février 1718.

 b. — *Marie-Catherine-Joseph*, baptisée à Esquesmes le 17 septembre 1720.

 c. — *Claude-Louis-Joseph*, s^r d'Avelu, né à Esquermes le 24 août 1721, bourgeois de Lille par relief du 7 décembre 1753, officier de la milice de Flandre, marié à Sainte-Catherine, le 30 juin 1753, avec Marie-Anne *Cardon*, fille de Jacques et de Suzanne *Liénard*, baptisée à Wazemmes le 9 juin 1698, décédée paroisse Sainte-Catherine le 8 décembre 1756; sans enfants.

 d. — *Charles-Étienne*, baptisé à Esquermes le 4 novembre 1722.

 e. — *Marie-Antoinette-Augustine*, baptisée à Esquermes le 8 juin 1726.

 f. — *Antoine-François-Ignace*, baptisé à Esquermes le 10 juillet 1727.

IV. — *Jacques* CARDON, bourgeois de Lille par relief sur requête du 4 mars 1709, eut de Suzanne *Liénard* :

 1. — *Marie-Catherine*, baptisée à Wazemmes le 22 septembre 1694, y décédée le 25 février 1696.

 2. — *Marie-Thérèse*, baptisée à Saint-Sauveur de Lille le 8 avril 1697.

 3. — *Marie-Anne*, baptisée à Wazemmes le 9 juin 1698, mariée avec son cousin germain.

 4. — *Étienne-Eubert*, qui suit, V.

 5. — *Barbe-Caroline*, baptisée à Wazemmes le 6 décembre 1701.

 6. — *Valentine-Éléonore-Madeleine*, baptisée à Wazemmes le 23 juillet 1704.

 7. — *Charles-Laurent*, baptisé à Wazemmes le 12 août 1706, bourgeois de Lille par relief du 18 décembre 1758, bourgeois de Douai le 27 août 1766, marié à Sainte-Catherine, le 23 janvier 1758, avec Élisabeth *Vanhove*, fille de Dominique et de Martine *Mauviez*, baptisée à Saint-Étienne le 7 mai 1717, morte paroisse Sainte-Catherine le 21 février 1789 ; d'où :

  a. — *Élisabeth-Charlotte*, morte paroisse Saint-Étienne le 11 novembre 1787, à vingt-huit ans, épouse de Philippe-Joseph *Ricquet*, avocat en Parlement, fils de Pierre-Joseph, médecin, et de Marie-Thérèse *Dorchies*.

 8. — *Jacques-François*, baptisé à Wazemmes le 11 juillet 1711, capitaine au régiment des grenadiers royaux, chevalier de Saint-Louis, bourgeois de Douai le 23 mai 1767.

V. — *Étienne-Eubert* Cardon, baptisé à Wazemmes le 28 décembre 1699, bourgeois de Lille par relief du 7 juin 1746, bourgeois de Douai le 9 décembre 1766, mort à Wazemmes, épousa Catherine-Antoinette *Tresca*, fille d'Augustin-François et de Marie-Madeleine *Vanhove*, décédée à Vailly (Aisne) ; dont :

1. — *Charles-Louis* Cardon d'Avelu, enseigne aux gardes wallonnes le 16 juin 1769, tué à la descente d'Alger le 8 juillet 1775.

2. — *Dominique-Marie* Cardon de Flégard, né vers 1749, officier, chevalier de Saint-Louis, mort à Lille, le 4 août 1836, sans laisser d'enfants de Françoise-Joseph-Adélaïde *Gousse*.

3. — *Augustine-Élisabeth*, née vers 1751, morte à Lille le 28 juillet 1841, veuve de Louis-Hector *Gamonet*.

DESBARBIEUX

Armes : *d'azur à trois roues d'or, au chef du même.*

I. — *Gérard* Desbarbieux [1], fils de Jean et de Marie *Le Febvre*, petit-fils de *Jean* et arrière-petit-fils d'*Huart*, mort entre 1521 et 1525, eut :

1. — *Guillebert*, qui suit, II.
2. — *Jacques*, né à Quesnoy-sur-Deûle, bourgeois de Lille par achat du 7 février 1521 (n. st.), marié après cette date.
3. — *Jean*, né à Quesnoy-sur-Deûle, bourgeois de Lille par achat du 7 juillet 1525 ; il avait alors deux filles : *Jeannette* et *Péronne*.
4. — *Baudechon*, né à Quesnoy-sur-Deûle, bourgeois de Lille par achat du 1er décembre 1525.

II. — *Guillebert* Desbarbieux, qui fut père de :

III. — *Gilles* Desbarbieux, mort avant 1554, père de :

IV. — *Jean* Desbarbieux, bourgeois de Lille par achat du 6 avril 1554 (n. st.), avait à cette date les dix enfants suivants :

1. — *Mahieu*.
2. — *Toussaint*, qui suit, V.
3. — *Charles*.
4. — *François*.
5. — *Péronne*.
6. — *Agnès*.
7. — *Jacquemine*.
8. — *Catherine*.
9. — *Philippote*.
10. — *Jeannette*.

---

1. Nous trouvons les mentions suivantes dans le manuscrit 601 de la bibliothèque de Lille : Marie *Le Febvre*, veuve de *Jean* Desbarbieux, ses fils *Pierre, Jean, Guilbert*, 1406 (page 12, v°). Isabeau *de Cottignies*, veuve de *Jean* Desbarbieux et ses fils *Huchon* et *Pierre* (page 79). Jeanne *du Bos*, veuve de *Guilbert* Desbarbieux, remariée avec Olivier *Le Hèmbre*, 1464 (page 121). Aélis des Barbieux, épouse de Grard *Le Hembre*, 1464 (page 121).

11. — *Georges*, né après le 6 avril 1554, bourgeois de Lille par relief du 5 avril 1575 ; père de :
    a. — *Marie*, baptisée à Saint-Étienne le 5 avril 1595 [1].

V. — *Toussaint* DESBARBIEUX, né à Flers, bourgeois de Lille par achat du 2 mars 1554 (n. st.), mort avant 1590, eut de Catherine *Labbe* :

  1. — *Antoine*, bourgeois de Lille par relief du 5 mai 1580, décédé avant 1607, allié à Marie *Castellain*, d'où :
    a. — *Jean*, baptisé à Saint-Maurice en septembre 1581, bourgeois de Lille par relief du 12 janvier 1607, marié dans cette église, le 7 octobre 1606, avec Loize *de Lattre*, fille de Simon et de Lucquette *Mulier* ; d'où :
      aa. — *Jean*, baptisé à Saint-Maurice le 27 juillet 1607.
      bb. — *Antoine*, baptisé à Saint-Maurice le 11 avril 1609.
      cc. — *Louis*, baptisé à Saint-Maurice le 21 mars 1611.
      dd. — *Wallerand*, baptisé à Saint-Maurice le 27 février 1613.
      ee. — *Martin*, baptisé à Saint-Maurice le 8 septembre 1617.
      ff. — *Antoine*, baptisé à Saint-Maurice le 19 septembre 1619.
      gg. — *Catherine*, alliée à Saint-Maurice, le 12 février 1643, à Jean *Cardon*, fils de Quirin et de Catherine *Regnard*, bourgeois de Lille par relief du 15 mai 1643; dont postérité.
    b. — *Toussaint*, marchand teinturier, bourgeois de Lille par relief du 21 février 1609, marié à Saint-Étienne, le 17 janvier 1609, avec Marie *de Lobel*, fille d'Hugues et de Catherine *Le Cocq*, baptisée à Saint-Étienne, le 1er novembre 1586, d'où :
      aa. — *Jean*, baptisé à Saint-Étienne le 11 juillet 1610.
      bb. — *Hugues*, baptisé à Saint-Étienne le 30 août 1611.
  2. — *Toussaint*, qui suit, VI.
  3. — *Louis*, baptisé à Saint-Maurice le 12 février 1567 (n. st.).
  4. — *Jaspart*, qui suivra, VI bis.

VI. — *Toussaint* DESBARBIEUX, né à Lille, marchand et tondeur de draps, bourgeois de Lille par relief du 15 mars 1590, acheta en

---

[1]. Il eut d'autres enfants ; d'après la table de Couppé, nous avons relevé les baptêmes suivants : *Toussaint, Marguerite, Jacques* et *Jacques*, baptisés à Saint-Étienne les 17 septembre 1581, 29 mars 1586, 10 avril 1587 et 5 juin 1586 ; les trois premiers sont peut-être enfants de *Georges*.

décembre 1609, de Barthélémi *Masurel*, le fief des Prés à Flers, puis ceux de Beuvreucq, de le Vigne, de Salomé près La Bassée, fut échevin de Lille et mourut le 16 octobre 1641. Il épousa Marie *Lhermitte*, décédée le 8 juillet 1626, et en eut :

1. — *Catherine*, baptisée à Saint-Maurice le 8 juillet 1590.

2. — *Toussaint*, baptisé à Saint-Maurice le 29 juillet 1595, mort célibataire avant son père. Il obtint sentence de noblesse de la gouvernance de Lille le 7 décembre 1628 [1], fut créé chevalier par Philippe IV le 11 février 1630 ; il légua sa riche bibliothèque aux Jésuites de Lille. (Voir *Souvenirs religieux*, 1892, page 108.)

3. — *Marie*, décédée paroisse Saint-Maurice le 3 mai 1657, alliée dans cette église, le 13 juillet 1614, à Jean *de Lannoy*, sr des Plantis et de la Deusle, fils de Jacques et de Marguerite *Le Vasseur*, baptisé à Saint-Étienne le 14 juin 1583, bourgeois de Lille par relief du 2 janvier 1615, capitaine d'une compagnie bourgeoise, anobli par lettres données à Madrid le 19 novembre 1641, décédé le 25 décembre 1644 ; dont postérité.

4. — *Gaspard*, baptisé à Saint-Maurice le 8 août 1598, célibataire.

5. — *Anne*, baptisée à Saint-Maurice le 13 avril 1601, alliée à Philippe-Guillaume *de Caldembourg*, écuyer, sr d'Elbeuf, haut drossard de Limbourg, créé chevalier par lettres données à Madrid le 24 mars 1629 ; dont postérité.

6. — *Pétronille*, baptisée à Saint-Maurice le 5 août 1604.

7. — *Luc*, baptisé à Saint-Maurice le 22 juin 1605.

8. — *François*, jumeau du précédent.

9. — *François*, baptisé à Saint-Maurice le 30 mars 1607.

VI bis. — *Jaspart* ou *Gaspard* Desbarbieux, né à Lille, marchand, bourgeois de Lille par relief du 3 novembre 1598, mort avant 1642, épousa Marguerite *Miroul*, fille de Jean, procureur, et de Philippote *du Maretz*, baptisée à Saint-Étienne le 26 février 1582, morte le

---

[1]. L'acte, fort long et rempli de termes de droit et de citations latines, ne donne malheureusement pas les preuves qui furent fournies. Il se termine ainsi : « Scavoir faisons que veu ledit procès à grande et meure deliberacion de conseil, et considéré tout ce que faict à considerer et mouvoir peult, nous par nostre sentence definitive et pour droict, avons ladicte requeste intheriné et inthérinons selon sa forme et teneur, et en ce faisant déclaré que ledit impétrant comme descendant de Grard des Barbieus est issu de noble generacion et capable de porter tiltre d'escuyer et en suite de ce joyr des prerogatives droicts et immunités dont la noblesse peult et doibt joyr. Prononché en l'auditoire de la gouvernance de Lille ce septième de décembre mil six cens vingt et huit ; en tesmoing de ce, nous avons ces presentes faict seeller de nostre seel et de celluy du souverain bailliage de Lille. » (*Bibliothèque communale de Lille*, manuscrit 601, p. 211-217.)

22 mai 1626 ; il fut membre du magistrat et était qualifié d'écuyer sur les registres de la loi dès 1634 ; il eut :

1. — *Wallerand*, baptisé à Saint-Étienne le 24 juillet 1606, prêtre, décédé paroisse Saint-Maurice le 16 février 1661.

2. — *François*, qui suit, VII.

3. — *Marguerite*, baptisée à Saint-Étienne le 2 octobre 1609.

4. — *Jean*, baptisé à Saint-Étienne le 11 juillet 1610.

5. — *Antoinette*, baptisée à Saint-Étienne le 6 août 1611, alliée, le 11 juin 1640, à Maximilien *du Bois de Hoves*, écuyer, s^r du Bucq, fils de Bauduin, écuyer, s^r d'Herignies, veuf de Marie *Fasse*, remarié avec Jossine *Sourdeau* ; sans postérité de ce mariage.

6. — *Jaspart*, baptisé à Saint-Étienne le 31 mars 1613, licencié en droit, bourgeois de Lille par relief du 27 février 1642, échevin, greffier civil de Lille le 8 avril 1650, démissionnaire de cet emploi le 25 janvier 1661, marié avec Jeanne *Blauwart*, fille de Jean ; d'où :

    a. — *Antoinette*, baptisée à Sainte-Catherine le 12 juillet 1642.

    b. — *François*, baptisé à Sainte-Catherine le 22 septembre 1643.

    c. — *Jacques-François*, baptisé à Sainte-Catherine le 16 mai 1645.

    d. — *Agnès-Jeanne*, baptisée à Sainte-Catherine le 24 mai 1646.

    e. — *Antoinette*, baptisée à Saint-Étienne le 30 novembre 1647.

    f. — *Catherine*, baptisée à Saint-Étienne le 18 février 1651.

    g. — *Marie-Joseph*, baptisée à Saint-Étienne le 13 mars 1654.

7. — *Jacques*, baptisé à Saint-Étienne le 16 septembre 1614, vivant en 1647.

8. — *Anselme*, baptisé à Saint-Étienne le 3 février 1616, chanoine de Renaix, puis de Saint-Pierre de Lille.

9. — *Marguerite*, baptisée à Saint-Étienne le 16 mars 1619.

VII. — *François* DESBARBIEUX, écuyer, s^r du Thilleul, baptisé à Saint-Étienne le 15 février 1608, bourgeois de Lille par relief du 29 décembre 1633, échevin, mayeur et rewart de cette ville, où il décéda le 12 juin 1665 ; épousa : 1° Anne *de Gosée*, fille de Simon, s^r de Balastre le Casteau, receveur général des domaines du comté de Namur, et d'Anne *Gautier* ; 2° Catherine *Denis* ; d'où :

1. — Du premier lit : *Simon-Ignace*, écuyer, s^r du Thilleul, célibataire.

2. — *Anne-Marie*, baptisée à La Madeleine le 10 décembre 1634, épouse de N. *Polchet*; dont postérité.

3. — Du second lit : *Jeanne*, baptisée à Saint-Maurice le 10 mai 1647.

4. — *Jean-Baptiste*, baptisé à Saint-Maurice le 5 septembre 1648.

5. — *Toussaint*, baptisé à Saint-Étienne le 25 novembre 1649.

6. — *Pierre*, baptisé à Saint Étienne le 15 mai 1652.

7. — *Françoise*, baptisée à Saint-Étienne le 11 mai 1654.

8. — *Marie-Françoise*, baptisée à Saint-Étienne le 17 février 1656.

9. — *Catherine*, baptisée à Saint-Étienne le 4 août 1660.

10. — *Marie-Jeanne*, baptisée à Saint-Étienne le 28 novembre 1663.

1630, 11 février. — *Lettres de chevalerie en faveur de Toussaint des Barbieus, sieur des Prez et de Salomé.*

Philippes, etc. A tous ceux qui ces présentes verront, salut. Scavoir faisons que pour la bonne relation que faite nous a esté de nostre cher et bien amé escuyer *Toussainct des Barbieus*, sieur des Prez et de Salomé, natif et résident en nostre ville de Lille en nostre pays et comté de Flandres, et qu'il seroit descendu en ligne directe, masculine et légitime, de la noble et ancienne famille *des Barbieus* de laquelle plusieurs depuis l'an 1300 seroyent esté honnorez du titre de chevalier, et que Damoiselle Marie *L'Hermite*, sa mère, seroit issue de la maison et famille de L'Hermite, conducteur des premières troupes chrestiennes qui se croisèrent pour la conqueste de la Terre Saincte environ l'an 1097 ; ayant en outre ledit *Toussainct des Barbieus*, son père et ayeuls en tous temps et occasions rendus tous bons offices et devoirs pour le service de leurs souverains, sans avoir onques fait aucun acte dont on auroit pu blamer leur fidélité et preudhommie, et procuré tousjours des alliances de la même qualité, comme a fait dernièrement Demoiselle *Anne des Barbieus* avec Messire Guillaume *de Caldenbourg*, sieur de Beucq, par nous n'a guères aussy créé chevalier. Pour ces causes et tout ce que dessus considéré, mesmes afin de le stimuler d'avantage et luy donner occasion par quelque marque d'honneur de se signaler et s'évertuer de plus en plus en nostre service, Nous, désirans favorablement le traiter, décorer et eslever, avons iceluy *Toussainct des Barbieus* fait et créé, faisons et créons chevalier par ces présentes ; voulans et entendans que d'orénavant il soit tenu et réputé pour tel en tous ses actes et besongnes et jouisse des droits, libertez et franchises dont jouissent et ont accoustumé de jouir tous autres chevaliers par toutes nos terres et seigneuries, signamment en nos Pays-Bas, tout ainsy et en la mesme forme et manière comme s'il eut esté fait et créé chevalier de nostre propre main. Mandons et commandons à tous nos lieutenans, gouverneurs, mareschaux et autres nos justiciers, officiers et subgets ausquels ce peut toucher en quelque manière que ce soit, que ledit *Toussainct des Barbieus* ils souffrent et laissent dudit tittre de chevalier et de tout le contenu en ces dites présentes pleinement et paisiblement jouir et user, sans luy faire, mettre ou donner, ny souffrir estre fait, mis ou donné aucun trouble, destourbier ou empeschement au contraire. Car ainsy nous plaist-il. Pourveu qu'au préalable il sera tenu présenter ces présentes à Dom Jean de Castillo, nostre secrétaire du registre des mercèdes, afin d'en estre tenu notice et mémoire ès livres de sa charge.

En tesmoin de ce, nous avons signé ces présentes de nostre main, et à icelles fait mettre nostre grand scel.

Donné en nostre ville de Madrid, royaulme de Castille, le 11e jour du mois de febvrier 1630, et de nos règnes le 9e. Soubsigné : PHILIPPES.

Sur le ply estoit escript : Par le Roy, soubsigné : JOSSE DE BRITO.

Sur ledit ply estoit encore escrit : Tome la racon, en 30 de marcede 1630.   Signé : Dom Jean DE CASTILLO.

Sur ledit ply estoit encore escrit :

Ces lettres sont enregistrées en la Chambre des Comptes du Roy à Lille, du consentement de Messeigneurs les Président et gens d'icelle au registre des Chartes y tenu commencéant 1er de février 1633, folio 180, le 22e de décembre dudit an, par moy signé : R. SIMON.

Collationné sur l'original par moy soubsigné à Lille le 30e d'octobre 1669.   Signé : Denys GODEFROY.

Archives du Nord. — Chambre des Comptes de Lille : art. B. 1675. — Supplément aux Registres des Chartes : Titres nobiliaires, tome 1, f°s 51 et suivants.

FRANS

Armes : *de gueules au chevron d'or accompagné en chef de deux grappes de raisin d'argent feuillées du même, en pointe d'une pomme de pin d'argent, tige en haut.*

I. — *Jean* Frans, né à Lille, dont il acheta la bourgeoisie le ?

II. — *Jean* Frans, son fils, né à Lille, bourgeois de cette ville par relief du 2 septembre 1589, père de :

1. — *Jean*, qui suit, III.
2. — *Marguerite*, morte le 15 février 1667, alliée à Mathieu *Dutrau*, fils de Jean et d'Antoinette *Depienne*, baptisé à Saint-Étienne le 19 mai 1594, marchand drapier, bourgeois de Lille par relief du 12 août 1619.

III. — *Jean* Frans, baptisé à Saint-Étienne le 22 janvier 1590, épousa Françoise *Deffontaines* ; d'où :

1. — *André*, qui suit, IV.
2. — *Jeanne*, religieuse à l'hospice Gantois depuis le 4 octobre 1631, décédée le 30 novembre 1682.
3. — *Marie*, religieuse à l'hospice Gantois depuis le 6 novembre 1633, décédée le 26 juin 1647.
4. — *Françoise*, alliée à Saint-Étienne, le 22 août 1645, à Pierre *Herreng*, fils de Pierre et d'Anne *Descou*, baptisé à Saint-Étienne le 23 décembre 1616.

IV. — *André* Frans, bourgeois de Lille par relief du 11 août 1636, mort le 28 novembre 1663, épousa à Saint-Étienne, le 16 décembre 1635, Catherine *Descamps*, fille de Jean et de Marie *Le Mesre*, baptisée à Saint-Étienne le 17 septembre 1618, décédée le 16 juin 1687 et enterrée à côté de son mari dans la chapelle Saint-Salvator à Saint-Étienne ; dont :

1. — *Jean-Baptiste*, baptisé à Saint-Étienne le 29 novembre 1636.
2. — *André*, qui suit, V.
3. — *Marie-Françoise*, baptisée à Saint-Étienne le 18 janvier 1640.
4. — *Catherine*, baptisée à Saint-Étienne le 28 octobre 1641, morte le 16 juillet 1695, alliée à Josse-Damas *Foucquier*, fils de

Josse et de Philippote *Castel*, baptisé à Saint-Étienne le 10 décembre 1638, bourgeois de Lille par relief du 10 novembre 1665, mort le 19 juin 1701 ; ils furent tous deux inhumés dans la chapelle Saint-Salvator à Saint-Étienne.

5. — *Alexis*, baptisé à Saint-Étienne le 9 novembre 1647, prêtre, élu chantre de Saint-Pierre le 26 juin 1690, mais refusé par Rome qui lui préféra Jacques Lhermitte ; à la mort de ce dernier, il fut de nouveau élu, puis confirmé le 21 octobre 1702 ; il mourut le 15 novembre 1703 et fut inhumé à Saint-Pierre.

V. — *André* Frans, baptisé à Saint-Étienne le 17 juin 1638, bourgeois de Lille par relief du 20 avril 1676, épousa à Saint-Étienne, le 27 janvier 1676, Antoinette *Wacrenier*, fille de Jacques et de Claire *Fruict*, baptisée à Saint-Étienne le 11 mai 1649, morte paroisse Saint-Maurice le 29 mai 1709 ; d'où :

1. — *Jacques*, baptisé à Saint-Étienne le 2 septembre 1677.
2. — *Alexis-François*, qui suit, VI.

VI. — *Alexis-François* Frans, s^r de la Hamayde, baptisé à Saint-Étienne le 24 janvier 1679, bourgeois de Lille par relief du 13 août 1703, nommé conseiller procureur du Roi à la Monnaie de Lille par lettres données à Versailles le 4 février 1714, marguillier de Saint-Étienne, décédé le 25 août 1754 et enterré le 27 dans la chapelle Notre-Dame de Consolation à Saint-André. Il avait obtenu des lettres d'honneur données à Versailles le 10 décembre 1737. Il épousa Marie-Françoise *de Rogier*, fille de Charles, écuyer, conseiller secrétaire du Roi près le parlement de Tournai, et de Marie-Jeanne *Le Grand*, née à Tournai le 5 mai 1679, morte à Lille le 12 décembre 1745 et inhumée aux Frères mineurs ; d'où :

1. — *Alexis-François*, écuyer, s^r de la Chapelle à Bas-Warneton, né à Chelle-Molembay (Hainaut) en 1701, bourgeois de Lille par relief du 17 mars 1738, bourgeois de Saint-Omer par achat en 1739, conseiller secrétaire du Roi en la chancellerie près le Parlement de Flandre, décédé paroisse Saint-Jean-Baptiste à Saint-Omer le 19 avril 1752. Il épousa à Saint-André, le 19 janvier 1738, Marie-Joseph-Marguerite *Lenglart*, fille d'Hubert et de Marie-Madeleine *Guidin*, baptisée à Saint-Maurice le 29 mars 1703 ; dont :

   a. — *Marie-Augustine-Joseph*, baptisée à Saint-Étienne le 18 mai 1741, décédée à Valenciennes le 10 octobre 1813, mariée à Saint-Denis de Saint-Omer, le 27 décembre 1772, avec Flore-Achille *Hennet*, chevalier, fils de François-Ferdinand-Philémon, prévôt, juge royal civil et criminel des ville et prévôté de Bavay, et de Marie-Aldegonde *Desmons*, né à Bavay le 14 septembre 1737, nommé conseiller du Roi en la cour du Parlement de Flandre le 21 mai 1763, démissionnaire en 1783, mort à Bernoville le 6 juillet 1790 ; dont postérité.

  b. — *Pierre-Benoît-Alexis*, écuyer, baptisé à Saint-Jean-Baptiste de Saint-Omer le 7 janvier 1743, mort paroisse Saint-Denis le 19 août 1771 ; il obtint sentence de noblesse le 14 janvier 1765.

 2. — *Marie-Jeanne-Françoise*, baptisée à Saint-Maurice le 3 mai 1704, décédée paroisse Saint-Étienne le 5 avril 1757 ; mariée à Saint-André, le 25 novembre 1729, avec Jean-Baptiste *Wacrenier*, écuyer, s^r de Thieffries, fils de Jean et de Marie-Anne *Francquet*, baptisé à Saint-Étienne le 28 juillet 1699, bourgeois de Lille par relief du 9 février 1730, conseiller secrétaire du Roi en la chancellerie près le Parlement de Flandre, décédé paroisse Saint-Étienne le 22 juin 1763 ; dont postérité.

 3. — *Catherine-Thérèse-Joseph*, baptisée à La Madeleine le 7 janvier 1706, en religion sœur Alexis, religieuse au couvent de la Présentation de Senlis.

 4. — *Pierre-André*, baptisé à Sainte-Catherine le 30 août 1707.

 5. — *Jean-Joseph*, baptisé à Saint-Étienne le 18 mai 1709.

 6. — *Marie-Joseph-Alexis*, baptisée à Saint-Étienne le 4 mars 1711, en religion sœur Pélagie au couvent de la Présentation de Senlis.

 7. — *Jean-Baptiste-Joseph*, qui suit, VII.

 8. — *Henriette-Joseph*, baptisée à Sainte-Catherine le 26 avril 1714, mariée à Saint-André, le 5 août 1738, avec Louis-Josse *de la Villette*, écuyer, fils de Josse et de Marguerite-Thérèse *Dujardin*, échevin du franc de Bruges, bourgeois de Lille par achat du 5 août 1738.

 9. — *Marie-Thérèse-Philippine*, dame de Blanquerne, baptisée à Sainte-Catherine le 14 avril 1715, décédée paroisse Saint-André le 14 septembre 1739, et inhumée aux Frères mineurs.

 10. — *Henri-Joseph*, écuyer, s^r de Waignon, baptisé à Sainte-Catherine le 16 février 1719, y décédé célibataire le 7 janvier 1781.

 11. — *Angélique-Caroline-Joseph*, baptisée à Sainte-Catherine le 24 octobre 1720, morte le 5 juin 1790, alliée à Saint-André, le 17 septembre 1742, à Pierre-Robert-Martin *Huvino*, écuyer, s^r de Bourghelles, Villers, Cagnicourt, fils de Robert, écuyer, s^r d'Inchy, et de Marie-Angélique *Le Comte*, baptisé à Sainte-Catherine le 2 août 1698, bourgeois de Lille par relief du 7 août 1738, gentilhomme ordinaire du Roi, rewart de Lille, veuf de Marie-Madeleine-Julie *de Montmonier*, décédé le 11 février 1775.

VII. — *Jean-Baptiste-Joseph* Frans, écuyer, baptisé à Saint-Étienne le 17 mai 1713, officier au régiment de Blaisois infanterie, bourgeois de Lille par relief du 5 janvier 1745, échevin de cette ville, testa à Lille le 1er janvier 1756 ; il épousa à Sainte-Catherine, le 13 avril 1744, Marie-Michelle-Élisabeth *Le Brun*, fille de Jean, ancien capitaine au service des États généraux, et de Thérèse *de Haynin*, baptisée à Sainte-Catherine le 5 mai 1713 ; d'où :

1. — Une fille mort-née le 20 janvier 1745.
2. — *Charles-Joseph-Alexis-Albert*, écuyer, sr de la Chapelle, baptisé à Sainte-Catherine le 17 mars 1746, bourgeois de Lille par relief du 3 septembre 1774, obtint, ainsi que son frère, d'être convoqué aux assemblées des nobles quand il aurait 25 ans, par ordonnance du 30 janvier 1768 ; il épousa à Armentières, le 9 septembre 1773, Marie-Julie-Joseph *de Haynin*, fille de Charles-François-Joseph, écuyer, sr d'Aire, et de Marie-Jeanne *Desfontaines*, née à Baisieux en 1729 ; sans enfants.
3. — *Michel-Albert-François-Joseph*, baptisé à Sainte-Catherine le 12 janvier 1748, clerc tonsuré du diocèse de Tournai en 1773.

1714, 4 février. — *Nomination d'Alexis-François Frans à l'office de conseiller secrétaire du Roi.*

Louis, par la grâce de Dieu, Roÿ de France et de Navarre, à tous ceux qui ces présentes verront, salut. Par notre édit du mois d'octobre 1701, nous avons créé des offices de nos conseillers secrétaires maison et couronne de France établis dans les chanceleries près nos Cours et depuis fixé le nombre par le rolle que nous en avons fait arrêter en notre Conseil, mais d'autant que nous avons restraint à un nombre trop modique ceux que nous voulions être établis dans notre chancelerie près notre Cour de Parlement de Tournay, par autre notre édit du mois de janvier 1703 vérifié où besoin a été, nous aurions pour les causes y contenues, créé et érigé douze offices de nos conseillers secrétaires en ladite chancelerie près notre dite Cour de Parlement de Tournay pour faire avec les quatorze fixéz par l'état arrêté en notre Conseil le vingt-neuf novembre 1701, le nombre de vingt-six nos conseillers secrétaires en ladite chancelerie près notre dite Cour de Parlement de Tournay, ausquels étant nécessaire de pourvoir, sçavoir faisons que pour l'entière confiance que nous avons en la personne de notre cher et bien amé *Alexis-François Frans* et en ses sens, suffisance, loyauté, preudhommie, capacité et expérience, fidélité et affection à notre service, pour ces causes nous luy avons donné et octroyé, donnons et octroyons par ces présentes, l'un des douze offices de nos conseillers secrétaires, maison et couronne de France en la chancelerie près notre Cour de Parlement de Flandres crééz par notre dit édit du mois de janvier 1703 pour lors établi à Tournay, pour ledit office avoir tenir et doresenavant exercer, en jouir et user par ledit Frans à titre de survivance et aux mêmes honneurs, privilèges de noblesse que nos conseillers secrétaires de notre grande chancelerie de France, sans aucune différence ny distinction, ensemble de l'exemption de tous droits seigneuriaux pour les biens et héritages qu'il acquerera tenus ou mouvans de nous à cause de nos domaines dans l'étendue du ressort de notre dit Parlement, aux gages de douze cens cinquante livres par an, dont sera fait fonds dans les états des finances de la province de Flandres, et généralement jouir de tous autres privilèges, exemptions et droits dont jouissent les pourveus de pareils offices en conformité de nos édits et déclarations des mois d'avril 1672 et juillet 1673, comme il est porté par notre dit édit du mois d'octobre 1701 et par celuy du mois de janvier 1703, sans être tenu de faire sa résidence dans le lieu où ladite chancelerie est établie et sans incompatibilité d'autres offices dont les fonctions ne dérogeront point à noblesse avec dispense de toutes recherches pour avoir pris induement la qualité de noble et d'escuïer avant l'acquisition dudit office et décharge des amendes qu'il pouroit avoir encourues pour raison de ce, comme aussy jouir par ledit *Frans* du droit de committimus dans l'étendue du Parlement où il sera domicilié et de deux minots de sel de franc salé par an conformément à notre édit du mois de février 1703, de l'exemption de tailles pour les héritages qu'il fera valoir par ses mains conformément à nos anciens édits et déclarations rendus sur ce sujet, et à cet effet pourra faire valoir par ses mains une seule ferme dont la labour n'excedera pas la valeur de quatre charuës encore que les héritages qui la composent soient scituéz en différentes paroisses, nonobstant les interprétations différentes et contraires que les officiers de nos Cours des aÿdes et élections de notre royaume ont donné à notre dit édit du mois de mars 1667, et en cas que ledit *Frans* vint cy après à acquérir une charge de notre conseiller secrétaire en notre grande chancelerie, voulons que le temps qu'il auroit possédé ledit office, luy serve pour acquérir la vétérance de celuy de notre grande chancelerie, comme aussy nous l'avons dispensé pour cette fois seulement de nous payer ny à notre très cher et féal chancelier de France aucun droit de survivance, le tout ainsy qu'il est plus au long porté par nos dits édits. Si donnons en mandement à notre très cher et féal chevalier chancelier de France, le sieur Phelypeaux, comte de Pontchartrain, commandeur de nos ordres, qu'après luy être apparu des bonnes vie, mœurs, âge requis par nos ordonnances, conversation et religion catholique, appostolique et romaine, et de luy pris et reçu le serment en tel cas requis et accoutumé, il le reçoive, mette et institue de par nous en possession et jouissance dudit office, l'en faisant jouir et user aux mêmes honneurs, privilèges de noblesse, que nos conseillers secrétaires de notre grande chancelerie de France, sans aucune différence ny distinction, ensemble jouir des prérogatives, prééminences, franchises, libertéz, privilèges, exemptions, pouvoir, gages, droit de Committimus, franc salé, fonctions, dispense de résidence et autres droits cy devant expriméz conformément à nos dits édits, et quittance de finance cy attachée sous le contrescel de notre chancelerie, et à luy obéir et entendre de tous ceux et ainsy qu'il appartiendra ès choses concernant ledit office, mandons à nos améz et féaux conseillers, les grands audianciers de France, et controlleurs généraux de l'audience de notre grande chancelerie, qu'ils souffrent et laissent immatriculer ledit *Frans* sur le registre de l'audience de France ainsy qu'il est accoutumé, et à nos améz et féaux conseillers les trésoriers de France généraux de nos finances en la province de Flandres, que par les receveurs généraux de nos finances de ladite province ou autres comptables qu'il appartiendra, ils fassent payer et délivrer comptant audit *Frans*, doresenavant par chacun an lesdits douze cents cinquante livres de gages attribuées audit office, à commencer du jour de la datte de la quittance de finance et rapportant copie des présentes deuement collationnée pour une fois seulement, avec sa quittance sur ce suffisante, nous voulons lesdits gages et droits être passéz et allouéz en la dépense des comptes de ceux qui en auront fait le payement par nos améz et féaux conseillers les gens de nos comptes à Paris, ausquels mandons ainsy le faire sans difficulté. Car tel est notre plaisir. En tesmoin de quoy nous avons fait mettre notre scel à ces dites présentes. Donné à Versailles le quatrième jour de février l'an de grâce mil sept cens quatorze, et de notre règne le soixante onzième, signé. Sur le reply par le Roy, PELERIN, et scellé de notre grand sceau en cire jaune.

Archives communales de Lille. Registres aux mandements et ordonnances enregistrés à la Gouvernance de Lille. Registre Verd, f° 9 v° et 10 r°.

FRANS

Il existe à Lille une autre famille de ce nom qui a probablement la même origine, mais que les renseignements trop concis des registres de bourgeoisie ne nous ont pas permis de rattacher à la précédente.

I. — *Pierre* FRANS, fils de Simon et de Catherine *Rose*, sayeteur, acheta la bourgeoisie de Lille le 7 août 1609 ; il épousa Jacqueline *Prus* dont il eut :

II. — *Simon* FRANS, sayeteur, bourgeois de Lille par relief du 26 novembre 1633, s'allia à Saint-Maurice, le 12 mai 1633, à Isabeau *Cambier*, fille de Jean ; d'où :

1. — *Jean*, qui suit, III.
2. — *Simon*, baptisé à Saint-Maurice le 11 octobre 1641.

III. — *Jean* FRANS, bourgeois de Lille par relief du 19 novembre 1661, épousa Catherine *Beghin*, fille d'Abraham et de Michelle *Theddre*, baptisée à Saint-Maurice le 12 mars 1638 ; d'où :

1. — *Thérèse-Françoise*, baptisée à Saint-Maurice le 19 août 1662, décédée paroisse Saint-Sauveur le 12 décembre 1740, alliée à Maximilien *Delahaye*, marchand, mort sur la même paroisse le 3 février 1742.
2. — *Charles-Joseph*, baptisé à Saint-Maurice le 2 septembre 1666, négociant, bourgeois de Lille par relief du 23 octobre 1698, décédé sur la même paroisse le 8 avril 1745 ; marié avec Marie-Jeanne *Lemaire*, fille d'Hugues, dont il eut :

    a. — *Marie-Jeanne*, baptisée à Saint-Sauveur le 16 mars 1699, morte le 25 mai 1776 et enterrée dans l'église Saint-Sauveur.

    b. — *Marie-Célestine*, baptisée à Saint-Sauveur le 10 décembre 1700, y décédée le 25 janvier 1769, mariée à Saint-Maurice, le 19 avril 1723, avec Jean-Philippe *Mathon*, fils de Philippe et de Marie-Jeanne *Bridde*, baptisé à Saint-Sauveur le 3 février 1701, peigneur de laine, bourgeois de Lille par achat du 4 décembre 1722, décédé paroisse Saint-Sauveur le 30 décembre 1771.

 c. — *Thérèse-Josèphe*, baptisée à Saint-Sauveur le 20 août 1702, religieuse à l'abbaye d'Annay en 1729, morte après 1764.

 d. — *Marie-Catherine*, baptisée à Saint-Sauveur le 26 mars 1704.

 e. — *Marie-Madeleine-Joseph*, baptisée à Saint-Sauveur le 30 septembre 1707.

 f. — *Anne-Marie-Joseph*, baptisée à Saint-Sauveur le 18 février 1710, décédée paroisse Saint-Maurice le 9 décembre 1743.

 g. — *Marie-Joseph*, baptisée à Saint-Maurice le 14 juin 1712.

 h. — *Albert-François-Joseph*, baptisé à Saint-Maurice le 18 septembre 1716.

 i. — *Pierre-Paul-Joseph*, baptisé à Saint-Maurice le 18 mars 1720, y décédé le 4 décembre 1748.

 3. — *Marie-Catherine*, mariée à Saint-Sauveur, le 13 décembre 1694, avec Jean-Baptiste *Phalempin*, fils de Jacques et de Jacqueline *Vahais*, baptisé à Saint-Maurice le 16 septembre 1652, bourgeois de Lille par relief du 10 mai 1695. Dont postérité :

 4. — *François*, qui suit, IV.

 5. — *Jean-Baptiste*, baptisé à Saint-Maurice le 28 avril 1673.

 6. — *Romain*, baptisé à Saint-Maurice le 6 mars 1679.

IV. — *François* FRANS, baptisé à Saint-Maurice le 17 décembre 1670, bourgeois de Lille par relief du 31 août 1695, épousa à Saint-Maurice, le 11 avril 1695, Anne-Marie *Destailleurs*, fille de Barthélémi et de Marie *Lemaître* ; d'où :

 1. — *Jean-François*, qui suit, V.

 2. — *Marie-Joseph*, baptisée à Saint-Maurice le 14 mars 1699, y décédée le 4 décembre 1787.

 3. — *Jean-Baptiste*, baptisé à Saint-Sauveur le 4 décembre 1700.

 4. — *Marc-Antoine*, baptisé à Saint-Sauveur le 30 mai 1702, receveur du dépositaire de Lille, décédé paroisse Saint-Maurice le 8 mai 1751.

 5. — *Marie-Madeleine-Françoise*, baptisée à Saint-Sauveur le 12 février 1704.

 6. — *Anne-Thérèse*, baptisée à Saint-Sauveur le 5 novembre 1705, y décédée le 27 juillet 1707.

 7. — *Louis-Joseph*, baptisé à Saint-Sauveur le 22 novembre 1709, y décédé le 29 août 1710.

V. — *Jean-François* FRANS, né en 1697, bourgeois de Lille par relief du 14 juillet 1724, auban du corps de la sayeterie, décédé paroisse Saint-Maurice le 10 mai 1762 et inhumé dans l'église, épousa Marie-Madeleine *Billaux*, fille de Jean-Baptiste et de Marie-Madeleine *Bouché* ; dont :

1. — *François-Joseph*, né en 1725, receveur des hôpitaux Saint-Nicolas, Saint-Nicaise et la Trinité, conseiller du Roi et dépositaire de Lille, décédé paroisse Saint-Maurice le 12 janvier 1786 et enterré à Loos.

2. — *Marie-Madeleine-Josèphe*, née en 1726, morte à Lille, le 3 germinal an IX.

3. — *Louis-Joseph*, né en 1729, bourgeois de Lille par relief du 31 juillet 1766, écrivain au bureau des finances, mort à Lille, le 15 fructidor an VI, marié à Saint-André, le 27 mai 1766, avec Marie-Françoise-Josèphe *Lesaffre*, fille de Pierre-Joseph, architecte, et de Marie-Françoise *Derocourt*, baptisée à Saint-André, le 22 octobre 1728, y décédée le 27 mai 1769 ; d'où :

   a. — *Pierre-Joseph*, baptisé à Saint-André le 15 juillet 1767.

   b. — *Louis-François-Joseph*, jumeau du précédent, mort à Lille le 17 novembre 1819, marié dans cette ville, le 7 mai 1793, avec Marie-Barbe-Joseph *Lombart*, fille de Clément-Joseph et de Marguerite-Ghislaine-Joseph *Frouchart*, baptisée à Saint-Étienne le 4 janvier 1766, morte à Lille le 26 janvier 1817 ; dont :

     aa. — *Louis-Joseph-Marie*, né à Lille le 9 nivôse an III, y décédé le 27 mai 1814, marié dans cette ville, le 21 juin 1813, avec Augustine-Louise-Thérèse *Lombart*, fille d'Auguste-Clément-Joseph et de Marie-Joseph *Frans*, née à Lille le 6 août 1795.

     bb. — *Thérèse-Marie-Joseph*, née à Lille le 4 messidor an V, y décédée le 29 pluviôse an VI.

     cc. — *Charles-François-Joseph*, né à Lille le 30 frimaire an VIII, y décédé le 10 prairial an IX.

4. — *Bernard-Joseph*, qui suit, VI.

5. — *Jeanne-Thérèse*, née en 1735, morte célibataire à Lille, le 16 janvier 1806.

6. — *Marie-Joseph*, baptisée à Saint-Sauveur le 18 septembre 1737, morte le 1er floréal an V.

7. — *Augustin-François-Joseph*, né en 1738, décédé paroisse Saint-Maurice le 28 mars 1756.

8. — *Jean-Baptiste-Joseph*, baptisé à Saint-Sauveur le 28 mars 1739, bourgeois de Lille par relief du 27 février 1770, bailli et receveur, dépositaire de Lille, où il décéda le 7 octobre 1816 ; allié à Catherine-Joseph *Cousin*, fille de Mathieu-Julien et de Marie-Anne

Favry, baptisée à Saint-Étienne, le 16 avril 1740, morte à Lille le 19 juillet 1814, d'où :

    a. — Un fils mort-né le 27 avril 1778.

    b. — *Mathieu-Désiré-Joseph*, baptisé à Saint-Maurice, le 6 avril 1779, vivant en 1814, marié avec Cécile-Thérèse-Joseph-*Desmasure*, née à Tournai en 1779 ; d'où :

        aa. — *Émile-Désiré-Marie*, né à Lille, le 3 juillet 1806.

    c. — *Louise-Françoise-Joseph*, baptisée à Saint-Maurice le 19 juillet 1782, morte à Lille le 24 janvier 1860, mariée dans cette ville, le 25 octobre 1809, avec Aimé-François-Joseph *Brixy*, fils de Louis-François-Joseph et d'Henriette-Joseph *Dubar*, né à Lille le 9 mars 1777, huissier, y décédé le 9 août 1846.

VI. — *Bernard-Joseph* FRANS, né en 1732, marchand filtier, bourgeois de Lille par reliet du 20 octobre 1767, épousa à Saint-Maurice, le 25 novembre 1766, Marie-Catherine-Françoise-Joseph *Mauviez*, fille de François-Gabriel et de Marie-Catherine *Varet*, née à Hesdin en 1739, morte paroisse Saint-Sauveur le 28 mai 1781 ; il mourut sur cette paroisse le 9 avril 1785 et eut :

1. — *Isabelle-Françoise*, baptisée à Saint-Maurice le 13 novembre 1767, décédée le 14 novembre 1795, mariée avec Louis-Joseph *Willems*, fils de Barthélemi-Joseph et d'Augustine *Spetbroit*, baptisé à Saint-Étienne le 20 juin 1767, marchand, remarié avec Marie-Augustine-Agnès-Joseph *Dubus*, mort à Lille le 13 messidor an X.

2. — *Bernard-Joseph*, baptisé à Saint-Maurice le 22 janvier 1769.

3. — *Marie-Joseph*, baptisée à Saint-Maurice le 26 mai 1770, décédée à Lille le 5 prairial an VI, alliée à Auguste-Clément-Joseph *Lombart*, frère de Marie-Barbe-Joseph, baptisé à Saint-Étienne le 3 décembre 1760, mort à Lille le 13 brumaire an IX ; dont postérité.

4. — *Bernardine-Victoire-Josèphe*, baptisée à Saint-Maurice le 25 avril 1772.

5. — *Catherine-Philippine-Joseph*, baptisée à Saint-Sauveur le 28 septembre 1773, y décédée le 7 octobre 1774 et inhumée dans l'église.

6. — *César-Joseph*, baptisé à Saint-Sauveur le 3 novembre 1774.

7. — *Jean-Baptiste-Désiré-Joseph*, baptisé à Saint-Sauveur le 11 février 1776.

NON RATTACHÉ

Jean-Ignace FRANS, frère de *François*, marié à Sainte-Catherine, le 17 septembre 1646, avec Jeanne *Boussemar*.

HESPEL

Armes : *écartelé : aux 1 et 4, d'or à trois ancolies d'azur; aux 2 et 3, d'argent au chevron parti d'or et d'azur.*

I. — *Walerand* Hespel, homme d'armes dans l'armée de Charles le Téméraire, fut tué au siège de Nancy en 1470 [1]; il eut :

II. — *Clément* Hespel, né à Wattrelos, bourgeois de Lille par achat du 16 juillet 1495, mort en 1512, épousa Pasque *le Bourgeois*, dame de la Brasserie à Wazemmes, décédée vers 1531 ; dont :

1. — *Bauduin*, sr de la Brasserie, bourgeois de Lille par relief du 28 juillet 1519, lieutenant de la gouvernance de cette ville, mort en 1558.

2. — *Pierre*, sr de la Brasserie après son frère, licencié ès lois, bourgeois de Lille par relief du 1er avril 1528 (n. st.), échevin de cette ville en 1528, puis bailli en 1539, avocat au Conseil d'Artois, enfin conseiller par provision du 15 janvier 1556, décédé en 1565 ; allié, en 1528, à Marie *du Bosquel* ; d'où :

    a. — *Guillaume*, sr de Biès, bourgeois d'Arras le 5 octobre 1566, mort vers 1600, n'eut pas d'enfants de Gabrielle *de Beauffort*, fille de Jean et de Cornélie *de Kiltz*.

    b. — *Jacqueline*.

    c. — *Louise*, citée ainsi que la précédente dans les différentes généalogies de cette famille [2].

    d. — *Jeanne*, épouse de Jacques *d'Orville*.

3. — *Robert*, gentilhomme de l'artillerie sous Mgr de Glajon, mort au siège de Thérouanne en 1563, inhumé à Estaires.

4. — *Jean*, qui suit, III.

5. — *Clément*, qui suivra, III bis.

III. — *Jean* Hespel, bourgeois de Lille par relief du 7 décembre 1536, décédé en 1587, allié à Marie *Baillet* ; dont un fils :

---

1. Il portait : *d'or à trois ancolies d'azur tigées de sinople.*
2. Elle épousa, croyons-nous, François *de Valières*, écuyer, sr des Aulnois, fils de Simon et d'Agnès *de Maulde*, pendu à Mons pour avoir refusé d'obéir à don Juan d'Autriche.

IV. — *Jean* Hespel, sr de la Brasserie, licencié en droit, bourgeois de Lille par relief du 17 décembre 1571, époux de Catherine *Cuvillon* ; d'où :

V. — *Jean* Hespel, baptisé à Saint-Étienne le 17 janvier 1595, licencié en droit, bourgeois de Lille par relief du 7 novembre 1623, se maria à Saint-Étienne, le 13 juin 1623, avec Françoise *de Croix* dite *de Drumez*, fille de Pierre et de Catherine *Bridoul* ; dont :

1. — *Marguerite-Agnès*, baptisée à Saint-Pierre le 21 janvier 1629.

2. — *Marie-Françoise*, baptisée à Saint-Étienne le 22 mars 1632, morte paroisse Saint-Maurice le 19 novembre 1707, alliée dans cette église, le 26 novembre 1651, à Michel *du Bosquiel*, fils de François et de Marguerite *de la Barghe*, baptisé à Saint-Étienne le 4 janvier 1629, décédé le 10 janvier 1691 ; d'où postérité.

3. — *Marie-Catherine*, baptisée à Saint-Étienne le 9 avril 1635, morte le 18 janvier 1709, mariée dans cette église, le 26 octobre 1656, avec François *Delabarre*, fils de Pierre et de Jeanne *Grenu*, né à Armentières, avocat, greffier héréditaire de la salle de Lille, bourgeois de cette ville par achat du 3 janvier 1653, mort le 17 février 1687 à 74 ans. Ils furent inhumés dans la chapelle de la Vierge à Saint-Étienne ; dont postérité.

4. — *Catherine*, baptisée à Saint-Étienne le 9 décembre 1640.

III bis. — *Clément* Hespel, bourgeois de Lille par relief du 14 mai 1520, décédé le 16 avril 1556 (n. st.) et enterré aux Frères mineurs, écartela ses armes telles qu'elles sont décrites ci-dessus ; il eut de sa femme, Catherine *Cramp* :

1. — *Clément*, qui suit, IV.

2. — *Bauduin*, bourgeois de Lille par relief du 22 avril 1560 (n. st.), mort vers 1583, marié avec Guillemette *de la Fortrie*, dont il eut :

    a. — *Jeanne*, épouse de Philippe *Lepers*, fils de Pierre et de Marie *Miroul*, bourgeois de Lille par relief du 19 août 1591.

    b. — *Clément*, baptisé à Saint-Maurice le 10 août 1573.

Il eut encore un fils naturel, *Clément*, né en 1545, auquel il donna presque toute sa fortune par actes du 24 mars 1548 (n. st.), et du 19 avril 1550 [1].

---

1. Archives communales de Lille. Contrats de 1550 passés devant Me Bayart, f° 44.

IV. — *Clément* Hespel, greffier de la ville d'Armentières, décédé vers 1610, épousa Gillette *Grenu*, de la branche armentiéroise de cette famille ; dont :

1. — *François*, qui suit, V.
2. — *Catherine*.

D'après la généalogie du manuscrit de Chambge il faudrait ajouter : *Gillette, Christine* et *Marie-Madeleine*.

V. — *François* Hespel, marchand, bourgeois de Lille par achat du 31 décembre 1605, épousa à Saint-Étienne, le 8 janvier 1606, Catherine *Miroul*, fille de Jean et de Philippote *Desmaretz* ; d'où :

1. — *François*, qui suit, VI.
2. — *Catherine*, baptisée à Saint-Étienne le 6 mars 1608, mariée, le 25 septembre 1627, avec Pierre *Cambier*, fils de Martin et de Lucia *Carlier*, bourgeois de Lille par relief du 8 janvier 1628.
3. — *Josse*, baptisé à Saint-Étienne le 12 décembre 1609, bourgeois de Lille par relief du 10 mai 1647, allié, dans cette église, le 22 octobre 1646, à Michelle *du Gardin*, fille de Liévin et de Marie *Poulle*, baptisée à Saint-Étienne le 19 avril 1614 ; d'où :

    a. — *François*, baptisé à Saint-Étienne le 29 juillet 1647.
    b. — *Jeanne*, baptisée à Saint-Étienne le 8 août 1648.

VI. — *François* Hespel, s^r d'Hocron, baptisé à Sainte-Étienne le 15 janvier 1607, bourgeois de Lille par relief du 8 janvier 1628, greffier des États de Lille, nommé auditeur ordinaire supernuméraire à la Chambre des comptes de cette ville le 25 août 1653, maître extraordinaire le 12 juillet 1654, auditeur extraordinaire le 19 juin 1656, confirmé dans sa noblesse le 6 juillet 1663, marié avec Marguerite *Poulle*, fille de Jean, s^r de Camp Marchant, du Vas, et de Marie *de Fourmestraux*, née le 17 février 1604 ; d'où :

1. — *François-Séraphin*, qui suit, VII.
2. — *Pierre-Clément*, baptisé à Saint-Étienne le 5 février 1630.
3. — *Marie-Catherine*, baptisée à Saint-Étienne le 9 août 1632.
4. — *Jeanne*, baptisée à Saint-Étienne le 6 octobre 1634.
5. — *Ferdinand*, baptisé à Saint-Étienne le 22 décembre 1636, nommé auditeur en la Chambre des comptes à Lille avec dispense d'âge le 30 juin 1656 en récompense d'une somme d'argent fournie par son père à don Juan d'Autriche ; mais après qu'il eût prêté serment et payé finances, il se vit refuser l'admission. La Chambre des comptes fit ses remontrances à don Juan le 4 août 1656, le priant de considérer comme nulle une nomination acquise par argent ; mais ce

fut en vain ; une ordonnance que rendit ce prince le 21 février 1657, fit entrer Ferdinand d'Hespel à ladite Chambre [1]. Ce dernier n'y resta pas longtemps; il fut nommé maître en la Chambre des comptes à Bruxelles le 29 janvier 1675 et mourut dans cette ville en 1683.

6. — *Anselme*, qui suivra (branche de Flencques).

7. — *Josse*, baptisé à Saint-Étienne le 28 mars 1641.

VII. — *François-Séraphin* HESPEL, écuyer, s^r de la Vallée, né le 15 janvier 1627, bourgeois de Lille par relief du 11 septembre 1654, licencié ès lois, greffier des États de Lille, grand bailli de Comines, décédé en 1679 à Bauvin près Carvin [2] ; épousa à Courtrai, le 25 février 1652, Marie-Hippolyte *Vandenberghe*, fille d'Adrien, s^r de Hocques, et de Catherine *Bonte*, baptisée à Courtrai le 16 avril 1629; dont :

1. — *François-Séraphin*, écuyer, s^r de la Vallée, baptisé à Saint-Étienne le 11 février 1653, bourgeois de Lille par relief du 21 novembre 1686, rewart de cette ville, décédé paroisse Saint-Pierre le 17 février 1718 ; marié à Sainte-Catherine, le 22 octobre 1686, avec Marie-Élisabeth *Vanlaer* [3], fille d'Étienne et d'Anne *Jacops*; d'où :

    a. — *Marie-Marguerite-Isabelle*, baptisée à Saint-Étienne le 7 septembre 1687, ursuline à Mons.

    b. — *Ferdinand*, baptisé à Saint-Étienne le 15 août 1688, chevalier de l'ordre de Saint-Lazare, mort à Paris le 17 novembre 1746.

    c. — *Séraphine-Hippolyte*, baptisée à Saint-Étienne le 1er octobre 1689 ; y décédée le 28 juillet 1694.

    d. — *Jeanne-Thérèse*, baptisée à Saint-Étienne le 16 octobre 1690, morte célibataire paroisse Sainte-Catherine le 24 novembre 1769.

    e. — *Hyacinthe-Ursule*, baptisée à Saint-Étienne le 8 décembre 1691, décédée paroisse Saint-Pierre le 27 juillet 1756.

    f. — *François-Joseph*, écuyer, s^r de la Vallée, baptisé à Saint-Étienne le 23 décembre 1692, bourgeois de Lille par relief du 22 mai 1733, y décédé le 5 avril 1774 ; épousa, à Saint-André,

---

1. Archives départementales du Nord. Nouveau B. 892.

2. D'après les notes de M. Wallerand d'Hespel d'Harponville, qui sont souvent sujettes à caution.

3. VAN LAER : *d'azur à trois canettes d'argent, surmontées d'une branche de laurier de sinople périe en fasce ; au chef cousu de sable chargé de trois sautoirs d'or.*

le 15 juin 1732, Catherine-Isabelle *Mariaval*, fille de François-Dominique et de Jeanne-Catherine *Cardon*, née en 1703, décédée paroisse Saint-Pierre le 31 décembre 1749 ; dont :

    aa. — *Marie-Thérèse-Charlotte*, baptisée à Sainte-Catherine le 20 novembre 1735, décédée en novembre 1758, alliée, à Saint-Pierre, le 17 avril 1758, à Philippe-Alexandre-Ange *de Beaulaincourt*, chevalier, sr de Bellenville, Bertrang, fils de Léon-Ange, chevalier, et de Valentine-Alexandrine *Baudart*, né vers 1721.

    bb. — *Nicolas-Séraphin-Marie*, baptisé à Saint-Pierre le 17 mai 1744, y décédé le 30 mai 1749.

  g. — *Pierre-Henri*, baptisé à Saint-Étienne le 23 janvier 1694, y décédé le 1er mai 1695.

  h. — *Charles-Séraphin*, baptisé à Saint-Étienne le 30 janvier 1695, y décédé le 11 février suivant.

  i. — *Marie-Isabelle*, baptisée à Saint-Étienne le 14 septembre 1696, y décédée le 15 octobre 1697.

  j. — *François-Séraphin*, baptisé à Saint-Étienne le 28 octobre 1697, y décédé le 5 mai 1699.

  k. — *Marie-Charlotte-Joseph*, baptisée à Saint-Étienne le 26 juin 1699, morte célibataire paroisse Sainte-Catherine le 25 mars 1775 et inhumée dans la chapelle Notre-Dame de cette église.

  l. — *Jacques-Séraphin*, baptisé à Saint-Étienne le 8 juillet 1700, y décédé le 23 juin 1701.

  m. — *Michel-Séraphin*, baptisé à Saint-Étienne le 19 juillet 1701.

  n. — *Pierre-Albert*, écuyer, sr de Pernes, baptisé à Saint-Étienne le 30 août 1704, bourgeois de Lille par relief du 15 janvier 1738, capitaine au régiment de la Vallière, puis au régiment de Guise, chevalier de Saint-Louis, décédé paroisse Saint-André le 3 juin 1743 ; épousa à Saint-Jacques de Douai, le 6 mai 1737, Marie-Marguerite-Charlotte *Hattu*, fille de Maximilien, sr de Véhu, et de Marie-Marguerite-Charlotte *de la Haye*, baptisée à Saint-Piat de Tournai le 11 juillet 1701, veuve de Pierre-Joseph *de Buissy*, décédée paroisse Sainte-Catherine à Lille le 13 juin 1779 ; dont une fille :

    aa. — *Caroline-Albertine-Adélaïde*, baptisée à La Madeleine le 23 février 1738, mariée, à Sainte-Catherine, le 5 mai 1777, avec Michel-Jean-Louis-Joseph *de Bancalis de Pruines*, baron de Lormet, fils de Louis, baron de Lormet, et de Marie-Antoinette *de Forveille*, baptisé à

Saint-Salvy d'Albi en 1731, page de la duchesse douairière d'Orléans, lieutenant-colonel du régiment de mestre de camp cavalerie, chevalier de Saint-Louis, mort sans enfants en 1807.

    o. — *Henri-Séraphin*, écuyer, baptisé à Saint-Étienne le 6 mars 1707, mort célibataire au château de la Vallée le 4 février 1797.

    p. — *Marie-Joseph-Séraphine*, baptisée à Saint-Pierre le 8 juin 1710.

2. — *Marguerite-Hippolyte*, baptisée à Saint-Étienne le 17 septembre 1654.

3. — *Ferdinand*, baptisé à Saint-Étienne le 24 mars 1656, mort jeune.

4. — *Ferdinand*, baptisé à Saint-Étienne le 10 décembre 1657, chanoine d'Harlebeke, mort en 1723.

5. — *Pierre-Clément*, qui suit, VIII.

6. — *Anselme*, baptisé à Saint-Étienne le 20 juillet 1662, carme déchaussé, mort à Namur en 1742 (d'après M. W. d'Hespel d'Harponville).

7. — *Marie-Jeanne*, baptisée à Saint-Étienne le 11 novembre 1664, décédée paroisse Saint-Maurice le 21 juillet 1745, alliée à Saint-Étienne, le 19 mai 1687, à Charles-François *Lefebvre-Delattre*, écuyer, sr de la Fresnoy, fils d'Alexandre-Floris, écuyer, sr des Campeaux, et de Marie-Jeanne *Miroul*, baptisé à La Madeleine le 15 décembre 1661, bourgeois de Lille par relief du 30 mai 1687, décédé sur cette paroisse le 22 décembre 1735 ; dont postérité.

VIII. — *Pierre-Clément* HESPEL, écuyer, sr d'Hocron, Lestocquoy, baptisé à Saint-Étienne le 19 janvier 1660, bourgeois de Lille par relief du 25 octobre 1685, receveur de la Présentation Notre-Dame de 1693 à 1736, décédé le 28 mars 1743 et enterré au chœur de La Madeleine. Il obtint des lettres de terrier données à Douai le 9 septembre 1724 pour ses terres d'Hocron et Lestocquoy à Fournes, châtellenie de Lille, dont relevaient plusieurs fiefs. Il épousa à Saint-Étienne, le 29 mai 1685, Marguerite-Henriette *Fruict*, fille de Gilles, sr de Frémicourt, et de Catherine *Jacops*, décédée le 7 août 1736 et enterrée aux Religieuses Capucines de Lille ; dont :

1. — *Gilles-Joseph*, écuyer, sr de Lestocquoy, baptisé à Saint-Étienne le 25 février 1686, bourgeois de Lille par relief du 6 août 1716, échevin de cette ville, quatre fois rewart et sept fois mayeur,

mort le 7 août 1743 et enterré dans l'église de La Madeleine ; marié à Saint-Maurice, le 24 mai 1716, avec Marie-Thérèse *Imbert*, fille de Jacques, écuyer, sr d'Hem, et de Marie-Joseph *Taviel*, née le 9 septembre 1688, décédée sans postérité le 24 mars 1736.

2. — *Pierre-François-Séraphin*, qui suit, IX.
3. — *Ferdinand-Ignace*, qui suivra (branche de Lestocquoy).

IX. — *Pierre-François-Séraphin* Hespel, sr d'Hocron, Frémicourt, baptisé à Saint-Étienne le 11 mars 1687, bourgeois de Lille par relief du 23 mai 1714, administrateur de la Noble Famille en 1730, député aux États de Lille cette même année, mort le 7 janvier 1768 et inhumé au chœur de La Madeleine ; épousa à Saint-Maurice, le 15 avril 1714, Isbergue-Albertine *Rouvroy*, fille de Jacques, chevalier, sr de Fournes, trésorier de France au bureau des finances, et de Marie-Madeleine *Aronio*, baptisée à Saint-Maurice le 22 mai 1693, décédée le 6 mai 1720 et enterrée à Saint-Maurice ; d'où :

1. — *Henriette-Albertine-Séraphine*, baptisée à Saint-Maurice le 24 juin 1715.
2. — *Clément-Séraphin-Marie*, qui suit, X.
3. — *Ferdinand-Louis-Joseph*, baptisé à Saint-Maurice le 18 août 1718, y décédé le 30 juin 1733.

X. — *Clément-Séraphin-Marie* Hespel, écuyer, sr de Coisnes, Hocron, baptisé à Saint-Maurice le 6 décembre 1716, bourgeois de Lille par relief du 1er février 1746, député aux États de Lille en 1763, décédé le 8 septembre 1784 paroisse de La Madeleine et inhumé à Salomé ; épousa à Saint-Étienne, le 26 juillet 1745, Henriette-Françoise *de Wazières*, dame d'Hollebecque, fille de François-Eugène-Dominique, écuyer, sr de Beaupré, et de Madeleine-Françoise *Cuvillon*, baptisée à La Madeleine le 5 septembre 1723, décédée le 25 janvier 1781 ; d'où :

1. — *Louise-Françoise-Séraphine-Joseph*, baptisée à La Madeleine le 14 mars 1747, morte le 19 mai 1781.
2. — *Clément-Henri-François*, qui suit, XI.
3. — *Pierre-Auguste-Joseph*, ondoyé à Roncq le 30 septembre 1749, baptisé à La Madeleine le 29 octobre suivant, y décédé le 20 octobre 1750.
4. — *Ferdinand-François-Séraphin*, qui suivra (branche d'Harponville).

5. — *Marie-Françoise-Alexandrine*, baptisée à La Madeleine le 7 novembre 1751, décédée au château de Coisnes le 12 juin 1775.

XI. — *Clément-Henri-François* Hespel, écuyer, s^r de Coisnes, Hocron, Frémicourt, Hollebecque, baptisé à La Madeleine, le 15 septembre 1748, bourgeois de Lille par relief du 22 mars 1777, officier au régiment de Royal étranger cavalerie, décédé à Lille le 8 mars 1815 ; épousa à Manaucourt-Étricourt (diocèse de Noyon), le 19 juin 1776, Marie-Joseph-Jeanne-Gabrielle *de Folleville*, fille de Charles-François, marquis de Folleville, et de Marie-Jeanne-Marguerite *Le Gras de Maurepaire*, née le 12 mai 1753, décédée à Lille, paroisse de La Madeleine, le 20 février 1781 ; dont :

1. — *Clément-Marie-Gabriel*, qui suit, XII.

2. — *Albéric-Charles-Henri*, écuyer, s^r d'Hocron, baptisé à La Madeleine le 22 novembre 1778, reçu chevalier de minorité dans l'ordre de Malte le 8 février 1779, décédé à Lille le 5 octobre 1857, célibataire.

3. — Un fils ondoyé le 15 février 1781 et décédé le 6 mars suivant.

XII. — *Clément-Marie-Gabriel* Hespel, écuyer, s^r de Coisnes, Hocron, né à Coisnes le 2 octobre 1777, capitaine de la garde nationale mobile, fait prisonnier à Gorcum en 1814, décédé à Saint-Nicolas (pays de Waes, Belgique) le 14 mars 1853 ; épousa à Saint-Nicolas, en 1811, Marie-Emmanuelle *Reynaerts*, fille de Ferdinand-Philippe-Antoine-Jacques et de Marie-Catherine *Van der Boonten*, née en 1765, veuve de Frédéric-Augustin Scheeders, décédée à Saint-Nicolas le 9 janvier 1848 ; sans enfants.

XI bis. — *Ferdinand-François-Séraphin* Hespel, écuyer, s^r de Wledricq, ondoyé le 19 septembre 1750, baptisé à La Madeleine le 29 septembre suivant, enseigne aux gardes wallonnes le 14 mai 1767, sous-lieutenant le 27 avril 1771, lieutenant le 25 novembre 1779, chevalier de l'ordre d'Alcantara, retraité à Lille en avril 1783, bourgeois de cette ville par relief du 5 février 1785, reçu aux États d'Artois le 2 novembre 1787, mort à Amiens après 1815 ; épousa à Arras, le 19 mai 1784, Joseph-Françoise-Hélène-Rosalie *de Marbais*, fille de Philippe-François-Eugène, écuyer, s^r de Verval, et de Marie-Anne-Françoise *de Leval*, née à Gauchin-le-Gal en Artois le 19 août 1760, morte à Amiens le 18 mars 1815 ; dont :

1. — *Wallerand-Joseph-Henri*, baptisé à La Madeleine le 29 mars 1785, mort le 5 avril suivant.

2. — *Wallerand-François-Eugène*, qui suit, XII.

3. — *Bauduin-Auguste*, né le 14 mars 1788, baptisé à Saint-Nicaise d'Arras le 3 avril suivant, y décédé le 22 avril 1789.

4. — *Bauduin-César-Marie*, né à Arras le 17 mars 1790, baptisé à Saint-Nicaise le 16 avril suivant, mort au Petit-Saint-Jean, près Amiens, le 2 juin 1831, allié à Élisabeth-Argentine *Houpin*, fille de Jean-Baptiste, foulon, née en 1808; morte à Amiens le 16 février 1853 ; d'où :

    a — *Bauduin-Ferdinand-Albéric*, né au Petit-Saint-Jean le 19 juillet 1828.

    b. — *Hélène-Henriette-Argentine*, née au Petit-Saint-Jean le 30 mars 1830.

5. — *Giliette-Antoinette-Juliette-Charlotte*, née à Arras le 26 février 1791, baptisée à Saint-Nicaise le 16 mars 1791, mariée à Amiens, le 15 mai 1815, avec Augustin-Achille *de Marbais*, fils d'Eugène-François-Joseph et de Rosalie-Amable-Joseph *Lebon*, né à Arras le 4 février 1793, sous-chef de parc aux équipages auxiliaires de l'armée ; elle en était veuve en 1862 et eut postérité.

6. — *Édouard-Isidore-René*, né à Paris le 7 novembre 1797, sous-officier au régiment des lanciers rouges de la garde impériale, blessé à la bataille de la Rothière, près Brienne, en janvier 1814, mort des suites de sa blessure à Troyes le 6 juillet suivant.

XII. — *Wallerand-François-Eugène* d'Hespel, écuyer, puis comte, s^r d'Harponville, né à Liévin le 24 juin 1786, officier au service d'Espagne, mort à Wazemmes le 9 octobre 1862 ; épousa à Lille, le 27 mai 1812, Émeraude-Pétronille-Méliton-Marguerite *du Chastel de la Howarderie*, fille de Ferdinand-François, comte du Chastel, et de Catherine-Adélaïde-Gille *Le Brun*, baptisée à Saint-André le 1er mai 1786, légitimée par jugement du tribunal civil de Lille le 10 décembre 1804, décédée dans cette ville le 4 décembre 1854; dont :

XIII. — *Wallerand-Ferdinand-Gustave-Eugène* comte d'Hespel d'Harponville, né à Paris le 26 septembre 1813, officier au régiment des chevau-légers de l'empereur d'Autriche en 1833, capitaine d'état-major au service de don Carlos en Espagne en 1838, chevalier de l'ordre de Saint-Ferdinand, mort à Paris le 28 janvier 1873 ; épousa dans cette ville, le 12 mars 1839, Gabrielle-Antoinette-Thècle *Cortois de Charnailles*, fille de Didier, vicomte de Charnailles, ancien officier d'infanterie, et d'Alexandrine-Rose-Zoé *de Pierrepont*, née à Paris le 15 février 1815; d'où :

1. — *Wallerand-Charles-Albéric-Édouard*, né à Lille le 7 février 1841.

2. — *Ferdinand-Bauduin-Édouard*, qui suit, XIV.

XIV. — *Ferdinand-Bauduin-Édouard*, comte d'HESPEL D'HARPONVILLE, né à Tournai le 21 novembre 1844, officier de chasseurs à pied ; épousa au château de Marceley (Calvados), le 9 juillet 1877, Julie-Stylite-Éveline *Lebas de Courmont*, fille de Jules-Eugène et de Stylite-Ernestine *Pontas du Méril*, née audit château en août 1856 ; dont une fille :

1. — *Marie*, née au château de Marceley le 9 janvier 1879, où elle épousa, le 9 février 1899, Augustin-Paul-Marie-Joseph, prince *de Broglie Revel*, fils du prince Raymond-Amédée-Charles et de Marie-Louise *de Vidart*, né le 22 novembre 1864, officier de cavalerie.

Branche de FLENCQUES

VII bis. — *Anselme* HESPEL, écuyer, sr de Flencques, à Houplines, baptisé à Saint-Étienne le 17 janvier 1639, licencié ès lois, bourgeois de Lille par relief du 9 février 1665, greffier des États de Lille, rewart en 1684, décédé paroisse Saint-Pierre le 17 janvier 1694, et inhumé dans la chapelle Sainte-Anne de cette église ; épousa, le 27 juillet 1664, Marie *Verdière*, fille de Michel, receveur des États de Lille, et de Jossinne *du Chambge*, baptisée à Saint-Étienne le 29 août 1643, morte après son mari ; dont :

1. — *Michel*, baptisé à Saint-Étienne le 10 mai 1665, mort jeune.

2. — *Michel*, baptisé à Saint-Étienne le 25 juillet 1666, écuyer, sr de Givenchy, bourgeois de Lille par relief du 22 septembre 1707, échevin de cette ville en 1709, décédé paroisse Saint-Pierre le 2 mars 1747 ; allié à Saint-Maurice, le 25 juillet 1707, à Marie-Ignace-Françoise *Locart*, fille de Théodore, sr de Werchies, et de Marie-Françoise *Bruyant*, baptisée à Saint-Étienne le 1er août 1679 ; dont un fils :

    a. — *Paul-Joseph*, baptisé à Saint-Maurice le 7 juin 1709, y décédé le 11 novembre 1710.

3. — *Anselme*, baptisé à Saint-Étienne le 21 septembre 1667, chanoine de la cathédrale de Tournai, décédé le 29 novembre 1733 et inhumé dans cette église.

4. — *Marie*, baptisée à Saint-Étienne le 22 janvier 1671, morte

paroisse Sainte-Catherine le 31 août 1695, mariée à Saint-Pierre, le 10 février 1695, avec Pierre *de la Haye*, s^r du Roseau, fils de Pierre et de Marguerite *van Broucq*, baptisé à Saint-Étienne le 16 février 1664, bourgeois de Lille par relief du 3 août 1695, procureur du Roi à la gouvernance de Lille, remarié avec Anne *Castellain*, décédé paroisse Sainte-Catherine le 19 février 1735.

5. — *Pierre-François-Séraphin*, qui suit, VIII.

6. — *Marie-Thérèse*, baptisée à Saint-Étienne le 25 avril 1676, morte paroisse Saint-André le 28 août 1715, alliée à Saint-Pierre, le 9 septembre 1702, à François-Guillaume *de Waignon*, écuyer, s^r de la Marlière, fils de Guillaume, écuyer, s^r de Hotteville, et de Marie-Jeanne *de Hennin*, bourgeois de Lille par achat du 6 octobre 1702, échevin, puis mayeur de cette ville, décédé à Linselles le 18 octobre 1760 et enterré dans l'église Saint-André, à Lille.

7. — *Jean-Baptiste*, baptisé à Saint-Étienne le 9 juillet 1678, écuyer, s^r de Vendeville, bourgeois de Lille par relief du 7 août 1705, receveur des Bonnes-Filles de 1711 à 1725, décédé paroisse Saint-Pierre le 5 décembre 1728; épousa à Sainte-Catherine, le 8 juin 1705, Marie-Isabelle-Hyacinthe *Bridoul*, fille de Jacques, écuyer, s^r d'Averdoing, et de Marie-Catherine *Lefebvre-Delattre*, baptisée à Saint-Étienne le 28 février 1680, décédée paroisse Saint-Pierre le 16 février 1754 ; d'où :

    a. — *Henri-Joseph*, baptisé à Sainte-Catherine le 15 mai 1706, y décédé le 20 septembre 1710.

    b. — *Marie-Catherine-Isabelle*, baptisée à Sainte-Catherine le 14 août 1707.

    c. — *Marie-Pélagie-Joseph*, baptisée à Sainte-Catherine le 30 juin 1711, décédée paroisse de La Madeleine le 1er février 1781 ; mariée à Saint-Pierre, le 14 juin 1733, à Michel-Alexandre *Lefebvre-Delattre*, écuyer, s^r de la Fresnoy, fils de Charles-François, écuyer, s^r de Ligny, et de Marie-Jeanne *Hespel*, baptisé à La Madeleine le 5 avril 1702, bourgeois de Lille par relief du 14 décembre 1733, décédé sur cette paroisse le 26 janvier 1762 ; dont postérité.

    d. — *Marie-Madeleine-Séraphine*, baptisée à Saint-Pierre le 20 décembre 1712, y décédée le 14 décembre 1768 ; alliée à Saint-Pierre, le 10 octobre 1745, à Louis-Eugène-Joseph *Obert*, écuyer, s^r de Lassus, fils de Jean-François, écuyer, s^r de Walle, et de Marie-Henriette-Françoise *de Gruson*, baptisé à Sainte-Catherine le 8 juillet 1712, bourgeois de Lille par relief du 24 mai 1746, échevin de cette ville, décédé paroisse Saint-Pierre le 13 septembre 1789 ; dont postérité.

e. — *Marie-Alexandrine*, baptisée à Saint-Pierre le 3 juin 1715, dame de Vendeville, Beaumanoir, y décédée le 14 juin 1781 ; mariée dans cette église, le 21 septembre 1745, avec Gabriel-Eubert-Joseph *Scherer de Scherbourg*, chevalier, s^r de Tourmignies, La Prée, fils de Gabriel-Eubert, chevalier, et d'Isabelle-Catherine *Carpentier*, baptisé à Saint-Étienne le 28 novembre 1710, bourgeois de Lille par relief du 22 mars 1746, décédé paroisse Saint-Pierre le 12 mars 1787 ; dont postérité.

8. — *Ferdinand*, écuyer, s^r de Doulieu, baptisé à Saint-Étienne le 18 avril 1680, décédé célibataire paroisse Saint-Maurice le 4 décembre 1739.

9. — *Joseph*, écuyer, s^r de Loos, Doulieu, baptisé à Saint-Étienne le 15 mars 1684, bourgeois de Lille par relief du 19 janvier 1712, mort paroisse Sainte-Catherine le 23 novembre 1745 ; marié dans cette église, le 31 août 1711, avec Marie-Madeleine-Joseph *Bridoul*, sœur de Marie-Isabelle-Hyacinthe, baptisée à Sainte-Catherine le 28 septembre 1681, y décédée le 30 mars 1744 ; d'où :

a. — *Marie-Joseph-Julie*, baptisée à Sainte-Catherine le 9 octobre 1712, décédée paroisse Saint-André le 27 janvier 1785, alliée à Sainte-Catherine, le 10 janvier 1740, à Jean-François-Marie *Aronio*, chevalier, s^r de Romblay, fils de Jean-Baptiste, chevalier, s^r des Escalus, et d'Élisabeth-Balduine *de Surmont*, baptisé à Saint-André le 5 mars 1695, bourgeois de Lille par relief du 5 mai 1740, nommé trésorier de France au bureau des finances de la généralité de Lille le 3 juillet 1721, décédé paroisse Saint-André le 24 janvier 1774 ; dont postérité.

b. — *Louise-Isabelle*, baptisée à Sainte-Catherine le 14 septembre 1714, morte le 12 mars 1737 et inhumée dans cette église.

c. — *Marie-Madeleine-Charlotte*, dame de Doulieu, baptisée à Sainte-Catherine le 30 décembre 1716, morte célibataire le 19 avril 1787.

d. — *Françoise-Séraphine*, dame de Loos, baptisée à Sainte-Catherine, le 27 février 1721, décédée le 28 nivôse an XIII, mariée à Sainte-Catherine, le 16 octobre 1746, avec Martin-Louis *de Maulde*, écuyer, s^r de la Tourelle, fils de Pierre-François, écuyer, et de Marie-Madeleine *Van Laer*, baptisé à Sainte-Catherine le 8 novembre 1698, bourgeois de Lille par relief du 31 décembre 1731, veuf de Marie-Louise-Josèphe *Delfosse*, décédé paroisse Sainte-Catherine le 14 février 1762 ; dont postérité.

VIII. — *Pierre-François-Séraphin* Hespel, écuyer, sr de Flencques, baptisé à Saint-Étienne le 20 juillet 1673, bourgeois de Lille par relief du 19 janvier 1723, décédé paroisse Sainte-Catherine le 2 mars 1741 ; épousa dans cette église, le 11 juillet 1722, Julie-Robertine *Poulle*, fille de Robert-André, écuyer, sr du Vas, et d'Anne-Catherine-Virginie *Aronio*, baptisée à Saint-Étienne le 18 octobre 1682, décédée le 21 mars 1762 ; dont :

IX. — *Michel-Séraphin* Hespel, écuyer, sr de Flencques, baptisé à Sainte-Catherine le 26 août 1723, bourgeois de Lille par relief du 15 novembre 1746, y décédé le 20 octobre 1791 : épousa à Saint-André, le 22 août 1746, Marie-Antoinette-Thérèse *de Fourmestraux*, fille de Louis-Joseph, écuyer, sr d'Hancardrie, trésorier de France, et de Marie-Virginie *Poulle*, baptisée à Saint-Maurice le 19 août 1724, décédée à Lille le 19 brumaire an XIII ; dont :

1. — *Marie-Josèphe*, baptisée à Sainte-Catherine le 20 juin 1750, y décédée le 13 août 1752.
2. — *Marie-Virginie*, baptisée à Sainte-Catherine le 16 août 1751.
3. — *Jeanne-Henriette*, baptisée à Sainte-Catherine le 17 octobre 1752, morte à Lille le 3 décembre 1806.
4. — *Séraphin-Joseph*, qui suit, X.
5. — *Hyacinthe-Louis*, baptisé à Sainte-Catherine le 9 août 1755, mort à Armentières le 24 juillet 1824.

X. — *Séraphin-Joseph* Hespel, écuyer, sr de Flencques, baptisé à Sainte-Catherine le 9 janvier 1754, capitaine des dragons de Condé, chevalier de Saint-Louis, mort à Lille le 8 avril 1823 ; épousa à Lille, le 3 février 1796, Angélique-Françoise-Josèphe *Taverne*, fille de Pierre-François-Albert, écuyer, sr de Burgault, et de Marie-Angélique-Joseph *de Surmont*, née le 9 mars 1772, décédée à Lille le 11 mai 1850 ; d'où :

1. — *Séraphin-Félix*, qui suit, XI.
2. — *Auguste-Émile*, né à Lille le 28 floréal an VII, y décédé le 25 messidor an XI.
3. — *Antoine-Timoléon*, qui suivra, XI bis.
4. — *Émilie-Jeanne*, née à Lille le 25 fructidor an XIII, chanoinesse du chapitre de Sainte-Anne de Bavière, morte à Boulogne-sur-Mer le 3 septembre 1866.
5. — *Alban-Edmond*, qui suivra (branche de Givenchy).
6. — *Waldemar-Albert-Séraphin*, né à Lille le 7 octobre 1810, y décédé le 27 janvier 1839.

XI. — *Séraphin-Félix* d'Hespel de Flencques, écuyer, né à Lille le 21 nivôse an V, y décédé le 19 novembre 1845 ; épousa à Béthune, le 4 juin 1827, Adélaïde-Philippe-Joseph *de Genevières*, fille de Philippe-Marc-Joseph et de Marie-Catherine-Hubertine-Adélaïde *de Posson*, née à Beuvry (Pas-de-Calais) le 18 janvier 1802, morte à Lille le 19 janvier 1863 ; d'où :

1. — *Adélaïde-Marie*, née à Prémesques le 23 novembre 1829, morte à Lille le 16 juillet 1889, alliée dans cette ville, le 5 novembre 1851, à Émile-François-Philippe-Joseph *Schérer de Scherbourg*, fils de Louis-Alexandre-Joseph, chevalier, et de Marie-Sophie-Rosalie *de Surmont de Bersée*, né le 16 mai 1809, mort à Lille le 14 mai 1899 ; dont postérité.

2. — *Séraphin-Félix-Joseph*, qui suit, XII.

3. — *Caroline-Adélaïde-Josèphe*, née à Prémesques le 20 juillet 1842, mariée à Valenciennes, le 9 octobre 1855, avec Charles-Philippe-Antoine *Le Hardy du Marais*, fils de Denis-Joseph, écuyer, et de Charlotte-Hilaire-Josèphe *de Raveneau*, né à Valenciennes le 15 juin 1831, conseiller d'arrondissement, chevalier de Saint-Grégoire le Grand, décédé à Chéreng le 16 novembre 1901 ; dont postérité.

4. — *Marie-Adolphine*, née à Lille le 28 février 1834, y décédée le 1er février 1873, mariée à Lille, le 15 juin 1868, avec Ludovic-Stanislas-François, baron *de Hauteclocque*, fils de Stanislas-François-Joseph et de Rosalie Gabrielle *de Beugny d'Hagerue*, né à Arras le 24 août 1822, maire de Royon, décédé à Lille le 28 mars 1904 ; dont postérité.

XII. — *Séraphin-Félix-Joseph* d'Hespel de Flencques, né à Prémesques le 31 mars 1831, y décédé le 18 août 1899 ; épousa à Gand, le 2 juillet 1867, Esther-Victoire-Cécile-Constance, baronne *de Vivario de Ramezée*, fille d'Albert-Édouard-Joseph et de Caroline-Palmyre-Ghislaine *de Maere*, née à Gand le 2 septembre 1843 ; d'où :

1. — *Marguerite-Marie-Victoire-Adolphine*, née à Gand le 26 mai 1868, y décédée le 11 avril 1876.

2. — *Félix-Charles*, né à Gand le 3 février 1870.

3. — *Robert-Baudhuin-Séraphin*, né à Prémesques le 13 mai 1873.

4. — *Pierre-Joseph-Ghislain*, né à Prémesques le 4 juin 1876.

5. — *Louis-Henri-Albert*, né à Prémesques le 15 juillet 1881, marié à Gand, le 9 janvier 1906, avec Yvonne-Ernestine-Françoise-Ghislaine *de Kerchove de Denterghem*, fille d'Amédée-Charles-

Paul-Ghislain et de Laure-Pétronille-Adélaïde *Vervier*, née à Gand le 14 mars 1882.

XI bis. — *Antoine-Timoléon* D'HESPEL DE FLENCQUES, né à Lille le 26 ventôse an XI, décédé à Lille le 2 mai 1882; épousa dans cette ville, le 28 mai 1833, Emmanuelle-Marie-Henriette *du Bosquiel de Bondues*, fille d'Henri-Clément, écuyer, et d'Albertine-Antoinette-Joseph *Cardon du Bronquart*, née le 22 mars 1806, morte à Lille le 10 avril 1876; dont :

1. — *Frédéric-Séraphin-Albert*, né à Lille le 22 septembre 1837, décédé à Lewarde, près Douai, le 9 janvier 1892 ; épousa à Douai, le 22 avril 1863, Eugénie-Michelle-Alix *Imbert de la Phalecque*, fille d'Alexandre-Joseph-Victor et de Céline-Eugénie-Philomène *Remy de Rombault*, née à Douai le 18 mars 1843, morte à Lewarde le 14 octobre 1889 ; d'où :

    a. — *Antoinette-Marie-Philomène*, née le 8 février 1864, mariée à Lewarde, le 14 novembre 1882, avec Albéric-Louis *de Lencquesaing*, fils de Louis-Dominique-Arthur et de Mélanie-Joseph-Marie *Van der Cruisse de Waziers*, né le 9 juin 1851, maire de Laprée ; dont postérité.

    b. — *Eugène-Marie-Séraphin-Victor*, né à Lewarde le 5 septembre 1867, épousa à Paris, le 17 février 1892, Isabelle-Marie-Madeleine *Fouache d'Halloy*, fille de Jacques-Louis et d'Hélène-Louise-Marie *de Lencquesaing*, née le 29 septembre 1870; d'où :

        aa. — *Hélène-Marie-Anne-Mélanie*, née à Lewarde le 21 mai 1895.

        bb. — *Frédéric-René-Joseph*, né à Lewarde le 9 septembre 1898.

2. — *Marguerite-Marie-Antoinette*, née le 9 février 1839, décédée à Lille le 18 octobre 1850.

3. — *René-Henri-Séraphin*, né à Lille le 11 décembre 1840, maire de Bondues, chevalier de Saint-Grégoire le Grand ; épousa à Lille, le 27 avril 1868, Anne-Marie-Adélaïde *de Melun*, fille d'Anatole-Louis-Joseph, vicomte de Melun, et de Marie-Aldegonde-Joseph *Van der Cruisse de Waziers*, née à Esquermes le 21 septembre 1843 ; d'où :

    a. — *Joseph-Marie-Séraphin*, né à Lille le 13 mai 1869, marié à Versailles, le 4 août 1902, avec Anne-Marie-Françoise *de Bertier de Sauvigny*, fille de Marie-Antoine-Roger et d'Yvonne-Marie-Apolline-Françoise *des Moutis de Boisgautier*, née à Versailles le 8 décembre 1873 ; dont une fille :

aa. — *Ghislaine-Marie-Yvonne*, née à Bondues le 13 septembre 1903.

b. — *Paule-Marie-Josèphe*, née à Lille le 5 mai 1871, alliée à Bondues, le 2 octobre 1894, à Robert-Marie-Léon *Delegorgue de Rosny*, fils de Jules-Maurice et de Lucie-Claire-Caroline *Delegorgue de Rosny*, né à Boulogne-sur-Mer le 9 février 1868, ancien officier de cavalerie ; dont postérité.

c. — *Marie-Renée-Josèphe*, née à Lille le 28 octobre 1872.

d. — *Geneviève-Marie-Josèphe*, née le 19 mars 1875, religieuse du Purgatoire.

XI ter. — *Alban-Edmond* d'Hespel de Flencques de Givenchy, né à Lille le 2 avril 1807 ; officier de cavalerie sous Charles X, mort à Lompret le 27 août 1889 ; épousa à Saint-Omer, le 29 septembre 1853, Marie-Hectorine-Françoise *de Taffin du Brœucq*, fille d'Hector-Joseph-François et de Charlotte-Désirée *de la Forge*, née à Saint-Omer le 9 juillet 1824, décédée à Lompret le 3 mars 1905 ; d'où :

1. — *Marie-Charlotte-Françoise*, née à Saint-Omer le 13 juillet 1856, mariée à Lompret, le 21 septembre 1879, avec Pierre-Gustave-Raoul *de Witasse*, fils de Gustave-Léon et de Marie-Alexandrine-Charlotte-Hélène *de Guillebon*, né à Acheux (Somme) le 7 mai 1854, conseiller général de la Somme ; dont postérité.

2. — *Henri-François-Séraphin*, né à Lompret le 31 octobre 1857, épousa à Amiens, le 9 février 1887, Marie-Caroline-Antoinette *Poujol d'Acqueville*, fille de Marie-Rodolphe et de Marie-Marguerite-Edmée *Lennel*, née à Amiens le 8 décembre 1864 ; d'où :

   a. — *Alban-Marie-Joseph*, né à Éperlecques le 30 septembre 1889.

   b. — *Marie-Joseph-Sabine*, née à Éperlecques le 8 octobre 1893.

   c. — *Marguerite-Marie-Joseph*, née à Éperlecques le 31 août 1895.

   d. — *Monique-Marie-Joseph*, née à Amiens le 17 mars 1901.

   e. — *Pierre-Marie-Joseph*, né à Amiens le 2 mai 1903, décédé à Éperlecques, le 12 septembre suivant.

   f. — *Élisabeth-Marie-Joseph-Françoise*, née à Amiens le 29 janvier 1905.

3. — *Clotilde-Marie-Françoise*, née à Lompret le 11 avril 1859, alliée au château dudit lieu, le 16 janvier 1883, à Joseph-Marie, vicomte *Penet de Monterno*, fils d'Alexandre-Jacques-Marie, vicomte de Monterno, et de Jeanne-Marie-Charlotte d'*Irumberry de Sala-*

berry, né à Saint-Ouen (Loir-et-Cher) le 8 avril 1857 ; dont postérité.

4. — *Amélina-Marie-Françoise*, née à Lompret le 11 novembre 1860, décédée à Lille le 24 septembre 1875.

5. — *Jeanne-Marie-Françoise*, née à Lompret le 3 août 1862, y épousa, le 11 mai 1885, Adrien *Tillette de Clermont-Tonnerre*, fils de Louis et de Noémi *Boucher de Crèvecœur*, né à Cambron (Somme) le 10 mai 1856, maire de Cambron ; dont postérité.

6. — *Paul-Marie-François-Séraphin*, né à Lompret le 30 janvier 1864, marié à Manin, le 8 septembre 1888, avec Jeanne-Louise-Françoise *de Richoufftz*, fille de Ludovic-Aimé-Victor et de Lilia-Marie-Hermine *de Coussemaker*, née à Ambrines près Manin le 9 janvier 1866 ; dont :

    a. — *Marie*, née le 3 juillet 1889 à Manin.

    b. — *Édith-Jeanne-Marie-Madeleine*, née à Manin le 18 septembre 1892, décédée au château d'Habarcq, près Arras, le 14 mars 1893.

7. — *Albert-Marie-Séraphin*, né à Lompret le 27 décembre 1865, célibataire.

8. — *Waldemar-François*, né à Lompret le 16 juillet 1868, y décédé le 17 septembre 1870.

Branche de LESTOCQUOY et GUERMANEZ.

IX bis. — *Ferdinand-Ignace* HESPEL, écuyer, sr de Lestocquoy, baptisé à Sainte-Étienne le 12 juin 1690, bourgeois de Lille par relief du 14 octobre 1723, receveur des Bapaumes, décédé paroisse Saint-Étienne le 23 novembre 1762 ; épousa dans cette église, le 15 septembre 1723, Marie-Élisabeth *de Fourmestraux*, fille de Pierre-François, écuyer, sr du Châtel, et de Marie-Anne *Bave*, baptisée à Saint-Étienne le 16 juillet 1701, décédée paroisse de La Madeleine le 3 janvier 1780 ; d'où :

1. — *Marie-Clémentine-Henriette-Joseph*, baptisée à Saint-Étienne le 26 août 1724, décédée paroisse de La Madeleine le 18 février 1792 et enterrée à Emmerin ; mariée à Saint-Étienne, le 13 février 1748, avec François-Joseph-Marie *du Sart*, chevalier, sr de Bouland, fils de Joseph-Marie, chevalier, et de Marie-Marguerite *du Béron*, né le 11 juin 1719, bourgeois de Lille par relief du 28 janvier 1749, second président au bureau des finances, lieutenant général civil et criminel de la gouvernance de Lille, décédé le 31 décembre 1771 et inhumé à Merville ; dont postérité.

2. — *Pierre-Antoine-Henri-Joseph*, baptisé à Saint-Étienne le 17 janvier 1726, mort le 28 janvier suivant.

3. — *César-Auguste-Joseph-Marie*, qui suit, X.

4. — *Ursule-Séraphine-Joseph*, baptisée à Saint-Étienne le 8 novembre 1733, morte à un mois.

5. — *Marie-Thérèse-Séraphine-Joseph*, baptisée à Saint-Étienne le 16 octobre 1734, décédée sans enfants le 18 août 1764 ; alliée dans cette église, le 3 septembre 1759, à Jean-François *de Maleingreau*, écuyer, s^r de Quenast, fils de Jean-François-Joseph, écuyer, s^r de Quenast, Jaytte, et d'Angélique-Jeanne-Philippine-Josèphe *Leduc de Masnuy*, baptisé à Saint-Germain de Mons le 15 mai 1720, conseiller pensionnaire des États du Hainaut, veuf de Marie-Jeanne *le Rousseau*, bourgeois de Lille par achat du 12 septembre 1759, remarié avec Marie-Françoise-Désirée *de Vinchant de la Haye*, décédé le 7 août 1791.

X. — *César-Auguste-Joseph-Marie* HESPEL, écuyer, s^r de Guermanez, baptisé à Saint-Étienne le 12 décembre 1726, bourgeois de Lille par relief du 26 octobre 1756, conseiller pair des pays de Hainaut, échevin, rewart, puis mayeur de Lille, décédé le 11 mars 1805; épousa à Saint-Pierre, le 6 juin 1756, Marie-Charlotte-Joseph *Fruict*, fille de Bon, écuyer, et de Marie-Anne *Cardon*, baptisée à Saint-Maurice le 3 juin 1730, d'où :

1. — *Ferdinand-Auguste-Joseph-Marie*, baptisé à Saint-Pierre le 16 mai 1757, y décédé le 7 juin 1775.

2. — *Bon-César-Joseph-Marie*, baptisé à Saint-Pierre le 10 novembre 1759, mort le 20 novembre suivant.

3. — *Henriette-Charlotte-Joseph*, baptisée à Saint-Pierre le 28 janvier 1761, mariée dans cette église, le 1er février 1791, avec Gérard-Louis *de Preud'homme*, chevalier, s^r du Roc, fils de Bertrand, chevalier, et de Marie-Henriette *Lavaur*, né à Fons-en-Quercy le 15 mai 1762, lieutenant au régiment colonel général infanterie, domicilié à Figeac (Lot) ; dont postérité.

4. — *Romain-Séraphin-Joseph-Marie*, qui suit, XI.

5. — *Marie-Catherine-Joséphine*, baptisée à Saint-Pierre le 7 mars 1764, décédée paroisse Saint-Étienne le 21 mars 1767.

6. — *Marie-Ernestine-Joseph*, baptisée à Saint-Pierre le 17 mars 1765, morte paroisse Saint-Étienne le 18 juin 1772.

7. — *Jean-Baptiste-Joseph*, baptisé à Saint-Pierre le 11 mai 1767, officier au régiment d'Auvergne, chevalier de Saint-Louis, mort au château de Rameignies (Hainaut) le 30 décembre 1840 ; épousa, le 28 septembre 1791, Félicité-Dorothée *d'Arros*, fille de

Charles, comte d'Arros, et de Catherine *Champion d'Auxhy* ; sans postérité.

8. — *Marie-Joseph-Henriette*, ondoyée le 23 août 1768, baptisée à Saint-Pierre, le 29 septembre suivant, morte à Tournai le 1er février 1837 ; alliée à Lille, le 12 février 1801, à Chrétien François-Joseph *de la Croix d'Ogimont*, fils d'Alexandre-François-Joseph, écuyer, sr d'Ogimont, et d'Angélique-Cécile-Françoise-Josèphe *des Enffans*, né à Hollain le 21 août 1764, décédé à Tournai le 3 janvier 1831 ; dont postérité.

XI. — *Romain-Séraphin-Joseph-Marie* d'Hespel, écuyer, sr de Guermanez, né le 13 février 1762, baptisé à Saint-Pierre le 13 mai suivant, lieutenant au régiment d'Auvergne, engagé dans l'armée de Condé avec laquelle il fit campagne contre la Révolution en qualité de maréchal-des-logis chef au corps noble des chevaliers de la couronne, chevalier de Saint-Louis en 1800, chevalier de la Légion d'honneur sous Louis XVIII, maréchal de camp, créé comte héréditaire par lettres patentes du 4 août 1815, décédé à Haubourdin le 29 avril 1831 ; épousa à Tournai, le 8 juin 1805, Louise-Josèphe-Angéline-Omérine *de la Croix*, sœur de Chrétien-François-Joseph, baptisée à Saint-Nicolas de Tournai le 24 mai 1768, morte à Haubourdin le 27 avril 1830 ; dont :

1. — *Adalbert-Charles-Louis-Auguste*, qui suit, XII.
2. — *Pauline-Clara*, née à Tournai le 6 décembre 1807, morte à Paris, le 6 octobre 1868, mariée à Haubourdin, le 15 juin 1831, avec Edmond-Charles-Hubert, comte *de Bertoult*, fils d'Edmond-Philippe-Louis, baron de Bertoult, et de Valentine-Amable-Augustine *de Vitry*, né à Hulluch le 1er vendémiaire an XIII, y décédé le 23 septembre 1881 ; dont postérité.

XII. — *Adalbert-Charles-Louis-Auguste*, comte d'Hespel de Guermanez, né à Velaines (Meuse) le 3 juin 1806, maire d'Haubourdin, représentant du Nord en 1849, conseiller général de ce département, mort à Haubourdin le 12 mai 1858 ; épousa à Mérignies, le 18 septembre 1826, Claire-Marie-Constance *de Tenremonde*, fille de François-Auguste-Ghislain, comte de Tenremonde, et d'Amour-Charlotte-Désirée-Françoise-Antoinette-Albertine-Josèphe *de Dion*, née à Tournai le 21 juillet 1804, morte à Lille le 12 décembre 1881 ; dont :

1. — *Octave-Joseph*, qui suit, XIII.

2. — *Edmond-Charles-Louis*, né à Haubourdin, le 13 décembre 1828, maire de cette ville, secrétaire général de la préfecture du Nord, conseiller général de ce département, mort à Haubourdin le 14 novembre 1902 ; épousa au château de la Tombe (à Kain-lez-Tournai), le 14 novembre 1854, Louise-Josèphe *des Enffans du Ponthois*, fille de Philippe-Louis et de Clotilde-Ghislaine-Augustine *Bonaert*, née à la Tombe le 12 juin 1833, décédée à Haubourdin le 14 juin 1900 ; dont :

    a. — *Alix-Jeanne-Marie-Clotilde*, née à la Tombe le 12 septembre 1855, mariée à Haubourdin, le 20 mai 1879, avec Marie-Joseph-Armand *Douville de Franssu*, écuyer, fils d'Henri-Armand et de Marie-Adrienne *Douville de Franssu*, né à Abbeville le 1er mars 1856, décédé à Tournai le 11 octobre 1904 ; dont postérité.

    b. — *Ludovic-François-Joseph*, né à Tournai le 20 mars 1857, officier de marine, chevalier de la Légion d'honneur, allié à Nogent (Côte-d'Or), le 2 août 1892, à Marie *Guillet de Chatellus*, fille de François-Joseph-Charles et d'Élisabeth *de Chabenat de Bonneuil* ; dont :

        aa. — *François*, né à Nogent le 20 août 1893.

        bb. — *Charles*, né le 14 décembre 1894.

        cc. — *Élisabeth*, née le 31 janvier 1896.

    c. — *Adalbert-Philippe*, né à Tournai le 24 décembre 1857, capitaine d'infanterie, chevalier de la Légion d'honneur, marié à Long (Somme), le 26 juillet 1886, avec Gabrielle *de Rouvroy*, fille d'Octave-Marie-Jean-Baptiste et de Marie-Robertine-Marguerite *de Chabenat de Bonneuil*, née à Paris le 26 juillet 1865 ; sans postérité.

    d. — *Georges-Octave-Ghislain*, né à Tournai le 8 mai 1860, décédé à Haubourdin le 18 juillet 1873.

    e. — *Gaston-Marie-Olivier*, né à Kain le 13 octobre 1861, allié à Bruxelles, le 21 août 1889, à Marie-Louise-Joséphine-Désirée-Thérèse-Ghislaine *de Penaranda de Franchimont*, fille de Jean-Frédéric-Auguste et d'Émilie-Thérèse-Louise-Ghislaine *de Beughem de Neder-Heembeke*, née à Saint-Josse-ten-Noode le 19 novembre 1863 ; dont :

        aa. — *Joseph-Marie-Louis-Frédéric-Ghislain*, né à Bruxelles le 9 août 1890.

        bb. — *Georges-Marie-Eugène-Ghislain*, né à Bruxelles le 1er octobre 1891.

        cc. — *Marie-Thérèse-Louise-Edmond-Ghislaine*, née à Bruxelles le 30 septembre 1892.

  dd. — *Pierre*, né le 9 août 1894.
  ee. — *Paul*, né le 14 janvier 1896.
  ff. — *Germaine*, née le 8 septembre 1898.
  gg. — *Clotilde-Ghislaine-Marie-Caroline*, née à Saint-Josse-ten-Noode le 2 mars 1901.
  hh. — *Frédéric-Marie-Joseph-Gabriel-Ghislain*, né à Saint-Josse-ten-Noode le 3 mars 1902.
 f. — *Hélène-Louise*, née à Kain le 30 avril 1863, mariée à Haubourdin, le 29 juillet 1891, avec son cousin Maurice *d'Hespel*.
 3. — *Fernand-Omer-Joseph-Maurice-Charles*, né à Haubourdin le 20 décembre 1830, mort à Tournai le 22 décembre 1893 ; épousa dans cette ville, le 27 avril 1853, Célina-Léopoldine-Marie *Le Vaillant du Châtelet*, fille de Godefroi-César-André-Joseph et de Marie-Françoise-Pauline *de Pletincx de Bois de Chêne*, née à Tournai le 23 février 1829 ; d'où :
  a. — *Jeanne-Marguerite-Marie-Claire*, née à Tournai le 10 mars 1854 ; mariée au château de Mourcourt, le 6 juin 1883, avec Armand-François-Delphin *Cossée de Maulde*, fils d'Alfred-Isidore-Charles-Joseph et d'Hortense-Charlotte-Ghislaine *Bonaert*, né à Maulde le 21 mars 1847, veuf d'Élodie-Marie-Romaine *Ruyant de Cambronne* ; dont postérité.
  b. — *Marie-Anne*, née le 17 septembre 1855, morte le 9 avril 1858.
  c. — *Olivier-Charles-Hubert*, né à Tournai le 14 mars 1858, allié à Chéreng, le 24 novembre 1887, à Marie-Antoinette-Juliette *Le Hardy du Marais*, fille de Charles-Philippe-Antoine et de Caroline-Adélaïde-Josèphe *d'Hespel*, née à Chéreng le 31 janvier 1863 ; dont :
   aa. — *Hervé-Wallerand-Charles-Fernand*, né à Chéreng le 12 octobre 1888.
  d. — *Maurice-Arthur-Octave*, né à Tournai le 20 avril 1861, lieutenant de cavalerie belge, marié à Haubourdin, le 29 juillet 1891, avec sa cousine germaine Hélène-Louise *d'Hespel* ; d'où :
   aa. — *Edmond-Ferdinand-Marie-Joseph*, né à Kain le 15 mai 1892.
   bb. — *Fernand-Marie-Joseph-Gaston-Antoine-Ghislain*, né à Bruxelles le 15 mars 1896.
 4 — *Marie-Claire-Charlotte*, née à Haubourdin le 27 janvier 1836, morte à Crécy (Oise), le 20 juin 1892, alliée à Haubourdin, le 2 juillet 1861, à Gérard-Louis-Charles comte *de Cherisey*, fils de François-Victor, comte de Cherisey, et de Clara *Cottin de Joncy*,

né à Paris le 24 mars 1823, colonel d'infanterie, chevalier de la Légion d'honneur ; dont postérité.

5. — *Anna-Marie-Octavie*, née à Haubourdin le 27 février 1836, décédée à Landrethun le 20 mars 1884, mariée, le 26 mai 1863, avec Gaston-Marie-Joseph *de Saint-Just d'Autingues*, fils de Charles-Louis-Victor, ancien officier aux gardes du corps, et de Bertine-Thérèse-Joseph *Taffin de Givenchy*, né à Ardres le 2 février 1830.

XIII. — *Octave-Joseph*, comte d'Hespel, né à Haubourdin le 11 août 1827, maire de Wavrin, conseiller général, député du Nord en 1871, sénateur de ce département de 1876 à 1879, décédé au château de la Vallée le 19 avril 1885 ; épousa à Haubourdin, le 11 août 1847, Céline-Marie *Decroix*, fille de Joseph-Marie et de Féliciana-Maria-Mamessa *Urrutia*, née à Lille le 15 février 1829, décédée à Bruxelles ; dont :

1. — *Christian-Adalbert*, qui suit, XIV.

2 — *René-Octave-Roger*, né le 31 juillet 1850, officier de marine, lieutenant de vaisseau du 20 mars 1880.

3. — *Madeleine-Marie*, née à Haubourdin le 14 janvier 1852, morte à Sérans (Orne) le 6 février 1891, alliée à Wavrin, le 20 mai 1874, à Marie-Alexandre-Gaétan *Le Petit de Sérans*, fils d'Alexandre-Gonzague et de Marie-Antoinette-Béatrix *de Trimond*, né à Sérans (Orne) le 15 octobre 1845, remarié avec Félicie *d'Argouges* ; dont postérité.

4. — *André-Séraphin-Wallerand*, né à Lille le 28 février 1857, épousa à Baudour (Hainaut), le 5 juin 1884, Marie-Thérèse-Charlotte *Bouilliart*, fille de Joseph-Albert-Théodore, général major, et de Zoé-Charlotte *Robert de Saint-Symphorien*, née à Baudour le 20 février 1860 ; sans enfants.

5. — *Jean-Frédéric*, né à Wavrin, le 22 septembre 1858, mort à Hyères le 15 janvier 1886.

6. — *Marie-Thérèse*, née à Wavrin, le 25 mai 1860, mariée à Paris, le 30 juin 1883, avec Léon-Albert *Hyrvoix*, fils de Louis-Alphonse et de Marie-Léonie-Constance *Berlier Saint-Ange* ; dont postérité.

XIV. — *Christian-Adalbert*, comte d'Hespel, né à Wavrin le 2 juin 1848, décédé au château de la Prévôté à Sirault (Belgique) le 31 janvier 1890 ; épousa à Fournes, le 2 juin 1874, Marie-Lydie-Élisa *Lebon*, fille d'Edmond-Jean-Baptiste et de Lydie *de Marquette*, née à Flines (Nord) le 13 juin 1854 ; d'où :

1. — *Marie-Geneviève-Élisa*, née à Fournes le 28 mars 1875, alliée à Fournes, le 23 avril 1895, à Pierre-Jean-René *Guillet de Chatellus*, fils de Charles-François-Joseph, comte romain, et de Marie-Valentine-Élisabeth *de Chabenat de Bonneuil*, né à Bourbon (Seine-et-Marne) le 14 octobre 1869, lieutenant au 16ᵉ chasseurs à cheval ; dont postérité.

2. — *Octave-Edmond*, qui suit, XV.

3. — *Marie-Louise-Eulalie-Josèphe*, née à Lille, le 11 janvier 1878, religieuse de l'Assomption.

4. — *Hubert-Edmond*, né à Fournes le 28 juillet 1880, épousa à Paris, le 12 août 1903, Henriette *de Sonis*, fille d'Albert et de Mary *de Juvisy-Montferrand* ; dont :

 a. — *Christian*, né en 1904, mort à quelques heures.
 b. — *Gisèle*, née à Nice le 29 novembre 1905.
 c. — *Béatrix*, née en mars 1907.

XV. — *Octave-Edmond*, comte d'Hespel, né à Fournes le 26 décembre 1876, maire de Fournes, épousa à Paris, le 13 juillet 1904, Jeanne *Pechpeyrou de Comminges de Guitaut*, fille d'Athanase-Charles-François, marquis d'Epoisses, et de Louise *Soult de Dalmatie*, née le 29 octobre 1882 ; dont :

1. — *Françoise*, née à Paris le 20 mai 1905.
2. — *Christian*, né à Paris le 22 juin 1906.

Il y a d'autres familles du même nom que l'on rencontre à Lille au XVIIᵉ siècle :

I. — *François* Hespel, marié avec Marie *Le Duc*, eut :

1. — *Éloy*, qui suit, II.
2. — *Philippe*, baptisé à Sainte-Catherine le 28 mars 1609.
3. — *Marie*, baptisée à Sainte-Catherine le 7 janvier 1612.
4. — *Robert*, baptisé à Sainte-Catherine le 16 septembre 1614, allié à Sainte-Catherine, le 26 novembre 1639, à Michelle *Claubourc*.
5. — *Hélène*, baptisée à Sainte-Catherine le 11 août 1617, mariée à Saint-Étienne, le 7 mai 1640, avec Ignace *Duforé*.
6. — *Jean*, baptisé à Sainte-Catherine le 10 février 1619.

II. — *Éloy* Hespel, né à « Monain », bourgeteur, décédé paroisse Sainte-Catherine le 6 juillet 1622, bourgeois de Lille par achat du 5 novembre 1604, marié après cette date avec Jacqueline *Willant* ; d'où :

1. — *Michel*, bourgeois de Lille par relief du 29 mars 1636, mort le 7 juillet 1671 ; allié à Jeanne *Delevalle*, fille de Jean et de Jeanne *Goube*, qui le rendit père de :
    a. — *Georges*, baptisé à Saint-Pierre le 23 décembre 1636.
    b. — *Jeanne*, baptisée à Saint-Pierre le 4 octobre 1638.
    c. — *Barbe*, baptisée à Sainte-Catherine le 6 janvier 1642.

I — *Antoine* HESPEL, fils de Bernard, né à Roncq, acheta la bourgeoisie de Lille le 7 octobre 1581, épousa Marie *Braem*, fille d'Éloy ; dont :

1. — *Jacquemin*, né avant 1581.
2. — *Gilles*, qui suit, II.
3. — Une fille, morte de la peste, paroisse Sainte-Catherine, le 30 juillet 1626.
4. — *Jacqueline*, mariée à Saint-Maurice, le 15 novembre 1610, avec Isaac *Taverne*.

II. — *Gilles* HESPEL, né après 1581, bourgeois de Lille par relief du 6 mars 1607, procureur, épousa Antoinette *Tesson*, fille de Charles et d'Isabeau *de le Cambre* ; d'où :

1. — *Gilles*, baptisé à Saint-Étienne le 30 août 1608.
2. — *Jean*, baptisé à Saint-Étienne le 23 décembre 1609.
3. — *Gilles*, baptisé à Saint-Étienne, le 25 février 1611.
4. — *Jacques*, baptisé à Saint-Étienne le 22 septembre 1613.
5. — *Antoinette*, baptisée à Saint-Étienne le 30 janvier 1615, mariée dans cette église, le 23 octobre 1637, avec Gilles *Marissal*, fils de Georges et de Marie *Tesson*, bourgeois de Lille par relief du 14 mai 1639, morte avant 1663.
6. — *Catherine*, baptisée à Saint-Étienne le 26 mars 1618.
7. — *Nicolas*, baptisé à Saint-Étienne le 18 février 1620.
8. — *Wallerand*, baptisé à Saint-Étienne le 24 juin 1622.

NON RATTACHÉS :

Jean-François, capitaine réformé de dragons, chevalier de Saint-Louis, mort paroisse Saint-Maurice le 6 août 1730.

Louis-François-Joseph, fils de *Philippe*, mort paroisse Saint-Maurice le 31 mars 1723, enfant.

Thomas-Joseph, fils de *Philippe-Charles*, mort paroisse Saint-Maurice le 28 juin 1723.

Charles-François-Joseph, fils de *Philippe,* mort paroisse Saint-Maurice le 31 octobre 1719.

On trouve dans le manuscrit 742 de la bibliothèque de Lille, folio 31, un portrait de *Marie-Catherine* Espel.

1657, 21 février. — *Lettres de don Juan d'Autriche ordonnant à la Chambre des comptes de Lille de mettre en possession de son office Ferdinand de Hespel.*

Don Jean d'Austriche, grand Prieur de Castille, Lieutenant-Gouverneur et Capitaine général des Pays-Bas et de Bourgoigne.

Chers et bien amez. Ayans suivans noz lettres en datte du 29 d'aoust dernier faict considérer meurement la remonstrance que vous nous avez faicte au subject des provisions d'offices qui se sont naguerres faictes en vostre Chambre, Nous avons bien vollu vous dire qu'après que le Roy monseigneur a employé et espuisé ses moyens dans la suitte d'une si longue guerre, Sa Majesté n'a sceu recourrir à d'aultres que fussent moings à charge de ses subjects qu'en enbrassant et recevant les offres que quelques uns d'eux luy ont faict de l'employ de leur crédit, soit par advance ou prest d'argent, et qu'ainsy bien loing d'improuver ces provisions, comme vous proposez, vous devez les avoir considérées *comme* estant un prompt remède à la nécessité publique et la resource aux occasions les plus pressantes qui s'y peuvent rencontrer, à l'exemple de ce qui s'est usé du passé dans d'aultres conjoinctures moins urgentes, et précise bien que nous recevions en très bonne part d'aultres expédiens que vous voudriez nous suggérer audict effect. Et comme à cause desdictes remonstrances vous différez de mectre *Ferdinand de Hespel,* naguerres par nous pourveu d'un estat d'auditeur extraordinaire en vostre dicte Chambre, dans l'exercice de ceste charge, nous avons bien voulu vous en charger très expressément que sans ultérieure remise ou réplique, et nonobstant le contenu desdictes remonstrances, vous ayez à le mectre promptement en la possession et exercice réel et actuel dudict estat, et le laisser jouyr de tout l'effect et contenu de ses lettres patentes, pour ainsi convenir au service de Sa Majesté.

A tant, chers et bien amez, Dieu vous ait en sa saincte garde. De Bruxelles, le XXIe febvrier 1657, paraphé: Cho. Vt.; subsigné: Juan; plus bas Verreycken.

Et la superscription estoit: A nos chers et bien amez, les Président et Gens de la Chambre des Comptes du Roy, à Lille.

Archives du Nord. Chambre des Comptes de Lille. Art. B, 892 (du tome 1er refondu) ; N° 17:617 du Trésor des chartes ; copie authentique du temps, sur papier.

1663, 6 juillet. — *Lettres de confirmation de noblesse accordées à François Hespel.*

Philippe, par la grâce de Dieu, Roy de Castille, de Léon, d'Arragon, etc%. à tous présens et avenir qui ces présentes verront ou lire oiront, salut. De la part de nostre cher et féal *François Hespel*, seigneur du grand Hocron, conseiller et maistre de la Chambre des Comptes à Lille, natif de laditte ville en nostre pays et comté de Flandres, nous a estez remonstré qu'il seroit issus de famille noble et que ses ancestres et prédécesseurs auroient toujours estez tenus et réputez pour tels, vescus sans reproches et plusieurs alliez à aucunes maisons de mesme, qui auroient durant les troubles et guerres ès siècles passées rendus des grands et signalez services à nos prédécesseurs, entre autres *Wallerand Hespel* en qualité d'homme d'armes de feu le ducq Charles de Bourgogne surnommé le Hardy, l'ayant suivy en toutes ses expéditions militaires jusqu'à sa mort arrivée devant Nancy avec celle dudict Ducq; que *Clément Hespel*, fils dudit Wallerand, auroit estez associez en la noble compagnie des Roix de l'Espinette audit Lille et procréé cincq fils si comme Bauduin, Clément, Pierre, Jean et Robert, lesquelz se seroient aussy esvertuez au service de leurs princes souverains, nommément ledit Bauduin en ladite qualitez d'homme d'armes soubs l'empereur Charles cincquiesme (de glorieuse mémoire) et après en celle de lieutenant du s%r de Courière, gouverneur de Lille, Douay et Orchies; Clément et Jean auroient vescu honnorablement de leurs revenus, leur frère Pierre auroit estéz bailly de laditte ville de Lille, advocat fiscal et conseiller du Conseil d'Arthois, et Robert Hespel, le dernier desdits cincq fils, après avoir fait plusieurs voyages en Espagne et ailleurs, suivant ledit Empereur, auroit aussy estez homme d'armes et puis lieutenant du s%r de Glayon, capitaine et grand maistre général de l'artillerie devant Térouane où il auroit estez tuez; que *Clément Hespel*, ayeul, et *François Hespel*, père du remonstrant seroient fils et petit-fils respectivement du susdit *Clément Hespel* et leurs descendants tant paternels que maternels auroient tousjours vescu honnorablement, et que le remonstrant ayant à leur imitation exercez la charge de recepveur des Estatz de Lille, Douay et Orchies par l'espace de douze ans, auroit pendant iceux fait diverses et notables levées de deniers pour le payement des aydes et subsides à nous accordez de temps en tems par lesdits Estats et de cet employ seroit passé à la charge de greffier desdits Estats durant le cours d'autres onze ans et après à celles d'auditeur, conseillier et maistre de ladite Chambre des Comptes successivement, ayant l'an seize cens cincquante quattre advancé et presté la somme de soixante mil florins pour le siège de la ville d'Arras et pendant celuy de Valenciennes une autre somme de vingt mil florins; et comme ses devanciers auroient portée de tems immémorial avec le titre de noble et escuyer, pour armes un escu *escartelé au premier et quatriesme d'or à trois lhoirs ou lis renversée componez de gueulle et d'azur tiglée de sinople, au deuxiesme et troisiesme d'argent au chevron d'azur chargé d'un autre d'or,* bourlé d'or et de gueulles aux hachements de mesme, timbré d'argent grillé et liseré d'or posé en porfil et cimier une sphère et deux bras armez eslevez s'entretouchant de la main et embrassans ladite sphère, il nous a très-humblement supplié qu'en considération de tout ce que dessus, nostre bon plaisir soit de luy octroyer et à ses enfans et postérité nos lettres patentes de confirmation de noblesse ensemble desdites armes et sur ce faire dépescher nos lettres patentes en tel cas pertinentes. Sçavoir faisons que Nous, ce que dessus considéré, avons de nostre certaine science, autorité souveraine et pleine puissance, pour nous, nos hoirs et successeurs, confirmé et confirmons par ces présentes ladite noblesse dudit *François Hespel*, ensemble le port des armoiries cy dessus spécifiez, voulans et entendans qu'ils, lesdits enfans et postérité masles et femelles procréé en léal mariage, ayent à joyr et user, joyssent et usent à tousjours comme gens nobles en tous lieux, actes et besoignes, de tous et quelsconcques honneurs, prérogatives, prééminences, libertez, franchises, privilèges et exemptions de noblesse dont les nobles ont accoustumez de joyr, joyssent et joyront, et qu'ils soient en tous leurs faits et actes tenuz et réputez pour nobles en touttes places, en jugement et hors d'iceluy, et que semblablement ils soyent et seront capables et qualifiez pour estre eslevez à estat et dignitez soit de chevalerie ou autres et puissent et pourront en tous tems acquérir, avoir, posséder en tous pays, signament en nosdits Pays Bas, places, terres et seigneuries, rentes, revenues, possessions et autres choses mouvantes de nos fiefs et arrière-fiefs et tous autres nobles tenemens, et iceux prendre et tenir de nous ou d'autres seigneurs féodaux de qui ils seront dépendans et si aucune des choses susdites ils ont jà acquis, les tenir et posséder (sans) estre constrains de par nous les mettre hors de leurs mains, à quoy nous habilitons et rendons suffisans et idoines par ces présentes, faisans vers nous et nosdits hoirs et successeurs les devoirs y appartenans selon la nature et condition d'iceux fiefs et biens acquis ou à acquérir et la coustume du pays où ils sont scituez. Et pour démonstrer d'avantage la favorable considération qu'avons auxdits services, avons de nostre plus ample grâce espéciale fait et faisons par ces présentes audit

suppliant et à sesdits enfans et postérité, quictance, don et rémission
de la finance et somme de deniers qui pourroit estre deue à cause de
ceste présente confirmation, mesme avons accordé et permis, accordons et permettons audit suppliant et à sa postérité de léal mariage
comme dit est, qu'ils pourront d'oresenavant et perpétuellement en
tous leurs faits, gestes et autres actes licites et honestes continuer à
avoir et porter les armoiries cy dessus spécifiées et comme elles sont
peintes au milieu de ces présentes. Si ordonnons à nostre lieutenant
gouverneur et capitaine général de nosdits Pays-Bas et Bourgogne,
et donnons en mandement à nos très-chers et féaux les gens de nostre
Conseil d'Estat, chief, président et gens de noz privés et grand
Conseils, chef, trésorier-général et commis de noz domaines et
finances, président et gens de nostre conseil provincial de nostre dit
pays et comté de Flandres, président et gens de nostre dite Chambre
des Comptes à Lille et à tous autres nos justiciers et officiers présens
et avenir, leurs lieutenants et chascun d'eulx en droit soy et si
comme à luy appartiendra et à tous autres nos sujets, qu'estant par
lesdits de nos Comptes bien et deuement procédé, comme leur
mandons de faire, à l'intérinement et vérification de cesdites présentes
selon leur forme et teneur, ils fassent, souffrent et laissent ledit
François Hespel et sa postérité de léal mariage de nostre présente
grâce, octroy et confirmation de noblesse et de tout le contenu en
cesdites présentes plainement, perpétuellement et paisiblement joyr
et user, sans leur faire, mettre ou donner, ny souffrir estre fait, mis
ou donné à aucuns d'eux contredits, destourbiers ou empêchement
quelconque. Bien entendu que ledit *François Hespel* sera tenu de
les présenter à nostre dite Chambre des Comptes à l'effet de ladite
vérification et intérinement en déans l'an après la date d'icelle,
comme aussy en déans le mesme terme à nostre premier roy d'armes
ou autres qu'il appartiendra en nosdits Pays-Bas, en conformité et
aux fins portez par le quinziesme article de l'ordonnance décrétée par
feu nostre bon oncle l'Archiducq Albert, le quatorziesme de décembre
seize cens seize, touchant le port des armoiries, timbres, titres et
autres marques d'honneur et de noblesse, l'un et l'autre à paine
de nullité de cette nostre présente grâce, ordonnant à nostre dit
premier roy d'armes ou à celuy qui exercera son estat en nostre dit
Pays-Bas, ensemble au roy ou héraut d'armes de la province qu'il
appartiendra de suivre en ce regard ce que contient le règlement fait
par ceux de nostre Conseil privé le deuxiesme d'octobre seize cens
trente sept de l'enregistrature de noz lettres patentes touchant les
dittes marques d'honneur, en tenant par nosdits officiers d'armes
respectivement notice au dos de ces dites présentes. Car ainsy nous

plaist-il et voulons estre fait, non obstant quelsconcques ordonnances, statuts, coustumes, usages et autres choses au contraire, desquelles nous avons relevé et dispensé, relevons et dispensons lesdits de nos Finances et de nos Comptes et tous autres à qui il peut toucher et regarder. Et afin que ce soit chose ferme et stable à tousjours, nous avons signé ces présentes et à icelles fait mettre nostre grand scel, saulf en autres choses nostre droict et l'autruy en touttes. Donnez en nostre ville de Madrid, royaume de Castille, le sixiesme jour du mois de Juillet l'an de grâce seize cens soisante trois, et de nos règnes le quarante-troisiesme. Étoit signé PHILIPPE.

Collationné ausdites lettres exhibées et rendus et sur le reply desquelles étoit couché les enregistrement et entérinement requis, et trouvez concorder ausdites lettres par le nottaire royal de la résidence de Lille, soubsigné, ce dix-neuf novembre mil sept cent quinze ; signé : J. CAULLET. 1715.

Transcrit sur la copie authentique mentionnée ci-dessus et communiquée au soussigné par M. Wallerand-François-Eugène *d'Hespel d'Harponville*, ancien officier au régiment des Gardes Wallonnes de Sa Majesté Catholique Charles-quatre, propriétaire demeurant 81, Rue de la Barre, à Lille, le ... Février 1846.

> Archives du Nord. Chambre des Comptes de Lille ; copie non signée sur parchemin écrite par un attaché des Archives départementales et ajoutée par lui dans le 76ᵉ Registre des Chartes (B. 1671) entre les folios 96 à 102, à l'emplacement même où se trouvaient autrefois enregistrées les lettres patentes susdites qui furent lacérées à l'époque de la Révolution.

LAMBELIN

Armes : *échiqueté d'or et d'azur*.

I. — *Mahieu* Lambelin, mort avant 1599, fut père de :

II. — *Jean* Lambelin, né à Seclin, brasseur, bourgeois de Lille par achat du 5 février 1599 [1], mort avant 1610, allié à Isabeau *Desbucquois*; dont il eut :

III. — *Jean* Lambelin, né à Lille, brasseur et tonnelier, bourgeois de cette ville par relief du 1er février 1610, décédé avant 1639, épousa Marie *Lezaire*, fille de Jacques et de Jeanne *Baas*; d'où :

 1. — *Gratien*, qui suit, IV.
 2. — *Guillaume*, baptisé à Saint-Étienne le 11 novembre 1613, vivant en 1645.
 3. — *Piat*, baptisé à Saint-Étienne le 23 août 1615.
 4. — *Romain*, baptisé à Saint-Étienne le 18 mai 1618.
 5. — *Pierre*, baptisé à Saint-Étienne le 8 juin 1620, bourgeois de Lille par relief du 19 septembre 1648, marié avec Marie *Simon*, fille de Pierre et de Catherine *Duprie*, baptisée à Saint-Maurice le 3 février 1622. Sans enfants.
 6. — *Anne*, baptisée à Saint-Étienne le 17 avril 1623.
 7. — *Toussaint*, baptisé à Saint-Étienne le 30 juin 1625.

IV. — *Gratien* Lambelin, bourgeois de Lille par relief du 1er juillet 1639, mort avant 1667, épousa à Sainte-Catherine, le 17 juillet 1638, Anne *Jacquemon*, fille de Charles ; dont :

 1. — *Marie-Anne*, baptisée à Saint-Étienne le 24 avril 1639.
 2. — *Marc-Gratien*, baptisé à Saint-Étienne le 4 juillet 1640, bourgeois de Lille par relief du 26 février 1667, mort en 1671, marié dans la même église, le 28 novembre 1666, avec Anne *de Wal*, fille de Jean et de Marie *Beltremieux*, baptisée à Saint-Étienne le 25 décembre 1632 ; d'où :

---

1. Le registre aux bourgeois porte qu'il était alors à marier ; c'est sans doute une erreur, car son fils Jean n'aurait pas pu relever sa bourgeoisie en 1610 ; et, d'autre part, nous ne trouvons pas à cette époque d'autre Jean Lambelin.

 a. — *Jean-François-Bonaventure*, baptisé à Saint-Étienne le 6 août 1667.

 b. — *Gratien-Henri*, baptisé à Saint-Étienne le 19 mai 1669.

 c. — *Marie-Anne*, baptisée à Saint-Étienne le 10 juillet 1670, morte en bas-âge.

 d. — *Marie-Anne*, fille posthume, baptisée à Saint-Étienne le 15 août 1671, professe urbaniste à Lille le 14 octobre 1691, décédée le 2 mars 1713.

3. — *Catherine*, baptisée à Saint-Étienne le 7 janvier 1643.
4. — *Guillaume*, baptisé à Saint-Étienne le 22 juin 1645.
5. — *Jeanne*, baptisée à Saint-Étienne le 13 juin 1648.
6. — *Marie-Anne*, baptisée à Saint-Étienne le 8 mars 1652.
7. — *Jean-Joseph*, qui suit, V.

V. — *Jean-Joseph* LAMBELIN, baptisé à Saint-Étienne le 19 mars 1655, avocat, bourgeois de Lille par relief du 21 novembre 1681, épousa à Saint-Étienne, le 18 février 1681, Marie-Marguerite *Taverne*, fille d'Hippolyte et de Marguerite *de Ghestem*, baptisée à Saint-Étienne le 17 novembre 1856 ; d'où :

1. — *Marie-Marguerite*, baptisée à Saint-Maurice le 13 septembre 1679, légitimée par mariage subséquent.
2. — *Joseph-Hippolyte*, baptisé à Saint-Étienne le 2 décembre 1681.
3. — *Jacques-François*, baptisé à Sainte-Catherine le 19 août 1685.
4. — *Élisabeth-Théodore*, baptisée à Sainte-Catherine le 14 mars 1687.
5. — *Catherine-Hippolyte*, baptisée à Sainte-Catherine le 28 juillet 1690.
6. — *Marie-Aldegonde*, baptisée à Sainte-Catherine le 27 septembre 1691, y décédée le 12 novembre 1754 et inhumée dans la chapelle de Saint-Jean ; célibataire.
7. — *Marguerite-Rose*, baptisée à Sainte-Catherine le 11 août 1693, morte le 21 mai 1755 et enterrée le 23 dans la chapelle Saint-Jean en la même église.
8. — *Archange-Joseph-Bonaventure*, qui suit, VI.

VI. — *Archange-Joseph-Bonaventure* LAMBELIN, s^r du Clairet, de Beaulieu, de Warowanne, baptisé à Sainte-Catherine le 22 avril 1695, licencié en droit, avocat, bourgeois de Lille par relief du 24 octobre 1725, conseiller du Roi au bailliage de cette ville, mort paroisse Saint-Étienne le 27 octobre 1761 ; épousa à Sainte-Catherine, le 26 novembre 1724, Isabelle-Philippine *D'Escosse*, fille de Pierre, s·r· d'Hellin, et de Marie-Catherine *Destrez*, baptisée à Sainte-Catherine le 23 août 1699, décédée paroisse Saint-Étienne le 11 octobre 1748 ; d'où :

1. — *Marie-Ignace-Joseph*, baptisé à Saint-Étienne le 7 septembre 1725, y décédé le 23 juin 1729.

2. — *Albert-Constant-Joseph*, s·r· de Beaulieu, baptisé à Saint-Étienne le 8 juin 1727, bourgeois de Lille par relief du 15 avril 1755, lieutenant particulier civil et criminel de la gouvernance de Lille, par lettres du 9 avril 1753, décédé dans cette ville le 26 novembre 1811. Malgré ses protestations de civisme et un certificat de dons patriotiques, il fut arrêté le 28 prairial an II, sur l'ordre du comité révolutionnaire, mais bientôt relâché. Il avait épousé à Saint-André, le 28 juillet 1754, Marie-Catherine-Florence *Taviel*, fille d'Augustin, s·r· de Mastaing, et de Marie-Catherine *Imbert*, baptisée à Saint-Étienne le 4 août 1723, morte à Lille le 18 frimaire an VII ; d'où une fille unique :

    a. — *Catherine-Constance-Joseph*, baptisée à Saint-Étienne le 7 juillet 1755, mariée à Saint-Maurice, le 13 mai 1777, avec Jacques-Augustin-Joseph *Imbert*, s·r· de Chéreng, fils de Jacques-Ignace-Joseph, s·r· de Melle, et de Catherine-Thérèse-Joseph *Claro*, baptisé à Saint-André le 28 juin 1754, bourgeois de Lille par relief du 4 février 1778, conseiller contrôleur des États de Lille, anobli par lettres données à Versailles en décembre 1775, lieutenant des maréchaux de France, mort à Cambrai le 28 décembre 1830 ; dont postérité.

3. — *Albert-Marie-Joseph*, baptisé à Saint-Étienne le 24 septembre 1729, y décédé le 21 octobre suivant.

4. — *Marie-Joseph-Théophile-Xavier*, baptisé à Saint-Étienne le 9 janvier 1731, y décédé le 26 mai 1738.

5. — *Marie-Claire-Isabelle-Joseph*, baptisée à Saint-Étienne le 21 février 1733, y décédée le 13 avril 1751.

6. — *Marie-Joseph-Louise*, baptisée à Saint-Étienne le 14 septembre 1735, morte le 9 mars 1815, alliée dans cette paroisse, le 16 juin 1767, à Bernard-Joseph *Lagache*, s·r· de Bourgies, fils de Nicolas-Ignace, s·r· dudit lieu, et de Marie-Agnès *Vantourout*, baptisé à Saint-Maurice le 17 août 1741, officier au régiment de Rougé dit de Flandre, bourgeois de Lille par relief du 16 janvier 1768, marguillier de Saint-Étienne, bourgeois de Douai le 16 janvier 1787, décédé à Armentières le 25 prairial an VII ; dont postérité.

7. — *François-Félix-Joseph*, s·r· du Clairet, baptisé à Saint-Étienne le 3 avril 1738, bourgeois de Lille par relief du 9 novembre

1764, échevin de cette ville, décédé paroisse Saint-Étienne le 28 janvier 1786 ; marié dans cette église, le 15 octobre 1764, avec Marie-Joseph-Julie *de Madre*, fille d'Albéric-Wallerand, s^r du Locron, et de Jeanne-Agathe *de Lannoy*, née le 15 avril 1742, morte le 4 février 1817 ; d'où :

    a. — *Albéric-Louis-Joseph*, s^r du Clairet, baptisé à Sainte-Catherine le 20 juillet 1766, mort célibataire à Lille le 1er décembre 1814.

    b. — *Albert-Isidore-Joseph*, baptisé à Sainte-Catherine le 9 janvier 1768, décédé célibataire à Lille le 30 octobre 1850.

    c. — *Henri-François-Joseph*, baptisé à Sainte-Catherine le 6 septembre 1770, ruiné complètement, devenu cabaretier, rue des Augustins, où il mourut le 7 janvier 1831. Il avait épousé : 1° Anne-Marie-Thérèse *Bruggeman* ; 2° Marie-Thérèse *Dotrenge*, morte à Malines avant 1830 ; sans postérité.

A cette famille, il faut sans doute rattacher la branche suivante qui portait les mêmes armoiries. *Denis* LAMBELIN, fils de *Philippe*, né à Avelin, brasseur, acheta la bourgeoisie de Lille le 4 octobre 1585, et épousa Marguerite *Bauwet*, dont il eut un fils : *Paul*, né à Wazemmes, bourgeois de Lille par relief du 6 octobre 1614, allié à Marie *Garbé*, fille de Philippe et de Jeanne *Le Cocq*, puis à Madeleine *Lemerre*. De cette dernière épouse, *Paul* LAMBELIN eut au moins une fille, *Madeleine*, mariée à Sainte-Catherine, le 27 janvier 1658, avec Michel *Crespin*, fils d'Antoine et d'Antoinette *Morel*, bourgeois de Lille par relief du 15 mars 1658.

En dehors de cette famille, on trouve, aux registres d'état-civil, une foule de *Lambelin, Lamblin, Lamelin*, etc., qui semblent ne pas pouvoir se rattacher aux précédents. Nous en donnons ci-dessous un résumé :

PREMIÈRE FAMILLE

I. — *Grard* LAMBELIN, mort avant 1563 ; d'où :

II. — *Georges* LAMBELIN, né à Lesquin, bourgeois de Lille par achat du 5 février 1563 (n. st.), dont trois fils :

    1. — *Dominique*, qui suit, III.
    2. — *Georges*, qui suivra, IIIbis.
    3. — *François*, qui suivra, III^{ter}.

III. — *Dominique* LAMBELIN, né à Hellemmes, bourgeois de Lille par relief du 22 juin 1588, allié à Martine *Deleplancque*; d'où deux fils :

1. — *Allard*, qui suit, IV.
2. — *Guillaume*, qui suivra, IV bis.

IV. — *Allard*, né à Lille, bourgeois de cette ville par relief du 2 janvier 1618, marié avec Catherine *du Haulteren*, fille d'Antoine, puis avec Marguerite *Faviel*; du second lit :

V. — *Dominique* LAMBELIN, bourgeois de Lille par relief du 26 septembre 1647, époux de Jacqueline *Delesart*, fille de Michel.

IV bis. — *Guillaume* LAMBELIN, bourgeois de Lille par relief du 8 mars 1611, allié à Jacqueline *Cormontaigne dit Turpin*, fille de Mathieu et de Jeanne *Carette*; d'où :

V. — *Robert* LAMBELIN, bourgeois de Lille par relief du 26 juin 1665, marié avec Marie-Madeleine *Hatte*, fille de Georges et d'Agnès *Barbieus*.

III bis. — *Georges* LAMBELIN, né à Hellemmes, bourgeois de Lille par relief du 2 juillet 1599; d'où :

IV. — *Georges* LAMBELIN, né à Lille, bourgeois de cette ville par relief du 20 novembre 1626, époux de Jeanne *Bouchery*, fille de Jean.

III ter. — *François* LAMBELIN, né à Hellemmes, laboureur, bourgeois de Lille par relief du 2 juillet 1599, allié à Marguerite *Foutry*; d'où :

1. — *Josse*, charpentier, bourgeois de Lille par relief du 9 février 1639, époux de Jeanne *Grenick*.
2. — *Dominique*, qui suit, IV.

IV. — *Dominique* LAMBELIN, bourgeois de Lille par relief du 5 novembre 1657, décédé paroisse Saint-Maurice, le 27 juillet 1695, marié avec Martine *Rigau*, fille de Louis et de Marguerite *de Heulse*, père de :

1. — *Arnould-Dominique*, bourgeois de Lille par relief du 3 juillet 1688, allié à Marie-Catherine *Dupuich*, fille de Jean Jacques et de Jeanne *Vanbrouck*.
2. — *Jean-François*, bourgeois de Lille par relief du 4 février 1700, époux de Marie-Françoise *Marque*, fille d'Antoine.

3. — *Pierre*, bourgeois de Lille par relief du 10 novembre 1700, marié avec Marie-Antoinette *Cordier*, fille de Nicolas et de Ghislaine *Caron*.

DEUXIÈME FAMILLE

I. — *Jean* Lambelin, mort avant 1457 ; d'où :

1. — *Jean*, qui suit, II.
2. — *Henryet*, né à Lesquin, bourgeois de Lille par achat en 1431.
3. — *Jacquemes*, qui suivra, II bis.

II. — *Jean* Lambelin, né à Lesquin, bourgeois de Lille par achat en 1424 ; d'où :

1. — *Mahieu*, qui suit, III.
2. — *Jorart*, bourgeois de Lille par achat en 1457.

III. — *Mahieu* Lambelin, bourgeois de Lille par rachat en 1429 ; d'où :

1. — *Grégoire*, qui suit, IV.
2. — *Jean*, né à Lesquin, bourgeois de Lille par rachat du 9 octobre 1498.

IV. — *Grégoire* Lambelin, né à Lesquin, bourgeois de Lille par rachat du 27 avril 1490 ; d'où :

1. — *Jean*, bourgeois de Lille par relief du 1er juillet 1516.
2. — *Jacques*, bourgeois de Lille par relief du 10 août 1527.
3. — *Antoine*, né à Gamans, bourgeois de Lille par relief du 22 octobre 1533.

II bis. — *Jacquemes* Lambelin, bourgeois de Lille par achat en 1428 ; d'où :

III. — *Jacquemes* Lambelin, né à Lesquin, bourgeois de Lille par rachat du 7 mai 1463 ; dont :

1. — *Nicolas*, bourgeois par rachat en 1507.
2. — *Claude*, qui suit, IV.

IV. — *Claude* Lambelin, né à Templemars, bourgeois de Lille par rachat du 15 octobre 1502 ; dont :

1. — *Jean*, qui suit, V.
2. — *Antoine*, bourgeois de Lille par relief du 1er juin 1542.

V. — *Jean* Lambelin, bourgeois de Lille par relief du 24 mai 1531 ; père de :

VI. — *Allard* Lambelin, bourgeois de Lille par relief du 26 août 1585.

1794, 16 juin. — *Interrogatoire de Lamblin de Beaulieu.*

Le vingt-huit prairial, deuxième année républicaine, pardevant nous membres du Comité révolutionnaire établi en la commune de Lille, est comparu en vertu du mandat d'amener K le nommé *Lamblin de Beaulieu*, lequel a été interrogé et a répondu comme suit :

— Interrogé de ses noms, surnoms, âge, profession, lieu de naissance et demeure ?

A répondu s'appeller *Albert-Constant-Joseph Lamblin*, âgé de soixante-sept ans, rentier, né à Lille, y demeurant.

— Interrogé s'il est ex-noble ?

A répondu que non.

— Interrogé pourquoi n'étant pas noble il portoit le nom de *Beaulieu* ?

A répondu qu'il avoit pris ce nom pour se distinguer de son père.

— Interrogé s'il est marié et s'il a des enfants ?

A répondu être marié et avoir une fille appellé Catherine-Constance-Joseph, mariée il y a dix-huit ans à *Imbert de Chéreng*.

— Interrogé où sont son gendre et sa fille ?

A répondu qu'il n'en sçait rien.

— Interrogé où ils étoient il y a onze mois ?

A répondu qu'il n'en sçait rien ; que dans le mois de juillet dernier (vieux-stile) sa fille étoit chez lui.

— Interrogé en quel temps sa fille a quitté sa maison ?

A répondu en juin ou juillet même année (du vieux stile).

— Interrogé où sa fille a été en quittant sa maison ?

A répondu n'en rien sçavoir.

— Interrogé s'il ne l'a pas sçeu depuis ?

A répondu que non.

— Observé qu'il ne dit pas la vérité !

A répondu que le bruit public disoit qu'elle étoit allé à Tournay ; mais qu'il n'a jamais eu de ses nouvelles, ni directement ni indirectement.

— Interrogé quel étoit son état avant la Révolution ?

A répondu qu'il étoit lieutenant particulier de la Gouvernance du Souvorain Bailliage de Lille.

— Interrogé si depuis l'émigration de sa fille il ne lui a rien envoyé ?

A répondu jamais.

— Observé qu'il ne dit pas la vérité, puisque vers la fin de juillet (stil esclave) il lui a envoyé à Tournay du linge, des bijoux et des diamants.

A répondu que celà n'est point vrai, qu'une femme appellée Delmer, fermière à Tressin, est venue à cette époque lui demander les bijoux de sa fille ; comme il savoit que cette femme avoit fait jadis des affaires avec elle ou son mari *Monsieur* de Chéreng, il a cru qu'elle pouvoit être en avance et qu'elle désiroit s'en rembourser et lui a remis les bijoux.

— Interrogé s'il n'a fait aucune question à cette femme pour s'informer de l'usage qu'elle alloit faire de ces bijoux ?

A répondu non, aucune ; et qu'il croïoit alors que sa fille étoit allé à Bailleul, comme elle y alloit de tems en tems.

— Observé que les prétextes dont il cherche à colorer son délit ne sont pas même vraisemblables, puisqu'il seroit ridicule de croire : 1º que lui pétri dans les précautions de la chicane de l'ancien régime ait remis des objets précieux à une femme presque inconnue sans savoir l'usage qu'elle en feroit, sans même s'informer du droit ou de la commission qu'elle avoit de les prendre, sans s'en faire donner de décharge, en un mot, sans s'assurer en aucune manière des raisons qui engageoient cette femme à lui demander des objets aussi précieux ; 2º qu'il est ordinaire, même à l'homme le moins instruit et le moins défiant, de questionner ceux qui lui font la demande d'une valeur quelconque ; et 3º que si sa fille eût été dans une ville française d'où elle put sans le compromettre retirer ses bijoux soit pour elle-même, soit pour les donner en gage à la femme Delmer, elle n'auroit pas manqué de lui mander.

A répondu avoir agi de bonne foi, parce que la femme Delmer jouit d'une bonne réputation et qu'elle est domiciliée en France, éloignée de la frontière.

— Observé qu'il ne dit pas la vérité quant *à la bonne foi*, parce que ne sachant pas l'importance de la dette prétendue de sa fille envers la femme Delmer, il n'auroit pas ainsi confié à cette femme des effets dont la valeur pouvoit excéder de beaucoup l'importance de ses prétentions et que si, comme il le dit, il avoit été de bonne foi, ne sachant où étoit sa fille et ne devant attribuer sa disparution et son silence qu'à des intentions contraires à la République, il auroit ou différé cette remise ou renvoyé la femme Delmer pardevant les administrations ;

Quant à *la bonne réputation* de cette femme, en ce que elle n'en jouit qu'auprez des aristocrates et qu'il est notoire que toujours elle et ses propriétés ont été favorisés par l'ennemi ;

Et enfin *quant à son domicile* en ce que quoique Tressin ne soit pas à l'extrême frontière, il n'en est pas moins vrai qu'à l'époque cy-dessus citée, le domicile de cette femme se trouvoit entre les avant-postes français et les avant-postes ennemis, et que ces derniers faisoient des irruptions fréquentes dans cette commune !

A persisté dans sa réponse précédente en ce que sa fille étant disparue depuis peu de jours, sans savoir ce qu'elle étoit devenue, il ignoroit si elle étoit émigrée ou point.

— Observé qu'il lui auroit suffit de questionner cette femme, pour savoir ce qu'étoit devenue sa fille !

A répondu n'avoir fait aucune demande.

— Observé qu'il résulte du procès déjà instruit qu'il étoit inutile qu'il fit les demandes puisque la femme Delmer a déclaré que la remise de ces bijoux lui avoit été faite pour les reporter à l'émigrée *Madame de Chéreng* et qu'elle ne s'en étoit chargée que pour éviter les persécutions de l'ennemi.

A répondu qu'il ne savoit pas tout celà.

— Interrogé si ce n'est pas lui qui a donné à laditte femme Delmer une lettre pour *Madame de Chéreng* ?

A répondu que non.

— Interrogé en quoi consistoit les pierreries par lui remises ?

A répondu n'en rien savoir parce que celà étoit dans un écrin.

— Observé qu'on ne remet pas ainsi des objets précieux sans savoir en quoi ils consistent ?

A répondu qu'il ne croïoit pas devoir prendre de précaution.

— Interrogé s'il ne lui a pas remis autre chose que des bijoux ?

A répondu qu'il y avoit aussi sept ou huit jettons en argent et un cachet.

— A lui représentés les dix jettons mentionnés en l'information et demandé s'il les reconnoissoit ?

A répondu qu'il croit que ce sont ceux-là.

— Interrogé où il se les a procuré ?

A répondu les avoir trouvés auprez de l'écrin de sa fille et les avoir donné avec ; que ces jettons sont ceux que l'on donnoit aux cy-devants États.

— Observé que les jettons du contre-révolutionnaire Lejosne provenoient aussi soi disant d'une société de philalètes, et qu'il n'en est pas moins constant que les émigrés et les amis de la royauté se sont appliqués à recueillir ces jettons auxquels il ne reste plus qu'à ajouter un anneau et le ruban blan pour former une médaille, ainsi qu'on a tenté dans le tems à défaut de jettons de faire servir des écus de trois livres ?

A répondu que tout celà lui est étranger et que ces jettons étoient à son gendre qui les avoit eu parce qu'il étoit jadis aux États.

— Interrogé s'il reconnoit le cachet armorié n° 3 ?

A répondu que c'est celui qu'il a remis à la femme Delmer.

— Observé qu'un cachet de cette nature ne devoit pas être d'une grande importance pour la garantie d'une dette inconnue et qu'il ne l'auroit certainement pas donné s'il n'avoit eu envie de le faire passer à Tournay.

A répondu qu'il l'a donné parce que celà se trouvoit auprez de l'écrin.

— Observé qu'en juillet (stil esclave), toute effigie du tiran et toute armoirie étant en horreur, ce n'étoit pas un gage à offrir que des jettons royalistes et des cachets avec des armes !

A répondu n'avoir eu aucune mauvaise intention.

Lecture faite a dit ses réponses contenir vérité, y a persisté et signé avec nous, à Lille, les jours, mois et an que dessus.

(Signé): LAMBELIN; CAPRON; B. MAHIEU; DELWIM.

Archives départementales du Nord, Série L. — District de Lille : portefeuille n° 64 ; cahier original en papier signé et paraphé à chaque page.

Sans date. — *Observations pour le citoyen Lamblin.*

Liste des dons patriotiques
qu'a fait à la République le citoyen *Lamblin*
depuis l'origine de la Révolution.

Une grande partie de sa vaisselle portée à la Monnoie.
Un don patriotique de . . . . 1.575 l.t.
Pour les veuves et les mères dont les enfants ou les maris sont morts au service de la République. . . . . 50 l.t.
Pour l'emprunt des grains de la commune . . . . 600 l.t.
Pour chaussures, chemises, habillement des braves défenseurs de la République. . . . . 20 l.t.
Pour l'emprunt volontaire . . . . 2.500 l.t.
au lieu de 565 l.t. (livres) somme à laquelle il se trouvoit taxé par l'emprunt forcé.
Pour le temple de la raison. . . . . 1.000 l.t.

Le citoyen *Lamblin* déclare en outre en son âme et conscience n'avoir jamais signé aucune pétition. (Signé): LAMBELIN.

Archives départementales du Nord, série L. — District de Lille : portefeuille n° 64 ; original sur papier signé.

An VII, 30 germinal. — *Certificat pour le citoyen Lambelin-Taviel.*

Nous, Administrateurs municipaux du canton de Templeuve-en-Pèvele, département du Nord, certifions que les exemplaires du partage des successions anticipées des citoyens *Albert-Toussaint Lambelin* et Marie-Catherine-Florence *Taviel*, son épouse, à cause de l'émigration de leur fille, prononcée par arrêté du Département du Nord en datte du premier pluviôse dernier, ont été affichés dans les communes de notre arrondissement où il se trouve des biens mentionnés audit partage pendant l'espace de vingt jours, au désir de la loi du 9 floréal an 3, et que pendant cet espace il ne nous est parvenu aucune déclaration de biens ni de fausse estimation de ceux portés audit acte de partage. En foi de quoi, nous avons délivré le présent certificat pour servir et valoir ce que de raison.

Fait à Templeuve-en-Pèvele, en séance, le 30 germinal l'an 7e de la République française.

Archives du Nord, série L. — Adm^{on} du canton de Templeuve, liasse n° 208; registre servant aux certificats de résidence.

LENGLART

Armes : *d'argent à l'aigle de sable.*

I. — *Guillaume* Lenglart, mort avant 1563, eut deux enfants :
1. — *Isabeau,* alliée à Pierre *Didier* ; dont postérité.
2. — *Jacques,* qui suit, II.

II. — *Jacques* Lenglart, né à Fromelles, décédé avant 1592, acheta la bourgeoisie de Lille le 3 décembre 1563, et épousa, avant cette date, Catherine *Freumault,* fille de Jean et de Marie *Dupont,* remariée avec Antoine *de Lillers* ; d'où :

1. — *Martin,* né à Lille, teinturier, bourgeois de cette ville par relief du 3 juillet 1592, allié à Marguerite *Laignel,* dont il eut :
    a. — *Marie,* baptisée à Saint-Étienne le 24 août 1593.
    b. — *Robert,* baptisé à Saint-Étienne le 18 décembre 1594, chanoine de Saint-Pierre.
    c. — *Philippe,* baptisé à Saint-Étienne le 31 août 1596, bourgeois de Lille par relief du 7 août 1620, mort avant 1642, marié avec Jeanne *Deswatignes,* fille d'Allard ; d'où :
        aa. — *Catherine,* baptisée à Saint-Maurice le 30 avril 1621, alliée dans cette église, le 2 juillet 1642, à Nicolas *Criel,* fils d'Andrieu et de Marie *Westienne,* baptisé à Saint-Maurice le 21 septembre 1619, bourgeois de Lille par relief du 28 juillet 1642 ; sans enfants.
        bb. — *Marguerite,* baptisée à Saint-Maurice le 24 mai 1623.
        cc. — *Robert,* baptisé à Saint-Maurice le 15 août 1625, chanoine de Saint-Pierre, décédé paroisse Saint-Pierre le 31 janvier 1682 et enterré dans la chapelle de la Vierge.
        dd. — *Brigitte,* baptisée à Saint-Maurice le 24 octobre 1627, alliée à Pierre *Pollet,* fils de Robert et de Pétronille *Delebarre,* baptisé à Saint-Étienne le 3 février 1621, bourgeois de Lille par relief du 4 juillet 1657.
        ee. — *Nicolas,* baptisé à Saint-Maurice le 18 avril 1631.
    d. — *Pierre,* baptisé à Saint-Étienne le 20 juin 1606, décédé paroisse Saint-Maurice le 9 mai 1680 (?)

e. — *Jean*, baptisé à Saint-Étienne le 20 septembre 1608, chanoine de Saint-Piat de Seclin, décédé paroisse Saint-Pierre le 13 juin 1671.

f. — *Jacques*, baptisé à Saint-Étienne le 29 septembre 1611.

g. — *Madeleine*, baptisée à Saint-Étienne le 4 août 1614.

2. — *Robert*, chanoine de Saint-Piat à Seclin, parrain de son neveu Robert en 1625.

3. — *Josse*, baptisé à Saint-Étienne le 24 octobre 1568, jésuite.

4. — *Pierre*, qui suit, III.

III. — *Pierre* LENGLART, baptisé à Saint-Étienne le 26 septembre 1572, marchand apothicaire à Arras, bourgeois de Lille par relief du 7 février 1597 sur requête, épousa : 1° Marie *Foucquier*, fille de Jean et d'Anne *Le Bourgeois*; 2° Marguerite *Boucault* ; d'où :

1. — Du premier lit : *Pierre*, qui suit, IV.

2. — Du second lit : *Bénédicte*, religieuse à la Paix, à Arras.

3. — *Anne*, religieuse à La Thieuloye.

4. — *Adrien*, époux de Jeanne *Dugardin*, dont il n'eut pas d'enfants.

5. — *Françoise*.

6. — *Marie-Marguerite*.

7. — *Jean*, baptisé à Saint-Géry d'Arras le 31 mars 1598, religieux à Saint-Vaast, mort le 5 septembre 1634 [1].

8. — *François*, religieux jacobin [2].

IV. — *Pierre* LENGLART, né à Arras, apothicaire, bourgeois de Lille par relief du 26 novembre 1622, décédé avant 1666, épousa, après 1622, Anne *de Lespierre* ; dont :

1. — *Marie-Anne*, mariée après 1672 avec Antoine *Six* ; dont postérité.

2. — *Guillaume*, qui suit, V.

3. — *Marguerite*, alliée, avant le 3 décembre 1660, à Pierre *Chasse*, fils d'Antoine et de Cornille *Vion*, marchand, bourgeois de Lille par achat du 3 décembre 1660 ; sans enfants.

4. — *Gilles*, jésuite.

V. — *Guillaume* LENGLART, bourgeois de Lille par relief du 8 octobre 1666, mort avant 1680, épousa Catherine *de Fontaine*, fille

---

1. D'après l'obituaire de Saint-Vaast qui le dit à tort fils de Pierre et d'Anne Delespierre.

2. Ces renseignements sont tirés d'une généalogie qui nous a été communiquée par M. l'abbé Broutin ; nous le prions d'agréer tous nos remerciements.

d'Hubert et de Jacqueline *Wacrenier*, baptisée à Saint-Étienne le 28 mars 1639, morte paroisse Saint-Maurice le 29 juin 1672 ; d'où :

1. — *Hubert*, qui suit, VI.
2. — *Guillaume*, qui suivra (branche audomaroise).
3. — *Marguerite*, baptisée à Saint-Maurice, le 6 avril 1672, décédée célibataire paroisse Sainte-Catherine le 7 janvier 1758 et inhumée dans la chapelle Notre-Dame de Paix.

VI. — *Hubert* Lenglart, sr des Rosiers, baptisé à Saint-Étienne le 25 mai 1668, avocat, bourgeois de Lille par relief du 5 mars 1699, mort paroisse Saint-André le 10 novembre 1732, épousa à Sainte-Catherine, le 30 décembre 1698, Marie-Madeleine *Guidin* [1], fille de Nicolas et de Marie *de Fontaine*, baptisée à Saint-Étienne le 22 mai 1663, morte avant lui ; d'où :

1. — *Nicolas-Hubert*, baptisé à Saint-Maurice le 13 novembre 1699, y décédé le 5 décembre suivant.
2. — *Nicolas-Hubert-Joseph*, qui suit, VII.
3. — *Marie-Josèphe-Marguerite*, baptisée à Saint-Maurice le 29 mars 1703, mariée à Saint-André, le 19 janvier 1738, avec Alexis-François *Frans*, écuyer, sr de la Chapelle, fils d'Alexis-François, écuyer, sr de la Hamayde, et de Marie-Françoise *de Rogier*, né à Chelle-Molembay (Hainaut) en 1701, bourgeois de Lille par relief du 17 mars 1738, bourgeois de Saint-Omer par achat en 1739, conseiller secrétaire du Roi en la chancellerie près le Parlement de Flandre, décédé paroisse Saint-Jean-Baptiste à Saint-Omer le 19 avril 1752 ; dont postérité.
4. — *Marie-Thérèse*, baptisée à Saint-Maurice le 7 avril 1704, y décédée le 20 avril 1759, alliée à Saint-André, le 28 mai 1736, à Théodore-Antonin *Taviel*, sr du Petit Cambrai, fils de Jean-Baptiste, sr de Grimaretz, et de Marie-Anne *de Lannoy*, baptisé à Sainte-Catherine le 18 mai 1697, maître particulier des eaux et forêts à Phalempin, décédé paroisse Saint-Maurice le 5 janvier 1765 ; sans enfants.
5. — *Pierre-Antoine*, sr des Léopards, Wevelberghe, baptisé à Saint-Maurice le 23 avril 1705, administrateur de la charité générale de Lille, mort paroisse Saint-André le 26 novembre 1774.
6. — *Charles-Hubert*, sr des Rosiers, baptisé à Saint-Maurice le 18 juillet 1706, décédé paroisse Saint-André le 14 septembre 1781.

---

1. Guidin : *D'argent à un dextrochère de carnation, vêtu d'azur, sortant d'une nuée au naturel et tenant un bouquet de fleurs au naturel.*

VII. — *Nicolas-Hubert-Joseph* LENGLART, baptisé à Saint-Maurice le 18 juin 1701, bourgeois de Lille par relief du 5 mars 1740 sur requête, échevin de cette ville, décédé paroisse Saint-Étienne le 20 juillet 1764 et enterré dans la chapelle de l'Ange Gardien, épousa dans cette église, le 28 septembre 1738, Alexandrine-Gabrielle-Albéricque *Carpentier*, fille de Charles et d'Anne-Catherine *de Kerpen*, baptisée à Saint-Maurice le 22 janvier 1711, décédée paroisse Saint-Étienne le 15 janvier 1778 ; d'où :

1. — *Charles-Joseph-Marie*, qui suit, VIII.

2. — *Marie-Anne-Alexandrine*, baptisée à Saint-Étienne le 12 janvier 1742, morte à Lille le 19 janvier 1822 ; alliée à Saint-Étienne, le 2 juin 1760, à Charles-Louis *Virnot*, sr de Lamissart, fils de Dominique, négociant, et de Marie-Marguerite *Cousin*, baptisé à Saint-Étienne le 13 janvier 1737, licencié en droit, bourgeois de Lille par relief du 3 avril 1761, avocat au Parlement de Flandre, trésorier de Lille ; dont postérité.

3. — *Marie-Reine-Blanche-Joseph*, baptisée à Saint-Étienne le 4 avril 1744, morte à Lille le 21 avril 1817, mariée à Saint-Étienne, le 11 février 1765, avec Jean-Chrysostome-Joseph *de Brigode*, sr de Canteleu, fils de Pierre et d'Anne-Thérèse *Wielems*, baptisé à Saint-Étienne le 4 janvier 1712, bourgeois de Lille par relief du 16 août 1765, échevin et membre de la Chambre de commerce, décédé paroisse Saint-Maurice le 21 juillet 1766 ; sans enfants.

4. — *Catherine-Charlotte*, baptisée à Saint-Étienne le 5 avril 1745, morte à Lille le 30 juin 1818, alliée à Saint-Étienne, le 4 juin 1764, à Urbain-Dominique *Virnot*, frère de Charles-Louis, baptisé à Saint-Étienne le 15 avril 1734, bourgeois de Lille par relief du 17 décembre 1764, mort à Condé ; dont postérité.

VIII. — *Charles-Joseph-Marie* LENGLART, baptisé à Saint-André le 22 mars 1740, bourgeois de Lille par relief du 19 janvier 1768, négociant, échevin, puis président de canton, conseiller municipal, conservateur du musée, mort à Lille le 19 novembre 1816, s'allia à Marie-Anne *Van Huffel*, fille d'Arnould-Guydalve-Bertulphe, écuyer, sr de Marselaer, et de Marie-Marguerite *Allard*, née à Bruxelles, paroisse Saint-Géry ; d'où :

1. — *Gabriel-Arnould*, baptisé à Saint-Étienne le 20 janvier 1772, décédé célibataire à Lille le 26 janvier 1837.

2. — *Dominique-Joseph*, baptisé à Saint-Étienne le 9 juillet 1773.

3. — *Raphaël-Alexandre*, baptisé à Saint-Étienne le 4 avril 1775, mort célibataire à Lille le 5 septembre 1830.

4. — *Jeanne-Justine*, née à Bruxelles en 1776, morte célibataire à Lille le 15 août 1851.

5. — *Charles-Joseph*, baptisé à Saint-Maurice le 16 octobre 1778, mort à Lille le 10 octobre 1863; allié dans cette ville, le 14 octobre 1846, à Marie-Natalie-Joseph *Carbonnelle*, fille de François-Joseph et de Françoise-Joseph *Charlet*, née au Maisnil (Nord) le 7 mars 1801; d'où :

    a. — *Charlotte-Natalie*, née à Lille le 24 juillet 1826, légitimée.

6 — *Louis-Hubert*, baptisé à Saint-Maurice le 30 mai 1781, mort à Lille le 25 mai 1866, marié dans cette ville, le 24 mai 1830, avec Sophie-Augustine-Françoise *Hay*, fille de Guillain-Augustin-François-Joseph et de Marie-Théodore-Joseph *Lefebvre*, née à Lille le 8 août 1796; d'où une fille mort-née à Lille le 4 janvier 1835.

7. — *Philippe-Henri-Joseph*, qui suit, IX.

IX. — *Philippe-Henri-Joseph* LENGLART, baptisé à Saint-Maurice, le 6 avril 1785, fabricant de sucre, mort à Fives le 11 décembre 1852, épousa à Lille, le 20 octobre 1818, Adélaïde *Lancel*, fille de François-Joseph, propriétaire, et de Marie-Adélaïde-Joseph-Constance *Vandenbruel*, née à Lambres (Pas-de-Calais) le 13 septembre 1794, décédée à Fives le 11 mars 1843; d'où :

1. — *Charles-Louis-Désiré*, né à Lille le 3 juillet 1815, mort le 28 novembre suivant.

2. — *Claire-Cécile*, née à Lille le 11 mars 1821, mariée à Fives, le 10 mai 1837, avec Edmond-Charles-François *Bocquet*, fils d'Auguste-Joseph et d'Henriette *Feyrick*, né à Lille le 31 mars 1816, propriétaire, décédé; dont postérité.

3. — *Jules-Charles*, qui suit, X.

4. — *Auguste-Henri*, né à Fives le 7 février 1826, fabricant de sucre, allié à Lille, le 12 septembre 1848, à Claire-Henriette *Barrois*, fille d'Henri-Thomas et d'Adélaïde-Alexandrine *Le Thierry*, née à Wazemmes le 27 août 1829; d'où :

    a. — *Marie-Claire-Adélaïde*, née à Fives le 8 août 1849, mariée à Lille, le 21 novembre 1868, avec Félix-Étienne-Marie-Joseph *Dehau*, fils de Félix-Amé-Julien-Joseph et de Stéphanie-Louise-Joséphine *Defontaine*, né à Lille le 22 janvier 1846, maire de Bouvines et conseiller général du Nord; dont postérité.

X. — *Jules-Charles* LENGLART, né à Fives le 22 octobre 1824, épousa à Lille, le 26 avril 1848, Nellie-Aimée-Constance *Tripier*, fille d'Alexandre-Joseph et de Julie-Constance-Joseph *Jonglez*, née à Lille, le 22 septembre 1827, morte le 30 juillet 1905 ; d'où :

1. — *Hélène-Henriette-Julie-Angélique*, née à Fives le 23 février 1849, mariée à Lille, le 12 août 1868, avec Paul-Marie-Joseph *Delemer*, fils de Jean-Baptiste-Louis-Désiré-Joseph et d'Euphémie-Eugénie *Salomé*, né à Lille le 13 mai 1845, brasseur ; dont postérité.

2. — *Louise-Sophie-Alexandrine*, née à Fives le 10 mars 1851, mariée à Lille, le 12 juillet 1870, avec Louis-Julien-Joseph *Lefebvre*, fils de Louis-Florentin et de Julie-Aimée *Mathon*, né à Roubaix le 24 avril 1847, industriel ; d'où postérité.

3. — *Henri-Louis-Florimond*, qui suit, XI.

XI. — *Henri-Louis-Florimond* Lenglart, né à Lille le 20 décembre 1860, négociant, épousa à Roubaix, le 7 septembre 1886, Jeanne-Marie-Isabelle-Julie *Lefebvre*, sœur de Louis-Julien-Joseph, née à Roubaix le 10 octobre 1864 ; d'où :

1. — *Jacques-Henri-Jules*, né à Roubaix le 6 août 1887.

2. — *Robert-Jean-Albert*, né à Roubaix le 5 octobre 1888, mort à Roubaix le 7 avril 1891.

3. — *Georges-Paul-Jean*, né à Roubaix le 21 février 1892.

4. — *Marcel-Louis-Robert*, né à Roubaix le 27 février 1894, mort accidentellement le 4 mai 1906.

BRANCHE AUDOMAROISE

VI bis. — *Guillaume* Lenglart, baptisé à Saint-Maurice le 24 janvier 1670, bourgeois de Lille par relief du 19 octobre 1709, avocat, échevin de Saint-Omer, y décédé et enterré à l'église Sainte-Aldegonde le 16 mai 1740, acheta le 20 novembre 1698, de Philippe-Charles-Frédéric-Spinola, sr de Bruay, gouverneur de Namur, les terres de Cœurlu, Haffringues et Waudringhem pour 46,400 livres pour deniers capitaux et 603 de présents et messes. Il épousa Marie-Louise *Hébert*, fille de Guillaume, écuyer, conseiller au Conseil d'Artois, et de Marie-Jacqueline *Van Lathem*, décédée à Saint-Omer le 4 septembre 1749 à 63 ans et demi et inhumée dans l'église Sainte-Aldegonde ; d'où :

1. — *Marie-Louise-Joseph*, baptisée à Sainte-Marguerite de Saint-Omer le 30 mai 1709, morte le 4 septembre 1787 et enterrée à Nordausques, alliée, le 22 février 1735, à Sainte-Marguerite, à Fran-

çois-Clément *Pagart* [1], sʳ d'Hermansart, fils de Jean-Baptiste et de Marie-Françoise *de Lattre*, né le 23 novembre 1705, avocat au Parlement, mort le 12 novembre 1762 et inhumé à Nordausques ; dont postérité.

2. — *Geneviève-Catherine-Françoise*, baptisée à Sainte-Aldegonde le 7 décembre 1710, morte le 19 mars 1776 et enterrée au chœur de l'église Saint-Sépulcre, mariée à Sainte-Marguerite, le 9 mars 1734, avec Jean-Marie-Eustache *Carette*, fils d'Eustache et de Marie-Jeanne-Rose *Dalongeville* ; dont postérité.

3. — *Thérèse-Scolastique*, baptisée à Sainte-Aldegonde le 14 mai 1712, morte le 27 du même mois.

4. — *Guillaume-Hubert-François*, baptisé à Sainte-Aldegonde le 30 septembre 1713, curé de La Madeleine, à Arras.

5. — *Thomas-Joseph*, sʳ d'Haffringhes, baptisé à Sainte-Aldegonde le 19 août 1715, avocat, échevin de Saint-Omer, y décédé célibataire le 23 avril 1781.

6. — *Louis-Ferdinand-Bernard*, jumeau du précédent, religieux à Saint-Vaast d'Arras.

7. — *Hubertine-Thérèse*, baptisée à Sainte-Aldegonde le 23 septembre 1717.

8. — *Marguerite*, baptisée à Sainte-Aldegonde le 14 octobre 1718, vivant en 1739.

9. — *Charles-Félix*, baptisé à Sainte-Aldegonde le (registre manque), religieux à l'abbaye de Valloires.

10. — *Philippine*, baptisée à Sainte-Aldegonde le ..... 1722, y décédée célibataire le 18 avril 1773.

11. — *Paul-François*, qui suit, VII.

12. — *Aimé-Joseph*, baptisé à Sainte-Aldegonde le ...... 1724, mort célibataire dans cette ville le 25 avril 1799.

13. — *Isabelle-Josèphe*, baptisée à Sainte-Aldegonde le ...... 1726, morte célibataire à Saint-Omer le 28 mars 1820.

VII. — **Paul-François** Lenglart, sʳ de Cœurlu, baptisé à Sainte-Aldegonde le ...... 1723, mort à Saint-Omer le 20 avril 1808, épousa à Saint-Denis de cette ville, le 19 juillet 1768, Henriette-Isabelle-Joseph *de Raismes*, fille de Pierre-Joseph-Charles et de Marie-Françoise-Louise *Pagart*, baptisée à Saint-Sépulcre le ..... 1738, y décédée le 14 février 1774 ; d'où :

---

1. Pagart : *D'azur à trois bandes d'or, au chef d'argent chargé d'une tête et col de cerf de sable, posée de profil.*

1. — *Marie-Anne-Louise-Josèphe*, baptisée à Sainte-Aldegonde le 26 juillet 1769, morte à Saint-Omer le 29 avril 1811, alliée dans cette ville, le 29 juillet 1794, à Charles-Augustin-Guillaume *Defrance de Hélican*, fils de Charles-Augustin, homme de loi, et d'Isabelle-Claire *Paeldinck*, né vers 1759, avocat.

2. — *Henriette-Françoise-Josèphe*, baptisée à Sainte-Aldegonde le 18 juillet 1770, morte à Saint-Omer le 26 août 1821, alliée dans cette ville, le 10 décembre 1798, à Jean-Baptiste-Joseph *Defrance de la Jumelle*, frère du précédent, né vers 1762, avocat et conseiller municipal de cette ville ; dont postérité [1].

---

1. Renseignements communiqués par M. Justin de Pas.

MIROUL

Armes : *de sinople à trois têtes d'ours d'or, mufflées de gueules.*

Cette famille est originaire de Roubaix.

I. — *Pierre* Miroul, marchand, décédé avant 1435, eut pour fils :
 1. — *Jean*, qui suit, II.
 2. — *Jacquemars*, qui suivra, II bis.

II. — *Jean* Miroul, bourgeois de Lille par achat en 1435, marchand, fut père de :
 1. — *Simon*, qui suit, III.
 2. — *Bauduin*, bourgeois de Lille par rachat du 15 octobre 1479.

III. — *Simon* Miroul, né à Roubaix, acheta la bourgeoisie de Lille en 1457 et mourut avant 1477 ; il eut :
 1. — *Gillart*, qui suit, IV.
 2. — *Jean*, bourgeois par relief du 18 juillet 1477 ; père de :
   a. — *Pierre*, bourgeois par rachat du 15 décembre 1500.
   b. — *Willaume* ou *Guillaume*, né à Roubaix, bourgeois de Lille par achat du 4 février 1508 (n. st.), mort avant le 9 mai 1557 ; lequel eut cinq enfants : *Pierrechon*, bourgeois de Lille par achat du 9 mai 1557, marié sans enfants, *Wattelet, Margotine, Calbotté* et *Chrétiennette*, tous nés avant le 4 février 1508 (n. st.).

IV. — *Gillart* ou *Gilles* Miroul, bourgeois de Lille par achat en 1478, décédé avant 1507, fut père de :
 1. — *Willaume*, qui suit, V.
 2. — *Collart*, né à Roubaix, bourgeois de Lille par achat du 5 juillet 1510, mort avant le 7 février 1539 (n. st.) ; il eut deux fils nommés *Jennin* ; l'un d'eux acheta la bourgeoisie de Lille le 2 avril 1535 et était père à cette époque de : *Guillemette, Guillemet, Margot, Harvelet* et *Micquelot*.

V. — *Willaume* ou *Guillaume* Miroul, né à Roubaix, bourgeois de Lille par achat du 11 décembre 1507, eut :

1. — *Jacquet*, né à Lille vers 1488, bourgeois de Lille par achat du 7 janvier 1508 (n. st.).
2. — *Jacquet*, le jeune qui suit, VI.

VI. — *Jacquet* Miroul le jeune, né à Lille vers 1490, acheta la bourgeoisie le 7 janvier 1508 (n. st.), et mourut avant 1558 ; il eut :

1. — *Jean*, né à Lille, releva sa bourgeoisie le 12 novembre 1558.
2. — *Charles*, qui suit, VII.

VII. — *Charles* Miroul, maître d'école, releva sa bourgeoisie le 15 juillet 1562 ; ses fils furent :

1. — *Josse*, bourgeois de Lille par relief du 24 novembre 1584 ; père de :
    a. — *Jeanne*, baptisée à Saint-Maurice le 13 avril 1590.
    b. — *Marie*, baptisée à Saint-Maurice le 16 octobre 1593.
    c. — *Agnès*, baptisée à Saint-Maurice le 4 juillet 1596.
2. — *Hubert*, bourgeois de Lille par relief du 22 avril 1595.

II bis. — *Jacquemars* Miroul, marchand, bourgeois de Lille par achat en 1441, allié à Catherine *Mulier* ; dont :

III. — *Pierre* Miroul, marchand, bourgeois de Lille par relief du 7 mars 1477 (n. st.), marié, suivant des notes généalogiques de nos archives, avec : 1º Piéronne *Le Prevost* ; 2º Pasque *Marissal* ; 3º Jeanne *Payelle* ; il eut :

1. — *Liédricq*, marchand, bourgeois de Lille par relief du 23 novembre 1506, père de plusieurs enfants, parmi lesquels :
    a. — *Pierre*, bourgeois de Lille par relief du 5 juillet 1544.
    b. — *Guillaume*, bourgeois par relief du 1er juillet 1545.
2. — *Martin*, qui suit, IV.
3. — *Catherine*, alliée : 1º à Jean *de le Ruyelle*, fils de Jacques, né à Lille, bourgeois de cette ville par achat du 9 juillet 1501 ; 2º à Philippe *Béghin*, fils de Jean, bourgeois de Lille par relief du 17 novembre 1505.
4. — *Antoine*, bourgeois de Lille par relief du 3 décembre 1509.
5. — *Servais*, bourgeois de cette ville par relief du 4 octobre 1527.
6. — *Jean*, qui suivra (deuxième branche).

IV. — *Martin* Miroul, bourgeois de Lille par relief du 11 octobre 1508, épousa Thomasse *Escrohart*, décédée le 22 février 1531 ou 1532 ; d'où :

1. — *Pierre*, qui suit, V.
2. — *Piéronne*, épouse de Martin *de Brabant*; dont postérité.
3. — *Catherine*, alliée à Gilles *du Rieu*, fils de Jean, né à Faumont-lez-Coutiches, bourgeois de Lille par achat du 3 octobre 1556; dont postérité.

V. — *Pierre* Miroul, né en 1508, bourgeois de Lille par relief du 7 février 1532 (n. st.), conseiller pensionnaire de cette ville, décédé le 12 août 1556, épousa, en 1531, Marguerite *du Quesnoy*, fille de Baulde, médecin, décédée le 7 février 1583; dont :

1. — *Marguerite*, née en 1553, morte en 1613, mariée, le 9 avril 1555 (n. st.), avec Nicolas *Tesson*, fils de Jacques et de Marguerite *de la Cannoie*, bourgeois de Lille par achat du 15 août 1537, ministre des pauvres ménages de Lille en 1576, mort le 3 septembre 1584; dont postérité.
2. — *Wallerand*, né le 30 juin 1536, avocat, décédé célibataire le 21 mars 1611.
3. — *Claude*, qui suit, VI.
4. — *Marie*, née le 15 juillet 1540, mariée, en avril 1562 (n. st.), avec Roger *Le Pers*, fils de Jean et de Philippine *Hangouart*, bourgeois de Lille par relief du 2 mai 1562, décédé après 1594; dont postérité.
5. — *Charles*, qui suivra, VI bis.
6. — *Jean*, qui suivra, VI ter.

VI. — *Claude* Miroul, né le 18 août 1537, bourgeois de Lille par relief du 7 octobre 1563, conseiller pensionnaire de cette ville, y décédé le 18 avril 1588, épousa Anne *Delemer*, veuve de Nicaise *Trezel*; d'où :

1. — *Bettremieu*, né à Lille, bourgeois de cette ville par relief du 23 avril 1591, licencié ès lois, avocat postulant, marié à Sainte-Catherine, le 13 mai 1590, avec Barbe *Petitpas*, fille de Charles, écuyer, et de Barbe *Muyssart*, baptisée à Saint-Étienne le 22 avril 1570, décédée veuve paroisse Sainte-Catherine et enterrée le 27 avril 1655 dans la chapelle Sainte-Anne; dont :

   a. — *Anne*, baptisée à Sainte-Catherine le 12 mars 1591, alliée dans cette église, le 15 janvier 1611, à Maximilien *Muyssart*, fils de Toussaint, s^r d'Esteveles, et de Catherine *de Hennin*, bourgeois de Lille par relief du 10 novembre 1611, licencié ès lois, conseiller à la gouvernance de Lille; dont postérité.

   b. — *Wallerand*, baptisé à Sainte-Catherine le 13 juin 1593.

2. — *Claude*, capucin.

3. — *Pierre*, bourgeois de Lille par relief du 13 février 1592, marié avec Marie *Castellain*, puis avec Jossinne *Colbaut* ; il eut :

    a. — Du premier lit : *Anne*, baptisée à Saint-Maurice le 14 juin 1592.

    b. — Du second lit : *Claude*, baptisé à Saint-Maurice le 23 mars 1605, bourgeois de Lille par relief du 6 novembre 1631, allié à Saint-Étienne, le 15 septembre 1631, à Catherine *Lippens*, fille de Pierre et de Catherine *Du Bus*, baptisée à Saint-Étienne le 9 novembre 1610 ; sans enfants.

4. — *Robert*, sr de Kerkove, baptisé à Saint-Étienne le 21 juillet 1570, vivant encore en 1631, eut de Marie *Second* deux enfants illégitimes : *Barthélemi*, baptisé à Saint-Étienne le 7 janvier 1626, et *Marie*, baptisée à Saint-Maurice le 21 août 1630.

5. — *Marguerite*, baptisée à Saint-Étienne le 1er juillet 1572.

VI bis. — *Charles* MIROUL, né le 7 mars 1550, docteur en médecine, bourgeois de Lille par relief du 14 octobre 1584, décédé le 27 avril 1633, épousa : 1° vers 1584, Marie *Baillet* ; 2° à Sainte-Catherine, le 27 novembre 1595, Marie *Willan* ; d'où :

1. — Du premier lit : *Marguerite*, baptisée à Saint-Étienne le 8 février 1588, mariée dans cette église, le 19 août 1607, avec Jean *Imbert*, fils de Nicolas et de Jacqueline *Muette*, baptisé à Saint-Étienne le 23 novembre 1569, bourgeois de Lille par relief du 26 juillet 1608 ; dont postérité.

2. — *Charles*, baptisé à Saint-Étienne le 11 mars 1590.

3. — *Pierre*, qui suit, VII.

4. — Du second lit : *Anne*, décédée paroisse Saint-Maurice le 21 septembre 1661, alliée à Saint-Étienne, le 17 juillet 1617, à Denis *Mouton*, fils de Piat et d'Isabeau *Van den Broele*, baptisé à Saint-Étienne le 29 mars 1593, greffier de la ville de Lille, mort avant sa femme ; dont postérité.

VII. — *Pierre* MIROUL, baptisé à Saint-Étienne le 12 janvier 1593, eut pour marraine Marie *Miroul*, dont la parenté n'est pas indiquée ; il épousa à Saint-Étienne, le 17 avril 1617, Marie *du Rivage*, fille de Martin, et mourut peu après laissant un fils posthume : *Pierre*, baptisé à Saint-Étienne le 3 mars 1618.

VI ter. — *Jean* MIROUL, né en 1554, procureur, bourgeois de Lille par relief du 14 avril 1579, décédé le 10 décembre 1606, s'allia à Philippote *du Maretz*, morte le 20 juin 1623 ; dont :

1. — *Marguerite*, baptisée à Saint-Étienne le 26 février 1582, morte le 22 mai 1626, mariée avec Gaspard *Desbarbieux*, fils de Toussaint, bourgeois de Lille par relief du 3 novembre 1598 ; dont postérité.

2. — *Catherine*, baptisée à Saint-Étienne le 5 mai 1584, alliée dans cette église, le 8 janvier 1606, à François *Hespel*, fils de Clément et de Gillette *Grenu*, marchand, bourgeois de Lille par achat du 31 décembre 1605 ; dont postérité.

3. — *Marie*, baptisée à Saint-Étienne le 14 août 1589.

4. — *Antoinette*, baptisée à Saint-Étienne le 17 janvier 1592, mariée dans cette église, le 24 août 1614, avec Anselme *Cuvelier*, fils d'Émerend et de Marie *de Bassecourt*, licencié ès lois, bourgeois de Lille par relief du 30 juillet 1611, conseiller pensionnaire de Lille, veuf de Marie *Tesson*, mort sans postérité le 10 mars 1654 à 76 ans.

5. — *Jacques*, qui suit, VII.

6. — *Anne*, baptisée à Saint-Étienne le 26 août 1595.

7. — *Barbe*, baptisée à Saint-Étienne le 28 mars 1597.

8. — *Marie*, baptisée à Saint-Étienne le 7 mars 1599, alliée, le 21 octobre 1620, à Nicolas *du Chambge*, fils de Séraphin et de Catherine *Desmons*, baptisé à Notre-Dame de Tournai le 14 décembre 1595, licencié ès lois, bourgeois de Lille par achat du 6 novembre 1620, échevin de cette ville, y décédé le 5 novembre 1641 ; dont postérité.

VII. — *Jacques* MIROUL, né le 16 juillet 1593, licencié en droit, bourgeois de Lille par relief du 5 décembre 1619, mort le 27 octobre 1641, épousa, le 22 avril 1619, Agnès *Gilleman*, fille de Maximilien, s^r de la Barre, et d'Isabeau *Marissal*, née le 22 décembre 1593 ; dont :

1. — *Agnès*, baptisée à Sainte-Catherine le 20 mars 1620, professe à l'Abbiette de Courtrai le 29 juin 1638, y décédée le 26 septembre 1658.

2. — *Maximilien*, baptisé à Sainte-Catherine le 6 avril 1621, mort le 27 novembre 1633.

3. — *Adrien*, qui suit, VIII.

4. — *Antoinette*, baptisée à Sainte-Catherine le 1er décembre 1623, religieuse à l'Abbiette de Courtrai le 5 octobre 1650, y décédée le 11 novembre 1652.

5. — *Jean*, baptisé à Sainte-Catherine le 22 août 1625, religieux à l'abbaye de Loos le 25 avril 1649 sous le nom d'Étienne.

6. — *Pierre*, baptisé à Sainte-Catherine le 20 novembre 1626, prêtre en 1651, puis dominicain.

7. — *Élisabeth*, baptisée à Sainte-Catherine le 5 août 1628, religieuse à l'Abbiette de Lille le 15 juillet 1646.

8. — *Jacques-François*, baptisé à Sainte-Catherine le 20 mars 1630, mort le 8 octobre 1631.

9. — *Marie-Jeanne*, baptisée à Sainte-Catherine le 25 mars 1632, décédée le 22 août 1667 et inhumée dans la chapelle des Frères mineurs, mariée à Saint-Étienne, le 12 juillet 1655, avec Alexandre-Florent *Lefebvre-Delattre*, écuyer, s^r de la Fresnoy, fils de Guillaume, écuyer, s^r du Mortier, et de Marie *Baccart*, né à Armentières, bourgeois de Lille par achat du 8 janvier 1655, décédé paroisse de La Madeleine le 30 janvier 1670 ; dont postérité.

10. — *Catherine*, baptisée à Sainte-Catherine le 25 novembre 1633, morte le 11 avril 1652.

VIII. — *Adrien* Miroul, baptisé à Sainte-Catherine le 16 juillet 1622, avocat, bourgeois de Lille par relief du 1er août 1664, épousa à Saint-Étienne, le 25 novembre 1663, Marie-Anne *Parmentier*, fille de Jacques et d'Agnès *Vanderbecken*, baptisée à Saint-Étienne le 19 janvier 1638, décédée le 6 novembre 1675 ; d'où :

1. — *Marie-Agnès* [1], baptisée à Saint-Étienne le 19 juillet 1664, morte le 15 février 1703, mariée, par contrat du 13 novembre 1685, avec Pierre-François-Gaspard *de la Fonteyne*, s^r de Fontissart, fils de Pierre et de Marie-Catherine *Godefroot*, né à Dunkerque le 22 décembre 1656, bourgeois de Lille par achat du 8 octobre 1666, trésorier de France, mort le 1er avril 1737 ; dont postérité.

2. — *Adrien-Dominique-Hyacinthe*, baptisé à Saint-Étienne le 21 août 1665, capitaine au régiment d'infanterie de Beaujolais, mort à Messine (Sicile) en 1719 sans s'être marié.

DEUXIÈME BRANCHE

IVbis. — *Jean* Miroul, bourgeois de Lille par relief du 9 mai 1534, eut :

1. — *Hubert*, qui suit, V.
2. — *Claude*, bourgeois de Lille par relief du 31 mars 1576 (n. st.).

V. — *Hubert* Miroul, qui négligea de relever sa bourgeoisie dans l'année de son mariage et la racheta le 4 mai 1554 ; d'où :

---

1. Elle fit enregistrer ses armes : *D'azur à trois étoiles d'or, accompagnées en cœur d'une rose d'argent boutonnée d'or.*

1. — *Arnould*, qui suit, VI.
2. — *Josse*, bourgeois de Lille par relief du 7 janvier 1589, allié à Laurence *Desponceau* ; d'où :

    a. — *Marie*, baptisée à Saint-Maurice le 8 septembre 1596.
    b. — *Martin*, baptisé à Saint-Maurice le 30 août 1600.
    c. — *Charles*, baptisé à Saint-Maurice le 21 février 1605.
    d. — *Charlotte*, baptisée à Saint-Maurice le 6 avril 1609, y décédée le 16 mars 1690, mariée dans cette église, le 25 février 1629, avec Guillaume *Oudin*, fils de Pierre et de Péronne *Delebecque*, baptisé à Saint-Maurice le 4 octobre 1609, bourgeois de Lille par relief du 1er juin 1629.

VI. — *Arnould* MIROUL, né à Lille avant 1554, bourgeois de Lille par achat du 2 octobre 1579, s^r de Chantereine, licencié ès lois, échevin de Lille, puis prévôt de cette ville en 1593, anobli par lettres données à Bruxelles le 7 novembre 1606, mort paroisse Sainte-Catherine le 16 novembre 1620 ; épousa, avant 1579, Marie *Petit*, dont il eut :

1. — *Marie*, née avant octobre 1579, morte le 20 janvier 1633, et inhumée en la chapelle Notre-Dame de la Paix à Sainte-Catherine.
2. — *Barbe*, alliée à Sainte-Catherine, le 6 novembre 1612, à Jean *Vanloo*, né à Gand.
3. — *Hubert*, qui suit, VII.
4. — *Madeleine*, baptisée à Sainte-Catherine le 14 mars 1584.
5. — *Jeanne*, baptisée à Sainte-Catherine le 7 février 1590, mariée dans cette église, le 18 avril 1616, avec Pierre *Clicquet*, écuyer, s^r de Flambermont, dont elle était veuve en 1660.
6. — *Maximilien*, baptisé à Sainte-Catherine le 3 mars 1592.
7. — *Anne*, jumelle du précédent.

VII. — *Hubert* MIROUL, écuyer, s^r de Chantereine, né vers 1583 [1], bourgeois de Lille par relief du 7 octobre 1603, échevin de cette ville, épousa à Sainte-Catherine, en février 1603, Yolende *du Bosquiel*, fille illégitime de Jean, écuyer, s^r des Plancques ; dont :

1. — *Jean*, qui suit, VIII.
2. — *Hubert*, baptisé à Sainte-Catherine le 27 juillet 1605.
3. — *Marie*, baptisée à Sainte-Catherine le 23 février 1607, alliée

---

1. Hubert Miroul, s^r de Beverecque, est nommé grand bailli et écoutète de Warneton par la Chambre des comptes de Lille le 8 juin 1623. (Archives départementales du Nord, registre aux commissions, B 62, fol. 10 v°).

à Jean *Cardon*, fils d'Antoine et de Marie *Delebecque*, bourgeois de Lille par relief du 5 janvier 1644.

4. — *Arnould*, baptisé à Sainte-Catherine le 16 octobre 1609.

5. — *Yolende*, baptisée à Sainte-Catherine le 19 mars 1612.

6. — *Toussaint*, écuyer, s^r de Chantereine, baptisé à Sainte-Catherine le 1er novembre 1613, époux de Marie-Catherine *Turpin*; d'où :

    a. — *Henri-Ferdinand*, baptisé à Saint-Jacques de Douai le 18 juin 1668.

    b. — *Noël*, baptisé à Saint-Jacques de Douai le 31 janvier 1671.

    c. — *Dominique-François*, baptisé à Saint-Jacques de Douai le 25 mai 1673.

    d. — *Jacques-François*, baptisé à Saint-Jacques de Douai le 13 juillet 1674.

7. — *Marie*, baptisée à Sainte-Catherine le 28 janvier 1618, y décédée le 20 janvier 1633.

VIII. — *Jean* Miroul, écuyer, s^r de Layens, baptisé à Sainte-Catherine le 5 janvier 1604, bourgeois de Lille par relief du 19 mars 1641, enterré le 13 janvier 1654 à Sainte-Catherine, dans la chapelle Notre-Dame de Paix, épousa Jeanne *de Wathelin*, fille de Philippe, chevalier, s^r de Prouville, morte le 6 décembre 1688, à 80 ans ; d'où :

1. — *Marie-Anne*, baptisée à Sainte-Catherine le 13 novembre 1642.

2. — *Marie-Eubertine*, baptisée à Sainte-Catherine le 19 novembre 1643, morte à Esquermes le 15 janvier 1683, mariée, vers 1669, avec Albert *Alutruye*, dit *de le Vigne*, écuyer, s^r de l'Anglée, fils de Guillaume, écuyer, s^r de la Haye, et de Françoise *Gommer*, baptisé à Saint-Pierre le 23 décembre 1636, veuf d'Isabelle *Delarue*, mort le 18 septembre 1693 ; dont postérité.

3. — *Ghislain*, écuyer, s^r de Mouchy, baptisé à Sainte-Catherine le 3 novembre 1645, domicilié à Engrin, où il mourut célibataire le 6 juin 1701.

4. — *Hubert*, écuyer, s^r du Laurier, décédé sans alliance le 17 juillet 1729.

5. — *Bonne-Michelle*, morte jeune.

6. — *Yolende-Françoise*, morte le 9 février 1708.

7. — *Marie-Josèphe*, décédée le 14 mai 1714.

8. — *Marie-Aldegonde*, morte le 31 août 1729.

AUTRE BRANCHE.

I. — *Arnould* Miroul, peut-être fils d'*Arnould* et de Marie *Petit*, né vers 1580, se livra au commerce et épousa Marie *Bargiban*, qui le rendit père de :

II. — *Jacques* Miroul, baptisé à Saint-Maurice le 29 décembre 1610, mercier, bourgeois de Lille par achat du 6 mars 1682, mort le 28 mai 1692, épousa dans la même église, le 18 janvier 1634, Marie *Deheu*, née vers 1604, décédée le 15 septembre 1681 et enterrée, ainsi que son mari, dans la chapelle de l'Ange-Gardien à Saint-Étienne ; dont :

1. — *Jérôme*, baptisé à Saint-Maurice le 26 août 1635.
2. — *Marguerite*, baptisée à Saint-Maurice le 7 décembre 1636, alliée à Saint-Étienne, le 7 juin 1662, à Gilles *Vanoy*, fils de Noël et de Marie *Bouchie*, né à Armentières, marchand, bourgeois de Lille par achat du 3 décembre 1660.
3. — *Aldegonde*, baptisée à Saint-Maurice le 30 novembre 1638.
4. — *François*, baptisé à Saint-Maurice le 15 janvier 1641.
5. — *Jeanne*, baptisée à Saint-Maurice le 16 juillet 1642.
6. — *Arnould*, qui suit, III.
7. — *Marie-Marguerite*, baptisée à Saint-Maurice le 5 novembre 1647, mercière, bourgeoise de Lille par achat du 2 mai 1682, morte célibataire le 11 juin 1710 et inhumée à Saint-Étienne dans la chapelle de l'Ange-Gardien.
8. — *Pierre*, baptisé à Saint-Maurice le 6 avril 1650, passementier, bourgeois de Lille par achat du 3 juillet 1671, marié : 1º à Saint-Étienne, le 24 mai 1672, avec Élisabeth *Rouzée* ; 2º à Saint-Pierre, le 7 septembre 1673, avec Élisabeth *Vanier* ou *Vanieukerke* ; d'où :

    a. — Du second lit : *Marie-Françoise*, baptisée à Saint-Maurice le 10 mai 1676, décédée paroisse Saint-Étienne le 15 octobre 1744, veuve de Louis-Thomas *Peutermans*.

    b. — *Jérôme-François*, baptisé à Saint-Maurice le 20 janvier 1678.

    c. — *Marie-Thérèse*, baptisée à Saint-Maurice le 12 février 1679.

    d. — *Guillaume-Joseph*, baptisé à Saint-Maurice le 30 avril 1681[1].

---

1. Guillaume-Joseph *Miroux*, négociant, se maria avec Marie-Apolline *Schaepelinck*, puis avec Bonne-Amélie Joseph *Prevost*, dont il eut : du premier lit : *Julien-Nicolas-Joseph*, baptisé à Saint-Étienne le 16 octobre 1762, y décédé le 24 mars 1766, et du

9. — *Gilbert*, baptisé à Saint-Maurice le 19 janvier 1653.
10. — *Marie-Anne-Thérèse*, baptisée à Saint-Maurice le 15 janvier 1656.

III. — *Arnould* MIROUL, baptisé à Saint-Maurice le 9 novembre 1644, bourgeois de Lille par achat du 13 décembre 1675, marchand joaillier, décédé paroisse Saint-Étienne le 7 décembre 1705, épousa Marguerite *Desmasure*, fille de Charles et de Jeanne *Vanthunne* ; d'où :

1. — *Jeanne-Marguerite*, baptisée à Saint-Étienne le 31 décembre 1675.
2. — *Arnould-Dominique*, qui suit, IV.

IV. — *Arnould-Dominique* MIROUL, baptisé à Saint-Étienne le 8 mai 1677, marchand, bourgeois de Lille par relief du 15 avril 1699, décédé paroisse Sainte-Catherine le 30 août 1732, épousa à Saint-Étienne, le 10 février 1699, Marguerite-Angélique *du Castel*, fille de Wallerand et de Catherine *du Pesne*, née le 27 novembre 1674, morte le 7 novembre 1758 et enterrée dans la chapelle de la Vierge à La Madeleine ; d'où un fils unique :

1. — *Dominique-Albert-Joseph*, baptisé à Saint-Étienne le 1er janvier 1700, y décédé le 23 mars 1701.

NON RATTACHÉS.

Pierre MIROUL, fils de feu *Allard*, né à Roubaix, bourgeois de Lille par achat du 7 juillet 1554 ; d'où une fille, *Martine*, née à cette date.

Charles MIROUL, fils de *Mahieu* et de Marguerite N.., baptisé à Saint-Maurice le 24 janvier 1575 (n. st.).

Marie MIROUL, fille d'*Adrien* et de Marie N..., baptisée à Saint-Maurice le 19 octobre 1540.

Marie-Madeleine MIROUL, fille de *Pierre*, mariée à Saint-Maurice, le 4 août 1672, avec Michel *Beauquesne*, fils de Michel et d'Anne *Logele*, bourgeois de Lille par relief du 2 janvier 1673.

---

second lit, *Guillaume-François-Louis*, baptisé à Saint-Étienne le 20 juillet 1764, et *Charles-Henri-Joseph*, baptisé à Saint-Étienne le 21 septembre 1765, mort le 4 octobre suivant. Il s'agit peut-être d'un de ses descendants.

Marie-Catherine Miroul, alliée à Saint-Maurice, le 13 novembre 1677, à Jean-Baptiste *Polet*.

Florence Miroul, alliée à Saint-Maurice, le 30 avril 1645, à Antoine *Thièdre*.

Jean Miroul, épousa à Saint-Maurice, le 13 avril 1627, Michelle *Vincent*, dont il eut : *Marie-Catherine, Antoinette* et *Louis*, baptisés à Saint-Maurice les 21 décembre 1627, 4 août 1630 et 11 mars 1633.

Pierre Miroul, marié à Saint-Pierre, le 21 juin 1677, avec Marie *Campener*.

Pierre Miroul, allié à Marguerite *Héluine* ou *Herluine*, d'où *Étienne* et *Marie-Madeleine*, baptisés à Saint-Maurice les 29 juin 1660 et 16 mars 1664.

Marguerite Miroul, fille d'*Hubert*, baptisée à Saint-Maurice le 6 septembre 1595.

Wallerand, Anne et *Agnès* Miroul, baptisés à Saint-Étienne les 15 octobre 1577, 2 février 1585 et 28 juillet 1585.

Étienne Mirou, fils de feu *Pierre*, décédé paroisse Saint-Maurice le 20 décembre 1685.

Bonne Miroul, fille de *Louis*, alliée à Jacques *Béghin*, fils d'Abraham et de Jacqueline *Van Dame*, bourgeois de Lille par relief du 8 mars 1647.

1606, 7 novembre. — *Annoblissement de Maistre Arnould Miroul, seigneur de Chanteraine, moyennant finance.*

Albert et Isabel-Clara-Eugénia, infante d'Espaigne, par la grâce de Dieu, archiducs d'Austrice, ducs de Bourgoingne... etc[a], à tous présens et advenir qui ces présentes lettres verront ou lire ouyront, salut. De la part de *Arnould Miroul*, licencié ès loix, seigneur de Chanteraine, nous a esté remonstré qu'il seroit issu de bonne bourgeoisie de nostre ville de Lille et des *Clicquets*, escuïers de nostre dit pays d'Artois, et fait honnorables et notables alliances, ayant audit Lille esté honnoré de plusieurs estatz et charges principales, si comme de prévost de ladicte ville, par feu d'éternelle mémoire le Roy Catholicque, d'eschevin et d'aultres degrez du magistrat illec, aussi de capitaine ès temps plus turbulents et député pour matières d'estat et aultres en Court en divers voyages vers fut le Duc de Parme, mesmement au camp et siège de Rhynbercq, réduction de la ville de Tournay et aultres lieux, et aussi de commissaire à l'érection du fort de Hallewyn contre les ennemis occupeurs lors de la fortresse de Menin et depuis à la démolicion du fort dudit Menin, esquelles charges et aultres publicques esquelles il seroit encore entremiz, il se seroit tousjours comporté et acquité en homme de bien en toute fidélité pour le service de son prince, de la chose publicque et espéciallement pour le repos et conservation de nostre dicte ville soubs l'obéissance de sadicte feue Majesté et observance de nostre saincte foy et religion catholicque, appostolicque et romaine, comme il en seroit apparu par les enseignemens et tiltres à nous en exhibez, et désirant ledit remonstrant continuer son service avec quelque marcque d'honneur pour servir à sa postérité d'éguillon et afin de s'y dédier, il nous a bien humblement supplié que nostre plaisir fut de l'honorer avec sadicte postérité né et à naistre du tiltre et degré de noblesse et ce qu'en dépend, et pour marcque d'icelle luy accorder le port des armes dont il et ses prédécesseurs ont jusques à présent usé, ascavoir : *de sinople à trois testes d'ours d'or mufflées de g[u]eule*, timbrées d'un ours muflé, et luy en faire despescher noz lettres patentes en tel cas pertinentes. Sçavoir faisons que Nous, les choses avant dictes considérées, avons de nostre certaine science, auctorité souveraine et grâce espéciale, pour nous, noz hoirs et successeurs, audit *Arnould Miroul*, sieur de Chanteraine, suppliant, ensemble à ses enfans et postérité masles et femelles nez et à naistre en léal mariaige, accordé et octroyé, accordons et octroyons à tousjours par ces présentes le tiltre et degré de noblesse, voulans et ordonnans que les sus nommez et chascun d'eux procréez en léal mariaige comme dit est, ayent à joyr et user, joyssent et usent d'icy en avant et à tousjours comme gens nobles en tous lieux, actes et besoignes de tous et quelconcques honneurs, prérogatives, prééminences, libertez, franchises, previlèges et exemptions de noblesse dont les aultres nobles de noz pays de Pardeça ont accoustumé joyr, jouyssent et jouyront, et qu'ils soient en tous leurs faicts et actes tenuz et réputez pour nobles en toutes places, soit en jugement ou dehors d'icelluy, comme les déclarons et créons tels par ces mesmes présentes et que semblablement ils soyent et seront capables et qualifiez pour estre eslevez à estatz et dignitez soit de chevalerie ou aultres et qu'ils puissent en tout temps acquérir, avoir, posséder et tenir en tous noz pays, places, terres et seigneuries, rentes, revenuz, possessions et aultres choses mouvantes de noz fiefs et arrière fiefs et tous aultres nobles tenemens et iceulx prendre et tenir de nous ou d'aultres seigneurs féodals de qui ils seront dépendants, et si aucune des choses susdictes ils ont jà acquis, les tenir et posséder sans estre constraints de par nous ou d'aultres les mectre hors de leurs mains, à quoy nous les habilitons et rendons suffisans et idoines, moyennant toutesfois et à condition que pour et à cause de nostre présent octroy et annoblissement, ledit *de Miroul* sera tenu de payer une fois ès mains de celluy de noz trésoriers ou receveurs qu'il appartiendra à nostre profit certaine finance et somme de deniers à l'arbitraige et tauxation de noz très-chiers et féaulx les chiefs, trésorier général et commis de noz finances que commectons à ce, faisant en oultre vers nous et nosdits hoirs et successeurs les debvoirs y pertinens, selon la nature et condition d'iceulx fiefs et biens acquis ou à acquérir et la coustume du pays où ils sont situez. Et afin que l'estat de noblesse dudit *de Miroul* soit tant plus notoire, cognu et auctorisé, luy avons aussi accordé et permis, accordons et permectons par cesdictes présentes qu'il, sesdits enfants et postérité de léal mariaige comme dit est, puissent et pourront doresenavant perpétuellement en tous et quelconcques leurs faits et gestes et aultres actes licites et honnestes, avoir et porter les armes avec les blasons que s'ensuivent, scavoir est : un escu *de sinople à trois testes d'ours d'or mufflées de g[u]eules*, le timbre à trailles ouvert surmonté d'un ours naissant aussi mufflé de g[u]eules, les hachemens et bourelet conformes audit escu d'or et de sinople, comme plus à plain en appert par l'inspection des armes cy painctes et pourtraictes. Si donnons en mandement à nos très-chiers et féaulx les chiefs, président et gens de noz privé et grand Conseils, chiefz, trésorier général et commis de noz finances, président et gens de nostre Chambre des Comptes à Lille et à tous aultres noz justiciers, officiers présens et advenir, leur lieutenans et chascun d'eulx, en droict soy et si comme à luy appartiendra et à tous aultres noz subjects que ladicte finance et somme d'argent arbitrée, tauxée et payée ès mains de celluy de noz trésoriers ou recepveurs qu'il appartiendra, lequel sera tenu d'en faire recepte à nostre profit et rendre compte avec les aultres deniers de son entremise, lesdits de noz Comptes procèdent bien et deuement à la vérification et intériniment de cesdictes présentes selon leur forme et teneur, et ce fait, ils facent, souffrent et laissent ledit *Arnoult Miroul*, sesdits enfans et postérité de léal mariaige, de nostre présente grâce, octroy et annoblissement et de tout le contenu en cesdictes présentes plainement et perpétuellement joyr et user, sans leur faire, mectre ou donner, ny souffrir estre fait, mis ou donné ny à aucun d'eux contre la teneur de cesdictes présentes, contredict, destourbier ou empeschement quelconcque au contraire. Car ainsi nous plaist-il et voulons estre fait, nonobstant quelconcques ordonnances, statuts, coustumes, usages et aultres choses au contraire desquelles nous avons relevé et dispensé, relevons et dispensons lesdits de noz finances et de nosdits Comptes à Lille, tous aultres à cui ce peult toucher et regarder. Et afin que ce soit chose ferme et stable à tous jours, nous avons fait mectre nostre grand séel à ces présentes, saulf en aultres choses nostre droict et celluy d'aultruy en toutes. Donné en nostre ville de Bruxelles, le VII⁰ jour du mois de novembre l'an de grâce mil six cens et six. Sur le ply estoit escrit : Par les Archiducs et signé : Prats...... &ᵃ..... &ᵃ..

Archives du Nord. — Chambre des Comptes de Lille. — Article B. 1640 : 45ᵉ Registre des Chartes, folios 226, 227 et 228.

DE MUYSSART

Armes : *d'azur à trois coquilles d'or.*

Ce nom s'écrit aussi Muissart, Mussart ou Musart.

Après Le Carpentier et Le Blond, La Chesnaye-Desbois vante l'ancienneté de cette famille ; il cite dès 1096 un *Gontier* de Muissart qui parut au tournoi d'Anchin, puis un certain Mussart qui était en 1282 grand bailli du gouverneur de Namur, enfin *Wistasse* de Mussart, écuyer, lieutenant de messire Jean, bâtard de Renty, dès 1458.

La filiation certaine remonte au milieu du XVe siècle.

I. — *Jacques* Muyssart, trésorier du Quesnoy, était fils d'*Alexandre* ; il fut argentier de Valenciennes et mourut le 25 septembre 1498 ; de sa femme, Jeanne *Le Maire*, fille de Jean et de Gertrude *de Bouvines*, il laissa :

  1. — *Jacques*, qui suit, II.
  2. — *Alexandre*, allié à Jeanne *Le Febvre* ; d'où :
    a. — *Jean*, époux de Marie *Wicart* ; dont il eut :
      aa. — *Jean*, marié avec Françoise *Targe*.
      bb. — *Gilles*, qui suivra (branche de Valenciennes).
  3. — *N...*, épouse de Sandrart *d'Onnaing* ; d'où postérité.
  4. — *Jeanne*, alliée à Nicolas *Witta* ; d'où postérité.
  5. — *Nicaise*, mariée avec Henri *d'Oultreman*, fils de Jean et de Barbe *Vandervale* ; d'où postérité.

Nous empruntons ces quatre derniers numéros à la généalogie du manuscrit du Chambge ; ils ont été donnés aussi dans plusieurs notices manuscrites des XVIIe et XVIIIe siècles ; nous n'avons pas pu les contrôler.

II — *Jacques* Muyssart[1], sr du Maretz à Loos, né au Quesnoy, docteur en médecine, acheta la bourgeoisie de Lille le 27 octobre 1489, et épousa en premières noces Jeanne *Picavet*, fille de Gérard,

---

1. Son écusson était chargé en cœur d'un missel.

procureur général de la gouvernance de Lille, et de Marguerite *de Lattre*, et en secondes noces, par contrat passé à Lille le 30 avril 1506, Marie *d'Attiches*, fille de Jean ; il eut :

1. — Du premier lit : *Toussaint*, sʳ du Maretz, docteur en médecine [1], bourgeois de Lille par relief du 12 octobre 1531, mort avant 1562, allié à Marguerite *de Rebreviettes*, décédée paroisse Saint-Étienne, le 28 septembre 1580, dont il n'eut pas d'enfants [2].

2. — *Bauduin*, qui suit, III.

3. — *Jacques*, maître des requêtes ordinaire au grand Conseil de Malines par lettres données à Bruges le 14 octobre 1541, président de ce conseil en 1548, mort le 7 janvier 1549 et enterré dans l'église Sainte-Catherine à Malines, allié : 1º à N .. *Aux truyes* ; 2º par contrat du 27 février 1545 (ou 1546 n. st.), à Marguerite *Quarré*, fille de Maximilien et de Marie *Tsaraerts*, veuve de François *Doyembrugghe* [3] ; il eut du second lit :

    a. — *Pierre*, époux d'Anne *de Berckem* ; sans postérité.

4. — *Barbe*, religieuse au Quesnoy.

5. — Du second lit : *Jean*, sʳ de la Cauchie, avocat, bourgeois de Lille par relief du 2 septembre 1538, épousa : 1º Marie *Dubosquiel*, fille d'Hugues et de Marie *de la Lacherie* ; 2º Barbe *Marquant*, dit *de Saint-Venant*, fille de Bauduin, sʳ de la Cessoye, et de Catherine *de le Cambe* dit *Ganthois*, morte avant 1550 ; d'où :

    a. — Du second lit : *Marie*, dame d'Attiches, morte le 11 octobre 1610 et inhumée à Sainte-Catherine, alliée : 1º à Lille [4], le 16 juillet 1560, à Alexandre *Le Blancq*, écuyer, sʳ de Meurchin, puis chevalier, baron de Bailleul-sire-Bertoul, fils de Guillaume, écuyer, sʳ de Meurchin, et de Philippote *Ruffault*, décédé avant mars 1575 et enterré dans l'église Saint-Maurice ; 2º à François *de Patyc*, écuyer, fils de Roger, chevalier, trésorier général de la reine de Hongrie gouvernante des Pays-Bas ; dont une fille du premier lit.

6. — *Antoine*, qui eut d'Antoinette *de Mol* :

---

1. Médecin de Marie de Hongrie. « A Toussaint Muyssart, médecin, demourant à Lille, 30 livres pour estre party dudit Lille et esté à Bruxelles voir Sa Majesté Marie, reyne douagière d'Hongrie estant malade. » (Archives départementales du Nord, B 2379).

2. Il eut de Jacqueline de Rantere, une fille illégitime, Marguerite, légitimée par lettres données à Bruxelles en octobre 1569. (Archives départementales du Nord, B 1780, registre, folio 158).

3. FOPPENS, *Histoire du Grand Conseil de Malines* (manuscrit de notre bibliothèque), pages 126 et 127.

4. Voir le repas de noces dans les *Souvenirs de la Flandre wallonne*, 1ʳᵉ série, tome III, page 173.

    a. — *Nicolas*, baptisé à Saint-Maurice le 28 novembre [1570], chanoine d'Aire-sur-la-Lys.

    b. — *Anne*, baptisée à Saint-Maurice le 18 avril 1574.

    c. — *Jean*, baptisé à Saint-Maurice le .. mars 1575.

    d. — *Jacques*, baptisé à Saint-Maurice le 2 juin 1580.

    e. — *Alexandre*, faible d'esprit, dont la curatrice était sa sœur Catherine.

    f. — *Catherine*.

    g. — *Marguerite*, épouse d'Hugues *Hanedouche*, conseiller du Roi en la gouvernance de Béthune.

  7. — *Claude*, dont nous n'avons pas pu trouver la date du relief de bourgeoisie ; époux de Jacquemine *Suyn*, dont :

    a. — *Toussaint*, bourgeois de Lille par relief du 7 février 1586, qui eut :

      aa. — *Toussaint*, baptisé à Saint-Étienne le 21 octobre 1588.

      bb. — *Jacqueline*, baptisée à Saint-Étienne le 29 avril 1593.

      cc. — *Jean*, baptisé à Saint-Étienne le 31 octobre 1595.

      dd. — *Catherine*, baptisée à Saint-Étienne le 9 décembre 1596.

    b. — *Marie*, baptisée à Saint-Étienne le 23 février 1572.

III. — *Bauduin* M$_{\text{UYSSART}}$ [1], s^r du Maretz, licencié ès lois, bourgeois de Lille par relief du **23 septembre 1528**, bailli de Wavrin, mort après **1572**, épousa : 1° Maxellende *Le Cocq*, fille d'Hugues, chevalier, s^r de la Haye, et d'Anne *Estoret* ; 2° Jeanne *Baillet*, dame d'Esteveles ; d'où :

  1. — Du premier lit : *Antoine*, licencié ès lois, bourgeois de Lille par relief du 20 novembre 1560, mentionné encore comme conseiller avocat en 1590, marié avec N... *Chastelain* ; dont il eut :

    a. — *Antoine*, baptisé à Saint-Étienne le 17 septembre 1569.

  2. — *Marie*, alliée : 1° à Philippe *Machelier*, fils de Jean, bourgeois de Lille par relief du 7 février 1549 (n. st.) ; 2° à Antoine *de Vicq*, s^r de Bertholf, mort à Illies le 21 juin 1577.

  3. — *Barbe*, mariée avec Charles *Petitpas*, fils de Guillaume et de Jeanne *Segon*, bourgeois de Lille par relief du 22 novembre 1559, échevin, puis mayeur de cette ville, connétable souverain des arbalétriers, anobli par lettres données à Bruxelles le 21 mars 1600,

---

1. *Son sceau à trois coquilles est chargé au canton dextre d'un croissant.* (Voir D$_{\text{EMAY}}$, *Inventaire des sceaux de la Flandre*, n° 5296).

décédé paroisse Sainte-Catherine le 27 novembre 1614; dont postérité.

4. — *Marguerite*, alliée le 6 janvier 1561 à Jean *Laurin*, sr de Le Plancque, domicilié à Béthune ; dont postérité.

5. — *Anne*, morte paroisse Sainte-Catherine le 31 décembre 1618, épouse de Damien *Laurin*, écuyer, sr de Fourquinghem, mort avant elle ; ils furent ensevelis tous deux dans l'église de Lières.

6. — *Catherine*, baptisée à Saint-Étienne le 6 août 1568.

7. — Du second lit : *Toussaint*, qui suit, IV.

8. — *Adrien*.

9. — *Jeanne*, dont nous ne connaissons que le nom.

IV. — *Toussaint* MUYSSART, sr d'Esteveles, du Maretz, bourgeois de Lille par relief du 6 novembre 1574, receveur des États de Lille, capitaine d'une compagnie de 200 hommes à la tête de laquelle il se distingua pendant les troubles des Pays-Bas, mort après le 14 novembre 1608, épousa à Lille, par contrat du 3 avril 1573, Catherine *de Hennin*, fille de Maximilien, sr de Fry, et de Marguerite *Hangouart*; dont :

1. — *Catherine*, alliée, en 1601, à Josse *de Parmentier*, fils de Jean et de Philippote *Picavet*, baptisé à Sainte-Catherine le 16 octobre 1573, bourgeois de Lille par relief du 13 avril 1601, déclaré noble par sentence du 23 octobre 1612 ; dont postérité.

2. — *Marguerite*, baptisée à Saint-Maurice le 16 janvier 1579 (n. st.).

3. — *Charles*, baptisé à Saint-Maurice le 24 mars 1582.

4. — *Adrien*, baptisé à Saint-Maurice le 23 mai 1583.

5. — *Maximilien*, qui suit, V.

6. — *Anne*, baptisée à Saint-Maurice le 11 juillet 1586, épouse de Toussaint *Collard*, greffier du rewart de Lille.

7. — *Marguerite*, baptisée à Saint-Maurice le 23 octobre 1587.

8. — *Adrien*, baptisé à Saint-Maurice le 29 décembre 1588, avocat, bourgeois de Lille par relief du 20 septembre 1612, allié à Barbe-Marie *Leleu*, fille de Jacques et de Jeanne *Lausier* ; d'où :

    a. — *Catherine*, baptisée à Saint-Étienne le 11 février 1612.

    b. — *Isabelle*, baptisée à Saint-Étienne le 15 avril 1613.

    c. — *Gilles*, baptisé à Saint-Étienne le 2 novembre 1614.

    d. — *Nicolas*, baptisé à Saint-Étienne le 6 avril 1615, né avant terme.

9. — *Denis*, baptisé à Saint-Maurice le 8 juin 1590.

10. — *Jean*, baptisé à Saint-Maurice le 17 septembre 1591, sr d'Alau, bourgeois de Lille par relief du 10 mai 1614, mort avant juin 1638, marié avec Madeleine *Mas*, fille de Jacques et de Marie *Despretz* ; d'où :

a. — *Toussaint*, baptisé à Saint-Étienne le 1ᵉʳ juillet 1614, bourgeois de Lille par relief du 12 octobre 1646, mort en 1651, allié à Saint-Étienne, le 4 août 1646, à Catherine *Caullier*, fille de Pierre et de Marie *Malapierre* ; d'où :

    aa. — *Adrienne*, baptisée à La Madeleine le 14 octobre 1646.

    bb. — *Marie*, baptisée à Saint-Étienne le 14 décembre 1649.

b. — *Madeleine*, baptisée à Sainte-Catherine le 21 septembre 1616.

c. — *Catherine*, baptisée à Saint-Maurice le 20 novembre 1619, décédée à Valenciennes, paroisse Saint-Géry, le 26 septembre 1646, alliée à Jacques *Castiau* ou *Chateau*, fils de Charles et de Catherine *Gosselin*, échevin de Valenciennes [1].

d. — *Thomas*, sʳ de Rimaupret, baptisé à Saint-Étienne le 7 mars 1623, marié à Sainte-Catherine, le 30 octobre 1647, avec Marie-Agnès *Bourgeois* ; il était alors « enseigne de la cohorte de Mʳ Moncheau, de la légion de Beke ».

e. — *Jean-Baptiste*, baptisé à Sainte-Catherine le 13 septembre 1626, prévôt d'Esquermes de 1650 à 1672.

f. — *Robert*, baptisé à Sainte-Catherine le 9 juillet 1630, bourgeois de Lille par relief du 6 juin 1664, allié à Marie *Le Mesre*, fille de Florent et de Claire *du Goy* ; d'où :

    aa. — *Euphroisine*, baptisée à Saint-Maurice le 25 janvier 1663, légitimée par mariage subséquent.

    bb. — *Philippe*, baptisé à Saint-Maurice le 14 février 1665.

g. — *Élisabeth-Aldegonde*, baptisée à Sainte-Catherine le 7 févrièr 1632.

h. — *Marie*, baptisée à Sainte-Catherine le 3 février 1635, décédée paroisse Saint-Maurice le 9 mai 1691.

11. — *Marie*, baptisée à Saint-Maurice le 4 juin 1593, mariée à Saint-Étienne le 24 juillet 1616, avec Robert *de Parmentier*, écuyer, fils de Jean, bourgeois de Lille par relief du 31 janvier 1617.

V. — *Maximilien* Muyssart, sʳ d'Esteveles, de Try, baptisé à Saint-Maurice le 23 avril 1584, licencié ès lois, bourgeois de Lille par relief du 10 novembre 1611, fut nommé conseiller assesseur en la gouvernance de Lille le 6 septembre 1611 à la place de Jean

---

1. D'autre part nous trouvons Catherine, fille de feu Jean, décédée paroisse Saint-Maurice le 11 avril 1686.

Berthault dit de Hollande; il épousa à Sainte-Catherine, le 15 janvier 1611, Anne *Miroul*, fille de Bettremieu, s' de Steembourg, et de Barbe *Petitpas*, baptisée dans cette église le 12 mars 1591 ; dont :

1. — *Catherine*, baptisée à Sainte-Catherine le 5 novembre 1611, religieuse dominicaine au couvent de Sainte-Catherine de Sienne à Douai, le 1er novembre 1627, sous le nom de Marie-Catherine de tous les Saints, maîtresse des novices, élue prieure le 2 mars 1655, réélue le 8 avril 1664 et le 19 décembre 1672, décédée en ce monastère le 14 juin 1678.

2. — *Anne*, baptisée à Sainte-Catherine le 6 juin 1614, mariée à Saint-Étienne, le 16 octobre 1639, avec Nicaise *Lippens*, fils de Pierre et de Catherine *Dubus*, avocat, bourgeois de Lille par relief du 3 septembre 1639.

3. — *Bauduin*, baptisé à Sainte-Catherine le 22 décembre 1616, nommé conseiller assesseur en la gouvernance de Lille, le 21 juillet 1651.

4. — *Jacques*, baptisé à Saint-Étienne le 15 janvier 1621, mort jeune.

5. — *Jacques*, qui suit, VI.

6. — *Charles*, qui suivra, VI bis.

7. — *Maxellende*, baptisée à Saint-Étienne le 5 mars 1628.

VI. — *Jacques* MUYSSART, baptisé à Saint-Étienne le 4 décembre 1624, quitta Lille pour se livrer au commerce; il épousa Françoise *Lefebvre* et revint en sa ville natale en 1644 ; il eut :

1. — *Jacques*, qui suit, VII.

2. — *Jeanne-Françoise*, baptisée à Saint-Étienne le 29 août 1644, y décédée le 18 avril 1698 et inhumée devant la chapelle Saint-Jacques, alliée dans cette église, le 18 janvier 1670, à Jean-Baptiste *Ghysbrecq*, fils de Cornil et de Marie *Helinck*, baptisé à Saint-Étienne le 9 janvier 1647, chirurgien, bourgeois de Lille par achat du 3 février 1696; dont postérité.

3. — *Guillaume*, baptisé à Saint-Étienne le 10 mars 1648.

4. — *Charles*, baptisé à Saint-Étienne le 14 avril 1651.

5. — *Marc-Antoine*, baptisé à Saint-Étienne le 6 octobre 1653.

6. — *Marie-Claire*, baptisée à Saint-Étienne le 8 février 1658, mariée dans cette église, le 12 octobre 1677, avec Arnould *Biscop*, fils de Jean et de Marie *Hovinne*, baptisé à Saint-Étienne le 17 février 1652, bourgeois de Lille par relief du 4 avril 1678.

VII. — *Jacques* Muyssart, né à Mons, maître chaudronnier, bourgeois de Lille par achat du 9 février 1663, épousa à Saint-Étienne, le 23 décembre 1664, Marguerite *de Villers*; d'où :

1. — *Jacques*, baptisé à Saint-Étienne le 20 décembre 1665.
2. — *Gérard*, baptisé à Saint-Étienne le 13 septembre 1668, mort le 21 avril 1698, marié avec Jeanne-Thérèse *Cordiez*, morte le 25 novembre 1761, dont un fils posthume :
    a. — *Jacques-Gérard*, baptisé à Saint-Étienne le 9 août 1698, avocat, décédé paroisse Saint-Maurice le 26 décembre 1765.
3. — *Guillaume*, baptisé à Saint-Étienne le 20 décembre 1669, bourgeois de Lille par relief du 12 mars 1711, marchand orfèvre, époux d'Angélique *Menart*, fille de Jean et de Marie-Catherine *Platel*.
4. — *Marie-Françoise*, baptisée à Saint-Étienne le 9 avril 1672.
5. — *Jean-Baptiste*, baptisé à Saint-Étienne le 15 mars 1674.
6. — *François*, frère jumeau du précédent.
7. — *François*, baptisé à Saint-Étienne le 28 mai 1677.
8. — *Charles-François*, baptisé à Saint-Étienne le 13 octobre 1678.
9. — *Marie-Élisabeth*, baptisée à Saint-Étienne le 13 novembre 1679, y décédée le 9 juin 1764, alliée dans cette église, le 27 mai 1715, à Jean-François *Le Perre*, fils de Thomas et de Jeanne-Marguerite *Henigo*, baptisé à Saint-Étienne le 12 octobre 1677, bourgeois de Lille par achat du 4 mars 1712, négociant, veuf de Marie-Anne *Vignier*, mort paroisse Saint-Étienne le 19 avril 1738 ; dont postérité.
10. — *Arnould-Joseph*, baptisé à Saint-Étienne le 11 décembre 1681.
11. — *Antoine*, qui suit, VIII.
12. — *Marie-Marguerite*, baptisée à Saint-Étienne le 13 août 1686, décédée paroisse Saint-Maurice le 4 février 1756, mariée à Saint-Étienne, le 25 mai 1711, avec Jean-François *Capron*, fils de Jean-Baptiste et de Marie-Catherine *Ravet*, baptisé à Saint-Maurice le 4 septembre 1686, marchand, bourgeois de Lille par relief du 6 novembre 1711, décédé paroisse Sainte-Catherine le 12 février 1733 ; dont postérité.

VIII. — *Antoine* Muyssart, baptisé à Saint-Étienne le 8 mai 1684, bourgeois de Lille par relief du 23 novembre 1712, y décédé le 11 juillet 1720, épousa à Saint-Maurice, le 19 mars 1711, Marie-Adrienne *Ghins*, fille d'Étienne et de Marie-Claire *Valien*, décédée paroisse Saint-Étienne le 3 juillet 1743 et inhumée dans la chapelle Saint-Liévin ; d'où :

1. — *Marie-Claire-Joseph*, baptisée à Saint-Maurice le 17 décembre 1711, décédée paroisse Sainte-Catherine le 23 septembre 1755, alliée à Saint-Étienne, le 26 juin 1732, à Joseph *Gigot*, fils de Norbert et de Marie *Libbick*, né à Elewyt (diocèse de Malines), maître d'hôtel, bourgeois de Lille par achat du 2 décembre 1732 ; dont postérité.

2. — *Marie-Marguerite*, baptisée à Saint-Maurice le 17 janvier 1713, morte paroisse Saint-Étienne le 25 avril 1753, alliée dans cette église, le 19 mars 1740, à Guillaume-Henri-François *Farvacques*, fils de Pierre-François et de Barbe-Isabelle *Courowanne*, baptisé à Saint-Maurice le 9 juillet 1713, décédé paroisse Saint-Étienne le 30 avril 1768.

3. — *Marie-Adrienne*, baptisée à Saint-Maurice le 25 octobre 1715, morte paroisse Saint-Étienne le 17 février 1769 et enterrée devant la chapelle Saint-Liévin, mariée dans cette église, le 16 janvier 1741, avec Jean-Baptiste-Joseph *Dupuis*, fils de Jean-Baptiste et de Marie-Joseph *Dupuis*, baptisé à Saint-Étienne le 8 avril 1715, marchand chaudronnier.

VI bis. — *Charles* MUYSSART, sr du Pret, du Cappe à Linselles, né en 1625, bourgeois de Lille par relief du 8 avril 1652, conseiller pensionnaire des États de la Flandre wallonne, nommé le 8 juin 1668 conseiller au Conseil souverain de Flandre, mort le doyen des conseillers le 20 septembre 1686 à Tournai et enterré dans l'église Saint-Brice. Il épousa à Saint-Étienne, le 6 mars 1652, Marie-Agnès *le Fort*[1], fille d'Antoine et de Marguerite *du Bois*, baptisée à Saint-Étienne le 2 février 1630, décédée le 14 novembre 1701 et inhumée dans la chapelle du nom de Jésus dans cette église ; d'où :

1. — *Pierre-Charles*, baptisé à Saint-Étienne le 13 avril 1653.

2. — *Henri*, écuyer, sr de Steembourg à Reckem, baptisé à Saint-Étienne le 7 avril 1655, décédé à Tournai paroisse Saint-Nicaise le 1er juin 1733 et inhumé à Sainte-Catherine de Lille ; allié à Saint-Nicaise de Tournai, le 15 avril 1697, à Marguerite *Bommart*, fille de Nicolas et de Marie-Anne *Carette*, baptisée à Sainte-Catherine le 3 novembre 1668, morte le 6 décembre 1722 et inhumée à Saint-Nicaise ; sans enfants.

3. — *Bauduin*, écuyer, sr du Pret, baptisé à Saint-Étienne le 11 octobre 1657, bourgeois de Lille par relief en vertu d'apostille le

---

1. LE FORT : *de gueules au chevron d'argent, accompagné de trois poissons du même.*

10 mars 1730, nommé conseiller du Roi en la gouvernance de Lille le 20 décembre 1686, mort paroisse Sainte-Catherine le 27 septembre 1738, marié à Saint-Étienne, le 31 mai 1691, avec Marie-Romaine *Fruict*, fille de Gilles, s^r de Frémicourt, et de Catherine *Jacops*, baptisée à La Madeleine le 11 novembre 1659, y décédée le 22 juillet 1701 en couches ; dont :

 a. — *Nicolas-Bauduin-Joseph*, écuyer, s^r du Pret, baptisé à Saint-Maurice le 17 avril 1692, décédé célibataire paroisse Sainte-Catherine le 26 novembre 1752.

 b. — *Henri-François-Romain*, écuyer, baptisé à Saint-Maurice le 27 juin 1693, bourgeois de Lille par relief du 10 mars 1730.

 c. — *Marie-Henriette*, baptisée à Saint-Maurice le 10 octobre 1694, morte paroisse Sainte-Catherine le 6 novembre 1761, alliée à Saint-Étienne, le 26 mai 1726, à Remi-Joachim *Poulle*, écuyer, s^r du Vas, fils de Robert-André, écuyer, et d'Anne-Marguerite *Vanlaer*, baptisé à Sainte-Catherine le 6 juillet 1692, bourgeois de Lille par relief du 3 janvier 1727, mort le 18 mars 1761 ; dont postérité.

 d. — *Martin-Hubert*, écuyer, baptisé à La Madeleine le 21 février 1696, décédé paroisse Saint-Étienne le 8 septembre 1734.

 e. — *Angélique-Romaine*, baptisée à La Madeleine le 22 juillet 1701, décédée paroisse Saint-Étienne le 2 novembre 1732.

 4. — *Marie-Thérèse*, baptisée à Saint-Étienne le 26 mai 1660.

 5. — *François*, qui suit, VII.

 6. — *Marie-Catherine*, dame d'Hullembus, baptisée à Saint-Étienne le 1er mai 1665, décédée le 23 novembre 1731, enterrée dans la chapelle du nom de Jésus en cette église.

VII. — *François* MUYSSART, écuyer, s^r du Cappe, baptisé à Saint-Étienne le 14 juin 1662, cornette au régiment de Lumbe cavalerie, puis capitaine de dragons au service de la république de Venise, bourgeois de Lille par relief du 31 octobre 1692, mayeur et rewart de cette ville, décédé paroisse Sainte-Catherine le 24 mars 1737 ; épousa à Saint-Pierre, le 30 juin 1692, Barbe-Constance *Verdière*, fille de Charles et d'Anne *Parent*, baptisée à Sainte-Catherine le 7 mai 1657, décédée le 28 juillet 1710 paroisse Saint-Pierre ; dont :

 1. — *Marie-Agnès-Joseph*, baptisée à Saint-Pierre le 10 octobre 1693, dame du Cappe, décédée le 16 août 1766 et inhumée dans l'église Saint-Pierre. Elle épousa dans cette église, le 30 juillet 1715, Louis-Joseph *Cardon*, s^r de Garsignies, fils de Jean-Baptiste, s^r du Fermont, et de Marie-Brigitte *Scherer* ; ce mariage déplut à François

Muyssart qui y fit opposition ; la jeune fille fit alors ses sommations, et se retira de couvent en couvent ; nous la voyons en quelques mois séjourner aux Dominicaines, puis aux Sœurs du Saint-Esprit, enfin aux Ursulines jusqu'à ce qu'elle ait obtenu du magistrat la permission de faire célébrer son mariage. Son mari fut baptisé à Saint-Pierre le 15 juin 1680, bourgeois de Lille par relief du 4 novembre 1715, receveur des Vieillettes de 1714 à 1740, conseiller secrétaire du Roi, gouverneur de La Gorgue, et mourut le 2 août 1760 ; il fut inhumé à Saint-Pierre ; dont postérité.

2. — *Henri-Charles-François*, qui suit, VIII.

3. — *Thérèse-Simon-Constance*, baptisée à Saint-Pierre le 1er octobre 1695.

4. — *Anne-Marie-Romaine*, baptisée à Saint-Pierre le 13 janvier 1697.

VIII. — *Henri-Charles-François* MUYSSART, écuyer, sr des Obeaux, de Chevresis [1], du Cappe, baptisé à Saint-Pierre le 18 novembre 1694, officier aux mousquetaires, bourgeois de Lille par relief du 20 mai 1721, nommé grand bailli des États de Lille, Douai et Orchies le 7 octobre 1739, mort le 18 octobre 1777 ; épousa à Sainte-Catherine, le 22 avril 1721, Marie-Élisabeth *Boutillier*, fille de Marc-Antoine, écuyer, conseiller secrétaire du Roi, et de Marie-Thérèse *Libert*, baptisée à Saint-Maurice le 27 mai 1688, morte le 17 novembre 1757. Ils furent enterrés tous deux au chœur de l'église Saint-Vincent à Marcq-en-Barœul ; d'où :

1. — *François*, qui suit, IX.

2. — *Marc-Antoine-Joseph*, qui suivra, IX bis.

3. — *Henriette-Thérèse*, baptisée à Saint-André le 16 janvier 1724.

4. — *Charles-Joseph*, baptisé à Saint-André le 28 janvier 1725.

5. — *Marie-Élisabeth-Joseph*, baptisée à Saint-André le 5 août 1726.

6. — *Pierre-Augustin*, écuyer, baptisé à Saint-André le 28 août 1727, capitaine au régiment Royal-Wallon, puis au régiment des grenadiers de France, décédé paroisse Sainte-Catherine le 21 janvier 1756.

7. — *Marie-Ernestine*, baptisée à Saint-André le 16 septembre 1728.

---

1. Aujourd'hui la Ferté-Chevresis, arrondissement de Saint-Quentin. Les recherches faites dans l'état civil moderne de cette commune n'ont donné aucun résultat.

8. — *Antoine-Félix-Joseph*, écuyer, baptisé à Saint-André le 16 avril 1731, prêtre, chanoine de Saint-Pierre de Lille, élu trésorier du chapitre le 20 février 1778, écolâtre le 30 juin 1786, chantre le 20 juin 1789, retiré à Marcq-en-Barœul sous la Révolution, et mort à Lille le 12 décembre 1809 [1].

9. — *Pierre-Joseph*, écuyer, baptisé à Sainte-Catherine le 28 juin 1732, chanoine régulier de Sainte-Geneviève.

IX. — *François* DE MUYSSART, écuyer, sr de Steembourg, baptisé à Sainte-Catherine le 27 janvier 1722, fit ses preuves de noblesse pour entrer au collège Mazarin en octobre 1732, fut nommé échevin de la prévôté d'Esquermes le 11 août 1743, bourgeois de Lille par relief du 19 janvier 1752, grand bailli haut justicier, créé comte par lettres données à Versailles en février 1785, arrêté le 6 frimaire an II par ordre du Comité de surveillance de Lille, enfermé aux Bons-Fils et relâché le 1er fructidor suivant. Il épousa à Cambrai, par contrat du 6 février 1751, Marie-Célestine-Josèphe *de Francqueville*, fille de Jean-Baptiste, écuyer, sr de Bourlon, et de Jeanne-Joseph *de Baralle* ; d'où :

1. — *Henriette-Joseph*, baptisée à Sainte-Catherine le 31 décembre 1751, morte à Lille le 29 octobre 1837.

2. — *Jean-Baptiste-Joseph*, qui suit, X.

3. — *Élisabeth-Charlotte-Joseph*, née le 8 juin 1754, baptisée à Sainte-Catherine le 22 juin suivant, décédée à Lille le 22 juillet 1840.

4. — *Françoise-Louise-Josèphe*, ondoyée le 20 décembre 1755, baptisée à Sainte-Catherine le 8 janvier suivant.

5. — *Henriette-Amélie*, ondoyée le 11 décembre 1757, baptisée à Sainte-Catherine le 7 janvier 1758, décédée célibataire paroisse de La Madeleine le 30 décembre 1788.

6. — *Antoine-François-Joseph*, écuyer, ondoyé le 9 septembre 1759, baptisé à Sainte-Catherine le 10 décembre suivant, officier au régiment du Perche.

7. — *Joseph-Amé-Marie*, ondoyé le 17 septembre 1761, baptisé à La Madeleine le 2 novembre 1761, mort en bas âge.

8. — *Adélaïde-Marie-Angélique*, ondoyée le 30 décembre 1762, baptisée à La Madeleine le 18 janvier 1763, morte le 12 mai 1845, mariée au comte Charles-Nicolas-Joseph *Dupont de Quesnay*, fils de Jacques-Jean-Auguste Dupont, écuyer, sr d'Aisy, et de Jeanne-Marie-Charlotte *de Paysant*, né à La Chapelle d'Aisy (Calvados) le 2 janvier

---

1. Voir : Mgr HAUTCŒUR, *Histoire de Saint-Pierre de Lille*, tome III, page 404.

1762, sous-lieutenant de chevau-légers, lieutenant-colonel à l'armée de Condé en 1792, colonel en mai 1796, maréchal de camp le 1er juillet 1815, chevalier de Saint-Louis et de la Légion d'honneur, créé comte par lettres du 2 avril 1822, veuf d'Adélaïde *du Bosquier*, mort à Crépy (Oise) le 13 octobre 1849 ; sans enfants.

9. — *Joseph-Amé-Marie*, ondoyé le 31 décembre 1764, baptisé à La Madeleine le 29 janvier 1765.

10. — *Louis-Auguste-François*, né le 20 décembre 1767, décédé le 8 janvier suivant et inhumé dans l'église de Marcq-en-Barœul.

11. — *Auguste-Henri-Joseph*, écuyer, baptisé à La Madeleine le 14 octobre 1769 ; après avoir fait ses humanités à Péronne et au collège Mazarin à Paris, il étudia la philosophie au même collège où il fut créé maître ès arts. Il suivit les cours de théologie au séminaire de Saint-Sulpice, revint ensuite au séminaire de Tournai, fut ordonné prêtre à Mons le 25 mai 1793 par le prince de Rohan, archevêque de Cambrai ; le mois suivant, il devint second chantre à la paroisse Saint-Jean-Baptiste de Tournai, puis professeur de chant au séminaire épiscopal. Envoyé dès les premiers mois de 1796 comme missionnaire en France, il fut nommé en septembre de cette année vicaire à Néchin, puis en décembre vicaire à Saint-Jacques de Tournai, enfin en 1801 desserviteur à l'église de Sainte-Marguerite, assermenté le 19 fructidor an V, il rétracta son serment le 18 décembre 1801. Incorporé au diocèse de Cambrai en janvier 1803, il fut successivement chanoine, puis secrétaire général de l'archevêché en 1822 et mourut le 19 juillet 1831 [1].

X. — *Jean-Baptiste-Joseph*, comte DE MUYSSART, écuyer, sr du Gardin, ondoyé le 11 juillet 1753, baptisé à Sainte-Catherine le 18 juillet 1753, nommé grand bailli haut justicier de la Flandre wallonne en survivance de son père le 2 avril 1775, bourgeois de Douai le 25 octobre 1784, bourgeois de Lille par relief du 16 juillet 1785, réfugié sous la Terreur en Angleterre où il fonda un pensionnat, rayé de la liste des émigrés le 25 prairial an IX, maire de Lille par ordonnance du 9 janvier 1816, fonction qu'il exerça jusqu'au 17 août 1830, député de cette ville de 1820 à 1836, nommé commandeur de la Légion d'honneur le 2 septembre 1829, mort à Lille le 12 juillet 1848. Il épousa : 1° Isabelle-Joseph *Benezet* ; 2° le 27 octobre 1784, Marie-Françoise-Désirée *Hanecart de Briffœil*, fille de Philippe-Joseph, écuyer, sr de Briffœil, et de Marie-

---

[1]. Chanoine Vos : *Le clergé du diocèse de Tournai*, tome IV, page 135.

Anne-Charlotte *Théry*, née le 7 mars 1762, morte le 12 avril 1836 ; d'où :

1. — Du second lit : *Charles-Emmanuel-François,* comte de Muyssart, né le 26 décembre 1785, baptisé à La Madeleine le 29 décembre, émigré en Angleterre, puis rentré en France pour prendre service dans l'Administration de la marine, commissaire ordonnateur à la Guadeloupe, gouverneur par intérim de la Martinique, retraité avant 1830, décédé le 20 avril 1856. Par son testament, il fit une importante donation aux pauvres de Lille et le Conseil municipal a donné son nom à une rue de la ville.

2. — *Adèle-Louise-Joseph,* baptisée à La Madeleine le 20 mai 1787, morte en 1804.

3. — *Aglaé-Flore-Joseph,* baptisée à La Madeleine le 1er décembre 1789, décédée célibataire à Lille le 14 janvier 1871.

4. — *Louis-Ernest,* vicomte de Muyssart, né le 7 août 1799, capitaine de cuirassiers, décédé au château de Launay, près Épernon, le 19 juin 1841, allié à Lille, le 19 février 1840, à Caroline-Joséphine-Eulalie *Le Prévost de Basserode,* fille de Charles-François-Marie, écuyer, et de Marie-Hyacinthe-Joseph *Lespagnol de Grimbry,* née le 19 septembre 1799, décédée le 23 septembre 1853 au château de Wasquehal ; sans enfants.

IX bis. — *Marc-Antoine-Joseph* DE MUYSSART, écuyer, sr des Obeaux, baptisé à Saint-André le 3 janvier 1723, lieutenant-colonel et chef de brigade au corps royal d'artillerie, directeur des arsenaux à Valenciennes, maréchal de camp, chevalier de Saint-Louis, épousa : 1° par contrat du 13 janvier 1770, Jacqueline-Geneviève *Le Pelletier,* fille de Louis-Auguste, lieutenant-général d'artillerie, et de Marie-Jeanne-Françoise *Maresse,* née vers 1745, morte paroisse de La Madeleine le 7 avril 1772 ; 2° à Saint-Martin de la Fère, près Laon, le 23 novembre 1773, Louise-Alexandrine-Henriette *de Fay,* fille d'Alexandre-Charles-Jean-Louis, chevalier, sr de la Chavatte, et de Marie-Louise *La Goelle,* baptisée à Saint-Nicolas-au-Bois (à La Savate, bailliage de Roye) le 15 janvier 1750, remariée avec Louis-César *de Lanse* ; il eut :

1. — Du premier lit : Une fille morte en bas âge et une autre fille morte avec sa mère pendant la grossesse de celle-ci.

2. — Du second lit : *Marie-Louise-Françoise-Augustine,* née le 26 août 1774 à Chevresis.

3. — *Auguste-Henri-César,* écuyer, sr des Obeaux, né à Chevresis

le 26 décembre 1775, reçu à l'École militaire le 31 décembre 1785, après avoir fourni ses preuves.

4. — *Sophie-Adélaïde-Françoise*, baptisée à La Madeleine le 26 décembre 1776, entrée à la Noble-Famille le 31 janvier 1782 ou 1784, morte célibataire à Crépy (Oise) le 2 janvier 1830.

5. — *Antoinette-Marie-Florent*, née à Chevresis le 17 janvier 1778.

6. — *Antoinette-Louise-Adélaïde*, née à Chevresis le 6 mars 1779.

7. — *Marc-Antoine-César-Sébastien*, qui suit, X.

8. — *Ernestine*.

9. — *Catherine*, arrêtée avec la précédente le 23 floréal an II à Lille, enfermée à la Maison de salut, et relâchée le 17 fructidor suivant.

10. — *Antoinette-Louise-Aimée-Pélagie*, née à Chevresis le 23 avril 1783, morte le 12 septembre suivant.

11. — *Aimée-Louise-Antoinette-Charlotte*, née à Chevresis le 21 mai 1784, entrée à la Noble-Famille le 31 janvier 1791, mariée, le 18 juillet 1820, avec Louis-Antoine *Le Dieu de Ville*, né à Radoin, près Épernay.

12. — *Antoine-François-Xavier*, décédé à Chevresis le 28 septembre 1709 à vingt mois.

13. — *Auguste-François-Louis-César*, né à Chevresis le 25 décembre 1792.

X. — *Marc-Antoine-César-Sébastien* DE MUYSSART, écuyer, sr des Obeaux, né à Chevresis le 25 septembre 1780, épousa Anne-Marie *Feltz*, fille de Jean et d'Anne-Marie-Catherine *Jolivalt*, née à Sierck (Moselle) vers 1809, décédée à Montigny-en-Ostrevant le 25 juillet 1872 ; dont :

XI. — *Paul-Louis* DE MUYSSART, écuyer, né à Marenne le 3 mai 1837, avocat à la Cour d'appel de Douai, mort à Paris le 29 mai 1876, épousa à Merlemont, le 15 décembre 1864, Jeanne-Françoise de Paule *des Courtils*, fille du comte Adolphe-René et d'Alexandrine-Louise-Françoise *de Virieu*, née le 29 mars 1840 ; d'où :

1. — *Marie-Louise*, née le 15 octobre 1865, célibataire.

2. — *Catherine-Félicie*, née le 15 septembre 1868, décédée à Maison Mangis (Orne) le 27 septembre 1893, mariée à Paris, le 1er mars 1888, avec Pierre-Antoine-Louis-Marie-Germain, comte *de Moucheron*, fils de Charles-Barthélemi-Nicolas et de Marie-Élisabeth *de Grillet de Serry*, remarié avec Mlle *Salles*.

BRANCHE VALENCIENNOISE.

Armes : *d'azur à cinq coquilles d'or en sautoir.*

II bis. — *Alexandre* Muissart, allié à Jeanne *Le Febvre*, eut :

III. — *Jean* Muissart, époux de Marie *Wicart*, père de :

IV. — *Gilles* Muissart, décédé à Valenciennes le 7 février 1616, enterré à Saint-Géry, épousa Catherine *Frehaut*, fille de Nicolas et de Benoîte *Goillevaute* ou *Cuilwout*, morte le 31 juin 1612 ; dont :

1. — *Jacques*, qui suit, V.
2. — *Eustache*, doyen de Saint-Géry, mort le 3 janvier 1631, à 68 ans, et inhumé à Notre-Dame-la-Grande.
3. — *Françoise*, morte le 22 juin 1644 à 69 ans, célibataire ; elle testa le 20 juillet 1639.
4. — *Philippe*, chartreux.
5. — *Gilles*, religieux à Vicoigne.

V. — *Jacques* Muissart, licencié ès lois, massart de Valenciennes, mort le 8 juin 1638, enterré aux Chartreux, épousa Catherine *Bouchelet*, fille de Jean, décédée le 26 février 1620 ; d'où :

1. — *Jean*, baptisé à Saint-Géry le 16 avril 1590.
2. — *Françoise*, née le 4 octobre 1599 (d'après de Sars), sœur grise à Valenciennes.
3. — *Catherine*, baptisée à Saint-Géry le 19 décembre 1600, mariée dans cette église, le 9 octobre 1618, avec Adrien *Demaretz*.
4. — *Jean*, baptisé à Saint-Géry le 14 janvier 1604.
5. — *Jacques*, qui suit, VI.

VI. — *Jacques* Muissart, baptisé à Saint-Géry le 10 janvier 1608, y décédé le 3 avril 1694, épousa : 1° à Saint-Jacques, le 2 novembre 1630, Anne *Pacquet*, fille d'Antoine et de Jacqueline *Le Febvre*, morte le 8 février 1651 à quarante-et-un ans et inhumée à Saint-Géry ; 2° Catherine *Lescallet*, fille de Jean et d'Anne *Dupont*, baptisée à Saint-Géry le 29 septembre 1618, y décédée le 27 février 1682 ; dont :

1. — Du premier lit : *Françoise*, baptisée à Saint-Géry le 3 juillet 1632.
2. — *Jacques*, baptisé à Saint-Géry le 14 mai 1634.

3. — *Jacques-François*, baptisé à Saint-Géry le 5 novembre 1635, capucin.

4. — *Catherine*, baptisée à Saint-Géry le 15 février 1638, célibataire.

5. — *Eustache*, qui suit, VII.

VII. — *Eustache* MUISSART, baptisé à Saint-Géry le 18 janvier 1641, épousa en premières noces Madeleine *Beyart*, et en secondes noces Jeanne *Fisseau*, née à Mons ; d'où :

1. — Du premier lit : *Catherine*, baptisée à Saint-Géry le 29 août 1664.

2. — Du second lit : *Jacques-André*, qui suit, VIII.

3. — D'après de Sars : *Eustache-Joseph*, frère lai aux carmes déchaussés de Valenciennes.

VIII. — *Jacques-André* MUISSART, baptisé à Saint-Nicolas le 28 mai 1675, trompette au régiment de M. de Rotembourg, mort à Sarrelouis en 1713, épousa Anne-Marie *Stiévenart*, née à Erquien, près Mons ; d'où :

1. — *Druon-André-Joseph*, qui suit, IX.

2. — *Anne-Marie*, née à Charleroi en janvier 1706, décédée paroisse Saint-Jacques à Valenciennes le 10 janvier 1784, mariée à Saint-Nicolas de cette ville, le 16 octobre 1725, avec Jacques-François *Davesnes*, fils de Jacques-François et d'Anne *Monnier*, baptisé à Saint-Géry le 12 février 1705, concierge de l'Hôtel-Dieu, décédé sur Saint-Géry le 28 décembre 1755 ; dont postérité.

3. — *Marie-Madeleine*, baptisée à Saint-Nicolas d'Arras le 14 novembre 1708, décédée paroisse Saint-Nicolas de Valenciennes le 24 juillet 1757, alliée à Saint-Jacques de la même ville, le 14 septembre 1727, à Jean-Pierre *Depreux*, fils de Jean et de Marie-Antoinette *Fiesain*, baptisé à Saint-Nicolas de Valenciennes le 6 mars 1697, maître tonnelier, décédé paroisse de La Chaussée le 30 septembre 1756 ; dont postérité.

IX. — *Druon-André-Joseph* MUISSART, baptisé à Saint-Jacques de Valenciennes le 27 novembre 1702, maître musquenier, épousa Marie-Catherine *Macron*, dont il eut :

1. — *Jacques-François*, baptisé à Saint-Nicolas le 14 septembre 1725.

2. — *Charles-Louis*, qui suit, X.

3. — *Marie-Caroline-Joseph*, baptisée à Saint-Nicolas, le 17 août 1728.

4. — *Simon-Joseph*, baptisé à Saint-Nicolas le 27 mai 1731, y décédé le 7 septembre 1738.

5. — *Adrien-Joseph*, baptisé à La Chaussée le 27 mai 1738, mort paroisse Saint-Nicolas le 15 décembre suivant.

X. — *Charles-Louis* MUISSART, baptisé à Saint-Nicolas le 9 juin 1727, y décédé le 9 mai 1785, épousa dans cette église, le 8 septembre 1751, Marie-Marguerite-Joseph *Lorquain*, fille de Jean-Baptiste et de Marie-Françoise *Bourlier*, baptisée à Saint-Nicolas le 25 août 1728, morte le 26 frimaire an XIII à Valenciennes ; dont :

1. — *Julie-Joseph*, mariée à Saint-Nicolas, le 14 janvier 1772, avec Pierre-Joseph *Villars*, fils de Charles et de Jeanne-Joseph *Faudin*, baptisé à Saint-Géry le 26 mars 1752, fripier ; dont postérité.

2. — *Pierre-Joseph*, qui suit, XI.

XI. — *Pierre-Joseph* MUISSART, peigneur de lin, mort à Valenciennes le 3 juillet 1811, épousa : 1° à Saint-Nicolas, le 8 juin 1779, Victoire-Joseph *Dubois*, fille de Pierre-Bernard et de Marie-Joseph *Claisse*, baptisée à Saint-Nicolas le 10 janvier 1761, dentellière, y décédée le 21 juin 1791 ; 2° à Saint-Nicolas, le 16 août 1791, Julie *Régnier*, fille de Jacques-Antoine et de Marie-Thérèse *Bodart*, baptisée à Saint-Nicolas le 19 octobre 1766, remariée avec Jean *Decor*, puis avec Antoine *Schreglin* dit *Gérard*, et morte à Valenciennes le 8 avril 1847 ; dont :

1. — Du premier lit : *Charles-Auguste-Joseph*, qui suit, XII.

2. — *Célestin-Joseph*, baptisé à Saint-Nicolas le 1er janvier 1788.

3. — *Amélie-Joseph*, baptisée à Saint-Nicolas le 8 mars 1790, y décédée le 22 avril suivant.

4. — Un fils mort-né le 22 mars 1791.

XII. — *Charles-Auguste-Joseph* MUISSART, baptisé à Saint-Nicolas le 23 mars 1783, tailleur de pierres, mort à Valenciennes le 2 janvier 1820, épousa dans cette ville, en mai 1808, Catherine-Joseph *Tonnere*, fille de Célestin-Joseph et de Marie-Joseph *Delwarde*, baptisée à Saint-Géry le 26 janvier 1785, fruitière, morte à Valenciennes le 4 février 1844 ; d'où :

1. — *Julie-Célestine-Joseph*, née à Valenciennes le 6 février 1809, y décédée le 29 juin 1895, mariée dans cette ville, le 5 juillet 1837, avec Bruno *Beaux*, fils de Joseph et de Marie-Madeleine *Besançon*, né à Valenciennes le 22 brumaire an IX, marchand, y décédé le 15 septembre 1840 ; dont postérité.

2. — *Adèle-Joseph*, née à Valenciennes le 20 mars 1811, y décédée le 6 juillet 1887, alliée dans cette ville, le 4 mai 1842, à Antoine *Philippo*, fils de Jean-Claude et de Marie-Philippe-Joseph *Briquart*, né à Valenciennes le 19 juin 1816, imprimeur d'indiennes, y décédé le 8 mai 1888 ; dont postérité.

3. — *Augustine-Antoinette-Athalie*, née à Valenciennes le 20 février 1813, mariée dans cette ville, le 31 mars 1834, avec Charles-François-Joseph *Douay*, fils d'Humbert-Joseph et de Marie-Catherine-Dominique-Joseph *Laguillier*, né à Valenciennes le 15 décembre 1811, tapissier ; dont postérité.

4. — *Rosalie*, née à Valenciennes le 28 avril 1815, y décédée le 2 août 1816 [1].

Autre branche MUSAERT, MUSSART

Elle porte aussi pour armes : *d'azur à cinq coquilles d'or en sautoir*. Nous avons trouvé sur elle des renseignements dans les Carrés d'Hozier, n° 460, à la Bibliothèque nationale, et dans le Nobiliaire d'Herckenrode, mais il ne nous a pas été possible de la rattacher aux précédentes.

I. — *Jean* MUSAERT, fils de *Gérard*, eut pour fils :

II. — *Adrien* MUSAERT, lequel fut père de :

1. — *Georges*, qui suit, III.
2. — *Maximilien*.
3. — *Josse*, lequel eut pour fils : *Charles-François*, s[r] d'Oultre, demeurant à Bruxelles et créé chevalier le 17 décembre 1640.

III. — *Georges* MUSAERT, licencié à Douai en 1579, puis bailli d'Axel, épousa : 1° Jeanne *Struyvinck*, fille de Gérard et de Claire *Meyntkens* ; 2° Jossine *de Coninck* ; dont :

1. — Du premier lit : *Adrien*, qui suit, IV.
2. — Du second lit : *Marguerite*, épouse de Baudouin *Boele* ; dont postérité.
3. — *Jossine*, alliée à François *de Coninck*, fils de Jacques et de Jeanne *de Moor*, avocat au Conseil de Flandre ; dont postérité.
4. — *Claire*, épouse de Laurent *de Vleeschouver* ; sans enfants.
5. — *Georges*, allié à Marie *de Coninck*, qui le rendit père de :

---

1. Ces renseignements ont été relevés pour nous à l'état-civil de Valenciennes par M. F. Beauteint.

a. — *Claire*, née le 18 août 1639, mariée avec Gaspard-Ignace *de Coninck*, fils de François et de Jossine *Musaert*, puis à Gand, le 13 janvier 1674, avec Charles *Vanderbecke*, s^r de Steenbeke, fils de Jean et de Marie *de Muelenaere*, baptisé à Saint-Jacques de Gand le 15 juin 1638, mort à Langenacker le 17 juin 1695 ; dont postérité.

b. — *Thérèse*, alliée à David *Brant* ; sans enfants.

IV. — *Adrien* MUSAERT, né vers 1587, avocat au Conseil de Flandre, eut de Jeanne *Van Havre*, fille de Gilles et de Liévine *Gillemans* :

V. — *Jean-Baptiste* MUSAERT, s^r d'Oultre et de Dourmont, mort le 26 août 1679, allié à Pétronille-Françoise *Heerman*, fille de François et de Lucie *Balmakers*, morte le 2 juin 1669, et enterrée, ainsi que son mari, dans l'église Saint-Michel à Gand ; elle n'eut qu'une fille : *Anne-Françoise*, morte le 4 mai 1731 [1].

NON RATTACHÉS.

Pierre MUISSART, baptisé à Saint-Étienne le 22 septembre 1586.

B[auduin] MUYSSART, décédé paroisse Sainte-Catherine le 19 décembre 1692.

Jeanne MUYSSART, religieuse à Marquette ; son anniversaire de décès était au 18 avril.

Françoise-Claire MUYSSART, mariée à Saint-Pierre, le 30 juin 1709, avec Jacques *Robert*.

N... MUYSSART, fils de Monsieur Muyssart, enterré aux Pénitentes le 12 octobre 1694.

Jeanne MUYSSART, mariée à La Madeleine, le 30 août 1650, avec Michel *Dannel*.

Jean-Baptiste-François MUSSART, fils de Jean-Baptiste et de Marie-Hélène *Degrou*, baptisé à Saint-André le 26 octobre 1690.

Eustache MUYSSART, baptisé à Saint-Étienne le 26 janvier 1577 (n. st.).

Antoine MUSSART, époux de Jeanne *Martin*, fut père de *Charles*, *Mathieu*, *Adrienne* et *Adrienne*, qui furent baptisés à Saint-Maurice les 24 septembre 1614, 9 novembre 1621, 8 mai 1624 et 3 mai 1625.

---

1. Voir HERCKENRODE, tome III, page 1401.

Adrien Muissart, allié à Marie *Dulieu*, en eut :

1. — *Jeanne*, baptisée à Sainte-Catherine le 12 novembre 1600.
2. — *Madeleine*, baptisée à Sainte-Catherine le 12 décembre 1603.
3. — *Jean*, baptisé à Sainte-Catherine le 6 juin 1605.
4. — *Catherine*, baptisée à Sainte-Catherine le 20 juin 1607.
5. — *Mathieu*, baptisé à Saint-Étienne le 22 novembre 1609.
6. — *Marie*, baptisée à Saint-Étienne le 16 octobre 1611.
7. — *Gilles*, baptisé à Saint-Étienne le 2 novembre 1614.

1785, février. — *Lettres patentes qui accordent le titre personnel de Comte au s^r de Muyssart de Steenbourg et aux aînés de ses descendants mâles.*

Louis, par la grâce de Dieu, Roi de France et de Navarre, à tous présens et avenir, salut. La famille de notre cher et bien amé le sieur *François de Muyssart de Steenbourg* tient depuis longtems un rang distingué parmi la noblesse des Pays-Bas françois, puisqu'à la fin du onzième siècle des personnes qui en étoient issues prenoient, suivant le témoignage des historiens du pays, les qualités d'écuyer et même de chevalier ; mais à s'en tenir à ce que les pièces qu'il a mises sous nos yeux présentent de certain, il est constant que depuis le quinzième siècle elle est en possession de ces qualifications, aussi a-t-elle été souvent élevée à des places réservées à la seule noblesse, de ce nombre est celle de mayeur de la ville de Lille qu'a occupé *Toussaint de Muyssart*, quatrième ayeul du sieur de Steenbourg ; celle de rewart de la même ville qui a été remplie par son ayeul ; enfin celle de grand bailli des États de la Flandre Wallonne que son cinquième ayeul et son père ont exercée, que lui-même exerce depuis longtems avec distinction et dont son fils aîné est pourvu en survivance ; son bisayeul étoit conseiller au Parlement de Tournai. Parmi les personnes de la même famille qui ont embrassé la profession des armes on compte son quatrième ayeul qui, pendant les troubles dont les Pays-Bas furent agités, se distingua à la tête d'une compagnie de deux cents gendarmes ; son ayeul successivement officier dans le régiment de Lumbes cavalerie et capitaine de dragons au service de la République de Venise ; *Pierre Augustin de Muyssart*, d'abord capitaine au régiment Royal-Wallon, ensuite admis en la même qualité dans le corps des grenadiers de France ; *Marc Antoine Joseph Muyssart des Obeaux* qui sert depuis 1738 dans le corps de l'artillerie où il est parvenu au grade de colonel, qui a commandé pendant cinq ans à la Guadeloupe un détachement de ce corps, a fait toutes les campagnes de Flandre, d'Allemagne et de Bohême et s'est trouvé à plus de vingt-deux sièges, notament à celui de Mahon, à quatre batailles et à deux assauts ; enfin *Antoine François Joseph de Muyssart*, officier au régiment du Perche et l'un des fils du sieur de Steenbourg. Voilà par quels motifs nous croyons devoir décorer ce dernier du titre personnel de Comte, et nous nous portons d'autant plus volontiers à lui donner cette marque de bienveillance que nous sommes persuadé qu'elle sera pour ses descendans auxquels il la transmettra un nouveau motif d'émulation et de zèle pour le service de l'État. A ces causes et autres à ce nous mouvans, de l'avis de notre conseil et de notre grâce spéciale, pleine puissance et autorité royale, nous avons fait et créé, et par ces présentes signées de notre main, nous faisons et créons Comte ledit sieur *Muyssart de Steenbourg*, ensemble les aînés de ses enfants et descendans mâles, nés et à naître en légitime mariage, leur permettons de se dire et qualifier Comtes en tous actes et endroits, tant en jugement que hors jugement, sans qu'ils soient tenus d'affecter ni apliquer le titre de Comté à aucune terre ni d'en faire pour cet effet ériger en Comté : de quoi nous les avons expressément dispensés, à la charge que ledit titre de Comte relevera de nous et qu'ils ne feront rien de dérogeant à icelui. Si donnons en mandement à nos amés et féaux les gens tenans notre Cour de Parlement de Flandre à Douai, ensemble aux présidens et trésoriers de France, généraux de nos finances au Bureau établi à Lille, que ces présentes ils aient à faire registrer et du contenu en icelles faire jouir et user ledit Sr *de Muyssart de Steenbourg* ainsi que les aînés de ses enfans et descendans mâles nés et à naître en légitime mariage pleinement, paisiblement et perpétuellement, cessant et faisant cesser tous troubles et empeschemens et nonobstant toutes choses à ce contraires auxquelles nous avons dérogé et dérogeons par cesdites présentes. Car tel est notre plaisir. Et afin que ce soit chose ferme et stable à toujours, nous y avons fait mettre notre seel. Donné à Versailles, au mois de février l'an de grâce 1785 et de notre règne le onzième. Signé : Louis ; et plus bas : Par le Roi, le maréchal DE SÉGUR et à côté : visa, Hugues DE MIROMÉNIL, et scellé du grand sceau en cire verte.

Registré le 15 avril 1785 au 43e Registre aux Provisions du Bureau des Finances de Lille, folio 26 et suivans.

Archives du Nord. — Série E. Carton, dit de la Noblesse, N° 96, copie sur papier écrite de la main de l'un des Godefroy.

RAMERY dit DE BOULOGNE

Armes : *de gueules au chevron d'or, accompagné de trois têtes et cols de biche du même.*

I. — *Simon* Ramery dit de Boulogne, fils de *Colard*, acheta la bourgeoisie de Lille en 1419 ; il eut :

1. — *Hubert*, bourgeois par rachat du 27 août 1440 ; d'où :
    a. — *Jean*, bourgeois par relief du 25 septembre 1468.
2. — *Simon*, qui suit, II.

II. — *Simon* Ramery dit de Boulogne, né à Lambersart, acheta la bourgeoisie de Lille en 1443 ; d'où :

1. — *Jean*, bourgeois par rachat du 10 octobre 1461 ; dont :
    a. — *Simon*, né à Lambersart, bourgeois de Lille par rachat du 1er octobre 1505.
2. — *Willaume*, qui suit, III.

III. — *Willaume* Ramery dit de Boulogne, né à Lomme, bourgeois de Lille par achat en 1484, mort avant 1502 ; eut :

1. — *Hacquin*.
2. — *Simon*.
3. — *Lotart*, né à Pérenchies, bourgeois par achat en 1489, mort avant 1526 [1] ; père de :
    a. — *Jean*, né à Loos, bourgeois de Lille par relief du 7 décembre 1526, décédé vers 1550 ; d'où :
        aa. — *Jean*, bourgeois par relief du 5 mai 1550 ; dont :
            aaa. — *Charles*, né à Fives, bourgeois par relief du 20 décembre 1575 ; époux d'Anne *Desmulliers*, qui lui donna :
                aaaa. — *Thomas*, tisserand de toiles, bourgeois de Lille par relief du 28 septembre 1615, allié à Jeanne *Mazenghehem*, fille de Mathieu.

---

[1]. La postérité de Lotart portait le seul nom de Ramery.

 b. — *Josse*, né à Campinghehem (Capinghem), bourgeois de Lille par achat du 16 juillet 1543 ; dont :
  aa. — *Antoine-Thomas*, bourgeois par relief du 1ᵉʳ juillet 1570.
  bb. — *Thomas*, bourgeois par relief du 9 septembre 1581, père de :
   aaa. — *Gérard*, baptisé à Saint-Étienne le 24 mars 1593.
   bbb. — *Antoinette*, baptisée à Saint-Étienne le 7 décembre 1595.
 c. — *Rolland*, né à Campinghehem, bourgeois de Lille par achat du 17 août 1543.
 d. — *Gérard*, né à Campinghehem, bourgeois de Lille par achat du 7 janvier 1558 (n. st.) ; il avait à cette date une fille, *Catherine*, et fut parrain de son neveu *Gérard* en 1593.
4. — *Jaspar*, né à Lompret, bourgeois de Lille par achat du 6 mai 1502, d'où *Jeannette*, née avant cette date.
5. — *Willaume*, qui suit, IV.
6. — *Antoine*.
7. — *Jacquet*, né à Esquermes, bourgeois de Lille par achat du 7 août 1500, marié après cette date.
8. — *Collette*.
9. — *Jennon*.

Ces neufs enfants étaient nés avant 1484.

VI. — *Willaume* RAMERY dit DE BOULOGNE, né à Pérenchies, marchand, bourgeois de Lille par achat du 2 janvier 1495 (n. st.), mort avant 1532, se maria en 1495 et eut :

1. — *Bettremieu*, bourgeois de Lille par relief du 2 juin 1532, décédé avant 1558 ; d'où :
 a. — *Denis*, né à Wambrechies, bourgeois par relief du 7 décembre 1558, mort avant 1587, père de :
  aa. — *Pierre*, né à Wambrechies, bourgeois par relief du 23 septembre 1587.
 b. — *Jean*, né à Wambrechies, bourgeois de Lille par relief du 13 mai 1556.
 c. — *Augustin*, né à Wambrechies, bourgeois de Lille par relief du 28 janvier 1572 (n. st.) ; d'où :
  aa. — *Guillaume*, né à Quesnoy-sur-Deûle, bourgeois de Lille par relief du 16 juin 1599.
 d. — *Bettremieu*, né à Wambrechies, bourgeois de Lille par relief du 16 avril 1586.

2. — *Mathieu*, qui suit, V.

V. — *Mathieu* Ramery dit de Boulogne, né à Wambrechies, bourgeois de Lille par relief du 4 avril 1542 (n. st.), décédé avant 1573, épousa Jeanne *Cauchefer* ; d'où :

1. — *Jean*, l'aîné, qui suit, VI.
2. — *Jean*, le jeune, né à Lille, bourgeois de cette ville par relief du 8 mai 1587, échevin, allié à Chrétienne *Cardon*, fille de Jacques et de Jacqueline *de la Dalle* (?) ; d'où :

    a. — *Mathieu*, célibataire.

    b. — *Jeanne*, épouse de Guillaume *Lescornet* ; dont postérité.

    c. — *Louise*, décédée avant 1683, alliée à Saint-Étienne, le 13 janvier 1632, à Guillaume *du Retz*, fils de Jean le jeune et de Marguerite *Cambier*, bourgeois de Lille par relief du 23 juillet 1632 ; dont postérité.

    d. — *Antoine*, baptisée à Saint-Étienne le 27 février 1593.

    e. — *Catherine*, baptisée à Saint-Étienne le 28 août 1597, mariée avec Jean *Bayart*, fils de Pierre et de Marie *Roussel*, né à Arras, bourgeois de Lille par achat du 2 octobre 1626.

    f. — *Jacqueline*, baptisée à Saint-Étienne le 20 juin 1606, alliée dans cette église, le 2 juin 1631, à Étienne *du Retz*, frère de Guillaume, né à Lille, marchand de drap, bourgeois de cette ville par relief du 2 janvier 1632, mort en 1633 ; dont une fille.

    g. — *Étienne*.

3. — *Bettremieu*, né à Wambrechies, bourgeois de Lille par relief du 28 janvier 1573 (n. st.).

4. — *Andrieu*, né à Wambrechies, bourgeois de Lille par relief du 18 novembre 1587.

5. — *Jossine*, épouse de Jean *de la Chappelle*, puis d'Antoine *du Toict*, fils de Sohier, bourgeois de Lille par relief du 7 octobre 1580 ; dont postérité des deux lits.

6. — *Melchior*, né à Wambrechies, bourgeois de Lille par relief du 18 novembre 1587, allié à Jeanne *de Houpplines* ; d'où :

    a — *Pierre*, né à Quesnoy-sur-Deûle, laboureur, bourgeois de Lille par relief du 16 janvier 1612, époux de Marie *Crespin*, fille d'Isaac.

    b. — *Simon*, né à Quesnoy-sur-Deûle, laboureur, bourgeois de Lille par relief du 16 octobre 1612, allié à Jeanne *Le Cocq*, fille de Michel.

VI. — *Jean* l'aîné Ramery dit de Boulogne, né à Wambrechies, bourgeois de Lille par relief du 17 août 1582, marchand de drap, décédé paroisse Sainte-Catherine le 5 janvier 1629, eut de Jeanne *Desbarbieux* :

1. — *Toussaint*, marchand grossier, bourgeois de Lille par relief du 31 juillet 1606, allié à Marie *Salembier*, fille de Philippe et de Saincte *Waignon*, décédée veuve, paroisse Saint-Maurice, le 26 septembre 1657; d'où :

    a. — *Jean*, baptisé à Saint-Étienne le 18 mai 1608.

2. — *Pasquier*, vivant en 1617.

3. — *Jeanne*, morte en novembre 1618, mariée à Saint-Étienne, le 30 janvier 1611, avec Jacques *Cardon*, fils de Michel et de Jeanne *Delezenne*, baptisé à Saint-Étienne le 30 juillet 1585, bourgeois de Lille par relief du 25 octobre 1611; dont postérité.

4. — *Romain*, qui suit, VII.

5. — *Élisabeth*, baptisée à Saint-Étienne le 8 juin 1586.

VII. — *Romain* RAMERY dit DE BOULOGNE, baptisé à Saint-Étienne le 24 octobre 1585, marchand de drap, bourgeois de Lille par relief du 26 novembre 1610, échevin, décédé paroisse Saint-Maurice le 1er février 1662; épousa à Saint-Étienne, le 24 octobre 1610, Catherine *Herreng*, fille d'Allard et de Jeanne *du Gardin*, morte avant 1666 ; d'où :

1. — *Jean-Baptiste*, qui suit, VIII.

2. — *Jeanne*, baptisée à Saint-Étienne le 16 septembre 1613.

3. — *Étienne*, baptisé à Saint-Étienne le 25 décembre 1614.

4. — *Romain*, baptisé à Saint-Étienne le 14 décembre 1615, négociant à Saint-Sébastien (Espagne), bourgeois de Lille par relief sur ordonnance du 21 mai 1666, allié à Bernardine *de Ceyerdy*, fille de François, capitaine, et de Marie *Lacoste* ; d'où :

    a. — *Jean-Antoine Ramery e Bassarto*, domicilié à Saint-Sébastien, vivant célibataire en cette ville en 1701.

    b. — *Marie-Joseph*, épouse de Juan *de Olazaval*, écuyer, chevalier de l'ordre d'Alcantara.

5. — *Jacqueline*, baptisée à Saint-Étienne le 28 septembre 1617.

6. — *Jacqueline*, baptisée à Saint-Étienne le 26 novembre 1618.

7. — *Marie*, baptisée à Saint-Étienne le 11 juillet 1620.

8. — *Catherine*, baptisée à Saint-Étienne le 5 juin 1622, y décédée le 7 octobre 1700 et enterrée aux Dominicains.

9. — *Ignace*, baptisé à Saint-Étienne le 5 janvier 1624.

10. — *Marie-Catherine*, baptisée à Saint-Étienne le 10 juillet 1625.

11. — *François*, baptisé à Saint-Étienne le 20 juillet 1626.

12. — *Marie-Marguerite*, baptisée à Saint-Étienne le 16 mai 1628.

13. — *Alard*, baptisé à Saint-Étienne le 23 mai 1630.

14. — *Étienne*, baptisé à Saint-Étienne le 14 octobre 1631.

15. — *Élisabeth*, baptisée à Saint-Étienne le 29 juillet 1633, morte le 28 août 1700, alliée à Saint-Maurice, le 23 février 1661, à Hugues *Ricourt*, fils de Jean et de Marie *Briez*, baptisé à Saint-Maurice le 13 août 1631, bourgeois de Lille par relief du 26 avril 1661, receveur des Bleuets, échevin, décédé le 5 mars 1694 ; dont postérité.

16. — *Pierre*, baptisé à Saint-Étienne le 25 juin 1635, mort en 1714.

VIII. — *Jean-Baptiste* RAMERY dit DE BOULOGNE, baptisé à Saint-Étienne le 24 septembre 1611, bourgeois de Lille par relief du 26 février 1635, échevin, épousa : 1° à Saint-Étienne, le 8 février 1635, Françoise *Delezenne*, fille de François et d'Antoinette *Le Mieuvre*, née vers 1617 ; 2° à Saint-Étienne, le 1er août 1643, Barbe *de Casteckere*, fille de Jean, baptisée à Saint-Étienne le 28 mai 1609, veuve de Jean *de Beaumont* ; d'où :

1. — Du premier lit : *Allard*, baptisé à Sainte-Catherine le 8 février 1636, vivant en 1646.

2. — *Catherine-Françoise*, baptisée à Saint-Maurice le 29 août 1637.

3. — *Romain*, baptisé à Saint-Maurice le 5 octobre 1639.

4. — Du second lit : *Jean-Baptiste*, baptisé à Saint-Étienne le 22 avril 1644, créé trésorier de France au bureau des finances de Lille le 30 juin 1693, démissionnaire le 16 juillet 1709, célibataire.

5. — *Georges*, baptisé à Saint-Étienne le 11 août 1645.

6. — *Barbe*, baptisée à Saint-Étienne le 4 octobre 1646, religieuse pénitente.

7. — *Élisabeth*, baptisée à Saint-Étienne le 27 novembre 1647, décédée paroisse Saint-Maurice le 21 octobre 1700, alliée à Saint-Étienne, le 7 mai 1670, à Jean *Stappart*, sr de la Haye, fils de Jean et de Jossine *Le Candele*, baptisée à Saint-Étienne le 23 janvier 1628, bourgeois de Lille par relief du 27 juin 1670, créé trésorier de France au bureau des finances de la généralité de Lille le 7 janvier 1693, décédé paroisse Saint-Maurice le 4 avril 1704 ; dont postérité.

8. — *Ignace*, baptisé à Saint-Étienne le 25 février 1649, y décédé célibataire le 17 novembre 1700, et enterré devant la chapelle de Saint-Salvator.

9. — *Pierre-André*, baptisé à Saint-Étienne le 26 novembre 1650.

AUTRES BRANCHES.

I. — *Claude* Ramery dit de Boulogne, fils de *Gérard*, né à Lille, bourgeois de cette ville par achat du 10 mai 1499, marié après cette date, d'où :

II. — *Jacques* Ramery dit de Boulogne, bourgeois de Lille par relief du 4 janvier 1538 (n. st.), père de :

1. — *Jacques*, né à Lille, bourgeois par relief du 1er février 1574 (n. st.).
2. — *Rolland*, né à Arras, bourgeois de Lille par relief du 29 mars 1576 (n. st.).

I. — *Willaume* Ramery dit de Boulogne, fils d'*Hubert*, bourgeois de Lille par rachat (ou achat) le 27 mai 1402, mort avant 1449, d'où :

1. — *Jean*, bourgeois par rachat du 4 janvier 1428 (n. st.), père de :
    a. — *Gillet*, domicilié à Saint-André, bourgeois de Lille par rachat du 9 avril 1461 (n. st.).
2. — *Jean*, qui suit, II.

II. — *Jean* Ramery dit de Boulogne, bourgeois par rachat du 6 juillet 1449, d'où :

III. — *Jean* Ramery dit de Boulogne, bourgeois par rachat du 6 septembre 1497 ; d'où :

IV. — *Mahieu* Ramery dit de Boulogne, bourgeois par relief du 15 avril 1551 (n. st.), père de :

1. — *Jean*, bourgeois par relief du 25 août 1573.
2. — *Andrieu*, bourgeois par relief du 5 mai 1581.

NON RATTACHÉS.

Agnès Ramery, *Jeanne*, *Charles*, baptisés à Saint-Étienne les 18 août 1578, 3 janvier 1580 et 2 avril 1584 — cités dans la table de Couppé.

RENARD

ARMES : *d'azur au chevron d'or, accompagné en chef de deux étoiles d'argent et en pointe d'un renard passant d'or.*

I. — Louis RENARD, décédé avant 1698, épousa Marie *Hugon*, vivant à Bordeaux en 1701 ; d'où :

II. — Jean RENARD, né à Bordeaux, bourgeois de Lille par achat du 3 octobre 1698, conseiller du Roi, contrôleur à la Monnaie de Lille, décédé paroisse Saint-Pierre le 28 février 1737, épousa dans cette église, le 8 janvier 1699, Marie-Norbertine *Robart*, fille de Michel et de Marie-Anne *Delemotte*, baptisée à Saint-Pierre le 23 mai 1679, morte avant lui ; d'où :

1. — *Marie-Anne*, baptisée à Saint-Pierre le 24 février 1700, morte paroisse de La Madeleine le 31 août 1723.

2. — *Marie-Marguerite*, baptisée à Saint-Pierre le 3 mars 1701, y décédée le 30 octobre 1737, alliée dans cette église, le 9 juillet 1724, à Étienne-Bernard *de La Molère*, écuyer, fils d'Étienne, conseiller secrétaire du Roi, et de Marie-Angélique *Ségonzac*, né à Paris, directeur de la Monnaie de La Rochelle, mort avant elle ; dont postérité [1].

3. — *Louis-Joseph*, qui suit, III.

4. — *Marie-Norbertine*, baptisée à Saint-Pierre le 9 décembre 1703.

---

1. Il avait pour sœur *Marie-Thérèse*, alliée à Jean-Baptiste *Baret*, écuyer, directeur de la Monnaie de Flandre. Étienne-Bernard *de la Molère* eut pour enfants :
1° *Marie-Jeanne-Angélique*, baptisée à Saint-Pierre de Lille le 7 mars 1726 ;
2° *Louise-Marguerite*, baptisée à Saint-Jean-du-Port, à La Rochelle, le 21 juin 1727 ;
3° *Jeanne-Marie-Marthe*, baptisée à Saint-Jean-du-Port le 8 novembre 1728 ;
4° *Bernard-Joseph*, baptisé à Saint-Pierre de Lille le 30 juillet 1730, mort jeune ;
5° *Louis*, baptisé à Saint-Jean-du-Port le 21 octobre 1736. Ils furent reconnus nobles et Louis fut convoqué aux assemblées des nobles de Flandre par ordonnance du 28 octobre 1758. Cependant Louise-Marguerite seule se fixa à Lille ; elle épousa à Sainte-Catherine, le 1er décembre 1775, Léon *de Brivazac*, écuyer, fils de Guillaume, conseiller honoraire au Parlement de Bordeaux et de Marie-Madeleine *Baret*, né paroisse Saint-Simon, à Bordeaux, en 1731, capitaine d'infanterie, chevalier de Saint-Louis dont elle avait eu une fille, *Marie-Joseph*, baptisée à Sainte-Catherine le 8 janvier 1757, légitimée par mariage subséquent et vivant à Bordeaux en 1775.

5. — *Jean-Nicolas*, qui suivra, III bis.
6. — *Jeanne-Élisabeth*, baptisée à Saint-Pierre le 13 juin 1708.
7. — *Guillaume-François*, baptisé à Saint-Pierre le 3 juin 1709.

III. — Louis-Joseph RENARD, sr d'Hamel, baptisé à Saint-Pierre le 24 décembre 1702, bourgeois de Lille par relief du 3 février 1729, nommé conseiller secrétaire du Roi le 25 décembre 1754, après avoir exercé, du 13 février 1723 au 4 juillet 1742, la charge de trésorier de France au bureau des finances de la généralité de Lille, épousa Marie-Agnès *Boivin d'Hardancourt*, fille du gouverneur de Pondichéry ; dont :

1. — *Jean-Claude-Louis*, baptisé à Saint-Pierre le 23 janvier 1729.
2. — *Marie-Agnès-Norbertine*, baptisée à Saint-Pierre le 19 décembre 1729.
3. — *Charles-Nicolas-Joseph*, baptisé à Saint-Pierre le 22 décembre 1730.
4. — *Marie-Catherine*, baptisée à Saint-Pierre le 2 octobre 1732.
5. — *Henriette-Bernardine-Joseph*, baptisée à Saint-Pierre le 25 novembre 1734, morte paroisse de La Madeleine le 16 décembre 1736.
6. — *Louis*, écuyer, sr de Douvrin, baptisé à La Madeleine le 8 novembre 1736, bourgeois de Lille par relief du 4 mars 1777, capitaine au régiment de Guyenne infanterie, convoqué aux assemblées des nobles de Flandre après sa requête du 24 juillet 1778, allié à Saint-Sauveur, le 17 mars 1776, à Albertine-Pélagie-Romaine *Ringuier*, fille de Pierre-Ignace, conseiller pensionnaire de Lille, et de Marie-Anne-Monique *Dumont*, baptisée à Saint-Maurice le 16 février 1737 ; sans enfants.
7. — *Marie-Louise*, baptisée à La Madeleine le 24 mars 1742.

III bis. — *Jean-Nicolas* RENARD, sr d'Hamel, baptisé à Saint-Pierre le 4 avril 1703, avocat, bourgeois de Lille par relief du 13 septembre 1731, échevin de cette ville, mort paroisse de La Madeleine le 4 mai 1752 ; épousa à Saint-Maurice, le 25 juin 1731, Marie-Jeanne-Joseph *Mahieu*, fille d'Henri-Joseph et de Marie-Anne *Billaux*, baptisée à Saint-Maurice le 1er mars 1710, morte le 8 octobre 1748 et enterrée, ainsi que son mari, à La Madeleine, dans la grande chapelle de droite ; d'où :

1. — *Marie-Anne-Joseph*, baptisée à Saint-Maurice le 22 mars 1732, décédée paroisse de La Madeleine le 28 décembre 1736.
2. — *Henri-Joseph*, baptisé à Saint-Maurice le 24 mars 1733,

conseiller du Roi, contrôleur à la Monnaie de Lille, administrateur de la Charité générale, mort célibataire paroisse de La Madeleine le 16 mars 1787 et inhumé à La Madeleine-lez-Lille.

3. — *Pierre-François-Nicolas*, chevalier, s^r d'Hamel, baptisé à Saint-Maurice le 15 février 1734, nommé conseiller au Parlement de Flandre le 24 mars 1759, mort paroisse de La Madeleine le 16 novembre 1769 ; allié : 1° à Saint-Étienne, le 24 mai 1762, à Anne-Florence-Pélagie *Le Couvreur*, fille de François-Louis, écuyer, s^r du Plisson, et de Marie-Cécile *Van Zeller*, baptisée à La Madeleine le 24 octobre 1756, décédée paroisse Saint-Jacques à Douai le 16 août 1763 ; 2° à La Madeleine, le 17 août 1767, à Marie-Anne-Albertine *Vanderlinde*, fille de Louis-Joseph, écuyer, s^r de Vicogne, et de Marie-Barbe *Battaille*, baptisée à Saint-Pierre le 1er janvier 1747, morte paroisse de La Madeleine le 7 juillet 1773 ; d'où :

    a. — Du second lit : *Henri-Joseph-Marie*, baptisé à La Madeleine le 2 février 1770.

4. — *Marie-Jeanne-Joseph*, baptisée à Saint-Maurice le 21 septembre 1735.

5. — *Jean-Nicolas*, baptisé à La Madeleine le 25 octobre 1736.

6. — *Marie-Anne-Joseph*, baptisée à La Madeleine le 22 septembre 1738, y décédée le 9 décembre 1771, alliée dans cette église, le 16 janvier 1758, à Charles-Antoine *Dauphin*, écuyer, s^r d'Halinghem, fils de Charles-François, écuyer, et de Louise-Antoinette *Meignot*[1], né le 15 janvier 1729, avocat au Parlement de Paris, bourgeois de Lille par achat du 30 janvier 1758, nommé lieutenant-général de la sénéchaussée de Boulonnais par lettres patentes du 10 août 1761 ; dont postérité. Les débauches et l'habitude d'ivrognerie de son mari lui firent demander la séparation de biens qui lui fut accordée par sentence du 9 décembre 1766. Elle vécut retirée au couvent des Dames du Saint-Esprit à Lille, et son mari fut arrêté à Halinghem le 1er octobre 1766 et enfermé à la citadelle de Doullens en vertu de lettres de cachet [2].

7. — *Jean-Marie*, baptisé à La Madeleine le 2 septembre 1739.

8. — *Philippe-François*, baptisé à La Madeleine le 19 mai 1741, prêtre, chanoine de Saint-Pierre.

9. — *Louis-Honoré-Joseph*, baptisé à La Madeleine le 21 juillet 1742.

10. — *Jean-Baptiste-Marie*, baptisé à La Madeleine le 6 juin

---

1. Ou Marie-Louise Meignot, d'après le registre aux bourgeois.
2. Voir à ce sujet : HAIGNERÉ, *Recueil historique du Boulonnais*. Boulogne-sur-Mer, 1900, tome II, page 466, et la généalogie de cette famille par A. DE ROSNY, au tome III, page 486 du même recueil.

1744, s^r de Zevendeghem, bourgeois de Lille par relief du 8 novembre 1771, décédé paroisse de La Madeleine le 6 juillet 1783, allié dans cette église, le 16 avril 1771, à Henriette-Amélie-Joseph *Castellain*, fille de Pierre, conseiller procureur à la maîtrise des eaux et forêts et dépositaire du souverain bailliage de Lille, et de Marie-Madeleine-Jacqueline *Vanwtberghe*, baptisée à La Madeleine le 14 avril 1746 ; dont :

    a. — *Adélaïde-Joseph*, née le 24 janvier 1772, mariée à La Madeleine, le 23 mai 1789, avec Pierre-Augustin *Thibault*, fils de Pierre et de Marie-Élisabeth *Nol*, baptisé à Saint-Louis de Versailles en 1752, receveur particulier de la Flandre wallonne ; dont postérité.

  11. — *Marie-Catherine-Thérèse*, baptisée à La Madeleine le 27 août 1745, y décédée le 17 avril 1753.

  12. — *Pierre-Joseph*, baptisé à La Madeleine le 30 décembre 1746, y décédé célibataire le 2 avril 1768.

  13. — *Marie-Henriette-Joseph*, baptisée à La Madeleine le 27 janvier 1748.

NON RATTACHÉS.

Mathieu RENARD, peut-être frère de *Jean*, décédé à Saint-Pierre le 10 juillet 1718, enterré dans la chapelle de la Vierge.

Marie-Madeleine RENARD, décédée paroisse de La Madeleine le 25 juillet 1733.

Jeanne-Brigitte RENARD, décédée paroisse de La Madeleine le 26 janvier 1736.

RINGUIER

Armes : *d'or à l'aigle essorant de sable, becquée et membrée de gueules, le pied dextre levé et l'autre posé sur une terrasse de sinople.*

I. — Arnould Ringuier, nommé garde de la monnaie d'Arras par lettres données à Bruxelles le 20 décembre 1622 [1], mort avant 1660, épousa Catherine *de le Ruelle*, décédée après 1664 ; d'où :

II. — *Guillaume* Ringuier, né à Arras, épicier, bourgeois de Lille par achat du 5 mars 1660, mort avant 1708, épousa à Saint-Maurice, le 3 février 1660, Catherine *Pollet*, fille de Jacques et d'Agnès *Isserin*, baptisée à Saint-Maurice le 22 mars 1637 ; d'où :

1. — *Marie-Agnès*, baptisée à Saint-Étienne le 21 octobre 1660 ; elle eut pour parrain Charles *Ringuier*, dont la parenté n'est pas indiquée.

2. — *Nicolas-Ignace*, qui suit, III.

3. — *Catherine*, baptisée à Saint-Étienne le 10 décembre 1662, morte paroisse Saint-Pierre le 25 août 1694.

4. — *Charles*, qui suivra, III bis.

5. — *Marie-Jeanne-Catherine*, baptisée à Saint-Étienne le 6 octobre 1665.

6. — *Marie-Barbe-Joseph*, baptisée à Saint-Étienne le 21 janvier 1667.

7. — *Marie-Claire*, baptisée à Saint-Étienne le 11 août 1670, morte paroisse Saint-Maurice le 16 novembre 1708.

8. — *Vaast*, baptisé à Saint-Maurice le 10 décembre 1672, bourgeois de Lille par relief du 3 février 1712, allié à Marie-Joseph *Castelain*, d'où :

   a. — *Nicolas-Ignace*, baptisé à Saint-Étienne le 14 octobre 1712.

9. — *Arnould-Nicolas*, baptisé à Saint-Maurice le 25 février 1676.

10. — *Marie-Agnès*, baptisée à Saint-Maurice le 23 juin 1680, vivant en 1712.

---

1. Archives départementales du Nord, B. 61, registre aux commissions, f° 287 v°.

III. — *Nicolas-Ignace* Ringuier, baptisé à Saint-Étienne le 28 octobre 1661, bourgeois de Lille par relief du 16 mars 1691, avocat, conseiller des États de Lille, puis conseiller pensionnaire de cette ville, par commission du 28 octobre 1711, décédé paroisse Saint-Sauveur le 16 août 1742, épousa à Saint-Étienne, le 12 avril 1690, Jeanne-Marie *de Rocque*, fille de Jacques et de Françoise *Turpin*, baptisée à Saint-Étienne le 4 septembre 1672, décédée paroisse Saint-Sauveur le 29 août 1739 ; d'où :

1. — *Marie-Agnès*, baptisée à Saint-Étienne le 15 janvier 1691, décédée célibataire paroisse Saint-Sauveur le 7 septembre 1782, enterrée à Esquermes.
2. — *Jeanne-Françoise*, baptisée à Saint-Étienne le 26 mai 1692.
3. — *Jean-François*, baptisé à Saint-Étienne le 8 août 1693.
4. — *François*, baptisé à Saint-Étienne le 3 mars 1695, mort le 5 mars suivant.
5. — *Michel*, jumeau du précédent, mort le 5 mars suivant.
6. — *Pierre-Ignace*, qui suit, IV.
7. — *Marie-Barbe-Albertine*, baptisée à Saint-Étienne le 4 novembre 1698.
8. — *Jeanne-Thérèse*, baptisée à Saint-Étienne le 11 décembre 1699.
9. — *Marie-Anne-Joseph*, baptisée à Saint-Étienne le 19 janvier 1701, décédée célibataire paroisse Saint-Sauveur le 4 mars 1780.
10. — Un fils mort-né à Saint-Étienne le 4 janvier 1702.
11. — *Augustine-Pélagie-Reine*, baptisée à Saint-Étienne le 4 février 1703, morte célibataire paroisse Saint-Sauveur le 24 novembre 1770.
12. — *Marie-Françoise-Henriette*, baptisée à Saint-Étienne le 27 janvier 1707, morte célibataire paroisse Saint-Sauveur le 7 février 1786.

IV. — *Pierre-Ignace* Ringuier, baptisé à Saint-Étienne le 3 janvier 1697, bourgeois de Lille par relief du 9 juillet 1727, conseiller pensionnaire de cette ville [1], mort paroisse Saint-Sauveur le 8 avril 1772 ; épousa à Saint-Pierre, le 5 août 1726, Marie-Anne-Monique *Dumont*, fille de Michel et d'Anne-Catherine *Goudeman*, baptisée à

---

1. Il avait composé plusieurs recueils et mémoires au sujet des délibérations et résolutions du Magistrat depuis l'année 1590, des principales ordonnances de police depuis 1510, enfin un *Abrégé sommaire des institutions de Justinien accomodées aux lois, coutumes et usages des ville et châtellenie de Lille*. Il en fit donation à la ville en 1770. L'*Abrégé sommaire* est seul conservé à la Bibliothèque communale et porte le n° 221 du catalogue.

Saint-Pierre le 4 mai 1702, décédée paroisse Saint-Maurice le 2 juillet 1738 et enterrée dans cette église; dont :

1. — *Marie-Anne*, baptisée à La Madeleine le 14 août 1727, y décédée le 29 août suivant.

2. — *Nicolas-Ignace-Joseph*, baptisé à la Madeleine le 24 janvier 1729.

3. — *Jacques-Ignace-Joseph*, s^r de Russilly, baptisé à La Madeleine le 8 mars 1730, bourgeois de Lille par relief du 3 avril 1762, allié à Marie-Jeanne-Henriette *Desvignes*, fille d'Henri-Joseph-Ignace et de Marie-Françoise *de Bongenier*.

4. — *Marie-Agnès-Philippine*, dame des Glissières, baptisée à La Madeleine le 18 avril 1733, morte le 18 juin 1808, alliée à Saint-Sauveur, le 19 avril 1773, à Pierre-Antoine-Joseph *Denis de Riacourt*, fils de Gilles, receveur général d'Artois, et de Marie-Barbe *Le Senne*, né à Arras en 1720, substitut du procureur général au Parlement de Flandre, mort le 29 juin 1806 ; sans enfants.

5. — *Marie-Anne-Joseph-Ernestine*, baptisée à La Madeleine le 10 octobre 1735, y décédée le 5 septembre 1737.

6. — *Albertine-Pélagie-Romanie*, dame de Canfeuil, baptisée à Saint-Maurice le 16 février 1737, mariée à Saint-Sauveur, le 17 mars 1776, avec Louis *Renard*, écuyer, s^r d'Hamel, fils de Louis-Joseph, trésorier de France, et de Marie-Agnès *Boivin d'Hardancourt*, baptisé à La Madeleine le 8 novembre 1736, capitaine au régiment de Guyenne infanterie, bourgeois de Lille par relief du 4 mars 1777; sans enfants.

III bis. — *Charles* RINGUIER, baptisé à Saint-Étienne le 14 février 1664, bourgeois de Lille par relief du 7 octobre 1689, mort avant 1726, épousa à Saint-Maurice, le 6 août 1689, Marie-Madeleine *Mennart*, fille de Jacques et de Marie-Madeleine *de Sante*; d'où :

1. — *Charles*, baptisé à Saint-Maurice le 29 mai 1690.

2. — *Marie-Joseph*, baptisée à Saint-Maurice le 19 juillet 1691.

3. — *Jean-François*, baptisé à Saint-Maurice le 27 janvier 1693, allié à Saint-Étienne, le 3 novembre 1717, à Marie-Françoise *de Boulonne*.

4. — *François-Joseph*, baptisé à Saint-Maurice le 19 juin 1694, y décédé le 7 novembre suivant.

5. — *Marie-Madeleine*, baptisée à Saint-Maurice le 14 mai 1696, y décédée le 17 novembre 1772, épouse d'Alexis *Du Canchez*, fils de Jean-Baptiste et de Marie-Madeleine *Delamelle*, bourgeois de Lille par relief du 2 juillet 1720, peintre.

6. — *François-Joseph*, baptisé à Saint-Maurice le 4 octobre 1698,

filtier, bourgeois de Lille par relief du 2 avril 1726, décédé paroisse Saint-Maurice le 9 juillet 1766 ; allié à Saint-Maurice, le 30 avril 1725, à Marie-Catherine *Duquesne*, fille de Nicolas et de Marie-Catherine *Dusart*.

7. — *Marie-Claire-Louise*, baptisée à Saint-Étienne le 2 juin 1700, y décédée le 17 avril 1702.

8. — *Jacques-Joseph*, baptisé à Saint-Étienne le 7 novembre 1701, y décédé le 24 janvier 1703.

9. — *Pierre-Joseph*, baptisé à Saint-Étienne le 29 avril 1703, filtier, bourgeois de Lille par relief du 15 septembre 1724, décédé paroisse Saint-Sauveur le 2 octobre 1761, allié à Marie-Rose *Wrasse*, fille de Bernard, décédée paroisse Saint-Sauveur le 26 mai 1762, à 58 ans.

10. — *Jacques-Joseph*, baptisé à Saint-Étienne le 26 août 1705, marié à La Madeleine, le 24 mai 1724, avec Marie-Madeleine *Houppe*.

11. — *Marie-Brigitte*, baptisée à Saint-Étienne le 25 juillet 1707.

12. — *Marie-Barbe-Monique*, baptisée à Saint-Étienne le 5 mai 1709.

13. — *Louis-Albert*, baptisé à Saint-Étienne le 16 juin 1712, filtier, bourgeois de Lille par relief du 23 octobre 1732 ; allié : 1º à Saint-Étienne, le 10 octobre 1731, à Marie-Anne *Nostredame*, fille de Bon et de Marie-Françoise *de Gand*, baptisée à Saint-Étienne le 18 mai 1709, décédée paroisse Saint-Maurice le 13 février 1756 ; 2º à Saint-Maurice, le 18 octobre 1757, à Pélagie-Joseph *Wattrelos*, fille de Louis-Joseph et de Marie-Joseph *Malbrancq*, née à Pont-à-Vendin en 1728, décédée veuve paroisse Saint-Sauveur le 26 juin 1782.

14. — *Charles-Hubert*, bourgeois de Lille par relief du 20 octobre 1732, décédé paroisse Saint-Sauveur le 30 mars 1772, époux de Marie-Joachime *Deleporte*, fille de Piat et de Marie-Claire *Rondain*.

François-Joseph, *Pierre-Joseph*, *Jacques-Joseph*, *Louis-Albert* et *Charles-Hubert* eurent tous une nombreuse postérité, qui se perpétua jusqu'à nos jours ; leurs membres exercèrent les métiers les plus divers : filtier, journalier, tripier, calandreur, cordonnier, perruquier, charbonnier, brouetteur au vin, soldat, etc. ; aucun ne fit fortune et c'est presque toujours à l'hospice ou à l'hôpital général que l'on trouve leurs décès.

SCHÉRER [1]

Armes : *écartelé : aux 1 et 4, d'argent à une demie aigle à deux têtes de gueules, couronnée du même, mouvante de la partition, aux 2 et 3, d'or à un cerf de gueules posé sur une terrasse de sinople, celui du 3 contourné.*

Cette famille est originaire du canton de Thurgau (Suisse) ; on trouve à Neukirch une ferme et un bois qui portaient très anciennement le nom de Schérer. Dès le XIVe siècle cependant, les Schérer allèrent s'établir à Saint-Gall ; l'un d'eux, *Henri*, notaire public de 1376 à 1385, mourut en 1404 ; ses descendants occupèrent dans cette ville les principales fonctions municipales ; quelques-uns furent des religieux de grand mérite, par exemple *Hans-Jacob*, né en 1653, mort en 1733, doyen du clergé de Saint-Gall en 1714, très versé dans la théologie et les belles-lettres, auteur de travaux généalogiques importants, tel que la *Stemmatologia Sangallensis* qui comprend en 27 volumes in-quarto l'état civil de toute la bourgeoisie de la ville jusqu'à la Réforme ; doué d'un caractère assez énergique pour s'être mis à la tête d'une compagnie de grenadiers qui défendait Saint-Gall en 1698. Un arrière-petit-neveu de celui-ci, *Georges-Gaspard*, né en 1757, mort en 1821, fut un prédicateur célèbre.

I. — *Bilgeri* Schérer, fils d'*Henri*, mort aussi en 1404, eut d'Anne *Vogelweider* :

II. — *Christophe* Schérer, mort en 1447, père de :

III. — *Nicolas* Schérer, allié à Élisabeth *Mayer*, fille d'Ulrich, *Ryff von Blidegg*, gouverneur du château d'Andwyll ; dont :

---

[1]. Sources : manuscrit 231 aux Archives départementales du Nord, livre de famille écrit en français et en italien par Diéthelm Schérer.
Wilhelm Tobler Meyer : *Généalogie des Schérer*, dans les *Archives héraldiques suisses*, année 1902 ; cette étude, publiée en allemand et relative seulement à la branche suisse, nous a beaucoup servi.

IV. — *Christophe* SCHÉRER, né en 1495, mort en 1559, époux de Wiborade *Stumpf*, fille du bourgmestre Gaspard, fut membre du grand conseil de Saint-Gall en 1528 et 1546, conseiller en 1528 et 1552, sénateur en 1554, seckelmeister (boursier, trésorier) en 1556, membre du conseil en 1557, trésorier et membre du Conseil de guerre. Sa femme, née en 1499, décédée en 1570, lui donna :

1. — *Gaspard*, qui suit, V.
2. — *Christophe*, allié à Hélène *Schobinger*.
3. — *Ruirberta*, morte célibataire.
4. — *Verena*, épouse de Melchior *Rotimund* ; dont postérité.

V. — *Gaspard* SCHÉRER, né en 1528, mort en 1602, assesseur au grand conseil de Saint-Gall, épousa : 1° en 1556, Élisabeth *Stauder*, fille de Jacques et d'Anna *Peyer*, de Schaffhouse, née en 1537, morte en 1570 ; 2° en 1570, Ursule *Straub*, fille de Sébastien et de N... *Mötteli von Rappenstein* ; d'où :

1. — Du premier lit : *Christophe*, qui suit, VI.
2. — *Barbe*, née en 1560, mariée avec Jacques-Christophe *Crome* ; dont neuf enfants.
3. — *Jacques*, né en 1561, allié à Turin à Béatrice *Bamberti*, dont quatre enfants.
4. — *Gaspard*, né en 1564, tué en Piémont, père de *Jean*, décédé à Milan, de *Suzanne* et d'*Anne-Élisabeth* qui se fixèrent, dit-on, à Amsterdam, et de deux autres enfants morts de la peste.
5. — *Marie*, née en 1565.
6. — *Henri*, qui suivra, VI bis.
7. — Du deuxième lit : *Sébastien*, né en 1572, allié à Verena *Mile* ; dont postérité.
8. — *Daniel*, né en 1573.
9. — *Georges*, né en 1576, époux de Judica *Studerin* ; d'où :
   a. — *Judes*, épouse de Jacques *Schobinger*.
   b. — *Barthélémi*, marié avec N... *Zily*.
   c. — *Jacques*.
   d. — *Gaspard*.
   e. — *Giovannina*.
10. — *Ursule*, née en 1578, alliée à François *Zily*, de Saint-Gall.
11. — *Wyberta*, née en 1582, laquelle épousa : 1° Melchior *Scherb* de Bischofsell ; 2° Ambroise *Schlumpf* de Saint-Gall.
12. — *Léonard*, né en 1585, marié avec Anna *Zily* ; d'où une fille.

VI. — *Christophe* Schérer, né à Saint-Gall en 1558, mort en 1635, assesseur au grand conseil de Saint-Gall en 1610, épousa, le 6 mai 1584, Anna *Hegner*, fille de Diéthelm et de Suzanne *Crome*, née en 1566, morte en 1628, d'une ancienne famille de Wintherthur, anoblie en 1492, qui portait dans ses armoiries un hérisson ; dont :

1. — *Jean-Jacques*, né en 1585, allié à Dorothée *Zily*, dont : *Jacques-Christophe*. De ce dernier descend *Hans-Jacob*, religieux dont nous avons déjà parlé ; et cette branche s'éteignit en 1821 dans la personne de *Georges-Gaspard*, prédicateur célèbre.

2. — *Suzanne*, née en 1587, morte jeune.

3. — *Christophe*, né en 1588, marié à Abigal *Zily*, dont un fils : *Christophe*.

4. — *Diéthelm*, né en 1590, mort jeune.

5. — *Gaspard*, né en 1592, mort jeune.

6. — *Gaspard-Jean*, né en 1594, allié à Amsterdam à Élisabeth *di Poatte*, dont il eut quatre enfants, parmi lesquels *Gaspard*, mort en 1642.

7. — *Suzanne*, née en 1595, mariée à Zurich, avec Jean-Gaspard *Crys*.

8. — *Diéthelm*, chef de la branche lilloise.

9. — *Ursule*, née en 1598, alliée à Pierre N...

10. — *Élisabeth*, née en 1600, alliée, à Zurich, à Jacques *Bodino*.

11. — *Jean-Rodolphe*, né en 1602, mort jeune à Genève.

12. — *Barbe*, née en 1604, morte jeune.

13. — *Jean-Henri*, né en 1605.

14. — *Marguerite*, née en 1607, épouse de Jacques *Reonir*.

15. — *Anne*, née en 1610.

16. — *Anne*, née en 1611, alliée à Léon-Lorenzo *Zollikofer*.

VI bis. — *Henri* Schérer, né en 1567, mort en 1618, épousa : 1° en 1596, Cléophée *Schaienweiler*; 2° en 1604, Catherine *Spengler*, d'une famille de Saint-Gall anoblie en 1598 ; dont :

1. — Du premier lit : *Gaspard*, qui suit, VII.

2. — Du second lit sept enfants, parmi lesquels : *Gaspard*, allié à N... *Mennart*, fille de Gaspard.

VII. — *Gaspard* Schérer, né en 1598, mort en 1677, épousa, en 1633, Marie *Mannhard*; d'où :

VIII. — *Gaspard* Schérer, né en 1637, mort en 1713, juge de la ville de Saint-Gall en 1692, épousa Sara *Locher*, d'une famille noble de Saint-Gall ; il obtint par lettres, datées de Vienne le 11 décembre 1713, confirmation de noblesse accordée à sa famille en 1646 par Ferdinand III ; un arrêté du grand conseil de Saint-Gall confirma aussi cet acte le 22 juillet 1715. Il eut :

IX. — *Henri* Schérer, né en 1672, mort à Lyon en 1736, épousa à Genève, en 1714, Marguerite *Högger de Bignan*, fille de Daniel Högger, comte de Bignan, et de Salomé *Rietman* ; d'où :

1. — *Daniel*, qui suivra, X bis, après son frère *Gaspard*, pour que la descendance soit plus facile à suivre.

2. — *Marie-Salomé*, née à Bignan en 1721, morte à Rolle en 1797, mariée, en 1742, avec Jean-Daniel *von Fingerlin*, fils de Guy, patricien d'Ulm et d'Augsbourg, et de Catherine *Albrecht* ; dont :

    a. — *Gaspard-Daniel von Fingerlin-Bischingen*, né en 1743, mort à Constance en 1813, allié, en 1774, à sa cousine Ursule *Schérer*, fille de Daniel et de Dorothée *Zollikoffer* ; dont postérité.

3. — *Gaspard-Henri*, qui suit, X.

X. — *Gaspard-Henri* Schérer, né à Lyon en 1728, marié, en 1753, avec Dorothée *Zollikoffer*, fille de N... et de Marie-Félicité *Zollikoffer*, née en 1735 ; dont :

1. — *Ursule*, mariée, en 1774, avec son cousin germain Gaspard-Daniel *von Fingerlin-Bischingen*.

2. — *Daniel-Henri*, qui suit, XI.

3. — *Marguerite-Marie-Salomé*, née en 1762, décédée célibataire à Lindau en 1798.

XI. — *Daniel-Henri* Schérer, né en 1760, mort à Cotterets en 1816, épousa, en 1787, Marguerite-Louise *Marcuard*, de Berne, veuve de N... *Cottier* ; dont :

XII. — *Eugène-Rodolphe-Henri* Schérer, né en 1788, mort à Paris en 1821, se maria, en 1812, avec Marie-Nicole *Hubbard*, fille de Nicolas et de N... *Vandevelde* ; d'où :

1. — *Marie-Henriette-Estelle*, née en 1813, mariée, en 1830, à Paris, avec le banquier Horace *Mallet*.

2. — *Henri-Nicolas-Eugène*, né en 1814, ingénieur des ponts et chaussées en France [1].

3. — *Henri-Adolphe-Edmond*, qui suit, XIII.

---

1. Un de ses descendants : *Georges* Schérer, ingénieur des mines, épousa à Paris, le 16 octobre 1906, Henriette *Brincourt*, fille du général.

XIII. — *Henri-Adolphe-Edmond* SCHÉRER, né à Paris le 8 avril 1815, étudia la théologie en Angleterre et à Strasbourg, devint en 1845 professeur d'exégèse à Genève où il rédigea jusqu'en 1848 *La Réformation au XIXe siècle*. D'abord calviniste orthodoxe, il changea ensuite d'opinion, influencé tantôt par Vinet, tantôt par Hégel; ces vicissitudes lui firent abandonner volontairement sa chaire en 1849. Il rédigea avec Colani la *Revue de Strasbourg* et écrivit pour elle à Genève la *Bibliothèque universelle*. Il se fixa à Versailles en 1860 et devint l'un des chefs du mouvement libéral dans l'Église française protestante. Collaborateur au *Temps*, il devint en 1871 membre de l'Assemblée nationale, puis en 1875 sénateur inamovible. Il siégea en cette qualité au centre gauche, vota l'article 7 en 1880, mais se prononça contre l'expulsion des princes [1]. Il mourut célibataire à Versailles le 16 mars 1889.

On a de lui:

Prolégomènes à la dogmatique de l'église réformée; La critique et la foi; Alexandre Vinet, sa vie, ses écrits; Lettres à mon curé; Mélanges d'histoire religieuse; Études critiques sur la littérature contemporaine.

X bis. — *Daniel* SCHÉRER, né en 1716, épousa, en 1740, Suzanne-Catherine *Zollikofer von Ober-Castell*, fille de Daniel-Hermann et de Dorothée *von Breitenlandenberg*; d'où:

1. — *Daniel-Hermann*, né en 1741, mort en 1820, allié à Hambourg, en 1777, à Henriette *d'Hogguer*, dame du chapitre noble Wadstena en Suède, fille de Daniel, baron d'Hogguer, membre des États de Suède et d'Henriette *de Mauclerc*, née en 1756, morte à Saint-Gall en 1805. Daniel-Hermann acheta en 1791, pour 265.000 florins, du lieutenant Samuel Tobler, le château d'Ober-Castell qui avait appartenu aux Zollikofer. Il n'eut qu'une fille: *Albertine-Dorothée*, née en 1786, morte à Castell en 1866, alliée à son cousin Jean-Philippe-Adrien *Schérer*. (cf. *infra*).

2. — *Maria-Salomé*, née en 1742, décédée à Yverdon en 1794, mariée en 1761, à Genève, avec Pierre *Boissier*.

3. — *Jacques-Christophe*, qui suit, XI.

4. — *Barbe-Théodore*, décédée célibataire à Castell en 1823.

---

1. Sur son rôle politique, consulter le *Dictionnaire des Parlementaires* de ROBERT, tome V, page 284.

5. — *Jean-Jacques*, né en 1756, mort en 1832; Il combattit en 1793 comme major dans l'armée du Roi contre les troupes de la Convention, mais la Terreur sévissant à Lyon, il quitta cette ville avec ses deux frères et se fixa à Saint-Gall où ils fondèrent tous trois la banque Schérer, bientôt florissante. Jean-Jacques Schérer resta célibataire et rendit de grands services à la ville et au canton de Saint-Gall comme président de la Chambre de commerce, conseiller municipal et membre du grand conseil cantonal.

6. — *Marie-Marguerite*, née en 1761, morte en 1815, mariée à Jean-Henri *von Fingerlin-Bischingen*, frère de Gaspard-Daniel.

XI. — *Jacques-Christophe* Schérer, né en 1745, mort en 1827, épousa, en 1782, Jeanne-Adrienne-Élisabeth-Amélie *Gaillard de Grandclos*, fille d'Abraham Bernard, sr de Grandclos, Bellestruches, et d'Anne-Philis *Cannac de Saint-Léger*, née en 1766, morte au château d'Ober-Castell en 1847; d'où :

1. — *Jean-Philippe-Adrien*, qui suit, XII.
2. — *Clarisse-Sophie-Louise*, née en 1785, alliée, en 1804, à Jean-Diétrich *Zollikofer von Altenklingen*, fille de Jean-Diétrich et d'Anne-Marie *Romer*, né à Zurich, mort en 1836.
3. — *Charles-Émile-Henri*, né en 1791, lieutenant-colonel d'état-major suisse, puis président de la Chambre de commerce et conseiller municipal de Saint-Gall. Il épousa : 1° en 1817, Christine-Catherine *Rausch*, de Schaffhouse, née en 1795 dans les colonies hollandaises; 2° en 1865, Adélaïde-Jeanne-Marie *von Winterfeld de Stettin*. Il passa les dernières années de sa vie à Vevey et n'eut pas de postérité.

XII. — *Jean-Philippe-Adrien* Schérer, né à Bellestruches en 1783, mort à Dusseldorf en 1835, lieutenant-colonel suisse, membre du grand conseil cantonal de Saint-Gall, se maria, en 1808, avec sa cousine Albertine-Dorothée *Schérer*, née en 1786, morte à Castell en 1866; dont :

XIII. — *Iwan-Henri-Max* Schérer, né en 1815, épousa à Cologne, en 1843, la comtesse Marie-Anne *von Kœnitz*, fille d'Auguste, lieutenant général de l'armée prussienne, et de Louise *von Schulembourg-Beetzendorf*, née en 1817, morte en 1889. Iwan Schérer mourut à Rome le 22 février 1848, laissant :

1. — Une fille, morte en 1847, l'année de sa naissance.
2. — Un fils posthume, qui suit, XIV.

XIV. — *Adrien-Auguste-Gonzalve-Maximilien* Scherer, né en 1848, dit le baron Max, mourut sans alliance le 10 mai 1901. Il avait acheté le château de Rapperswyl, dont les jardins dominent le lac de Zurich. Par son testament, il laissa plusieurs sommes d'argent à des œuvres de bienfaisance. Les châteaux de Castell, de Rapperswyl et le reste de ses biens passèrent à Walther von Stockar, de Zurich, fils aîné de son ami et parent éloigné, Armin von Stockar, ou à son défaut aux deux fils de celui-ci, Éric et Armin ; à la condition toutefois que le château de Castell serait inaliénable et que la famille von Stockar s'appellerait Stockar-Schérer et porterait les armes des Schérer [1].

NON RATTACHÉE

Henriette Schérer, morte à Paris le 14 avril 1848, mariée : 1° le 10 mai 1811, avec Claude-Just-Alexandre *Legrand*, fils de Claude et de Marie-Madeleine *Minot*, né au Plessier-sur-Saint-Just (Oise) le 23 février 1762, général de division, membre du Sénat conservateur en 1813, pair de France, comte de l'Empire, veuf de Jeanne *Vesco*, décédé à Paris le 8 janvier 1815 ; 2° avec le comte *Joly de Fleury* ; dont postérité.

BRANCHE LILLOISE

VII bis. — *Diethelm* Schérer, né à Saint-Gall le 9 janvier 1597, officier au service d'Espagne pendant la Guerre de trente ans, se convertit à l'Église romaine catholique. M. Tobler Mayer dit qu'il fut fait chevalier de l'ordre pontifical de l'Éperon d'or, mais les premiers actes où nous le trouvons cité à Lille ne disent rien de ses antécédents ; il paraît avoir été marchand et avoir vécu assez simplement, au point qu'il sollicita la permission de brasser sa bière lui-même. Il acheta la bourgeoisie de Lille le 3 octobre 1626 et fut anobli par l'empereur Ferdinand III le 16 juillet 1646. Il épousa à Saint-Maurice, le 20 juin 1635, Catherine *Le Chire*, fille de

---

1. La famille *Stockar*, originaire de Constance, s'établit ensuite à Schaffhouse, puis à Zurich ; elle fut anoblie en 1501 par Maximilien Ier en la personne d'Alexandre von Stockar. Armin Stockar, né en 1839, et ses fils : Walther, né en 1878, Éric, né en 1880, et Armin, né en 1888, obtinrent de s'appeler von Stockar-Schérer-Castell par délibération du Conseil de régence de Zurich en date du 5 avril 1902 (cf. *Archives héraldiques suisses*, 1902 ; n° 3, pages 81 à 84).

Jean et d'Élisabeth *Persant*, née le 18 décembre 1616, morte le 12 octobre 1648; dont :

1. — *Henri*, baptisé à Saint-Maurice le 1ᵉʳ avril 1636, mort le 28 septembre 1678.

2. — *Jean-Baptiste*, baptisé à Saint-Maurice le 19 novembre 1637, décédé le 27 avril 1648.

3. — *Pierre-Diéthelm*, baptisé à Saint-Maurice le 6 août 1639, étudiant en droit à Douai, mort dans cette ville le 15 mai 1659, et enterré dans la chapelle Notre-Dame à Saint-Jacques.

4. — *Jean*, baptisé à Saint-Maurice le 29 mai 1641.

5. — *Guillaume-Eubert*, qui suit, VIII.

6. — *Marie-Élisabeth*, baptisée à Saint-Maurice le 30 janvier 1645, morte le 12 février 1739 et enterrée le 15 à Sainte-Catherine, vis-à-vis la chapelle Notre-Dame de Paix. Elle épousa Gilles *Percourt*, fils de Mathias et d'Antoinette *Bave*, baptisé à Sainte-Catherine le 24 novembre 1644, bourgeois de Lille par relief du 4 octobre 1669, mort le 3 septembre 1709; dont postérité.

7. — *Claire*, baptisée à Saint-Maurice le 5 octobre 1646.

8. — *Marie-Brigitte*, baptisée à Saint-Maurice le 11 octobre 1648, enterrée à Saint-Pierre le 27 septembre 1690, alliée à Saint-Maurice, le 17 novembre 1670, à Jean-Baptiste *Cardon*, sʳ du Fermont, fils de Gilles et de Françoise *Fruici*, baptisé à Saint-Maurice le 20 avril 1637, bourgeois de Lille par relief du 25 octobre 1665, veuf de Marguerite-Françoise *du Forest*, décédé le 2 août 1701; dont postérité.

VIII. — *Guillaume-Eubert* Schérer, écuyer, sʳ de Scherbourg, Tourmignies, baptisé à Saint-Maurice le 18 février 1643, bourgeois de Lille par relief du 31 mars 1675, confirmé dans sa noblesse le 16 mai 1710 par les États généraux des Provinces Unies, mort le 25 août 1720; épousa à Saint-Maurice, le 13 février 1675, Marie-Catherine *Ricourt*, fille de Sébastien et de Marie *Lefebvre*, née le 18 octobre 1653, morte le 13 mai 1699; d'où :

1. — *Eubert-Joseph*, baptisé à Saint-Maurice le 6 janvier 1676, mort le 25 janvier 1677.

2. — *Henri-Joseph*, baptisé à Saint-Maurice le 14 septembre 1677, décédé le 22 septembre 1694.

3. — *Gabriel-Eubert*, qui suit, IX.

4. — *Catherine-Thérèse*, baptisée à Saint-Maurice le 3 février 1682, alliée à Saint-Étienne, le 12 mai 1709, à Jean-Baptiste *Moreel*, fils de Jean-Charles et de Marie *François*, baptisé à Saint-Étienne

le 6 août 1681, négociant, bourgeois de Lille par relief du 29 juillet 1709, mort paroisse Saint-Étienne le 14 février 1747; dont postérité.

5. — *Pierre-Diéthelm*, baptisé à Saint-Maurice le 14 décembre 1683.

6. — *Marie-Josèphe*, baptisée à Saint-Maurice le 15 mai 1686, inhumée le 13 juin 1759 dans la chapelle des Carmes déchaussés.

7. — *Caroline-Françoise*, baptisée à Saint-Maurice le 20 décembre 1688, religieuse.

8. — *Théodore-François-Diéthelm*, baptisé à Saint-Maurice le 17 septembre 1691.

9. — *Artus-Joseph*, décédé paroisse Saint-Maurice le 26 mars 1696.

10. — *Roland-Joseph-Diéthelm*, qui suivra, IXbis.

11. — *Marie-Henriette*, baptisée à Saint-Étienne le 27 août 1698, morte le 12 janvier 1771 et enterrée le 13 dans le chœur de Saint-Maurice.

IX. — *Gabriel-Eubert* Schérer, chevalier, s^r de Scherbourg, Laprée, baptisé à Saint-Maurice le 19 août 1679, bourgeois de Lille par relief du 16 mai 1708, créé chevalier par Philippe V le 16 mai 1710, enterré à Sainte-Catherine, dans la chapelle de Notre-Dame de Tongres, le 14 janvier 1766; épousa à Saint-Étienne, le 17 octobre 1707, Isabelle-Catherine *Carpentier*, fille d'Anselme et de Marie-Jeanne *Le Gentil*, née le 6 août 1682, décédée le 10 février 1742; d'où :

1. — *Eubert-Guillaume-Joseph*, baptisé à Saint-Jacques de Douai le 20 août 1708.

2. — *Marie-Anne-Joseph*, baptisée à Saint-Étienne le 2 novembre 1709, morte paroisse Sainte-Catherine le 2 mai 1791 et enterrée à Seclin.

3. — *Gabriel-Eubert-Joseph*, qui suit, X.

4. — *Charles-Marie-Joseph*, chevalier, s^r de Ricarmez, baptisé à Saint-Étienne le 4 novembre 1712, mort paroisse Sainte-Catherine le 24 juin 1733, et inhumé dans cette église.

X. — *Gabriel-Eubert-Joseph* Schérer, chevalier, s^r de Scherbourg, Tourmignies, baptisé à Saint-Étienne le 28 novembre 1710, bourgeois de Lille par relief du 22 mars 1746, inscrit au rôle des nobles de Flandre par ordonnance du 25 novembre 1745, échevin de Lille, décédé paroisse Saint-Pierre le 12 mars 1787; épousa dans cette église, le 21 septembre 1745, Marie-Alexandrine *Hespel*, dame de

Vendeville, fille de Jean-Baptiste et de Marie-Isabelle-Hyacinthe *Bridoul*, baptisée à Saint-Pierre le 3 juin 1715, y décédée le 14 juin 1781 ; dont :

1. — *Marie-Amélie*, baptisée à Sainte-Catherine le 9 août 1746, inhumée, le 8 janvier 1747, dans la chapelle de Notre-Dame de Tongres en cette église.

2. — *Alexandre-Joseph*, qui suit, XI.

3. — *Louis-Henri-Marie-Joseph*, chevalier, baptisé à Sainte-Catherine le 5 mai 1749, mort célibataire, paroisse Saint-Pierre, le 18 avril 1790, et enterré à Seclin.

XI. — *Alexandre-Joseph* Stucker, chevalier, s^r de Scherbourg, Ricarmez, Vendeville, né à Tourmignies le 3 juillet 1747, bourgeois de Lille par relief du 7 août 1770, mort à Douai le 30 juin 1790, écrasé par la chute d'une planche qui tomba du beffroi, enterré le 1er juillet à Seclin; épousa à Saint-Pierre de Lille, le 8 janvier 1770, Élisabeth-Françoise-Pélagie *Percourt*, fille de Gilbert-François, écuyer, et de Charlotte-Thérèse *Lefebvre*, née le 29 juillet 1750, morte le 7 octobre 1827. Elle se réfugia à Seclin pendant la Révolution avec sa fille *Julie* et fut cependant portée sur la liste des émigrés ; elle n'en fut rayée que le 9 fructidor an IX ; dont :

1. — *Louis-Alexandre-Joseph*, qui suit, XII.

2. — *Eubert-Marie-Joseph*, chevalier, s^r de Vendeville, baptisé à Saint-Pierre le 16 janvier 1773, enseigne aux gardes wallonnes le 27 février 1794, enseigne de grenadiers le 5 mars 1795, sous-lieutenant le 5 août 1795, fit plusieurs campagnes contre la Révolution et devint lieutenant-colonel ; il mourut sans enfants le 24 février 1856. Il avait épousé, le 19 mai 1829, Henriette-Thérèse-Gabrielle *Quecq de Sevelingue*, fille de Jean-Baptiste-Gabriel-Joseph, chevalier, ancien trésorier de France, et de Thérèse-Joseph *de Savary du Gavre*, née le 19 avril 1788, morte le 16 septembre 1865.

3. — *Marie-Pélagie-Julie*, baptisée à Saint-Pierre le 2 juillet 1774, morte le 30 juillet 1839, mariée le 1er brumaire an XIV, à Lille, avec Romain-Joseph *Potteau de la Chaussée*, écuyer, fils de Denis-Joseph-Marie et de Marie-Françoise-Joseph *Aronio*, baptisé à Sainte-Catherine le 19 février 1768 ; dont postérité.

4. — *Eugène-Joseph-Henri*, baptisé à Sainte-Catherine le 7 avril 1776, mort le 14 juin 1857.

5. — *Élisabeth-Henriette*, baptisée à Sainte-Catherine le 9 février 1782, morte le 16 décembre 1838.

XII. — *Louis-Alexandre-Joseph* Schérer de Scherbourg, chevalier, sr de Tourmignies, baptisé à Saint-Pierre le 26 août 1771, mort le 16 septembre 1847, épousa Marie-Sophie-Rosalie *de Surmont de Bersée*, fille de Philippe-Jacques-Joseph, écuyer, sr de Bersée, et de Marie-Sabine-Joseph *de Madre*, baptisée à Saint-André le 24 décembre 1784, décédée le 10 mai 1860; dont :

1. — *Émile-François-Philippe-Joseph*, qui suit, XIII.
2. — *Alix-Élisabeth-Antoinette-Josèphe*, sœur jumelle du précédent, née le 16 mai 1809, morte le 19 janvier 1868, mariée à Lille, le 29 septembre 1830, avec Henri-Alexandre-Louis *de Ranst de Berckem*, écuyer, fils de Charles-Marie-Georges-Joseph et de Valentine-Antoinette *Jolly de la Viéville*, né à Roquetoire le 13 août 1804, mort à Paris le 20 août 1866 ; dont deux fils.

XIII. — *Émile-François-Philippe-Joseph* Schérer de Scherbourg, né le 16 mai 1809, mort à Lille le 14 juin 1899, épousa dans cette ville, le 5 novembre 1851, Adélaïde-Marie *d'Hespel de Flencques*, fille de Félix-Séraphin et d'Adélaïde-Philippine *de Genevières*, née le 23 novembre 1829, morte le 16 juillet 1889 ; d'où :

1. — *Madeleine-Marie-Adélaïde-Joseph*, née le 2 juin 1853, mariée à Lille, le 31 juillet 1877, avec Ferdinand-Alexandre *Le Vaillant de Jollain*, fils de Louis-Alexandre-Xavier-Alfred, écuyer, et de Céline-Françoise-Augustine *Ysebrant de Lendonck*, né le 26 août 1852 ; dont postérité.
2. — *Isabelle-Marie-Joseph*, née le 4 septembre 1854, mariée à Lille, le 15 mai 1879, avec Anatole-Maurice *Grenet de Florimond*, fils de Victor, écuyer, et de Sophie-Anne-Thérèse *Béthune*, né à Verquin le 14 juin 1846 ; dont postérité.
3. — *Denyse-Eugénie-Joseph*, née le 29 décembre 1856, alliée à Lille, le 12 avril 1883, à Fernand-Paul *de Vicq*, fils de Camille-Léon, écuyer, et d'Agathe-Alexandrine *Quecq d'Henripret*, né à Lille le 17 octobre 1852 ; sans enfants.
4. — *Raphaël-Adolphe-Henri*, né à Lille le 4 février 1863, mort à Pau le 24 novembre 1903 et enterré à Tourmignies, marié à Outrebois (Somme), le 22 avril 1902, avec Marguerite-Marie-Georgine-Henriette-Joséphine *Barbier de la Serre*, fille d'Amaury-Raphaël-Alexis, écuyer, et de Marie-Louise-Eugénie *Mélin de Vadicourt*, née à Occoches le 8 mai 1876 ; sans postérité.

IX bis. — *Roland-Joseph-Diéthelm* Schérer, chevalier, baptisé à Saint-Maurice le 25 janvier 1694, bourgeois de Lille par relief du

21 février 1722, fut pourvu d'une curatelle le 11 avril 1740, sur la plainte de ses frères; le curateur devait « employer deux cinquièmes des revenus à l'entretien des quatre enfants du premier lit, et trois cinquièmes audit Roland à raison de six florins par semaine, déduction faite des frais nécessaires : loyers, vingtièmes, capitation, réparations. » Roland Schérer alla alors s'établir à Aumale, en Normandie, après avoir placé ses fils en pension aux Hermites d'Houplines, mais, quelques années plus tard, il se fixa définitivement à Ronchin dans une petite propriété qui lui appartenait ; il y fut enterré le 26 avril 1769. Il avait épousé : 1º à Saint-Piat de Tournai, le 21 avril 1721, Antoinette *Madou*, fille de Jean-Baptiste, sr de Grosbrecq, et d'Éléonore *Le Terre*, baptisée à Saint-Brice de Tournai le 4 juillet 1699, décédée avant 1730 ; 2º à Saint-Étienne de Lille, le 6 octobre 1736, Catherine-Joseph *Dubois*, fille de Pierre-Martin et d'Albertine *Le Clercq*, baptisée à La Madeleine le 29 mars 1713 ; d'où :

1. — Du premier lit : *Roland-Joseph*, né en janvier 1722, enterré le 24 avril 1744 à Sainte-Catherine, dans la chapelle Notre-Dame de Tongres.

2. — *Pierre-Charles-Joseph*, baptisé à Saint-Étienne le 19 décembre 1722, mort à Ennetières-en-Weppes le 28 novembre 1812, célibataire.

3. — *Gabriel-Joseph*, qui suit, X.

4. — *Marie-Élisabeth-Antoinette-Joseph*, baptisée à Saint-Étienne le 30 juin 1725, décédée paroisse Saint-Maurice le 22 janvier 1729.

5. — *Nicolas-Joseph*, baptisé à Saint-Maurice le 6 juillet 1726, mort célibataire à Ronchin le 15 fructidor an II.

6. — *Pierre-Diéthelm*, baptisé à Saint-Maurice le 7 octobre 1728.

7. — Du second lit : *Nicolas-Joseph-Diéthelm*, baptisé à Sainte-Catherine le 24 septembre 1737, mort célibataire à Ennetières-en-Weppes le 26 vendémiaire an VII [1].

8. — *Scholastique-Josèphe*, baptisée à Sainte-Catherine le 29 novembre 1740.

9. — *Henriette-Louise*, née à Aumale en 1748, morte à Ennetières-en-Weppes le 30 décembre 1814 ; mariée avec André-Joseph *Morel*, fils de Jean-Baptiste et de Barbe-Thérèse *Delepaul*, baptisé à Saint-

---

[1] Pierre, Charles, Gabriel, Nicolas et Nicolas-Diéthelm furent inscrits au rôle des nobles de Flandre, par ordonnance du 12 juin 1769.

Maurice, à Lille, le 19 novembre 1752, cultivateur, mort à Ennetières-en-Weppes le 31 octobre 1823; dont postérité.

X. — *Gabriel-Joseph* SCHÉRER, chevalier, baptisé à Saint-Étienne le 30 juin 1723, mort à Ronchin le 7 ventôse an XIII, épousa Julie-Joseph *Le Boucq de Carnin*, fille de Louis-François, écuyer, s^r de Lassus, et de Marie-Anne-Joseph *d'Hennin*, baptisée à Blandain le 28 février 1754, morte à Ronchin le 16 germinal an III; d'où :

XI. — *Alexandre-Joseph* SCHÉRER, chevalier, marié après 1795 avec Charlotte-Catherine *Fournier*, dont il eut :

1. — *Augustin-Désiré-Joseph*, né à Ronchin le 18 vendémiaire an XII; nous ne savons ce qu'il est devenu.

NON RATTACHÉS.

Marie-Claire SCHÉRER, fille de *Balthazar* et de Marie-Ursule *Clondrin*, baptisée à Saint-Maurice le 11 août 1704.

Thomas-Barthélemi SCHÉRER, fils de *Gaspard* et de Marie-Julie *Vichmenin*, baptisé à Saint-Maurice le 24 août 1706.

Marie SCHÉRER, fille de *Corneille*, baptisée à Saint-Étienne le 26 janvier 1607.

1646, 30 avril. — *Requête de Diethelm Schérer au Magistrat de Lille.*

A Messieurs, Messieurs les Mayeur, Eschevins et Conseil de ceste ville.

Remonstre humblement *Diethelm Scherer*, vos bourgeois et marchans demeurant en ceste dicte ville, que pour la prouvision de forte et petite bierre pour son mesnaige il désireroit de brasser lors et faict à faict quy en auroit de besoing, en déclarant la brasserie et en faisant rapport, payer les droictz pour ce deuz et en soy conformant aux ordonnances sur ce édictées. Pourquoy il se retire vers Vos Seigneuries les supplians luy vouloir accorder ce que dessus.

Au marge : Messieurs accordent au remonstrant ce qu'il requiert à charge de soy conformer aux ordonnances.

Fait en halle le dernier d'apvril 1646. Moy présent. J. DELESAUCH.

Archives communales de Lille, Registre aux requêtes et visites de maisons, coté Q, f° 198 v°.

1646, 10 juillet. — *Lettres d'anoblissement accordées à Diethelm Scherer.*

Nous Ferdinand IIIme, par la grâce de Dieu élu empereur romain toujours auguste Roy de Germanie, etc., certifions publiquement pour nous et pour nos successeurs à l'Empire comme aussy à notre louable maison d'Autriche et à tous nos autres roiaumes héréditaires, principautez et états et sçavoir faisons à tous : bien que nous soions portez, par notre puissance et autorité impérialle dans laquelle Dieu tout puissant, par sa bonté paternelle, nous a mis, d'avoir des égards favorables pour l'accroissement d'honneur et de qualité de tous nos fidels sujets, de ceux de l'Empire et de nos roiaumes héréditaires, principautez et états, notre cœur impérial se trouve néanmoins particulièrement touché et incliné de répandre nos grâces sur ceux dont les ancestres et qui eux mêmes sont issus d'ancienne, honete et bonne famille et qui ont eu toujours une attention particulière de vivre noblement et avec vertu et qui par leur fidelle obéissance nous sont inviolablement attachez aussy bien qu'au Saint Empire et à notre louable maison d'Autriche, afin d'augmenter d'honneur et de dignité leur nom et condition en leur accordant nos grâces impériales et autres privilèges et prérogatives, aiant donc favorablement considéré et examiné l'honesteté, la preudhommie, les bonnes et nobles mœurs, la vertu et la prudence, desquelles a été loué devant notre majesté impérialle notre bien aimé et féal *Diethelm Scherer*, comme aussy les bons fidelles et volontaires services que ses ancestres ont rendus en toutes rencontres à nos prédécesseurs à l'Empire, les Empereurs romains, roys et à notre louable maison d'Autriche tant en tems de paix qu'en tems de guerre contre l'ennemi commun du nom chrétien et ailleurs, desquels il a suivi l'exemple, se trouvant encore actuellement à la guerre au service du Roy d'Espagne et s'offrant de rendre encore par la suite dans les occasions qui se présenteront ses très humbles services à nous, au Saint Empire et à notre louable maison d'Autriche comme il peut et doit faire. Sur ce, avons avec meure délibération, bon conseil, par une grâce particulière, accordé le privilège de noblesse audit *Diethelm Scherer*, à ses légitimes héritiers et à leurs légitimes descendans tant mâles que femelles; les élevant à l'état de notre noblesse de l'empire, de nos royaumes héréditaires, principautez et états en qualité de chevalier bannerets, les anoblissons, associons et aggrégeons à la communion et participation de la noblesse comme s'ils étoient issus des deux costez tant paternel que maternel en droite ligne de chevaliers, véritablement nobles et bannerets par quattre générations ; et pour plus grand témoignage et en mémoire de cette notre grâce et élévation à l'état de noblesse, nous avons bénignement permis et favorisé ledit *Diethelm Scherer*, ses légitimes héritiers et leurs légitimes descendans tant males que femelles, de porter doresenavant et de se servir pour toujours des armoiries et des marques de noblesse comme il est cy après marqué, c'est-à-dire un écusson *écartelé au premier et quattrième d'argent à un simple aigle deploié de gueules lampassé armé et couronné de même, au deuxième et troisième, d'or au cerf de gueules rampant, ramé et lampassé de même posé sur une montagne de sinoples*, l'écu timbré d'un casque d'acier ouvert de front, orné de lambrequins d'argent et de gueule par la gauche et d'or et de gueule par la droite, sommé d'une couronne royale d'or à l'antique surmonté d'un cherf naissant de gueule ramé et lampassé de même posé entre deux cornes de buffle tournées en dehors coupées la première de gueule et d'or et le second d'argent et de guéule, ainsy que lesdites armoiries et marques de noblesse avec leurs ornemens se trouvent peints et dessinez avec leurs couleurs naturelles au milieu de nos présentes lettres de noblesse, faisons et donnons audit *Scherer* cette grâce et privilèges, l'élevons et le mettons dans les prérogatives et au rang de noblesse, l'annoblissons, l'associons et le joignons à l'assemblée, compagnie et familiarité de nos véritables chevaliers banneretz tant du Saint Empire que de nos roiaumes héréditaires principautez et autres états, luy permettons, donnons et accordons aussy de porter et de se servir comme dit est desdites armoiries en vertu de notre pleine puissance impériale et de ces lettres patentes voulons et désirons que doresenavant le susmentionné *Scherer*, ses héritiers légitimes et leurs légitimes descendans tant males que femelles, soient à toujours resputez pour de véritables nobles et chevaliers banneretz, qu'ils soient pour tels reconnus, nommez et écrits en tout et par tout dans toutes les affaires et occurences ecclésiastiques et séculières et qu'ils soient capables et dignes de jouir de toutes grâces, honneurs, dignitez, privilèges, libertez, droits, justices, vieux saluts et bonnes coutumes, de posséder des bénéfices dans les églises cathédralles, de prendre et d'accepter de grands ou médiocres employs et fiefs, de tournoyer avec nos autres véritables nobles chevaliers du Saint Empire de nos royaumes héréditaires principautez et états, de posséder avec eux des fiefs et autres droits, de porter sentence et rendre justice dans de semblables choses et autres affaires de noblesse quelconques judiciellement ou extrajudiciellement, les déclarans pour cela capables et dignes et à cet effet ils doivent et peuvent se servir des armes nobles susdites dans toutes les affaires d'honneur, de droiture, de noblesse et d'exercice de chevaliers soit en jeux soit sérieusement en querelles, combats, assauts, batailles, tournois, jeux de chevaliers, marches, campemens, bannières, guidons, étendars, tentes, cachets, joyaux, enterremens, peintures et dans tous les autres endroits et lieux selon leur honneur besoin volonté et bon plaisir ainsy que tous les autres véritables nobles et chevaliers banneretz du Saint Empire de nos royaumes héréditaires principautez et états en jouissent ; avons en outre bénignement accordé et permis audit *Diethelm Scherer*, à ses légitimes héritiers et leurs légitimes descendans des deux costez tant paternel que maternel, que doresnavant et à perpétuité ils se puissent nommer et écrire de Scherbourg, tant envers nous qu'envers nos successeurs et tous autres quelconques de quelque qualité dignité ou condition qu'ils puissent être, dans leurs discours, écrits, titres, seaux, cachets, négociations, correspondance et affaires sans réserves ny exception qu'il leur soit donné ce titre de tous et par tout dans toutes les affaires spirituelles et temporelles, qu'ils soient resputez, nommez et qu'il leur soit écrit en cette conformité d'un chacun sans empeschement quelconque ; sur ce ordonnons sérieusement et en vertu des présentes à tous Électeurs, princes, prélats réguliers et séculiers, comtes, barons, seigneurs chevaliers, gens de guerre, mareschaux et capitaines des provinces, baillifs, capitaines, vice domes, gouverneurs, prévosts, tuteurs, administrateurs, juges, bourgmaitres, eschevins, conseillers, censeurs d'armoiries, hérauts d'armes, bourgeois, communautéz et à tous nos autres fidels sujets du Saint Empire de nos royaumes héréditaires principautez et états de quelque qualité ou condition qu'ils puissent être, et voulons qu'ils n'empêchent aucunement ledit *Diéthelm Scherer de Scherbourg*, ses légitimes héritiers et leurs légitimes descendans, de jouir pour le présent et à perpétuité de cette notre grâce tant pour ce qui regarde lesdites armoiries que pour ce qui concerne les autres libertez, privilèges, droits, prérogatives et avantages, ains au contraire de les en laisser paisiblement jouir comme susdit est, de ny contrevenir nullement ny permettre que d'autres y apportent obstacle en aucune manière ou façon que ce soit et cela à peine de notre disgrâce et punition impériale et d'une amende de cincquante marcs d'or pour tous ceux qui oseront être réfractaires à cette notre volonté dont la moitié sera appliquée à notre profit dans notre chambre impériale et l'autre au susnommé *de Scherbourg*, à ses légitimes héritiers et leurs légitimes descendans, sans pourtant que tout cecy puisse préjudicier à ceux qui par cy devant auroient pu obtenir de nous de semblables grâces, lettres de noblesse, prérogatives et armoiries. En foy de quoy nous avons fait apposer aux présentes lettres notre scel impérial. Donné en notre chateau de Linz le dixième de juillet l'an de la nativité de notre Seigneur et sauveur J.-C. mil six cens et quarante six, de notre empire romain le dix, de notre règne d'Hongrie le XXI, de celuy de Bohème le XIX, ainsy signé FERDINAND, plus bas est : Ferdinand comte DE KURZ. Tout au bas, annoblissement et mélioration des armoiries pour *Diéthelm Schérer*, sur le replis ad mandatum sacræ cæs : majestatis proprium : Jean SOLDNER ; le scel impérial imprimé en cire rouge suspendu d'un cordon d'or.

Par ordre exprès de son Alteze serénissime Électorale de Cologne Joseph Clément duc de Bavière, il est attesté à tous qu'il appartiendra que la présente traduction est entièrement conforme au displome en langue allemande accordé par l'empereur Ferdinand IIIème au sieur *Diethelm Schérer de Scherbourg* par lequel il est déclaré noble, luy et tous ses descendans, ainsy qu'il est plus amplement expliqué dans ledit displome ou lettres de noblesse, en foy de quoy ladite A. S. E. a ordonné que dans sa chancellerie d'État on en expédiât en bonne forme le présent certificat auquel pour plus de force elle a fait apposer son grand sceau en cire rouge et commandé d'être signé par son secrétaire intime pour la langue françoise afin de pouvoir servir par tout où besoin sera et qu'à ladite traduction foy soit ajouté comme à l'original. Fait à Lille le 20 novembre mil sept cens cincq ; signé F. PASSERAT avec paraphe et appendoit avec un cordon d'or ledit grand seau en cire rouge.

> Archives communales de Lille. Registres aux mandements et ordonnances enregistrés à la Gouvernance de Lille. — Registre Eugène, folio 85 r° et suivants. — La copie de ces lettres en langue allemande est enregistrée dans le même registre, f° 104 v° et suiv.

1711, 13 mai. — *Certificat de noblesse accordé par le conseil de Saint-Gall à Guillaume-Eubert Scherer de Scherbourg.*

Nos Consul et Senatores reipublicæ liberæ Sangallensis Helvetiis confœderatæ lectori pro dignitatis gradu honorando S. P. D.

Quisquis a criminibus flagitiorum atque facinorum viam suam custodit, sibi benefacit ; quisquis autem etiam famam et in aliis est misericors, nobis enim necessaria est vita nostra, aliis fama nostra. Laudabilis igitur est contentio bonorum omnium, post illibatæ conscientiæ curam, etiam famam existimationemque apud homines sartam tectamque custodientium. Quorum incensum referri meretur nobilissimus ac generosus Dominus *Guilielmus-Eubertus Scherer de Scherbourg*, eques auratus, toparcha in Tourmignies, de le Prée &[ca], qui stemmatis sui nobilis famam et existimationem vindicaturus atque partam majorum virtute gloriam in seros nepotes propagaturus, ortus sui testimonia consanguineorum suorum interventu a nobis expetere sibi et suis proficuum judicavit. Quare legitimæ pariter ac honestæ ipsius petitioni suffragium laturi haud inviti, officiorum a nobili inter nos *Scherorum* familia Reipublicæ nostræ præstitorum memores, eamdem familiam jam ab iterata sæculorum serie inter nobiliores apud nos floruisse testamur, nominatim autem ab initio laudati Domini *Guilielmi Euberti Schereri* parentem dominum *Diethelm Scherer* ex illo legitimo conjugio progenitum asserimus. Antecessorum enim ejus nobilitatem et temporis longævi præscriptione et insignium imaginibus non minus quam laudatissima munerum publicorum nobilibusque tantum tradi solitorum administratione comprobatam, nemo Helvetiorum in dubium vocare tenus hac sustinuit. Pater quippe ipsius Dominus *Christophorus Scherer* ultra viginti quinque, avus Dominus *Gaspar Scherer* per viginti octo et quod excedit annos Senatus nostri Majoris, Majestatis et superminentiæ quæ divina est in nos gratia jure gaudentis assessores summa cum laude variis functionibus publicis admoti fuerunt. Proavus vero Dominus *Christophorus Scherer* christianissimo olim Regi Francisco Primo a consiliis bellicis, Helvetiæ militiæ ærarium curavit; in patriam vero è Gallia redux non solius majoris, sed etiam secretioris Senatus Congregationi adscriptus, nobili quæstoris munere diu diuque dextro pariter ac fideliter defunctus, æque ac posteri ipsius nobiliter se gessit idque familiæ ab ipso in præsentem usque diem prospero successu propagatæ consecutus est honoris ut etiamnum illorum plures et politicis et ecclesiasticis dignitatibus aucti, Nobilium Collegio quin et præsidio condecorati supersint. Uti vero ex iis quæ sincere recensuimus paterni stemmatis nobilitas prædicti Domini *Diethelm Scherer* luce meridiana clarius elucessit, sic et maternæ prosapiæ nobilitatem adjecta huic syngraphæ stemmatologia et insignium familiæ nobilibus ab aliquot retro sæculis communium æqua repræsentatio evincunt. Cum ergo veritatis testimonium nemini id legitime exposcenti abnuendum sit, præsenti hoc rescripto, a prænobili et generoso *Guilielmo Euberto Scherer de Scherbourg* requisiti, omnia et singula quæ præfati sumus ipsa re consistere fidem facimus hocque diploma nostrum majori civitatis nostræ sigillo in capsula argentea de serico candido rubro viridi ac nigro dependente et cancellarii nostri subscriptione munivimus. Datum ipsis idibus maii anno reparatæ per Christum salutis supra millesimum septingentesimo et undecimo.

Sic subscriptum : Christoff. *Hochsendiner*, J. V. D. Reipublicæ Sangallensis cancellarius, cum parapho.

Archives du Nord. — Série E (Supplément) : liasse N° 19; copie du temps, sur papier.

1745. — *Curatelle de Roland-Joseph Schérer de Scherbourg.*

A Messieurs, Messieurs les Mayeur et Eschevins de la ville de Lille.

Remontre très humblement, Messire *Roland-Joseph Schérer de Scherbourg* demeurant en cette ville, qu'en consèquence de lettre obtenue de la chancellerie du parlement de Flandres par Messire *Schérer de Le Prez*, son frère, et en suite de son consentement assez inutilement donné puisqu'il n'est possesseur que de biens grevez de substitution, il a été constitué en curatelle par votre sentence du onze avril mil sept cens quarante qui a dénommé pour curateur le sieur Martin Six, commis au greffe criminel de ce siège, qu'immédiatement après cet établissement il s'est fait entre le remontrant et sa famille un arrangement pour la distribution du revenu de ses biens montant par année à la somme de mil trente six florins, suivant lequel les deux tiers d'iceluy portant quatre cens quatorze florins huit patars ont été assigné pour la nourriture et entretient de quatre enfans de ses premières noces, et les trois cinquièmes restans montant à six cens vingt un florins douze patars devoient être distribué par le curateur au remontrant pour sa subsistance, celle de sa seconde épouse et des enfans de ce deuxième lit, distribution qui n'a jamais été faite que semaine par semaine, sans la plus légère avance dans les temps ordinaires de faire des provisions soit de bois, soit de beure ou achats de nippes, ce qui dans tous les temps a rendu la vie et plus dure et plus chère au remontrant.

Depuis peu les choses sont changez de face ; des quatre enfans du premier lit qu'on avoit retiré de chez le remontrant et desquels les sieurs et damoiselles *Scherer* s'étoient chargez, deux viennent de luy être renvoyés, le troisième est mort et le quatrième se trouve chez un parent maternel en la ville de Tournay qui jusqu'icy a eu la générosité de n'exiger aucune pension.

D'un autre coté le sieur Martin Six, cy-devant son curateur, vient de se déporter de cette commission et vous avez trouvé bon, Messieurs, de dénommer pour curateur en son lieu et place le sieur...... ...... Defort, commis au greffe de Monsieur le procureur sindic de cette ville avec lequel il étoit juste et indispensable de convenir d'un nouvel arrangement pour la distribution de son revenu, attendu les changemens arrivez tant par la mort de l'un des quatre enfans du premier lit qui en a diminué la charge, que par le renvoye de deux autres chez le remontrant dont ils augmentent par conséquent la dépense comme ils en augmentent le ménage, mais ledit sieur Defort déclare de ne vouloir rien prendre sur son compte et de s'en référer uniquement à ce que vous daignerez, Messieurs, luy prescrire à cette occasion. C'est pourquoy le remontrant a très humblement recours à votre justice et authorité, Messieurs, pour qu'il vous plaise ordonner audit sieur Defort en saditte qualité de curateur, primo, de distribuer en la forme et manière cy-après déclarée, ou telle autre que vous trouverez préférable, tous les ans, mois par mois et d'avance, à commencer du vingt huit juillet mil sept cens quarante-cinq, jour que finissoit le mois entamé pendant que duroit encore l'entremise du sieur Martin Six, les trois cinquièmes du revenu annuel de ses biens, déduction préalablement faite sur l'importance desdits trois cinquièmes, de ce qu'il faudra pour payer le loyer de sa maison, ensembles les vingtièmes et capitations qui continueront d'être payez directement par le curateur.

Secundo, d'ordonner, attendu la mort de l'un des quatre enfans du premier lit, duquel le remontrant en qualité de père est censé être l'héritier du moins pour ce qui concerne la décharge de son entretient, que son quart dans les deux cinquièmes cy-devant assignez pour les enfans de premières noces, accroitra aux trois cinquièmes dudit remontrant.

Tertio, d'ordonner pareillement que tout si longtemps que les deux des trois enfans restans desdittes premières noces demeurant chez leur père où ils ont été renvoyez, leur part respective dans les susdits deux cinquièmes, accroitra pareillement aux trois cinquièmes dont le remontrant a personnellement droit.

Quarto et finallement, attendu qu'il reste dû des arrérages de biens jusqu'à ce jour, la somme de treize cens quarante deux florins, de laquelle retirant celle de cinq cens vingt huit florins dix huit patars dû au sieur Martin Six par l'arrêté de son compte rendu le neuf d'aoûst de la présente année, il en restera encore un boni effective de huit cens treize florins deux patars dans lesquels le remontrant a incontestablement droit au moins à concurrence de trois cinquièmes, il vous plaise, Messieurs, d'ordonner que l'importance d'iceux luy sera incessamment fournies pour luy procurer l'aisance de se faire un habit, un autre à son épouse et les nippes les plus nécessaires aux enfans, dont ils ont tous un extrême besoin, ce faisant, etc... étoient signé R. J. Schérer de Scherbourg et J. C. J. Le Saffre, avocat.

Appostille

Avis du curateur fait en halle le vingt sept aoust mil sept cens quarante cinq. Signé H. F. Leroy.

Veu l'avis, nous ordonnons qu'iceluy et la présente requête seront communiquez aux plus prochains parens dudit *Scherer* pour donner leur avis en dedans huitaine et iceluy vû être ordonné ce qu'il appartiendra. Fait en halle le seize septembre mil sept cens quarante cinq. Signé H. F. LEROY.

Revû la présente requête nous authorisons le curateur de payer par provision audit sieur *de Scherbourg* quarante florins ce qui lui sera imputé à compte cy-apprès. Fait le dix sept de septembre mil sept cens quarante cinq. Signé P. J. G. RINGUIER.

Vu la requête cy-dessus, l'avis du sieur *Scherer de Le Prez*, frère du suppliant, la réponse dudit suppliant, nous en décrettant les offres et acceptations des parties, ordonnons que ledit Defort payera en plusieures fois dont les parties conviendront amiablement ce qui reste deu tant audit sieur de Le Prez qu'aux demoiselles ses sœures, pour les nourritures et entretiens par eux fournies aux enfans de premières noces du suppliant depuis le vingt un mars mil sept cens quarante un jusqu'à pareille jour mil sept cens quarante cinq, en ne comptant pour les nourritures et entretiens de chacun enfant que quatre vingt florins par année seulement, à compte desquels seront imputez les payements fait jusqu'à ce jour, moyennant quoy le surplus des revenûs du suppliant luy seront distribuez de mois en mois par ledit Defort, déclarant que suivant le consentement dudit sieur de le Prez restera déchargé de l'action d'indemnité qu'il avoit pu exercer à sa charge ou son curateur pour défaut de remploye des deniers procédans d'un remboursement de rente en capital de mil florins provenans de la parchon de ses enfans. Fait en halle le vingt deux novembre mil sept cens quarante cinq. Signé H. F. LEROY.

Il est ainsy. Par ordonnance : P. J. BALLENGHIEN.

En marge, on lit : Autorisation du 17 7bre de payer du sieur de Scherbourg 40 florins provisionnellement et règlement du 22 9bre 1745 pour la curatelle de M. *Scherer* où il est dit qu'on doit païer M. *Scherer de le Prée*, les demoiselles ses sœurs, sur le pied de 80 florins par an, pour la nourriture de chaque enfant pour le tems qu'ils ont été à leur charge et donner le surplus à M. *Scherer de Scherbourg* de mois en mois.

Archives communales de Lille. — Comptes de curatelles, n° 7313.

1746. — *Curatelle de Roland-Joseph Schérer de Scherbourg.*

A Messieurs, Messieurs les Mayeur et Eschevins de la Ville de Lille.

Supplie très humblement *Pierre Charles Joseph Scherer*, fils de *Rolland Joseph*, sieur de Scherbourg, disant que son dit père refusant de le recevoir chez lui et luy fournir ses allimens et entretient quoy qu'il y soit tenu de droit, le suppliant qui ne sçait s'il a des tuteurs ou non se trouve obligé d'avoir recours à vous, Messieurs, pour qu'il vous plaisé en l'autorisant d'être en jugement contre son dit père, ordonner à ce dernier de le recevoir chez lui et de luy fournir ses alliment et entretient nécessaire à sa vie, si mieux il n'aime luy payer une pension juste et raisonnable et proportionné à sa condition, ce faisant, etc. — Signé : Pierre Charles Joseph Scherer et Gérard.

Appostille

Soit communiqué au curateur du sieur *de Scherbourg* pour y dire à la prochaine audience. Fait en halle le dix octobre mil sept cens quarante six. Signé H. F. Leroy.

Vu l'avis dudit curateur, nous ordonnons aux parties de comparoitre par devant commissaire de la Cour à l'intervention dudit sieur *Rolland Joseph Scherbourg* que procurera ledit curateur pour être ouyes sur çe qu'il leur sera proposé d'office. Fait ce sept novembre mil sept cens quarante six. Signé, P. Ig. Ringuier.

Jour préfigé à l'effet requis à demain huit du présent mois dix heures du matin. Fait ce sept de novembre mil sept cens quarante six. Signé, P. Ig. Ringuier.

L'an mil sept cens quarante six le sept de novembre, à la requête du sieur *Pierre Charles Joseph Scherer*, je, sergeant royal de la prévosté de cette ville de Lille, soussigné, ay signifié et délivré copie de la requête et appostille cy-dessus au sieur *Schérer de Scherbourg* en son domicile parlant à un de ses enfans luy ayant donné assignation à comparoitre aux jour, lieu et heures repris en la préfixion de jour cy-dessus et laissé copie de mon exploit. Signé, J. B. Le Sur.

Vue la présente requête, la rescription du curateur du sieur *de Scherbourg*, père du suppliant, ouy verballement ledit suppliant et ledit sieur son père dans la comparution en exécution de notre ordonnance cy-dessus du sept de ce mois, rapport fait, nous avons autorisé et autorisons ledit curateur de payer au sieur Dehas, prestre, la pension qui luy est du pour nouriture du suppliant jusqu'à ce jour et de continuer à payer audit suppliant pour ses nouritures et entretient quarante escus par année par provision, si mieux n'aime ledit sieur de Scherbourg nourrir et entretenir son dit fils chez luy avec ses autres enfans. Fait en halle, le vingt huit novembre mil sept cens quarante six. Signé, H. F. Leroy.

Archives communales de Lille. — Comptes de curatelles, n° 7313.

1753. — *Curatelle de Roland-Joseph Schérer de Scherbourg.*

A Messieurs, Messieurs du Magistrat de la Ville de Lille.

Supplie très humblement Pierre François De Fort, curateur judicairement commis aux biens de Monsieur *Scherer de Scherbourg*, disant que mon dit sieur *de Scherbourg* demeurant ci-devant à Aumale et actuellement au village de Ronchin où il a formé le dessein de fixer son habitation dans un manoir qui a été brûlé en 1741 et d'y occuper un jardin potager faisant en tout six cens de terre qui lui appartiennent, le suppliant sent qu'il seroit plus avantageux audit sieur de Scherbourg de demeurer à Ronchin sur son bien où il a ses légumes et le vivre à meilleur marché que de louer une maison en ville qui ne pourroit guèrres lui couter moins de cent vingt florins par an à cause de la chereté des loïers ; mais comme ce manoir ne consiste qu'en une pièce, chambre, grenier et cave, qu'étant chargé de quatre enfans il est trop étroitement logé, le supliant expose que se servant du clos dudit manoir, on pourroit exhausser le mur et y construire une seconde pièce avec une chambre au-dessus, sans qu'il en coûtat beaucoup, ce qui le logeroit cependant plus commodement, si vous aviez la bonté d'en accorder la permission, à ces causes le suppliant à recours à vous, Messieurs, pour qu'il vous plaise l'autoriser de faire ériger ce batiment suivant le toisé ci-joint qui a été fait très exactement ; ainsi on n'a pas lieu de croire que la dépense sera plus forte, elle montera à 400 florins ou environ et ne dérangera aucunement ledit sieur *de Scherbourg* dans la circonstance que le suppliant a retenu et conservé deux cens cinquante florins pour y subvenir. D'ailleurs les ouvriers consentent qu'on leur paye la moitié de cette dépense cette année et le parfait payement l'année prochaine et le suppliant vous en sera très obligé.   De Fort.

En marge est écrit : Veue la présente requête, ouïs les plus proches parens du sieur *de Scherbourg*, nous authorisons le suppliant de faire l'augmentation des édifices mentionnée dans la présente requête, pourveu qu'il n'excède point la dépense du devis joint et paraphé, fait en halle le 10 juillet 1753.   H. F. Leroy.

Archives communales de Lille. — Compte de curatelles, n° 7341.

VAN DER CRUISSE.

Armes : *d'azur à la croix ancrée et alaisée d'argent, accompagnée en chef de deux étoiles à cinq rais du même.*

Cette famille, dont le nom ancien était *Van den Cruisse*, est originaire de Menin ; Goethals en a donné la généalogie que nous complétons à partir de l'époque où les Van der Cruisse s'établirent à Lille. Cet auteur remonte la filiation jusqu'à François Van den Cruisse, vivant au commencement du XVIe siècle ; nous ferons remarquer qu'il indique successivement comme bourgmestres de Menin : Roger, Gilbert et Michel Van der Cruisse, alors qu'aucun d'eux ne figure dans la liste des magistrats de cette ville dressée par M. Rembry Barth au tome premier de son *Histoire de Menin*.

I. — *Michel* Van der Cruisse, fils de *Gilbert* et de Wilhelmine *Courten*, mort le 25 décembre 1641, épousa : 1º le 2 février 1602 (d'après Goethals), Louise *de Braye* ; 2º Catherine *Nutten*, fille de Pierre et de Catherine *Rousseau*, morte à Lille le 3 novembre 1662 ; il fut inhumé dans l'église de Menin et laissa du second lit plusieurs enfants, parmi lesquels :

II. — *Michel* Van der Cruisse, né à Menin vers 1633, bourgeois de Lille par achat du 7 novembre 1659, marchand, mort à Lille le 15 juillet 1707, épousa à Saint-Étienne, le 29 janvier 1668, Marie *de Lobel*, fille d'Antoine et de Marie *Boudifflart*, baptisée dans cette église le 11 novembre 1640, décédée à Lille le 4 novembre 1704 ; d'où :

1. — *Michel*, sr de la Taillandrie (du chef de sa mère), né le 13 mars 1669, licencié ès lois, conseiller référendaire près le Parlement de Flandre, bourgeois de Lille par relief du 7 décembre 1708, décédé le 12 juin 1747 et inhumé dans la chapelle Sainte-Barbe à Saint-Étienne ; marié à Sainte Catherine, le 23 juillet 1708, avec Marie-Jeanne *Cardon*, fille de Philippe, sr du Bourg, et de Marie-Jeanne

Fruict, baptisée à Saint-Étienne le 15 mai 1670, enterrée dans cette église le 15 juin 1741 ; sans enfants.

2. — *Marie-Catherine*, baptisée à Saint-Maurice le 8 octobre 1670.

3. — *Marie-Thérèse*, baptisée à Saint-Maurice le 7 août 1672.

4. — *Hugues*, qui suit, III.

5. — *Marie-Catherine-Cicercule*, baptisée à Saint-Étienne le 13 juillet 1675.

6. — *Catherine-Cicercule*, baptisée à Saint-Étienne le 19 novembre 1676, décédée célibataire paroisse Sainte-Catherine le 19 octobre 1728.

7. — *Arnould*, baptisé à Saint-Étienne le 2 novembre 1678, bourgeois de Lille par relief du 27 février 1703, connétable des arbalétriers, décédé paroisse Saint-Étienne le 3 octobre 1719, allié à Saint-Étienne, le 9 janvier 1703, à Marguerite *de Surmont*, fille d'Antoine et de Marie-Marguerite *Noiret*, née en janvier 1683, décédée paroisse Saint-Étienne le 12 novembre 1764 ; sans postérité [1].

8. — *Louis-Michel*, baptisé à Saint-Étienne le 7 juillet 1680.

9. — *Antoine-Michel*, s[r] de Lamotte, Waziers, Wervick, baptisé à Saint-Étienne le 29 septembre 1683, conseiller-secrétaire du Roi par lettres données à Paris le 10 décembre 1728, décédé célibataire paroisse Saint-André le 16 juillet 1762 [2].

III. — *Hugues* Van der Cruisse, s[r] de la Maquellerie, baptisé à Saint-Maurice le 6 mars 1674, d'abord créé chanoine de Saint-Pierre par le prévôt Bochart de Champigny en 1697, puis marchand, bourgeois de Lille par relief du 26 février 1711, échevin de cette ville de 1710 à 1731, décédé paroisse Saint-Maurice le 13 janvier 1731 ; épousa à Saint-Étienne, le 9 juillet 1710, Antoinette-Angélique *Vanacker*, fille de Philippe et d'Hélène *Herman*, baptisée à Saint-Étienne le 27 octobre 1684, morte le 27 mai 1767 ; d'où :

1. — *Arnould-Hugues-Joseph*, qui suit, IV.

2. — *Julie-Joseph*, dame de la Motte, Formeselle, baptisée à La Madeleine le 10 août 1710, décédée célibataire paroisse Saint-André le 18 septembre 1775.

IV. — *Arnould-Hugues-Joseph* Van der Cruisse, s[r] de Waziers, baptisé à La Madeleine le 21 février 1712, bourgeois de Lille par

---

[1]. Contrairement à ce que nous avons dit dans la première partie, page 169.
[2]. Son portrait se trouve aux Hospices de Lille.

relief du 16 février 1742, nommé conseiller secrétaire du Roi par lettres données à Paris le 4 août 1741 et convoqué aux assemblées des nobles de Flandre par ordonnance du 3 octobre 1761, mort à Lille le 21 avril 1793 ; épousa à Saint-Pierre, le 19 novembre 1741, Michelle-Albertine *Imbert*, dame de Warenghien, fille d'Albert, écuyer, s^r de Senéchal, et de Marie-Anne *Taviel*, née en 1715, morte le 16 janvier 1782 ; d'où :

1. — *Angélique-Albertine-Joseph*, baptisée à Saint-Pierre le 20 août 1742, mariée à Saint-Étienne, le 2 décembre 1765, avec Jacques-Louis *Gillès*, écuyer, fils de Philippe, s^r de Maquedorne, et de Marie-Van der Hooch, né à Amsterdam le 30 décembre 1728, veuf de Gertrude-Marie *Roest*, bourgeois de Lille par achat du 5 décembre 1766 ; chevalier du Saint-Empire, mort à Paris le 21 mai 1783 et enterré à Saint-Gervais ; dont postérité.

2. — *Michelle-Anne-Joséphine*, baptisée à Saint-Pierre le 17 février 1744, décédée paroisse Saint-Étienne le 4 octobre 1791.

3. — *Michel-Hugues-Joseph*, écuyer, baptisé à Sainte-Catherine le 27 juillet 1745, mort à Paris le 26 septembre 1765.

4. — *Arnould-Philippe-Joseph*, qui suit, V.

V. — *Arnould-Philippe-Joseph* Van der Cruisse, écuyer, s^r de Waziers, baptisé à Sainte-Catherine le 5 juin 1749, bourgeois de Lille par relief du 15 février 1781, échevin de cette ville, élu conseiller municipal le 26 janvier 1790, démissionnaire le 11 novembre suivant, mort le 11 juin 1825 ; épousa à Anvers, le 5 décembre 1780, Marie-Isabelle-Aldegonde-Joseph *Borrekens*, fille de Jean-Charles-Joseph, écuyer, et d'Isabelle-Marie-Aldegonde *Goubau*, née le 2 décembre 1758, morte à Lille le 2 janvier 1836 ; dont :

1. — *Arnould-Albert-Joseph*, baptisé à Saint-André le 16 janvier 1782, mort à Paris le 25 décembre 1853 et enterré à Esquermes.

2. — *Charles-Michel-Hugues-Joseph*, qui suit, VI.

3. — *Louis-Michel-Joseph*, baptisé à Saint-André le 8 mars 1787, y décédé le 12 mars 1788.

VI. — *Charles-Michel-Hugues-Joseph* Vandercruisse de Waziers, écuyer, baptisé à Saint-André le 7 mars 1785, mort le 14 mars 1862, épousa à Lille, le 5 juillet 1813, Adélaïde-Sophie *Le Mesre du Bruisle*, fille d'Augustin-Joseph et de Jeanne-Marie *de Fourmestraux*, née à Ypres le 7 octobre 1792, décédée le 13 avril 1872 ; dont :

1. — *Marie-Aldegonde-Joseph*, née à Lille le 30 octobre 1814, morte à Brumetz le 10 décembre 1884, mariée à Lille, le 25 septembre 1839, avec Anatole-Louis-Joachim-Joseph, vicomte *de Melun*, fils d'Anne-Joachim-François et d'Amélie *de Faure*, né à Brumetz le 24 septembre 1807, mort le 15 janvier 1888 ; dont postérité.

2. — *Mélanie-Joseph-Marie*, née à Lille le 28 septembre 1816, y décédée le 12 mai 1906, alliée dans cette ville, le 26 avril 1837, à Louis-Dominique-Arthur *de Lencquesaing*, fils de Louis-Dominique-Joseph et de Reine-Ferdinande-Eugénie *de Lencquesaing*, né à Aire-sur-la-Lys le 20 avril 1809, mort à Lille le 24 janvier 1887 ; dont postérité.

3. — *Céline-Marie-Isabelle-Joseph*, née à Lille le 6 février 1818, morte à Nielles le 30 octobre 1886, mariée à Lille, le 7 août 1839, avec Pierre-Auguste *Moullart de Vilmarest*, fils de Louis-Antoine-Augustin, baron de Torcy, et de Marie-Charlotte-Félicité *de Sart*, né à Conchil-le-Temple le 9 juin 1807, décédé à Nielles le 26 août 1899 ; dont postérité.

4. — *Arnould-Joseph-Marie-Louis*, qui suit, VII.

5. — *Alexandrine-Joseph-Marie*, née à Lille le 20 août 1823, y décédée le 21 juin 1903, alliée dans cette ville, le 11 mai 1846, à Yves-Maurice-Charles-Sylvain *du Hays*, fils de Charles-Jacques-Joseph-Marie et de Maximilienne-Élisabeth-Ghislaine-Emmanuelle *de Louverval*, né à Arras le 23 décembre 1820 ; dont postérité.

6. — *Christine-Joseph-Marie*, née à Paris le 23 juillet 1828, morte le 1er février 1844.

VII. — *Arnould-Joseph-Marie-Louis* Van der Cruisse de Waziers, camérier de S. S. Pie IX, chevalier de l'ordre d'Isabelle la catholique, comte romain, né à Lille le 10 mai 1820, mort à Lignières-hors-Foucaucourt (Somme) le 16 mai 1907, épousa audit lieu, le 5 décembre 1866, Marie-Stéphanie-Léontine *du Passage*, fille de Casimir-Marie-Louis et de Claudine-Eulalie *de Riencourt*, née à Lignières le 21 mai 1841 ; dont :

1. — *Pierre-Michel-Joseph*, qui suit, VIII.

2. — *Marie-Thérèse-Claire-Adèle-Joseph*, née à Lille le 10 mars 1870, alliée à Lignières, le 6 mai 1890, à Adrien-François-Marie *de Hauteclocque*, fils de Gustave-François-Marie-Joseph et de Marie-Henriette *de Morgan Frondeville*, né à Amiens le 29 janvier 1864, maire de Belloy-Saint-Léonard ; dont postérité.

VIII. — *Pierre-Michel-Joseph* Van der Cruisse de Waziers, né à Lille le 4 mars 1868, épousa à Versailles, le 28 avril 1898, Donatienne-Françoise-Joséphine *de Sesmaisons*, fille de Florian-Jean-Louis-Marie, général de brigade, et de Marie-Jeanne-Marguerite *Prévost Sansac de Touchimbert*, née à Saumur le 11 mars 1877 ; d'où :

1. — *Marie*, née à Paris le 6 février 1899.
2. — *François*.
3 — *Anne*, née le 1er juin 1904.

VOLANT

Armes : *d'azur au chevron d'or, accompagné en chef de deux demi-vols d'argent et en pointe d'un trèfle du même.*

I. — *Antoine* Volant, marié à Antoinette *Faignart*, fut père de :

II. — *Simon* Volant, né à Linselles, doyen du métier des maîtres maçons de Lille de 1592 à 1638, bourgeois de cette ville par achat du 6 février 1626, allié à Marguerite *Martin*, puis à Barbe *Dubus*, enfin à Marguerite *Lefebvre* ; d'où :

  1. — Du premier lit : *Pasquier*, qui suit, III.
  2. — *Jean*, qui suivra, III bis.
  3. — *Pierre*, maçon, marié à Sainte-Catherine, le 8 août 1624, avec Jeanne *Donze*, dont il eut :
    a. — *Jean*, baptisé à Sainte-Catherine le 25 novembre 1624 (sic).
    b. — *Pasquier*, baptisé à Sainte-Catherine le 25 septembre 1627.
    c. — *Marie*, baptisée à Sainte-Catherine le 31 janvier 1629.
    d. — *Pierre*, baptisé à Sainte-Catherine le 8 juin 1634.
    e. — *Jean*, baptisé à Sainte-Catherine le 19 décembre 1636.
    f. — *Catherine*, baptisée à Sainte-Catherine le 22 août 1639.
  4. — *Jeanne*.
  5. — Du troisième lit : *Jeanne*, baptisée à Sainte-Catherine le 2 décembre 1633.
  6. — *Antoine*, baptisé à Sainte-Catherine le 3 novembre 1635.
  7. — *Marguerite-Anne*, baptisée à Sainte-Catherine le 25 octobre 1637.
  8. — *Jacqueline*, baptisée à Sainte-Catherine le 16 décembre 1640.

III. — *Pasquier* Volant, maître maçon, eut d'Isabelle *Le Plat* un fils illégitime : *Simon*, baptisé à Saint-Pierre le 21 novembre 1615 ; il épousa : 1° à Sainte-Catherine, le 17 janvier 1617, Marie *Havet*, fille de Balthazar, baptisée dans cette église le 2 septembre 1592 ; 2° à Saint-Maurice, le 9 mai 1631, Catherine *Lemesre* ; d'où :

1. — Du premier lit : *Marie*, baptisée à Sainte-Catherine le 16 novembre 1617.

2. — *Françoise*, baptisée à Sainte-Catherine le 11 novembre 1620.

3. — *Pasquier*, baptisé à Sainte-Catherine le 18 février 1624, allié dans cette église, le 17 février 1643, à Louise *Lombart*, dont il eut :

    a. — *Marie-Louise*, baptisée à Sainte-Catherine le 2 mars 1644.

    b. — *Gilles*, baptisé à Sainte-Catherine le 15 août 1646.

    c. — *François-Bernard*, baptisé à Saint-Étienne le 19 janvier 1649.

    d. — *Louis*, baptisé à Saint-Étienne le 28 juin 1654.

    e. — *Antoinette*, baptisée à Saint-Étienne le 21 février 1657.

4. — *Ambroise*, baptisé à Sainte-Catherine le 19 février 1627.

5. — *Louis*, baptisé à Sainte-Catherine le 13 février 1629.

6. — Du second lit : *François*, baptisé à Sainte-Catherine le 10 novembre 1631, maître-maçon, décédé paroisse Saint-Maurice le 4 novembre 1695.

7. — *Balthazar*, baptisé à Sainte-Catherine le 13 septembre 1632.

8. — *Albert*, baptisé à Sainte-Catherine le 19 septembre 1633.

9. — *Louis*, baptisé à Sainte-Catherine le 20 juillet 1635, marié dans cette église, le 9 mai 1659, avec Françoise *Senescal*, fille de Pierre, teinturier, et de Jacqueline *Wilemande*, baptisée à Saint-Étienne le 8 mai 1617 ; d'où :

    a. — *Louise*, baptisée à Sainte-Catherine le 6 avril 1660.

    b. — *Calixte*, baptisé à Sainte-Catherine le 14 octobre 1661.

10. — *Antoinette*, baptisée à Sainte-Catherine le 4 janvier 1637, vivant en 1657.

11. — *Jean-Baptiste*, baptisé à Sainte-Catherine le 12 septembre 1638.

12. — *Guillaume*, baptisé à Sainte-Catherine le 11 mai 1641.

III bis. — **Jean VOLANT**, maître maçon en **1604**, s'allia : 1º à Saint-Étienne, le **28 août 1602**, à Marie *Lauriez* ; 2º à Saint-Maurice, le **2 mai 1621**, à Jeanne *Proniez* ; il eut :

1. — Du premier lit : *Élisabeth*, baptisée à Saint-Maurice le 11 juillet 1604.

2. — *Jean*, baptisé à Saint-Maurice le 3 mai 1606.

3. — *Catherine*, baptisée à Saint-Maurice le 19 octobre 1609.

4. — *Jean*, baptisé à Saint-Maurice le 25 mars 1611.

5. — *Nicolas*, baptisé à Saint-Maurice le 13 octobre 1613.

6. — *Jeanne*, baptisée à Saint-Maurice le 10 janvier 1616.

7. — *Marie*, baptisée à Saint-Maurice le 30 juin 1617.
8. — Du second lit : *Simon*, qui suit, IV.
9. — *Pierre*, baptisé à La Madeleine le 5 septembre 1624.
10. — *Roch*, baptisé à La Madeleine le 14 décembre 1625.
11. — *Jeanne*, baptisée à La Madeleine le 30 janvier 1627.
12. — *Guillaume*, jumeau de la précédente.
13. — *François*, baptisé à La Madeleine le 13 janvier 1628.
14. — *Antoine-Gilles*, baptisé à La Madeleine le 6 juin 1629.
15. — *Jacques*, baptisé à Saint-Maurice le 10 novembre 1630.
16. — *Isabelle-Claire*, baptisée à Saint-Maurice le 24 octobre 1634.
17. — *Mathieu*, baptisé à Saint-Maurice le 16 janvier 1636.

IV. — *Simon* Volant, baptisé à Saint-Maurice le 1er février 1623, doyen des maîtres maçons à Lille depuis 1648, bourgeois de cette ville par achat du 8 mai 1671, architecte du Roi, acheta vers 1685 la seigneurie de La Cessoye à Lambersart, fut anobli par lettres données à Versailles en mai 1685, devint trésorier et argentier de Lille [1], et mourut paroisse Saint-André le 30 mai 1696 ; ses lettres d'anoblissement, que nous donnons plus loin, énumèrent les divers travaux qu'il exécuta. Il épousa : 1° Marie *Villain*, fille d'André, née à Tournai ; 2° à Sainte-Catherine, le 8 juillet 1681, Marguerite-Félicité *Haccou* [2], fille de Pierre et de Marie *Delobel*, baptisée à Sainte-Catherine le 23 mai 1652 ; d'où :

1. — Du premier lit : *Jean-François*, qui fit son chef-d'œuvre comme maître-maçon le 12 juin 1656, mourut célibataire paroisse Sainte-Catherine le 12 novembre 1677 et fut enterré dans l'église.

2. — *Jean*, écuyer, sr des Werquins, bourgeois de Lille par achat du 1er décembre 1690, créé chevalier par lettres données à Versailles en juillet 1699, architecte du Roi, argentier de Lille par provision du 7 mai 1711 [3], décédé paroisse Saint-André le 20 septembre 1729, marié à La Madeleine le 27 mai 1694, avec Anne-Robertine *Mairesse* [4], décédée paroisse Saint-André le 25 janvier 1722 ; d'où :

---

1. Cette nomination fut mal accueillie ; on trouve aux cartons d'affaires générales, n° 493, f° 17, plusieurs pièces du magistrat démontrant que Simon Volant ne peut être trésorier parce qu'il n'était pas bourgeois de trois ans (23 juin 1670).

2. Haccou : *de gueules à la croix de vair*.

3. Il fut envoyé au Siam comme ingénieur, mais une révolution l'obligea à revenir en France ; il a écrit une *Histoire de la révolution de Siam arrivée en l'année 1688*. (Lille. Joseph Malte, 1681, in-18).

4. Mairesse : *de gueules à un vaisseau d'or voguant sur une mer d'argent*.

a. — *Marie-Anne-Marguerite*, baptisée à Saint-Maurice le 26 mai 1698, y décédée le 3 février 1699.

3. — *Nicole*, mariée à Sainte-Catherine le 11 février 1676, avec Félix *Porrata*, fils de Jean-Baptiste et de Marie *Caillet*, baptisé à Saint-Étienne le 20 novembre 1636, bourgeois de Lille par relief du 4 février 1677, mort à Rome avant 1723 ; elle mourut paroisse Saint-Pierre le 12 mai 1731 et laissa postérité.

4. — *Marie-Catherine*, décédée paroisse Saint-André le 31 janvier 1706, alliée à Sainte-Catherine, le 12 août 1679, à Charles Guy *de Valori*, fils de Charles, sr de la Motte, et de Catherine *Le Lièvre*, capitaine à la suite du régiment de Normandie, brigadier des armées du Roi en 1702, maréchal de camp en 1708, lieutenant général en 1710, commandant de l'ordre de Saint-Louis en 1714, grand-croix en 1722, mort en 1734 ; dont postérité.

5. — *Marie-Jeanne*, mariée à Sainte-Catherine le 18 novembre 1682, avec Joseph *de Manissy*, major du régiment de Dampierre.

6. — Du second lit : *Marie-Simone-Louise*, baptisée à Sainte-Catherine le 9 novembre 1684, alliée à Saint-André, le 7 mai 1705, à Jacques-Henri *de Valori*, frère de Charles-Guy, capitaine au régiment de Saint-Vallier, tué à la défense de Tournai en 1709 ; dont postérité.

7. — *Marguerite-Césarine*, baptisée à Sainte-Catherine le 18 février 1686, mariée à Saint-André le 20 avril 1712, avec Alexandre-Bernard-Ignace *Le Camus de Benteghem*, trésorier général de la châtellenie de Courtrai ; dont postérité.

8. — *Catherine-Alexandrine-Julie*, baptisée à Sainte-Catherine le 20 janvier 1687.

9. — *Constance-Félicité*, baptisée à Saint-André le 29 mars 1689.

10. — *Marie-Madeleine-Angélique*, baptisée à Saint-André le 12 juillet 1690.

11. — *Marie-Joseph*, baptisée à Saint-André le 6 mars 1695.

Le manque des registres d'état-civil de la paroisse Saint-Sauveur ne nous a pas permis de rattacher la branche suivante :

I. - *François* Volant, allié à Jeanne-Marguerite *Flinoye*, décédé entre 1690 et 1696, fut père de :

1. — *Simon-Pierre*, né à Lille, bourgeois de cette ville par achat du 3 mars 1690, allié à Marie-Jeanne *Dubocque* ; d'où :

a. — *Marie-Marguerite*, décédée paroisse Saint-Sauveur le 19 janvier 1694.

2. — *Hubert-François*, né à Lille, dont il acheta la bourgeoisie

le 3 février 1696, allié à Saint-Sauveur, le 17 janvier 1696, à Marie-Madeleine *Grandel*, fille de Louis et de Françoise *Le Roy*, baptisée à Saint-Maurice le 14 août 1668 ; d'où :

    a. — *Marie-Joseph*, baptisée à Saint-Maurice le 5 décembre 1696, y décédée le 12 janvier 1697.

    b. — *Louis-François*, baptisé à Saint-Sauveur le 8 décembre 1698, bailli et receveur, décédé paroisse Saint-André le 8 mars 1767 et inhumé dans cette église, allié à Saint-Étienne, le 19 mars 1736, à Marie-Thérèse-Ursule *Carbon*, fille de François-Joseph et de Marie-Joseph *Montreul*, baptisée à Saint-Étienne le 21 octobre 1699, morte paroisse Saint-Sauveur le 1er juillet 1762 ; d'où :

        aa. — *Marie-Thérèse-Philippine-Rosalie*, baptisée à Saint-Étienne le 9 août 1737, morte paroisse Saint-Maurice le 7 décembre 1751.

        bb. — *Hubert-Louis-Joseph*, baptisé à Saint-Étienne le 18 janvier 1741, y décédé le 8 juin 1743.

    c. — *Marie-Angélique-Rosalie*, baptisée à Saint-Sauveur le 4 mars 1700.

    d. — *Pierre-Simon*, baptisé à Saint-Sauveur le 25 septembre 1701, maître filtier, décédé paroisse Sainte-Catherine le 22 août 1738, et enterré vis-à-vis la chapelle Notre-Dame de Paix.

NON RATTACHÉS

Pasquier VOLANT, religieux minime, qui célébra les mariages de Jean avec Delle *Mairesse*, et de Marie-Simone-Louise avec Jacques-Henri *de Valory*, en 1694 et 1705.

Marie-Anne VOLANT, née vers 1675, novice à Marquette le 17 février 1692, professe le 1er mars 1693.

1685, mai. — *Lettres d'anoblissement pour Simon Volant, ingénieur de la Ville de Lille.*

Louis, par la grâce de Dieu, Roy de France et de Navarre, à tous présens et à venir, salut. Comme il n'y a rien qui excite d'avantage les hommes à la vertu que les récompenses d'honneurs qui passent à leur postérité, Nous nous sommes toujours appliqué avec beaucoup de soin à l'exemple des Roys nos prédécesseurs à reconnoistre par de pareils bienfaits et par des marques singulières de nostre estime ceux de nos sujets qui par de longs et recommandables services se sont signalés et distingués du commun, afin d'obliger les autres par ces tesmoignages de nostre bienveillance à suivre leur exemple et à les imiter. Et ayants une connoissance particulière des bons, fidelles et utiles services que nostre cher et bien amé *Simon Volant*, natif de nostre ville de Lille en Flandres, nous a rendus en qualité de l'un de nos ingénieurs ordinaires tant de nos armées que dans nos places depuis l'année 1667 que ladite ville de Lille auroit esté réduite en nostre obéissance, ayant en la mesme année 1667, par ses avis et conseils fait construire la citadelle de ladite ville de Lille, des travaux de laquelle nous luy aurions confié la conduite et dont le succès auroit réussy contre toute attente à cause des grandes difficultés qui s'y rencontrent. Que s'estant trouvé aux sièges de Vallenciennes, d'Ypre et de Gand et aïant esté appelé dans les conseils de guerre qui y auroient esté tenus pour l'attaque desdites places, ses avis auroient esté écoutés si favorables qu'ils n'auroient pas peu contribués aux prises desdites villes : ce qui nous auroit conviés de luy donner nos ordres pour aller en divers temps visitter les villes et places de Douay, fort de l'Escarpe, Oudenarde, Halle, les citadelles de Tournay et d'Arras et Ypre dans lesquelles il y auroit establis les deffauts qui y avoient esté faits par les ingénieurs qui en avoient eu la conduite. Que luy ayant confié la direction des fortifications de Menin, il y auroit donné des marques de sa capacité y aïant plus heureusement réussy que l'on ne l'avoit espéré, attendu les grandes difficultés qu'on avoit de tout temps trouvées pour fortifier ladite place. L'on auroit aussy suivant ses avis joint la rivière de Scarpe à celle de la Deulle, ce qui rend le commerce plus aisé et est cause qui se fait avec moins de frais. Et luy ayant pareillement donné nos ordres durant les dernières guerres pour aller occuper et fortifier plusieurs postes qui estoient d'une grande utilité à nostre service, il les auroit exécutées à nostre entière satisfaction, et qu'enfin aïant esté consulté à l'occasion de l'entreprise de l'acqueduc que nous faisons faire pour conduire la rivière d'Eure en nostre chasteau de Versailles, les advis qu'il a donné sur ce sujet ont esté receus et approuvés comme nécessaires pour le succès d'un si grand dessein. Et désirant tesmoigner audit Sieur *Volant* la satisfaction que nous avons de ses bons et utiles services et l'en reconnoistre par une marque d'honneur qui passe à la postérité, sçavoir faisons, que pour ces causes et de nostre grâce spéciale, pleine puissance et autorité royale, Nous avons ledit Sieur *Volant* annobly et annoblissons et du titre et qualité de noble et gentilhomme décoré et décorons par ces présentes signées de nostre main, voulons et nous plaist que luy et ses enfans tant masles que femelles, nays et à naistre en loyal mariage, soient tenus, censés et réputés nobles gentilshommes en tous actes et endroits tant en jugement que dehors, et qu'ils puissent porter la qualité d'escuïer et parvenir à tous degrés de chevallerie, acquérir, tenir et posséder toutes sortes de fiefs, terres et seigneuries de quelques qualités qu'elles soient, sans pour ce estre obligés de nous païer aucune finance pour franc-fiefs et nouveaux acquests et qu'ils jouissent de tous honneurs, prérogatives, prééminences, privilèges, franchises, libertés, exemptions et immunités dont jouissent et ont accoutumé de jouir et user les autres nobles de nostre royaume et tout ainsy que si ledit Sieur *Volant* estoit issu de noble et ancienne race, luy permettant et à sa postérité de porter ses armoiries timbrées telles qu'elles seront réglées par le premier héraut de nos armes et telles qu'elles seront cy empreintes ; icelles faire mettre, peindre, graver et insculper dans ses maisons, terres et autres biens à luy apartenans que bon luy semblera, sans que pour ce il soit tenu de Nous païer, ny à nos successeurs Roys aucune finance, ny indemnité, dont, à quelque somme qu'elles se puissent monter, nous l'avons deschargé et deschargeons et en tant que besoin est ou seroit luy en avons fait et faisons don par cesdites présentes. A la charge toutefois de vivre noblement et de ne faire aucun acte dérogeant à ladite qualité de noble: Si donnons en mandement à nos amés et féaulx les gens tenans nostre Conseil supérieur de Tournay, Chambre de nos Comptes à Lille et tous autres nos justiciers et officiers qu'il appartiendra que ces présentes ils ayent à faire enregistrer et du contenu en icelles jouïr et user plainement, paisiblement et perpétuellement ledit Sieur *Volant*, ses enfans, postérité et lignée nays et à naistre en loyal mariage, cessans et faisans cesser tous troubles, et empeschemens quelconques, non obstant tous édits, déclarations, règlemens, ordonnances, arrests, lettres et autres choses à ce contraires, ausquelles et aux dérogatoires des derogatoires y contenues Nous avons dérogé et dérogeons pour ce regard seulement par cesdites présentes sans tirer à conséquence : Car tel est nostre plaisir. Et affin que ce soit une chose ferme et stable à toujours, nous avons fait mettre notre séel à ces dites présentes. Sauf en autre chose nostre droit et l'autruy en toutes. Donné en nostre chasteau de Versailles, au mois de may, l'an de grâce mil six cent quatre-vingt-cinq, et de nostre règne le quarante-deuxiesme. Signé : Louis, et plus bas, par le Roy : Le Tellier ; et à costé est escrit : Visa : Le Tellier, pour annoblissement, signé : Le Tellier, et scellé d'un grand sceau de cire verte pendant en lacs de soye rouge et verte. Et à l'autre costé est encore escrit : Leues et enregistrées au greffe du Conseil souverain de Tournay, ouy et ce consentant le Procureur général du Roy pour estre exécutées selon leur forme et teneur suivant l'arrest du dix sept may 1685, tesmoin, signé : SOURDEAU ; et à costé est encore escrit : Enregistré en la Chambre des Comptes du Roy à Lille en Flandres, au folio 125 du 78e Registre des Chartes, le 19 may 1685, signé : GODEFROY.

Déclaration des armoiries accordées audit Sieur Vollant.

Ayant plû au Roy de permettre par lettres de noblesse accordées par Sa Majesté au sieur *Simon Vollant*, données à Versailles, au mois de may de cet an, de porter et à sa postérité ses armoiries timbrées telles qu'elles seront réglées par le premier héraut des armes de Sa Majesté et emprintes esdites lettres, et les faire mettre, peindre, graver et insculper dans ses maisons, terres et autres biens à luy appartenans que bon luy semblera, comme est plus amplement énoncé esdittes lettres, ledit Sieur *Vollant* ne trouvant d'héraut d'armes en ces Pays icy pour les régler, s'est adressé à nous conseiller du Roy et son procureur général au Conseil supérieur de Tournay à son deffaut et nous présenté les armes cy dessus marquées et blasonnées pour les pouvoir inserrer esdites lettres de noblesse et les faire en après enregistrer en la Chambre des Comptes à Lille et ailleurs, Nous, sous le bon plaisir de Sa Majesté et jusques à ce qu'autrement soit ordonné, n'empeschons point que ledit Sieur *Vollant* puisse user et porter lesdites armoiries. Sauf les droits d'autruy. Fait à Tournay, le 6e juillet 1685.

Signé : J. DE LA HAMAYDE.

<small>Archives du Nord. — Chambre des Comptes de Lille. — Art. B. 1673 : 78e Registre des Chartes, f° 124 v° et 125 r°, portant les armoiries en couleurs dudit Sr Vollant.</small>

1699, juillet. — *Lettres de chevalier pour Jean Volant, sieur Desverquains.*

Louis, par la grâce de Dieu, Roy de France et de Navarre, à tous présens et à venir, salut. Nous reconnaissons tous les jours avec beaucoup de satisfaction que rien n'excite nos sujets à nous servir avec plus de zèle et de fidélité que les marques d'honneur que nous attachons à leurs familles, par ce que, par l'avantage qu'ils ont d'estre distingués des autres, ils se portent avec plus de générosité à ne pas se rendre indigne de cet honneur. C'est pourquoy, désirant à l'exemple des roys nos prédécesseurs nous servir de ce mesme moyen et départir ces grâces sur ceux de nos sujets qui les ont bien mérités de nous et du public, et estant bien informé des bons et fidèles services qui nous ont esté rendus par nostre cher et bien amé *Jean Volant*, escuïer, sieur Desverquains, nostre conseiller, grand trésorier de la ville de Lille, fils de nostre chier et bien amé *Simon Volant*, natif de nostre ville de Lille, que nous avons annobly par nos lettres du mois de may 1685, en considération des services qu'il nous a rendus en qualité de l'un de nos ingénieurs ordinaires depuis l'année 1667, que ladite ville de Lille auroit esté réduite à nostre obéissance, ayans par ses avis et conseils fait construire la citadelle de ladite ville de Lille, des travaux de laquelle nous luy avions confiés la conduite, de ceux qu'il nous a rendus aux sièges de Valenciennes, d'Ypres et de Gand et des avis qu'il nous a donnés après la visite qu'il a faite par nos ordres de nos places de Douay, fort d'Escarpe, d'Arras et d'Ypres, pour en rectifier et augmenter les fortifications et à la direction de celles de Menin, à la construction desquelles il nous a donné des marques de sa capacité et de son zèle, lequel sieur *Desverquains* à l'imitation de son dict défunct père nous a servi dès l'année 1679 en qualité de l'un de nos ingénieurs ayant esté employé à la conduite des fortifications de Menin et aux ouvrages du canal de Maintenon, et s'estant trouvé à plusieurs sièges considérables et entre autres à celui de Luxembourg où il a reçu plusieurs blessures en donnant des marques de son courage ; et depuis l'ayant envoyé au royaume de Siam en qualité de nostre ingénieur en chef et de commandant de l'une de nos douze compagnies d'hommes d'armes que nous avons envoyé audit Royaume, il a donné en toutes occasions des preuves de son application, de son expérience et de son zèle pour nostre service, et voulant luy donner des marques de la satisfaction que nous en avons, et sachant que nous ne scaurions luy en donner une qui réponde mieux à ses désirs qu'en l'honorant du nom et titre de chevalier, afin qu'il puisse avoir plus de dignité et exercer la charge de nostre conseiller grand trésorier de la ville de Lille dont il est pourveu, à laquelle il a succédé à feu son père. Sçavoir faisons que pour ces causes et de nostre grâce spéciale, pleine puissance et autorité royale, nous avons ledit sieur *Volant Desverquains* fait et créé, faisons et créons chevalier par ces présentes signées de nostre main, pour dudit titre de chevalier, ensemble des droits, honneurs, privilèges, prérogatives, prééminences, franchises et libertés qui y appartiennent jouir, user par ledit sieur Desverquains et par ses enfans et descendants nez et à naistre en loyal mariage, tant en fait de guerre, armées et assemblées qu'en jugement et dehors et partout ailleurs où besoin sera, tout ainsy qu'en jouissent les autres chevaliers par nous ainsy créés ; voulons et entendons qu'il soit loisible et permis au sieur *Volant Desverquains* et sa postérité de continuer de porter en tous lieux et endroits que bon luy semblera ses anciennes armoiries, sans difficulté, telles qu'elles ont esté cy devant accordées à son dit père et quelles ont esté blasonnées par le premier héraut de nos armes du titre de Montjoy de Saint-Denis, qui sont *d'azur au chevron d'or, accompagné de deux demy voles d'argent, en pointe d'un trèfle de mesmes*, et suivant lesdites lettres nous l'avons décoré de la marque d'écuïer qui est le timbre de trois quarts d'acier poly, orné et grillé d'or, le bourelet et lambrequins des émaux de l'écu, pour cimier un griffon naissant d'or, lampassé et armé de gueules, les ailes d'argent, et pour suports deux griffons de mesme posés sur une terrasse de sinople, et pour devise : *in mandatis volet nimis*, auxquelles nous lui permettons de mettre une couronne sur le timbre au milieu (*sic*) de bourelet, sans que pour raison dudit titre de chevalier et nostre présente grâce il soit obligé ny ses descendans de nous payer ny à nos successeurs roys aucune finance ny indemnité, de laquelle à quelque somme qu'elle se puisse monter et revenir nous lui faisons don par ces présentes, à condition toutefois de ne rien faire qui déroge audit titre et qualité. Si donnons en mandement à nos amez et féaulx les gens tenans nostre Cour de Parlement de Tournay, gardes de nos Archives de nostre Chambre des Comptes de Lille, président et trésoriers de France au Bureau de nos Finances audit Lille et autres juges qu'il appartiendra, que ces présentes ils aient à faire enregistrer, du contenu en icelles faire jouir ledit *Jean Volant Desverquains* et sa postérité plainement, paisiblement et perpétuellement, cessant et faisant cesser tous troubles et empeschemens contraires. Car tel est nostre plaisir. Et afin que ce soit chose ferme et stable à toujours, nous avons fait mettre nostre séel à ces dites présentes.

Données à Versailles, au mois de juillet mil six cens quatre-vingt dix neuf, et de nostre règne le cinquante-sept. Estoit signé : Louis. Et y appendoit le séel de Sa Majesté sur cire verte.

Et sur le reply desdites lettres estoit escript : Par le Roy. Le Tellier, et visa : Boucherat.

Archives du Nord. Chambre des Comptes de Lille. Art. B. 1677. Supplément des titres nobiliaires, tome III, f° 608. Ces lettres ont été enregistrées au 79e Registre des chartes, f° 22, puis lacérées à la Révolution.

DE WAIGNON

ARMES : *d'argent au chevron de gueules, accompagné de trois maillets de sable.*

Étienne DE WAIGNON, écuyer, sommelier de corps de l'empereur Maximilien et son premier huissier d'armes, est le premier membre connu de cette famille. En 1492, avant son élection à l'empire, Maximilien avait insisté pour le faire nommer roi d'armes de la Toison d'or, mais les chevaliers de l'ordre, instruits tardivement des désirs du prince, avaient déjà disposé de la place en faveur du héraut d'armes de Hainaut. Étienne de Waignon vivait encore en 1510 [1].

I. — *Philippe* DE WAIGNON, homme d'armes de la compagnie d'ordonnance de Floris d'Egmont, vivait à Linselles en 1530 ; il eut pour fils :

II. — *Adrien* DE WAIGNON, sr de la Marlière à Linselles, servit l'empereur Charles-Quint comme capitaine ; il mourut en 1561, après avoir épousé Catherine *de Villers*, qui lui survécut, et dont il eut [2] :

1. — *Jérôme*.
2. — *Jean*.
3. — *Antoine*, qui suit, III.
4. — *Simon*, sr d'Holleville, Frévillers, homme d'armes, puis capitaine au régiment du comte Philippe d'Egmont, allié à N. *Le Cigne*.
5. — *Florent*.

---

1. TH. LEURIDAN, *Statistique féodale : Le Ferrain*, page 181.
2. Le 16 juin 1622, à la requête de Nicolas Le Josne, écuyer, sr de Deviers, fils de Marguerite de Waignon, trois habitantes de Linselles, fort âgées, affirmèrent avoir bien connu Adrien de Waignon, écuyer, sr de la Marlière, et demoiselle Catherine Villers, sa femme, ainsi que ses enfants : Jérôme, Jean, Antoine, Simon, Florent et la dite Marguerite, qu'à la mort d'Adrien de Waignon, il y a au plus 61 ans, Catherine de Villers, sa veuve, quitta La Marlière pour aller habiter près de la place, qu'à cette époque, Marguerite était encore à la mamelle, étant âgée d'un an environ. (*Archives de Linselles*, FF. 24, pièce, papier.)

6. — *Marguerite*, née vers 1560, alliée à Jean *Le Josne*; dont postérité.

III. — *Antoine* DE WAIGNON, s^r de la Marlière, obtint confirmation de noblesse par lettres des archiducs le 13 avril 1603 ; ces lettres énumèrent ses états de service comme capitaine de cavalerie ; il vivait encore en 1626 et épousa Antoinette *de la Chapelle*, fille de Guillaume, sgr d'Estaimpuis, et de Péronne *L'Hermite*; dont :

  1. — *Antoinette*, née vers 1584, vivante en 1594.
  2. — *Philippe*, né en 1586 ou 1587, vivant en 1616.
  3. — *Marie*, baptisée à Linselles le 16 février 1590.
  4. — *Madeleine*, baptisée à Linselles le 24 janvier 1593.
  5. — *Guillaume*, qui suit, IV [1].

IV. — *Guillaume* DE WAIGNON, écuyer, s^r de Burge, La Marlière, baptisé à Linselles le 21 août 1594, bourgeois de Lille par achat du 3 juillet 1620, mort avant 1643, épousa Catherine *Le Prévost de Basserode*, fille de Sébastien, écuyer, et de Catherine *de la Grange*, décédée paroisse Saint-Maurice le 25 septembre 1668 ; d'où :

  1. — *François*, écuyer, s^r de La Marlière, mort célibataire à Lille le 9 janvier 1691 et enterré à Linselles.
  2. — *Philippe-Augustin*, écuyer, s^r des Marissons, mort célibataire à Estaimpuis en octobre 1692, et enterré à Linselles, dans la chapelle Notre-Dame, le 27 novembre suivant.
  3. — *Guillaume*, qui suit, V.
  4. — *Élisabeth*, mariée à Saint-Pierre, le 25 novembre 1669, avec Jean-Baptiste *de Lannoy*, écuyer, s^r de Thieffries, fils de Jacques, écuyer, et de Barbe *Annay*, bourgeois de Lille par relief du 6 février 1670, décédé paroisse Sainte-Catherine le 27 août 1703 ; sans enfants.

V. — *Guillaume* DE WAIGNON, s^r d'Holleville, la Barbanderie, mort avant 1702, s'allia à Marie-Jeanne *de Hennin* [2] ; d'où :

  1. — *Marguerite-Isabelle-Robertine*, née vers 1674, décédée paroisse de La Madeleine le 15 mars 1761.
  2. — *Philippe-Louise*, qui acheta la bourgeoisie de Lille le 7 décembre 1691.

---

1. Une généalogie du XVIIe siècle que nous avons trouvée dans les archives du château de Prémesques ajoute les enfants suivants : *Jeanne*, alliée à son cousin-germain Philippe *Le Josne*; *Jeanne*, épouse de Philippe *Le Duc*; et *Anne*, mariée à Jean *Pitepan*, s^r de Montauban, prévôt de Valenciennes, mort le 11 octobre 1641.

2. DE HENNIN : *d'or à une croix engrelée de gueules, chargée en cœur d'une étoile à six rais d'argent.*

3. — *François-Guillaume*, qui suit, VI.

4. — *Marie-Augustine*, décédée paroisse de La Madeleine le 26 mars 1757, alliée à Sainte-Catherine, le 29 août 1711, à Henri-Philippe *Maloteau*, sr de Millevoye, fils d'Henri, greffier héréditaire du bailliage de Tournai, et de Marguerite *Colbaut*, baptisé à La Madeleine le 2 avril 1653, avocat en Parlement, conseiller au bailliage de Tournai par lettres données à Paris le 8 juin 1693, veuf de Marie-Thérèse *Cambier*, mort à Tournai, paroisse Saint-Brice, le 7 novembre 1737 ; sans postérité.

5. — *Jeanne-Françoise*, alliée à N. *de Gouffié*.

6. — *Marie-Madeleine*, dominicaine à Lille.

VI. — *François-Guillaume* DE WAIGNON, écuyer, sr de la Marlière, baptisé à Saint-André le 23 octobre 1677, bourgeois de Lille par achat du 6 octobre 1702, échevin et mayeur, administrateur de la Noble-Famille, mort à Linselles le 18 octobre 1760, et enterré à Saint-André de Lille ; épousa à Saint-Pierre, le 9 septembre 1702, Marie-Thérèse *Hespel*, fille d'Anselme, écuyer, sr de Flencques, et de Marie *Verdière*, baptisée à Saint-Étienne le 25 avril 1676, décédée paroisse Saint-André le 28 août 1715 ; d'où :

1. — *Marie-Thérèse-Henriette*, baptisée à Saint-Pierre le 25 juin 1703, décédée paroisse Saint-André le 6 octobre 1775, célibataire.

2. — *Marie-Jeanne-Joseph*, baptisée à Saint-Pierre le 14 janvier 1705, dame de Lowez, décédée paroisse Saint-Pierre à Douai le 27 avril 1762 ; alliée à Saint-André, le 6 février 1746, à Charles-Louis *de Roisin*, sr de Forest, fils de Baudry-François, baron de Celles, et de Jeanne-Agnès *Delfosse*, baptisé à Saint-Nicaise de Tournai le 22 avril 1698, d'abord chanoine de Notre-Dame de Tournai, puis chevalier d'honneur au Parlement de Flandre par commission du 24 avril 1734, veuf de Marie-Victoire *de Thiennes*, mort le 22 juin 1772 et inhumé à Forest ; sans enfants.

3. — *Marie-Augustine*, baptisée à Saint-Pierre le 4 mars 1707 ; elle eut comme marraine Marie-Angélique de Waignon, dont la parenté n'est pas indiquée.

4. — *Isabelle-Séraphine*, baptisée à Saint-Pierre le 23 août 1709.

Nota. — Il existait à Lille une autre famille WAIGNON, originaire de Bondues, qui s'allia aux *du Bosquiel, du Retz, Wacrenier*, etc.

Les lettres de confirmation de noblesse accordées par les archiducs manquent : mais nous en trouvons le résumé dans le *Théâtre de la noblesse* de LE ROUX, page 203.

PLANCHE XIII

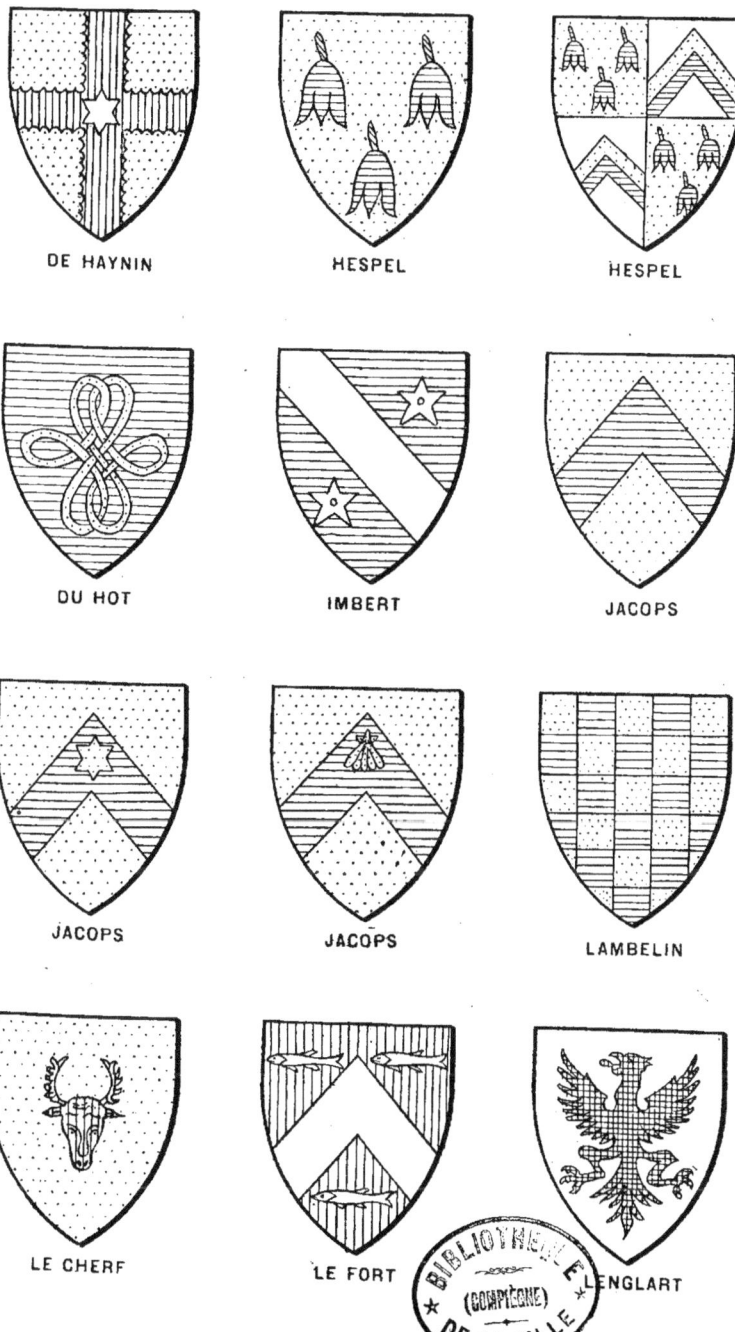

Planche XV

PLANCHE XVI

Planche XVII

PLANCHE XIX

20. — Ex-libris CARDON
(Collection de l'auteur).

19. — Ex-libris de
Mgr CARDON DE GARSIGNIES
(Collection Richebé).

18. — Ex-libris DE BRIGODE
DU HALLAY-COETQUEN
(Collection de l'auteur).

21. — Ex-libris du Béron
(Collection de M. G. Leleu).

PLANCHE XXI

24. — Ex-libris GILLEMAN
(Collection de M. l'abbé Th. Leuridan).

23. — Ex-libris DE FONTAINE
(Collection de M. F. Danchin).

22. — Ex-libris TESSON
(Collection de M. l'abbé Th. Leuridan).

PLANCHE XXII

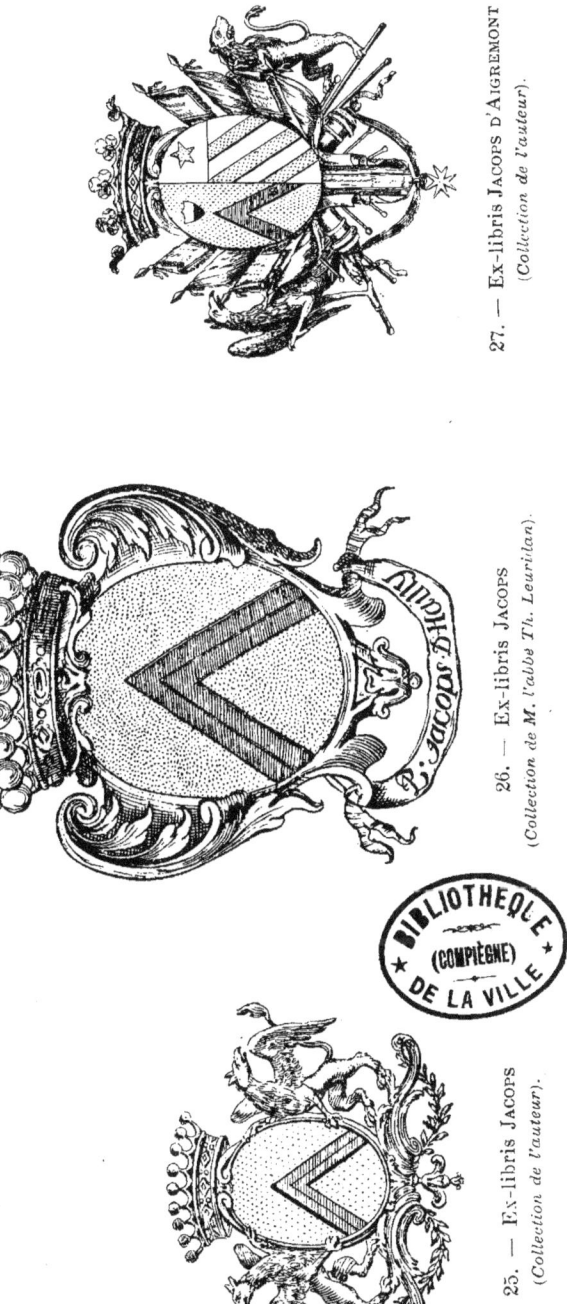

26. — Ex-libris Jacops
(Collection de M. l'abbé Th. Leuridan).

27. — Ex-libris Jacops d'Aigremont
(Collection de l'auteur).

25. — Ex-libris Jacops
(Collection de l'auteur).

PLANCHE XXIII

30. — Ex-libris d'Hespel
(Collection de l'auteur).

29. — Ex-libris de Muyssart
(Collection de l'auteur).

28. — Ex-libris de Muyssart
(Collection de l'auteur).

PLANCHE XXIV

33. — Ex-libris Ringuier
(Collection Quarré-Reybourbon).

32. — Ex-libris Vanhove.
(Collection de M. l'abbé Th. Leuridan).

31. — Ex-libris Frans
(Collection de M. G. Leleu).

PLANCHE XXV

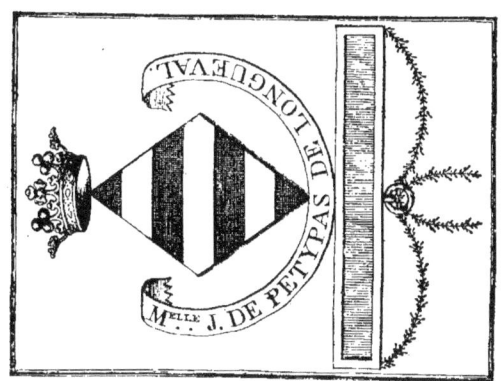

36. — Ex-libris Petitpas.
(Collection de M. l'abbé Th. Leuridan).

35. — Ex-libris Petitpas ?
(Collection de l'auteur).

34. — Ex-libris Petitpas.
(Collection de l'auteur).

PLANCHE XXVI

37. — Ex-libris Schérer
(Collection de M. M. Decroix)

PLANCHE XXVII

38. — Ex-libris SCHÉRER
(Collection de l'auteur).

39. — Ex-libris SCHÉRER
(Collection de M. l'abbé Th. Leuridan).

40. — Ex-libris SCHÉRER
(Collection de M. R. Richebé).

ADDITIONS et ERRATA

Page 10, ligne 21. — La seigneurie des Parqueaux est sise à Templeuve-Dossemer ; celle d'Estournay à Bas-Warneton ; celle de Foubergue à Houthem-lez-Menin ; celle de Mantauban à Templeuve-Dossemer ; celle de Clavante à Orcq-lez-Tournai (Communication de M. le comte du Chastel de la Howarderie).

Page 18, ligne 30. — Ajouter aux enfants de *Pierre* Bave :
d. — *Philippote*, mariée à Saint-Étienne, le 7 janvier 1626, avec Louis *Delagrange*, fils de Jean, né à Lille, orfèvre, bourgeois de cette ville par relief du 26 août 1626.

Page 23, ligne 14. — *Henri* de Broide, né le 17 décembre 1576, doyen de Saint-Amé à Douai, chanoine de la cathédrale d'Arras, puis de celle de Cambrai, mort dans cette dernière ville le 24 octobre 1644.

Page 24, ligne 1. — *Pierre* Regnault, sr de Venise (et non Renise), mourut paroisse Saint-Jacques à Douai le 7 septembre 1733, et sa femme décéda, dans la même paroisse, le 11 août 1743.

Page 24, ligne 7. — *Marie-Isabelle*, alliée, le 20 février 1683, à *Évrard* de Wasservas, sr de Merchi, fils de Charles-Philippe et de Michelle *de Sucre*.

Page 24, dernière ligne. — Écusson *d'argent* au lion de gueules, et non *d'azur*.

Page 31, ligne 29. — Supprimer : dont postérité. Il n'y eut pas d'enfants du mariage Waresquiel-Chauwin.

Page 32, ligne 30. — Non rattachée : *Jacqueline* Chauwin, morte le 8 juin 1677, à 63 ans, épouse de Philippe *Dumanil*, décédé le 25 juin 1681, à 72 ans.

Ils furent inhumés tous deux dans l'église Saint-Nicolas à Valenciennes. Elle portait les mêmes armoiries.

Page 33, ligne 27. — Il y eut nombreuse postérité du mariage *du Chastel-de Corbie*.

Page 38, ligne 11. — IV. *Wallerand* Déliot avait pour sœurs : *Isabeau*, alliée à *Jean* Castelain, fils de Guillaume, s^r de Wattignies, et de Jeanne *Le Blancq*; et *Marie*, épouse de Guillaume Castelain, frère de Jean.

Page 42, ligne 14. — Non rattachés : *Jean* Déliot, allié à Jeanne *de Noyelle*, cité en 1407. (Bibliothèque municipale de Lille, manuscrit 601). — *Marguerite* Blocquiel, veuve de *Jean* Déliot, citée en 1441 (*Ibidem*, f° 75 v°).

Page 43, ligne 21. — II. *Martin* Desbuissons eut une fille *Marie*, décédée avant novembre 1539, alliée à Pierre *de Rayme,* dont postérité.

Page 52, ligne 5. — Ajouter aux enfants de *François* Fasse et d'Agnès *Descamps* : *Marie*, alliée à *Gilles* Castelain, s^r de la Tour, fils de Paul.

Page 52, ligne 15. — *Jean* Van Immersel fut inhumé aux Récollets d'Anvers.

Page 53, ligne 22. — Supprimer : remarié... sans enfants. *Gilles* Castelain ne se remaria pas et eut postérité (Voir la généalogie Castelain).

Page 66, ligne 11. — *Jean-Baptiste* de Bar, lieutenant-colonel, naquit à Gannat le 18 novembre 1766.

Page 74, ligne 29. — Le titre d'écuyer fut donné par erreur à *Jacques-Philippe* Hannecart avant 1693 ; la charge de conseiller au Parlement de Flandre l'anoblit avec sa postérité.

Page 75, ligne 15. — *Marie-Claire* Pédecœur, décéda à Valenciennes le 27 juillet 1771 et fut enterrée à Wasmes.

Page 107, ligne 2. — *Barbe* de Lannoy épousa Antoine *Six*, fils de Thomas et de Catherine *Le Candèle*, marchand, bourgeois de Lille par relief du 9 mai 1643.

Page 118, dernière ligne. — Sur la demande de plusieurs de nos correspondants, nous donnerons à la fin de notre ouvrage d'autres pièces justificatives

ADDITIONS ET ERRATA.

concernant la famille DE LANNOY DES PRÉS.

Page 156, ligne 11. — *Alexandrine-Henriette* DE SAVARY épousa, le 17 octobre 1815, *François-Alexandre* QUECQ D'HENRIPRET (Voir la généalogie de Quecq).

Page 164, ligne 9. — C'est *Jean* DE SURMONT, sous-doyen des bonnetiers, qui acheta la bourgeoisie de Tournai le 6 juin 1571, et non *Jaspart*. De plus, il n'y eut pas de conseiller pensionnaire de cette famille à Tournai au XVIe siècle, mais seulement au XVIIe.

M. le comte du Chastel de la Howarderie nous communique le tableau généalogique suivant pour les premiers degrés de la famille DE SURMONT.

Pierre DE SURMONT épousa Marie *des Rousseaux*, héritière de Jaspart, s^r de Montbeyaert à Tourcoing ; il en eut :

1. — *Jaspart*, s^r de Montbeyaert.
2. — *Jean*, sous-doyen des bonnetiers, père de *Jean, Jacques, Pierre, Gaspard, Philippote, Catherine*, mariée avec Sébastien *de Crehem*, Marguerite, N., épouse de N... *du Coulombier*, N., épouse de N... *Farvacques*.
3. — *Antoine*, marié avec Adrienne *Blidde*, remariée avant 1592 avec Nicolas *de Haisne*; il eut : *Antoine*, orfèvre à Tournai, allié à Catherine *de Groote*, et *Marie*, mariée avant 1592 avec François *Regnault*, teinturier.
4. — *Catherine*, décédée avant 1592, femme de François *Vosseau*.

Page 180, ligne 33. — M. CHESNON DE CHAMPMORIN mourut paroisse de La Madeleine le 9 février 1782.

Page 185, ligne 27. — *Noel* WACRENIER eut encore de Catherine *Trezel: Anne*, épouse de François *Farvacques*.

Page 192, ligne 23. — Ajouter : 11. — *Adrien-Charles-François* WACRENIER, mort à Douai le 10 juin 1852, à 64 ans.

Page 201, dernière ligne. — Non rattaché : *Jacques* WATTEPATTE, allié à Marie *d'Egremont* en 1407.

Page 210, ligne 9. — *Roland-François-Marie* Aronio, élève à l'école militaire de Fontainebleau le 2 février 1805, sous-lieutenant au 2ᵉ cuirassiers le 19 avril 1806, blessé à Eylau et décoré de la Légion d'honneur après cette bataille, lieutenant au 2ᵉ carabiniers en 1809, capitaine en 1811 au même régiment avec lequel il fit la campagne de Russie, blessé à Waterloo, retraité provisoirement en 1825 et définitivement en 1835.

Page 218, ligne 22. — *Brigitte* de Beaumont épousa à Saint-Étienne, le 16 août 1653, Jean-Baptiste *de Bonnaire*, fils de Jacques et de Madeleine *Gruson*, baptisé à Saint-Étienne le 19 septembre 1627, bourgeois de Lille par relief du 22 août 1653.

Page 231, ligne 4. — *André* Bonnier n'eut de Marie-Jeanne *Quiebe* qu'un fils unique : *Jean-Baptiste*, baptisé à Saint-Sauveur le 6 juin 1698. — *Pierre-François-Joseph* Bonnier, que nous avons cité ensuite, est en réalité fils de *Gilles* et d'Angélique-Rose *Quiebe*, que nous avons rapportés au bas de cette page.

Page 244, ligne 3. — *Pierre* de Fourmestraux qu'on dit *Prouvos li Tonderes* était l'un des pourveurs des pauvres de la paroisse Sainte-Marguerite, à Tournai, en 1338. — *Andrieu* de Fourmestrau, mort avant décembre 1423, père de *Miquiel*, « tainturier de gourdines », qui acheta la bourgeoisie de Tournai, pour 20 sols tournois, le 23 décembre 1423. (Archives de Tournai, 10ᵉ registre de la loi, folio 25 v°). Communication de M. le comte du Chastel de la Howarderie.

Page 244, ligne 5. — *Lotard* de Fourmestraux, dont nous n'avions pas pu trouver l'achat de bourgeoisie, est probablement le même que *Gilles*, bourgeois par achat en 1393.

Page 247, ligne 15. — *Catherine* de Fourmestraux épousa à Saint-Maurice, le 24 janvier 1668, *Louis* Ferotte.

Page 249, ligne 15. — *Philippe* Le Pippre, sʳ de le Val, est en réalité fils de *Michel*, sʳ des Obeaux, et

ADDITIONS ET ERRATA. 891

d'Anne *Descours*; il releva sa bourgeoisie le 23 novembre 1599.

Page 252, ligne 10. — *Gilles* DE FOURMESTRAUX, mort le 21 mai .... fut enterré, ainsi que sa femme, dans la cathédrale d'Anvers.

Page 253, ligne 36. — Lisez WILTON et non WELTON.

Page 268, ligne 9. — *Jean-Baptiste* DE FOURMESTRAUX, décédé le 24 novembre 1598 à 34 ans, enterré dans la cathédrale d'Anvers.

Page 268, ligne 12. — *Gilles* BOELLART et sa femme furent inhumés à Saint-Jacques d'Anvers.

Page 268, dernière ligne. — Non rattachés : *Agnès* DE FOURMESTRAUX, veuve de Guillaume *Hanneton*, conseiller pensionnaire de Tournai, mort le 10 janvier 1586, enterré à Saint-Brice. Il était fils de Regnauld, marchand de draps, puis conseiller garde-scel de l'empereur Charles V, et de Jeanne *Bone*.

Pierre DE FOURMESTRAUX, chanoine de Cambrai, mort le 15 septembre 1693.

Catherine DE FOURMESTRAUX, alliée à Georges-Pierre *Van Urstedt*, dont postérité.

On trouvera à l'état-civil d'Anvers quantité de FOURMESTRAUX; d'autre part, nous avons relevé plusieurs tombes qui les concernent dans la même ville : *Antoinette*, fille dévote, morte le 26 mars 1722, enterrée aux grands Carmes de cette ville. — *Ange de Jésus-Marie*, né à Anvers le 9 décembre 1666, profès aux grands Carmes le 28 janvier 1685. — *Antoine de Saint-Joseph*, né à Anvers, mort aux grands Carmes le 12 octobre 1711, à 44 ans, après 13 années de profession. — *Anne-Marie*, professe béguine à Anvers le 23 juillet 1697, y décédée le 6 janvier 1740. — *Jean-Charles*, né à Anvers, carme déchaussé en cette ville sous le nom de Paul de la Vierge Marie, le 8 septembre 1681, à 18 ans et 9 mois. — *Guillaume*, né à Anvers, ermite de Saint-Augustin, mort le 19 décembre 1723, à 44 ans.

Page 294, ligne 27. — *Aline-Sophie* DE WAZIÈRES, née à Lille le 29 octobre 1811, épousa, à Aire-sur-la-Lys, le 29 mars 1839, Florent-Joseph *Hermant*, fils de Jean-Louis-Xavier et de Marie-Étienne *Fromentin*, né à Ecques le 3 octobre 1809, employé à la culture des tabacs.

Page 296, ligne 8. — *Arthur-Louis-Edmond-Jean-Baptiste* DE WAZIÈRES, né à Mont-Saint-Éloy le 20 décembre 1856, épousa à Nouvion-en-Thiérache (Aisne), le 3 décembre 1878, Marie-Élise *Legrand*, fille de Charles-Honoré, rentier, et de Célinie-Joséphine-Joseph *Darque*, née audit lieu le 8 juillet 1858. — Sa sœur, *Noémi-Mélanie-Marie-Hortense*, naquit à Izel-les-Hameaux (Pas-de-Calais) le 20 juin 1859.

Page 348, dernière ligne. — *Anselme* LEFEBVRE-DELATTRE, mort le 5 septembre 1709, enterré dans l'église Saint-Nicolas de Douai.

Page 351, ligne 28. — M. DE LA PORTE, né à Vaulx le 8 mai 1749, marié en premières noces avec D^elle *Leroy de Cauchois*, mourut à Hesdin le 6 avril 1812.

Page 367, ligne 26. — *Nicaise* LIPPENS fut conseiller et avocat de la cour et halle de Phalempin (Archives départ. du Nord, B 64, registre aux commissions, folio 198).

Page 378, ligne 12. — *Luc* MOUCQUE fut nommé greffier de la cour de Phalempin le 18 novembre 1639 (Archives départ. du Nord, B 64, registre aux commissions, folio 130 v°).

Page 378, ligne 25. — *Marguerite-Henriette* (alias *Madeleine-Henriette*) MOUCQUE, épousa, à Saint-Étienne, le 3 mai 1678, François *Lefebvre*, fils de Jacques et d'Anne *Battaille*, né à Santes, procureur, bourgeois de Lille par achat du 1er mars 1680.

Page 381, ligne 3. — *Michel* PÉCOURT, dit *Précourt*, fils de N... et de D^lle *Sourdeau*, était en 1525 revendeur de biens meubles à Tournai, vieswarier en 1536, quincailleur en 1550. Il acheta la bourgeoisie de Tournai le 27 mai 1541 pour

50 sols parisis. Son fils *Jean* acheta la bourgeoisie de cette ville le 29 mai 1584, pour 5 livres, 6 sols, 3 deniers. Enfin, *Louis* Percoult, dit *Bouton*, marchand graissier, l'acheta en 1582. On trouve aussi dans les registres d'état civil de Tournai (Saint-Jacques) plusieurs enfants de *François* Percoult et de Marie *Grimaulpont*, nés entre 1571 et 1582 (Note de M. le comte du Chastel de la Howarderie).

Page 391, ligne 9. — *Jean-Baptiste-François* Potteau fut autorisé en 1793 à résider à Lille sur le rapport des médecins constatant qu'il était presque idiot (Archives municipales de Lille, registre aux requêtes adressées au Comité révolutionnaire de Lille, page 22).

Page 416, ligne 34. — *Marie-Renée-Joseph* de Rouvroy est née le 23 février 1870 et sa sœur *Gabrielle-Joseph-Marie*, le 26 juillet 1865. Il y a donc lieu d'intervertir.

Page 517, ligne 29. — Cette *Barbe* du Forest est sans doute celle qui épousa Gilles *Haroult*, de Tournai (Voir: *Jadis*, octobre 1906, n° 10, page 160).

Page 528, ligne 18. — *Adrien* Gilleman, sr de la Barre, fut nommé haut renneur de Flandre en 1579. Les dates de ses différentes nominations à la Chambre des comptes que donne Le Roux semblent fausses; nous trouvons en effet aux Archives départ. du Nord, B 1625, folios 53 et 54, qu'*Adrien* Gilleman fut nommé maître en la Chambre des comptes le 17 juin 1570 par suite du décès de Jacques *du Bosquiel*. De même la date de décès n'est pas exacte, car Paul *de la Grange* fut nommé à la mort d'*Adrien* Gilleman à la charge de président de la Chambre des comptes le 20 mai 1586.

Page 530, ligne 29. — *Marie-Ignace* de Gilleman, épouse de Philippe-Marie *Dubois de Hoves*, mourut paroisse Saint-Jacques à Douai le 24 novembre 1744. Son mari vivait encore.

Page 533, dernière ligne. — Addition à la note : Dans le même manuscrit, page 33, on cite encore *Andrieu* du Hot, *Jeanne,* sa fille, qu'il eut de feue Jeanne *Coustaud,* 1411.

Page 534, ligne 39. — Ajouter aux enfants de *Venant* du Hot et de Catherine *Grealme* : 6. *Marguerite,* alliée, à Sainte-Catherine, le 10 octobre 1611, à Guillaume *Muette,* fils de François et de Péronne *de Lannoy,* bourgeois de Lille par relief du 4 mai 1612 ; dont postérité.

Page 539, ligne 23. — *Louis-Cyrille-Ogier* du Hot mourut paroisse de La Madeleine le 13 mars 1733, et fut inhumé à Prémesque.

Page 539, ligne 34. — Ajouter aux enfants de *Jacques-Onuphre-Éloy* du Hot et de Marie-Élisabeth *Auvray* : 1. *Anne-Marie-Élisabeth-Joseph,* baptisée à Prémesques le 9 décembre 1718, entrée à la Noble-Famille le 8 septembre 1726.

Page 539, avant-dernière ligne. — S^r de *Vauly,* lisez : *Vaulx*.

Page 540, ligne 29. — Non rattaché : *Charles* du Hot, prêtre, chanoine de Notre-Dame de Tournai et chapelain de la chapelle du château de Landrecies (Archives départ. du Nord. B 2823).

Page 592, ligne 15. — *Jean-Baptiste* Taviel fut enterré à Wazemmes le 23 juin 1731.

Page 634, dernière ligne. — *Jacques-Ignace* Verghelle eut de Natalie-Joseph *Fiévet* un fils illégitime : *Henri-Ignace-Joseph,* baptisé à Saint-Pierre de Douai le 18 juillet 1751.

Page 649, ligne 35. — Lisez : *Per Imperatorem*.

Page 687, dernière ligne. — Non rattachés : *Michel, Jean, Antoinette* et *Marie* Cardon, enfants d'*Antoine* et de Marie *Delebecque* ; ils furent mis en tutelle le 3 février 1618.

Page 706, ligne 12. — Non rattachés : *Marguerite* Desbarbieux, fille de *Jean,* baptisée à Saint-Étienne le 29 mars 1586.

Jean et *Pierre* Desbarbieux, fils de *Jean,* demeurant à Marcq-en-Barœul ; ils obtinrent en juillet 1617 des lettres de rémission pour blessures faites dans une rixe survenue avec des Flamands (Archives départ. du Nord, B 1804, folio 83 v°).

Page 735, ligne 19. — *César-Auguste-Joseph-Marie* Hespel, arrêté et détenu à Amiens en 1793, réclama du Comité révolutionnaire de Lille un certificat d'attachement à la Révolution qui lui fut refusé « le 5e jour de la 1ère décade du 2e mois de l'an 2 » (26 octobre 1793) (Archives municipales de Lille, Registre aux requêtes adressées au Comité révolutionnaire de Lille, n° 229).

Page 737, ligne 24. — *Adalbert-Philippe* d'Hespel, chef de bataillon, mort en son château de la Tombe, à Kain-lez-Tournai, le 11 juin 1907.

Page 828, ligne 28. — Les lettres d'anoblissement mentionnent que *Diéthelm* Schérer est encore « actuellement à la guerre au service du Roi d'Espagne. » Il y a là une erreur manifeste, car Diéthelm vivait alors à Lille.

Page 840, ligne 18. — *Marie-Catherine-Joseph* Duquenne, née à Armentières, décédée à Lille, paroisse de La Madeleine, le 11 mai 1786, à 66 ans, fut l'épouse de *Michel* Vandercruisse. Nous ne savons pas s'il s'agit de *Michel-Hugues-Joseph*, fils d'Arnould et de Michelle *Imbert*.

Page 854, note 1. — Ce *Jean* de Pitepan, auteur de sept volumes de généalogies et d'autres travaux héraldiques, était veuf de N. *Bouly*. De sa seconde femme, morte à Thière-en-Picardie, il laissa postérité.

Page 855, ligne 10. — *Jeanne-Françoise* de Waignon, décédée veuve, paroisse de La Madeleine, le 27 septembre 1747, à 63 ans. Elle avait épousé : 1° Roland-Chrétien *Le François*, écuyer, sr de Sapigny, fils de Maximilien et de Marie-Thérèse *Kinct*, veuf de Jeanne-Françoise *d'Hauteville*, bourgeois de Lille par relief du 22 juin 1714 ; 2° Jacques *Gouffier*, sr de la Val.

TABLE

DES

GÉNÉALOGIES

CONTENUES DANS LES QUATRE PREMIÈRES PARTIES

Aronio	205	Ghesquière	306
Aulent	453	Gilleman	527
Bady	7	Goudeman	310
Bave	14	d'Haffrenghes	57
de Beaumont	217	Hannecart	73
du Béron	456	Herts	320
Berthault	645	Hespel	718
Beuvet	221	du Hot	533
Bidé	466	Huvino	325
Bonnier	227	Ingiliard	83
Breckvelt	486	Jacops	545
Bridoul	651	de La Chaussée	333
de Brigode	492	de La Fonteyne	335
de Broide	22	Lagache	339
Cardon	664	Lambelin	747
Cardon d'Avelu	699	de Lannoy	88
du Chasteau	240	de Lannoy	103
Chauwin	30	de Lannoy	119
de Corbie	33	Lefebvre-Delattre	347
Deliot	37	Lenglart	758
Desbarbieux	702	Lespagnol	122
Desbuissons	43	Le Thierry	362
Desfossez (note)	35	Lippens	367
Fasse	51	Miroul	766
de Fontaine	502	de Montmonier	374
du Forest	517	Moucque	378
de Fourmestraux	244	de Muyssart	780
de Fourmestraux	282	Noiret	127
de Fourmestraux	287	Noiret de Saint-Antoine	130
Frans	708	Percourt	381
Frans	714	Petitpas	558

Potteau	386	Stappart	159
Poulle	131	de Surmont	164
Quecq	583	Taviel	590
Ramery	801	Tesson	600
Renard	807	Van der Cruisse	838
Ricourt	395	Vanderlinde	178
Ricourt	406	Vanhove	607
Ringuier	811	de Vendeville	622
de Rosendal	148	Verghelle	632
Rouvroy	409	Volant	843
de Sailly	151	Wacrenier	185
de Savary	153	de Waignon	853
Schérer	815	Walrave	196
Stappart	158	Wattepatte	199

*L'impression de ce deuxième volume des « Généalogies lilloises »
a été commencée le 10 janvier et achevée le 29 juillet 1907,
par la maison Lefebvre-Ducrocq de Lille.*

*Cet ouvrage ne sera point mis dans le commerce ; il est
strictement réservé aux membres titulaires de la Société d'études
et aux hommages de l'Auteur.*

TIRÉ A TROIS CENT CINQUANTE EXEMPLAIRES NUMÉROTÉS
DONT CINQUANTE POUR L'AUTEUR.

N° 176

Exemplaire de la Soc. hist. de Compiègne

Le Président
de la Société d'études

Th. Leuridan

HOMMAGE DE L'AUTEUR.

www.ingramcontent.com/pod-product-compliance
Lightning Source LLC
Chambersburg PA
CBHW060931230426
43665CB00015B/1908